Praxiswissen TYPO3 CMS 7 LTS

8. AUFLAGE

Praxiswissen TYPO3 CMS 7 LTS

Robert Meyer & Martin Helmich

O'REILLY®

Robert Meyer & Martin Helmich

Lektorat: Alexandra Follenius
Korrektorat: Sibylle Feldmann
Herstellung: Susanne Bröckelmann
Umschlaggestaltung: Michael Oréal, www.oreal.de
Satz: III-Satz, www.drei-satz.de
Druck und Bindung: Media-Print Informationstechnologie,
mediaprint-druckerei.de

Bibliografische Information Der Deutschen Nationalbibliothek
Die Deutsche Nationalbibliothek verzeichnet diese Publikation in der Deutschen Nationalbibliografie; detaillierte bibliografische Daten sind im Internet über http://dnb.d-nb.de abrufbar.

ISBN:
Print 978-3-96009-024-3
PDF 978-3-96010-042-3
ePub 978-3-96010-043-0
mobi 978-3-96010-044-7

Dieses Buch erscheint in Kooperation mit O'Reilly Media, Inc. unter dem Imprint »O'REILLY«. O'REILLY ist ein Markenzeichen und eine eingetragene Marke von O'Reilly Media, Inc. und wird mit Einwilligung des Eigentümers verwendet.

8., aktualisierte Auflage 2016

Wieblinger Weg 17
69123 Heidelberg

5 4 3 2 1 0

Inhalt

KAPITEL 1

Einführung

In diesem Kapitel:

- Über dieses Buch
- Aktualisierung auf TYPO3-Version 7.6
- Aufbau dieses Buchs
- Beispielskripte
- Typografische Konventionen
- Support
- Weitere Ressourcen
- Die Geschichte von TYPO3
- Danksagung

TYPO3 ist ein frei konfigurierbares *Content-Management-System* (CMS) zur Pflege von dynamisch generierten Internetpräsentationen. Klingt teuer, ist es aber nicht: TYPO3 ist Open Source und wurde unter der GPL-Lizenz veröffentlicht – keine kostenpflichtige Software, keine Shareware, keine versteckten Kosten, sondern voll und ganz kostenlos. Für Privatanwender steht der Preis bei der Wahl eines CMS auch häufig im Vordergrund, für Unternehmen und Konzerne sind aber die entscheidenden Gründe für den Einsatz von TYPO3 insbesondere Leistungsfähigkeit, Stabilität und Flexibilität des CMS.

Aber was genau ist ein Content-Management-System, und wozu wird es verwendet? Unter dem Begriff wird ein System zur Verwaltung und Administration von Inhalten verstanden. Entscheidend ist, dass durch die Verwendung eines CMS Design und Inhalt voneinander getrennt werden. Reine Content-Management-Systeme müssen dabei nicht unbedingt etwas mit der Thematik Internet zu tun haben. Häufig sind aber bei der Verwendung des Begriffs CMS tatsächlich *Web-Content-Management-Systeme* (WCMS) gemeint. Darunter werden Systeme verstanden, die sich ausschließlich auf die Ausgabe im HTML-Format beschränken. Größere Systeme wie TYPO3 beherrschen neben der Ausgabe im HTML-Format auch den Export in andere Formate, beispielsweise XML, PDF usw.

Die Bandbreite der Funktionalitäten von WCMS reicht vom einfachen Internetbaukasten zum Erstellen einer privaten Homepage bis hin zur vollständigen Workflow-Integration in Unternehmen. Dabei sind die Anforderungen an ein Content-Management-System recht eindeutig: Es sollte Design und Inhalt voneinander trennen können, um die Einrichtung und Pflege der Systeme arbeitsteilig durchführen zu können. Zudem sollte das System auch von Benutzern ohne HTML-, XML- bzw. Programmierkenntnisse verwendbar sein.

Content-Management-Systeme wie TYPO3 versetzen Sie in die Lage, Änderungen schnell und einfach durchzuführen. Während Sie bei statischen HTML-Seiten bei einer Erweiterung der Präsentation um eine zusätzliche Seite durchaus an mehreren Stellen eingreifen müssen, um diese neue Seite mit in die Navigation oder in Sitemaps aufzunehmen, übernimmt TYPO3 diese Arbeiten automatisch nach von Ihnen bestimmten Vorgaben. Dadurch werden fehlerhafte Links deutlich seltener und der Pflegeaufwand auf ein Minimum reduziert. Mehrsprachigkeit und spezielle Druckansichten werden direkt unterstützt, ohne dass Sie ein und denselben Inhalt mehrfach einpflegen müssen. Redakteure erhalten mit TYPO3 ebenfalls ein sehr nützliches Tool, da tiefer gehende Internetkenntnisse nicht mehr erforderlich sind. Durch die intuitive Handhabung der Oberfläche können Änderungen schnell und problemlos durchgeführt werden.

Über dieses Buch

TYPO3 ist mächtig und umfangreich zugleich. Um erste Projekte erfolgreich realisieren zu können, bedarf es einer Einführung in das System, die Sie auch bei den manchmal recht komplizierten Details nicht allein lässt. Dieses Buch ist aber kein vollständiges Handbuch zu TYPO3, sondern eine Einführung in die Arbeit mit dem CMS, die sich besonders zur Schritt-für-Schritt-Einarbeitung eignet. Es vermittelt in erster Linie praktische Kenntnisse, die Sie zu Beginn Ihrer Arbeit mit TYPO3 benötigen werden. Klassische Aufgabenstellungen werden dabei anhand eines umfassenden Praxisbeispiels beschrieben und konkret umgesetzt.

Dieses Buch richtet sich an Webentwickler und Agenturen, die professionelle Internetpräsentationen erstellen. Selbstverständlich können auf Grundlage des hier vermittelten Wissens auch Privat- oder Vereinsseiten mit TYPO3 realisiert werden.

Ihre Kunden wünschen ein Redaktionssystem zur Pflege der Internetpräsentation, scheuen aber hohe Lizenzkosten? Dann ist TYPO3 vermutlich das richtige System und dieses Buch der richtige Einstieg. Ihr Unternehmen wünscht eine flexible, volldynamische Internetpräsentation mit Ausbaufähigkeit und Unabhängigkeit von einem Dienstleister? Auch dann ist TYPO3 das richtige System und dieses Buch ideal, um TYPO3 zu verstehen und anzuwenden.

Erfahrene Webentwickler mit sicheren HTML-Kenntnissen werden mit diesem Buch TYPO3 schnell erlernen können. Grundlagenkenntnisse in PHP sind insbesondere für die Entwicklung von eigenen Erweiterungen vorteilhaft, werden aber nicht zwingend vorausgesetzt. Kenntnisse in einem SQL-basierten Datenbanksystem sind ebenfalls von Vorteil, aber ebenfalls keine Voraussetzung. Eine Einführung in das Internet oder in HTML werden Sie in diesem Buch nicht finden.

Für Redakteure ist dieses Buch nicht bestimmt, auch wenn in den einzelnen Kapiteln gezeigt wird, wie neue Seiten und Seiteninhalte angelegt werden. Redakteure benötigen im Regelfall eine individuelle Einweisung, möglichst vom Entwickler der Internetpräsentation selbst, also Ihnen. Begleitende Materialien für Redakteure, auch in deutscher Sprache, finden Sie online unter *typo3.org*. Außerdem ist zu diesem Thema, ebenfalls im O'Reilly Verlag, das Buch *TYPO3 CMS: Handbuch für Redakteure* von Michael Bielitza und Christoph Klümpel erschienen.

Aktualisierung auf TYPO3-Version 7.6

Das vorliegende Buch wurde für die achte Auflage aktualisiert, es behandelt jetzt TYPO3 in der Version 7.6. Im Vergleich zur Version 6.2 haben sich an diversen Stellen Änderungen ergeben, die eine Überarbeitung notwendig gemacht haben, um Ihnen die Arbeit mit der aktuellsten Version zu ermöglichen.

Wenn Sie mit der Vorauflage vertraut sind, wird Ihnen das vollständig überarbeitete Praxisbeispiel auffallen. Aktuelle technologische Veränderungen und neue Trends machten es notwendig, das doch etwas in die Jahre gekommene Beispiel durch ein aktuelleres zu ersetzen. Zusammen mit dem Praxisbeispiel haben sich auch einige der inhaltlichen Schwerpunkte dieses Buchs verändert. So legten beispielsweise die Vorauflagen großen Wert darauf, die dynamische Grafikgenerierung und die Erstellung grafischer Menüs mit TYPO3 zu erläutern. Speziell mit dem Aufkommen von CSS3 und der Anforderung an mobiloptimierte Webseiten existieren heutzutage jedoch bessere und flexiblere Lösungen für diese Aufgaben, sodass die Grafikfunktionen von TYPO3 nicht mehr das beste Werkzeug für diesen Zweck sind. Daher werden sie in der achten Auflage dieses Buchs nicht mehr in der bisherigen Tiefe beschrieben. Als neuer Schwerpunkt kommt dafür die Entwicklung von Webseiten hinzu, die für verschiedene Ausgabegeräte optimiert sind. Und in der Tat werden Sie die im Rahmen dieses Buchs entstehende Beispielwebseite auf einem Smartphone genauso gut bedienen können wie auf einen 4K-Fernseher.

Eine weitere Änderung gegenüber der Vorauflage besteht in der konsequenten Nutzung von Fluid-Templates, die bisher nur am Rande betrachtet wurden. In dieser achten Auflage wird das Praxisbeispiel nun von Beginn an auf Grundlage von Fluid umgesetzt. Auch die Ausgabe von Inhaltselementen erfolgt im Praxisbeispiel mit der in TYPO3 CMS 7 neu hinzugekommenen Komponente *fluid_styled_content*.

In den TYPO3-Versionen 6.2 bis 7.6 wurden einige Funktionen verändert und Neuerungen eingeführt. So wurde beispielsweise das Backend optisch grundlegend neu gestaltet und um zahlreiche neue Funktionen für Redakteure erweitert. Außerdem ist das Backend nun vollständig responsive und auch von Mobilgeräten aus nutzbar. Weitere Änderungen betreffen die Installation und die Wartung des Systems. Diese Veränderungen haben einen direkten Einfluss auf Ihre Arbeit mit TYPO3 und werden in den entsprechenden Kapiteln beschrieben.

Zahlreiche Neuerungen der TYPO3-Versionen 6.2 bis 7.6 stecken im Detail: Durch verschiedene Optimierungen wurde die Leistungsfähigkeit des Systems verbessert, dadurch können Seiten schneller ausgeliefert werden. Jedoch sind auch Kompatibilitätsschichten entfallen, sodass beim Update von der Vorversion 6.2 oder bei der Nutzung älterer Extensions besondere Schritte berücksichtigt werden müssen.

Aufbau dieses Buchs

Die Aneignung von TYPO3-Praxiswissen steht in diesem Buch an erster Stelle. So wird, sofern möglich und sinnvoll, mit einem kapitelübergreifenden Praxisbeispiel gearbeitet. Sie lernen von Grund auf, wie TYPO3 funktioniert und wie Sie eigene Projekte mit TYPO3 realisieren. Dabei bauen die Kapitel aufeinander auf.

In diesem ersten Kapitel erfahren Sie in späteren Abschnitten, welche hilfreichen Internetadressen es zu TYPO3 gibt und was ein Content-Management-System überhaupt ist.

Kapitel 2, *TYPO3 installieren*, widmet sich der Installation von TYPO3. Wenn Sie es selbstständig installieren und nicht die Vorteile von auf TYPO3 spezialisierten Providern nutzen möchten, erhalten Sie in diesem Kapitel gleich zwei Installationsanleitungen: Der schnelle Weg auf Grundlage der Containervirtualisierung *Docker* ermöglicht es Ihnen, auf allen Betriebssystemen schnell eine TYPO3-Installation zum Ausprobieren an den Start zu bekommen. Darüber hinaus finden Sie eine Installationsanleitung für die manuelle Installation auf Linux-Systemen. Weiterhin erhalten Sie in diesem Kapitel eine Einführung in das *Install-Tool*, mit dem die Basiskonfiguration des Systems über eine grafische Oberfläche vorgenommen wird.

Eine Einführung in die Konfigurationsumgebung für Administratoren und Redakteure, das sogenannte Backend, erhalten Sie in Kapitel 3, *Das Backend kennenlernen*. Dort wird gezeigt, welche Funktionen in welchen Menüpunkten enthalten sind. Außerdem lernen Sie in diesem Kapitel den generellen Umgang mit dem TYPO3-Backend kennen.

In Kapitel 4, *Das Praxisbeispiel vorbereiten*, beginnen Sie damit, das Praxisbeispiel mit TYPO3 vorzubereiten. Dazu erstellen Sie zunächst eine sogenannte HTML-Designvorlage und stellen dem System benötigte Dateien zur Verfügung. Dazu erfahren Sie, wie Sie eine Seitenstruktur anlegen.

Eine Einführung in die TYPO3-eigene Skriptsprache TypoScript erhalten Sie in Kapitel 5, *TypoScript in der Praxis*. Mit dieser Skriptsprache werden Webseiten logisch beschrieben. Sie lernen den objektorientierten Aufbau von TypoScript, die Sprachsyntax sowie die wichtigsten Objekte und deren Eigenschaften kennen. Am Ende dieses Kapitels werden Sie die Designvorlage in Ihr TYPO3-Projekt integriert haben und bereits erste sichtbare TYPO3-Erfolge auf der Website verbuchen können.

Kapitel 6, *Grafiken mit TypoScript erstellen*, widmet sich der Integration von Grafiken in die Designvorlage. Sie erfahren, wie bestehende Grafiken eingebunden und dynamische Grafiken generiert werden. Die dynamische Grafikgenerierung wird hier genutzt, um responsive und auf verschiedene Ausgabegeräte optimierte Grafiken zu erstellen.

Wie Sie dynamisch generierte Menüs erstellen, ist Thema von Kapitel 7, *Menüs erstellen*. Hierzu werden auf die in Kapitel 4, *Das Praxisbeispiel vorbereiten*, angelegte Seitenstruktur zurückgegriffen und verschiedene Arten von Menüs in die Praxis umgesetzt.

In Kapitel 8, *Inhalte ausgeben*, erfahren Sie, wie vom Redakteur eingepflegte Inhalte auf der Webseite ausgegeben und formatiert werden können. Neben der Formatierung von klassischen textbasierten Inhalten erfahren Sie außerdem, wie Sie Sitemaps erstellen, ein Kontaktformular integrieren und mit Backend-Layouts arbeiten.

Wie Sie mehrsprachige Präsentationen mit nur einem Seitenbaum erstellen, steht in Kapitel 9, *Erweiterte Darstellung von Inhalten*. In diesem Kapitel erfahren Sie außerdem, wie eine Druckversion der Webseite und zugriffsgeschützte Bereiche realisiert werden.

Das Integrieren und Individualisieren von Erweiterungen in TYPO3 ist Thema von Kapitel 10, *Bestehende Erweiterungen integrieren*. Sie erlernen anhand des News-Plug-ins ausführlich, wie und wo TYPO3-Erweiterungen im System verankert werden und wie Sie diese Erweiterungen an Ihre eigenen Bedürfnisse anpassen.

Um zu zeigen, wie eigene Funktionalitäten in TYPO3 integriert werden können, wird in Kapitel 11, *Eine eigene Erweiterung schreiben*, eine ebensolche für TYPO3 geschrieben. Zur Realisierung dieser Erweiterung sind PHP-Kenntnisse von Vorteil, aber auch ohne diese werden Sie das grundlegende Prinzip von TYPO3-Erweiterungen verstehen.

In Kapitel 12, *Benutzerrechte für Redakteure anlegen*, lernen Sie, wie Benutzerrechte für Redakteure eingestellt werden, sodass nur noch tatsächlich benötigte und vom Praxisprojekt unterstützte Funktionalitäten für diese Redakteure zur Verfügung stehen.

In Kapitel 13, *Tipps und Tricks*, werden weitere interessante und praxisnahe Aufgabenstellungen behandelt, die nicht oder nur schlecht im Praxisbeispiel Platz gefunden hätten. Beispielsweise wird hier erläutert, wie Sie ein Update auf eine höhere TYPO3-Version durchführen können, was zu tun ist, wenn Sie Ihr Passwort vergessen haben, wie Sie eine Trennung von Entwurfsarbeits- und Live-Umgebung erreichen und wie Sie suchmaschinenfreundliche und lesbare URLs generieren können.

Beispielskripte

Die in diesem Buch verwendeten Skripte, HTML-Vorlagen und Grafiken finden Sie online unter *http://downloads.oreilly.de/9783960090243* zum Download.

Typografische Konventionen

In diesem Buch werden die folgenden typografischen Konventionen verwendet:

Kursivschrift
: Wird für Datei- und Verzeichnisnamen, E-Mail-Adressen und URLs, aber auch bei neuen Fachbegriffen und für Hervorhebungen verwendet.

`Nichtproportionalschrift`
: Wird für Codebeispiele und Variablen, Funktionen, Befehlsoptionen, Parameter, Klassennamen und HTML-Tags verwendet.

`Nichtproportionalschrift fett`
: Wird in den Codebeispielen zur Hervorhebung einzelner Zeilen bzw. Abschnitte verwendet.

Tipp Die Vorspultaste kennzeichnet einen Tipp oder einen generellen Hinweis mit nützlichen Zusatzinformationen zum Thema.

Warnung Die Stopptaste kennzeichnet eine Warnung oder ein Thema, bei dem man Vorsicht walten lassen sollte.

Support Die Abspieltaste markiert Hinweise aus dem täglichen, realen Supportgeschehen, dokumentiert von Mitarbeitern des größten TYPO3-Webhosting-Spezialisten.

Support

TYPO3 ist das Kind von Kasper Skårhøj, der sich 2007 aus der aktiven Entwicklung verabschiedet hat. Ein System, das viele Millionen Mal heruntergeladen wurde, erfordert einiges an Betreuungsaufwand. Derzeit hat es sich ein ganzes Entwicklerteam zur Aufgabe gemacht, das TYPO3-CMS weiterzuentwickeln. Zwischen den Versionen 6.2 und 7.6 flossen in den Programmquelltext von TYPO3 Beiträge von 287 verschiedenen Entwicklern ein.

Die Weiterentwicklung von TYPO3 wird von der *TYPO3 Association* organisiert; einem nichtkommerziellen und nicht profitorientierten Verein mit Sitz in der Schweiz. Dieser Verein hat zwei Arten von Mitgliedern: aktive und unterstützende. Erster Vorsitzender des Vereins ist derzeit Olivier Dobberkau. Informationen zu diesem Verein finden Sie online unter *association.typo3.org*.

Bei einer so großen Anzahl von Installationen ist es wichtig, bestimmte Regeln einzuhalten. Bug-Reports direkt per E-Mail an die Entwickler von TYPO3 werden zwar häufig zur Kenntnis genommen und vielleicht erhalten Sie auch eine Antwort, aber der reguläre Weg ist das nicht. Unter *forge.typo3.org* steht ein Bugtracking-System zur Verfügung, in dem Sie sich danach erkundigen können, ob Fehler bereits gemeldet oder behoben sind – und Sie können hier natürlich auch Fehler melden. Auch für Erweiterungen stehen dort Bugtracker zur Verfügung. Bevor Sie jedoch als TYPO3-Anfänger gleich in den ersten Tagen damit anfangen, Bugs zu melden, sollten Sie sicherstellen, dass es sich auch wirklich um Fehler handelt. Nützlicher, als eine E-Mail direkt an die Entwickler zu schicken oder eine Information im Bugtracking-System zu hinterlassen, ist daher eine Anfrage an die internationale TYPO3-Gemeinschaft in der TYPO3-Newsgruppe unter *lists.typo3.org* oder im Slack-Channel unter *typo3.slack.com*.

Supportanfragen können Sie im deutschsprachigen TYPO3-Portal unter der Adresse *www.typo3.net* oder auch in der Newsgruppe stellen. Meistens wird Ihre Frage innerhalb weniger Minuten beantwortet. Versuchen Sie einmal, so einen Support von Ihrem Softwarehersteller zu bekommen (und dazu noch kostenlos)!

Es gibt inzwischen viele Firmen, die kostenpflichtigen Support zu TYPO3 leisten und spezielle Schulungen anbieten. Wenn Sie innerhalb kurzer Zeit eine Lösung für ein komplexeres Problem benötigen, wird dieser Weg eine gute Alternative zu den kostenlosen Supportangeboten sein. Auf *http://typo3.org/support/professional-services* finden Sie ein Verzeichnis von Unternehmen, die sich auf verschiedene Dienstleistungen rund um TYPO3 spezialisiert haben.

Seit 2004 werden das TYPO3 Core System und häufig genutzte Erweiterungen vom *TYPO3 Security Team* auf Sicherheit geprüft. Das Team gibt regelmäßig Meldungen zu Sicherheitslücken heraus. Diese TYPO3 Security Bulletins stehen auf der Webseite *http://typo3.org/teams/security/* und werden über die Mailingliste *lists.typo3.org* und über den Newsfeed unter *news.typo3.org* verbreitet. Werden Sicherheitslücken in TYPO3 bekannt, wird in der Regel sehr schnell eine neue Version veröffentlicht.

Um Abwärtskompatibilität zu gewährleisten, werden in der Regel stets mehrere Versionszweige von TYPO3 gleichzeitig gepflegt. Aktuell sind die Versionszweige 6 und 7 erhältlich. Außerdem sind bereits erste Vorab-Versionen der TYPO3-Version 8 verfügbar, die sich derzeit in der Entwicklung befindet. Jeweils eine Version aus jedem Zweig ist als *Long Term Support*-Version (LTS) gekennzeichnet und wird für volle drei Jahre mit Updates versorgt. Die aktuellen LTS-Versionen sind:

1. TYPO3 6.2,
   erschienen im April 2014 und unterstützt bis März 2017
2. TYPO3 7.6,
   erschienen im Dezember 2015 und unterstützt bis November 2018

Darüber hinaus existiert noch die LTS-Version 4.5, deren Support im April 2015 auslief. Aufgrund der (damaligen) großen Beliebtheit dieser Version wurde sie jedoch im Rahmen des Extended Long Term Support bis April 2016 mit kostenpflichtigen Updates versorgt. Unabhängig von der ganzen Versionsvielfalt sollte jedoch für neue Projekte stets die derzeit aktuelle LTS-Version 7.6 genutzt werden.

Weitere Ressourcen

http://typo3.org/documentation/

TYPO3 ist ausgiebig und umfassend dokumentiert. Kaum ein anderes Open Source-Projekt kann mit über 3.000 Seiten kostenlos erhältlicher Dokumente aufwarten. Nachteilig ist allerdings, dass diese Dokumentationen im Regelfall sehr technisch und auf Englisch verfasst sind. Eine Einführung in das TYPO3-System bieten diese Dokumente nicht. Aber als Nachschlagewerke für Suchende, die ein bestimmtes Problem zu lösen haben, sind sie bestens geeignet.

Die Dokumente stehen im Regelfall online als HTML-Dokument oder als PDF zur Verfügung.

http://typo3.net

Dieses deutschsprachige TYPO3-Portal entspricht dem Bedürfnis der deutschsprachigen Gemeinschaft, Informationen über die Anwendung von TYPO3 für Entwickler zu erhalten. In einem umfassenden Forum können Sie in bereits beantworteten Fragen suchen, eigene Fragen stellen und auf Fragen antworten. Zu häufig verwendeten Modulen finden Sie deutschsprachige Anleitungen. Die ursprünglich englischsprachige TypoScript-Referenz finden Sie unter *http://www.typo3.net/tsref/* in einer deutschen Übersetzung.

http://lists.typo3.org
: Wer gern mit Newsgruppen arbeitet, wird sich in dieser Newsgruppe gut zurechtfinden. Entwickler des Kernsystems tummeln sich in *typo3.dev*, auch stehen regionalen TYPO3-Anwendergruppen eigene Newsgruppen zur Verfügung.

http://typo3.slack.com
: *Slack* ist ein Onlinewerkzeug zur Echtzeitkommunikation in Teams und bietet mächtige und über den Browser nutzbare Chatfunktionen an. Aktuell ist der TYPO3-Slack-Kanal im Begriff, die Mailingliste als Kommunikationsmedium abzulösen. Eine Registrierung ist unter *https://forger.typo3.org/slack* möglich.

http://association.typo3.org
: Dies ist die Homepage der TYPO3-Association.

http://certification.typo3.org
: Im Jahr 2008 wurde erstmals ein offizielles Zertifikat für TYPO3-Entwickler angeboten. Bislang wurden mehrere Tausend Zertifizierungen zum *Certified TYPO3 Integrator* durchgeführt. Informationen zur Zertifizierung erhalten Sie unter dieser URL.

http://typo3.org/teams/security/
: Das Security Team von TYPO3 veröffentlicht Meldungen bei Bekanntwerden von Sicherheitslücken in TYPO3 oder in bekannten Erweiterungen. Diese Security Bulletins können über eine Mailingliste, über *http://news.typo3.org* oder über einen Feed abgerufen werden und leisten einen wichtigen Beitrag zur Sicherheit von TYPO3.

http://forge.typo3.org
: Die *TYPO3-Forge* ist ein Portal für Extension- und Core-Entwickler. Hier finden Sie Unterseiten für diverse Projekte wie etwa den TYPO3-Core, verschiedene Erweiterungen, das *FLOW3-Framework* oder *TYPO3 Neos*, auf denen Sie Bugs melden und den aktuellen Entwicklungsstand verfolgen können.

Die Geschichte von TYPO3

Die Überlegung, ein Content-Management-System zu entwickeln, entstand bei Kasper Skårhøj, dem Erfinder, langjährigen Hauptentwickler und Kopf von TYPO3, bereits im Jahr 1997. Zu dieser Zeit waren Content-Management-Systeme nicht sonderlich weit verbreitet und der

Begriff »Content Management« noch gar nicht geprägt. Unternehmen wünschten jedoch Systeme, mit denen sich umfangreiche Internetpräsentationen auch ohne spezielle Kenntnisse verwalten lassen.

So wurde TYPO3 im Jahr 1998 kommerziell mit Blick auf die Bedürfnisse des Markts entwickelt und über die dänische Agentur Superfish.com vertrieben, bei der Kasper Skårhøj zu diesem Zeitpunkt angestellt war. Aufgrund der Erfahrungen, die mit bereits verkauften Versionen gesammelt worden waren, wurde TYPO3 Anfang 1999 vollständig neu entwickelt. Die Ziele der Agentur Superfish.com sollten jedoch andere sein. Kasper Skårhøj trennte sich daher Mitte 1999 von seinem Arbeitgeber. Das bereits bestehende kommerzielle TYPO3-System durfte Kasper Skårhøj bei seinem Ausscheiden selbstständig weiterentwickeln und auch sein Eigen nennen, inklusive aller Rechte.

Den Schritt, TYPO3 als Open Source-Projekt unter der GPL-Lizenz zu veröffentlichen, ging Kasper Skårhøj aufgrund seiner Überzeugungen und der bereits bestehenden Konkurrenz an kommerziellen Content-Management-Systemen auf dem Markt.

Bis Mitte 2000 entwickelte Kasper Skårhøj selbstständig eine Betaversion von TYPO3. Nach einjähriger Entwicklungszeit wurde TYPO3 der Öffentlichkeit vorgestellt und von der Open Source-Gemeinde getestet. Als dieser Härtetest bestanden war, wuchs innerhalb der noch kleinen TYPO3-Gemeinschaft das Interesse an weiteren Funktionalitäten.

Obwohl das System noch nicht sonderlich bekannt und verbreitet war, erkannten einige Entwickler das große Potenzial von TYPO3 und entwickelten bisher fehlende Funktionen, die sie, wie bei Open Source üblich, frei zur Verfügung stellten. Diese Module waren insbesondere das News-System, das Shop-System und ein Gästebuch. Während Kasper Skårhøj mit der Optimierung des Quelltexts beschäftigt war, entwickelte René Fritz diese Erweiterungen, die später in das Grundsystem aufgenommen wurden.

Nur durch das Engagement einer Person und den uneigennützigen Rückfluss von zeitraubenden Entwicklungen aus der Gemeinschaft ist TYPO3 zu dem geworden, was es heute ist: ein zuverlässiges, flexibles Content-Management-System mit umfangreichen Funktionalitäten und großer Beliebtheit.

Im Laufe der Zeit entstanden zudem weitere Produkte in der TYPO3-Community. Zu nennen ist hier beispielsweise das Content-Management-System Neos, dessen Entwicklung zunächst 2008 als Versionszweig von TYPO3 begann, dann als Nachfolgeprodukt fortgeführt und schlussendlich 2015 als eigenes Produkt mit eigener Community ausgegliedert wurde.

Heute, 19 Jahre nach den Anfängen des Systems, wurde TYPO3 fast neun Millionen Mal heruntergeladen, wird weltweit auf über 500.000 Webseiten eingesetzt und steht in 51 Sprachen zur Verfügung.[1]

Auch wenn TYPO3 kostenlos zur Verfügung steht, denken Sie bitte immer daran, dass der Mensch sich nicht nur von Luft und Liebe ernähren kann. Gerade beim Einsatz von TYPO3 in Agenturen, Unternehmen und Konzernen sollten Sie sich überlegen, welche Summe Sie im Vergleich zu kommerziellen Systemen eingespart haben, und dann einen Teil dieser Einsparung an die TYPO3-Association spenden, sich durch persönlichen Einsatz aktiv an der TYPO3-Gemeinschaft beteiligen und/oder Supporting Member Mitglied in der TYPO3-Association werden.

Danksagung

Herzlich bedanken möchten wir uns bei den Entwicklern, der Community und unseren Kollegen von Mittwald CM Service, die uns über einen langen Zeitraum hinweg motiviert und mit wertvollem Fachwissen unterstützt haben.

Dabei gilt unser Dank besonders unserem Mitarbeiter bzw. Kollegen Thorsten Bringewatt. Auch wenn er namentlich nicht auf dem Cover als Autor aufgeführt ist, hat er einen großen Beitrag geleistet. So gehen alle Anpassungen, die TYPO3 6.2 betreffen, sowie das für die Vorauflage neu entstandene Kapitel zu Fluid-Templates auf Herrn Bringewatt zurück.

Besonderer Dank gilt ebenfalls unserem Kollegen Hannes Strangmeier, der sich bereit erklärte, für die achte Auflage das vollständige Praxisbeispiel durchzuarbeiten, dabei sorgsam auf Korrektheit zu kontrollieren und mit seinem Fachwissen wertvolle Anregungen einzubringen.

Auch O'REILLY, namentlich Alexandra Follenius und Susanne Gerbert, gilt unser Dank für die freundliche und professionelle Unterstützung.

1 Vgl. *http://typo3.org/home/typo3-in-numbers/*

KAPITEL 2

TYPO3 installieren

In diesem Kapitel:

- Anforderungen an Server und Betriebssystem
- Anforderungen an die Software
- Testinstallation per Docker (alle Betriebssysteme)
- Den Server manuell installieren und konfigurieren
- Durchführung der Erstinstallation
- Das Install-Tool

Dieses Kapitel enthält Informationen zu den benötigten Servervoraussetzungen und erläutert, wie Sie TYPO3 installieren. Wenn Sie TYPO3 bei einem darauf spezialisierten Provider mit vorinstallierter Umgebung einsetzen, können Sie dieses Kapitel überspringen. Auf TYPO3 spezialisierte Provider finden Sie beispielsweise leicht durch eine Internetsuche nach dem Begriff *TYPO3 Hosting*.

Anforderungen an Server und Betriebssystem

Grundsätzliches

Grundsätzlich gilt: TYPO3 benötigt mehr Serverressourcen als statische Webseiten oder auch kleine dynamische PHP-Anwendungen. Datenbankabfragen und dynamische Grafikberechnungen unterscheiden TYPO3 von klassischen statischen Webseiten. Daher sollte der gewählte Server über schnelle, zuverlässige Festplatten und ausreichend CPU sowie Arbeitsspeicher verfügen. Die Anforderungen an Arbeitsspeicher und CPU lassen sich nur schwer abschätzen und sind von Projekt zu Projekt unterschiedlich.

Weitgehend statische Seiten – in denen sich die Inhalte also nur selten verändern, sodass die TYPO3-eigenen Caching-Mechanismen (dazu später mehr) besonders gut greifen – können in der Regel von kostengünstigen Angeboten von auf TYPO3 spezialisierten Providern gut bedient werden. Bereits ein durchschnittlich ausgestatteter virtueller Server mit 8 GByte Arbeitsspeicher und SSD-Festplatten kann im günstigen Fall Seiten mit ein bis zwei Millionen Aufrufen am Tag bedienen. Je nach Aufbau Ihrer Seite, insbesondere wenn Inhalte häufig verändert werden oder nutzerspezifischer Inhalt dargestellt werden soll, kann jedoch bereits eher der Wechsel auf einen eigenen Server mit eigener Hardware sinnvoll sein. Spätestens ab ca. zehn Millionen Aufrufen am Tag empfiehlt es sich, TYPO3 in einer Cluster-Umgebung aus mehreren Servern mit Lastverteilung zu betreiben oder spezielle Caching-Lösungen wie beispielsweise einen Varnish-Proxy einzusetzen.

Das geeignete Betriebssystem

TYPO3 ist grundsätzlich auf allen gebräuchlichen Betriebssystemen wie Linux, Mac OS und Windows lauffähig. Auch als Webserver kann jede übliche Variante eingesetzt werden, z.B. Apache, Nginx, IIS usw. TYPO3 wurde jedoch auf einem LAMP-System (*Linux, Apache, MySQL, PHP*) entwickelt und entfaltet in genau dieser Umgebung optimal sein Leistungsspektrum.

Einige TYPO3-Funktionalitäten können nur auf Linux-Servern mit Apache oder Nginx als Webserver eingesetzt werden. Funktionen wie z.B. die dynamische PDF-Generierung oder die mächtige indizierte Suche, die PDF- und MS-Word-Dokumente durchsuchen kann, stehen auf Windows-Systemen nicht oder nur beschränkt zur Verfügung.

Zum Testen, Entwickeln, Ausprobieren oder Präsentieren können Sie auf Windows- oder Mac OS-Systemen mittlerweile am einfachsten mit dem Container-Virtualisierungswerkzeug *Docker* installieren. Docker erlaubt es, komplette Betriebssystemabbilder mit einer Applikation und allen ihren Abhängigkeiten zu erstellen und diese portierbar zu machen. Auch für TYPO3 gibt es solche fertigen Images, die einfach importiert und gestartet werden können. Dank Virtualisierungstechnik laufen diese Container auch unter Windows und Mac OS in einer vollwertigen Linux-Umgebung (wovon Sie aufgrund guter Tools jedoch nicht viel mitbekommen), sodass Sie alle Vorteile eines Linux-Servers nutzen können.

Für den Produktiveinsatz eignet sich ein Docker-Container auf einem Windows-Rechner natürlich nicht unbedingt. Sofern es bei einem Projekt keine gravierenden Gründe gibt, die gegen Linux und Apache sprechen, sollten Sie für den Produktivbetrieb auf die Zuverlässigkeit von TYPO3 auf LAMP-Systemen vertrauen.

Anforderungen an die Software

Wenn Sie TYPO3 bei einem Provider einsetzen möchten, der sich nicht auf TYPO3 spezialisiert hat, müssen Sie vorher abklären, ob die unten beschriebenen Softwareversionen installiert sind. Möchten Sie TYPO3 auf einem eigenen Server selbstständig installieren, erhalten Sie hier Informationen zu den benötigten Versionen.

PHP

Um TYPO3 einsetzen zu können, wird zwingend PHP benötigt, da das System in PHP entwickelt wurde. Für alle TYPO3-Versionen ab 7.6 wird mindestens PHP 5.5 oder höher benötigt. Aus Performance-Gründen sollte PHP stets mit einem sogenannten Opcode-Cache betrieben werden. Dieser ist seit PHP 5.5 fester Bestandteil von PHP, aber nicht unbedingt bei allen Providern standardmäßig aktiviert. TYPO3 arbeitet auch bereits gut mit dem im Dezember 2015 erschienenen PHP 7 zusammen.

Die PHP-Version sollte mit GDlib-Unterstützung und Freetype kompiliert werden. GDlib und Freetype sind Softwarepakete, die die Bildbearbeitung in TYPO3 ermöglichen. Ohne diese Pakete ist TYPO3 zwar prinzipiell einsatzfähig, Grafikfunktionalitäten können dann jedoch nicht oder nur eingeschränkt genutzt werden. Freetype sollte mit TTF-Unterstützung in der Version 2.x kompiliert werden.

Darüber hinaus sollte der verfügbare Arbeitsspeicher pro einzelnem PHP-Prozess (*memory_limit*) auf nicht weniger als 256 MByte sowie die maximale Ausführungszeit für einzelne PHP-Prozesse (*max_execution_time*) auf nicht weniger als 240 Sekunden beschränkt sein.

ImageMagick oder GraphicsMagick

Als weitere Softwarepakete werden ImageMagick oder GraphicsMagick benötigt. Beide werden unter anderem für die Erzeugung von Vorschaubildern und skalierten Grafiken verwendet. Steht keines der Pakete zur Verfügung, können diese Grafikfunktionen in TYPO3 nicht genutzt werden.

ImageMagick wird in Version 6 oder höher zwingend vorausgesetzt. Alternativ zu ImageMagick kann auch GraphicsMagick in Version 1.1.x oder höher eingesetzt werden. GraphicsMagick basiert ursprünglich auf ImageMagick, ist aber deutlich performanter und damit schonender für Ihren Server.

Datenbank

Des Weiteren wird eine Datenbank benötigt. TYPO3 setzt als Datenbanksystem eine MySQL-Datenbank (oder die voll kompatible MariaDB-Datenbank) in der Version 5.5 oder höher voraus. Neben MySQL und

MariaDB werden auch andere Datenbanksysteme wie PostgreSQL und Oracle unterstützt. Grundsätzlich empfehlen wir jedoch, MySQL mindestens in der Version 5.5 oder MariaDB in mindestens Version 10 zu verwenden.

Testinstallation per Docker (alle Betriebssysteme)

Dieser Abschnitt enthält eine Anleitung zur schnellen Installation einer TYPO3-Umgebung auf Grundlage der Containervirtualisierung Docker. Diese Anleitung funktioniert auf allen Betriebssystemen, eignet sich – zumindest auf Windows und Mac OS – aber nicht unbedingt für den Einsatz in einer Produktivumgebung.

Aller Wahrscheinlichkeit nach kommen Sie mit der Installation über Docker (sofern Sie kein vorinstalliertes TYPO3 von einem Provider an die Hand bekommen haben) am schnellsten mit TYPO3 an den Start, deshalb betrachten wir diese Installationsmethode zuerst. Im darauf folgenden Abschnitt wird zudem die manuelle Installation von TYPO3 unter Linux noch im Detail betrachtet.

Docker unter Windows und Mac OS X einrichten

Unter Windows und Mac OS benötigen Sie zunächst die *Docker Toolbox*. Diese können Sie von *https://www.docker.com/products/docker-toolbox* herunterladen. Als Mac-Anwender bekommen Sie den Installer als PKG-Datei zum Download, als Windows-Anwender als EXE-Datei.

Führen Sie den Installer aus und befolgen Sie die Anweisungen. Während der Installation wird eine virtuelle Maschine auf Ihrem Rechner erstellt, in der ein minimales Linux mit Docker läuft. Mit dieser VM (*Virtuelle Maschine*) werden Sie jedoch nicht besonders in Kontakt kommen, da die Docker Toolbox Ihnen die meiste Arbeit abnimmt. Nach der Installation stehen Ihnen sowohl die Bedienung über die Kommandozeile als auch die über die Konfigurationsoberfläche *Kitematic* zur Verfügung.

Nach der Installation steht Ihnen sowohl unter Mac OS als auch unter Windows das *Docker Quickstart Terminal* zur Verfügung (entweder im Applikationsmenü oder auf dem Desktop). Dieses startet die Docker-VM (falls sie nicht schon läuft) und öffnet die Kommandozeile Ihres Betriebssystems (unter Mac OS also standardmäßig eine Bash-Shell und unter Windows eine *cmd.exe*), die für die Arbeit mit Docker schon fertig vorkonfiguriert ist. Abbildung 2-1 zeigt eine solche frisch gestartete Docker-Shell.

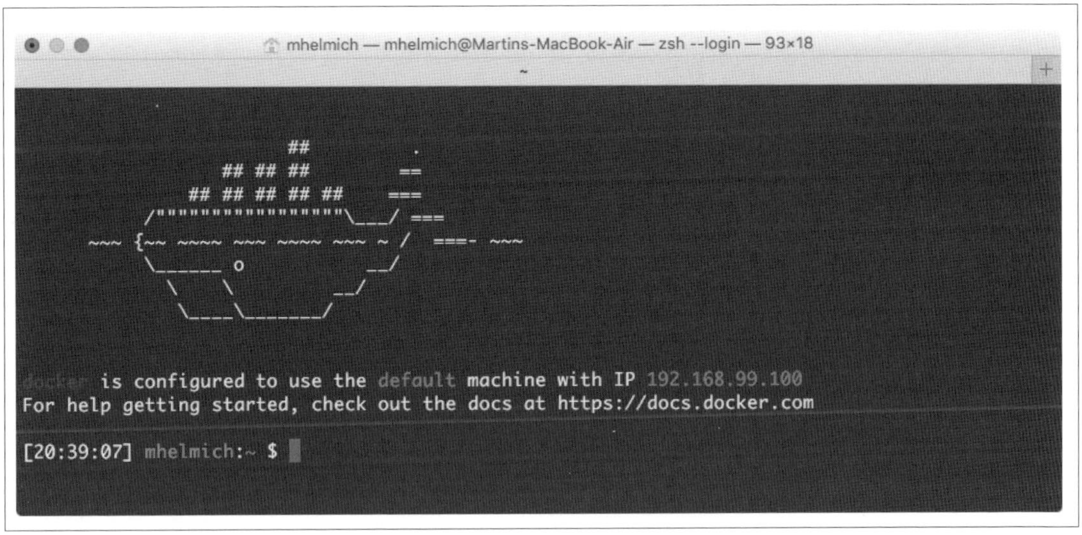

▲ **Abbildung 2-1**
Eine frisch gestartete Docker-Shell unter Mac OS X

Docker unter Linux einrichten

Unter den meisten modernen Linux-Betriebssystemen können Sie Docker (Root-Zugriff vorausgesetzt) einfach über die Paketverwaltung installieren. Unter Ubuntu funktioniert die Installation beispielsweise wie folgt:

1. Fügen Sie den Signaturschlüssel für die Docker-Installationsdateien hinzu:

```
$ sudo apt-key adv --keyserver hkp://p80.pool.sks-keyservers.net:80
--recv-keys 58118E89F3A912897C070ADBF76221572C52609D
```

2. Tragen Sie die Paketquellen des Docker-Projekts ein:

```
$ echo "deb https://apt.dockerproject.org/repo ubuntu-$(lsb_release
-cs) main" > /etc/apt/sources.list.d/docker.list
$ apt-get update
```

3. Installieren Sie das Paket per `apt-get`:

```
$ apt-get install docker-engine
```

TYPO3 per Docker starten

Haben Sie Docker (egal auf welchem Betriebssystem) eingerichtet, können Sie über die Docker-Kommandozeile nun einen vorkonfigurierten Container mit einem lauffähigen TYPO3 starten.

Zunächst benötigen Sie einen Datenbankserver, der später die Daten Ihrer TYPO3-Installation enthalten kann. Zu diesem Zweck nutzen wir das offizielle MariaDB-Docker-Image:

```
$ docker run --name typo3-db -d -e MYSQL_ROOT_PASSWORD=[ihr-passwort] -e
MYSQL_USER=typo3 -e MYSQL_PASSWORD=[ihr-passwort] -e MYSQL_DATABASE=typo3
mariadb:latest
```

Merken Sie sich die Datenbankzugangsdaten, die Sie hier dem Container übergeben – Sie werden sie später bei der Durchführung des TYPO3-Installationsassistenten wieder benötigen.

Im Anschluss starten Sie einen zweiten Container, der einen Webserver mit einem vorinstallierten TYPO3 enthält:

```
$ docker run --name typo3-web -d --link typo3-db:db -p 80:80 martinhelmich/
typo3:7
```

Im Anschluss können Sie über die URL *http://localhost* im Browser auf die TYPO3-Installation zugreifen. Unter Windows und Mac OS müssen Sie stattdessen die IP-Adresse der Docker-VM im Browser eintragen. Sie erfahren diese über folgenden Befehl:

```
$ docker-machine ip default
```

Falls Sie die Docker-VM oder gar Ihren Rechner beenden und zu einem späteren Zeitpunkt wieder da weitermachen möchten, wo Sie aufgehört haben, können Sie beide Container mit dem folgenden Befehl wieder starten:

```
$ docker start typo3-db typo3-web
```

Falls Sie eine Kommandozeile innerhalb des Containers benötigen (das ist im Grunde immer dann der Fall, wenn in einem der folgenden Kapitel mit Kommandozeilenbefehlen gearbeitet wird – keine Angst, das ist selten), hilft der `docker exec`-Befehl weiter:

```
$ docker exec -it typo3-web bash
```

Den Server manuell installieren und konfigurieren

Falls Sie den Server, auf dem Sie TYPO3 betreiben möchten, selbst administrieren, sind unter Umständen einige Anpassungen an der Serverkonfiguration notwendig. Im folgenden Abschnitt wird daher beschrieben, wie Sie die zum Betrieb notwendige Software auf einem Standard-Linux-System selbst installieren und konfigurieren können. Falls Sie Ihren Server nicht selbst administrieren, sondern von einem Webhosting-Dienstleister betreiben lassen, sind die folgenden Schritte in der Regel jedoch nicht notwendig.

Vorab: Die Welt der Linux-Distributionen ist vielfältig, und leider erlaubt der Platz es nicht, für jede Distribution eine ausführliche Installationsanleitung zu verfassen. Aus diesem Grund beschränken wir uns in diesem Abschnitt auf die Installation unter Ubuntu. Die verwendeten

Befehle sollten auch unter Debian Linux funktionieren, da sich die beiden Distributionen sehr ähnlich sind.

Benötigte Software installieren

Fast alle gängigen Linux-Systeme enthalten eine Paketverwaltung, mit der Software einfach nachinstalliert werden kann. Unter Ubuntu oder Debian Linux reicht beispielsweise folgende Anweisung auf einer Administrator-Kommandozeile, um den Webserver, PHP und sämtliche benötigte Software zu installieren:

```
$ apt-get install apache2 libapache2-mod-php5 php5-mysqlnd php5-gd
php5-json graphicsmagick mysql-server
```

Webserver und Datenbank konfigurieren

Im nächsten Schritt muss noch der Webserver konfiguriert werden. Unter Ubuntu und Debian können benutzerdefinierte Anpassungen an der Konfiguration in der Datei */etc/apache2/httpd.conf* vorgenommen werden.

Tragen Sie in diese Datei die folgende Zeile ein:

```
Options FollowSymLinks
```

Stellen Sie zudem sicher, dass das Apache-Modul *rewrite* aktiviert ist:

```
$ a2enmod rewrite
```

Anschließend weisen Sie mit folgendem Befehl auf der Kommandozeile den Webserver an, die Konfigurationsdatei neu einzulesen:

```
$ service apache2 reload
```

Danach können Sie eine neue MySQL-Datenbank und einen entsprechenden Benutzer anlegen. Beides können Sie später für Ihre TYPO3-Installation verwenden.

```
$ mysql -uroot -p -hlocalhost -e"CREATE DATABASE typo3db CHARSET utf8
COLLATE utf8_general_ci; GRANT ALL ON typo3db.* TO typo3@localhost
IDENTIFIED BY 'GeheimesPasswort'"
```

Den Quellcode unter Linux bereitstellen

Nachdem Sie Ihren Server für TYPO3 vorbereitet haben, benötigen Sie noch TYPO3 selbst. Den jeweils aktuellen Quellcode erhalten Sie unter *typo3.org* im Bereich *Download*.

Die Installation von TYPO3 kann auf zwei verschiedene Weisen durchgeführt werden. Sie können den TYPO3-Quelltext per Download als komprimiertes Archiv beziehen oder die Installation über den PHP-Paketverwalter *Composer* durchführen. Die Installation über Composer mag zunächst komplizierter erscheinen, macht jedoch spätere Updates des Systems einfacher.

Gehen wir von einer Serverumgebung aus, deren *DocumentRoot* für TYPO3 in */var/www/buch/html* liegt. Durch Aufruf der Domain *http://domainname.tld* würde somit in diesem Ordner nach einer *index.html* bzw. *index.php* gesucht und diese gegebenenfalls ausgegeben. Nach der Installation von TYPO3 sollte das möglichst ein leeres TYPO3-Projekt sein.

Schritt 1: Den TYPO3-Quellcode bereitstellen

Wechseln Sie in den Ordner */var/www/buch/html/*, laden Sie das *Source*-Paket herunter und entpacken Sie es:

```
$ cd /var/www/buch/html
$ wget --content-disposition 'https://get.typo3.org/7.6'
$ tar -xzf typo3_src-7.6.*.tar.gz
```

Support Auf älteren Systemen kann es sein, dass der oben angegebene `wget`-Befehl mit einer Zertifikatsfehlermeldung fehlschlägt. In diesem Fall können Sie statt `wget` auch den `curl`-Befehl nutzen:

```
$ curl -L -o typo3_src.tgz 'https://get.typo3.org/7.6'
| tar -xzf -
```

Die im Code-Beispiel genutzte URL *https://get.typo3.org/7.6* erlaubt es Ihnen, stets die aktuellste Unterversion von TYPO3 7.6 herunterzuladen. Möchten Sie eine ganz bestimmte Version herunterladen, können Sie auch die URL *http://get.typo3.org/7.6.2* nutzen.

Hier sehen Sie unter */var/www/buch/html/* den Unterordner *typo3_src-7.6.2/* (beachten Sie, dass die genaue Versionsnummer gegebenenfalls abweichen kann). Die Datei *typo3_src-7.6.2.tar.gz*, die den TYPO3-Quellcode in gepackter und komprimierter Form enthält, können Sie getrost wieder löschen:

```
$ rm typo3_src-7.6.2.tar.gz
```

Das Verzeichnis *typo3_src-7-6.2/* enthält nun alle für den Betrieb von TYPO3 notwendigen Quelldateien. Um das System über den Webserver ausliefern zu können, müssen nun noch einige symbolische Links erstellt werden. *Symbolische Links* (oder Symlinks) stehen sowohl unter Linux- als auch Windows-Systemen zur Verfügung und verweisen auf eine Datei oder einen Ordner. Sie werden mit dem Linux-Befehl `ln -s` erstellt. Dieser nimmt als ersten Parameter den Namen des Symlinks entgegen und als zweiten das Ziel des Verweises:

```
$ ln -s typo3_src-7.6.2 typo3_src
$ ln -s typo3_src/index.php index.php
$ ln -s typo3_src/typo3 typo3
$ ln -s typo3_src/_.htaccess .htaccess
```

Schlussendlich sollte Ihre Verzeichnisstruktur somit wie folgt aussehen:

```
.htaccess -> typo3_src/_.htaccess
index.php -> typo3_src/index.php
typo3 -> typo3_src/typo3/
typo3_src -> typo3_src-7.6.2/
typo3_src-7.6.2/
```

Der Inhalt der Datei *index.php* stammt somit aus der angegebenen Datei. Der Ordner *typo3_src/*, in dem die Datei *index.php* erwartet wird, ist jedoch wieder ein Verweis auf den Ordner */typo3_src-7.6.2*.

Diese Konstruktion mag zunächst kompliziert erscheinen, hat jedoch einen einfachen Grund: Möchten Sie später einmal ein Update auf eine aktuelle Version von TYPO3 durchführen, können Sie nun einfach den Symlink `typo3_src` auf ein anderes Verzeichnis zeigen lassen und so den TYPO3-Quelltext austauschen. Dieses Vorgehen ist im Detail in Kapitel 13 im Abschnitt »Updates von TYPO3 und Erweiterungen« auf Seite 381 beschrieben.

Weitere von TYPO3 zwingend benötigte Dateien und Ordner werden in den folgenden Schritten automatisch über das Install-Tool erstellt.

Schritt 2: Die Rechte anpassen

Grundsätzlich dürfte TYPO3 noch nicht über einen Webbrowser aufrufbar sein, da Sie noch einige Rechte anpassen müssen. Die im Folgenden dargestellte Rechteanpassung sollte auf die jeweilige Umgebung abgestimmt werden. Am sichersten dürfte das Recht 755 (statt 777) in Kombination mit einem chown (engl. *change owner*, Eigentümer und Gruppenzugehörigkeit ändern) sein. Es ist aber schwer, dazu eine pauschale Aussage zu machen; das folgende Beispiel soll hier genügen:

```
$ cd /var/www/buch
$ chown www-data:www-data * -R
$ cd /var/www/buch/html
$ chmod 755 * -R
```

Bitte beachten Sie, dass der Benutzername und die Gruppe, die beim `chown`-Kommando angegeben werden, je nach Serverkonfiguration wahrscheinlich abweichen dürften.

Support Dateien können auch per FTP (*File Transfer Protocol*) zum Bearbeiten von Ihrem lokalen Rechner auf den Server kopiert werden. Sofern sich Ihre TYPO3-Installation auf einem Linux-System befindet, achten Sie auf das Dateiformat. Beim Editieren auf Windows-Systemen werden Dateien häufig in das Windows-Format umgewandelt, was nachträglich eine Fehlerquelle aufgrund unterschiedlicher Zeilenumbruchzeichen darstellt.

Alternative: Installation per Composer

Die Installation von TYPO3 über *Composer* kann dann sinnvoll sein, wenn Sie ohnehin schon Composer zur PHP-Entwicklung nutzen oder später Installation und Updates Ihrer TYPO3-Installation automatisieren möchten. Bei einer Installation über Composer sind insbesondere Updates von TYPO3 und Extensions schnell und einfach möglich.

Um TYPO3 per Composer zu installieren, muss zunächst Composer selbst installiert werden. Composer ist ein Paketmanagementwerkzeug für PHP und kann über folgenden Kommandozeilenbefehl installiert werden:

```
$ curl -sS https://getcomposer.org/installer | php
```

Dieser Befehl prüft die Systemvoraussetzungen für Composer und lädt eine *composer.phar*-Datei in Ihr aktuelles Verzeichnis herunter. Wenn Sie möchten, können Sie diese Datei nun in den Suchpfad Ihres Systems verschieben, um Composer unkompliziert aus jedem Verzeichnis aufrufen zu können:

```
$ mv composer.phar /usr/local/bin/composer
```

Im Anschluss können Sie nun Composer nutzen, um TYPO3 zu installieren:

```
$ composer create-project typo3/cms-base-distribution /var/www/buch
```

Dieser Befehl erstellt das Verzeichnis */var/www/buch* und lädt alle benötigten Abhängigkeiten herunter. Standardmäßig installiert Composer auf diese Art die jeweils aktuellste Version von TYPO3. Falls Sie eine ganz bestimmte Version installieren möchten, können Sie diese als vierten Parameter mit angeben:

```
$ composer create-project typo3/cms-base-distribution /var/www/buch '7.6.*'
```

Das Verzeichnislayout, das Sie bei einer Installation über Composer bekommen, unterscheidet sich leicht vom Standardlayout bei einer manuellen Installation. Haben Sie obigen Composer-Befehl genutzt, um TYPO3 im Verzeichnis */var/www/buch* zu installieren, werden Sie dort nun folgende Inhalte finden:

```
composer.json
composer.lock
vendor/
  autoload.php
  typo3/
    ...
  ...
web/
  index.php -> ../vendor/typo3/cms/index.php
  typo3/ -> ../vendor/typo3/cms/typo3
```

Sie sehen, dass die Datei *index.php* nun im Verzeichnis *web/* liegt. Dementsprechend muss auch der DocumentRoot des Webservers in dieses *web/*-Verzeichnis zeigen. Die Datei *composer.json* enthält eine Spezifikation, welche Komponenten in Ihrem Projekt installiert sein sollen (also beispielsweise TYPO3 in der neuesten Version des Versionszweigs 7.6), und die Datei *composer.lock* enthält eine genaue Beschreibung aller derzeit im Projekt installierten Pakete.

Auch wenn das Verzeichnislayout ein wenig anders aussieht als bei der manuellen Installation, macht das später keinen großen Unterschied. Nachdem Sie TYPO3 über Composer installiert haben, können Sie mit der Ersteinrichtung in den folgenden Abschnitten genauso fortfahren wie bei einer manuellen Installation.

Tipp Einige Komponenten von TYPO3 werden sich anders verhalten, wenn Sie TYPO3 über Composer installiert haben. So werden Sie beispielsweise über den Erweiterungsmanager keine Extensions mehr herunterladen können, sondern können dies stattdessen über Composer machen. Auch das automatische TYPO3-Versionsupdate im Install-Tool wird von Composer abgelöst.

Durchführung der Erstinstallation

Nun können Sie, sofern alles richtig konfiguriert ist, TYPO3 erstmals über Ihren Webbrowser aufrufen. Geben Sie dazu als URL die jeweilige Domain ein, z. B. *http://domainname.tld.*

Sind alle Rechte richtig gesetzt, können Sie jetzt auf die TYPO3-Installationsoberfläche zugreifen.

Sie werden jedoch beim ersten Seitenaufruf eine Meldung erhalten, die besagt, dass der TYPO3-Installationsassistent noch freigeschaltet werden muss. Wie der Meldung zu entnehmen ist, muss dazu eine Datei mit dem Namen *FIRST_INSTALL* im Installationsverzeichnis angelegt werden. Wechseln Sie also mittels `cd` in den Ordner und erstellen Sie die entsprechende Datei:

```
$ cd /var/www/buch/html
$ touch FIRST_INSTALL
```

Wenn Sie nun die Seite in Ihrem Browser aktualisieren, sollte die Meldung verschwunden sein, und Sie können mit der eigentlichen Installation beginnen.

Der TYPO3-Installationsassistent hat hier die Bezeichnung *Install Tool* und wird Ihnen auch nach abgeschlossener Installation ein treuer Begleiter sein. Informationen zum Install-Tool erhalten Sie weiter unten im Abschnitt »Das Install-Tool«.

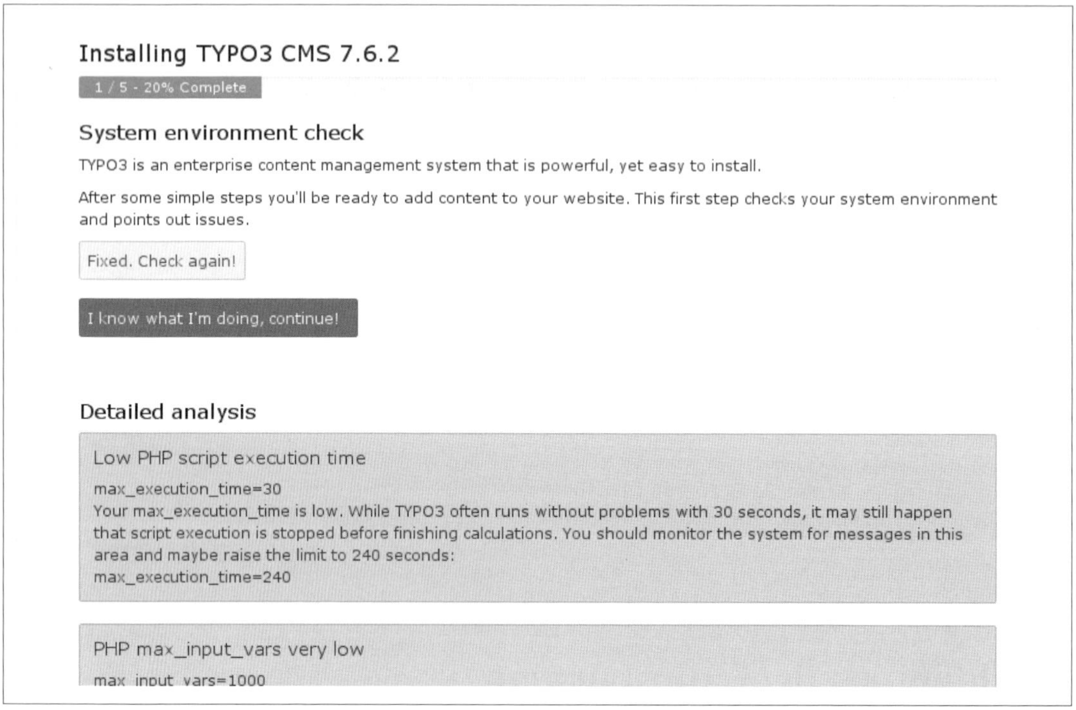

Abbildung 2-2 ▲
System Environment Check

Beim ersten Aufruf des Installationsassistenten überprüft TYPO3 zunächst Ihre Systemumgebung. Möglicherweise erhalten Sie hier entsprechende Warnmeldungen mit detaillierten Beschreibungen, wie Sie Ihr System optimieren können bzw. sollten, wie etwa in Abbildung 2-2 zu sehen ist. So werden Sie möglicherweise Meldungen wie *Low PHP script execution time* oder *PHP max_input_vars very low* erhalten. Diese Fehlermeldungen können Sie durch entsprechende Konfigurationen in der Konfigurationsdatei *php.ini* vornehmen. Unter Linux-Systemen finden Sie diese üblicherweise im Verzeichnis */etc/php*, */etc/php5* oder */etc/php7*:

```
max_execution_time = 240
max_input_vars = 1500
```

Alle Warnhinweise sind farbig kodiert: Die rot hinterlegten Hinweise sollten bei der Installation unbedingt berücksichtigt werden, da das System andernfalls sicher nicht funktionieren wird. Die gelb hinterlegten Hinweise sollten natürlich ebenso berücksichtigt werden, sind in der Regel jedoch eher Optimierungshinweise.

Über den Button *Fixed. Check again!* können Sie die Prüfung erneut durchführen. Die entsprechenden Warnmeldungen zur Verzeichnisstruktur sind nun verschwunden, möglicherweise erhalten Sie aber noch andere Meldungen, die Sie ebenfalls prüfen sollten. Möchten Sie trotz auftauchender Warnungen mit dem Installationsprozess fortfahren, können Sie das über den Button *I know what I'm doing, continue!* erzwingen.

Falls alle Meldungen verschwunden sein sollten, benutzen Sie den Button *System looks good. Continue!*.

Sie sollten nun eine Eingabemaske für die Angabe der Datenbankverbindung erhalten (siehe Abbildung 2-3). Ist das nicht der Fall, sollten Sie zunächst noch einmal die Berechtigungen prüfen (siehe Schritt 2: Die Rechte anpassen), da TYPO3 in der Zwischenzeit weitere Verzeichnisse und Dateien selbstständig erstellt hat.

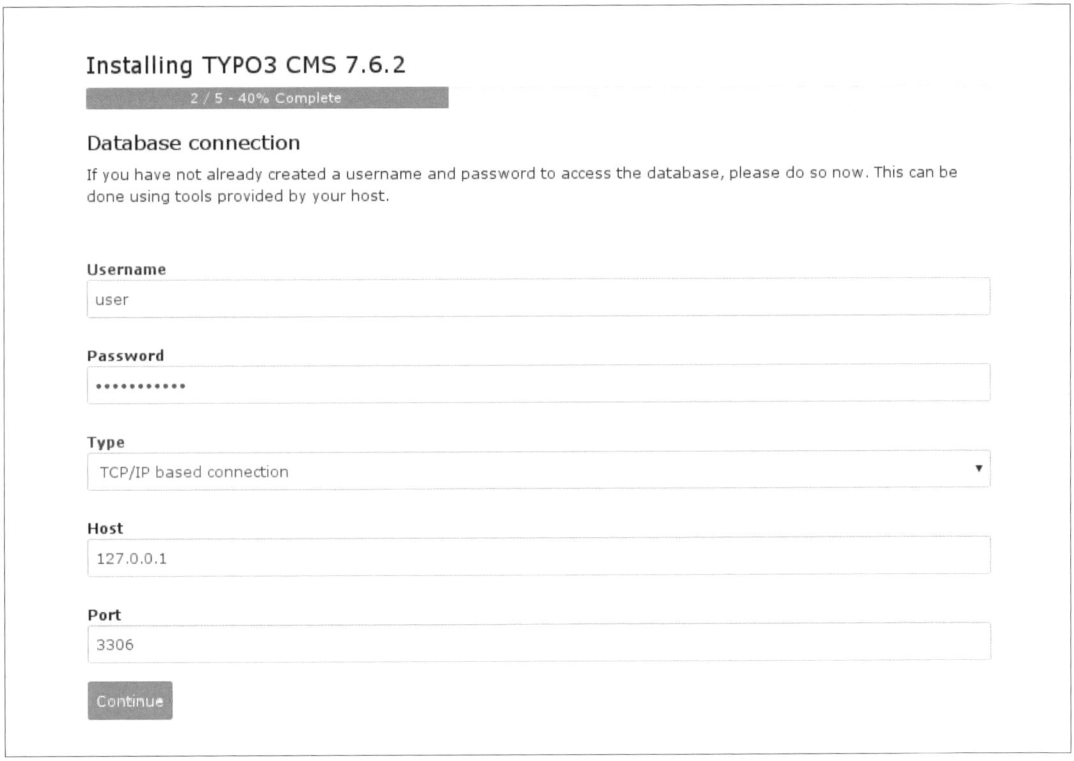

▲ **Abbildung 2-3**
Die Datenbankverbindung herstellen

Geben Sie in die drei Felder *Username*, *Password* und *Host* die Verbindung zur Datenbank ein und speichern Sie Ihre Angaben, indem Sie auf den Button *Continue* klicken. Sofern die Verbindung zum Datenbankserver erfolgreich war, können Sie auf der folgenden Seite aus einer Liste der Ihnen zur Verfügung stehenden Datenbanken diejenige auswählen, die für das TYPO3-Projekt genutzt werden soll. Beachten Sie, dass diese Datenbank eine leere Datenbank sein sollte, da vorhandene Daten gelöscht bzw. überschrieben werden. Wenn Sie sich unsicher sind, legen Sie am besten eine neue Datenbank an. Bestätigen Sie Ihre Angabe erneut mit dem Button *Continue*.

Tipp Falls Sie TYPO3 im vorigen Abschnitt mit Docker installiert haben, benötigen Sie hier die Zugangsdaten, die Sie als Parameter beim Starten des Datenbank-Containers mitgegeben haben. Der Hostname des Datenbankservers lautet dann einfach nur *db*.

Im nächsten Schritt vergeben Sie einen Benutzernamen und ein Passwort für Ihren zukünftigen Admin-Benutzer. Gleichzeitig können Sie bereits den sogenannten Site-Namen Ihrer geplanten Website angeben (dieser kann jedoch im Nachhinein auch noch geändert werden, dazu später mehr). Durch einen Klick auf den Button *Continue* werden nun alle für TYPO3 benötigten Tabellen und Felder angelegt sowie diverse Datensätze importiert. Zudem wird ein Backend-Benutzer mit dem Benutzernamen und dem Passwort angelegt, das Sie zuvor vergeben haben. Sofern Sie auch einen Seitentitel angegeben haben, wird dieser ebenfalls in die Datenbank geschrieben.

Im vorerst letzten Arbeitsschritt nimmt TYPO3 dann noch abhängig von Ihrer Systemumgebung automatisiert einige Konfigurationseinstellungen vor. Hier reicht ein Klick auf *Open the TYPO3 Backend*, wodurch das Backend Ihrer frisch aufgesetzten Installation aufgerufen wird.

Damit ist die Installation von TYPO3 abgeschlossen. Durch einen erneuten Aufruf der TYPO3-Installation über die Domain *http://domainname.tld* können Sie sich vergewissern: Sie sollten jetzt die Meldung *No pages are found on the rootlevel* bzw. die allgemeine Fehlermeldung *Oops, an error occured!* erhalten. In Kapitel 3, *Das Backend kennenlernen*, erhalten Sie nähere Informationen zu dieser Meldung.

Das Install-Tool

Das Install-Tool unterstützt Sie sowohl vor als auch während der Arbeit bei der Anpassung und Konfiguration von allgemeinen Eigenschaften. Sie haben es im vorigen Abschnitt, sofern Sie TYPO3 selbstständig installiert haben, bereits kennengelernt. Der eben verwendete Installationsassistent ist eine Kurzfassung des Install-Tools, die Ihnen die Angst vor mächtigen Konfigurationsmöglichkeiten direkt zu Beginn nehmen soll. Auch dieser Abschnitt soll Sie nicht verunsichern oder mit der Vielzahl an

Einstellungsmöglichkeiten erschlagen, sondern bloß auf einige wesentliche Punkte hinweisen.

In das TYPO3-Install-Tool gelangen Sie, indem Sie den Pfad */typo3/install* zu Ihrer Domain hinzufügen, also z. B. *http://domainname.tld/typo3/install*. Sollte sich das Install-Tool nicht öffnen lassen und mit der Textmeldung *The Install Tool is locked* beendet werden, müssen Sie zunächst das Install-Tool zugänglich machen. Legen Sie dazu eine neue, leere Datei mit dem Namen *ENABLE_INSTALL_TOOL* im Verzeichnis *typo3conf/* an. Das bloße Vorhandensein dieser Datei aktiviert bereits das Install-Tool.

Sofern Sie einen direkten Zugriff auf den Server haben, z. B. über SSH, können Sie die Datei so anlegen:

```
$ cd /var/www/buch/html/typo3conf/
$ touch ENABLE_INSTALL_TOOL
```

Die Datei *ENABLE_INSTALL_TOOL* kann ebenfalls über einen FTP-Zugang in das Verzeichnis übertragen werden. Auf Windows-Systemen wird bei der Erstellung einer leeren Datei meist zwingend eine Dateiendung vorgegeben. Diese Dateiendung muss jedoch nach dem Übertragen auf den Server entfernt werden, z. B. durch Umbenennen der Datei.

Wundern Sie sich nicht, wenn die Datei nach einer Stunde wieder verschwunden und das TYPO3-Install-Tool blockiert ist. TYPO3 prüft stündlich, ob die Datei vorhanden ist, und löscht sie dann automatisch.

Support

Dateien können auch per FTP (*File Transfer Protocol*) zum Bearbeiten von Ihrem lokalen Rechner auf den Server kopiert werden. Sofern sich Ihre TYPO3-Installation auf einem Linux-System befindet, achten Sie auf das Dateiformat. Beim Editieren auf Windows-Systemen werden Dateien häufig in das Windows-Format umgewandelt, was nachträglich eine Fehlerquelle aufgrund unterschiedlicher Zeilenumbruchzeichen darstellt.

Das Passwort für das Install-Tool ändern

Sie können sich einfach mit dem zuvor im Installationsassistenten vergebenen Passwort anmelden.

Nach erfolgtem Log-in können Sie Ihr während der Installation vergebenes Passwort jedoch jederzeit ändern. Geben Sie dazu in das in Abbildung 2-4 gezeigte Feld *Enter new password* ein neues Passwort ein, wiederholen Sie Ihre Eingabe im Feld *Repeat Password* und bestätigen Sie dieses neue Passwort über den Button *Set new password*.

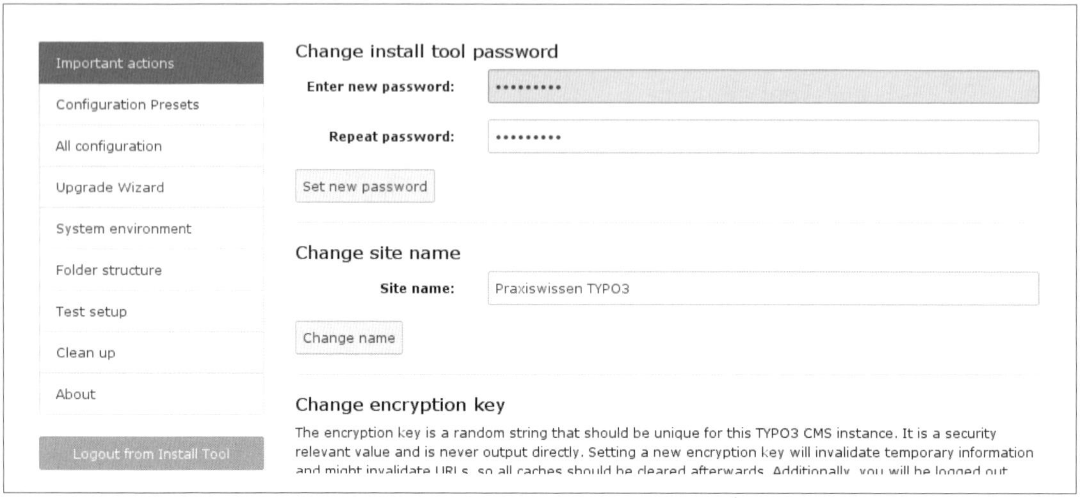

Abbildung 2-4 ▲
Das Passwort für das Install-Tool ändern

Haben Sie TYPO3 vorinstalliert bei einem auf TYPO3 spezialisierten Provider erhalten, wurde Ihnen das Passwort für das Install-Tool von Ihrem Provider mitgeteilt. Der Sicherheit halber sollten Sie ein solches vordefiniertes Passwort jedoch zügig ändern.

Einstellungen mit dem Install-Tool konfigurieren und überprüfen

Das System an sich lässt sich auf viele Arten konfigurieren. In der Standardinstallation wird TYPO3 mit einer Default-Konfiguration ausgeliefert, die im Regelfall nur noch an wenigen Stellen angepasst werden muss. Eine klassische Anpassung, die Sie bereits im vorangegangenen Abschnitt vorgenommen haben, ist die Angabe der Daten für die Verbindung zur Datenbank. Auch das Ändern des Passworts für das Install-Tool ist eine Konfiguration, da dieses Passwort nicht in der Datenbank gespeichert wird.

Einstellungen, die über das Install-Tool vorgenommen werden, speichert TYPO3 in der Datei *typo3conf/LocalConfiguration.php*. Wenn Sie sich sehr gut auskennen, können Sie diese Datei auch manuell bearbeiten, z.B. per FTP. Beachten Sie aber, dass eine fehlerhafte *LocalConfiguration.php* das Arbeiten mit TYPO3 unmöglich macht. Auch kann das Install-Tool unter Umständen bei einer fehlerhaften Datei so lange nicht mehr aufgerufen werden, bis alle Fehler beseitigt sind.

TYPO3 hält im Auslieferungszustand sämtliche Grundeinstellungen in der Datei *typo3/sysext/core/Configuration/DefaultConfiguration.php* vor. Die Anpassungen werden in der Datei *typo3conf/LocalConfiguration.php* gespeichert, die über das Install-Tool komfortabel editiert werden kann und die Basiskonfiguration überschreibt.

Support Nehmen Sie an der Datei *typo3/sysext/core/Configuration/DefaultConfiguration.php* keinerlei Änderungen vor, da sonst die Updatefähigkeit von TYPO3 nicht mehr gegeben ist.

Das Install-Tool gliedert sich in verschiedene Bereiche, die über die in »Important Actions« gezeigten Menüpunkte aufgerufen werden können. Im Folgenden werden die gebräuchlichsten Bereiche vorgestellt.

Important Actions

Ein paar wichtige Funktionalitäten werden gesondert in dem Bereich *Important Actions* angezeigt, so zum Beispiel das Ändern des Install-Tool-Passworts.

Database Analyzer

Der *Database Analyzer* ist eigentlich mehr als nur ein Analysewerkzeug: Sie können hier die Datenbank auf die Existenz von benötigten Tabellen und Feldern hin überprüfen (Button *Compare current database with specification*). Falls Unterschiede festgestellt werden, erhalten Sie eine Auflistung davon mit Vorschlägen dazu, welche Tabellen und Felder angelegt oder geändert werden sollten. Für TYPO3 überflüssige Tabellen und Felder werden ebenfalls mit aufgelistet, würden aber lediglich umbenannt und sind für diese Aktion auch nicht vorausgewählt. Sie können dann die gewählten Änderungen direkt über den Button *Execute* vornehmen.

Diese Funktion wird bei einem Update von TYPO3 auf eine höhere Version benötigt, weshalb sich im *Upgrade Wizard*, auf den im weiteren Verlauf noch genauer eingegangen wird, auch eine Verlinkung zum *Database Analyzer* befindet. Hier stellen Sie sicher, dass alle neuen Tabellen und Felder angelegt bzw. Änderungen an Datenbankfeldern vorgenommen werden. Nähere Informationen dazu, wie Sie ein Update von TYPO3 auf eine höhere Version durchführen, finden Sie in Kapitel 13, *Tipps und Tricks*.

Support Häufig hilft ein Vergleich (Compare) der Datenbank bei MySQL-Fehlermeldungen im TYPO3-Backend und -Frontend. Fehler in der Datenbankstruktur können beispielsweise bei der Installation und Deinstallation von TYPO3-Erweiterungen entstehen. Nach der Ausführung der *COMPARE*-Funktion findet eine Überprüfung der Datenbankstruktur und der benötigten Tabellenstrukturen statt. Sie erhalten eine Ausgabe der benötigten Änderungen, die Sie direkt über die Schaltfläche *Execute* ausführen lassen können.

Clear all cache
: Über den Button *Clear all cache* können Sie verschiedene von TYPO3 genutzte Zwischenspeicher leeren. Dies kann dann notwendig sein, wenn nach der Installation einer Extension über das Backend Fehler auftreten.

Clear PHP opcode cache
: Diese Option erlaubt Ihnen, den Opcode-Cache des PHP-Interpreters zu leeren. Dieser speichert sämtliche vom Server interpretierten PHP-Dateien zwischen; nach einem Versionsupdate oder der Aktualisierung einer Extension kann es gegebenenfalls notwendig sein, diesen Cache zu leeren.

Check for broken extensions
: Nützlich ist auch das Feld *Check for broken extensions*. Diese Funktion ist besonders bei Updates von früheren TYPO3-Versionen auf 7.6 interessant. Mit einem Klick auf den Button *Check extensions* werden die Dateien *ext_localconf.php* und *ext_tables.php* aller installierten Extensions geladen und auf mögliche Inkompatibilitäten hin überprüft. Sie erhalten dann eine entsprechende Erfolgs- oder Fehlermeldung.

Core update
: Die Funktion *Core update* erleichtert das Einspielen von Patches und möglichen Sicherheitsupdates innerhalb desselben Versionszweigs. Per Klick auf den Button *Update now* prüft TYPO3 auf aktualisierte Core-Dateien und bindet diese dann entsprechend ein. Falls TYPO3 über Composer installiert wurde, steht diese Funktion nicht zur Verfügung, da in diesem Fall auch ein Versionsupdate über Composer durchgeführt werden sollte.

Change site name
: Sie können in diesem Bereich im Feld *Site name* auch den sogenannten Site name ändern. Der Seitenname wird von TYPO3 beim Login für Redakteure und Administratoren angezeigt und findet auch im Backend Anwendung – dem Ort, an dem Redakteure und Administratoren arbeiten. Der Seitenname ist ebenfalls im oberen Abschnitt des Install-Tools zu erkennen (*Site → New TYPO3 site*). Die Angabe ist optional und hat keine Auswirkungen auf die Funktionalität von TYPO3.

Change encryption key
: Im Feld *Change encryption key* wird ein eindeutiger geheimer Serverschlüssel erzeugt, der für verschiedene Sicherheitsmechanismen innerhalb von TYPO3 verwendet wird. Bei der Erstinstallation wird automatisch ein zufälliger Schlüssel generiert. Bei Bedarf können Sie über die Schaltfläche *Set a new encryption key* einen neuen Schlüssel

generieren. Der so erzeugte Wert soll für die gesamte Laufzeit beibehalten und mit Rücksicht auf die Suchmaschinenoptimierung nicht nachträglich verändert werden. Da dieser Schlüssel für die URL-Erzeugung verwendet und in Form eines Hash-Werts als Parameter übergeben wird, kann die Veränderung des Schlüssels das Ranking der bei Suchmaschinen indexierten Seiten negativ beeinflussen.

Create backend administrator user

Eine nützliche Funktion bietet der Menüpunkt *Create backend administrator user*, der es Ihnen ermöglicht, einen Backend-Benutzer mit Administratorrechten über das Install-Tool anzulegen. Als Administrator haben Sie über das TYPO3-Backend Zugriff auf alle TYPO3-Funktionen. Beachten Sie, dass Benutzernamen stets eindeutig sein müssen. Wird ein Benutzername gewählt, der bereits vorhanden ist, kann dieser kein zweites Mal angelegt werden.

Beachten Sie, dass zumindest bei den Benutzernamen Groß- und Kleinschreibung keine Rolle spielt. Sie können zwar zum Beispiel einen Benutzer *MMustermann* anlegen, der mit genau dieser Groß- und Kleinschreibung gespeichert wird, einen zweiten Benutzer namens *mmustermann* können Sie danach allerdings nicht mehr anlegen.

Configuration Presets

Unter dem Punkt *Configuration Presets* erhalten Sie abhängig von Ihrer Systemumgebung einzelne Konfigurationsvorschläge. Zudem gibt es die Möglichkeit, vorgefertigte Konfigurationseinstellungen zu verwenden. So können Sie auch schnell zwischen speziellen Einstellungen für den Produktiveinsatz und die Entwicklung wechseln. Beispielsweise ist für die Produktivumgebung die Debug-Ausgabe standardmäßig deaktiviert und die Protokollierung von Fehlermeldungen eingeschränkt, während beides in der Entwicklungsumgebung voll verfügbar ist.

System Environment

Im Bereich *System Environment* wird eine Überprüfung von generell wichtigen Einstellungen vorgenommen. So wird unter anderem überprüft, ob die PHP-Konfiguration den Ansprüchen von TYPO3 genügt. Sie können an entsprechenden grafischen Hinweisen erkennen, ob der jeweilige Punkt kritische Auswirkungen auf die Ausführung von TYPO3 hat.

Folder structure

Ähnlich wie unter *System Environment* werden auch im Bereich *Folder structure* automatisiert Prüfungen durch TYPO3 vorgenommen. Überprüft wird, ob die Rechte für Verzeichnisse stimmen, TYPO3 also in diesen Verzeichnissen schreiben darf. Werden fehlerhafte oder auch zu großzügige Berechtigungen gefunden, ist es in den meisten Fällen möglich, diese über den dann erscheinenden Button *Fix errors* zu korrigieren.

Test setup

Der Bereich *Test setup* bietet Möglichkeiten, die Bildgenerierung und das Versenden von E-Mails zu testen.

Über den Punkt *Mail setup* wird geprüft, ob die Anwendung *sendmail* verfügbar ist. Sobald aus TYPO3 E-Mails versendet werden, beispielsweise über ein Kontaktformular, wird dieses Programm zum Versand genutzt. Ob Nachrichten aus dem System versendet werden, kann über die E-Mail-Testfunktion überprüft werden. Geben Sie dazu Ihre E-Mail-Adresse in das in Abbildung 2-5 gezeigte Feld ein und bestätigen Sie die Eingabe über die Schaltfläche *Send test mail*. Sollte *sendmail* auf Ihrem Serversystem nicht zur Verfügung stehen, können Sie an späterer Stelle den Mailversand so konfigurieren, dass stattdessen ein externer SMTP-Server für den Versand verwendet wird.

Abbildung 2-5 ▼
Überprüfung der E-Mail-Funktion

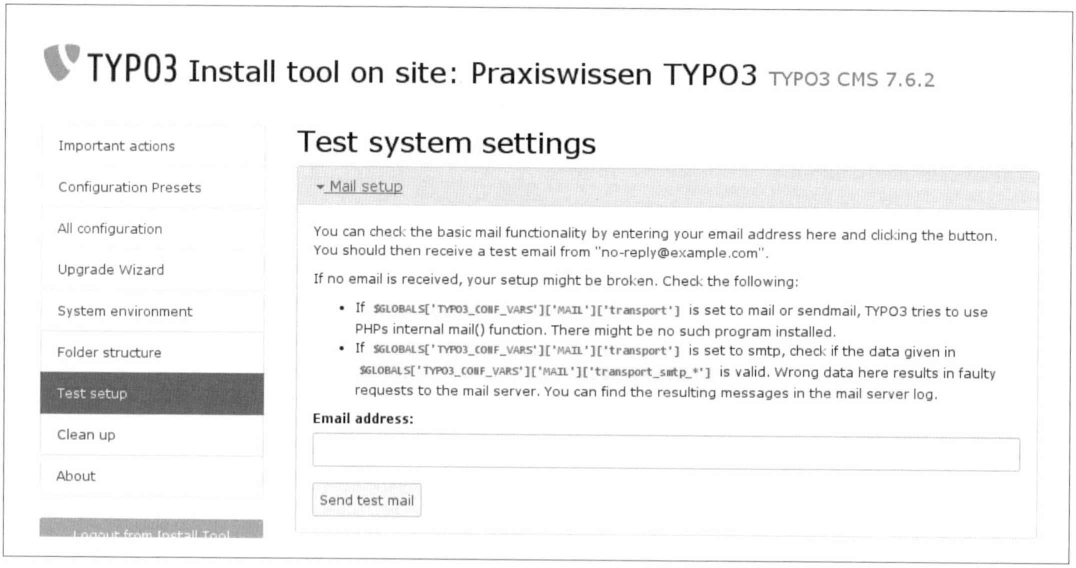

Support Die über die Testfunktion versendeten Nachrichten verwenden als Absenderadresse *no-reply@example.org*. Die erzeugten Nachrichten werden von Spamsystemen meist aussortiert. Sollten Sie die Testmail nicht erhalten, überprüfen Sie – bevor Sie den Fehler in der Serverkonfiguration suchen – zunächst, ob die E-Mail nicht eventuell vom Spamfilter aussortiert wurde.

Des Weiteren stehen Prüffunktionen zur Verfügung, die feststellen, ob die Konfigurationen von ImageMagick, Freetype und der GDlib mit TYPO3 korrekt zusammenspielen. Sollten Sie in diesen Prüffunktionen leichte Unterschiede zu den jeweils mitgelieferten Testbildern feststellen – nicht optischer Art, sondern bei den erzeugten Bildgrößen –, ist das kein Problem. Wichtig ist, dass die Bilder erzeugt werden und Sie keine visuellen Veränderungen feststellen können. Sind Veränderungen sichtbar oder sind die von TYPO3 verglichenen Dateigrößen dramatisch unterschiedlich, sollten Sie die Installationen der jeweiligen Softwarepakete noch einmal überprüfen.

Falls bei Ihnen gar keine Bilder generiert werden, lässt sich das eventuell auch auf eine falsche Konfigurationseinstellung zurückführen. Unter dem Menüpunkt *Configuration Presets* können Sie die am häufigsten genutzten Konfigurationsvariablen für Ihre TYPO3-Installation anpassen. Dabei sind die möglichen Einstellungen in verschiedene Teilbereiche gegliedert, die Sie mit einem Klick auf den entsprechenden Titel (beispielsweise *Image handling settings*) einfach auf- und zuklappen können.

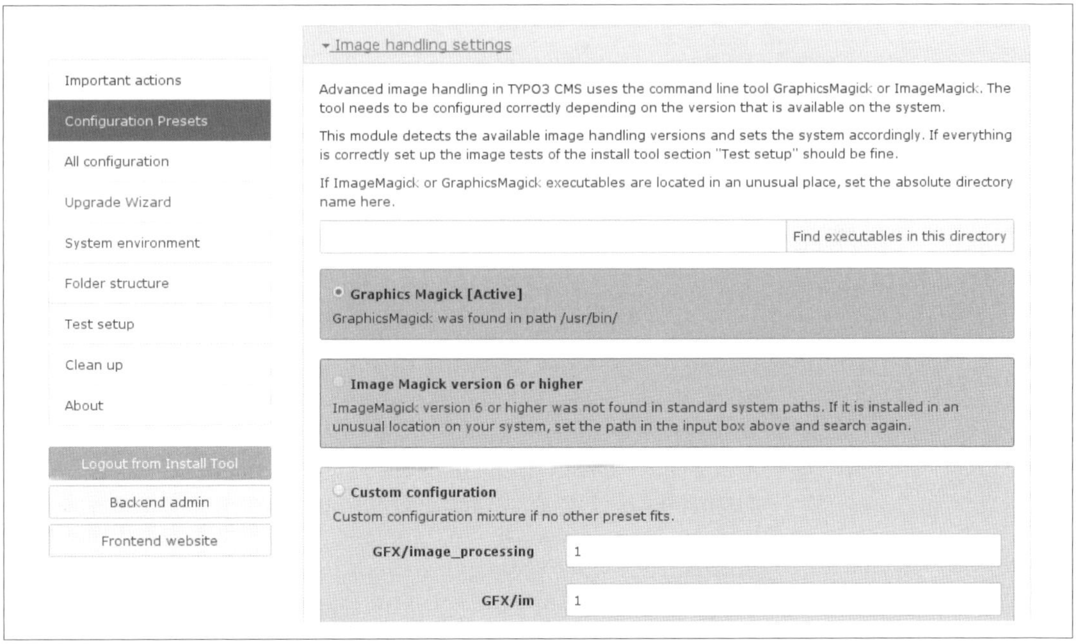

▲ **Abbildung 2-6**
Pfad zu den ImageMagick-Programmen angeben

Im Bereich *Image handling settings* können Sie angeben, ob TYPO3 ImageMagick oder GraphicsMagick zur Grafikgenerierung nutzen soll (normalerweise erfolgt diese Konfiguration jedoch während des Installationsprozesses automatisch). Falls keines der beiden Programme unter den üblichen Pfaden gefunden werden kann, können Sie die Option *Custom configuration* nutzen, um im Eingabefeld *GFX/im* selbst anzugeben, in welchem Ordner sich die ausführbaren Dateien *convert*, *combine* und *identify* befinden (siehe Abbildung 2-6).

Wie oben bereits erwähnt: Sollten Sie bei den erzeugten Bildgrößen in diesen Prüffunktionen leichte Unterschiede zu den jeweils mitgelieferten Testbildern feststellen, ist das kein Problem.

Upgrade Wizard

Der Upgrade Wizard ist ein Assistent, der nach einem Update der TYPO3-Version ausgeführt werden muss. Gehen Sie also nach einem Update von TYPO3 in das Install-Tool und dort auf den Menüpunkt *Upgrade Wizard* und befolgen Sie die dort gezeigten Anweisungen. Bei einem Update von einem Versionszweig auf einen anderen (also beispielsweise von 6.2 auf 7.6) können Sie über den Update Wizard die häufigsten notwendigen Anpassungen an Ihrer Konfiguration automatisch vornehmen lassen, sodass Ihre Seite weiterhin lauffähig bleibt.

All configuration

Unter *All configuration* finden Sie fast alle in TYPO3 möglichen Konfigurationsoptionen. Die Liste der Möglichkeiten ist sehr lang, daher wird hier nicht auf jeden einzelnen Punkt eingegangen. Im Folgenden werden lediglich die wichtigsten Konfigurationsmöglichkeiten vorgestellt:

System: doNotCheckReferer

TYPO3 überprüft bei einem Log-in in das Backend – die Umgebung für Redakteure und Administratoren – den *Referer*. Als Referer bezeichnet man die zuvor geöffnete Seite, die vom Browser im Regelfall mitübergeben wird. Bei einem Log-in wird nach dem Absenden der Zugangsdaten geprüft, ob die vorherige Seite auch wirklich die Log-in-Maske war, um sogenannte *Brute-Force-Attacken* zu erschweren. Bei Brute-Force-Attacken sendet ein von einem Angreifer geschriebenes Programm permanent zufällige Kombinationen von Benutzernamen und Passwörtern, um sich Zugang zum TYPO3-System zu verschaffen.

Einige sogenannte *private Firewalls*, die häufig auf privaten PCs eingesetzt werden, verhindern das Mitliefern des Referers. Dadurch kann TYPO3 nicht mehr feststellen, auf welcher Seite der Benutzer seine Zugangsdaten eingegeben hat, und unterbindet den Log-in. Daher kann es in einigen Fällen ratsam sein, die Überprüfung des Referers zu unterlassen. Aktivieren Sie dazu einfach die Option *doNotCheckReferer*.

Ebenso kann später auf der Webseite die Überprüfung des Referers Probleme bereiten. Sofern in Ihrem TYPO3-Projekt eine Möglichkeit bestehen soll, dass Besucher der Webseite Daten in eine Datenbank schreiben (z.B. in ein Gästebuch), wird auch hier der Referer überprüft. Der Vorteil liegt auf der Hand: So werden Attacken, bei denen ein Angreifer über ein eigenes Skript Unmengen von Datensätzen in Ihr Gästebuch schreibt, abgewehrt. Der klare Nachteil wiederum ist die Tatsache, dass einige Internetanwender mit einer (schlecht konfigurierten) privaten Firewall ausgeschlossen werden. Das Gästebuch steht hier nur beispielhaft für alle Funktionalitäten, bei denen Datensätze von den Besuchern einer Webseite in die Datenbank geschrieben werden.

Backend: lockSSL

Wenn Sie das TYPO3-Backend, also die Konfigurationsumgebung, in der Administratoren und Redakteure die Webseite verwalten, mit einer SSL-Verschlüsselung schützen möchten (*https*), können Sie hier als mögliche Werte *1* oder *2* angeben. Eine *0* als angegebener Wert deaktiviert die Verwendung von SSL. Mit dem Wert *1* ist das Backend nur noch über *https://domainname.tld/typo3* erreichbar. Der Wert *2* leitet alle Anfragen, die an *http://domainname.tld/typo3* gerichtet werden, an *https://domainname.tld/typo3* um.

System: fileCreateMask

Unter Unix-Systemen gibt es für jede Datei Zugriffsrechte. Wenn Sie neue Dateien in TYPO3 erzeugen, können Sie über *fileCreateMask* deren Rechte festlegen. Sollten Sie beim Arbeiten mit TYPO3 zwischenzeitlich Rechteprobleme bekommen, könnte das an einer falschen *fileCreateMask* bzw. *folderCreateMask* liegen. Ein geeigneter Wert wäre beispielsweise *0644*.

System: folderCreateMask

Ähnlich wie beim Punkt *fileCreateMask* werden die hier angegebenen Unix-Rechte für alle über TYPO3 erzeugten Verzeichnisse gesetzt. Ein geeigneter Wert wäre beispielsweise *2755*.

Support Wenn Sie nach der Installation der TYPO3-Erweiterung einen Internal Server Error angezeigt bekommen, kann das an einer falschen *fileCreateMask* oder *folderCreateMask* liegen.

Backend: sessionTimeout

Um einen unbefugten Zugriff auf das TYPO3-Backend zu verhindern, werden angemeldete Benutzer nach langer Inaktivität automatisch vom System abgemeldet. Das geschieht durch ein Cookie im Browser, in dem eine Zeit gespeichert ist, nach deren Ablauf der Benutzer abgemeldet wird. Diese Zeit können Sie über *sessionTime-*

out verändern, indem Sie einen Wert in Sekunden eintragen. Wenn Sie also auch nach der Mittagspause noch am System angemeldet sein möchten, müssen Sie hier den voreingestellten Wert erhöhen.

Backend: interfaces
: TYPO3 bietet dem Backend-Benutzer verschiedene Oberflächen, um Inhalte zu bearbeiten. Über den Punkt *Interfaces* kann ein Auswahlfeld für die Log-in-Maske erzeugt werden, die dem Benutzer wahlweise auch den direkten Log-in zum sogenannten Frontend-Editing-Modus ermöglicht. Im Frontend-Editing kann der Redakteur Seiteninhalte direkt in der Webseite über dargestellte Bearbeitungssymbole bearbeiten. Mögliche Eingaben für das Feld *Interfaces* sind *backend* und *frontend*.

Backend: adminOnly
: Mit dieser Option haben Sie die Möglichkeit, den Zugriff auf das TYPO3-Backend auf bestimmte Benutzer einzuschränken. Dies kann beispielsweise dann sinnvoll sein, wenn Sie gerade Wartungsarbeiten am System vornehmen (wie etwa ein Update auf eine neuere Version) und nicht möchten, dass Redakteure während dieser Zeit Änderungen im Backend vornehmen. Mögliche Werte für diese Einstellung sind -*1*, *0*, *1* und *2*. Der Standardwert ist *0* und beschreibt den regulären Betrieb, in dem sich jeder Nutzer wie gewohnt anmelden kann. *-1* sperrt das System für alle Nutzer, *1* für alle Nutzer außer Administratoren und *2* für alle Nutzer außer Administratoren und Kommandozeilennutzer.

Mail: transport
: Diese Variable beschreibt, welche Methode TYPO3 zum Versand von E-Mails verwenden soll. Mögliche Eingaben sind die Werte *mail*, *smtp*, *sendmail* und *mbox*.

Die Standardeinstellung für diese Variable ist der Wert *mail*. Dabei werden E-Mails über die PHP-interne Funktion *mail()* versandt. Diese Einstellung sollte für die meisten Standardanforderungen genügen.

Wird hier der Wert *smtp* eingegeben, erfolgt der Mailversand über einen externen SMTP-Server. Die Zugangsdaten für diesen Server (typischerweise der Servername sowie ein Benutzername mit Passwort) können Sie in den Variablen *transport_smtp_server*, *transport_smpt_username* und *transport_smtp_password* angeben.

Der Wert *sendmail* hingegen bewirkt, dass E-Mails mithilfe der Anwendung *sendmail* verschickt werden. Das setzt natürlich voraus, dass diese auf Ihrem Serversystem installiert ist.

Mit dem Wert *mbox* werden sämtliche E-Mails, die über TYPO3 versandt werden, nicht tatsächlich verschickt, sondern stattdessen in einer Datei gespeichert. Diese Einstellung ist sehr nützlich für Entwicklungssysteme.

Clean up

Über den Menüpunkt *Clean up* haben Sie die Möglichkeit, Ihre TYPO3-Installation sozusagen aufzuräumen. So können Sie im Bereich *Clean typo3temp/folder* selbigen leeren. Diese Aktion ist manchmal sinnvoll, da alle temporären Dateien, etwa generierte und gecachte Bilder, sich in diesem Ordner befinden. Darunter sind mitunter auch Dateien, die gar nicht mehr benutzt werden, also getrost gelöscht werden können. Des Weiteren haben Sie im Bereich *Clear tables* noch die Möglichkeit, bestimmte Tabellen zu leeren. Diese Funktion sollten Sie jedoch mit Vorsicht genießen.

KAPITEL 3

Das Backend kennenlernen

In diesem Kapitel:

Nachdem Sie im vorigen Kapitel die Details der TYPO3-Installation kennengelernt haben, widmet sich dieses Kapitel Ihren ersten TYPO3-Gehversuchen. Sie erfahren, welche Begriffe Ihnen bei TYPO3 begegnen werden und was sich hinter diesen Begriffen verbirgt. Außerdem lernen Sie die Bedienung der TYPO3-Oberfläche kennen und legen eine erste Seite an.

Der ideale Browser und Browsereinstellungen

Für die Arbeit im Backend ist es erforderlich, dass JavaScript ausgeführt werden darf und Cookies für das Backend angelegt werden können. Vom Backend aus wird in manchen Bereichen zur Konfiguration ein neues Fenster geöffnet. Deaktivieren Sie daher einen möglicherweise installierten Pop-up-Blocker bzw. weisen Sie den Pop-up-Blocker an, das Öffnen von Fenstern für Ihr TYPO3-Projekt zu gestatten.

Begriffe der TYPO3-Welt

Einige Begriffe haben Sie bereits in den bisherigen Kapiteln kennengelernt. So haben wir bis zu diesem Abschnitt von einer Konfigurationsoberfläche gesprochen, mit der Administratoren und Redakteure die Webseite erstellen und pflegen können. Diese Konfigurationsoberfläche wird bei Content-Management-Systemen, so auch bei TYPO3, als *Backend* bezeichnet. Im Backend wird die Präsentation administrativ erstellt und aufgebaut sowie redaktionell gepflegt.

Und da, wo es ein Backend gibt, muss es natürlich auch ein *Frontend* geben. Das ist die eigentliche Internetpräsentation, also die Umgebung, die normale Besucher der Webseite sehen können. Die Begriffe Frontend und Backend bzw. ihre Abkürzungen FE und BE werden in diesem Buch durchgängig verwendet.

Die englischen Dokumentationen sprechen mehrdeutig von *Templates*. Das können sowohl HTML-Designvorlagen als auch TypoScript-Templates sein. Das mag verwirrend klingen; wichtig ist jedoch, dass Designvorlagen aus regulären HTML-Seiten bestehen, während TypoScript-Templates in TypoScript geschrieben werden, der eigenen Konfigurationssprache von TYPO3. Um diese Mehrdeutigkeit zu umgehen, werden in diesem Buch die Begriffe »Designvorlagen« für HTML-Templates sowie »Templates« für TypoScript-Templates verwendet.

TYPO3 unterstützt das Arbeiten mit verschiedenen Versionen eines Projekts. Anstatt Änderungen direkt an der für alle Besucher sichtbaren Version, der *Live-Umgebung*, vorzunehmen, stellt TYPO3 weitere Arbeitsumgebungen zur Verfügung, die als *Workspaces* bezeichnet werden. Neben genau einer Live-Umgebung gibt es eine oder mehrere *Entwurfsarbeitsumgebungen* bzw. *Draft-Workspaces*. Die Versionierung kann nicht direkt nach der Installation genutzt werden, sondern ist eine Erweiterung, die nachträglich aktiviert werden muss. In Kapitel 13, *Tipps und Tricks*, erfahren Sie, wie Sie die Erweiterung aktivieren und mit Entwurfsarbeitsumgebungen arbeiten. Bis dahin werden wir bei sämtlichen Beispielen in diesem Buch ohne Versionierung und direkt in der Live-Ansicht arbeiten.

Der erste Frontend-Aufruf

Wenn Sie TYPO3 korrekt installiert haben, erhalten Sie beim Frontend-Aufruf unter *http://domainname.tld* die in Abbildung 3-1 gezeigte Fehlermeldung.

Diese Meldung ist – trotz ihres bedrohlichen Aussehens – nicht kritisch und nicht einmal eine wirkliche Fehlermeldung. Sie erscheint lediglich, da noch keine Seite angezeigt werden kann. Das dürfte auch nicht verwunderlich sein, da zurzeit noch keine Seite existiert. Auch wurde noch nicht angegeben, wie eine gegebenenfalls existierende Seite überhaupt dargestellt werden soll. Sie werden in diesem Kapitel erfahren, wie im Backend eine erste Seite angelegt wird. Dazu müssen Sie sich aber zunächst in das Backend einloggen.

Tipp Je nachdem, ob Sie bereits im Backend angemeldet sind, sehen Fehlermeldungen im Frontend unter Umständen anders aus. Wenn Sie nicht angemeldet sind, sehen Sie im Normalfall nur die Kurzfassung der Fehlermeldung (*Oops, an error occurred!*). Den eigentlichen Grund des Fehlers (*No pages found on the root level*) erfahren Sie nur, wenn Sie bereits im Backend angemeldet sind.

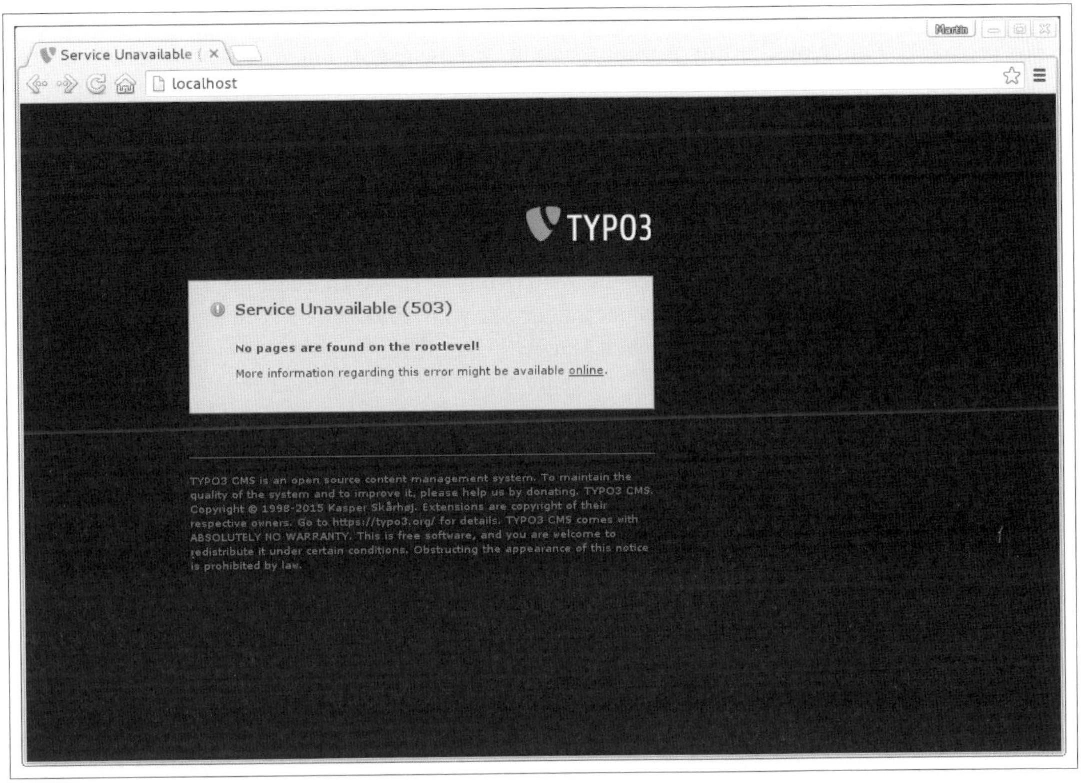

▲ **Abbildung 3-1**
Es wurden noch keine Seiten angelegt.

Log-in in das Backend

Zum Anlegen neuer Seiten, in diesem Fall unserer ersten Seite, müssen Sie im Backend eingeloggt sein. Dorthin gelangen Sie, indem Sie an die URL im Browser den Ordner */typo3* anhängen, z.B. *http://domainname.tld/typo3*. Sie erhalten eine Log-in-Seite, wie sie in Abbildung 3-2 zu sehen ist.

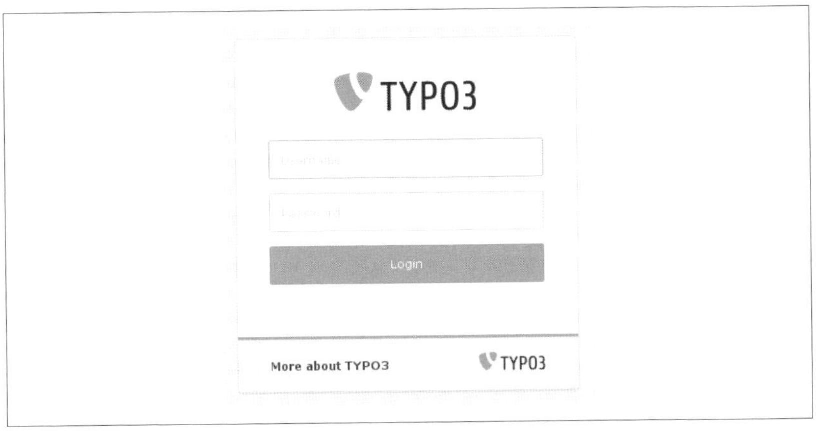

◀ **Abbildung 3-2**
Log-in-Maske zum TYPO3-Backend

Wenn Sie TYPO3 von einem auf TYPO3 spezialisierten Provider installiert bekommen haben, wird dieser Ihnen die Zugangsdaten mitteilen. Haben Sie bereits selbst einen Benutzer angelegt, wie in Kapitel 2, *TYPO3 installieren*, beschrieben, sind Ihnen die Zugangsdaten schon bekannt.

Wie Sie Ihre Zugangsdaten für das Backend ändern können, wird weiter unten im Abschnitt »Zugangsdaten ändern« erläutert.

Zum erfolgreichen Log-in in das Backend ist es erforderlich, dass Cookies auf dem jeweiligen Client aktiviert sind. Auch können private Firewalls einen erfolgreichen Log-in-Vorgang verhindern, da sie, je nach Konfiguration, den *Referer* nicht mitübergeben. Sollten Sie eine Nachricht der Art erhalten, dass Sie im Install-Tool ein *doNotCheckReferer*-Flag setzen sollen, loggen Sie sich in das Install-Tool ein. Unter *All configuration* können Sie dieses *Flag* setzen. Nähere Informationen dazu finden Sie in Kapitel 2, *TYPO3 installieren*, im Abschnitt »Das Install-Tool«.

Der Ordner */typo3* selbst stellt kein großes Sicherheitsrisiko dar. Möchten Sie die Sicherheit erhöhen, können Sie dies z.B. durch eine *.htaccess*-Datei erreichen oder indem Sie den Zugriff auf das Backend nur für bestimmte IP-Adressen gestatten. Außerdem ist es möglich, das Backend nur verschlüsselt über HTTPS aufrufen zu lassen. Sie können im Install-Tool im Abschnitt *All configuration* für `[BE][lockSSL]` als Wert *1* oder *2* angeben, wodurch das Backend nur noch über eine gesicherte Verbindung erreichbar ist.

Die Log-in-Maske kann problemlos angepasst werden und dadurch von obigem Screenshot abweichen. So kann es durchaus sein, dass die Log-in-Maske noch eine dritte Zeile enthält, in der man das sogenannte *Interface* auswählen kann (Frontend, Backend). Sie können die Auswahl der Interfaces im Install-Tool im Abschnitt *All configuration* aktivieren und für `[BE][interfaces]` die Werte *backend* und *frontend* setzen.

Die Backend-Module kennenlernen

Nachdem Sie sich als Administrator eingeloggt haben, gelangen Sie in das Backend von TYPO3, das für Administratoren so wie in Abbildung 3-3 aussieht.

Im linken Bereich sehen Sie eine Auflistung der sogenannten *Backend-Module*, die Ihnen bei TYPO3 zur Verfügung stehen. Diese Backend-Module werden zur besseren Übersicht in Abschnitte unterteilt. Im Folgenden werden die einzelnen Abschnitte und die gängigsten Module beschrieben; auf sehr selten benötigte Module wird nicht näher eingegangen. Die Umstellung des Backends auf die deutsche Sprache nehmen wir dann im nächsten Abschnitt vor.

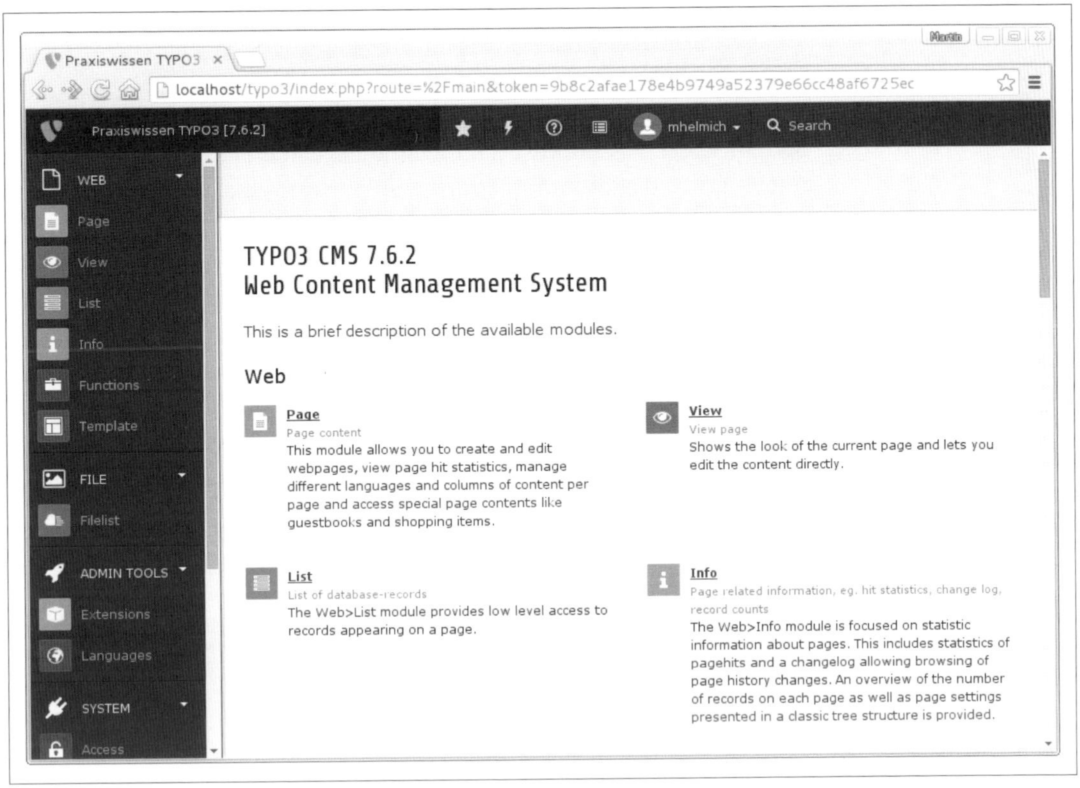

▲ **Abbildung 3-3**
TYPO3-Backend für Administratoren in englischer Sprache

Web

Im Abschnitt *Web* finden Sie Backend-Module, die zur redaktionellen Arbeit benötigt werden. Zu sämtlichen Modulen, die sich unterhalb von *Web* befinden, öffnen sich auf der rechten Seite zwei Bereiche. Im linken Bereich wird eine Baumdarstellung der angelegten Seiten angezeigt, im rechten Bereich eine Detaildarstellung. Der Baum Ihres TYPO3-Projekts ist noch leer, sodass derzeit kein Baum zu erkennen ist. Wie der Seitenbaum zu bedienen ist, erfahren Sie weiter unten im Abschnitt »Eine erste Seite anlegen«.

Seite (engl. Page)

Mithilfe des Moduls *Seite* werden der strukturelle Aufbau sowie die Pflege der Internetpräsentation erledigt. Dabei wird die Struktur im Regelfall von Administratoren vorgegeben und von Redakteuren erweitert bzw. modifiziert. Weiterhin können in diesem Modul Seiteninhalte komfortabel eingegeben werden. Das Backend-Modul *Seite* ist also sowohl für Administratoren als auch für Redakteure wichtig.

Liste (engl. List)

Im Modul *Liste* werden sämtliche Datenbankdatensätze angezeigt, die sich auf einer bestimmten Seite befinden. Diese Datensätze werden in einer – etwas gewöhnungsbedürftigen – Listing-Ansicht dargestellt.

Funktionen (engl. Functions)

Unter *Funktionen* finden Sie eine Reihe nützlicher Tools. Unter anderem gibt es hier ein Tool, mit dem Sie beim Erstellen der Seitenstruktur bis zu neun Unterseiten auf einmal anlegen können. Ganze Seitenbäume mit vielen Unterseiten sind so in kürzester Zeit erstellt. Aber seien Sie vorsichtig: Das Anlegen von neun Unterseiten geht zwar schnell, das Löschen hingegen kann lange dauern.

Tipp Beachten Sie, dass die erzeugten Seiten außer dem Seitentitel keine weiteren Informationen enthalten. Es fehlen die für Suchmaschinen wichtigen Metainformationen wie Stichwörter, Inhaltsangaben oder Kurzbeschreibungen. Schnell kann später das Nachpflegen vergessen werden, wodurch das Suchmaschinenranking Ihrer Seite negativ beeinflusst wird. Tragen Sie diese Informationen daher unbedingt nach.

Template

Das wohl wichtigste Modul findet sich im Bereich *Template*. In diesem Modul wird mit TypoScript gearbeitet. Zusätzlich stehen hier einige Analysewerkzeuge zur Verfügung. Was genau TypoScript ist und wofür die Analysewerkzeuge benötigt werden, erfahren Sie in Kapitel 5, *TypoScript in der Praxis*.

Datei (engl. File)

Im Abschnitt *Datei* finden Sie Backend-Module, mit denen Sie (und gegebenenfalls auch die Redakteure) sich innerhalb des Verzeichnisses *fileadmin/* bewegen können.

Dateiliste (engl. Filelist)

Im Modul *Dateiliste* finden Sie ein kleines Online-FTP-Programm, mit dem Sie direkt im Backend unkompliziert Dateien hochladen, bearbeiten und löschen können. Auch hier steht Ihnen wieder eine Baumdarstellung zur Verfügung, die in diesem Fall Verzeichnisse enthält, die sich unterhalb des Verzeichnisses *fileadmin/* befinden (bzw. in dem im Install-Tool unterhalb von `[BE][fileadminDir]` angegebenen Ordner).

Jedoch kommt es dabei oft zu Problemen mit Dateirechten, da auch die Möglichkeit besteht, Dateien mit echtem FTP zu übertragen. Wird zum Beispiel eine Datei per FTP übertragen, gehört sie in der Regel dem FTP-Benutzer. Wird eine Datei jedoch über das Backend hochgeladen, gehört sie dem Benutzer des Webservers (häufig *www-data* oder *apache*). Dadurch können störende Effekte auftreten, die die Arbeit mit Dateien und Ordnern erschweren. Gewöhnen Sie sich deshalb möglichst an, entweder nur mit FTP oder nur mit der Dateiliste zu arbeiten. Bei auf TYPO3 spezialisierten Providern treten diese Probleme nicht auf.

Support Der Upload bestimmter Dateien, z.B. mit der Endung *.php*, ist über den Menüpunkt *Dateiliste* nicht erlaubt. Wenn Sie ihn dennoch erlauben möchten, müssen Sie im Install Tool im Abschnitt *All configuration* die Konfigurationsvariable `[BE][fileDenyPattern]` anpassen.

Adminwerkzeuge (engl. Admin Tools)

Im Abschnitt *Adminwerkzeuge* befinden sich Module, die nur Sie als Administrator benötigen und die darum nur Ihnen in dieser Funktion zur Verfügung stehen. Sie können hier das Gesamtsystem um Funktionalitäten erweitern, globale Konfigurationen ändern und Einblick in die Datenbank erhalten.

Sprachen (engl. Languages)

Über die Sprachverwaltung können Sie zusätzliche Sprachdateien für TYPO3 installieren. Nach der Installation stehen alle Funktionen standardmäßig nur in englischer Sprache zur Verfügung. Über die eingebaute Sprachverwaltung haben Sie Zugriff auf über 50 weitere Sprachen.

Erweiterungen (engl. Extensions)

Über den Erweiterungsmanager können Sie die Vorteile des modularen Aufbaus von TYPO3 nutzen. Alle hier vorgestellten Backend-Module, auch der Erweiterungsmanager, lassen sich per Knopfdruck installieren, deinstallieren und updaten. Sie können somit fast jeden Menüpunkt, den Sie auf der linken Seite im Backend sehen, einzeln anpassen. Aber seien Sie damit besonders vorsichtig, denn auch Ihnen als Administrator stehen diese Module im Fall einer Deinstallation nicht mehr zur Verfügung. Für Nicht-Administratoren, also Redakteure, können Sie anhand von Benutzerrechten jedes einzelne Modul explizit aktivieren.

System

Zugriff (engl. Access)

Im Modul *Zugriff* können einzelne Seiten oder ganze Seitenbäume mit Zugriffsrechten versehen werden. Sie können so z. B. angeben, wie auch unter Linux üblich, wer der Besitzer einer Seite ist, welcher Gruppe diese Seite angehört und welche Rechte (Lesen, Schreiben, Löschen) Besitzer, Gruppen und sonstige Personen bezüglich dieser Seite haben. Diese Rechte beziehen sich in diesem Modul lediglich auf die redaktionelle Arbeit im Backend, also üblicherweise auf Redakteure. Dieses Modul ist insbesondere dann wichtig, wenn Redakteure ohne Administratorrechte arbeiten sollen. Eine ausführliche Erläuterung zur Arbeit mit Redakteuren mit bestimmten Rechten erhalten Sie in Kapitel 12, *Benutzerrechte für Redakteure anlegen*.

Backend-Benutzer (engl. Backend users)

Dieser Menüpunkt gibt Ihnen Zugriff auf die Benutzerverwaltung. Hier können Sie als Administrator neue Benutzer für das TYPO3-Backend anlegen und bestehende Benutzer bearbeiten.

Installation (engl. Install)

Im Modul *Installation* steht Ihnen das Install-Tool zur Verfügung. Hier wird lediglich im rechten Bereich der Pfad *typo3/install/* aufgerufen, sofern er zugänglich ist. Nähere Informationen zum Install-Tool erhalten Sie in Kapitel 2, *TYPO3 installieren*, im Abschnitt »Das Install-Tool«. Um das Install-Tool zugänglich zu machen, muss die Datei *ENABLE_INSTALL_TOOL* im Ordner *typo3conf/* vorhanden sein (wenn Sie das Install-Tool aus dem Backend heraus aufrufen, können Sie diese Datei praktischerweise gleich per Knopfdruck erstellen). Das Install-Tool ermöglicht den Zugriff auf sehr sensible Bereiche, beispielsweise werden Informationen zur Datenbank angezeigt und können verändert werden. Sie werden es vermutlich hauptsächlich während der Entwicklungsphase benötigen, also vor dem Live-Betrieb Ihrer Webseite.

TYPO3 geht sogar noch einen Schritt weiter und prüft stündlich, ob die Datei *ENABLE_INSTALL_TOOL* vorhanden ist. Wird die Datei gefunden, löscht das System die Datei automatisch. Eine wiederkehrende Absicherung des Install-Tools wird also vom System gesteuert.

Protokoll (engl. Log)

Mit dem Modul *Protokoll* erhalten Sie einen Überblick über alle vorgenommenen Änderungen – also darüber, welcher Benutzer wann was geändert hat. Viele Aktivitäten, z.B. Änderungen an Seiten oder an TypoScript-Templates, werden hier unter Angabe von Datum, Uhrzeit und Benutzer protokolliert. TYPO3 bietet Ihnen über diese History eine Rollback- bzw. Zurücksetzen-Funktion, die das Umkehren der getätigten Änderungen ermöglicht.

DB-Überprüfung (engl. DB check)

Das Modul *DB-Überprüfung* bietet Ihnen verschiedene Analyse- und Wartungsfunktionen für die unterliegende Datenbank an. Üblicherweise werden Sie diese Funktionen eher selten benötigen.

Konfiguration (engl. Configuration)

Unter diesem Menüpunkt können Sie verschiedene Konfigurationsvariablen einsehen. Die Bearbeitung dieser Variablen muss jedoch über das Install Tool erfolgen.

Berichte (engl. Reports)

Das Modul *Berichte* stellt eine Vielzahl von Berichten über den Systemstatus der TYPO3-Installation zur Verfügung. Dies ermöglicht eine effizientere Fehlerdiagnose, da beispielsweise fehlerhafte Konfigurationseinstellungen auf einen Blick erkennbar sind.

Benutzereinstellungen (engl. User settings)

Die *Benutzereinstellungen* finden Sie, wie in Abbildung 3-4 gezeigt: Klicken Sie in der oberen Navigationsleiste auf Ihren Nutzernamen ❶ und wählen Sie anschließend den Menüpunkt *User settings* ❷.

▼ **Abbildung 3-4**
Benutzereinstellungen in der oberen Navigationsleiste

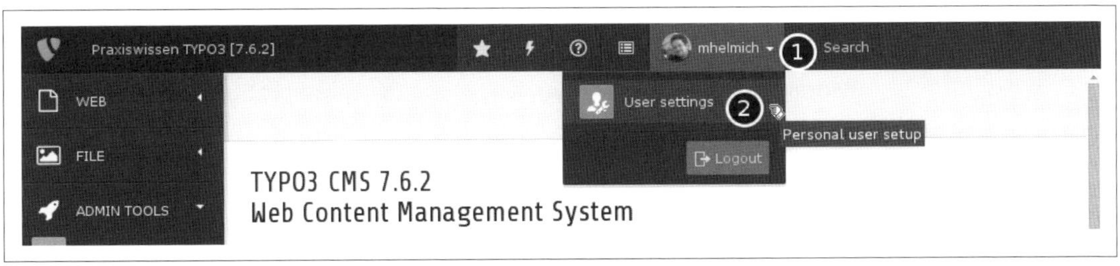

Im Modul *Benutzereinstellungen* kann der Benutzer für sich selbst Einstellungen vornehmen, also insbesondere persönliche Daten wie Name und E-Mail-Adresse angeben. Einige TYPO3-Erweiterungen, beispielsweise das *News*-Modul, greifen auf diese Daten zurück, um den Autor eines Beitrags ausfindig machen und namentlich nennen zu können.

In diesem Bereich wird auch die Backend-Sprache für den eingeloggten Benutzer festgelegt. Der Redakteur kann momentan aus 51 Sprachen wählen. Welches Backend-Modul nach der Anmeldung als Startseite aufgerufen werden soll, können Sie über eine Auswahlliste einstellen. Für einen Sprachwechsel müssen Sie jede gewünschte Backend-Sprache mit Ausnahme von Englisch nachträglich über die Sprachverwaltung nachinstallieren. Nähere Informationen erhalten Sie weiter unten im Abschnitt »Die Backend-Sprache ändern«.

Obacht: In den Benutzereinstellungen können Sie auch einige Funktionen des CMS aktivieren, die normalerweise zu Ihrer eigenen Sicherheit deaktiviert sind. Durch Aktivieren der Funktionalität des *rekursiven Löschens* können ganze Seitenbäume und ihre Inhalte gelöscht werden, was nicht ganz ungefährlich ist. Redakteuren kann durch die Vergabe von entsprechenden Zugriffsrechten das Löschen von nicht selbst erstellten Seiten untersagt werden. Das Wiederherstellen von irrtümlich gelöschten Seiten ist nämlich nur durch mühselige Kleinarbeit oder das Einspielen eines Backups möglich. Ihr TYPO3-Provider kann Ihnen in einem solchen Fall sicherlich auch weiterhelfen.

Die Backend-Sprache ändern

Die erste Aktion, die Sie in der Regel bei einem englischsprachigen Backend starten, ist das Ändern der Sprache in *Deutsch*.

Standardmäßig enthält TYPO3 nur die Sprachdateien für die englische Sprache. Zusätzliche Sprachen können nachträglich über die Sprachverwaltung installiert werden.

Um in die Sprachverwaltung zu gelangen, klicken Sie wie in Abbildung 3-5 gezeigt im Menü auf *Languages* ❶. Suchen Sie anschließend in der Auswahlliste die gewünschte Sprache, *German*. Aktivieren Sie diese Sprache nun durch einen Klick auf das Plussymbol in der jeweiligen Zeile ❷. Auf dieselbe Weise können Sie auch mehrere Sprachen gleichzeitig aktivieren. Haben Sie die gewünschte(n) Sprache(n) ausgewählt, werden Ihre Einstellungen automatisch gespeichert.

Allerdings wurde die Sprache bisher noch nicht installiert. Die entsprechenden Sprachpakete müssen von einem zentralen Server heruntergeladen bzw. mit ihm abgeglichen werden. Über den Downloadbutton ❸ können Sie jetzt veranlassen, dass die aktuellste veröffentlichte Version des jeweiligen Sprachpakets in Ihr TYPO3-Projekt übertragen wird (siehe Abbildung 3-6).

▲ **Abbildung 3-5**
Neue Sprachdateien von einem zentralen Server herunterladen

▼ **Abbildung 3-6**
Die benötigten Sprachpakete werden übertragen.

Support

Damit die Übertragung der Sprachpakete stattfinden kann, ist es erforderlich, dass von Ihrer TYPO3-Installation aus eine Verbindung in das Internet aufgebaut werden kann. Bei auf TYPO3 spezialisierten Providern können Sie die globale PHP-Einstellungsdatei *php.ini* selbst anpassen. Sie müssen *allow_url_fopen* aktivieren, und über *memory_limit* muss ausreichend Speicher zur Verfügung stehen.

Falls Ihre TYPO3-Installation das Internet nur über einen Proxy-Server erreichen kann, können Sie diesen im Install-Tool unter dem Abschnitt *All configuration → Connection* konfigurieren.

Die über die Sprachverwaltung geladenen Sprachen werden in den *Benutzereinstellungen* für den Benutzer aktiviert ❶. Die Sprache Ihres Benutzerkontos können Sie unter *User settings → Personal data → Language* einstellen. Ändern Sie hier in dem in Abbildung 3-7 gezeigten Pull-down-Menü die Sprache von *English* auf *German* ❷. Speichern Sie die ausgewählte Sprache über den Button *Save* ❸.

Tipp

Die Sprachdateien werden im Verzeichnis *typo3conf/l10n/* gespeichert. Dort wird ein Verzeichnis pro Sprache angelegt. Für Deutsch ist das der Ordner *typo3conf/l10n/de*. In diesem Verzeichnis gibt es für jede TYPO3-Erweiterung einen Ordner, in dem die Sprachdateien gespeichert sind.

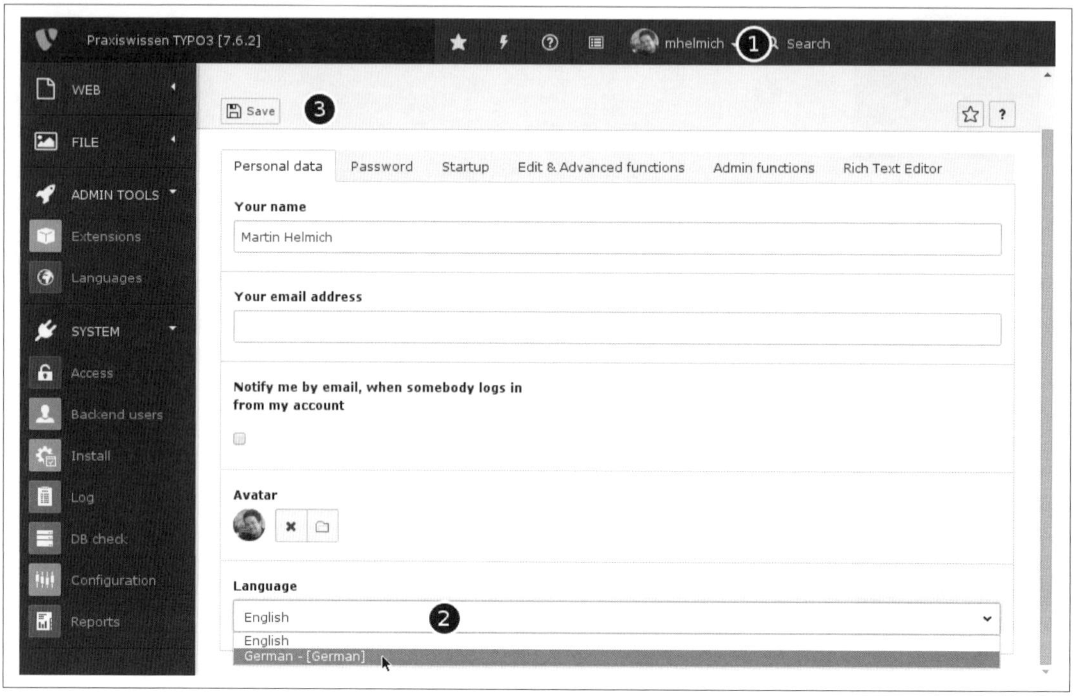

Abbildung 3-7 ▲
Die Sprache für das Backend ändern

Damit das Backend jetzt auch auf Deutsch angezeigt wird, müssen Sie eventuell das gesamte Backend einmal neu laden. Klicken Sie dazu in Ihrem Browser auf das Icon *Aktualisieren* oder loggen Sie sich einmal aus und dann wieder ein.

Zugangsdaten ändern

Wenn Sie TYPO3 selbst installiert haben, haben Sie Ihre Zugangsdaten bei der Installation selbst vergeben. Nutzen Sie ein vorinstalliertes TYPO3 oder eine von einem Dienstleister bereitgestellte Installation sollte der nächste Schritt (nach dem Anpassen der Sprache) das Ändern von Benutzername und Backend-Passwort sein.

In TYPO3 gibt es gleich mehrere Möglichkeiten, die Zugangsdaten zu ändern (Sie werden bei Ihrer Arbeit mit TYPO3 feststellen, dass das für sehr viele Aktivitäten gilt). Eine Möglichkeit ist, über das bereits bekannte Backend-Modul *Benutzer → Einstellungen* das Passwort für Sie selbst, also den momentan eingeloggten Benutzer, zu ändern. In diesem Bereich haben Sie sich bereits im vorigen Abschnitt beim Anpassen der Sprache befunden. Da Sie aber Administrator sind und sich auch auf dieser Ebene weiterbewegen möchten, wird jetzt das Ändern von Zugangsdaten für jeden angelegten Benutzer beschrieben, auch wenn es zurzeit nur einen gibt. Abbildung 3-8 zeigt das nötige Vorgehen:

1. Wechseln Sie in das Backend-Modul *SYSTEM → Backend-Benutzer* ❶.
2. Hier finden Sie eine Liste aller derzeit im System existierenden Nutzer. Suchen Sie den Nutzer, den Sie bearbeiten möchten, und klicken Sie in der rechten Spalte auf den *Bearbeiten*-Button ❷. Falls Ihre TYPO3-Installation sehr viele Nutzer enthält, können Sie auch die Filteroptionen nutzen, die sich im oberen Bereich der Nutzerliste befinden.

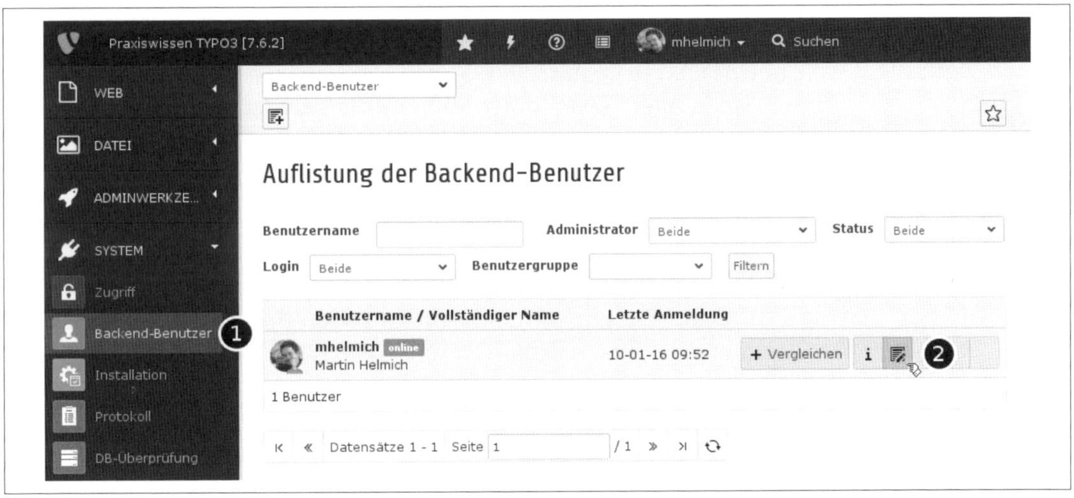

▲ **Abbildung 3-8**
Der Backend-Benutzer im Modul »Liste«

Sie erhalten eine umfassende Maske mit vielen Einstellungsmöglichkeiten, in der Sie auf der ersten Registerkarte *Allgemein* die beiden Felder *Benutzername* und *Passwort* ❶ sehen (siehe Abbildung 3-9). Sie können hier neue Zugangsdaten eingeben und sie mit einem Klick auf das Diskettensymbol ❷, *Speichern*, übernehmen.

Falls Sie Ihre Zugangsdaten zum Backend vergessen haben und sich nicht mehr einloggen können, finden Sie in Kapitel 13, *Tipps und Tricks*, Informationen dazu, wie Sie sich auch ohne Hackversuche wieder Zugang zum Backend verschaffen können.

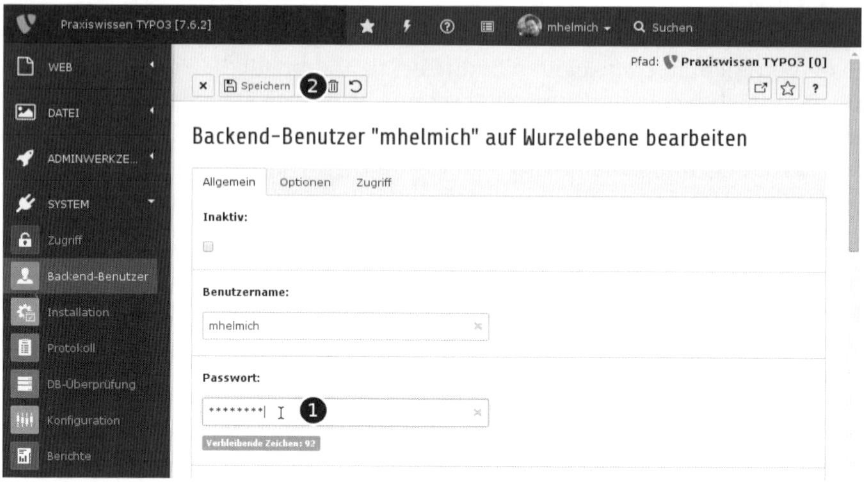

Abbildung 3-9 ▲
Zugangsdaten für einen Benutzer ändern

Eine erste Seite anlegen

Um eine erste Seite mit TYPO3 anzulegen, klicken Sie im Menü links auf den Menüpunkt *Seite*. In der Mitte öffnet sich der Seitenbaum, der derzeit nur aus der Wurzelebene besteht (dargestellt durch das Icon mit dem TYPO3-Logo). Auf der rechten Seite öffnet sich noch ein kleiner Hinweis.

Im Seitenbaum gibt es drei Klickmöglichkeiten: Über die Pfeilsymbole lässt sich der Seitenbaum öffnen bzw. schließen, um Unterseiten anzuzeigen. Ein Rechtsklick auf eine Zeile öffnet ein kleines Fenster mit weiteren Aktionsmöglichkeiten. Zum Anzeigen des Inhalts kann auf den Textlink geklickt werden.

Um eine neue (erste) Seite anzulegen, klicken Sie auf das Icon der Wurzelebene (TYPO3-Logo) und wählen aus dem Pop-up-Menü *Neu* aus (siehe Abbildung 3-10).

Abbildung 3-10 ▼
Das Pop-up-Menü

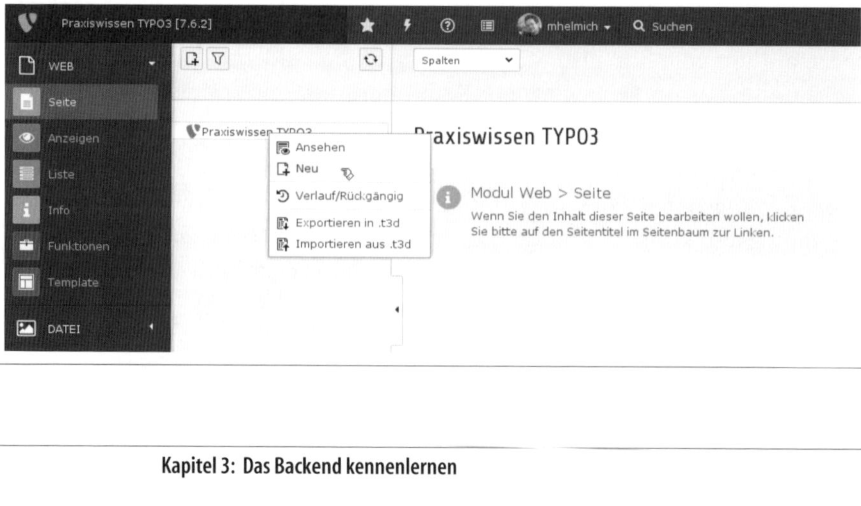

In der rechten Maske (siehe Abbildung 3-11) können nun diverse Felder ausgefüllt werden. Pflichtfelder sind mit einem roten Ausrufezeichen gekennzeichnet. Ein solches Pflichtfeld ist hier z.B. der *Seitentitel*. Dieser wird unter anderem als Bezeichner für den Seitenbaum benötigt, aber auch für den HTML-Title-Tag im Frontend, wenn die Seite aufgerufen wird.

Nennen Sie Ihre erste erzeugte Seite *Test* (Angabe im Feld *Seitentitel*) und entfernen Sie das Häkchen bei *Sichtbarkeit → Seite → Deaktivieren* unter der Registerkarte *Zugriff*. Speichern Sie die Seite anschließend ab, indem Sie auf das Symbol *Speichern* klicken (zweites Icon oben links).

Sie haben jetzt also Ihre erste Seite ohne Seiteninhalt angelegt. Das ist die Mindestvoraussetzung, um ein TypoScript-Template erzeugen zu können. Über TypoScript-Templates wird TYPO3 mitgeteilt, wie und was das System im Frontend, also auf der Webseite, darstellen soll. Die Funktion und den Einsatz von Templates lernen Sie in Kapitel 5, *TypoScript in der Praxis*, näher kennen, doch zuvor bereiten wir unser Praxisbeispiel vor, indem wir das Aussehen und die Funktionalität der Beispiel-Website festlegen, eine Designvorlage erstellen und uns Gedanken zur Navigationsstruktur machen.

▼ Abbildung 3-11
Die Maske zum Erstellen und Bearbeiten einer Seite

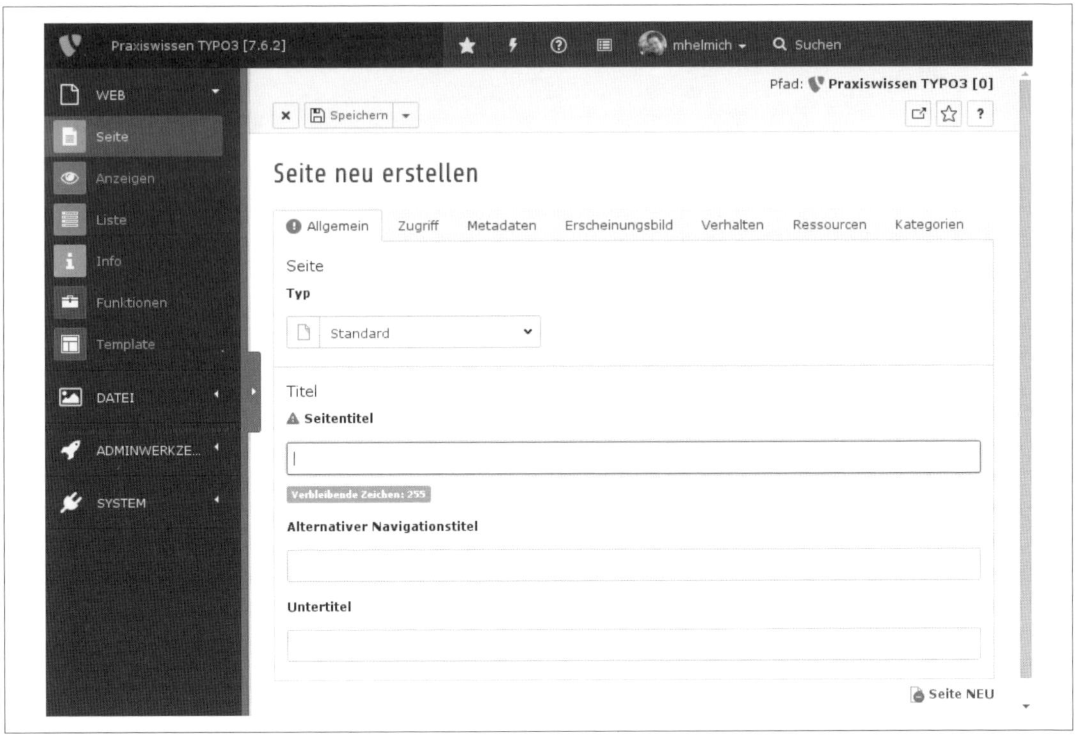

KAPITEL 4

Das Praxisbeispiel vorbereiten

In diesem Kapitel:

- Die Anforderungen an das Praxisbeispiel
- Eine Designvorlage erstellen
- Aufbau der Navigationsstruktur
- TYPO3-Fehlermeldungen

In diesem Kapitel erfahren Sie, welche Überlegungen Sie vor Beginn der Realisierung eines TYPO3-Projekts anstellen und wie Sie dann das Projekt mit TYPO3 angehen sollten. Dazu wurde ein umfassendes Praxisbeispiel gewählt, das in den folgenden Kapiteln Schritt für Schritt umgesetzt wird.

Grundsätzlich werden Sie sich bei der Entwicklung von TYPO3-Projekten am meisten mit zwei Komponenten beschäftigen:

1. Designvorlagen sind HTML-Dokumente, die dem CMS als Vorlage für die Generierung von dynamischen HTML-Seiten dienen. In TYPO3 sind diese Dokumente keine reinen HTML-Dokumente, sondern nutzen die TYPO3-eigene Template-Sprache *Fluid*. Diese erweitert HTML um einige weitere Funktionen, mit denen die Generierung der endgültigen HTML-Ausgabe einfacher vonstattengehen kann.
2. TypoScript-Templates beschreiben, auf welche Art und Weise der vom CMS verwaltete Inhalt und die HTML-Designvorlagen miteinander verknüpft werden sollen. Hierzu bringt TYPO3 eine eigene Konfigurationssprache mit: TypoScript.

Im weiteren Verlauf dieses Kapitels wird nun zunächst eine Designvorlage entwickelt. Dabei handelt es sich zunächst um eine einfache, statische HTML-Datei mit einem CSS-Stylesheet, die die Struktur und das Aussehen der Seite beschreiben. Im Anschluss wird diese Vorlage in eine Fluid-Vorlage konvertiert und im TYPO3-Backend eine geeignete Seitenstruktur für die Seite erstellt. In den nächsten Kapiteln dieses Buchs werden Sie diese Vorlage dann nach und nach mit Leben füllen.

Die Anforderungen an das Praxisbeispiel

Als Beispiel soll eine Internetpräsentation für die Snowboardschule *Meyer-Müller-Schmidt* erstellt werden. Diese Internetpräsentation soll folgende Features enthalten, die Sie im Laufe dieses Praxisbeispiels umsetzen werden.

Präsentation auf Basis von HTML und CSS
: Die Präsentation wird auf klassischem Wege mit HTML und CSS-Formatierung erstellt.

Responsives Design
: Die Seite soll später auf allen Gerätetypen gut benutzbar sein. Speziell auf Mobilgeräten mit kleineren Bildschirmen muss sich das Layout der Seite an die besonderen Gegebenheiten dieser Geräte anpassen.

Menüs
: Es soll zwei Menüs geben, ein primäres im oberen Bereich der Seite und eine sekundäre Navigation im Fußbereich. Das primäre Menü enthält klassische Navigationspunkte wie z.B. *Aktuelles* und *Über uns*. Das sekundäre Menü im unteren Bereich enthält hingegen eine reine Hilfsnavigation. Hier finden sich Menüpunkte wie *Sitemap*, *Impressum*, *Kontakt* usw.

Grafischer Trailer
: Im oberen Bereich soll ein grafischer Trailer erscheinen. Das im Trailer verwendete Bild soll ausgetauscht werden können, auch für einzelne Seitenbereiche. Diesen Austausch nehmen Redakteure vor, daher sollte die Pflege der Seite so unkompliziert wie möglich sein. Auf dem Trailer soll zudem vom Redakteur bearbeitbarer Inhalt eingefügt werden können.

Zwei Content-Bereiche
: Der zentrale Inhaltsbereich soll aus zwei Spalten bestehen: Einer Hauptspalte für den primären Inhalt der jeweiligen Seite und einer Randspalte. Die Informationen in der Randspalte können sich von Seite zu Seite ändern, andererseits soll es aber auch möglich sein, dass Inhalte im Randbereich während der gesamten Präsentation zu sehen sind, ohne dass sie auf jeder Seite neu angelegt werden müssen.

News-Beiträge
: Es gibt, wie eben erwähnt, News-Beiträge. Diese sollen über das TYPO3-Backend verwaltet werden können. Auf jeder Seite soll es im Fußbereich einen Abschnitt geben, in dem die letzten drei News-Beiträge angezeigt werden.

Suchfunktion
: Dem Benutzer soll eine umfangreiche Suche in den redaktionellen Beiträgen ermöglicht werden. Eine erweiterte Suchfunktion durchsucht auch PDF- und Word-Dokumente.

Sitemap
Neben der Suche soll als Service auch eine Sitemap angeboten werden, die dynamisch ist und automatisch neue bzw. gelöschte oder versteckte Seiten berücksichtigt.

Zweisprachigkeit
Da die Snowboardschule Kunden aus der ganzen Welt hat, soll die gesamte Präsentation zweisprachig sein. Dabei soll der Besucher der Website jeweils von Seite zu Seite zwischen der deutschen und der englischen Version wechseln können; eine Sprachänderung soll ihn dabei nicht automatisch zurück zur Homepage bringen, sondern lediglich auf der angezeigten Seite die Sprache wechseln.

Druckansicht
Mithilfe einer speziellen Druckansicht sollen auch optisch ansprechende Ausdrucke möglich werden. Unnötige Elemente wie die Navigation oder der grafische Trailer werden in der Druckansicht nicht benötigt, dafür aber ein Copyright-Hinweis. Die Druckansicht soll ebenfalls mehrsprachig zur Verfügung stehen und dynamisch erstellt werden.

Klickpfad
In einem Klickpfad soll dem Besucher angezeigt werden, wo er sich gerade in der Internetpräsentation befindet.

Zeitabhängige Begrüßung
Abhängig von der Tageszeit soll der Besucher mit *Guten Morgen*, *Guten Tag* oder *Guten Abend* begrüßt werden. Zusätzlich soll das aktuelle Datum angezeigt werden.

Geschützter Bereich
In einem geschützten Bereich, der nur für Kunden nach der Authentifizierung durch Benutzername und Passwort zugänglich ist, sollen Benutzer zusätzliche Inhalte herunterladen können, z.B. Fotos eines bestimmten Snowboardkurses.

Bedienfreundlichkeit für Redakteure
Die Inhalte sollen von Mitarbeitern der Snowboardschule (Redakteuren) ohne spezielle Internetkenntnisse so leicht wie möglich bearbeitet und erweitert werden können. Nicht benötigte Funktionen sollen den Mitarbeitern deshalb auch nicht zur Verfügung stehen.

Sie werden in diesem Praxisbeispiel mit einer einfachen HTML-Datei arbeiten; die Formatierungen werden mit CSS vorgenommen. Abbildung 4-1 zeigt das gewünschte Ergebnis, das Sie in den folgenden Abschnitten und Kapiteln mithilfe von TYPO3 herstellen werden.

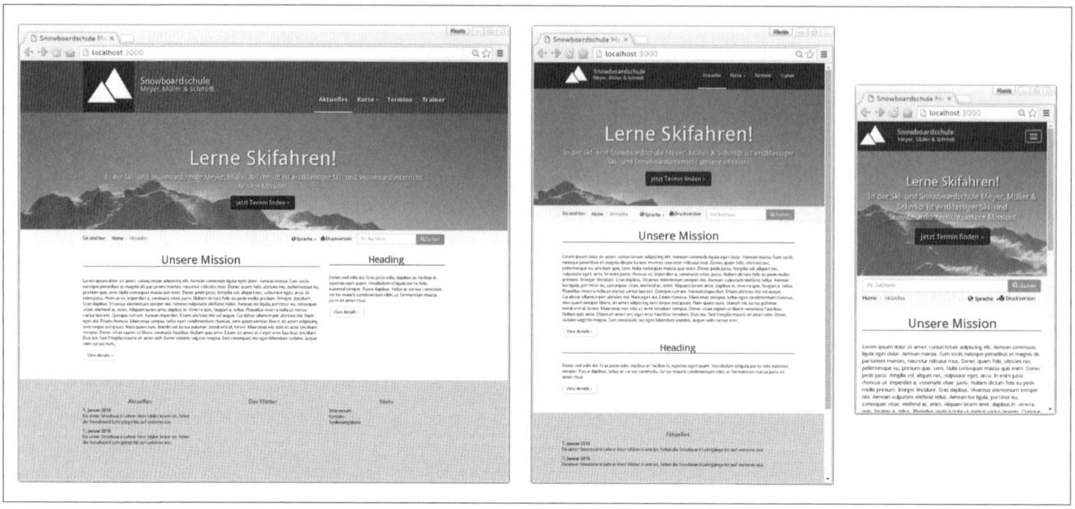

Abbildung 4-1 ▲
Das angestrebte Aussehen der Beispielwebseite

Eine Designvorlage erstellen

Auch wenn uns TYPO3 das Erstellen von Webseiten abnimmt, wird trotzdem eine HTML-Vorlage benötigt. Auch wenn wir uns in den nächsten Kapiteln häufig mit HTML und CSS beschäftigen werden, ist die Entwicklung mit HTML und CSS nicht der eigentliche Gegenstand dieses Buchs. Für eine Einführung in HTML/CSS-Entwicklung können wir das Buch *HTML und CSS von Kopf bis Fuß* von Elisabeth Robson und Eric Freeman, O'Reilly Verlag 2013, empfehlen.

Grafiken und Designvorlagen

Eine erstellte HTML-Designvorlage werden Sie in der Praxis nicht direkt über den Browser aufrufen. Wenn Sie eine TYPO3-Präsentation aufrufen, z.B. über die URL *http://meinedomain.tld*, wird die Datei *index.php* aufgerufen, die bereits Bestandteil des TYPO3-Systems ist. In dieser Datei wird ausgeführt, was Sie in den folgenden Kapiteln konfigurieren und mit TypoScript beschreiben.

Wenn Sie in Ihrer Designvorlage mit statischen Bildern arbeiten, sollten Sie schon beim Erstellen dieser Designvorlage auf die spätere Dateistruktur achten. Statische Bilder innerhalb der Designvorlage sind im Regelfall Grafiken, die sich innerhalb der Präsentation nie ändern, also z.B. grafische Elemente, die sich über die gesamte Präsentation erstrecken. Ein typisches statisches grafisches Element ist beispielsweise das Logo einer Firma. Im folgenden Praxisbeispiel wird das Logo allerdings dynamisch erstellt, um grafische Funktionalitäten von TYPO3 zu demonstrieren.

In diesem Praxisbeispiel ändert sich die generelle Struktur aus div-HTML-Tags nicht; somit kann die gesamte Containerstruktur statisch in die Designvorlage aufgenommen werden.

Der Aufruf einer TYPO3-Präsentation findet in der Regel über *http://www.domainname.de/index.php* statt. Beim Ausführen dieser *index.php* wird, je nach Konfiguration mit TypoScript, die HTML-Designvorlage von einem beliebigen lokalen Speicherort eingebunden und verarbeitet. Das zurückgelieferte HTML-Ergebnis fragt dann alle Grafiken und eingebundenen Dateien relativ zum Verzeichnis der Datei *index.php* an.

Bei TYPO3-Projekten sollten Sie eigene Dateien möglichst unterhalb des Ordners *fileadmin/* ablegen, z.B. in *fileadmin/images/*. Grafiken aus der Designvorlage werden also in diesem Unterverzeichnis erwartet. Der Ordner *fileadmin/* wird nativ von TYPO3 unterstützt, aus dem Backend kann z.B. über das Backend-Modul *Dateiliste* darauf zugegriffen werden.

Um diese Situation auf Ihrem Arbeitsplatz bei der Erstellung von Designvorlagen zu simulieren, empfiehlt es sich daher, die Grafiken ausgehend vom Ort Ihrer Designvorlage im Unterordner *fileadmin/images/* abzulegen. Ihre HTML-Designvorlage selbst legen Sie darum zum Beispiel in einem Ordner *C:\Projekte\Snowboardschule* ab, wohingegen Sie die verwendeten Grafiken in *C:\Projekte\Snowboardschule\fileadmin\images* ablegen.

Der statische HTML-Code des Praxisbeispiels

Wenn Sie ein TYPO3-Projekt beginnen, sollten Sie sich zunächst vorstellen, Sie erstellten die Website traditionell, also statisch und ohne jegliche Form von Dynamik. Testen und optimieren Sie diese statische Seite auf den gewünschten Webbrowsern. Die Massenproduktion von Seiten, grafischen Menüpunkten usw. ist nicht notwendig.

Ein Beispiel für eine solche Ausarbeitung finden Sie auf unserer Downloadseite unter *http://examples.oreilly.de/german_examples/typo3bas8ger/*. Es handelt sich dabei um eine statische HTML-Seite mit einigen Beispielinhalten. In dem Beispiel wurde auch ein auf dem *Twitter Bootstrap*-Framework (*https://getbootstrap.com*) basierendes CSS-Stylesheet verwendet. Insgesamt besteht das Praxisbeispiel aus den folgenden Dateien:

templates/vorlage_statisch.html
: Diese Datei ist eine statische HTML-Seite, die bereits einige Beispielinhalte enthält. Sie wird im Lauf dieses Kapitels in ein Fluid-Template umgewandelt.

templates/vorlage.html
: Dies ist die bereits in ein Fluid-Template umgewandelte Vorlage.

css/style.css
: Diese Datei ist das CSS-Stylesheet für diese Seite. Erschrecken Sie nicht, wenn Sie die Datei öffnen: Neben den speziellen Stylesheets für unsere Seite enthält sie das komplette Bootstrap-Framework und kommt somit auf ca. 6.000 Zeilen Quelltext.

javascript/main.js
: Diese Datei enthält einige notwendige JavaScript-Quelltexte für die Seite. Das JavaScript steuert einige Funktionen der Seite, wie beispielsweise die Drop-down-Menüs in der primären Navigation. Auch diese Datei ist ein wenig größer, da sie auch die vollständige jQuery-Bibliothek enthält.

images/logo.png
: Dies ist das Firmenlogo der Snowboardschule Meyer-Müller-Schmidt.

fonts/DroidSans400.woff2, fonts/DroidSand700.woff2
: Dies sind Schriftarten, die für die Darstellung der Seite benötigt werden. Sie werden diese Dateien später wahrscheinlich nicht wieder aktiv anfassen, da sie automatisch vom CSS-Stylesheet eingebunden werden.

*fonts/bootstrap/glyphicons-halflings-regular.**
: Dies sind verschiedene Icon-Schriftarten. Sie werden vom Bootstrap-Framework benötigt, um skalierbare Icons auf der Seite darstellen zu können.

Die Template-Engine Fluid

Einige Teile der nun vorliegenden HTML-Designvorlage sollen später von TYPO3 dynamisch mit den Inhalten ersetzt werden, die vom CMS in der Datenbank verwaltet werden. Dies umfasst beispielsweise den zentralen Inhalt der Seite (hier soll später schließlich kein schnödes »Lorem Ipsum« stehen, sondern Inhalt, den ein Redakteur über das TYPO3-Backend pflegen kann). Auch das Menü soll automatisch von TYPO3 aus einer bestehenden Seitenstruktur erstellt werden (die Sie später in diesem Kapitel noch anlegen werden).

Insgesamt enthält die Designvorlage also folgende dynamische Elemente, die später von TYPO3 befüllt werden müssen:

- der grafische Trailer
- das primäre Menü im oberen Bereich
- das sekundäre Menü im Fußbereich
- der eigentliche Content-Bereich in der Mitte
- der Content-Bereich auf der rechten Seite

- der Sprachwechsler (Textlinks)
- der Textlink zur Druckversion
- der Klickpfad, aufgrund der Mehrsprachigkeit auch inklusive des Einleitungstexts *Sie sind hier*
- die aktuellen Mitteilungen im Fußbereich, einschließlich des heutigen Datums

Diese Aufgabe – die dynamische Generierung von HTML-Dokumenten aus einer Vorlage und bestimmten Eingabedaten – übernimmt bei TYPO3 die Template-Engine *Fluid*. Fluid erweitert HTML um zwei Sprachkonstrukte:

Variablen
: Eine Variable in Fluid wird durch einen Namen bezeichnet und kann beliebige Werte enthalten. Innerhalb des Fluid-Templates kann auf den Inhalt einer Variablen zugegriffen werden, indem er in geschweiften Klammern referenziert wird. So könnte beispielsweise eine Seitenüberschrift in einer Variablen `heading` gespeichert sein und im Fluid-Template dann wie folgt referenziert werden:

```
<h1>
  {heading}
</h1>
```

ViewHelper
: ViewHelper ermöglichen es, einfache Kontrollstrukturen in einem Fluid-Template zu realisieren. Über folgendes Konstrukt kann beispielsweise ein Teil eines Templates ein- oder ausgeblendet werden, je nachdem ob eine bestimmte Variable gesetzt ist:

```
<f:if condition="{heading}">
  <h1>{heading}</h1>
</f:if>
```

Wäre die Variable `heading` im obigen Beispiel nicht definiert, würde Fluid ohne den `<f:if>`-ViewHelper ein leeres `<h1>`-Tag darstellen. Durch den `<f:if>`-ViewHelper erscheint gar kein `<h1>`-Tag, wenn keine `heading`-Variable definiert ist.

Wichtig zu beachten ist: Enthält eine Fluid-Variable HTML-Code, wird dieser von Fluid bei der Ausgabe so konvertiert (»escaped«), dass er vom Browser nicht interpretiert, sondern einfach auf der Seite ausgegeben wird. Nehmen wir als Beispiel eine Variable `heading` mit dem Wert `'<b>Hallo</b> Welt'` und folgendes Template:

```
<h1>
  {heading}
</h1>
```

Fluid würde aus diesem Template mit den Eingabedaten nun folgenden HTML-Code generieren:

```
<h1>
  &lt;b&gt;Hallo&lt;b&gt; Welt
</h1>
```

Dies ist ein (eigentlich sinnvolles) Sicherheitsmerkmal von Fluid, da die unkontrollierte Ausgabe von HTML-Quelltext eine sehr häufige Sicherheitslücke auf vielen Webseiten darstellt. In diesem Fall ist die automatische Konvertierung jedoch eher hinderlich, da zahlreiche der dynamisch generierten Elemente in unserer Designvorlage (wie beispielsweise der über das Backend bearbeitbare Inhalt, aber auch die Menüs) durchaus HTML-Quelltext enthalten können. Um die automatische Konvertierung von HTML-Sonderzeichen zu verhindern, kann der `f:format.raw()`-ViewHelper genutzt werden:

```
<h1>
  {heading -> f:format.raw()}
</h1>
```

Diese Notation sorgt nun dafür, dass die Fluid-Variable `{heading}` tatsächlich einfach so ausgegeben wird, wie sie ist – also ohne die Konvertierung von Sonderzeichen in der Ausgabe:

```
<h1>
  <b>Hallo</b> Welt!
</h1>
```

Sämtliche dynamischen Elemente werden im Folgenden aus dem erstellten HTML-Dokument (*vorlage_statisch.html*) entfernt und durch Fluid-Variablen ersetzt. Über TypoScript werden diese später mit HTML-Code und seinen dynamischen Bestandteilen befüllt. Redakteure erhalten dadurch die Möglichkeit, schnell und problemlos die Präsentation auch ohne HTML-Kenntnisse zu bearbeiten.

Das Logo kann in vielen Fällen statisch in die Designvorlage integriert werden. Um Grafikfunktionalitäten zu erläutern, wird das Logo für unser Beispiel in Kapitel 6, *Grafiken mit TypoScript erstellen*, dynamisch eingelesen. Klassische Anwendungsfälle für das dynamische Ersetzen eines Logos sind z.B. unterschiedliche Geschäftsbereiche mit abweichenden Logos.

Die fertige Designvorlage

Im folgenden Codebeispiel können Sie den HTML-Quellcode der fertig ersetzten Designvorlage sehen, und Abbildung 4-2 zeigt das Resultat, also wie die Designvorlage dann im Browser aussieht. Vom anfänglich erstellten HTML-Dokument bleibt dabei nicht mehr viel übrig. Da die Vorlage jetzt nur noch den Inhalt des `<body>`-Tags enthält, wird auch das

Stylesheet nicht mehr geladen. Die fertige Designvorlage finden Sie auf unserer Downloadseite unter dem Dateinamen *templates/vorlage.html*.

In dem erstellten Fluid-Template werden sämtliche Variablen, die später HTML-Quelltext enthalten könnten, durch dem `f:format.raw()`-ViewHelper gefiltert. Ein paar weitere Besonderheiten:

1. Das Fluid-Template ist kein vollständiges HTML-Dokument mehr, sondern enthält nur noch das HTML-Markup, das innerhalb des `<body>`-Tags stehen soll. Der HTML-Head und der eigentliche `<body>`-Tag werden später automatisch von TYPO3 generiert, sodass das Fluid-Template diese Tags nicht mehr enthalten muss.
2. Das Trailer-Bild wird per CSS als Hintergrundbild in das Element der Klasse `trailer` eingefügt. Beachten Sie die Fluid-Variable {`image`} in Zeile 2 des Code-Beispiels:
   `style="background-image: url({image})"`
3. Im Hauptinhaltsbereich werden die Variablen {`contentMain`} und {`contentMargin`} genutzt. Diese sollen später den Hauptinhalt und den Inhalt einer Randspalte enthalten. Über einen `<f:if>`-ViewHelper in Zeile 56 wird hierbei die rechte Spalte komplett ausgeblendet, wenn kein Inhalt für die Randspalte vorhanden ist.
4. Da die Webseite später mehrsprachig sein soll, wurden auch alle Beschriftungen, wie etwa der Firmenname in der Kopfzeile, die Beschriftung des Suchbuttons und zahlreiche weitere in Fluid-Variablen ausgelagert. Diese können später abhängig von der gewählten Sprache mit unterschiedlichen Werten befüllt werden.

Beispiel 4-1: Designvorlage

```
01 <header>
02   <div class="trailer" style="background-image: url({image})">
03     <nav class="navbar navbar-inverse navbar-fixed-top" data-spy="affix"
                         data-offset-top="80">
04       <div class="container">
05         <div class="navbar-header">
06           <button type="button" class="navbar-toggle collapsed"
                         data-toggle="collapse" data-target="#navbar">
07             <span class="sr-only">Toggle navigation</span>
08             <span class="icon-bar"></span>
09             <span class="icon-bar"></span>
10             <span class="icon-bar"></span>
11           </button>
12           {logo -> f:format.raw()}
13           <a class="navbar-brand" href="#">
14             <div class="brand-line">{brandLineFirst}</div>
15             <div class="brand-line">{brandLineSecond}</div>
16           </a>
17         </div>
```

Beispiel 4-1: Designvorlage (Fortsetzung)

```
        <div id="navbar" class="navbar-collapse collapse">
          {menuPrimary -> f:format.raw()}
        </div>
      </div>
    </nav>

    <div class="jumbotron">
      <div class="container">{contentTrailer -> f:format.raw()}</div>
    </div>
  </div>

  <div class="infobar">
    <div class="container">
      <div class="pull-right search">
        <form class="form-inline">
          <div class="input-group">
            <input type="text" name="search" class="form-control"
                               placeholder="{labelSearchPlaceholder}"/>
            <span class="input-group-btn">
              <button type="submit" class="btn btn-success">
                <i class="glyphicon glyphicon-search"></i>
                {labelSearch}
              </button>
            </span>
          </div>
          <div class="clearfix"></div>
        </form>
      </div>
      <div class="language">
        {language -> f:format.raw()}
      </div>

      {menuBreadcrumb -> f:format.raw()}
    </div>
  </div>
</header>

<main class="container">
  <div class="row">
    <f:if condition="{contentMargin}">
      <f:then>
        <div class="col-md-8 content-main">{contentMain -> f:
                    format.raw()}</div>
        <div class="col-md-4 content-margin">{contentMargin -> f:
                    format.raw()}</div>
      </f:then>
      <f:else>
        <div class="col-md-12 content-main">{contentMain -> f:
                    format.raw()}</div>
      </f:else>
    </f:if>
  </div>
</main>
```

Beispiel 4-1: Designvorlage (Fortsetzung)

```

<footer>
  <div class="container">
    <div class="row">
      <div class="col-md-8">
        <h4>{labelNews}</h4>
        <aside class="row">
          <div class="col-md-4 date-wrapper">
            {labelToday -> f:format.raw()}
            <div class="date">{today}</div>
          </div>
          <div class="col-md-8 news-wrapper">
            {footerNews -> f:format.raw()}
          </div>
        </aside>
      </div>
      <div class="col-md-4">
        <h4>{labelMore}</h4>
        <nav>{menuSecondary -> f:format.raw()}</nav>
      </div>
    </div>
  </div>
</footer>
```

▼ Abbildung 4-2
Die substituierte Designvorlage im Browser

Dateien mit dem Dateimanager zur Verfügung stellen

Damit die soeben erstellte Designvorlage in Ihrer TYPO3-Umgebung zur Verfügung steht, muss sie zunächst auf den Server hochgeladen werden. Das ist prinzipiell mit FTP möglich, hier soll jedoch das Hochladen mithilfe des integrierten Dateimanagers gezeigt werden. Wenn Sie die Designvorlage per FTP zur Verfügung stellen möchten, achten Sie darauf, dass Sie sie im Ordner *fileadmin/* oder einem seiner Unterordner speichern.

Neben der Designvorlage müssen Sie außerdem noch die verwendeten Grafiken im System zur Verfügung stellen. Die HTML-Vorlagen sollen im Ordner *fileadmin/templates/*, Grafiken im Ordner *fileadmin/images/*, Stylesheets in *fileadmin/css/* und Schriftarten in *fileadmin/fonts/* abgelegt werden.

Legen Sie zunächst die vier Ordner *fileadmin/templates/*, *fileadmin/images/*, *fileadmin/css/* und *fileadmin/fonts/* im Dateimanager an (vgl. auch Abbildung 4-3):

❶ Wechseln Sie über das Menü in das *Dateiliste*-Modul.

❷ Klicken Sie auf das Icon des *fileadmin/*-Ordners, um dessen Kontextmenü zu öffnen.

❸ Wählen Sie im Kontextmenü die Option *Neu*.

❹ Geben Sie über das Auswahlfeld an, dass Sie vier Ordner anlegen möchten.

❺ Tragen Sie in die vier Felder die gewünschten Unterordner *templates*, *images*, *css* und *fonts* ein.

❻ Bestätigen Sie Ihre Angaben mit *Ordner anlegen*.

Die Designvorlage *vorlage.html* soll im Verzeichnis *fileadmin/templates/* zur Verfügung gestellt werden. Klicken Sie dazu erneut im Verzeichnisbaum auf das Icon vor dem Textlink *templates* und wählen Sie aus dem Pop-up-Menü den Eintrag *Dateien hochladen* aus.

Klicken Sie *Durchsuchen* an, um die Dateien von Ihrem lokalen PC zu übertragen. Wählen Sie die Datei *vorlage.html* aus.

Damit Sie den aktuellen Inhalt des Ordners *fileadmin/templates/* angezeigt bekommen, klicken Sie im Verzeichnisbaum direkt auf den Textlink des Ordners *templates*.

Neben der Designvorlage sollen noch die verwendeten Grafiken, Stylesheets und Schriftarten im System zur Verfügung gestellt werden. Die benötigten Grafiken legen Sie nach dem gleichen Prinzip im Ordner *fileadmin/images/* ab, die Stylesheets im Ordner *fileadmin/css/* und die Schriftarten im Ordner *fileadmin/fonts/*.

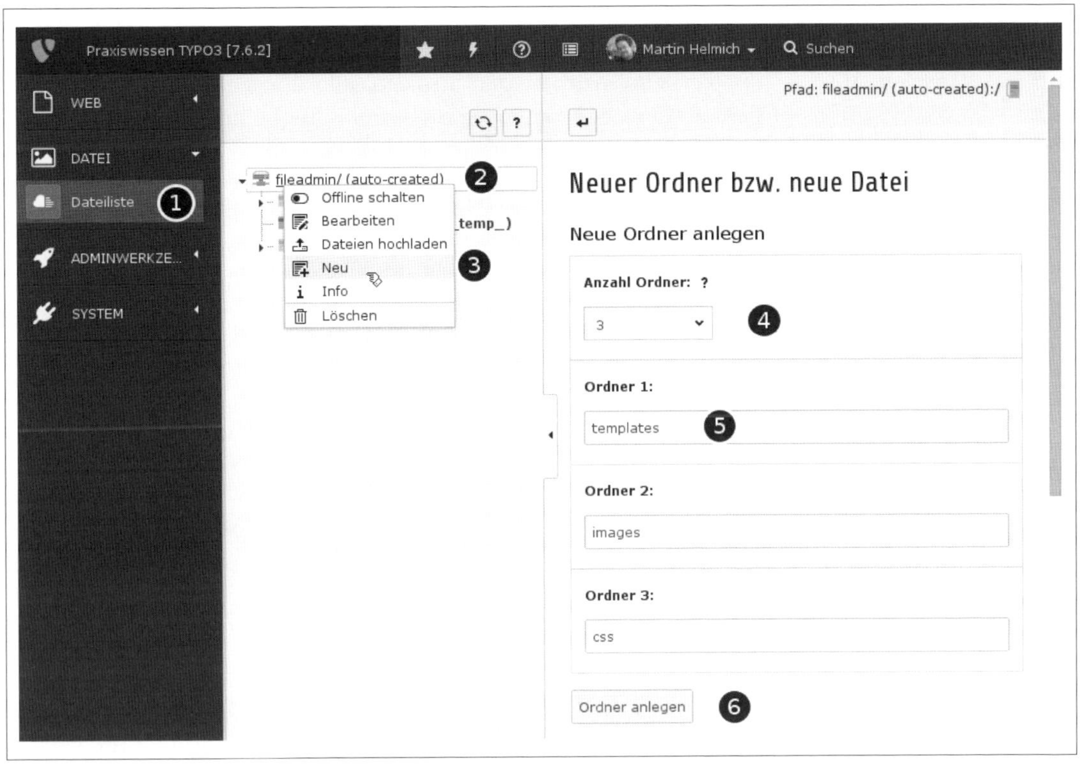

▲ **Abbildung 4-3**
Einen neuen Ordner erstellen

Aufbau der Navigationsstruktur

Der erste Schritt zur Umsetzung des gelieferten Designs ist das Anlegen einer geeigneten Seitenstruktur, die in TYPO3 abgebildet wird. Dabei sind folgende Überlegungen nötig:

Welche Navigationen gibt es?
: Für das Praxisbeispiel *Snowboardschule* wird es eine primäre Navigation und ein Menü im Fußbereich geben. Zum Abbilden dieser Struktur werden Hilfsseiten eingeführt, die dem Besucher der Website nicht zur Verfügung stehen sollen.

Wie viele Ebenen wird die Navigation enthalten?
: Es wurden bei den Anforderungen keine konkreten Angaben darüber gemacht, wie tief bzw. über wie viele Ebenen die Navigation gehen wird. Das Hauptmenü soll daher willkürlich für maximal zwei Ebenen beschrieben werden. Das untere Textmenü hingegen wird keine weiteren Unterseiten enthalten. Diese Ebenenanzahl sehen Sie auch im Screenshot zu den Anforderungen an das Praxisbeispiel (siehe Abbildung 4-1).

Wo befindet sich die Homepage?

Eigentlich sollte der Begriff *Homepage* eindeutig sein. Sie werden später beim Aufbau der Struktur allerdings feststellen, dass der genaue Ort der Homepage nicht unbedingt eindeutig festgelegt ist.

Überlegungen zur richtigen Struktur

In diesem Abschnitt werden Sie an die geeignete Seitenstruktur herangeführt und lernen so die Hintergründe und Vorteile der in diesem Beispiel verwendeten Struktur kennen.

Navigationsstruktur abbilden

Im Praxisbeispiel werden zwei Navigationen eingesetzt: im oberen Bereich die primäre Navigation mit Menüpunkten wie *Homepage*, *Aktuelles*, *Geschützter Bereich* usw. und im unteren Teil die Hilfsnavigation, die die Menüpunkte *Homepage*, *Sitemap*, *Impressum* und *Kontakt* enthält. Wie Sie bereits erkennen können, gibt es innerhalb der Navigation gleich zweimal die Seite Homepage. Welche Seite davon nun die tatsächliche Homepage sein soll, erfahren Sie am Ende dieses Abschnitts.

In TYPO3 wird die Seitenstruktur ähnlich wie ein Baum aufgebaut: Es gibt eine Wurzel, von der aus im Regelfall ein Stamm und diverse Zweige abgehen. An der Wurzel kann im wahrsten Sinne des Wortes nicht gerüttelt werden, denn sie ist tief und fest im System verankert. In TYPO3 wird die Wurzel als *rootlevel* bezeichnet (zu Deutsch: Wurzelebene oder Root-Ebene).

Ausgehend von dieser Root-Ebene können Sie in TYPO3 die Navigationsstruktur abbilden. Das ist ähnlich wie bei Betriebssystemen, in denen Verzeichnisstrukturen erstellt werden können, die mit einem Datenträger beginnen. In TYPO3 legen Sie mit der Navigationsstruktur bzw. mit Seiten im Allgemeinen allerdings keine Verzeichnisse an, sondern eine Struktur von Seiten, die lediglich in der Datenbank abgebildet wird.

Beim Aufbau der Navigationsstruktur müssen Sie berücksichtigen, dass es Redakteuren möglich sein muss, das Menü selbstständig zu erweitern bzw. zu reduzieren. Dabei soll von TYPO3 dynamisch all das gemacht werden, was zur Aufnahme eines weiteren Menüpunkts in die Navigation erforderlich ist, ohne dass der Redakteur besondere TYPO3-Kenntnisse haben muss.

Zur Realisierung von Navigationen mit mehreren Bereichen gibt es zwei Möglichkeiten. Die erste besteht darin, dass Sie später mit TypoScript angeben, welche Seiten zu welcher Navigation gehören. Diese statische Verankerung in TypoScript hat den Nachteil, dass neu angelegte Seiten einer ersten Navigationsebene erst mit in das TypoScript-Template aufgenommen werden müssen, bevor die neue Seite im Menü angezeigt wird.

Die zweite, flexiblere Möglichkeit ist, über TypoScript mitzuteilen, dass Seiten, die sich unterhalb einer definierten Seite befinden, ein ganz bestimmtes Menü bilden. Wenn Redakteure nun unterhalb einer solchen Hilfsseite weitere Seiten anlegen, werden diese automatisch mit in das Menü aufgenommen. Da die Vorteile der zweiten Möglichkeit genutzt werden sollen, müssen mindestens zwei solcher sogenannten *Hilfsseiten* existieren: eine für das obere Menü und eine für das untere.

Zwischengeschaltete Seite zur Template-Vererbung

Nach diesen Überlegungen gibt es zurzeit ausgehend von der Root-Ebene zwei Hilfsseiten für die beiden Menüs, die die Seiten der jeweiligen Menüs als Unterseiten haben. Allerdings ist noch folgendes Problem zu lösen: In Kapitel 5, *TypoScript in der Praxis*, werden Sie erfahren, dass TypoScript-Templates auf einer Seite angelegt werden und sich auf die Unterseiten vererben. Sie möchten in der Regel aber nur ein TypoScript-Template erstellen, das für das gesamte TYPO3-Projekt gültig ist. Auf der Root-Ebene können Sie keine Templates anlegen, da es sich dabei nicht um eine reguläre Seite handelt. Somit könnten Sie zum jetzigen Zeitpunkt nur ein TypoScript-Template auf den Hilfsseiten anlegen, die sich dann auf die Unterseiten auswirken. Ein TypoScript-Template müssten Sie auf der Seite *Hauptnavigation* anlegen und das gleiche Template noch einmal auf der Seite *Hilfsnavigation*. Sie würden somit das gleiche Template mit identischem TypoScript-Code zweimal vorhalten.

Abhilfe schafft hier eine weitere zwischengeschaltete Hilfsseite, die sich direkt unterhalb der Root-Ebene befindet und die beiden Hilfsseiten für die Menüs als Unterseiten hat. Da diese Seite lediglich dem Zweck dient, das TypoScript-Template aufzunehmen, damit es an nur einer Stelle gepflegt werden muss und sich auf sämtliche Unterseiten vererbt, wird diese Seite ebenfalls als Hilfsseite bezeichnet und soll im Folgenden den Seitentitel *root* tragen.

Wo befindet sich die Homepage?

Die erste Seite, die sich unterhalb der Root-Ebene befindet, wird beim Aufruf der Domain *http://meinedomain.tld* aufgerufen – und das sollte im Regelfall auch die Homepage sein. Jedoch befindet sich zum jetzigen Zeitpunkt unterhalb dieser Root-Ebene die Seite *root*, die lediglich dem

Zweck dient, das TypoScript-Template an die Unterseiten zu vererben. Die Homepage wurde als Seite an zwei Stellen definiert: einmal im oberen Hauptmenü und einmal im unteren Hilfsmenü.

Es gibt in TYPO3 die Möglichkeit, eine Seite als *Verweis* zu definieren. Die Seite zeigt dann auf eine andere Seite, in diesem Fall auf eine der beiden Seiten *Homepage*. Landet ein Websitebesucher auf der Seite *root*, z.B. weil er die Website über die Domain *http://meinedomain.tld* aufgerufen hat, wird er auf die Homepage verwiesen.

Allerdings gibt es die Seite *Homepage* zweimal, wobei die eine die tatsächliche Homepage sein soll und die andere wiederum nur ein Verweis auf diese ist. Theoretisch können Sie sich aussuchen, welche der beiden Seiten nun Ihre tatsächliche Homepage sein soll. Es spricht allerdings einiges dafür, dass sich die Homepage in der Hauptnavigation befindet: Einer der Vorteile davon ist z.B., dass Sie hier sogenannte *Menüzustände* definieren können. Befindet sich der Websitebesucher auf dieser *Homepage*, kann im Hauptmenü der Menüeintrag als aktuelle Seite besonders hervorgehoben werden.

Die fertige Seitenstruktur könnte somit wie in Abbildung 4-4 aussehen.

Abbildung 4-4 ▶
Überlegungen zur Seitenstruktur

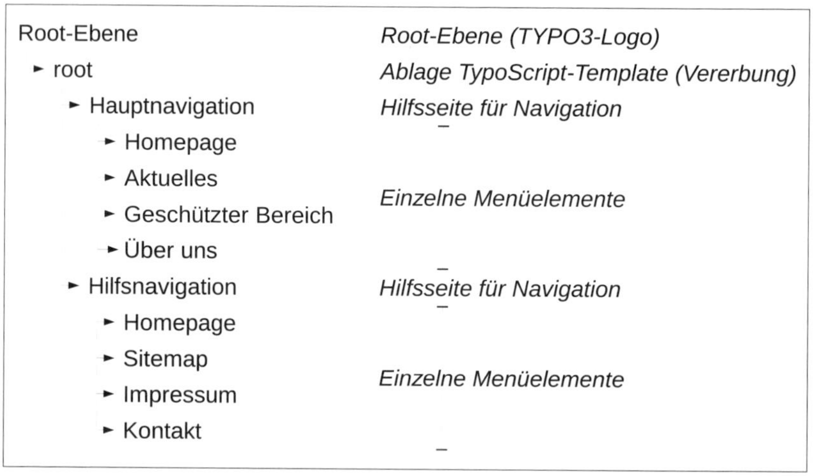

Die gewünschte Struktur anlegen

Die in Abbildung 4-4 gezeigte Navigation soll nun in der TYPO3-Umgebung abgebildet werden. Die Seite *Test*, die Sie schon in Kapitel 3, *Das Backend kennenlernen*, angelegt haben, kann bestehen bleiben, soll aber keinen Einfluss auf das Projekt haben. Sie können Sie Seite *Test* löschen, indem Sie im Modul *Seite* im Abschnitt *Web* im Seitenbaum auf die Seite rechtsklicken und im Auswahlmenü die Option *Seitenaktionen → Löschen* anwählen.

Legen Sie jetzt eine Seite unterhalb der Root-Ebene an. Gehen Sie dazu wie folgt vor (vgl. auch Abbildung 4-5):

❶ Wechseln Sie in das Modul *Web → Seite* und klicken Sie auf den Button *Neue Seite* im oberen Bereich des Seitenbaums.

❷ Sie haben nun die Auswahl zwischen verschiedenen verfügbaren Seitentypen. Für den Anfang am wichtigsten sind dabei die normale Seite (das erste Icon) und die Verknüpfung (das zweite Icon).

❸ Sie können nun eine neue Seite im Seitenbaum hinzufügen, indem Sie per Klicken und Ziehen das Symbol des jeweiligen Seitentyps an die gewünschte Stelle im Seitenbaum ziehen. Da der Seitenbaum derzeit noch leer ist, gibt es allerdings nicht allzu viele Möglichkeiten, die Seite zu platzieren.

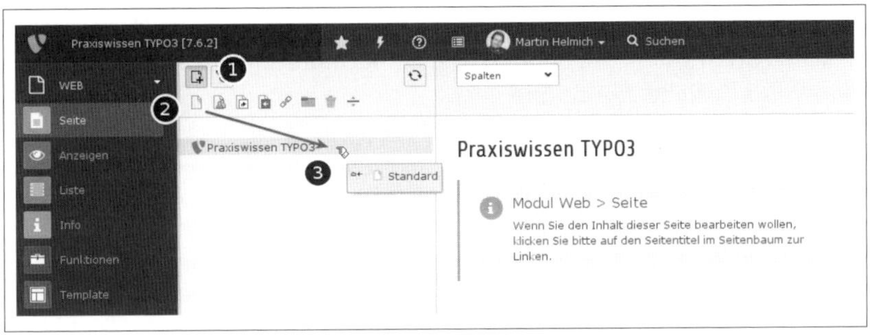

◀ **Abbildung 4-5**
Eine neue Seite anlegen

Sie können nun direkt im Seitenbaum den Seitentitel bearbeiten. Geben Sie hier *root* als Seitentitel an.

Bearbeiten Sie nun die neu erstellte Seite, indem Sie auf den Seitenbaumeintrag rechtsklicken und den Menüpunkt *Bearbeiten* auswählen. Es öffnet sich die Maske zum Bearbeiten der *Seiteneigenschaften*, in der Sie grundlegende Eigenschaften für eine neue Seite angeben können (siehe Abbildung 4-6):

1. Da die Seite sichtbar sein soll, wechseln Sie auf die *Zugriff*-Registerkarte ❶ und entfernen das Häkchen bei *Sichtbarkeit → Seite → Deaktivieren* ❷. Das Ein- und Ausblenden von Seiten können Sie auch direkt über den Seitenbaum vornehmen, indem Sie auf eine Seite rechtsklicken und im Kontextmenü die Option *Deaktivieren* oder *Aktivieren* anwählen.
2. Um TYPO3 mitzuteilen, dass es sich bei dieser Seite um die Wurzel eines ganz neuen Seitenbaums handeln soll, setzen Sie weiterhin auf der Registerkarte *Verhalten* ein Häkchen bei *Als Anfang der Website benutzen*.

3. Über das Icon *Speichern* ❸ werden die neue Seite gespeichert und die Maske mit den Seitentitelinformationen geschlossen.

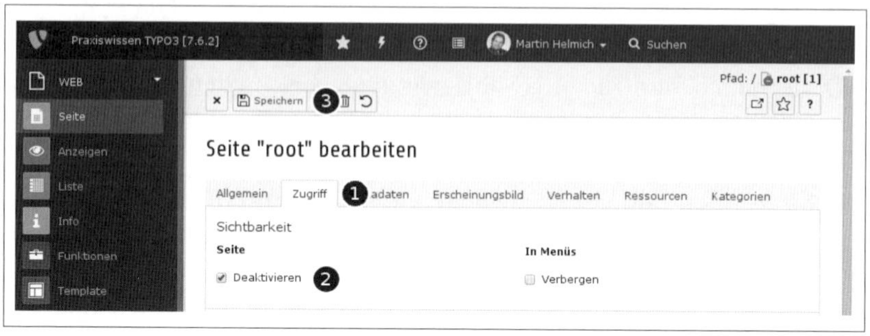

Abbildung 4-6 ▶ Die Maske mit den Eigenschaften für eine Seite

Betrachten Sie nun das leere Projekt, indem Sie auf die Zeile mit dem TYPO3-Logo rechtsklicken und aus dem Pop-up-Menü den Eintrag *Ansehen* auswählen. Sie erhalten die Fehlermeldung *No TypoScript template found!* (siehe Abbildung 4-7).

Tipp

Wird im Frontend keine explizite Seiten-ID aufgerufen, z.B. mit *www.meinedomain.tld* oder *www.meinedomain.tld/index.php?id=0*, wird die nächstmögliche Seite unterhalb der Root-Ebene (TYPO3-Logo) ausgeführt – in unserem Fall also die Seite *root*. Um die in Kapitel 3, *Das Backend kennenlernen*, angelegte Seite *Test* betrachten zu können, kann z.B. diese Seite durch explizite Angabe einer UID (*Unique ID*) aufgerufen werden (*www.meinedomain.tld/index.php?id=1*). Aber auch auf der Seite *Test* werden Sie die Fehlermeldung *No template found!* erhalten.

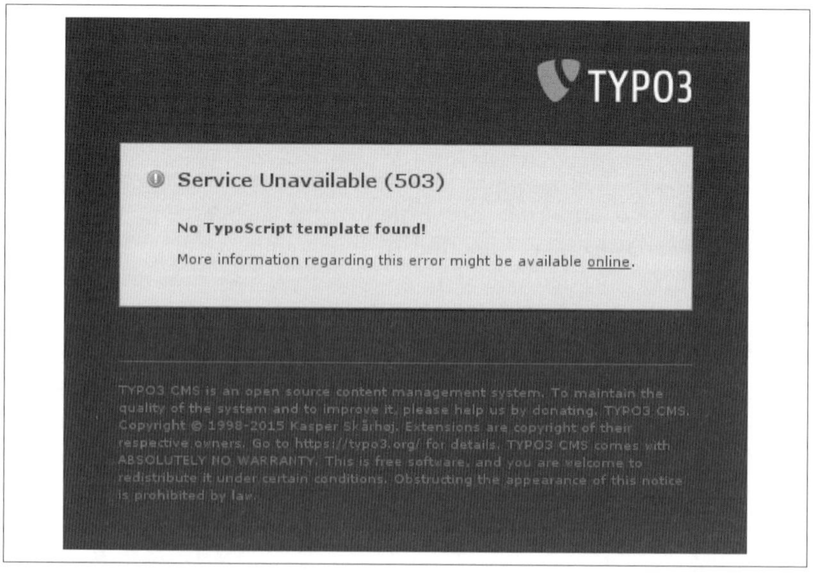

Abbildung 4-7 ▶ Für die aufgerufene Seite wurde kein TypoScript-Template gefunden.

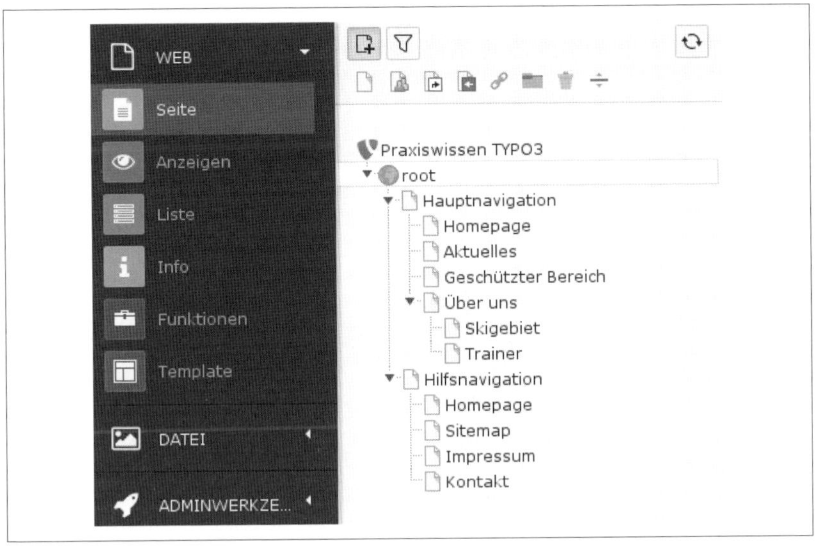

◀ **Abbildung 4-8**
Die fertige Seitenstruktur im Seitenbaum

Ausgehend von der Seite *root* legen Sie nun die bekannten Seiten *Hauptnavigation* und *Hilfsnavigation* sowie die jeweiligen Unterseiten an. Dazu gehen Sie so vor wie oben beschrieben, jedoch legen Sie diese Seiten nicht unterhalb der Root-Ebene an, sondern unterhalb der Hilfsseite *root*, bei den eigentlichen Webseiten wie *Homepage*, *Aktuelles* usw. ausgehend von der jeweils übergeordneten Hilfsseite. Die von Ihnen fertig erstellte Seitenstruktur sollte in TYPO3 so wie in Abbildung 4-8 aussehen.

Hilfsseiten nicht zugänglich machen

In der Seitenstruktur gibt es einige Seiten, die nicht zur Ablage von Inhalten bestimmt sind: die Seiten *root*, *Hauptnavigation* und *Hilfsnavigation*. Diese Seiten werden in diesem Projekt als Hilfsseiten bezeichnet und dienen lediglich der Strukturierung sowie der Template-Vererbung.

Die Besucher der Website sollen keine Möglichkeit bekommen, irgendwie auf diese Seiten zu gelangen. Beim Frontend-Aufruf ohne Angabe einer expliziten Seiten-ID, zum Beispiel über die Domain *meinedomain.tld*, würde der Besucher auf die Seite *root* gelangen, die aber nur existiert, um das Template zu vererben. Sie können diese Seiten aber unzugänglich machen. Trifft ein Besucher auf eine dieser Hilfsseiten, wird er dann z.B. auf die Seite *Homepage* verwiesen.

Stellen Sie diesen Verweis her, indem Sie den Seitentyp von *Standard* auf *Verweis* setzen. Klicken Sie dazu im Seitenbaum auf das Icon vor der Seite *root* ❶ und wählen Sie aus dem Kontextmenü den Eintrag *Bearbeiten* ❷ aus. Auf der rechten Seite öffnet sich nun die Seite mit den allgemeinen Seiteneigenschaften. Wählen Sie hier auf der Registerkarte *Allgemein* aus dem Drop-down-Menü *Typ:* den Eintrag *Verweis* ❸ aus (siehe Abbildung 4-9). Bestätigen Sie die folgende Meldung mit *OK*.

Abbildung 4-9 ▶
Den Seitentyp ändern

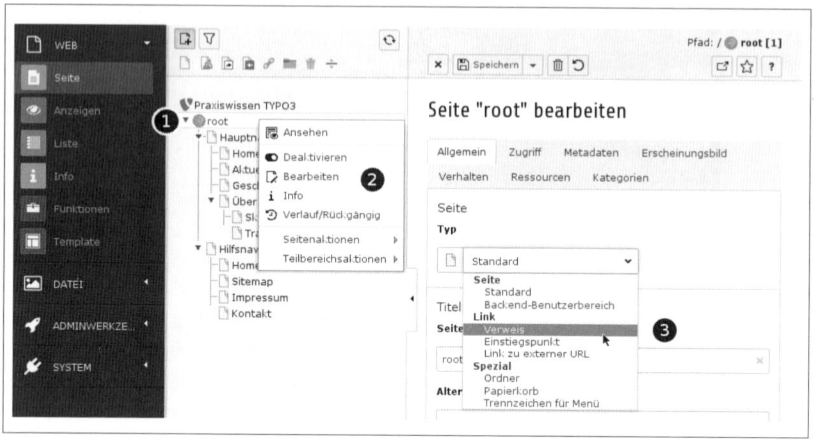

Die rechte Seite mit den Seiteneigenschaften wird neu geladen, und es erscheint eine andere Maske, in der Sie auf der Registerkarte *Allgemein* im Feld *Ausgewähltes Verweisziel* auswählen können, wohin der Verweis zeigen soll (siehe Abbildung 4-10). Nutzen Sie das in der Abbildung mit einer ❶ gekennzeichnete Eingabefeld, um nach einer bestehenden Seite zu suchen, auf die die Seite verweisen soll.

Abbildung 4-10 ▼
Einen Verweis auf eine Seite setzen

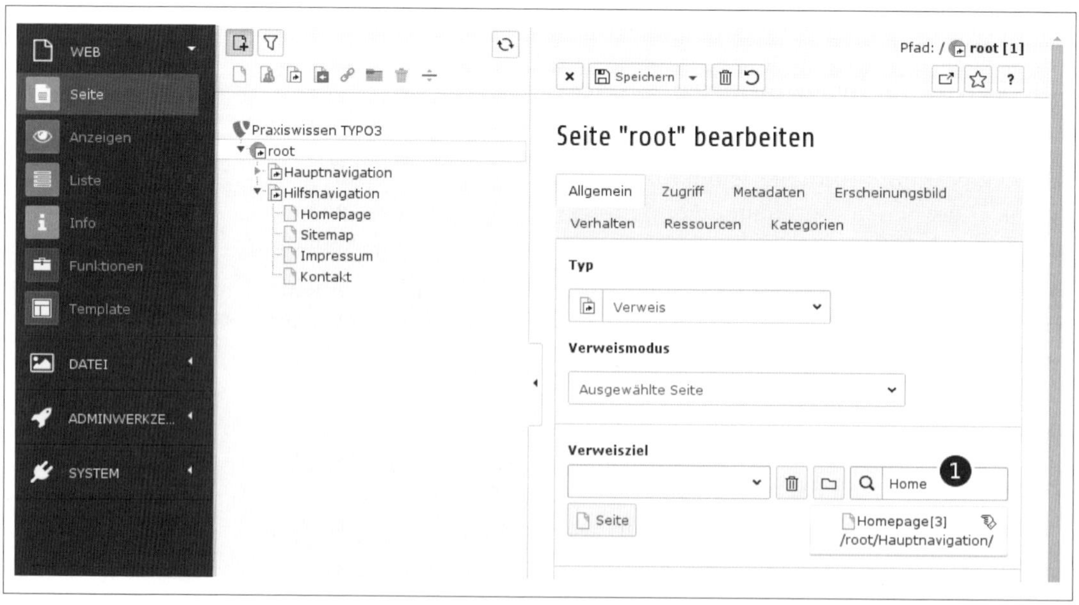

Tipp Alternativ können Sie auch die Schaltfläche mit dem Ordnersymbol nutzen, um die Zielseite des Verweises interaktiv auswählen zu können.

Bei der Auswahl der Seite, auf die der Verweis zeigen soll, öffnet sich ein neues Browserfenster. Beachten Sie, dass Pop-up-Blocker eventuell das Öffnen eines neuen Fensters unterdrücken. Nehmen Sie entsprechende Einstellungen an Ihrem Browser bzw. der Software vor, sodass die TYPO3-Umgebung Fenster öffnen darf.

Suchen Sie nach Ihrer Startseite, die sich unterhalb der Seite *Hauptnavigation* befindet. Speichern Sie danach die Seite und betrachten Sie das Ergebnis im Frontend. Zum jetzigen Zeitpunkt müssten Sie die Fehlermeldung *No TypoScript template found!* erhalten. Sollte jedoch die Fehlermeldung *No proper connection to the tree root* erscheinen, dann überprüfen Sie bitte, ob Sie den Verweis richtig gesetzt haben. Diese Fehlermeldung besagt nämlich, dass Sie einen Verweis ins Nirwana gesetzt haben, z.B. auf eine nicht existierende Seite. Sie können diesen Fehler korrigieren, indem Sie im Seitenbaum auf das Icon vor der betroffenen Seite klicken und aus dem Pop-up-Menü den Eintrag *Seiteneigenschaften bearbeiten* auswählen. Setzen Sie dann den Verweis auf eine reguläre Seite.

Wiederholen Sie diesen Schritt nun sowohl für die Seiten *Hauptnavigation* und *Hilfsnavigation* als auch für die Seite *Homepage*, die sich im Hilfsmenü befindet. Die offizielle Homepage soll sich in der Hauptnavigation befinden, Sie müssen also für die Seite *Homepage* im oberen Menü einen Verweis auf die Seite *Homepage* im linken Menü setzen.

Werden *Verweise* auf andere Seiten gesetzt, deren Zielseite nicht existiert, erscheint beim Frontend-Aufruf die Meldung *No proper connection to the tree-root*. Indem Sie in den *Seiteneigenschaften* über das Feld *Verweismodus* die Einstellung *Erste Unterseite* auswählen, verhindern Sie eine mögliche Anzeige der Fehlermeldung im Frontend im Live-Betrieb Ihrer Website. Eine Auflistung einiger wichtiger TYPO3-Fehlermeldungen samt ihrer Bedeutung finden Sie im folgenden Abschnitt.

Tipp Für Suchmaschinen sind URLs, die aus unterschiedlichen Zeichen bestehen, aber den gleichen Inhalt haben, ein Negativkriterium, wenn es um die Platzierung Ihrer Seite geht. Es handelt sich dabei um *Duplicate Content* – doppelten Inhalt. Durch die Verwendung von Verweisen erhält eine Seite bzw. derselbe Inhalt zwei unterschiedliche URLs, über die jedoch derselbe Inhalt ausgegeben wird. Gehen Sie daher mit dem Inhaltselement *Verweis* (engl. *shortcut*) sparsam um.

TYPO3-Fehlermeldungen

Werden im Frontend TYPO3-Fehlermeldungen angezeigt, sind diese oft schon durch kleine Änderungen zu beheben. Ich möchte Ihnen an dieser Stelle einen Überblick über Fehlermeldungen geben, die bei der Frontend-Ausgabe auftreten können.

No pages are found on the rootlevel
: Die Meldung wird angezeigt, wenn innerhalb von TYPO3 noch keine Seiten angelegt sind. Auf der obersten Ebene – *rootlevel* – wird daher auch keine Seite gefunden, was durch das Anlegen einer Seite im Backend behoben werden kann. Die Nachricht erhalten Sie meist bei einer neuen TYPO3-Installation. Nach dem Anlegen der Seite folgt oft die nächste Meldung.

No template found
: Auf der aufgerufenen Seite ist kein Datensatz vom Typ *Template* vorhanden. In einem TypoScript-Template beschreiben Sie mit der TYPO3-eigenen Skriptsprache TypoScript unter anderem, wie die spätere Website aussehen soll. Wie Sie diese Meldung durch Anlegen eines TypoScript-Templates vermeiden und was TypoScript eigentlich ist, erfahren Sie in Kapitel 5, *TypoScript in der Praxis*.

The requested page didn't have a proper connection to the tree-root!
: Wenn die aufgerufene Seite keine Verbindung zum Seitenbaum hat, ist ein Verweis nicht richtig angelegt. Es wurde also eine Seite vom Typ *Verweis* angelegt, deren Zielseite nicht mehr existiert. Zur Behebung muss der Verweis auf eine vorhandene Seite gerichtet werden.

The requested page does not exist
: Die aufgerufene Seite existiert nicht: Diese Meldung erscheint, wenn in der URL eine Seite abgefragt wird, die innerhalb von TYPO3 nicht verfügbar ist. Das Verhalten von TYPO3 beim Aufruf von nicht existierenden Seiten kann im Install-Tool über die Einstellung *pageNotFoundHandling* verändert werden (siehe Kapitel 2, *TYPO3 installieren*).

KAPITEL 5

TypoScript in der Praxis

In diesem Kapitel:

- Was genau ist TypoScript?
- TypoScript-Templates
- Objekte und Eigenschaften einer Webseite
- Die erstellte Designvorlage integrieren
- TypoScript-Funktionen nutzen
- Die Seite auf Mobil-Darstellung vorbereiten
- Das TYPO3-Caching-Konzept

In diesem Kapitel lernen Sie die Arbeitsweise von TypoScript kennen. Sie erfahren, was Objekte und Eigenschaften sind und welche Operatoren in TypoScript zur Verfügung stehen. Damit Sie die Grundlagen gut nachvollziehen können und nicht gleich mit den TYPO3-spezifischen Eigenarten konfrontiert werden, erfolgt die Einführung in die Syntax an dieser Stelle – losgelöst von der Erstellung von Internetseiten – am Beispiel eines Schiffs.

Später in diesem Kapitel werden Sie TypoScript in der Praxis einsetzen. Sie erfahren, was TypoScript-Templates sind und wozu sie benötigt werden. Sie werden außerdem die in Kapitel 4, *Das Praxisbeispiel vorbereiten*, angelegte Designvorlage mithilfe von TypoScript integrieren und erste konkrete Erfolge im Frontend erzielen.

Was genau ist TypoScript?

TypoScript ist keine Programmiersprache und streng genommen auch keine Skriptsprache. TypoScript ist eine Konfigurationssprache. Mit ihr beschreiben Sie, auf welche Weise TYPO3 aus den vom CMS verwalteten Inhalten in der Datenbank Ausgabedokumente (üblicherweise HTML-Dateien) erstellen soll.

Im letzten Kapitel haben Sie sich bereits mit der Template-Engine Fluid beschäftigt und eine HTML-Designvorlage erstellt. Über eine entsprechende Konfiguration in TypoScript können Sie TYPO3 nun mitteilen, dass diese Vorlage zur Darstellung der Webseite genutzt werden soll und welche Variablen mit welchen Inhalten zu befüllen sind.

Objekte und Eigenschaften

In der Syntax von TypoScript würde eine Bauanleitung für ein Schiff in etwa so aussehen:

```
queenMary = SCHIFF
```

Diese Beschreibung liefert bereits einiges an Eckdaten zum Bau eines Schiffs. In obiger Zeile wird TYPO3 mitgeteilt, dass `queenMary` ein Schiff werden soll. queenMary ist dabei ein frei gewählter Name. Hinter dem Gleichheitszeichen sehen Sie ein Objekt, das vollständig großgeschrieben wird. In diesem Fall soll `queenMary` also eine Instanz des Objekts `SCHIFF` werden.

Wenn Sie einem Kind »Mal mir bitte ein Schiff« sagen, wird Ihnen das Kind im Handumdrehen ein Schiff zeichnen, ohne nähere Informationen zu benötigen. Das Kind bzw. wir alle assoziieren mit einem Objekt gleich bestimmte Eigenschaften, und zwar auf Grundlage unserer Erfahrungen und unseres Wissens. Ein Ingenieur hingegen wird, bevor er auch nur einen Strich zeichnet, stundenlang nachfragen und versuchen, jede auch nur erdenkliche Eigenschaft sowie Abhängigkeiten von Eigenschaften ausfindig zu machen.

TYPO3 besitzt intern schon eine genaue Bauanleitung dazu, wie ein Objekt auszusehen hat. In unserem Beispiel nehmen wir an, TYPO3 würde die Eigenschaften eines Schiffs kennen. So hat ein Schiff gewöhnlich eine Schraube, einen Dieselmotor, mindestens ein Deck und ist unten immer geschlossen – Räder, ein Antiblockiersystem oder einen Kofferraum werden Sie nicht finden.

Obige einzeilige Definition, die besagt, dass queenMary ein Schiff sein soll, könnte bereits zu einer vollständigen Bauanleitung eines Schiffs führen, die uns TYPO3 zur Verfügung stellt, einschließlich eines Namensschilds vorne links am Bug. Das Schiff wäre 30 Meter lang und 10 Meter breit. Wir haben TYPO3 aber nirgendwo mitgeteilt, dass das Schiff 30 Meter lang sein soll. Wenn wir dem System keine speziellen Angaben über die Eigenschaften machen, nimmt es dafür Standardwerte. Diese mit Standardwerten gefüllten Eigenschaften können aber problemlos überschrieben werden:

```
queenMary = SCHIFF
queenMary.laenge = 10
queenMary.breite = 4
queenMary.maxGeschwindigkeit = 6
```

Damit wird TYPO3 mitgeteilt, dass die queenMary 10 Meter lang und 4 Meter breit sein soll und die Geschwindigkeit bei maximal 6 Knoten liegt.

Auf die richtige Schreibweise achten

Geben wir hier nun Eigenschaften für das Objekt `SCHIFF` an, die das System nicht kennt, werden diese Eigenschaften einfach nicht beachtet. TYPO3 sucht bei der Zusammenstellung einer Bauanleitung nach Eigenschaften, die gegebenenfalls von den Standardwerten abweichen können. So sucht TYPO3 in der queenMary nach einer Eigenschaft `maxGeschwindigkeit`. Ist diese Eigenschaft nicht vorhanden, wird der Standardwert verwendet, den TYPO3 gespeichert hat. Dabei ist auf die richtige Schreibweise von Eigenschaften und auch Objekten zu achten, denn TYPO3 unterscheidet auch nach Groß- und Kleinschreibung (engl. *case sensitive*). Das folgende Beispiel enthält eine Reihe von falschen Schreibweisen:

```
01 queenMary = Schiff
02 queenMary.Länge = 10
03 queenMary.Breite = 4
04 queenMary.Max_geschwindigkeit = 6
```

Dieses Beispiel würde nichts bewirken. In Zeile 1 steht, dass queenMary ein Schiff sein soll. Jedoch weiß TYPO3 jetzt nicht, was genau gemeint ist, da das Objekt großgeschrieben werden muss. Richtig wäre also in Zeile 1 `queenMary = SCHIFF`. In Zeile 2 gibt es bei der Schreibweise der Eigenschaft gleich zwei Fehler: Zum einen wird die Eigenschaft kleingeschrieben, zum anderen mit ae statt mit ä. Richtig ist also `queenMary.laenge = 10`. In Zeile 3 haben wir nur einen Fehler: Die Eigenschaft für die Breite wird kleingeschrieben, also `queenMary.breite = 4`; das muss auch in Zeile 4 beachtet werden.

Regeln für die richtige Schreibweise

In TYPO3 gibt es für Objekte und deren Eigenschaften Regeln zur Schreibweise. Die Regel für Objekte ist einfach: Jedes Objekt wird immer komplett großgeschrieben, so z.B. SCHIFF statt Schiff.

Die Regel für Eigenschaften ist nur geringfügig komplizierter. Code ist wesentlich besser lesbar, wenn er nicht nur aus Kleinbuchstaben besteht. So werden die Anfangsbuchstaben aller in einer Eigenschaft vorkommenden Wörter mit Ausnahme des ersten Worts großgeschrieben, alle anderen Buchstaben klein. Damit bekommen die Eigenschaften »Kamelhöcker« (*Camel Caps*) und sind im Code einfacher zu lesen. Eine Eigenschaft wie z.B. *Name des Schiffs* würde somit in TYPO3 wie folgt geschrieben:

```
nameDesSchiffs
```

Selbstverständlich können tatsächliche TypoScript-Objekte und deren Eigenschaften in der richtigen Schreibweise in diesem Buch und auch in sonstigen TYPO3-Referenzen (z.B. der TSRef = TypoScript-Referenz) nachgeschlagen werden.

Wertzuweisungen

Primärer Operator von TypoScript ist die Wertzuweisung mit dem Gleichheitszeichen. Links neben dem Gleichheitszeichen steht ein

Bezeichner oder eine Eigenschaft, dem bzw. der ein Wert zugewiesen wird, der sich rechts neben dem Gleichheitszeichen befindet. Alle folgenden Operatoren könnten theoretisch auf das Gleichheitszeichen reduziert werden, was allerdings zu einer aufwendigen Tipparbeit führen würde.

```
queenMary = SCHIFF
```

Mit dieser Zeile erzeugen wir ein Objekt vom Typ `SCHIFF` mit dem Namen `queenMary`. Das Gleichheitszeichen wird in Programmiersprachen als *Wertzuweisung* bezeichnet. In unserem Fall weisen wir `queenMary` allerdings keinen Wert zu, sondern wir erzeugen eine *Objektinstanz* eines Schiffs. Im Klartext bedeutet dies, dass es mehrere Schiffe geben kann und queenMary nun eines von vielen möglichen Schiffen ist.

Eine Wertzuweisung mit dem Gleichheitszeichen reicht bei TypoScript (und bei den meisten anderen Sprachen auch) immer nur über eine Zeile. Wie eine Wertzuweisung über mehrere Zeilen ermöglicht wird, sehen Sie im nächsten Abschnitt.

Wertzuweisung über mehrere Zeilen

Angenommen, der Auftraggeber des Schiffs QueenMary möchte, dass das Schiff mit dem Label *QueenMary London* versehen wird, *London* dabei aber in der nächsten Zeile steht. Nehmen wir weiter an, es gibt eine Eigenschaft für das `SCHIFF`-Objekt namens `label`, mit dem vorne links am Bug der angegebene Name auf einem großen Holzschild präsentiert wird. Das wäre auf folgende Art lösbar:

```
queenMary = SCHIFF
queenMary.label = QueenMary London
```

So würde allerdings der Aufdruck in einer Zeile stehen und nicht, wie vom Kunden gewünscht, in zweien. Abhilfe schafft eine Wertzuweisung über mehrere Zeilen, die mit runden Klammern ein- und ausgeleitet wird. Das Gleichheitszeichen als Wertzuweisung über eine Zeile entfällt in diesem Fall:

```
queenMary = SCHIFF
queenMary.label (
   QueenMary
   London
)
```

Damit später keine Missverständnisse auftreten, sei an dieser Stelle ein kurzer Ausblick auf unsere Internetpräsentation gegeben: Sie können mit einer Wertzuweisung über mehrere Zeilen keinen im Webbrowser sichtbaren Zeilenumbruch auslösen. Mehrere Zeilen sind nur in der Ausgabe innerhalb des von TYPO3 ausgelieferten HTML-Quellcodes zu sehen und dienen der Übersichtlichkeit innerhalb des TypoScript-

Codes. Gerade wenn Sie komplexe Tabellenverschachtelungen haben, ist es sinnvoll, diese für mehr Übersichtlichkeit auf mehrere Zeilen aufzuteilen. Der Browser zeigt einen Zeilenumbruch aber erst mit einem <br> oder vergleichbaren HTML-Tags an.

Kommentare

Kommentare werden in TYPO3 mit einem Rautezeichen eingeleitet. Dabei reicht ein Kommentar mit Raute immer nur über eine Zeile.

```
# Allgemeine Beschreibung der QueenMary
queenMary = SCHIFF
queenMary.laenge = 150
queenMary.breite = 35
```

In diesem Beispiel sehen Sie in der ersten Zeile ein Rautezeichen. In vielen Sprachen ist es möglich, Kommentare auch hinter eine Zeile zu schreiben, in TYPO3 allerdings nicht. Folgendes ist somit ungültig:

```
queenMary = SCHIFF # Dieser Kommentar ist nicht zulässig!
```

Alles, was nach einer Wertzuweisung (Gleichheitszeichen) steht, wird als Wert einer Eigenschaft bzw. als Objekt verwendet und macht vor Rautezeichen keinen Halt. Darum würde TYPO3 in diesem Fall nach einem Objekt suchen, das es nicht gibt.

In TYPO3 stehen auch die aus anderen Sprachen bekannten Zeichen für Kommentare zur Verfügung. Äquivalent zum Rautezeichen können auch zwei Schrägstriche // verwendet werden, die ebenfalls einen einzeiligen Kommentar einleiten und am Beginn einer Zeile stehen müssen.

Auch mehrzeilige Kommentare sind in TYPO3 möglich; sie werden mit einem »Strich-Sternchen« /* eingeleitet und mit einem »Sternchen-Strich« */ beendet. In Beispiel 5-1 werden die möglichen Kommentare eingesetzt. In Zeile 5 wird ein mehrzeiliger Kommentar eingeleitet, der in Zeile 8 beendet wird. Die in Zeile 7 angegebene Wertzuweisung steht somit innerhalb des Kommentars und wird nicht ausgeführt. Dadurch beträgt die Länge des Schiffs immer noch die in Zeile 4 angegebene Länge von 150 Einheiten.

Beispiel 5-1: Unterschiedliche Kommentare anwenden

```
01 # Dies ist ein Kommentar
02 queenMary = SCHIFF
03 // Dies ist auch ein Kommentar
04 queenMary.laenge = 150
05 /* Dieser Kommentar geht
06    über mehrere Zeilen
07    queenMary.laenge = 300
08 */
09 queenMary.breite = 35
```

Geschweifte Klammern für Schreibfaule

In TYPO3 kann mit geschweiften Klammern die Schreibweise vereinfacht werden. In unserem Beispiel sehen Sie, dass jeder Zeile `queenMary` vorangestellt wird. Durch Ausklammern mit geschweiften Klammern können Sie sich das monotone Voranstellen sparen:

```
01  # Allgemeine Beschreibung der QueenMary
02  queenMary = SCHIFF
03  queenMary {
04      laenge = 150
05      breite = 35
06  }
```

Nachdem definiert worden ist, dass es sich bei der QueenMary um ein Schiff handelt, wird in Zeile 3 der Bezeichner ausgeklammert. Dieses Ausklammern reicht bis Zeile 6, in der die geschweifte Klammer wieder geschlossen wird. In den Zeilen 4 und 5 können Sie beobachten, wie TYPO3 jeweils das voranstellt, was vor den geschweiften Klammern steht. Dabei können auch geschweifte Klammern verschachtelt werden.

Das Ausklammern findet besonders dann Anwendung, wenn es sich um längere TypoScript-Zeilen handelt, was bei TYPO3-Projekten aus unterschiedlichen Gründen der Fall sein kann. Sie werden später in diesem Kapitel und auch in folgenden Kapiteln viele Beispiele dafür finden. Richtiges Ausklammern wird Ihnen so bei der praktischen Arbeit in Fleisch und Blut übergehen. Sie werden das Ausklammern aber nur dann wirklich zu schätzen lernen, wenn Sie all das, was sich in den geschweiften Klammern befindet, auch richtig einrücken. Durch richtiges Einrücken wird der TypoScript-Code übersichtlich und leicht änderbar. Wenn Sie nicht richtig einrücken, werden Sie aufgrund der unübersichtlichen Struktur unter Umständen sehr lange nach Fehlern suchen müssen.

Intern bereitet TYPO3 den TypoScript-Code so auf, dass jede Zeile eine Wertzuweisung enthält. Da wir davon allerdings praktisch nichts mitbekommen, muss es uns auch nicht weiter kümmern.

Kopieren von Objekten und Eigenschaften

In TypoScript lassen sich ganze Objektbäume kopieren, also Objektinstanzen mit ihren jeweiligen Eigenschaften. Dazu erweitern wir unsere Beschreibung des Schiffs um Stockwerke. Das Schiff soll mehrere Etagen erhalten, nämlich ein Autodeck, zwei identische einfache Kabinendecks und ein Luxuskabinendeck.

Beispiel 5-2: : Die Beschreibung verschiedener Ebenen mit TypoScript

```
01 # Allgemeine Beschreibung der QueenMary
02 queenMary = SCHIFF
03 queenMary.laenge = 150
04 queenMary.breite = 35
05
06 # Beschreibung der ersten Etage: Autodeck
07 queenMary.1 = AUTODECK
08
09 # Beschreibung der zweiten Etage: einfache Kabinen
10 queenMary.2 = KABINEN
11 queenMary.2.anzahl = 250
12 queenMary.2.bettenJeKabine = 3
13
14 # Beschreibung der dritten Etage: einfache Kabinen
15 queenMary.3 = KABINEN
16 queenMary.3.anzahl = 250
17 queenMary.3.bettenJeKabine = 3
18
19 # Beschreibung der vierten Etage: Luxuskabinen
20 queenMary.4 = KABINEN
21 queenMary.4.anzahl = 50
22 queenMary.4.bettenJeKabine = 3
```

In Beispiel 5-2 wird durch Angabe einer Zahl direkt nach dem Bezeichner des Schiffs die jeweilige Etage beschrieben. In Zeile 10 wird angegeben, dass in der zweiten Etage ein Deck mit Kabinen entstehen soll. Dabei sollen in dieser Etage 250 Kabinen mit jeweils 3 Betten zur Verfügung stehen. Die dritte Etage, die in Zeile 15 eingeführt wird, hat dieselben Eigenschaften. Auch die Beschreibung der Etage mit den Luxuskabinen, die in Zeile 20 beginnt, ist bis auf Zeile 21 identisch mit den anderen beiden Etagen.

Durch Kopieren von Objektinstanzen und Eigenschaften kann die Pflege des Codes wesentlich erleichtert werden, und es wird eine bessere Übersicht ermöglicht. Wenn auf den Etagen 2 und 3 statt 250 Kabinen nun 260 Kabinen entstehen sollen, ist eine Modifizierung an zwei Stellen notwendig. Wenn statt 3 Betten je Kabine 4 Betten je Kabine vorhanden sein sollen, ist diese Änderung sogar an drei Stellen notwendig.

Das Kopieren von Objektinstanzen geschieht mit dem Kleiner-als-Zeichen (<). Dabei kann sowohl absolut als auch relativ kopiert werden. Folgendes Beispiel verwendet die absolute Kopie:

Beispiel 5-3: Nutzen der absoluten Kopie zur Vereinfachung

```
# Allgemeine Beschreibung der QueenMary
queenMary = SCHIFF
queenMary.laenge = 150
queenMary.breite = 35

```

Beispiel 5-3: Nutzen der absoluten Kopie zur Vereinfachung (Fortsetzung)

```
06  # Beschreibung der ersten Etage: Autodeck
07  queenMary.1 = AUTODECK
08
09  # Beschreibung der zweiten Etage: einfache Kabinen
10  queenMary.2 = KABINEN
11  queenMary.2.anzahl = 250
12  queenMary.2.bettenJeKabine = 3
13
14  # Beschreibung der dritten Etage: einfache Kabinen
15  queenMary.3 < queenMary.2
16
17  # Beschreibung der vierten Etage: Luxuskabinen
18  queenMary.4 < queenMary.2
19  queenMary.4.anzahl = 50
```

In den Zeilen 10 bis 12 wird die zweite Etage – wie im vorigen Beispiel auch – vollständig beschrieben. Da die dritte und die zweite Etage völlig identisch sind, wird in Zeile 15 in `queenMary.3` der Inhalt von `queenMary.2` kopiert. Damit ist `queenMary.3` eine reine Kopie von `queenMary.2`.

In Zeile 18 wird die Beschreibung der zweiten Etage in die vierte kopiert. In Zeile 19 wird jedoch ein Wert überschrieben, da die Anzahl der Kabinen auf dieser Etage von der auf der zweiten abweicht.

Beispiel 5-3 lässt sich durch Ausklammern mit noch weniger Aufwand gestalten, wie Sie in Beispiel 5-4 sehen.

Beispiel 5-4: Ausklammern vereinfacht das Lesen und Schreiben des Codes.

```
# Allgemeine Beschreibung der QueenMary
queenMary = SCHIFF
queenMary {
   laenge = 150
   breite = 35

   # Beschreibung der ersten Etage: Autodeck
   1 = AUTODECK

   # Beschreibung der zweiten Etage: einfache Kabinen
   2 = KABINEN
   2.anzahl = 250
   2.bettenJeKabine = 3

   # Beschreibung der dritten Etage: einfache Kabinen
   3 < queenMary.2

   # Beschreibung der vierten Etage: Luxuskabinen
   4 < queenMary.2
   4.anzahl = 50
}
```

Nach dem Ausklammern steht uns nun auch noch die Möglichkeit zur Verfügung, relativ zu kopieren, was uns erneut ein bisschen Tipparbeit erspart und bei der praktischen Arbeit ebenfalls für eine bessere Übersicht sorgen kann.

Dabei funktioniert das relative Kopieren äquivalent zum absoluten Kopieren. Es muss aber nicht mehr der gesamte Pfad (in unserem Fall noch ein recht kurzer: `queenMary.2` mit zwei Komponenten) angegeben werden. Mit einem vorangestellten Punkt wird beim Kopieren angegeben, dass es sich um eine relative Kopie handelt, nämlich relativ zur zuletzt geöffneten geschweiften Klammer. Das, was sich vor der geschweiften Klammer befindet, muss und darf hier nicht mehr mit angegeben werden. Im folgenden Beispiel sind die absoluten Kopien durch relative ersetzt.

Beispiel 5-5: Relatives Kopieren beim Ausklammern nutzen

```
# Allgemeine Beschreibung der QueenMary
queenMary = SCHIFF
queenMary {
   laenge = 150
   breite = 35

   # Beschreibung der ersten Etage: Autodeck
   1 = AUTODECK

   # Beschreibung der zweiten Etage: einfache Kabinen
   2 = KABINEN
   2.anzahl = 250
   2.bettenJeKabine =  3

   # Beschreibung der dritten Etage: einfache Kabinen
   3 < .2

   # Beschreibung der vierten Etage: Luxuskabinen
   4 < .2
   4.anzahl = 50
}
```

Löschen von Objektinstanzen und Eigenschaften

Analog zum Kopieren von Objektinstanzen und Eigenschaften können diese auch wieder gelöscht werden. Das Löschen geschieht hier mit dem Größer-als-Zeichen (>). Ein Beispiel wäre an dieser Stelle zu abstrakt und wird daher im nächsten Abschnitt folgen.

Ausführungsreihenfolge beim Kopieren und Löschen

Beim Kopieren und Löschen ist die Ausführungsreihenfolge entscheidend. Kopiert wird immer nur das, was bis zur jeweiligen Zeile beschrieben wurde. Folgen weitere Eigenschaftszuweisungen an späterer Stelle, werden diese bei einer vorher eingefügten Kopie nicht berücksichtigt. Das folgende Beispiel verdeutlicht das.

Beispiel 5-6: Kopieren von Werten und anschließendes Überschreiben

```
01 # Allgemeine Beschreibung der QueenMary
02 queenMary = SCHIFF
03 queenMary {
04    laenge = 150
05    breite = 35
06
07    # Beschreibung der ersten Etage: Autodeck
08    1 = AUTODECK
09
10    # Beschreibung der zweiten Etage: einfache Kabinen
11    2 = KABINEN
12    2.anzahl = 250
13    2.bettenJeKabine = 3
14
15    # Beschreibung der dritten Etage: einfache Kabinen
16    3 < .2
17
18    # Beschreibung der vierten Etage: Luxuskabinen
19    4 < .2
20    4.anzahl = 50
21
22    # Ändern der Kabinenanzahl in Etage 2
23    2.anzahl = 300
21 }
```

In Beispiel 5-6 wird in Zeile 23 die Anzahl der Kabinen auf der zweiten Etage mit einem neuen Wert versehen. Jedoch wurde die Anzahl der Kabinen vorher in Zeile 12 schon auf 250 gesetzt. Dieser Wert wurde in Zeile 16 mit in die dritte Etage übernommen. Da die Änderung in Zeile 23 erst nach dem Kopieren erfolgt, hat sie keinen Einfluss auf die dritte Etage. Praktisch bedeutet das, dass sich nach der Verarbeitung des TypoScript-Codes auf der zweiten Etage 300 Kabinen befinden, auf der dritten 250 und auf der vierten 50.

Referenzieren statt kopieren

Neben dem Kopieroperator < steht in TYPO3 noch der zusammengesetzte Operator =< zur Verfügung, der nicht kopiert, sondern referenziert. Das Referenzieren unterscheidet sich vom Kopieren dadurch, dass der Kopiervorgang erst ganz am Ende ausgeführt wird, egal, an welcher Stelle innerhalb des TypoScript-Codes referenziert wurde.

Wenn Sie referenzieren möchten, müssen Sie einen absoluten Wert für ein Objekt angeben. Relative Angaben zu Objekten mit einem vorangestellten Punkt sind beim Referenzieren nicht möglich. In Tabelle 5-1 werden die Unterschiede zwischen Kopieren und Referenzieren anhand von Beispielen gegenübergestellt.

◀ **Tabelle 5-1**
Die Unterschiede zwischen Kopieren und Referenzieren

Kopieren		**Referenzieren**	
TypoScript	**Enthaltener Wert**	**TypoScript**	**Enthaltener Wert**
`1 < .3`	`1 = ?`	`1 < .3`	`1 = ?`
`2 = KABINEN`	`1 = ?`	`2 = KABINEN`	`1 = ?`
`2.anzahl = 250`	`1 = ?` `2.anzahl = 250`	`2.anzahl = 250`	`1 = ?` `2.anzahl = 250`

`3 < .2`	`1 = ?`
	`2.anzahl = 250`
	`3.anzahl = 250`
		`3 =< page.2`	`1.anzahl = ?`
			`2.anzahl = 250`
			`3.anzahl = 250`

`4 < .2`	`1 = ?`
	`2.anzahl = 250`
	`3.anzahl = 250`
	`4.anzahl = 250`
		`4 =< page.2`	`1.anzahl = ?`
			`2.anzahl = 250`
			`3.anzahl = 250`
			`4.anzahl = 250`

`4.anzahl = 50`	`1 = ?`
	`2.anzahl = 250`
	`3.anzahl = 250`
	`4.anzahl = 50`
		`4.anzahl = 50`	`1.anzahl = ?`
			`2.anzahl = 250`
			`3.anzahl = 250`
			`4.anzahl = 50`

`2.anzahl = 300`	`1 = ?`
	`2.anzahl = 300`
	`3.anzahl = 250`
	`4.anzahl = 50`
		`2.anzahl = 300`	`1.anzahl = ?`
			`2.anzahl = 300`
			`3.anzahl = 300`
			`4.anzahl = 50`

In den folgenden Tabellen sind TypoScript-Operatoren und reservierte Symbole noch einmal zusammengefasst.

◀ **Tabelle 5-2**
TypoScript-Operatoren

Operator	**Beschreibung**	**Beispiel**

`=`	Wertzuweisung	`page = PAGE`
		`page.typeNum = 0`
		`page.10 = TEXT`
		`page.10.value = HELLO WORLD`

`>`	Löschoperator; löscht alle Eigenschaften und Wertzuweisungen ab einem gegebenen Punkt.	`page = PAGE` `page >`

`<`	Kopieroperator; kopiert alle Eigenschaften und Wertzuweisungen ab einem gegebenen Punkt.	`page = PAGE`
		`page.typeNum = 0`
		`page.10 = TEXT`
		`page.10.value = HELLO WORLD`
		`page.20 < page.10`

`=<`	Referenzieroperator; referenziert Objekte.	`page = PAGE`
		`page.typeNum = 0`
		`page.10 = TEXT`
		`page.10.value = HELLO WORLD`
		`page.20 =< page.10`
		`page.10.value = HALLO WELT`
		`# Liefert jetzt auch in page.20 "Hallo Welt"`

Tabelle 5-2 ▶ TypoScript-Operatoren (Fortsetzung)

Operator	Beschreibung	Beispiel

`{ }`	Geschweifte Klammern; dienen der vereinfachten Schreibweise (kein echter Operator).	`page = PAGE`
		`page {`
		`    typeNum = 0`
		`    10 = TEXT`
		`    10.value = HELLO WORLD`
		`}`

`( )`	Einfache Klammern; dienen der Wertzuweisung über mehrere Zeilen (kein echter Operator).	`page = PAGE`
		`page.typeNum = 0`
		`page.wrap (`
		`   <table>`
		`      <tr>`
		`         <td> | </td>`
		`      <tr>`
		`   </table>`
		`)`

`#`
`//`
`/* */`
	Kommentar; Kommentare dürfen nicht (!) nach einer Wertzuweisung eingesetzt werden.	Erlaubt:
		`# Das ist ein Kommentar`
		Nicht erlaubt:
		`page = PAGE # Dieser Kommentar ist nicht gestattet`

Tabelle 5-3 ▶ Sonstige reservierte Symbole

Symbol	Beschreibung	Beispiel

`{$var}`	Verwendung von Variablen, die unter *Constants* definiert wurden	`page = PAGE`
		`page.typeNum = 0`
		`page.10 = TEXT`
		`page.10.value = <font face="{$var}">Hallo Welt</font>`

`[bedingung]`
`[...]`
`[global]`
	Condition; Definition einer Bedingung innerhalb der eckigen Klammern. Nähere Informationen folgen in Kapitel 9, *Erweiterte Darstellung von Inhalten*.	

TypoScript-Templates

Im vorigen Abschnitt haben Sie die grundlegende Syntax von TypoScript kennengelernt und sich in die Arbeitsweise dieser Sprache eingedacht. Im nächsten Schritt erfahren Sie jetzt, was *TypoScript-Templates* sind und welche Rolle sie bei der Erstellung unseres Praxisbeispiels spielen.

Ein Template ist eine Vorlage, die wiederverwendet wird. In einem TypoScript-Template beschreiben Sie mit der TYPO3-eigenen Konfigurationssprache TypoScript unter anderem, wie die spätere Webseite aussehen soll. Diese Beschreibung soll natürlich nicht immer nur für eine Seite gelten, sondern als Vorlage für alle weiteren Seiten dienen, die in TYPO3 angelegt werden.

Templates teilen TYPO3 mit, welcher Inhalt in welcher Form auf der Webseite dargestellt werden soll. Ohne ein Template auf einer Seite oder auf einer übergeordneten Seite weiß TYPO3 nicht, dass es überhaupt etwas im Frontend darstellen soll.

In Kapitel 4, *Das Praxisbeispiel vorbereiten*, haben Sie bereits die benötigte Seitenstruktur angelegt. Ohne eine angelegte Seite erhalten Sie im Frontend die Meldung *Error: No pages are found on the rootlevel.* Wurde bereits eine Seite angelegt, erhalten Sie im Frontend eine andere Fehlermeldung: *No TypoScript template found.*

Templates werden immer auf einer Seite angelegt und gelten sowohl für diese als auch für alle untergeordneten Seiten. Das wird in TYPO3 als *Template-Vererbung* oder *Kaskadierung* bezeichnet.

Templates – kurz & knapp

- Ein Template ist ein Datensatz, der auf einer Seite liegt.
- Ein Template enthält eine Ansammlung von Informationen, die die spätere Webseite beschreiben. Diese Beschreibung wird mit TypoScript vorgenommen.
- Auf einer Seite können mehrere Templates liegen.
- Sämtliche Template-Einstellungen und auch der TypoScript-Code selbst werden in der Datenbank in einem Datensatz gespeichert.
- Templates werden immer *nach unten* an untergeordnete Seiten vererbt.

Template-Vererbung

Templates werden immer von einer Seite auf untergeordnete Seiten vererbt. Sämtliche Darstellungs- und Funktionalitätsbeschreibungen, die mit der TYPO3-eigenen Skriptsprache TypoScript erfolgen, gelten somit für die Seite, auf der das Template angelegt wurde, sowie für alle Unterseiten. Dadurch ersparen Sie sich für jede angelegte neue Seite einen enormen Mehraufwand: Sie beschreiben in einem zentralen Template das Verhalten der Website im Frontend. Diese Beschreibung, die mit TypoScript vorgenommen wird, enthält z.B. Informationen darüber, wie der Inhalt dargestellt werden soll, von wo aus Menüs aufgebaut werden und wie diese aussehen sollen. Ein solches zentrales Template wird im Folgenden als *Projekt-Template* bezeichnet.

Dieses System ermöglicht die strikte Trennung von Design, Inhalt und Struktur: Das Design wird mit TypoScript in einem Template festgelegt; der Inhalt kann ohne besondere Kenntnisse von Redakteuren eingepflegt werden und beeinflusst normalerweise nicht die Darstellung; die

Struktur wird im Backend über den Seitenbaum gepflegt, je nach Benutzerrechten auch von Redakteuren.

Template-Vererbung beeinflussen

Soll dennoch ab einer bestimmten Seite das Design von der Definition im vererbten Template abweichen, steht Ihnen mit den sogenannten *Erweiterungs-Templates* (engl. *extension templates*) eine mächtige Funktion zur Verfügung: Sie können einzelne Definitionen überschreiben, die Sie in einem Projekt-Template vorgenommen haben.

Diese Funktion kann unter anderem bei Internetpräsentationen mit Farbkonzepten Anwendung finden: Es ist bei entsprechender Vorbereitung z. B. möglich, durch nur eine einzige Zeile in einem solchen Erweiterungs-Template ab einer bestimmten Seite als Hintergrundfarbe Grün statt Blau zu verwenden.

Ein Template anlegen

Ein Template kann nur auf einer bestehenden Seite angelegt werden; zum Anlegen gibt es mehrere Möglichkeiten, von denen eine im Folgenden dargestellt wird.

1. Klicken Sie im linken Menü auf das Backend-Modul *Template* ❶.
2. Wählen Sie in der Baumdarstellung die Seite *Home* ❷ über den Textlink aus, die Sie in Kapitel 4, *Das Praxisbeispiel vorbereiten*, angelegt haben; sie dient als Hilfsseite der Template-Vererbung.

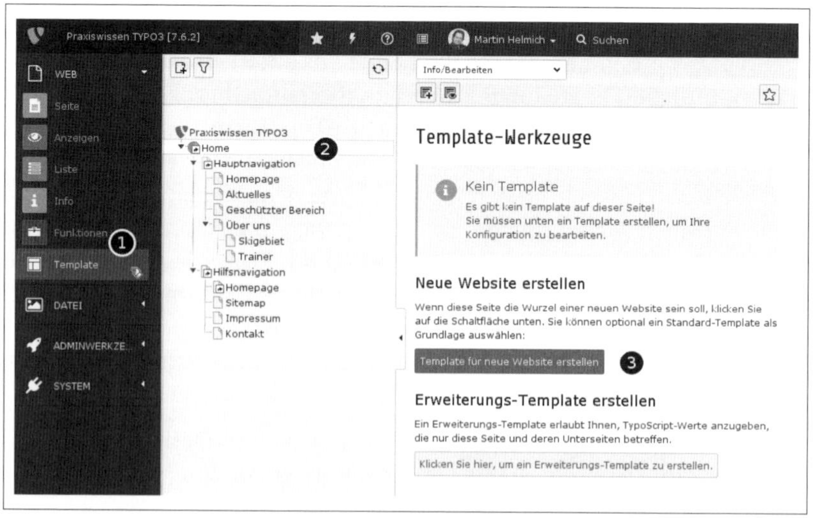

Abbildung 5-1 ▶ TYPO3 kann auf der Seite »Home« kein Template finden.

Die Überschrift *Kein Template* im rechten Bereich weist Sie darauf hin, dass auf der aktuellen Seite *Home* noch kein Template angelegt worden ist (siehe Abbildung 5-1). Eventuell müssen Sie zunächst im oberen Auswahlmenü den Punkt *Konstanten-Editor* oder *Info/Bearbeiten* auswählen, um die Ausgabe *Kein Template* zu erhalten.

Zum Anlegen eines neuen Templates haben Sie nun auf der Seite *Home* folgende Möglichkeiten:

- Sie klicken auf den Button *Template für neue Website erstellen* ❸. Dadurch wird ein neues, leeres Projekt-Template erzeugt.
- Über den Textlink *Klicken Sie hier, um ein Erweiterungs-Template zu erstellen* können Sie ein Erweiterungs-Template anlegen.

Template für neue Website erstellen

Ein Klick auf den Button *Template für neue Website erstellen* legt ein neues Projekt-Template an. Wenn Sie über diesen Button ein neues Template anlegen, wird die Vererbung von einem übergeordneten Template unterbrochen, und auf dieser Seite kann ein neues Projekt begonnen werden (anders als bei Erweiterungs-Templates). Für die Seite *Home* gibt es keine übergeordneten Seiten, die Templates enthalten könnten.

Mit dem Klick auf den Button wird ein neues, leeres Template erstellt. Ein auf diese Weise erstelltes Template wird auch *Projekt-Template* genannt.

Erweiterungs-Template erstellen

Erweiterungs-Templates bieten die Möglichkeit, vererbte Eigenschaften, Objekte, Variablen usw. zu überschreiben, zu modifizieren und zu erweitern. Ein Template wird immer auf die untergeordneten Seiten vererbt. Mit einem Erweiterungs-Template wird diese Vererbung nicht unterbrochen, es können jedoch einzelne Ausnahmen definiert werden, die ebenfalls wieder *nach unten hin* vererbt werden.

Erweiterungs-Templates sollten dann angewendet werden, wenn ein Projekt-Template existiert, es also eine allgemeine Definition für die Internetseite gibt, die aber ab einer bestimmten Seite in Teilbereichen anders sein soll.

Um ein neues Projekt-Template anzulegen, klicken Sie auf den Button *Template für neue Website erstellen*. Anschließend erscheint im rechten Bereich die in Abbildung 5-2 gezeigte Seite.

Abbildung 5-2 ▶ Diese Seite erscheint, wenn ein neues Template angelegt wurde.

Info/Bearbeiten

Links oben auf dem soeben neu angelegten Projekt-Template sehen Sie ein Auswahlfeld, das mehrere Elemente enthält. Eines dieser Elemente trägt die Bezeichnung *Info/Bearbeiten*. Das ist das Element, mit dem Sie überwiegend arbeiten werden. *Info/Bearbeiten* bietet unter anderem die Möglichkeit, direkt mit TypoScript die Präsentation zu beschreiben. Wählen Sie aus diesem Auswahlfeld, wie in Abbildung 5-3 gezeigt, nun den Eintrag *Info/Bearbeiten* aus.

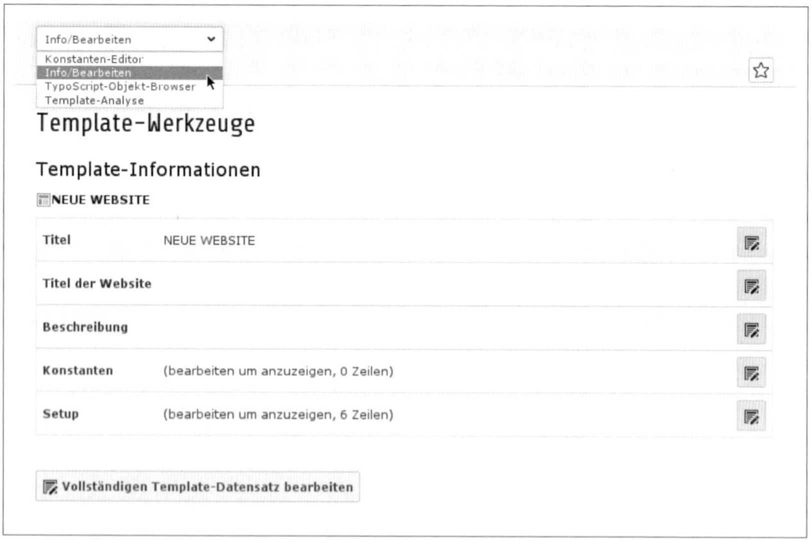

Abbildung 5-3 ▶ Die einzelnen Felder des Template-Bereichs »Info/Bearbeiten«

Wenn *Info/Bearbeiten* ausgewählt wird, stehen mehrere Felder zur Bearbeitung zur Verfügung:

Titel

Im Feld *Titel* kann ein Titel für das aktuelle Template angegeben werden. Dieser Titel ist lediglich für interne Zwecke bestimmt und hat keinen Einfluss auf das Frontend.

Einen Template-Titel anzugeben, ist besonders dann sinnvoll, wenn auf einer Seite mehrere Templates vorhanden sind. Der Vorteil der Verwendung mehrerer Templates auf einer Seite ist, dass Sie ein großes Template in mehrere kleine aufteilen und in Ihrem zentralen Projekt-Template wieder zusammenfügen können (siehe Abschnitt »Vollständigen Template-Datensatz bearbeiten« weiter unten). Statt mit einem großen Template wird mit mehreren kleinen gearbeitet. Im Regelfall enthält jedes Template einen thematischen Abschnitt, z. B. die Beschreibung eines Menüs.

Um die Übersicht zu behalten, sollten Sie daher bei der Verwendung mehrerer Templates auf einer Seite jeweils einen Template-Titel angeben.

Titel der Website (engl. Sitetitle)

Im Feld *Titel der Website* kann das Präfix für Seitentitel angegeben werden. Wenn Sie eine Website im Frontend betrachten, wird in der Regel nur der Titel aus dem Seitenbaum der aktuellen Seite als HTML-Titel-Tag aufgenommen. Soll z. B. der Firmenname immer mit erscheinen, kann dieser im Feld *Titel der Website* angegeben werden. Der erzeugte HTML-Titel-Tag wäre dann der im Template angegebene *Titel der Website*, gefolgt von einem Doppelpunkt und dem Titel der aktuellen Seite, also z. B. *Snowboardschule: Homepage*, sofern *Snowboardschule* der im Template angegebene *Titel der Website* ist und *Homepage* die aktuell betrachtete Seite.

Beschreibung

Unter *Beschreibung* können Sie eine Beschreibung des Templates ablegen. Dieses Feld ist lediglich zur besseren Übersicht bestimmt und hat keine Auswirkungen auf das Frontend.

Konstanten

Unter *Konstanten* können Variablen definiert werden, die in TypoScript als Konstanten ausgelesen werden. Konstanten sind Variablen, die sich nicht mehr verändern lassen (und somit einen konstanten Wert haben).

Die Verwendung der Begriffe »Konstante« und »Variable« in TYPO3 ist nicht unbedingt aus anderen Sprachen übertragbar. In klassischen Programmiersprachen kann einer Konstante nur genau ein Mal ein Wert zugewiesen werden, der sich dann nicht mehr verändern lässt. In TYPO3 sind Konstanten praktisch nichts anderes als Variablen. Diese Variablen können im Feld *Konstanten* (engl.

Constants) beliebig oft mit einem neuen Wert versehen werden. Die jeweils letzte Wertzuweisung ist die gültige.

Diese Konstanten bzw. Variablen können in TypoScript ausgelesen werden. Eine Veränderung einer Variablen ist in TypoScript nicht möglich, woraus auch die Bezeichnung »Konstante« resultiert. Das Feld *Konstanten* selbst enthält allerdings kein TypoScript. Mit TypoScript arbeiten Sie im nun folgenden Feld *Setup*.

Setup

Der von Ihnen in einem TYPO3-Projekt und auch in diesem Buch am häufigsten verwendete Bereich wird der Bereich *Setup* sein. In *Setup* wird TypoScript-Code verwendet – Sie beschreiben an dieser Stelle die gesamte Internetpräsentation. Sie erhalten hier ein großes klassisches Textfeld (*textarea*), in dem Sie direkt programmieren können.

Vollständigen Template-Datensatz bearbeiten

Unter *Info/Bearbeiten* finden Sie den Textlink *Vollständigen Template-Datensatz bearbeiten*. Hier können Sie in das gesamte Template eingreifen und alle Konfigurationsmöglichkeiten auf einen Blick sehen, aufgeteilt auf verschiedene Registerkarten. Es stehen die bereits oben beschriebenen Felder zur Verfügung sowie noch einige weitere, z.B. *Statische Templates einschließen*, das Sie in Kapitel 8, *Inhalte ausgeben*, kennenlernen werden. Abbildung 5-4 zeigt die Maske, die sich hinter diesem Textlink verbirgt.

Soll ein Template nur vorübergehend deaktiviert werden, ist dafür das Feld *Inaktiv* sinnvoll. Das Template wird dann im Frontend nicht mehr berücksichtigt, im Backend hingegen steht es noch zur Verfügung und kann jederzeit wieder aktiviert werden. Dasselbe erreichen Sie durch das Ein- bzw. Ausblenden des Template-Datensatzes.

Mit den Flags *Konstanten Löschen/Setup Löschen* auf der Registerkarte *Optionen* kann die Vererbung von oben unterbrochen bzw. erlaubt werden. Ist beispielsweise *Setup Löschen* aktiviert, wird von einem übergeordneten Template (einer anderen übergeordneten Seite) das Feld *Setup* (TypoScript) nicht mehr vererbt. Das ist auch der wesentliche Unterschied zwischen *Extension Templates* und *Projekt-Templates*.

Im Feld *Statische Templates einschließen* (engl. *Include static*) auf der Registerkarte *Enthält* können sogenannte statische Templates in das Template aufgenommen werden. Dort sehen Sie alle verfügbaren statischen Templates. Markierte bzw. ausgewählte Einträge werden mit in das Template inkludiert. Diese statischen Templates enthalten vordefinierten TypoScript-Code und Variablen, die Ihnen die Arbeit mit

TYPO3 erleichtern können. Die Funktionsweise ist grundsätzlich vergleichbar mit *include-* und *use*-Anweisungen von Programmiersprachen – Überschreibungen sind aber problemlos möglich.

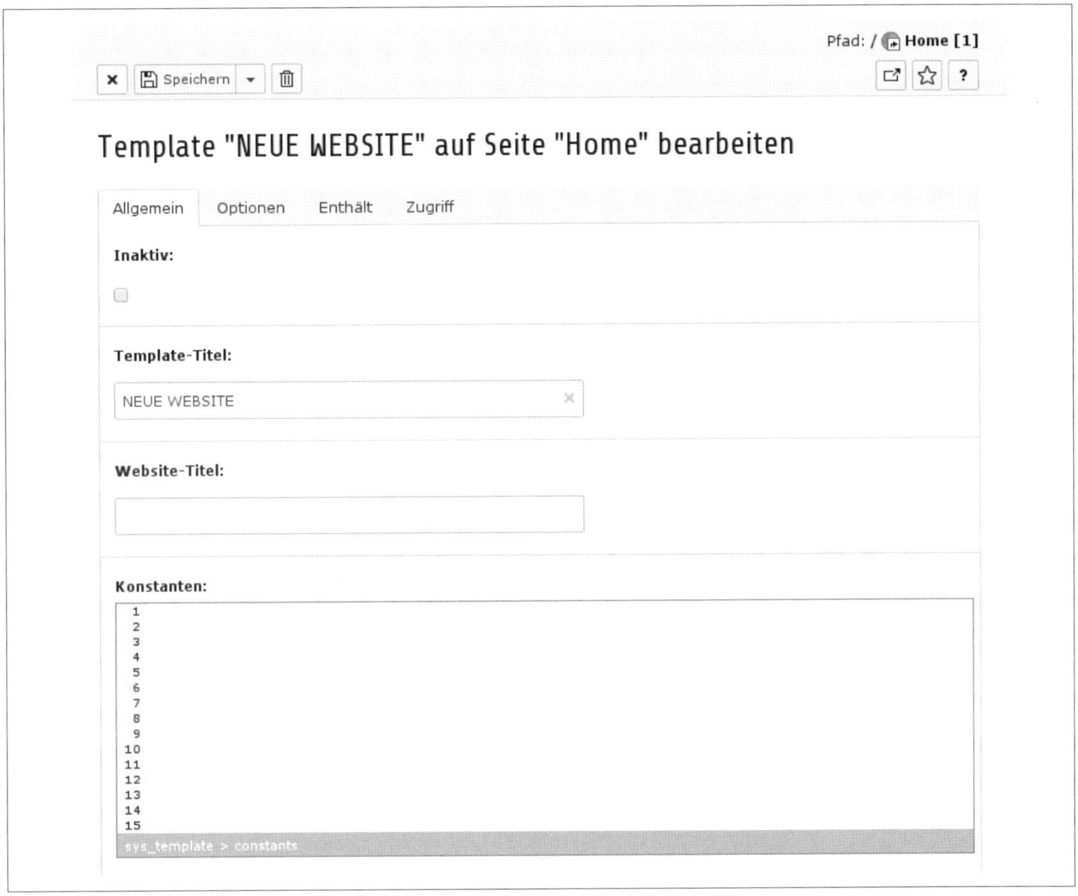

▲ **Abbildung 5-4**
Die Maske »Vollständigen Template-Datensatz bearbeiten«

Unter *Inkludieren* versteht man das Hinzufügen von Code, der an einer anderen Stelle definiert wurde. In klassischen Programmiersprachen geht es dabei normalerweise um Dateien, die einen bestimmten Programmiercode enthalten und durch das Hinzufügen bzw. Inkludieren nicht mehrfach geschrieben werden müssen. Über das Feld *Statische Templates einschließen* fügen Sie keine Dateien hinzu, sondern ein anderes Template, das z.B. TypoScript-Code und -Konstanten enthält, die Sie in Ihrem aktuellen Template wiederverwenden und anpassen können.

Sie werden an späterer Stelle (Kapitel 8, *Inhalte ausgeben*) ein statisches Template einfügen bzw. inkludieren, das eine funktionsfähige und ausgearbeitete Definition zur Darstellung von Inhalten enthält.

TypoScript-Objektbrowser

Mit dem TypoScript-Objektbrowser (siehe Abbildung 5-5) können Sie sich durch das TypoScript-Template hangeln. Der Objektbrowser zeigt den intern aufbereiteten TypoScript-Code in Form eines strukturierten Baums an. Er ist immer dann hilfreich, wenn im TypoScript-Code, den Sie im Feld *Setup* finden, ein Fehler vorliegt, der schwer zu identifizieren ist. Sind Fehler im TypoScript vorhanden, werden vom TypoScript-Objektbrowser Meldungen ausgegeben. Eine Übersicht über alle vorkommenden Meldungen in der Ansicht *ERROR AND WARNINGS* sehen Sie zur einfacheren Analyse hier:

Line xxx: The script is short of yyy brace(s)
: Einer der am häufigsten vorkommenden TypoScript-Fehler wird durch fehlende oder falsch gesetzte Klammern ausgelöst. Der Fehler muss sich jedoch nicht in der vom TypoScript-Objektbrowser ausgegebenen Zeile befinden. Zur Behebung müssen Sie akribisch prüfen, ob alle Klammern richtig geschlossen wurden.

Line xxx: An end brace is in excess
: Im Gegensatz zur vorigen Meldung kennzeichnet dieser Fehler eine zu viel gesetzte Klammer. Auch hier ist die Zeilennummer vermutlich falsch, da der Objektbrowser nicht wissen kann, an welcher Stelle die Klammer zu viel gesetzt wurde. Die Lösung kann nur eine manuelle Suche nach der falsch gesetzten Klammer im *Setup*-Feld sein.

Line xxx: On return to [GLOBAL] scope, the script was short of yyy end brace(s)
: Der Parser bemerkt, dass innerhalb einer Condition eine Klammer fehlt. Hier wird der Fehler bereits eingegrenzt, da Sie Ihre Suche auf den Block innerhalb der Condition beschränken können.

Line xxx: A multiline value section is not ended with a parenthesis!
: Wenn Sie einen Abschnitt über mehrere Zeilen nicht richtig beendet haben, wird vom Parser diese Meldung erzeugt. Mehrzeilige TypoScript-Anweisungen werden mit runden Klammern umschlossen. Fehlt die schließende Klammer, können die TypoScript-Anweisungen nicht mehr richtig ausgeführt werden, was Ihnen der Objektbrowser mit der obigen Meldung anzeigt.

Line xxx: Object Name String, »yyy« contains invalid character »zzz«. Must be alphanumeric or one of:»_ - .«
: Wird ein Zeichen gesetzt, das in der TypoScript-Syntax so nicht verwendet werden kann, wird diese Meldung erzeugt. Beispielsweise ist die Verwendung einer Condition innerhalb einer geschweiften Klammer nicht erlaubt und erzeugt einen Fehler.

Line xxx: Object copied in this line »yyy« would leave either the value or properties untouched in TypoScript Version1. Please check that this is not a problem for you

Die Zuweisung von Werten kann durch nachfolgende Kopieroperationen überschrieben werden. Ist dies in Ihrem TypoScript der Fall, wird der Objektbrowser Sie darauf hinweisen. Das ist ein Hinweis und kein Fehler, sollte jedoch von Ihnen beachtet werden, sofern nicht die gewünschten Erfolge mit Ihrem TypoScript erzielt werden.

Line xxx: Object Name String, »yyy« was not proceeded by any operator, = <>({

Ist in einer Codezeile nicht mindestens eines der Zeichen =, <, >, (oder { enthalten, kann die Zeile nicht ausgewertet werden. Eine Zeile TypoScript kann ohne eines der Zeichen keine Funktion haben, demzufolge muss mindestens ein Kommentarzeichen vorangestellt werden. Der Fehler ist mit hoher Wahrscheinlichkeit in der angezeigten Zeile zu finden.

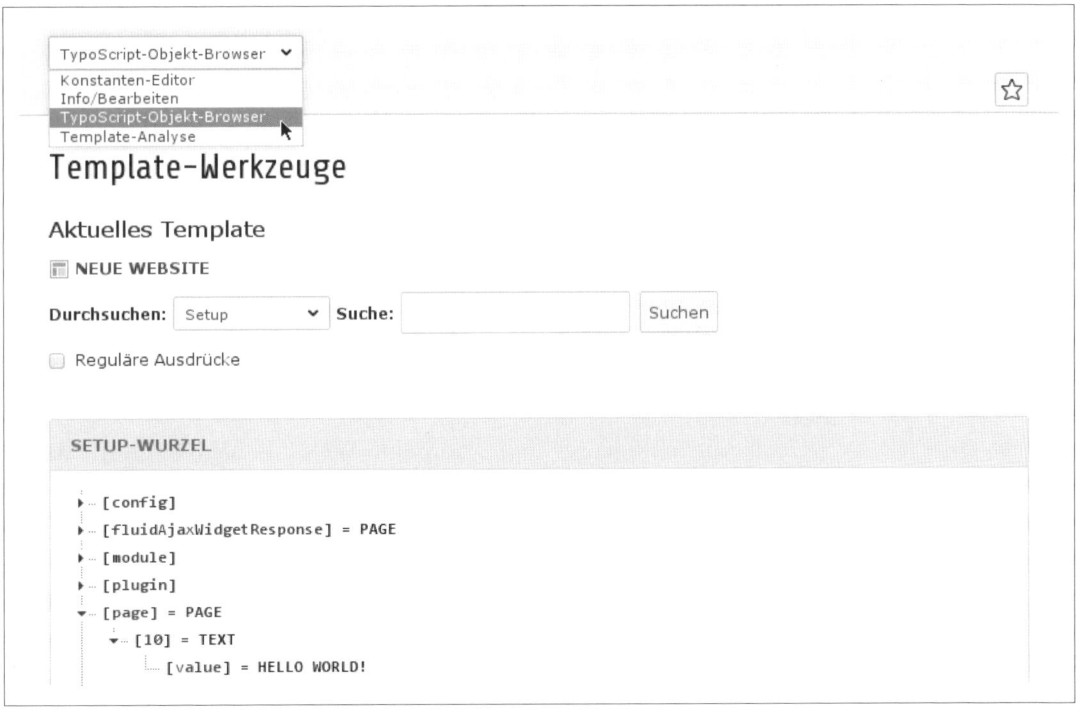

▲ Abbildung 5-5
Der TypoScript-Objektbrowser

Sie werden den TypoScript-Objektbrowser sicherlich während der Arbeit mit TYPO3 schätzen lernen. Eine tiefergehende Beschreibung des Objektbrowsers ist an dieser Stelle wenig hilfreich, da sich die tatsächlichen Vorteile erst in der Praxis zeigen.

Template Analyzer

Mit dem Template Analyzer können komplexe Template-Strukturen betrachtet werden. So gibt der Template Analyzer zum Beispiel einen Überblick darüber, in welcher Reihenfolge Templates inkludiert werden, und mit ihm kann der Inhalt eines inkludierten Templates eingesehen werden (auch bei Frontend-Plug-ins werden häufig Templates inkludiert).

Konstanten-Editor

Mit dem Konstanten-Editor können Anpassungen an Variablen bzw. Konstanten vorgenommen werden. Voraussetzung für eine vernünftige Verwendung des Konstanten-Editors ist, dass innerhalb der Konstantendefinition zusätzliche Informationen darüber angegeben sind, wie diese Konstanten zu editieren sind (welche Werte möglich sind usw.). Nähere Informationen dazu erhalten Sie in Kapitel 10, *Bestehende Erweiterungen integrieren*, im Abschnitt »Hintergrund: So arbeitet der Konstanteneditor« auf Seite 278.

Mit dem Konstanten-Editor können in TypoScript verwendete Variablen auf komfortable Art und Weise angepasst werden. Von einer exzessiven Nutzung des Konstanten-Editors ist abzuraten, da Sie damit nur in einem begrenzten Umfang Anpassungen durchführen können.

Objekte und Eigenschaften einer Webseite

Selbstverständlich kann TYPO3 keine Bauanleitungen für Schiffe erstellen, auch kennt es kein Objekt `SCHIFF`. Mit TYPO3 können Sie Webseiten dynamisch generieren lassen. Und derartige Objekte, die mit Webseiten zu tun haben, stehen in TypoScript zur Verfügung.

Doch welche Eigenschaften kann eine Webseite haben? Zum Beispiel hat eine Webseite normalerweise einen Titel, der im Browser links oben angezeigt wird, und dazu eine Hintergrundfarbe, auch wenn es nur Weiß ist.

Sie bemerken vielleicht, dass eine dieser Eigenschaften (Titel) im Header-Bereich einer HTML-Seite definiert wird, die andere direkt innerhalb des `<body>`-Tags (bgcolor). Keine dieser beiden Eigenschaften einer Webseite wird zwischen den `<body>`-Tags angegeben, denn das, was sich zwischen den `<body>`-Tags befindet, ist gewöhnlich das, was vom Browser angezeigt wird.

Überlegen wir doch einfach einmal anders herum, welche Eigenschaften im Header-Bereich definiert werden. Das sind unter anderem

- der Titel der Webseite,
- Metatag,
- Stylesheet-Informationen (CSS) und
- der Dokumenttyp, beispielsweise HTML oder XHTML.

Nach der Angabe von Werten für diese Eigenschaften einer Webseite wird normalerweise noch kein sichtbarer Inhalt vom Browser ausgegeben, lediglich der Hintergrund kann durch Angabe einer Farbe innerhalb des Stylesheets oder direkt im `<body>`-Tag eine andere Farbe als Weiß haben.

Die Eigenschaften einer Webseite werden in TYPO3 als Eigenschaften des `PAGE`-Objekts bezeichnet. Folgende keineswegs vollständige Auflistung enthält einige wichtige und häufig gebrauchte Eigenschaften von `PAGE`-Objekten. Die offizielle Referenz zu TypoScript nennt sich TSref und wird von den Entwicklern in englischer Sprache unter *http://typo3.org/documentation/document-library/references/doc_core_tsref/current/* bereitgestellt. Im O'Reilly Verlag ist dazu das Buch *TypoScript – kurz & gut* von Patrick Lobacher erschienen, die erste deutsche Funktionsreferenz in Buchform. Eine gekürzte Referenz zu den einzelnen Objekten finden Sie im Anhang.

config.doctype
: In dieser Eigenschaft können Sie den Dokumenttyp Ihrer Seite angeben. Diese Einstellung wirkt sich unter Umständen darauf aus, wie verschiedene Browser Ihre Seite darstellen. Beispiele für Dokumenttypen sind (das mittlerweile eher historische) HTML 4.1, XHTML oder HTML 5.

includeCSS
: Wie der Name bereits erkennen lässt, werden über dieses Attribut CSS-Dateien inkludiert, also in den Seiten-Header eingefügt. Durch die Vergabe unterschiedlicher Bezeichner können Sie verschiedene CSS-Dateien in einem Dokument verwenden. Das ist durchaus sinnvoll, wenn Sie die Ausgabe für verschiedene Medien unterschiedlich gestalten möchten. Zum Beispiel können Sie zusätzlich zur Bildschirmausgabe eine Datei *print.css* für die Ausgabe einer Druckansicht und eine *mobile.css* für die optimierte Darstellung auf Smartphones einfügen. Sie müssen einen Bezeichner und den vollständigen Pfad zur CSS-Datei angeben. TYPO3 überprüft, ob die angegebene Datei vorhanden ist. Wenn die CSS-Datei existiert, wird der HTML-Tag `<link rel="stylesheet" ...>` in den Seiten-Header geladen. Zu jeder Datei kann noch der Medientyp über die Eigenschaft `media` und ein Titel über `title` vergeben werden. Die verfügbaren Medientypen sind laut CSS2 vorgegeben und können

beispielsweise `print`, `handheld` oder `screen` lauten. Es gibt noch weitere Möglichkeiten, CSS-Dateien zu integrieren (Inline-CSS, Stylesheet usw.). Die Eigenschaften für mögliche alternative Ansätze sind in der *TypoScript-Kurzreferenz* im Anhang aufgelistet. Im Abschnitt »Stylesheets und JavaScript-Dateien einbinden« weiter unten werden Sie die Funktion verwenden.

meta.[bezeichner]
: Hier können Sie beliebige Metatags angeben, z.B. `meta.author`, `meta.description` usw. Als Bezeichner kann eine beliebige Zeichenkette verwendet werden, auch der angegebene Wert wird direkt übernommen (Beispiel: `meta.author = Robert Meyer`).

Seiteneigenschaften mit TypoScript angeben

Nachdem Sie das Projekt-Template angelegt haben, können Sie damit beginnen, allgemeine Seiteneigenschaften mit TypoScript festzulegen. Gehen Sie dazu so vor:

1. Wechseln Sie in das *Template*-Backend-Modul ❶.
2. Klicken Sie, wie in Abbildung 5-6 gezeigt, im Seitenbaum auf den Textlink der Seite *Home* ❷.
3. Wählen Sie anschließend auf der rechten Seite aus dem Auswahlfeld den Eintrag *Info/Bearbeiten* ❸ aus.
4. Klicken Sie dann auf das Bleistiftsymbol hinter dem Feld *Setup* ❹. Sie erhalten ein Textfeld, in dem Sie TypoScript-Code ablegen können.

Abbildung 5-6 ▼
So gelangen Sie in das TypoScript-Feld »Setup«.

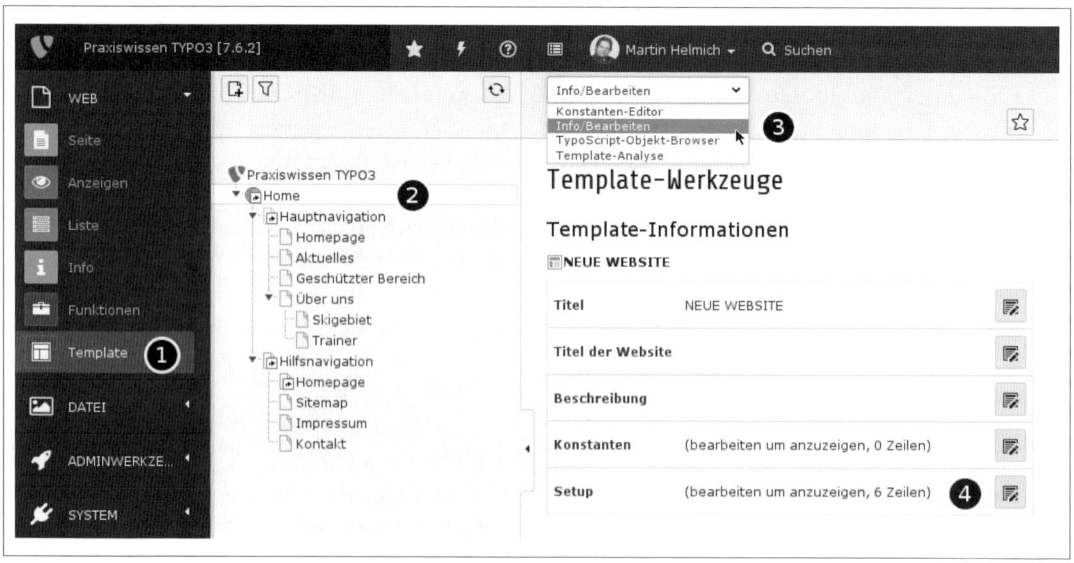

5. Löschen Sie die bereits im *Setup*-Feld vorhandenen »HELLO WORLD!«-Zeilen und fügen Sie die in Beispiel 5-7 angegebenen TypoScript-Zeilen ein.
6. Speichern Sie das TypoScript, indem Sie auf den *Speichern*-Button klicken oder die Tastenkombination *Strg+S* benutzen.

Beispiel 5-7: Eigenschaften des »PAGE«-Objekts setzen

```
01  page = PAGE
02
03  # Allgemeine Seiteneigenschaften setzen
04  page.config.doctype = html5
05
06  # Metatags angeben
07  page.meta.author = Robert Meyer, Martin Helmich
08  page.meta.description = Hier steht eine Beschreibung
```

In Zeile 1 wird eine Instanz eines `PAGE`-Objekts gebildet. Der Bezeichner `page` hat ab sofort `PAGE`-Eigenschaften. `page` ist hier als Bezeichner frei gewählt und könnte auch anders lauten. Wie auch immer der Bezeichner gewählt wird, muss er weitergeführt werden, da er jetzt `PAGE`-Eigenschaften hat. Lassen Sie sich nicht durch die doppelte Namensgebung irritieren. Statt `page = PAGE` könnte z. B. auch `seite = PAGE` angegeben werden. `PAGE` ist ein feststehender Objektname, während `page` oder `seite` ein frei wählbarer Bezeichner ist.

In Zeile 4 wird der Dokumenttyp Ihrer Seite angegeben, in diesem Fall mit *HTML 5*. Der Dokumenttyp kann beeinflussen, wie verschiedene Browser Ihre Seite darstellen.

In den Zeilen 7 und 8 haben Sie Werte für die `<meta>`-Tags `author` und `description` angegeben. Diese `<meta>`-Tags werden mit in den erzeugten HTML-Code aufgenommen. Dabei können Sie beliebige `<meta>`-Tags mit beliebigen Werten angeben: Wenn Sie in Ihrem TypoScript-Code `page.meta.BESTESBUCH = Praxiswissen TYPO3` angeben, fließt auch das mit in die Ausgabe ein.

Der ausgegebene HTML-Code

Klicken Sie links auf das Symbol *Anzeigen*, um das Ergebnis dieses Templates zu betrachten. Im Frontend wird eine leere weiße Seite zurückgeliefert. Wenn Sie aber einen Blick in den HTML-Quellcode (siehe Abbildung 5-7) werfen, werden Sie bemerken, dass die Zuweisungen bereits Anwendung gefunden haben.

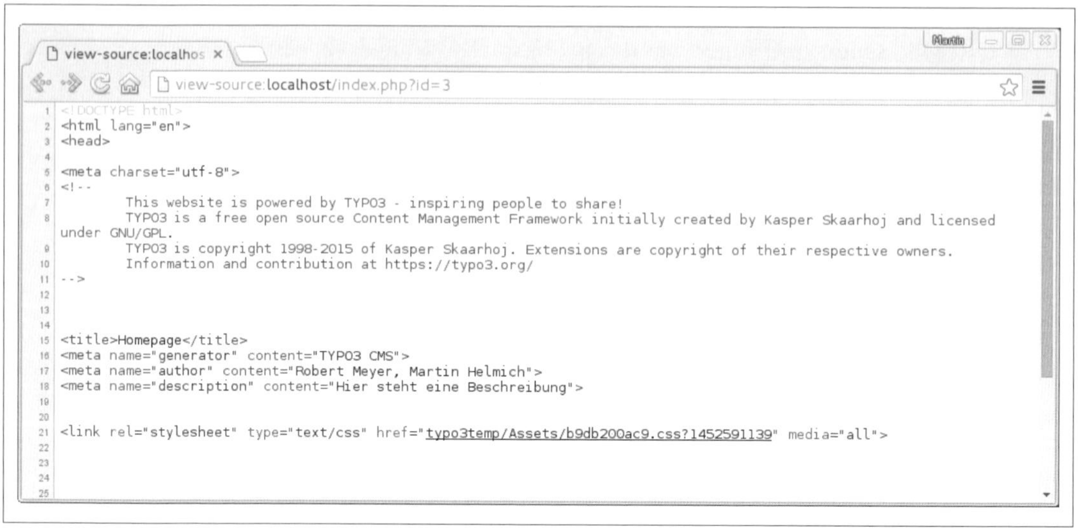


```
<!DOCTYPE html>
<html lang="en">
<head>

<meta charset="utf-8">
<!--
	This website is powered by TYPO3 - inspiring people to share!
	TYPO3 is a free open source Content Management Framework initially created by Kasper Skaarhoj and licensed under GNU/GPL.
	TYPO3 is copyright 1998-2015 of Kasper Skaarhoj. Extensions are copyright of their respective owners.
	Information and contribution at https://typo3.org/
-->



<title>Homepage</title>
<meta name="generator" content="TYPO3 CMS">
<meta name="author" content="Robert Meyer, Martin Helmich">
<meta name="description" content="Hier steht eine Beschreibung">


<link rel="stylesheet" type="text/css" href="typo3temp/Assets/b9db200ac9.css?1452591139" media="all">
```

Abbildung 5-7 ▲
Der HTML-Quellcode enthält die »<meta>«-Tags sowie den »<body>«-Tag.

Zu Beginn des HTML-Quellcodes wird innerhalb von Kommentaren ein genereller Hinweis auf TYPO3 gegeben. Sie sollten diesen Hinweis nicht entfernen, können ihn aber um eigene Zeilen ergänzen. Nähere Informationen zum Ergänzen dieses Hinweises finden Sie in der TypoScript-Kurzreferenz im Anhang im Abschnitt »Primäre Objekte« unter *CONFIG/headerComment*.

Nach dem TYPO3-Kommentar wird der `<title>`-Tag ausgegeben. Obwohl Sie die Seite *Home* betrachten, sehen Sie im HTML-Quellcode als Seitentitel *Homepage*. Aufgrund des angelegten Verweises auf der Seite *Home* wird der Besucher der Website direkt auf die Homepage verwiesen. Durch Angabe eines *Sitetitle* in den Template-Feldern kann der Titel um eine statische Komponente erweitert werden (z.B. *Snowboardschule: Homepage*). Näheres zu diesem Präfix finden Sie weiter vorn in diesem Kapitel. Nähere Informationen darüber, wie Sie die Ausgabe des `<title>`-Tags beliebig beeinflussen können, finden Sie in der TypoScript-Kurzreferenz im Anhang im Abschnitt zu *Config*.

Ausklammern

Wie Sie sicherlich bemerkt haben, führen Sie derzeit zu Beginn einer jeden TypoScript-Zeile den Bezeichner `page` mit. Diesen Bezeichner können Sie durch Ausklammern mit geschweiften Klammern ganz einfach »eliminieren« und so Ihren Code übersichtlicher und einfacher gestalten. Beispiel 5-8 zeigt den TypoScript-Code in der ausklammernden Version.

Beispiel 5-8: Ausklammern zur besseren Übersicht

```
01 page = PAGE
02 page {
03
04   # Allgemeine Seiteneigenschaften setzen
05   page.config.doctype = html5
06
07   # Metatags angeben
08   meta.author = Robert Meyer, Martin Helmich
09   meta.description = Hier steht eine Beschreibung
10 }
```

In Zeile 2 wird page ausgeklammert – die Ausklammerung reicht in diesem Beispiel bis Zeile 10. page wird somit intern in den Zeilen 3 bis 10 vorangestellt. Also steht in Zeile 8 statt `meta.author = Robert Meyer` in Wirklichkeit `page.meta.author = Robert Meyer`. Das Ausklammern erleichtert Ihnen die Arbeit und ermöglicht eine Strukturierung – bessere Übersicht ist aber nur dann gegeben, wenn durchgängig eingerückt wird.

Die erstellte Designvorlage integrieren

In diesem Abschnitt werden Sie die in Kapitel 4, *Das Praxisbeispiel vorbereiten*, erstellten Dateien, unter anderem auch die Designvorlage, in das TYPO3-Projekt integrieren und ansprechen. Das Integrieren der Designvorlage erfolgt wieder mit TypoScript.

Elemente mit in die Seite aufnehmen

Damit Sie in Ihrem Browser eine sichtbare Ausgabe erhalten, muss sich im ausgelieferten HTML-Quellcode etwas innerhalb des `<body>`-Tags befinden. Das kann eine beliebige Anzahl von Elementen sein. So wollen Sie vermutlich nicht, dass sich auf Ihrer Internetseite im Inhaltsbereich immer nur genau eine Überschrift mit genau einem folgenden Fließtext befindet, sondern es sollen mehrere hintereinander sein. Und selbst eine Überschrift mit anschließendem Fließtext besteht ja aus zwei Elementen.

Mit TypoScript können Sie eine beliebige Anzahl von Elementen in den Body-Bereich aufnehmen. Diese müssen natürlich auf eine bestimmte Art angeordnet werden. Sie können angeben, welche Elemente in welcher Reihenfolge ausgegeben werden sollen.

Einige TypoScript-Objekte besitzen numerische Listen, die mehrere Elemente aufnehmen können – das `PAGE`-Objekt zum Beispiel ist ein solches Objekt. Durch Angabe einer Nummer direkt im Anschluss an den Bezeichner der Objektinstanz können mehrere Objekte sortiert ausgeführt werden. Auch wenn nur ein einziges Element mit in die Seite aufgenommen werden soll, kann die Ausgabe nur über eine solche numerische Liste erfolgen. Die beiden folgenden Beispiele sind nicht ausführbar und dienen lediglich der Veranschaulichung.

```
page.1 = OBJEKT
page.1.eigenschaft = wert
page.2 = OBJEKT_2
page.2.eigenschaft = wert_2
```

Durch die Verwendung von direkt aufeinanderfolgenden Nummern nehmen Sie sich allerdings einiges an Flexibilität. Möchten Sie z.B. zu einem späteren Zeitpunkt zwischen `page.1` und `page.2` ein weiteres Objekt aufnehmen, müssten Sie so nachträglich Änderungen an der Sortierung vornehmen. Daher empfiehlt es sich, die Sortiernummern in Zehnerschritten anzugeben:

```
page.10 = OBJEKT
page.10.eigenschaft = wert
page.20 = OBJEKT_2
page.20.eigenschaft = wert_2
```

Tipp In Kapitel 7, *Menüs erstellen*, erhalten Sie im Abschnitt »Einen Klickpfad realisieren« anhand des Objekts `COA` weitergehende Informationen zu diesem Prinzip.

Die Designvorlage integrieren

Die in Kapitel 4, *Das Praxisbeispiel vorbereiten*, erstellte und bereits hochgeladene Designvorlage können Sie nun in das Projekt integrieren. Dazu wird zunächst der Inhalt dieser Datei über das Objekt `FILE` mit der Eigenschaft `.file` importiert (siehe Beispiel 5-9).

Beispiel 5-9: Einlesen der Designvorlage

```
01  page = PAGE
02  page {
03
04    # Allgemeine Seiteneigenschaften setzen
05    page.config.doctype = html5
06
07    # Metatags angeben
08    meta.author = Robert Meyer, Martin Helmich
09    meta.description = Hier steht eine Beschreibung
10
11    # Die Designvorlage integrieren
12    10 = FILE
13    10.file = fileadmin/templates/vorlage.html
14  }
```

Mit dem Objekt `FILE`, das Sie in Zeile 12 verwendet haben, kann der Inhalt einer Datei direkt zurückgeliefert bzw. hineingeladen werden.

Dabei prüft TYPO3, um welchen Dateityp es sich handelt. Ist die Dateierweiterung eine gültige Grafikdatei, erzeugt TYPO3 einen vollständigen `<img>`-Tag, und die einzulesende Grafik wird angezeigt. Handelt es sich um eine Textdatei (mit der Endung *.html*, *.txt*, *.inc* o.Ä.), liefert TYPO3 den Inhalt dieser Datei an der angegebenen Position zurück, in diesem Fall an Position 10.

Das Objekt `FILE` hat die wesentliche Eigenschaft `.file`, mit der Sie festlegen können, welche Datei eingebunden werden soll. Diese Eigenschaft wurde in Beispiel 5-9 in Zeile 13 verwendet, und als Datei wurde die erstellte Designvorlage angegeben.

Wenn Sie das gespeicherte Template im Frontend betrachten, sehen Sie, dass die angegebene Designvorlage geladen wird (siehe Abbildung 5-8). Offensichtlich fehlt jedoch noch das CSS-Stylesheet.

▼ Abbildung 5-8
Die Designvorlage wird im Frontend angezeigt.

Tipp

Die im Frontend ausgegebenen Inhalte werden von TYPO3 in der Datenbank zwischengespeichert. Dieses Verfahren nennt sich Caching. Wenn Sie Änderungen an der Konfiguration durchführen, diese jedoch nicht im Frontend sichtbar werden, kann es am Caching von TYPO3 liegen. Bitte löschen Sie dann über die Schaltfläche mit dem Blitz-Icon im oberen rechten Bereich den *Seiteninhalts-Cache*. Mehr Informationen zum Caching folgen in diesem Kapitel im Abschnitt »Das TYPO3-Caching-Konzept«.

Stylesheets und JavaScript-Dateien einbinden

Das Stylesheet wird derzeit nicht eingebunden, da das Fluid-Template nur den Inhalt des <body>-Tags enthält. Der <head>-Bereich der HTML-Seite wird von TYPO3 selbst generiert. Im nächsten Schritt muss über TypoScript konfiguriert werden, dass das CSS-Stylesheet im Kopfbereich der Seite geladen werden soll.

Dies ist über das Attribut `includeCSS` des `PAGE`-Objekts möglich. In Beispiel 5-10 wurde das TypoScript-Template um diese Funktion erweitert. Da Sie über die Funktion mehrere CSS-Dateien einbinden können, wird ein Bezeichner für jede Datei angegeben. Über die Angabe des Dateipfads wird die CSS-Datei zugewiesen. Ergänzend kann ein Titel für die Datei angegeben werden sowie der Medientyp, für den die CSS-Datei bestimmt ist.

Beispiel 5-10: Ein Stylesheet einbinden

```
page = PAGE
page {

  # Seiteneigenschaften setzen
  config.doctype = html5

  # Metatags angeben
  meta.author = Robert Meyer, Martin Helmich
  meta.description = Hier steht eine Beschreibung

  # CSS-Dateien einfügen
  includeCSS {
    main = fileadmin/css/style.css
    main.title = main
    main.media = all
  }

  # Die Designvorlage integrieren
  [...]
```

Das Gleiche gilt für die JavaScript-Dateien, die die Designvorlage nutzt. Die Vorlage enthält eine Version der weit verbreiteten JavaScript-Bibliothek jQuery. Diese wurde zusammen mit einigen Plug-ins, die das Bootstrap-Framework mitliefert, in der Datei *main.js* zusammengefasst.

Um JavaScript-Dateien auf eine Seite einzubinden, stehen im `PAGE`-Objekt die Attribute `includeJS` (analog zu `includeCSS`) und `includeJSFooter`. Erstere lädt JavaScript-Dateien im Kopfbereich der Seite, letztere unter dem <body>-Bereich. Da das Laden größerer JavaScript-Dateien im Kopfbereich deutlich negative Auswirkungen auf die Seitenaufbauzeit haben kann, ist es im Normalfall günstiger, JavaScript-Dateien mit den includeJSFooter-Attribut unterhalb des Bodys zu laden. Beispiel 5-11 zeigt das includeJSFooter-Attribut im Einsatz:

Beispiel 5-11: JavaScript-Dateien laden

```
page = PAGE
page {
  [...]
  # JS-Dateien einfügen
    includeJSFooter {
    main = fileadmin/javascript/main.js
  }

  # Die Designvorlage integrieren
  10 = FILE
  10.file = fileadmin/templates/vorlage.html
}
```

Das Template laden und Variablen definieren

Das FILE-Objekt, das in den letzten Code-Beispielen genutzt wurde, lädt eine Datei und fügt ihren Inhalt unverändert in der HTML-Ausgabe ein. Um nun die im Fluid-Template definierten Variablen zu nutzen, muss TYPO3 nun zuerst mitgeteilt werden, dass die geladene Datei ein Fluid-Template ist. Hierzu nutzen Sie das Objekt FLUIDTEMPLATE, dessen Verwendung in Beispiel 5-12 gezeigt wird.

Beispiel 5-12: Das Template als Fluid-Template laden

```
page = PAGE
page {
  [...]

  # Die Designvorlage integrieren
  10 = FLUIDTEMPLATE
  10 {
    file = fileadmin/templates/vorlage.html
  }
}
```

Wenn Sie nun Ihre Seite im Browser betrachten, wird Ihnen auffallen, dass TYPO3 nun bereits alle Fluid-Variablen in der Vorlage mit einem leeren Wert ersetzt. Das Ergebnis sollte in etwa aussehen wie in Abbildung 5-9.

Nachdem nun die Designvorlage eingelesen ist, können auch die verwendeten Fluid-Variablen befüllt werden, sodass im Frontend dort, wo diese Variablen genutzt werden, auch der entsprechende Inhalt ausgegeben wird.

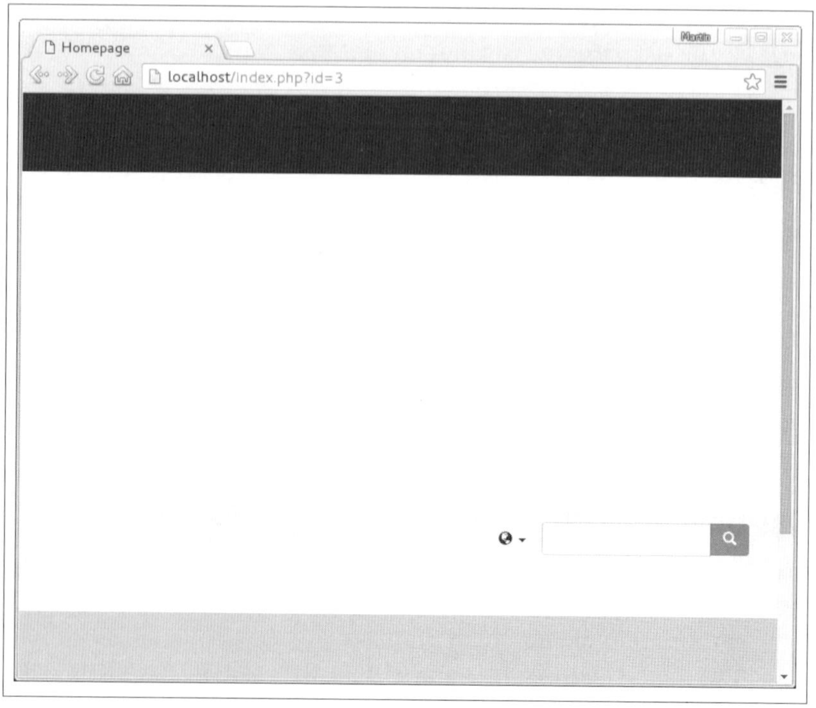

Abbildung 5-9 ▶ In der Designvorlage werden nun alle Variablen mit nichts ersetzt.

Innerhalb eines `FLUIDTEMPLATE`-Objekts definieren Sie Variablen innerhalb des Attributs `.variables`. Die Zuweisung von Variablen erfolgt dabei stets nach der Syntax `variables.[VARIABLENNAME] = [OBJEKT]`.

Als erstes Beispiel soll zunächst der Markenname (oder engl. *brand*) in der Kopfzeile der Seite ersetzt werden. Im Fluid-Template werden hier die zwei Variablen `brandLineFirst` und `brandLineSecond` ausgelesen. In Beispiel 5-13 werden diese zwei Variablen mit statischen Werten befüllt. Erweitern Sie hier Ihr TypoScript-Template um die in Beispiel 5-13 angegebenen vier Zeilen:

Beispiel 5-13: Die Variablen »brandLineFirst« und »brandLineSecond« definieren und befüllen

```
page = PAGE
page {
  [...]
  # Die Designvorlage integrieren
  10 = FLUIDTEMPLATE
  10 {
    file = fileadmin/templates/vorlage.html

    variables {
      brandLineFirst = TEXT
      brandLineFirst.value = Snowboardschule

      brandLineSecond = TEXT
```

Beispiel 5-13: Die Variablen »brandLineFirst« und »brandLineSecond« definieren und befüllen (Fortsetzung)

```
33          brandLineSecond.value = Meyer, Müller & Schmidt
34        }
35    }
36 }
```

Betrachten Sie das Ergebnis im Frontend, werden Sie feststellen, dass die beiden Variablen in der Kopfzeile nun korrekt ausgegeben werden (siehe Abbildung 5-10).

In Zeile 29 wird die Variable `brandLineFirst` angesprochen und durch ein `TEXT`-Objekt ersetzt. Das `TEXT`-Objekt wird noch in diesem Kapitel weiter unten ausführlich behandelt. Prinzipiell liefert das `TEXT`-Objekt eine Zeichenkette zurück, die z.B. über die Eigenschaft `.value` angegeben werden kann. In unserem Fall ist im TypoScript-Template an dieser Stelle die Zeichenkette hartcodiert. Im Folgenden (im Abschnitt »TypoScript-Funktionen nutzen«) lernen Sie weiterhin, wie Sie auf dieselbe Art und Weise dynamische Inhalte einfügen können.

▲ **Abbildung 5-10**
Die Ausgabe der Variablen »brandLineFirst« und »brandLineSecond«

Mit Variablen arbeiten: Fehleranalyse

Zur Fehlersuche bei der Nutzung von Fluid-Variablen ist es hilfreich zu wissen, an welcher Stelle innerhalb des TypoScript-Templates oder der Fluid-Vorlage zu suchen ist. Im Frontend werden alle noch nicht definierten Variablen grundsätzlich mit einer leeren Zeichenkette ersetzt (einerseits ist das zwar praktisch, da der Besucher der Seite später keine Platzhalter sieht, wenn Sie mal eine Variable vergessen; andererseits erschwert es die Fehlersuche).

Um Programmierfehler zu finden, können Sie innerhalb des Fluid-Templates den ViewHelper `f:debug()` nutzen. Code-Beispiel 5-14 zeigt, wie Sie diesen ViewHelper nutzen können, um Wert und Datentyp einer Variablen auszugeben. Ist die Variable nicht definiert, gibt dieser ViewHelper in der HTML-Ausgabe den Wert NULL aus; andernfalls Datentyp und Inhalt der Variablen.

Beispiel 5-14: Nutzung des »f:debug«-ViewHelpers für einzelne Variablen

```
{variable -> f:debug()}
```

Sie können den `f:debug`-ViewHelper auch nutzen, um alle zur Verfügung stehenden Variablen auszugeben:

Beispiel 5-15: Nutzung des »f:debug«-ViewHelpers für alle Variablen

```
{_all -> f:debug()}
```

Abbildung 5-11 zeigt eine Beispielausgabe, die Sie erhalten können, wenn Sie alle Variablen mit `f:debug()` ausgeben. Sie erkennen hier die zwei Variablen `brandLineFirst` und `brandLineSecond`, die Sie zuvor selbst im TypoScript-Template definiert haben. Darüber hinaus sehen Sie auch eine Variable `data`, die von TYPO3 selbst definiert wurde und verschiedene Informationen über die aktuell dargestellte Seite des Seitenbaums enthält. Auch auf diese Variable können Sie innerhalb Ihres eigenen Fluid-Templates zugreifen – beispielsweise mit `{data.title}`, um den Titel der aktuellen Seite auszugeben.

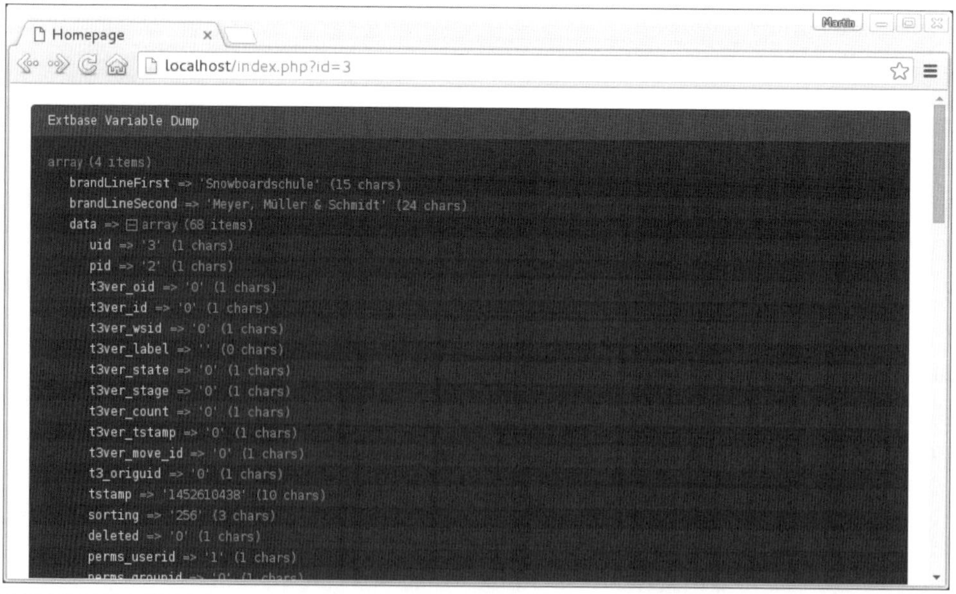

Abbildung 5-11 ▼ Ausgabe des »f:debug«-ViewHelpers

TypoScript-Funktionen nutzen

In Ihrer bisherigen Karriere als TYPO3-Entwickler haben Sie bereits Text mit TypoScript an eine Variable namens `brandLine` übergeben. Dieser ausgegebene Text ist aber eher statisch als dynamisch.

Interessanter ist die Variable `{today}`, die in der Designvorlage genutzt werden soll, um das aktuelle Datum auszugeben. Auch dieses kann dynamisch per TypoScript generiert werden.

Das `TEXT`-Objekt ist gut geeignet, um die Mächtigkeit von TypoScript-Funktionen zu demonstrieren. Das `TEXT`-Objekt selbst ist recht dumm und liefert nur einen statischen Text zurück, z.B. an einen Platzhalter. Das haben Sie im vorigen Abschnitt am Beispiel der Variablen `brandLine` bereits kennengelernt.

In den folgenden Abschnitten werden Sie sich langsam an die Funktionen von TypoScript herantasten und am Ende dieses Kapitels das Datum dynamisch ersetzt haben. Um die Funktionen kennenzulernen, die nichts mit der Datumsausgabe zu tun haben, werden Sie die Variable `{today}` allerdings kurzzeitig missbrauchen und an dieser Stelle sonstige dynamische Inhalte ausgeben, z.B. den Seitentitel der gerade angezeigten Seite.

Datenbankinhalte dynamisch auslesen

Mit TypoScript-Funktionen lassen sich Objekte, z.B. das `TEXT`-Objekt, um mächtige dynamische Funktionalitäten erweitern. Eine TypoScript-Funktion ermöglicht beispielsweise das Auslesen von Datenbankfeldern. Die einfache Eigenschaft `.value` des `TEXT`-Objekts haben Sie bereits kennengelernt. Mit dieser Eigenschaft kann ein statischer Inhalt zurückgeliefert werden.

TYPO3 speichert alle Inhalte und auch Seiten in einer Datenbank. Mit der Installation von TYPO3 (siehe Kapitel 2, *TYPO3 installieren*) haben Sie die benötigten Datenbanktabellen und deren Datenbankfelder angelegt. In Kapitel 4, *Das Praxisbeispiel vorbereiten*, wurde die für das Praxisbeispiel benötigte Seitenstruktur vorbereitet. Beim Anlegen der Struktur haben Sie eine Datenbanktabelle mit dem Namen pages mit Datensätzen gefüllt. Auch das Projekt-Template und sogar der von Ihnen angegebene TypoScript-Code werden nur in der Datenbank gespeichert.

Eine einfache TypoScript-Funktion, mit der dynamisch ein Inhalt aus der Datenbank ausgelesen werden kann, ist die Funktion `.field`. Dabei muss als Wert lediglich angegeben werden, welches Datenbankfeld ausgelesen werden soll. Nicht einmal die Angabe einer Tabelle ist notwendig, da TYPO3 von allein weiß, um welche Datenbanktabelle es sich handelt. Wenn diese Funktion übergeordnet das PAGE-Objekt findet, wird in der Tabelle pages nach einem angegebenen Datenbankfeld gesucht. Die Tabelle pages enthält die Datensätze der angelegten Seiten.

Ein interessantes, in diesem Zusammenhang häufig verwendetes Datenbankfeld dieser Tabelle ist das Feld `title`, das den Seitentitel einer jeden Seite enthält, die Sie im Seitenbaum sehen können.

Die TypoScript-Funktion `.field` arbeitet ausschließlich mit dem aktuell betroffenen Datensatz. Wenn also zum Beispiel die Seite *Homepage* geöffnet ist, können mit dieser Funktion nur die Felder dieses Datensatzes in der Tabelle pages ausgelesen werden. Dazu baut TYPO3 intern eine SQL-Abfrage auf, die in vereinfachter Form so aussieht:

```
SELECT * FROM pages WHERE uid = [aktuelle Seite] AND hidden=0 AND
deleted = 0
```

Folgendes Beispiel soll die Anwendung das `.field`-Attribut demonstrieren, auch wenn die Variable {today} in diesem Beispiel zweckentfremdet wird:

Beispiel 5-16: Den Seitentitel der aktuellen Seite ausgeben

```
01 page = PAGE
02 page {
     [...]
23   # Die Designvorlage integrieren
24   10 = FLUIDTEMPLATE
25   10 {
       [...]
28     variables {
         [...]
35       today = TEXT
36       today.field = title
37     }
38   }
39 }
```

In Zeile 36 wird anstelle der Eigenschaft `.value` das Attribut `.field` genutzt, das den Titel der momentan geöffneten Seite anzeigt.

Wenn das Datenbankfeld leer ist

Das Feld `title` sollte unter normalen Umständen keine leere Zeichenkette enthalten, da Redakteure bei der Arbeit mit dem Backend beim Anlegen oder Bearbeiten einer Seite zwingend einen Seitentitel angeben müssen. Allerdings können Sie mit dem Attribut `.field` auch andere Datenbankfelder als `title` abfragen.

Nehmen wir an, Sie stehen vor folgender Problematik: Der Seitentitel, der z. B. für die Navigation verwendet wird, soll mit einer anderen Angabe überschreibbar sein. Dafür erhält der Redakteur neben dem Seitentitel noch ein weiteres Feld, in dem er optional eine Angabe machen kann. Wenn in diesem optional auszufüllenden Feld eine Angabe gemacht wird, soll diese verwendet werden; ohne explizite Angabe soll der Seitentitel Verwendung finden.

Eine mehrzeilige Programmierung ist für diesen durchaus häufig auftretenden Anwendungsfall nicht notwendig. TYPO3 bietet eine einfache Möglichkeit, dieses Vorhaben zu realisieren. Zur Demonstration soll das Datenbankfeld `subtitle` (Untertitel) verwendet werden (Kapitel 4, *Das Praxisbeispiel vorbereiten*).

Wenn in diesem Datenbankfeld ein Inhalt steht, soll er an der Stelle der missbrauchten Variablen `{today}` angezeigt werden, ansonsten der Inhalt des Datenbankfelds `title`. Als Wert kann jetzt nicht mehr nur das Datenbankfeld *title* abgefragt werden, auch das Feld `subtitle` muss in die Überprüfung mit einbezogen werden.

Die Syntax in TypoScript zur Umsetzung solcher Vorhaben ist denkbar einfach. Als Parameter für die TypoScript-Funktion werden gleich mehrere Datenbankfelder angegeben, die jeweils durch zwei Schrägstriche voneinander getrennt sind. Dabei wird eine so angegebene Liste von Datenbankfeldern von links nach rechts verarbeitet. Wenn eine Abfrage auf das erste Datenbankfeld eine leere Zeichenkette zurückliefert, wird das nächste Element in der mit zwei Schrägstrichen separierten Liste verwendet.

Im folgenden Beispiel wird der Inhalt des Datenbankfelds `subtitle` ausgegeben. Wenn dieses Datenbankfeld nichts enthält, wird der Inhalt des Felds `title` zurückgeliefert.

Beispiel 5-17: Den Untertitel ausgeben, sofern er Inhalt hat, ansonsten den Seitentitel

```
page = PAGE
page {
  [...]
  10 = FLUIDTEMPLATE
  10 {
    [...]
    variables {
      [...]
      today = TEXT
      today.field = subtitle // title
    }
  }
}
```

HTML-Formatierungen einbinden

Angenommen, die Formatierung der Variablen {today} soll geändert werden, indem sie zum Beispiel mit dem Bold-Tag <b> eingeschlossen wird. Das ließe sich zum einen direkt in der Designvorlage ändern, indem wir die Variable {today} mit einem solchen Bold-Tag versehen. Es lässt sich aber auch in TypoScript realisieren, was nun zunächst anhand von Beispiel 5-18 umgesetzt werden soll. Hier wurde mit der Eigenschaft `.value` ein Inhalt direkt an den Platzhalter gesendet. Natürlich kann in den angegebenen Wert dieser Eigenschaft auch HTML-Code aufgenommen werden:

Beispiel 5-18: In die Eigenschaft ».value« kann HTML-Formatierung aufgenommen werden.

```
page = PAGE
page {
  [...]
  10 = FLUIDTEMPLATE
  10 {
    [...]
    variables {
      [...]
      today = TEXT
      today.value = <b>12. 01. 2016</b>
    }
  }
}
```

Ein so einfacher Lösungsweg wäre keinen eigenen Abschnitt wert, gäbe es da nicht einen (eigentlich sogar zwei) Haken. Zunächst macht uns Fluid hier womöglich einen Strich durch die Rechnung: Enthält eine Variable HTML-Quelltext, der im generierten HTML erhalten bleiben soll, muss die Variable im Fluid-Template unbedingt durch den `f:format.raw`-ViewHelper gefiltert werden, also als `{today -> f:format.raw()}`. Andernfalls würde Fluid die HTML-Sonderzeichen umkodieren und als `>b<12. 01. 2016>/b<` ausgeben.

Zudem ist diese Vorgehensweise mit der Ausgabe von statischen Inhalten durch die Textobjekt-Eigenschaft `.value` auch keine echte Herausforderung. Wenn allerdings die TypoScript-Funktion `.field` verwendet wird, ist ein solches Umhüllen nicht mehr möglich. Auf die Angabe

```
# Folgendes Beispiel ist falsch!!
page.10.variables.today.field = <b>title</b>
```

hin würde TYPO3 nach einem Datenbankfeld mit dem Namen `<b>title</b>` suchen, das natürlich nicht existiert. Im Frontend erhalten Sie beim Aufruf einer solchen falschen Variante keine Fehlermeldung, allerdings wird die Variable {today} lediglich durch eine leere Zeichenkette ersetzt.

Es muss also einen anderen Lösungsansatz geben, mit dem zurückgelieferte Werte von TypoScript-Funktionen *umhüllt* werden können. Dafür stellt TYPO3 eine weitere Funktion namens `.wrap` zur Verfügung. Da beim Umhüllen eines Werts mit einem HTML-Tag im Regelfall ein sich öffnender und ein sich schließender HTML-Tag benötigt werden, kann dieses Paar direkt als Wert angegeben werden, wobei die Stelle, an der der zurückgelieferte Inhalt steht, der umhüllt werden soll, von einem Pipe-Symbol | (gerader Strich) ersetzt wird. Folgendes Beispiel der Nutzung der beiden TypoScript-Funktionen `.field` und `.wrap` soll diesen Lösungsansatz demonstrieren:

Beispiel 5-19: Den Titel der Seite mit HTML-Code umhüllen

```
page = PAGE
page {
  [...]
  10 = FLUIDTEMPLATE
  10 {
    [...]
    variables {
      [...]
      today = TEXT
      today.value = 12. 01. 2016
      today.wrap = <b> | </b>
    }
  }
}
```

Die Funktion `.wrap` steht nur beim `TEXT`-Objekt direkt zur Verfügung. Werden andere Objekte verwendet, muss auf eine Funktionssammlung zugegriffen werden, den `stdWrap`-Baukasten. StdWrap ist ein leistungsfähiges Konzept, das Funktionen für die unterschiedlichsten Aufgaben zur Verfügung stellt und in der TSref genau beschrieben wird.

Weitere Werte abfragen

Neben den beiden TypoScript-Funktionen `.field` und `.wrap` existiert noch eine weitere häufig benötigte Funktion namens `.data`. Mit ihr können diverse, an unterschiedlichsten Stellen definierte Werte abgefragt werden.

Datenbankinhalte mit .data abfragen

Bei der Verwendung der Funktion `.data` werden normalerweise mehrere Werte (Parameter) angegeben, was im Folgenden am Beispiel einer Datenbankabfrage demonstriert wird. Hier gibt es gleich zwei Varianten. Die einfachere ist vom Ergebnis her identisch mit der Verwendung der Funktion `.field`, die weiter oben vorgestellt wurde. Mit der Syntax

`.data = field:[Feldname]` wird ein bestimmtes Feld eines aktuellen Datensatzes ausgegeben. In Beispiel 5-20 wird der Inhalt des Datenbankfelds `title` ausgegeben, das Resultat ist somit identisch mit dem von Beispiel 5-16.

Beispiel 5-20: Inhalt des Datenbankfelds »title« mit der Funktion ».data« auslesen

```
page = PAGE
page {
  [...]
  10 = FLUIDTEMPLATE
  10 {
    [...]
    variables {
      [...]
      today = TEXT
      today.data = field.title
    }
  }
}
```

Mit einer zweiten Variante kann genau ein Datenbankfeld aus einer angegebenen Datenbanktabelle und einem bestimmten Datensatz abgefragt werden. Die Syntax ist Folgende:

```
.data = DB: [Tabelle] : [uid des gewünschten Datensatzes] : [Feld]
```

Im folgenden Beispiel wird aus der Tabelle `pages` der Inhalt des Felds `title` ausgegeben, bei dem das Feld `uid` den Wert `1` hat. Beachten Sie, dass TYPO3 die Seiten-IDs (im unteren Beispiel also die `1`) beim Erstellen von Seiten dynamisch hochzählt. Je nachdem, in welcher Reihenfolge Sie die Seiten in Ihrer TYPO3-Installation angelegt und/oder eventuell wieder gelöscht haben, ist es möglich, dass es die Seite mit der genauen ID 1 in Ihrer TYPO3-Installation gar nicht gibt.

Beispiel 5-21: Einen definierten Datenbankinhalt einer beliebigen Datenbanktabelle auslesen

```
    variables {
      [...]
      today = TEXT
      today.data = DB:pages:1:title
    }
```

GET- und POST-Variablen abfragen

Auch Parameter, die mithilfe der Variablen `GET` bzw. `POST` an die Internetseite übergeben wurden, können mit der TypoScript-Funktion `.data` abgefragt werden. `GET`-Variablen werden direkt in der URL angegeben und können zum Testen dieser `.data`-Funktionalität genutzt werden. Zur Demonstration wird in Beispiel 5-22 die Variable `test` abgefragt.

Diese muss beim Betrachten des Ergebnisses im Frontend als Parameter mit in die URL aufgenommen werden. Die URL könnte z. B. wie folgt lauten: *http://meinedomain.tld/index.php?id=0&test=Testtext*.

Beispiel 5-22: Abfrage eines mit »GET« oder »POST« übergebenen Werts

```
variables {
  [...]
  today = TEXT
  today.data = GP:test
}
```

Dieses Beispiel lässt die Frage aufkommen, ob nicht auch hier der Inhalt eines Datenbankfelds angezeigt werden kann, wenn die Abfrage von GET-/POST-Variablen ein leeres Ergebnis zurückliefert. Das ist ebenfalls durch Angabe einer Liste möglich, die einzelne Abfragen mit zwei Schrägstrichen trennt. Mit folgender Angabe wird zunächst überprüft, ob der Inhalt der GET-/POST-Variablen `test` zurückgeliefert werden kann. Enthält `test` keinen gültigen Wert, wird der Inhalt des Datenbankfelds `title` des momentan angezeigten Datensatzes ausgegeben:

```
page.10.variables.today.data = GP:test // field : title
```

Tipp Ändert sich die Anzeige im Browser nicht, drücken Sie die Tastenkombination *Strg+F5* nach der Eingabe der URL. Dadurch werden der Cache geleert und der übergebene GET-Parameter angezeigt.

Datum mit .data abfragen und formatieren

Zur Umsetzung des Praxisbeispiels soll von der Variablen `{today}` selbstverständlich das aktuelle Datum des Servers angezeigt werden. Auch dafür bietet die `.data`-Funktion mit der Syntax `.data = date : [Datumsformatierung]` eine Lösung, die in Beispiel 5-23 angewendet wird.

Beispiel 5-23: Das aktuelle Datum an die Variable »{today}« ausgeben

```
variables {
  [...]
  today = TEXT
  today.data = date:d.m.Y
}
```

Die Zeichenkette nach dem Doppelpunkt stellt die gewünschte Formatierung des Serverdatums dar, in diesem Fall *12.01.2016*. Diese Formatierungsangaben sind identisch mit den Angaben der PHP-Funktion `date()`. Die gebräuchlichsten Formatierungszeichen finden Sie in Tabelle 5-4.

Tabelle 5-4 ▶ Formatierungszeichen für die »date«-Funktion

Formatierung	Beschreibung	Beispiel
d	Tag des Monats, zweistellig mit führender Null	01 bis 31
j	Tag des Monats ohne führende Null	1 bis 31
m	Monat als Zahl mit führender Null	01 bis 12
n	Monat als Zahl ohne führende Null	1 bis 12
Y	Jahreszahl vierstellig	2017
y	Jahreszahl zweistellig	17
H	Stunde im 24-Stunden-Format	00 bis 23
i	Minute mit führender Null	00 bis 59
s	Sekunde mit führender Null	00 bis 59

Um das Beispiel und den Datumsbereich im unteren Teil der Seite zu vervollständigen, definieren Sie nun noch die restlichen Variablen, die in diesem Fall jedoch zunächst nur statische Texte enthalten. Noch übrig sind die Variablen `{labelNews}` und `{labelToday}`. Beispiel 5-24 zeigt, wie diese Variablen mit dem bereits bekannten TEXT-Objekt befüllt werden können:

Beispiel 5-24: Die restlichen Variablen für den Datumsbereich definieren

```
variables {
  [...]
  today = TEXT
  today.data = date:d. m. Y

  labelNews = TEXT
  labelNews.value = Aktuelles

  labelToday = TEXT
  labelToday.value = Heute ist der
}
```

Die Seite auf Mobil-Darstellung vorbereiten

Das CSS-Stylesheet der Designvorlage enthält ein responsives Layout; es passt sich automatisch an die Bildschirmgröße und Pixeldichte des Ausgabebildschirms an, sodass sich die Seite später auf einem Smartphone mit 5-Zoll-Display genauso gut bedienen lässt wie auf einem 4K-Bildschirm.

Die wichtigste Einstellung für mobile Webseiten ist der sogenannte *Viewport*. Der Viewport beschreibt den vom Nutzer sichtbaren Bereich der Seite. Ohne weitere Anpassungen gehen mobile Browser von einer festen Breite des Viewports aus (Safari Mobile beispielsweise von 980 Pixeln), in die eine (nicht auf Mobil-Darstellung optimierte!) Seite bequem hineinpasst. Nachteil dieser Einstellung ist, dass die meisten Webseiten zwar komplett auf das Smartphone-Display passen, jedoch soweit herunterskaliert wurden, dass sie nicht mehr benutzbar sind. Bei einem speziell auf Mobildarstellung optimierten Stylesheet ist diese Annahme nicht mehr zutreffend, sodass dem Browser über einen Metatag mitgeteilt werden muss, dass als Viewport-Breite die tatsächliche Bildschirmbreite des Geräts angenommen werden soll:

```
<meta name="viewport" content="width=device-width, initial-scale=1">
```

Abbildung 5-12 zeigt zwei Screenshots derselben Designvorlage: einmal ohne den wie oben definierten Viewport und einmal mit. Sie sehen, dass insbesondere der Kopfbereich der Seite ohne Viewport-Definition so weit herunterskaliert wurde, dass das Menü, aber auch die Sprachauswahl oder der Klickpfad kaum noch benutzbar ist.

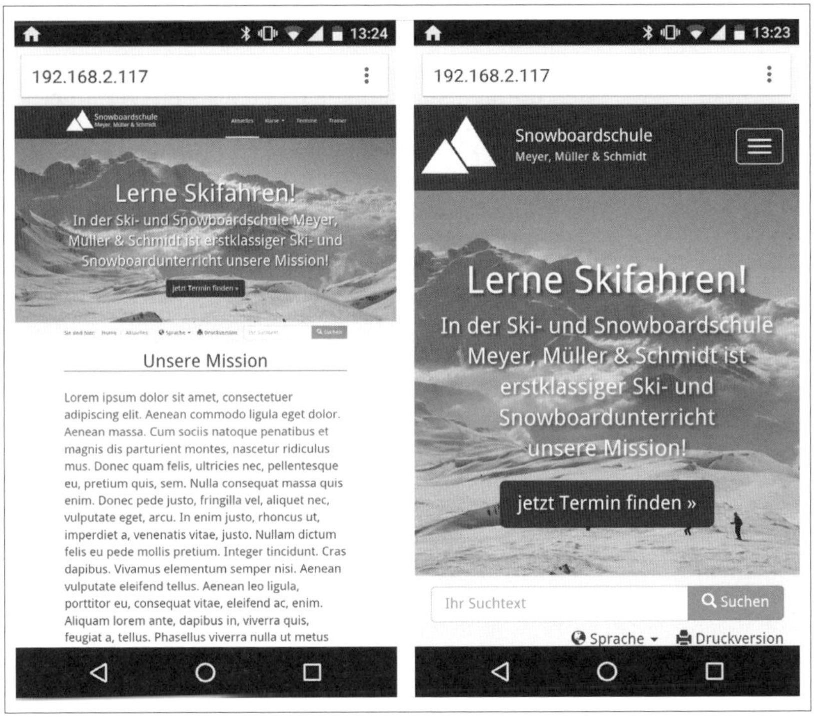

◀ Abbildung 5-12
Darstellung der Seite auf Mobilgeräten mit unterschiedlichen Viewports

Standardmäßig liefert TYPO3 selbst keinen entsprechenden Metatag aus; er kann aber über TypoScript hinzugefügt werden. Am Beispiel der `author`- und `description`-Tags haben Sie dies bereits zuvor in diesem Kapitel selbst durchgeführt. Beispiel 5-25 zeigt, wie Sie auf dieselbe Weise auch den `viewport`-Tag hinzufügen können.

Beispiel 5-25: Konfiguration des Browser-Viewports über TypoScript

```
page = PAGE
page {
```

Beispiel 5-25: Konfiguration des Browser-Viewports über TypoScript (Fortsetzung)

```
   [...]
   # Metatags angeben
   meta.author = Robert Meyer, Martin Helmich
   meta.description = Hier steht eine Beschreibung
   meta.viewport = width=device-width, initial-scale=1

   [...]
}
```

Das TYPO3-Caching-Konzept

TYPO3 ist dynamisch. Alle Inhalte werden in Datenbanken gehalten und auf Abruf entsprechend erzeugt. Um jedoch die Serverlast zu verringern bzw. die Performance zu erhöhen, werden Seiten und Seiteninhalte in TYPO3 grundsätzlich gecacht. Dadurch werden zum Beispiel vom System erzeugte Grafiken statisch gehalten, bis sich Veränderungen ergeben.

Die Datenbankabfragen zum Erzeugen einer Seite sind so komplex, dass bei großen Präsentationen mit viel Traffic eine hohe Serverlast entsteht. In der Praxis sind es immer die gleichen Daten, die die Benutzer bekommen, bis sich am Content eine Veränderung ergeben hat. TYPO3 nutzt das aus und speichert die Ergebnisse einer Datenbankabfrage in einer Caching-Tabelle – also ebenfalls in der Datenbank. Komplexe Abfragen über mehrere Tabellen sind somit nicht notwendig, da TYPO3 einmal gespeicherte Ergebnisse als fertigen HTML-Code aus einigen wenigen Tabellen holen kann.

Es ist möglich, auch andere Mechanismen des Caching von Daten zu nutzen. Der Cache muss nicht mehr zwingend in der Datenbank gespeichert werden. Das Caching ist auch auf Dateiebene möglich. Es können auch Techniken wie APC[1] oder memcached[2] genutzt werden. Interessant werden diese Möglichkeiten jedoch erst bei großen Projekten, die auf verteilten Systemen zum Einsatz kommen. Wir gehen in diesem Buch vom klassischen Caching in der Datenbank aus.

Bei der Erzeugung von Grafiken führt Caching ebenfalls zu enormen Vorteilen (siehe Kapitel 6, *Grafiken mit TypoScript erstellen*). Müssten für jeden Frontend-Aufruf die benötigten Grafiken erneut erzeugt wer-

1 *Alternative PHP Cache* (APC) ist eine PHP-Erweiterung, die die Ausführung von PHP-Programmen beschleunigt, indem der Programmcode nur einmal übersetzt, aber mehrfach gelesen wird.

2 memcached ist ein Cache-Server, mit dessen Hilfe Caching-Daten direkt im Arbeitsspeicher geschrieben und gelesen werden. memcached wurde von der Firma Danga Interactive entwickelt.

den, wäre die Serverlast um ein Vielfaches höher, und das hätte TYPO3 in die Schublade »langsam« verfrachtet. TYPO3 weiß aber, wann sich eine Seite verändert hat, wann neue Grafiken berechnet werden müssen und wann Inhalte bzw. Grafiken aus den vorhandenen Quellen verwendet werden können.

Trotzdem sind nicht alle Aufgaben stets dynamisch durchführbar. TYPO3 bietet sogar die Möglichkeit, das Ergebnis einer Suchanfrage grafisch darzustellen. Bei der (Aus-)Nutzung dieser grafischen Möglichkeiten stellt Caching ein Problem dar, denn normalerweise sieht jede Suchanfrage anders aus. Die vorhandenen Daten aus der Caching-Tabelle sind nicht in jedem Anwendungsfall verwertbar. Caching lässt sich aber deaktivieren, sowohl global als auch partiell. Unterlassen Sie solche Spielereien aber besser zugunsten der Geschwindigkeit Ihrer Präsentation.

Anders als beim vorigen Beispiel kann Caching manchmal auch zu weiteren Problemen führen – nicht in Bezug auf die Geschwindigkeit, sondern vielmehr in Bezug auf die Darstellung innerhalb der Präsentation. TYPO3 bemerkt, wie oben schon erwähnt, wenn sich Inhalte verändert haben – aber leider nur dann, wenn es sich um veränderte Datensätze handelt (z.B. Content oder Templates). Sie können jedoch beispielsweise auch den Inhalt einer Datei in Ihrer Präsentation anzeigen lassen. Das passiert häufig bei der Verwendung von Designvorlagen, die in eine separate HTML-Datei *ausgelagert* werden. Nehmen Sie nun Änderungen an dieser Datei vor, etwa per FTP oder aber auch über das Modul *Dateiliste*, löscht TYPO3 den Cache nicht, auch nicht partiell. Es wird die alte Version aus dem Cache ausgeliefert, bis der Cache geleert wurde.

Aus diesem Grund besteht im Backend die Möglichkeit, den gesamten Cache manuell zu leeren (siehe Abbildung 5-13). Über die Schaltfläche *Seiteninhalts-Cache löschen* werden die Caching-Tabellen von TYPO3 in der Datenbank geleert. Diese beginnen mit *cache_*.

Support Die Caching-Tabellen von TYPO3 können bei großen Websites stark anwachsen. Meist geschieht das durch die falsche Konfiguration von TYPO3-Erweiterungen. Die Tabellen können schnell mehrere Hundert MByte oder sogar GByte groß werden. Große Tabellen verlangsamen die Auslieferung der TYPO3-Webseiten und sollten daher regelmäßig kontrolliert werden.

Wenn Sie den Cache einer bestimmten Seite leeren möchten, können Sie das auch im Frontend tun. Wenn Sie als Backend-Benutzer angemeldet sind, drücken Sie im Frontend im Browser den *Reload*-Button oder die Taste *F5* und gleichzeitig die *Strg*-Taste.

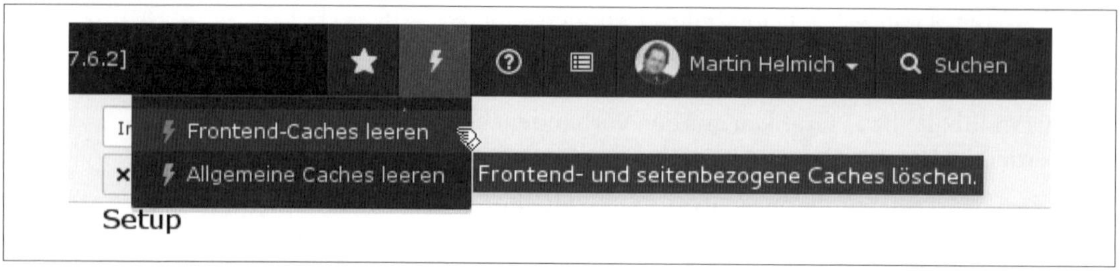

Abbildung 5-13 ▲
Den Cache manuell leeren

Der Cache ist in zwei separate Gruppen aufgeteilt: System- und Frontend-Caches. Dabei werden bei einem Klick auf *Frontend-Caches leeren* nur die Cache-Tabellen in der Datenbank geleert, die auch für den Frontend-Cache zuständig sind. Auf der anderen Seite werden bei einem Klick auf *Allgemeine Caches leeren* nur die Cache-Tabellen in der Datenbank geleert, die auch für die systemnahen Caches zuständig sind.

Sollten Sie mit dem Caching von Grafiken Probleme haben, können Sie den Inhalt des Ordners *typo3temp/* löschen. Danach müssen Sie allerdings den Seiten-Cache leeren, da TYPO3 ansonsten den fertigen HTML-Quellcode aus der Datenbank nimmt, der noch auf Grafiken verweist, die es nicht mehr gibt. Nach dem Leeren des Cache werden die Grafiken bei Bedarf wieder neu erstellt. Wie man dynamische Grafiken erstellt, erfahren Sie in Kapitel 6, *Grafiken mit TypoScript erstellen*.

Caching-Problemen begegnen

In Beispiel 5-23 werden Sie auf den ersten Blick keine Caching-Probleme feststellen. Erweitern Sie jedoch die Datumsangabe um die Angabe von Stunde, Minute und Sekunde, werden Sie auch bei permanentem Aktualisieren im Browser keine Veränderung der Sekunde erreichen.

Beispiel 5-26: Ausgabe der aktuellen Uhrzeit in der Variablen »{today}«

```
variables {
  [...]
  today = TEXT
  today.data = date:d.m.Y - H:i:s
}
```

Haben Sie die Änderung in Ihrem TypoScript-Code vorgenommen, wird der TYPO3-Cache geleert. Mit dem Aufruf der Seite im Frontend wird der Cache mit den aktuellen Werten gefüllt, und erneute Anfragen an die Seite werden dem Cache entnommen. Eine Aktualisierung der Sekunde werden Sie daher nicht feststellen können.

Der TYPO3-Cache für eine Seite wird standardmäßig nur für 24 Stunden vorgehalten. Die 24 Stunden sind jedoch nicht um 0 Uhr nachts abgelaufen, sondern 24 Stunden, nachdem die Seite in den Cache aufgenommen wurde. Sie können über die übergeordnete Konfigurationseigenschaft `config` angeben, wie lange der Cache generell vorgehalten werden soll, und so den Standardwert von 24 Stunden mit einem neuen Wert versehen. Die zugehörige Eigenschaft heißt `config.cache_period` und erwartet als Wert die Sekundenanzahl, die angibt, wie viele Sekunden der Seiten-Cache gültig sein soll. In Beispiel 5-27 wurde dieser Wert auf zehn Sekunden gesetzt. Wenn Sie nun im Frontend die Seite permanent neu laden, werden Sie im Abstand von zehn Sekunden in der Variablen `{today}` einen neuen Wert erkennen können.

Beispiel 5-27: Den TYPO3-Cache maximal zehn Sekunden vorhalten

```
config.cache_period = 10

page = PAGE
page {
  [...]
  10 = FLUIDTEMPLATE
  10 {
    [...]
    variables {
      [...]
      today = TEXT
      today.data = date:d.m.Y - H:i:s
    }
  }
}
```

Tun Sie Ihrem Server und auch sich selbst einen Gefallen und nutzen Sie diese Möglichkeit nicht über Gebühr. Normalerweise sollte es ausreichen, das aktuelle Datum ohne eine Uhrzeit auszugeben. Wenn Sie das ausgereifte Caching-Konzept von TYPO3 umgehen möchten, indem Sie den Cache ausschalten bzw. die Lebensdauer auf einen sehr niedrigen Wert setzen, dürfen Sie sich nicht wundern, wenn Sie mit der Performance Ihres TYPO3-Projekts über kurz oder lang nicht glücklich werden.

In den folgenden Kapiteln wird mit aktiviertem Cache weitergearbeitet – die in Beispiel 5-27 angegebene Konfiguration zum Vorhalten des TYPO3-Cache für maximal zehn Sekunden können Sie also getrost wieder aus Ihrem TypoScript-Template herausnehmen. In Kapitel 9, *Erweiterte Darstellung von Inhalten*, werden Sie ein weiteres Objekt namens `COA_INT` kennenlernen, mit dem Teilbereiche von TypoScript nicht gecached werden.

KAPITEL 6

Grafiken mit TypoScript erstellen

In diesem Kapitel:

- Das vorhandene Logo einbinden
- Responsive Grafiken generieren
- Den grafischen Trailer erstellen

In den bisherigen Kapiteln haben Sie ein neues Projekt-Template erstellt, die Designvorlage integriert und einen ersten Platzhalter durch ein stets aktuelles Datum ersetzt. In diesem Kapitel erfahren Sie, wie Sie mit TypoScript Grafiken logisch beschreiben, sodass sie dynamisch erstellt werden können.

Das vorhandene Logo einbinden

Sie können mit TypoScript existierende Grafiken recht einfach einbinden. Dafür gibt es das Objekt `IMAGE` mit der wesentlichen Eigenschaft `.file`, mit deren Hilfe die einzubindende Grafik angegeben wird. TYPO3 übernimmt dazu die gesamte HTML-Arbeit und erzeugt einen vollständigen `<img>`-Tag. Dabei werden selbst Informationen wie Breite und Höhe der Grafik ausgelesen und als Parameter in den erzeugten `<img>`-Tag aufgenommen.

Im Folgenden wird die Fluid-Variable `{logo}` mit dem Firmenlogo der Snowboardschule befüllt. Dieses Firmenlogo haben Sie bereits in Kapitel 4, *Das Praxisbeispiel vorbereiten*, unter dem Dateinamen *logo.jpg* in das TYPO3-System übertragen, und zwar in den Ordner *fileadmin/images/*.

Beispiel 6-1: Den Platzhalter »logo« ansprechen

```
page = PAGE
page {
  [...]
  10 = FLUIDTEMPLATE
  10 {
    [...]
    variables {
      [...]
```

Beispiel 6-1: Den Platzhalter »logo« ansprechen (Fortsetzung)

```
36        logo = IMAGE
37        logo.file = fileadmin/images/logo.png
38
          [...]
47      }
48    }
49 }
```

In Zeile 36 wird die Variable `{logo}` angesprochen; an dieser Stelle wird eine Instanz des Objekts `IMAGE` erstellt. Darunter, in Zeile 37, gibt die Eigenschaft `.file` des `IMAGE`-Objekts dann an, welche Grafik eingebunden werden soll.

Im Frontend können Sie dann das Ergebnis Ihrer TypoScript-Arbeit begutachten (siehe Abbildung 6-1). Dabei werden Sie feststellen, dass die eingebundene Grafik für die Kopfzeile viel zu groß und außerdem falsch positioniert ist. Im nächsten Abschnitt erfahren Sie, wie Sie die Größe der Grafik ändern und die Grafik korrekt positionieren können.

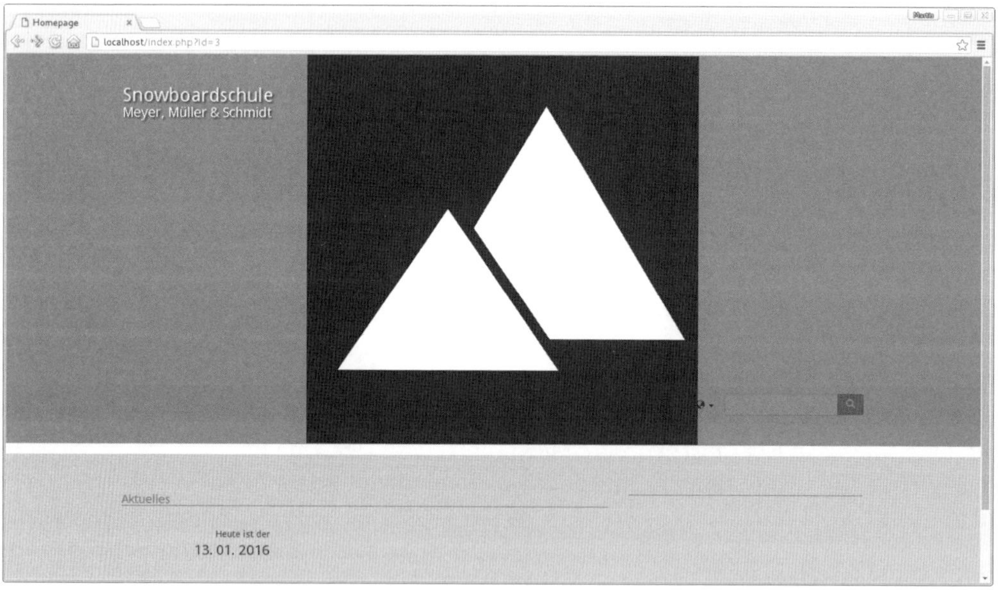

Abbildung 6-1 ▲ Statt der Variablen »{logo}« wird eine Grafik eingebunden, die zu groß und falsch positioniert ist.

Um Näheres zur eingebundenen Grafik zu erfahren, sollten Sie einen Blick auf ihre Eigenschaften werfen und sich außerdem den Quellcode anzeigen lassen. Die Eigenschaften der Grafik können Sie sich ansehen, indem Sie im Frontend nach einem Rechtsklick auf die Grafik (je nach verwendetem Browser) den Menüpunkt *Eigenschaften*, *Prüfen* oder *Inspizieren* aus dem erscheinenden Menü auswählen. Sie können hier sehen, von wo der Browser die Grafik nachgeladen hat. Die angegebene

Adresse dürfte Sie nicht verwundern, da es exakt der Pfad zur Grafik ist, den Sie in Zeile 37 im Beispiel 6-1 angegeben haben.

Im angeforderten HTML-Quellcode (siehe Abbildung 6-2) können Sie erkennen, dass ein vollständiger <img>-Tag an die Stelle des Platzhalters gesetzt wurde, einschließlich der Angaben zu Breite und Höhe der Grafik.

```
<div class="navbar-header">
  <button type="button" class="navbar-toggle collapsed" data-toggle="collapse" data-target="#navbar">
    <span class="sr-only">Toggle navigation</span>
    <span class="icon-bar"></span>
    <span class="icon-bar"></span>
    <span class="icon-bar"></span>
  </button>
  <img src="fileadmin/images/logo.png" width="600" height="600"   alt="" >
  <a class="navbar-brand" href="#">
    <div class="brand-line">Snowboardschule</div>
    <div class="brand-line">Meyer, Müller &amp; Schmidt</div>
  </a>
</div>
```

▲ Abbildung 6-2
Der ausgelieferte HTML-Quellcode mit einem vollständigen »<img>«-Tag

Zwei Probleme müssen noch gelöst werden: Zunächst einmal ist das Logo falsch positioniert. In der ursprünglichen HTML-Designvorlage hatte das <img>-Tag die CSS-Klasse logo; im von TYPO3 generierten <img>-Tag fehlt diese CSS-Klasse jedoch noch. Außerdem ist das Logo mit 600 Pixeln viel zu groß (angesichts moderner hochauflösender Displays ist das nur die halbe Wahrheit; dazu später mehr).

CSS-Klassen zum Logo hinzufügen

Zunächst muss das im letzten Abschnitt generierte Bild mit der CSS-Klasse logo ausgezeichnet werden, damit das Bild im Seitenlayout korrekt positioniert wird. Hierzu können Sie das Attribut .params des IMAGE-Objekts nutzen (siehe Beispiel 6-2).

Beispiel 6-2: Hinzufügen einer CSS-Klasse zum generierten Bild

```
    logo = IMAGE
    logo {
      file = fileadmin/images/logo.png
      params = class="logo"
    }
```

Das .params-Attribut können Sie grundsätzlich nutzen, um beliebige HTML-Attribute zu dem generierten <img>-Tag hinzuzufügen.

Wenn Sie anschließend einen Blick auf das Frontend Ihrer Seite werfen, werden Sie merken, dass das Logo nun richtig positioniert ist und überraschenderweise auch bereits die korrekte Größe hat. Dies liegt daran, dass in der CSS-Definition der Klasse logo bereits eine bestimmte Größe vorgegeben wird; das Logo wird nun also vom Browser heruntergerechnet. Das vom Server zum Browser übertragene Bild hat jedoch immer noch eine Größe von 600 mal 600 Pixeln. Das ist unschön, da das Logo gar nicht in dieser Größe benötigt wird und speziell auf mobilen Geräten und/oder mit schwacher Netzwerkanbindung wertvolle Bandbreite belegt.

Die Größe der Grafik ändern

Die Größe der Grafik kann geändert (also in unserem Fall auf die gewünschte Höhe verkleinert) werden, sodass das vom Browser geladene Logo nur so groß ist wie benötigt. Mit der Eigenschaft `.file.width` des `IMAGE`-Objekts wird die Breite der Grafik neu angepasst. Dabei wird die Grafik serverseitig physisch neu erstellt. Während die ursprüngliche Grafik im Original erhalten bleibt, wird die geänderte Version mit den neuen Abmessungen im separaten Verzeichnis *fileadmin/_processed_/* unter einem kryptischen Namen abgelegt. Beispiel 6-3 zeigt, wie die Größe des Logos auf eine Breite von 200 Pixeln skaliert wird. Neben dem Attribut `.width` können Sie auch das Attribut `.height` verwenden, um die Höhe der Grafik anzugeben. Geben Sie für eine Grafik nur Breite oder Höhe an (wie in diesem Fall), skaliert die andere Dimension automatisch, sodass das Seitenverhältnis des Bilds erhalten bleibt.

Da die exakte Größe des Bilds über das CSS-Stylesheet definiert wird und sich aufgrund des responsiven Designs auch zusammen mit der Bildschirmgröße ändern kann, beschränken wir uns hier auf eine Größe von 200 mal 200 Pixeln für das Logo.

Beispiel 6-3: Die Höhe des Logos an das Layout anpassen

```
36      logo = IMAGE
37      logo {
38        file = fileadmin/images/logo.png
39        file.width = 200
40
41        params = class="logo"
42      }
```

Ein Blick auf die Eigenschaften der Grafik im neu geladenen Frontend zeigt, dass die angezeigte Grafik vom Browser nicht mehr von dem in Zeile 38 angegebenen Pfad nachgeladen wird: Sie sehen stattdessen eine Datei mit kryptischer Namensgebung aus dem Ordner *fileadmin/_processed_*.

Responsive Grafiken generieren

Das Logo auf unserer Seite hat derzeit eine feste Größe von 200 mal 200 Pixeln. Die Kopfzeile, in der das Logo eingebettet ist, hat je nach Bildschirmgröße eine Höhe zwischen 80 und 160 Pixeln. Das klingt zunächst so, als wäre alles in bester Ordnung.

Problematisch wird es dann, wenn Sie die Webseite auf einem Display mit hoher Pixeldichte betrachten – so manches moderne Notebook bringt beispielsweise 2.560 mal 1.600 Pixel auf einem 13-Zoll-Display unter. Um Webseiten nicht mit einer Lupe betrachten zu müssen, stellen Browser auf solchen Geräten daher in der Regel größer dar als eigentlich im Stylesheet vorgegeben. Eine Kopfzeile, deren Höhe im CSS-Stylesheet mit 160 Pixeln definiert ist, würde auf solch einem Display also womöglich tatsächlich mit einer Höhe von 320 Pixeln dargestellt – und das darin enthaltene Bild von 200 Pixeln Höhe muss dann auf einmal auf 320 Pixel hochgerechnet werden und kann die eigentlich höhere Pixeldichte des Displays nicht ausnutzen.

Für diesen Zweck steht ab HTML5 das srcset-Attribut zur Verfügung. Dieses kann in einem <img>-Tag eingesetzt werden und eine Liste verschiedener Bilder enthalten, die je nach Pixeldichte oder anderen Geräteeigenschaften geladen werden können. Ein Beispiel für die Verwendung zeigt das nachfolgende Code-Beispiel:

Beispiel 6-4: Beispiel für die Verwendung des »srcset«-Attributs

```
<img src="path/to/image-small.png"
     srcset="path/to/image-small.png 1x,path/to/image-large.png 2x" />
```

Das srcset-Attribut kann somit eine kommaseparierte Liste verschiedener Bilddateien enthalten. Hinter jedem Dateinamen steht ein Kennzeichner für die Pixeldichte: 1x für normale Pixeldichte und 2x für hochauflösende Displays. Ältere Browser, die das srcset-Attribut nicht kennen, nutzen stattdessen wie gewohnt die URL aus dem src-Attribut.

Auch das IMAGE-Objekt, mit dem Sie bisher in TypoScript gearbeitet haben, kann <img>-Tags mit srcset-Attribut generieren. Code-Beispiel 6-5 zeigt eine Beispiel-Implementierung für das Logo:

Beispiel 6-5: Das Logo in verschiedenen Größen präsentieren

```
    logo = IMAGE
    logo {
      file = fileadmin/images/logo.png
      file.width = 200

      params = class="logo"

      sourceCollection {
        small {
          width = 200
          srcsetCandidate = 1x
        }
```

Beispiel 6-5: Das Logo in verschiedenen Größen präsentieren (Fortsetzung)

```
48            big {
49              width = 200
50              pixelDensity = 2
51              srcsetCandidate = 2x
52            }
53          }
54
55          layoutKey = srcset
56          layout {
57            srcset {
58              element = <img src="###SRC###" srcset="###SOURCECOLLECTION###"
                                                   ###PARAMS### ###ALTPARAMS###>
59              source = |*|###SRC### ###SRCSETCANDIDATE###,|*|###SRC###
                                                              ###SRCSETCANDIDATE###
60            }
61          }
62        }
```

Betrachten wir den Code im Einzelnen: In den Zeilen 43 bis 53 wird eine `sourceCollection` definiert. Dieses Attribut enthält eine Sammlung aller Bilder, die später im `srcset` enthalten sein sollen; prinzipiell kann es beliebig viele Elemente enthalten. Jedes dieser Elemente hat eine Breite in Pixeln und eine Pixeldichte (`.width` und `.pixelDensity`); die Pixeldichte dient dabei als Multiplikator für die Größe, sodass wir am Ende zwei Versionen des Logos mit je 200 und 400 Pixeln Breite erhalten.

In der `.layout`-Definition in den Zeilen 55 bis 61 definiert ein Layout für die Darstellung des `<img>`-Tags. Hierbei enthält `.element` einen HTML-String, der Platzhalter beinhaltet, die später von TYPO3 ersetzt werden. Das `.source`-Attribut beschreibt zudem den genauen Inhalt des `srcset`-Attributs: Der Platzhalter `###SRC###` wird später mit der URL des generierten Bilds gefüllt, der Platzhalter `###SRCSETCANDIDATE###` mit dem `.srcsetCandidate`-Attribut des jeweiligen Elementes der `.sourceCollection` aus Zeile 43 ff.

Wenn Sie anschließend einen Blick in den generierten HTML-Quelltext der Seite werfen, werden Sie sehen, dass das `<img>`-Tag nun mit einem korrekten `srcset`-Attribut erstellt wird (siehe Abbildung 6-3).

Abbildung 6-3 ▼ Im TYPO3-Frontend wird nun ein korrektes »srcset« generiert.

Dateien im Ordner fileadmin/_processed_/

Im obigen Beispiel wurde eine geänderte Version der Originalgrafik im Ordner *fileadmin/_processed_/* zwischengespeichert. Wenn Sie nun beispielsweise in Ihrem TypoScript-Code statt einer Breite von 200 Pixeln 201 Pixel angeben, muss die Grafik neu erstellt werden. Mit jeder Änderung an einer dieser Grafiken wird eine neue, geänderte Version im Ordner *fileadmin/_processed_/* abgelegt, aber die alten Grafiken werden nicht gelöscht.

Das kann zu Unmengen an nicht mehr benötigten Grafiken in diesem Ordner führen, und die veralteten Daten nehmen mehr und mehr Webspace in Anspruch. Sie können die Dateien in den Ordnern *fileadmin/_processed/*, *typo3temp/GB/* usw. aber getrost löschen, z.B. per FTP oder über das Install-Tool im Bereich *typo3temp*. Nach dem Löschen dieser Dateien müssen Sie den Seiten-Cache ebenfalls löschen, da sich im Cache noch immer Verweise auf die nicht mehr existenten Grafiken befinden. Sie löschen den Seiten-Cache im Backend durch Anklicken des Textlinks *Alle Caches löschen*, den Sie auf der linken Seite oberhalb des Buttons *Logout* finden.

Nach dem Löschen der Grafiken aus dem Ordner *fileadmin/_processed/* und dem Leeren des Seiten-Cache wird der Server intensiver beansprucht, da für alle aufgerufenen Seiten einmalig die fehlenden Daten, z.B. auch die Grafiken, neu erstellt werden müssen. In Live-Umgebungen sollten Sie daher möglichst keine solchen Arbeiten tätigen, wenn die Webseite gerade stark in Anspruch genommen wird. Die beste Zeit für solche Aufräumarbeiten ist immer dann, wenn Sie die Entwicklung der TYPO3-Präsentation abgeschlossen oder nachträglich Änderungen an entsprechenden Stellen in Ihrem TypoScript-Template vorgenommen haben.

Den grafischen Trailer erstellen

Im vorigen Abschnitt haben Sie am Beispiel des Logos die Einbindung von bestehenden Grafiken und das Erzeugen von responsiven Grafiken über die Bildverarbeitungsfunktionen von TYPO3 kennengelernt. In diesem Abschnitt werden Sie nun den Trailer so erstellen, wie er für das Praxisbeispiel benötigt wird.

Laut Designvorlage wird das Trailer-Bild als Hintergrundbild in den Trailer eingefügt. Über das Bild gelegt fügt sich die Kopfzeile ein sowie ein Inhaltsbereich, dessen Inhalt später vom Redakteur gepflegt werden soll. Für einzelne Seiten sollen sich abweichende Trailer-Bilder definieren lassen. Dies soll auch für Redakteure möglich sein.

Das Ziel bei der Erstellung des grafischen Trailers ist, dem Redakteur möglichst viel Arbeit abzunehmen. Beim Anlegen einer neuen Seite soll er mit dem Trailer keine Arbeit haben und lediglich einen Seitentitel angeben müssen. Außerdem soll der Redakteur die Möglichkeit erhalten, ein beliebiges Bild hochzuladen, wobei eventuell fehlende Bilder automatisch aus einer übergeordneten Seite übernommen werden.

Den grafischen Trailer vorbereiten

In der Fluid-Designvorlage gibt es bereits eine Variable für das Trailer-Hintergrundbild: die Variable `{image}`. Code-Beispiel 6-6 zeigt noch einmal, wie diese in der Fluid-Vorlage benutzt wird:

Beispiel 6-6: Nutzung der »{image}«-Variablen im Fluid-Template

```
<header>
  <div class="trailer" style="background-image: url({image})">
  [...]
```

Im Unterschied zu Ihren bisherigen Arbeiten mit Bildern in TypoScript benötigen Sie hier kein `<img>`-Tag, sondern lediglich die URL des Bilds, um sie in die Fluid-Vorlage einfügen zu können. Glücklicherweise gibt es auch hierfür ein TypoScript-Objekt: das `IMG_RESOURCE`-Objekt; dieses funktioniert ähnlich wie `IMAGE`, gibt jedoch nur den Pfad eines Bilds aus.

Auch wenn die Hintergrundbilder später vom Redakteur selbst hochgeladen werden sollen, enthält die Designvorlage im Ordner *images/* einige Beispielbilder, mit denen Sie arbeiten können, wie beispielsweise das Bild *trailer1.jpg*.[1]

Eine statische Grafik in den Trailer einbeziehen

Als ersten Schritt begnügen wir uns damit, ein statisches Bild in den Trailer einzufügen. Die Bearbeitung durch den Redakteur wird im nächsten Abschnitt dieses Kapitels angegangen.

Vorab: Das der Vorlage beiliegende Bild *trailer1.jpg* ist 8,1 MByte groß, hat eine Bildgröße von 4991 mal 3031 Pixeln und ist damit selbst für die Darstellung auf einem Desktoprechner mit großzügiger Netzwerkanbindung viel zu groß. Dies ist auch etwas, mit dem Sie im laufenden Betrieb Ihrer Seite rechnen müssen: Geben Sie Ihren Redakteuren die Möglichkeit, im TYPO3-Backend Bilder hochzuladen, ist es nach Murphy's Gesetz nur eine Frage der Zeit, bis jemand ein 40-Megapixel-Bild einfügt. Glücklicherweise können Sie die Grafikfunktionen von TYPO3 nutzen, um auch solche Bilder auf fürs Web annehmbare Größen herunterzurechnen.

Wie schon im vorigen Abschnitt beschrieben, können Sie das `IMG_RESOURCE`-Objekt nutzen, um eine Fluid-Variable mit der URL eines Bilds zu befüllen. Beispiel 6-7 zeigt die Nutzung dieses Objekts.

1 Bildquelle: *https://commons.wikimedia.org/wiki/File:Winter_is_Coming_(15252945587).jpg*

Beispiel 6-7: Nutzung des »IMG_RESOURCE«-Objekts, um den Link zu einer Hintergrundgrafik einzufügen

```
page = PAGE
page {
  [...]
  # Die Designvorlage integrieren
  10 = FLUIDTEMPLATE
  10 {
    [...]
    variables {
      [...]
      logo = IMAGE
      logo {
        [...]
      }

      image = IMG_RESOURCE
      image {
        file = fileadmin/images/trailer1.jpg
        file.width = 1920
      }
      [...]
    }
  }
}
```

Das Hintergrundbild wird in diesem Fall auf eine feste Breite von 1.920 Pixeln skaliert – das CSS-Stylesheet im Frontend sorgt dann dafür, dass das Bild genau auf die Breite des Browsers skaliert wird. Abbildung 6-4 zeigt das Ergebnis im Browser.

▼ Abbildung 6-4
Die Trailer-Grafik mit einem statischen Hintergrund

Eine Grafik in die aktuelle Seite einbinden

Bisher wurde der Trailer mit einer statischen Grafik im Hintergrund erzeugt. Der Redakteur soll allerdings die Möglichkeit erhalten, die Trailer-Grafik selbstständig zu ändern. Dabei soll z.B. für die Seite *Skigebiet* eine andere Grafik verwendet werden. TYPO3 kann Ihnen dabei die Fleißarbeit abnehmen und die vom Redakteur angegebene Grafik automatisch in das richtige Format und die richtige Größe konvertieren.

In TYPO3 besteht die Möglichkeit, für jede Seite mehrere Dateien zu hinterlegen. Zur Realisierung des grafischen Trailers wird hier allerdings nur eine Grafikdatei in einem beliebigen unterstützten Grafikformat benötigt.

Dateien zu einer Seite hinterlegen

Damit Sie zu einer Seite eine Datei hinterlegen können, müssen Sie wieder einmal den Seiten-Header bearbeiten. Klicken Sie, wie in Abbildung 6-5 zu sehen, im Seitenbaum auf das Icon der Seite *Skigebiet* ❶ und wählen Sie anschließend aus dem sich öffnenden Kontextmenü den Eintrag *Bearbeiten* ❷.

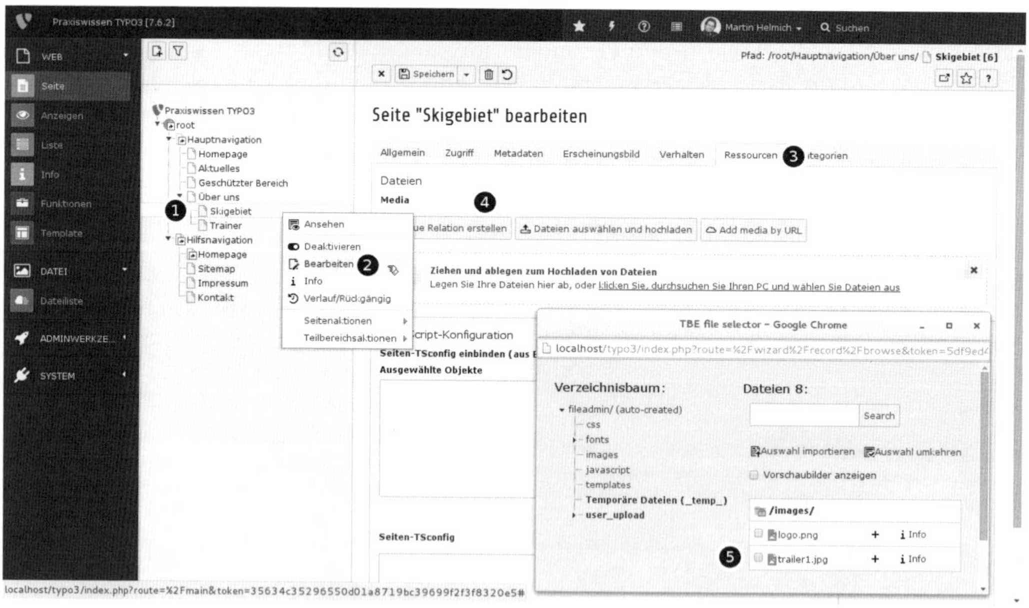

Abbildung 6-5 ▲
Eine Datei über den Dateibrowser einfügen

In der daraufhin erscheinenden Maske können Sie im oberen Bereich die Registerkarte mit der Beschriftung *Ressourcen* ❸ erkennen, die Sie auswählen müssen. Unterhalb der Registerkarte sehen Sie jetzt das Feld mit der Überschrift *Dateien*, über das Sie die gewünschte Grafik hochladen können. Verwenden Sie die auf unserer Downloadseite angebotene Datei *images/trailer1.jpg*, die Sie bereits in »Dateien mit dem Dateimanager zur Verfügung stellen«, auf den Server geladen haben. Klicken Sie auf die Schaltfläche *Neue Relation erstellen* ❹. Es öffnet sich ein Pop-up-Fenster mit dem Dateibrowser, über den Sie Zugriff auf den Ordner *fileadmin* erhalten. Der Dateibrowser ist eine veränderte Ansicht des Moduls *Dateiliste*, über das Sie Dateien auf den Server übertragen oder bereits vorhandene Dateien auswählen können. Wechseln Sie in den Ordner *fileadmin/images/* und klicken Sie dort auf den Textlink der Datei *trailer1.png* ❺. Der Dateibrowser schließt sich, und die Auswahl der Datei wird übernommen, wie Sie in Abbildung 6-6 erkennen können. Bestätigen Sie die vorgenommenen Einstellungen über das Symbol *Dokument speichern und schließen*.

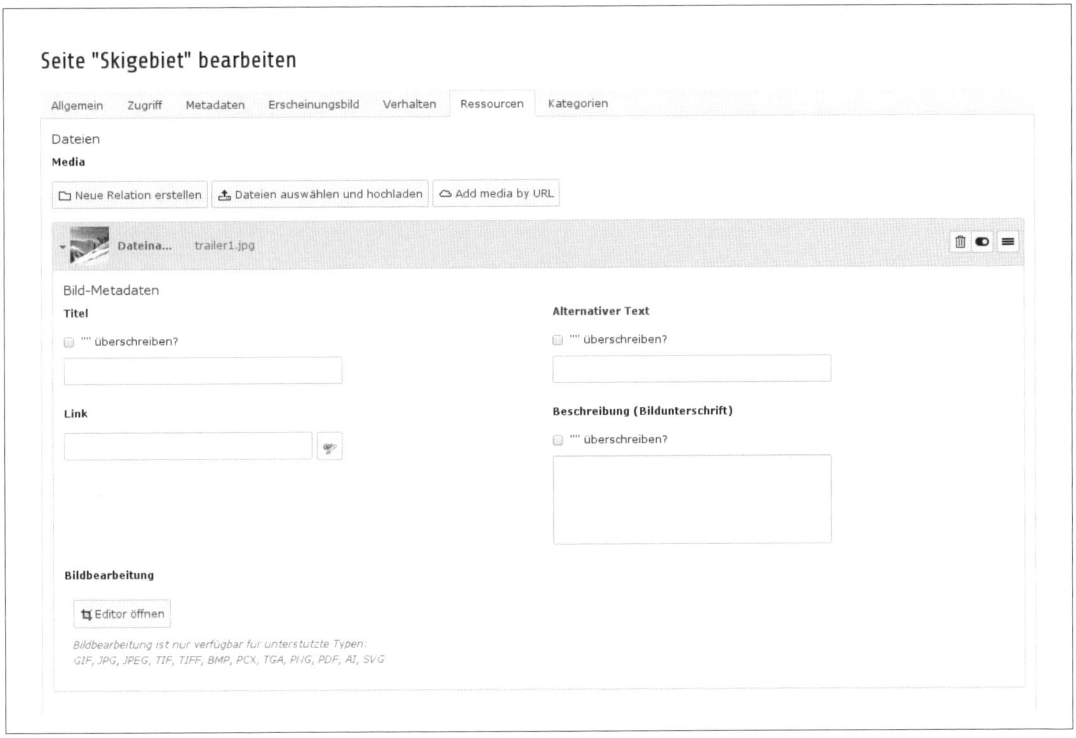

▲ Abbildung 6-6
In den Seiteneigenschaften eine Grafik als Ressource hinzufügen

Die ausgewählte Grafik steht für diese Seite über einen Datenbankverweis zur Verfügung. Wie Sie sehen, haben Sie auch die Möglichkeit, zahlreiche Metadaten zu dem ausgewählten Bild zu bearbeiten. Unter anderem können Sie über den Button *Editor öffnen* einen bestimmten Ausschnitt des Bilds auswählen (siehe Abbildung 6-7).

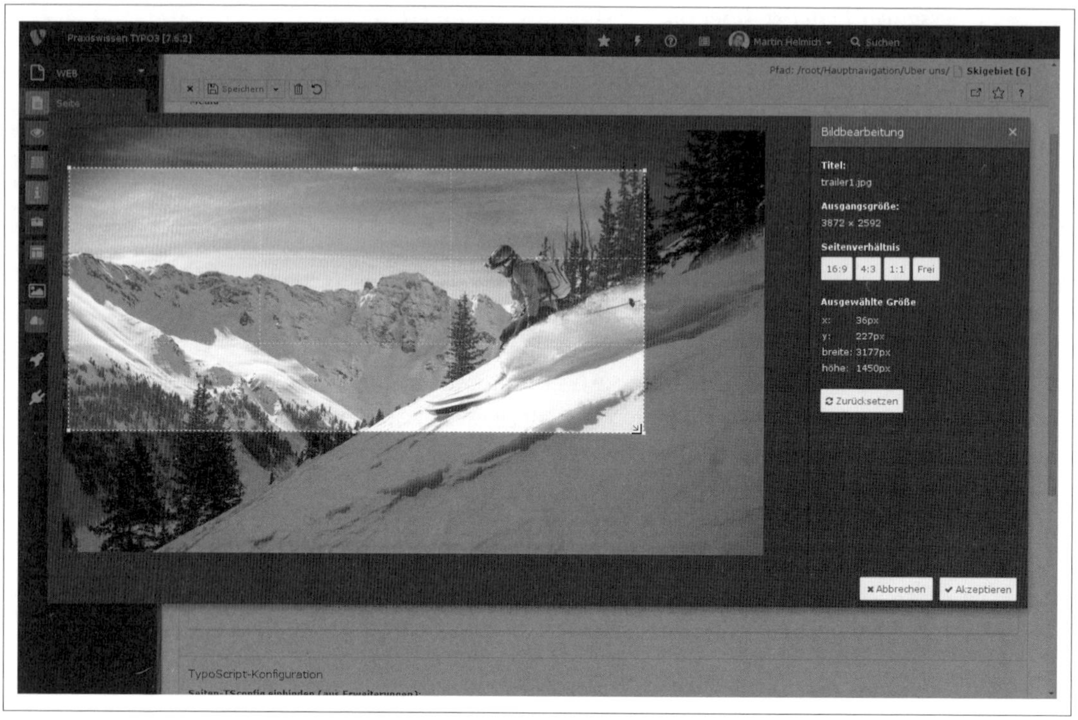

Abbildung 6-7 ▲
Bearbeitung des ausgewählten Bilds über das TYPO3-Backend

Grafikdatei aus der Datenbank auslesen

Anders als in den vorangegangenen Beispielen soll nun nicht mehr eine statische Grafik eingebunden werden, sondern eine Grafik, die dynamisch aus der Datenbank ausgelesen wird. Dazu wird in Beispiel 6-8 eine `.file.import`-Funktion genutzt. Diese bewirkt, dass das Bild nicht aus einer statischen Datei geladen wird (denn bisher haben Sie stets mit `.file = <dateiname>` eine feste Datei geladen), sondern aus dem Datensatz der aktuell dargestellten Seite geladen werden soll.

In TYPO3 gibt es die Möglichkeit, das Seitenattribut `media` rekursiv zu durchlaufen, bis eine Seite gefunden wird, die ein Bild vorhält. In Beispiel 6-8 kommt in Zeile 69 wieder einmal die Funktion `.data` zum Einsatz, die bereits im vorigen Kapitel vorgestellt wurde. Über die an `.data` übergebene Option `levelmedia:-1` wird das Feld *media* ausgelesen. `-1` gibt dabei an, dass die Daten aus dem Dateifeld der aktuell aufgerufenen Seite gelesen werden sollen. Sofern das Feld *media* der aktuellen Seite leer ist, wird durch die Option `slide` geprüft, ob eine übergeordnete Seite eine Dateiangabe im Feld *media* besitzt, damit diese Datei dann verwendet werden kann.

Beispiel 6-8: Den Seitenbaum rekursiv durchlaufen, bis eine Seite mit Bild gefunden wurde

```
64        image = IMG_RESOURCE
65        image {
66          file {
67            import = 1
68            import {
69              data = levelmedia:-1,slide
70              listNum = 0
71            }
72            treatIdAsReference = 1
73            width = 1920
74          }
75        }
```

Das Attribut `listNum` in Zeile 70 bewirkt, dass von mehreren auf der Seite hinterlegten Bildern stets das erste (bedenken Sie: Informatiker fangen stets bei 0 an zu zählen!) für den Trailer ausgewählt wird. Die Option `treatIdAsReference` in Zeile 72 ist nötig, wenn Sie Bilder aus Seiten (und anderen Inhaltselementen) ausgeben, und teilt TYPO3 mit, dass der aktuelle Seitendatensatz lediglich einen Verweis auf das eigentliche Bild enthält.

Um im folgenden Beispiel einen Effekt auf allen Seiten zu sehen, ist es sinnvoll, auf der Seite *root* auf der Registerkarte *Ressourcen* ebenfalls die anfangs verwendete Grafik *fileadmin/images/trailer1.jpg* im Feld *Dateien* einzubinden. Dafür müssen Sie, wie im vorigen Abschnitt beschrieben, über das Ordnersymbol mit dem <alt>-Tag *Durch Datensätze browsen* die Grafik aus dem Ordner *fileadmin/images/* in die Seiteneigenschaften einfügen. Der Verweis auf die ausgewählte Datei wird im Datenbankfeld *media* gespeichert – und schon wird auf jeder Seite eine Grafik angezeigt.

Da derzeit noch kein Menü zum Navigieren vorhanden ist, können Sie zum Testen die Seiten-ID in der URL verändern, um unterschiedliche Seiten aufzurufen. Jede Seite hat eine eindeutige ID, die Sie angezeigt bekommen, wenn Sie den Mauszeiger über dem Seitensymbol im Seitenbaum ruhen lassen (siehe Abbildung 6-8).

Der Aufruf von *http://www.domainname.tld/index.php?id=6* bewirkt in unserem Beispiel, dass die Seite *Skigebiet* aufgerufen wird. Je nachdem, welche Seiten-ID Sie übermitteln, wird die gewünschte Seite im Frontend ausgegeben.

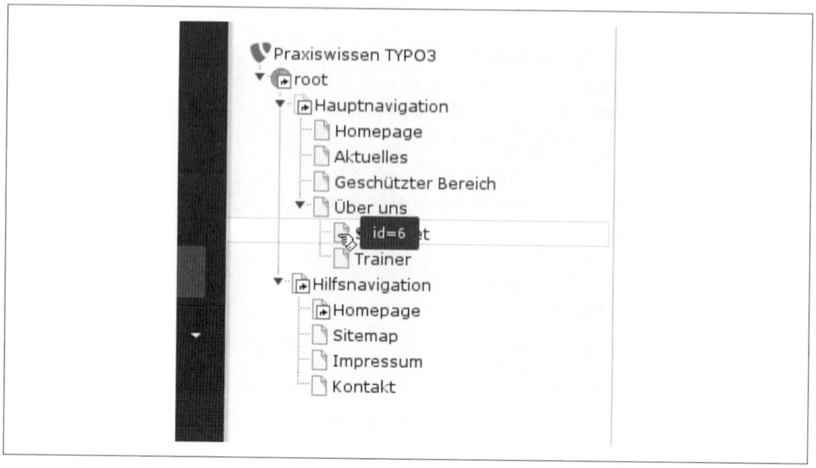

Abbildung 6-8 ▶
Anzeige der Seiten-ID

Das Trailer-Bild in verschiedenen Auflösungen bereitstellen

Zu Beginn dieses Kapitels haben Sie bereits das Logo so konfiguriert, dass es für verschiedene Bildschirmgrößen in verschiedenen Auflösungen zur Verfügung steht. Das Trailer-Hintergrundbild, das Sie im letzten Abschnitt eingefügt haben, hat nun derzeit eine Breite von 1.920 Pixeln, wird per CSS im Frontend jedoch stets auf die volle Breite der Seite skaliert. Für die meisten Displays reicht diese Größe vollkommen aus. Bei hochauflösenderen Displays müsste der Browser das Bild jedoch über seine eigentliche Größe hinaus hochskalieren.

Zu Beginn dieses Kapitels wurde bereits das `srcset`-Attribut vorgestellt. Mit diesem Attribut konnten dem Browser mehrere Versionen eines Bilds mit unterschiedlichen Auflösungen angeboten werden. Da es sich beim Trailer-Hintergrundbild nicht um ein `<img>`-Tag, sondern um ein CSS-Hintergrundbild handelt, besteht hier leider nicht die Möglichkeit, ein `srcset`-Attribut zu nutzen. Stattdessen können Sie jedoch mit CSS Media Queries arbeiten. Diese können jedoch nicht mit Inline-Style-Definitionen genutzt werden (zur Erinnerung: im Fluid-Template hat der Trailer derzeit das Attribut `style="background-image: url({image})"`).

Erstes Ziel sollte somit sein, die Definition des Trailer-Hintergrunds vom Inline-style-Attribut in einen eigenen `<style>`-Tag im Head der Seite zu verlagern. Hierzu entfernen Sie das `style`-Attribut aus dem `<div class="trailer">`-Element in der Designvorlage. Beispiel 6-9 zeigt, wie Sie die Style-Definition stattdessen im HTML-Head der Seite unterbringen können:

Beispiel 6-9: Nutzung des »IMAGE«-Objekts mit eigenem Layout zur Darstellung eines CSS-Hintergrunds

```
01 page = PAGE
02 page {
     [...]
24   headerData {
25     10 = IMAGE
26     10 {
27       file {
28         import = 1
29         import {
30           data = levelmedia:-1,slide
31           listNum = 0
32         }
33         treatIdAsReference = 1
34         width = 1920
35       }
36
37       layoutKey = cssbg
38       layout {
39         cssbg {
40           element = <style type="text/css">.trailer { background-image:
                                                 url(###SRC###); }</style>
41         }
42       }
43     }
44   }

46   # Die Designvorlage integrieren
47   10 = FLUIDTEMPLATE
48   10 {
       [...]
95   }
96 }
```

In Zeile 24 wird hier das headerData-Attribut des PAGE-Objekts genutzt. Genau wie das PAGE-Objekt selbst ist dessen headerData-Attribut eine Sammlung aus beliebig vielen weiteren Elementen, die über numerische Indizes identifiziert werden. Alle Elemente, die sich in dieser Sammlung befinden, werden jedoch nicht im <body>-Bereich, sondern im <head> der generierten HTML-Seite ausgegeben. In diesem Beispiel wurde in Zeile 25 ein IMAGE-Objekt eingefügt, in dem das konfigurierte Trailer-Bild geladen wird (die Konfiguration des .file-Attributs hat sich gegenüber dem Vorabschnitt nicht verändert). Da ein <img>-Tag im Head der Seite nicht besonders sinnvoll ist, wird in den Zeilen 37 bis 42 ein benutzerdefiniertes Layout für das Bild konfiguriert, das stattdessen ein <style>-Tag mit entsprechenden CSS-Definitionen ausgibt. Abbildung 6-9 zeigt das Ergebnis dieser Aktion:

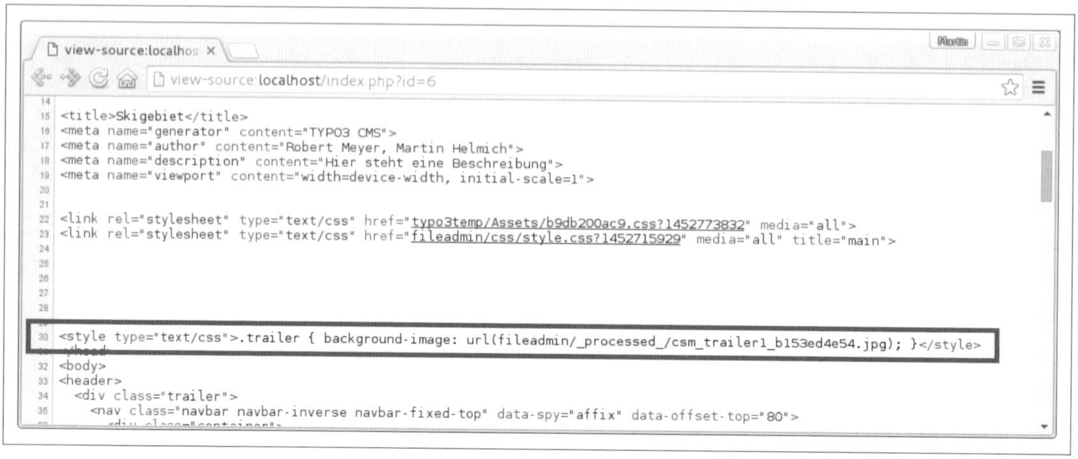

Abbildung 6-9 ▲
Das Hintergrundbild wird nun in einem eigenen »<style>«-Tag definiert.

Im nächsten Schritt können nun über CSS Media Queries je nach Bildschirmgröße verschiedene Versionen des Bilds geladen werden. Zur Erinnerung: Eine Abfrage der Bildschirmgröße erfolgt in CSS mit dem `min-resolution`-Selektor. Dies könnte beispielsweise so aussehen:

```
@media(min-resolution: 1dppx) {
  .trailer {
    background-image: url(image_small.jpg);
  }
}

@media(min-resolution: 2dppx) {
  .trailer {
    background-image: url(image_large.jpg);
  }
}
```

Beispiel 6-10 zeigt nun, wie Sie diese CSS-Definitionen mit den aus TypoScript bereits bekannten Bordmitteln selbst generieren können. Auch hier wird ab Zeile 37 zunächst eine `sourceCollection` definiert. Diese beschreibt die verschiedenen Varianten des Bilds; in diesem Falle eine mit 1.920 Pixeln Breite und eine mit 3.840 Pixeln Breite. Ab Zeile 50 wird das Layout des Bilds so konfiguriert, dass jede Variante des Bilds als Hintergrund in eine CSS-Klasse eingefügt wird, umschlossen mit einer Media Query auf die Pixeldichte der jeweiligen Variante. Abbildung 6-10 zeigt das Endergebnis im HTML-Quelltext.

Beispiel 6-10: Generierung eines responsiven CSS-Hintergrunds mit CSS Media Queries

```
001 page = PAGE
002 page {

024   headerData {
025     10 = IMAGE
```

Beispiel 6-10: Generierung eines responsiven CSS-Hintergrunds mit CSS Media Queries (Fortsetzung)

```
    10 {
      file {
        import = 1
        import {
          data = levelmedia:-1,slide
          listNum = 0
        }
        treatIdAsReference = 1
        width = 1920
      }

      sourceCollection {
        small {
          width = 1920
          pixelDensity = 1
        }
        big {
          width = 1920
          pixelDensity = 2
        }
      }

      layoutKey = cssbg
      layout {
        cssbg {
          element = <style type="text/css">###SOURCECOLLECTION###
                    </style>
          source = @media(min-resolution: ###PIXELDENSITY###dppx)
                 { .trailer { background-image: url(###SRC###); }}
        }
      }
    }
}
```

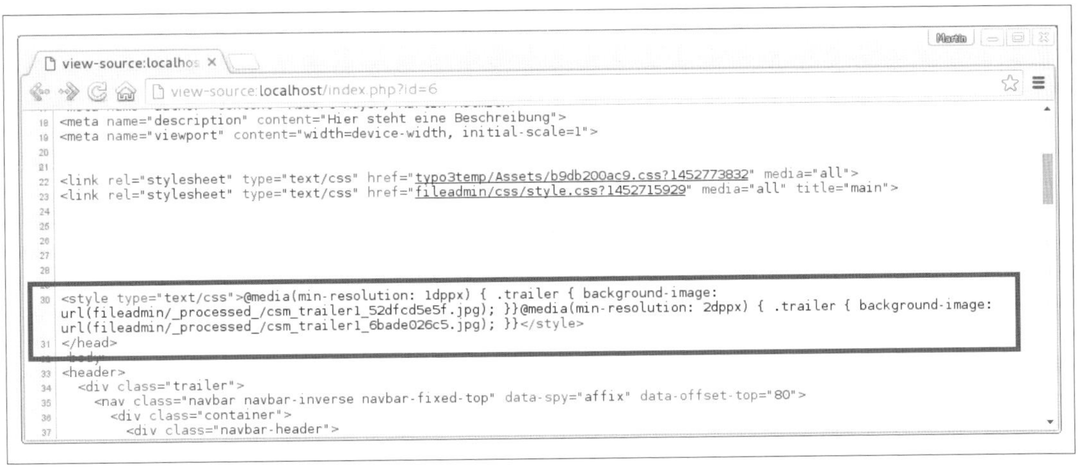

▼ **Abbildung 6-10**
Mehrere Varianten des Hintergrundbilds für verschiedene Auflösungen

KAPITEL 7

Menüs erstellen

In diesem Kapitel:

- Einführung in die Erstellung dynamischer Menüs
- Das untere Textmenü erstellen
- Das Hauptmenü erstellen
- Einen Klickpfad realisieren

Im vorigen Kapitel haben Sie die Grundlagen der dynamischen Bilderzeugung und -manipulation kennengelernt und Ihre allgemeinen TypoScript-Kenntnisse vertieft. In diesem Kapitel erfahren Sie, wie Sie dynamische Menüs erstellen bzw. beschreiben können. Dabei werden Sie die Erfahrungen aus den vorangegangenen Kapiteln nutzen und neue Objekte, Eigenschaften und Funktionen kennenlernen.

Einführung in die Erstellung dynamischer Menüs

TYPO3 bietet die Funktion, aus der im Backend hinterlegten Seitenstruktur mehr oder weniger automatisch Navigationsmenüs für das Frontend zu generieren.

Warum aber »mehr oder weniger« automatisch? Da TYPO3 ein sehr mächtiges Content-Management-System ist, steht Ihnen auch und gerade bei den Menüs eine Vielzahl von Möglichkeiten zur Verfügung. Um diese nutzen zu können, wird zur Beschreibung von Menüs ebenfalls TypoScript verwendet, womit sich beliebige Menüs erstellen lassen, die das Verhalten und Aussehen annehmen, das Sie bevorzugen.

Unterschiedliche Arten von Menüs

Üblicherweise werden die Navigationselemente auf einer Seite als HTML-Quelltext ausgegeben und per CSS gestyled. Die Aufgabe von TYPO3 besteht in diesem Fall also darin, das korrekte HTML-Markup für das Menü auszugeben.

Neben diesem HTML-basierten Menü (in TYPO3 auch als »Textmenü« bezeichnet) unterstützt TYPO3 auch die Generierung von grafischen

Menüs. In diesen ist jedes Menüelement eine dynamisch von TYPO3 generierte Grafik. In Zeiten responsiven und barrierefreien Webdesigns und angesichts der Möglichkeiten von CSS3 halten wir diesen Ansatz jedoch nicht mehr für zeitgemäß und werden die Erstellung grafischer Menüs in diesem Praxisbeispiel auch nicht betrachten und nur der Vollständigkeit halber erwähnen.

Die folgende Auflistung von Menüobjekten soll Ihnen einen Überblick darüber geben, welche häufig verwendeten Arten von Menüs in TYPO3 zur Verfügung stehen. Diese Menüobjekte können jedoch nicht direkt aufgerufen werden, sondern nur indirekt über ein übergeordnetes Objekt `HMENU` (*hierarchisches Menü*), das im Abschnitt über die Erstellung des Textmenüs vorgestellt wird.

TMENU
: Mit dieser Menüart können *textbasierte Menüs* erstellt werden. Diese einfachsten Menüs bieten in Kombination mit Stylesheets (CSS) viele Designmöglichkeiten. Häufig wird `TMENU` auch zur Erstellung von menüähnlichen Bereichen eingesetzt, z.B. für Klickpfade oder Sitemaps.

GMENU
: Das *grafische Menü* erstellt aus jedem Menüelement eine Grafik, die mit TypoScript beschrieben wird.

JSMENU
: Mit einem *JavaScript-Menü* lässt sich ein Auswahlfeld erstellen, aus dem der Websitebesucher eine Seite auswählen kann, zu der er wechseln möchte. Ein häufiger Anwendungsfall dafür ist die Erstellung eines (nicht dynamischen) Menüs mit den am häufigsten besuchten Seiten.

Mögliche Zustände von Menüelementen

Einzelne Menüelemente können unterschiedliche Zustände erhalten. Ein Menüelement bzw. Menü-Item ist ein einzelner Eintrag aus der Navigation, z.B. ein Textlink *Homepage*. Ein klassischer und direkt nachvollziehbarer Zustand eines Menüelements ist beispielsweise der Aktiv-Zustand. Ein Menüelement ist in diesem Zustand, wenn der Besucher sich gerade auf derjenigen Seite befindet, auf die das Element verlinkt. Über TypoScript können Sie dann konfigurieren, dass das aktuell ausgewählte Menüelement anders dargestellt werden soll als die anderen.

TYPO3 bietet aber noch mehr Zustände als nur den Aktiv-Zustand. Dabei sind fast alle diese Zustände in den oben genannten Menüarten vorhanden, eine Ausnahme bildet das JavaScript-Menü, bei dem z.B. kein RollOver-Zustand möglich ist. Folgende Auflistung zeigt, welche Zustände für Menüelemente zur Verfügung stehen:

NO
: Mit dem Zustand `NO` wird der *normale* Zustand eines Menüelements beschrieben. Die Angabe einer Beschreibung für diesen elementaren Zustand ist zwingend notwendig.

CUR
: Der Menüpunkt mit der aktuell geöffneten Seite erhält den Zustand `CUR` (engl. *current*, aktuell). Dadurch kann dem Menüpunkt der geöffneten Seite ein anderes Aussehen gegeben werden, z.B. durch Hervorhebung.

ACT
: Alle Menüpunkte, die die momentan geöffnete Seite als Unterseite haben, können mit dem Zustand `ACT` (engl. *active*) anders beschrieben werden. Auch die momentan geöffnete Seite gehört mit zu diesem Zustand, kann über `CUR` aber explizit angesprochen werden.

IFSUB
: Wenn ein Menüeintrag mindestens eine Unterseite hat, sich also weitere Menüeinträge *unterhalb* eines Menüeintrags befinden, kann die Darstellung über den Zustand `IFSUB` anders beschrieben werden.

SPC
: Mit `SPC` (engl. *space*, Platz) lässt sich das Aussehen eines Abstands beschreiben. Seiten können in der Navigation vom Seitentyp *Abstand* angelegt werden, um zwischen zwei Menüelementen einen bestimmten Freiraum zu erreichen. Ist eine Seite von diesem Typ, greift der Zustand `SPC`.

USR
: Wenn für eine Seite eine Beschränkung auf Frontend-User festgelegt ist, greift der Zustand `USR`. Dieser Zustand kann nicht mit anderen Zuständen kombiniert werden und ist somit ein exklusiver Zustand.

RO
: *RollOver* bzw. MouseOver. Änderungen z.B. an der Schrift oder der Grafik beim Darüberfahren mit der Maus können hier beschrieben werden. Der `RO`-Zustand findet insbesondere bei der Menüart *GMENU* bzw. *GMENU_LAYER* Anwendung.

IFSUBRO/CURRO/ACTRO
: Die einzelnen Zustände können teilweise auch miteinander kombiniert werden. So können Sie z.B. für `ACT` und `RO` jeweils eigene

Beschreibungen vornehmen. Treffen auf einen Menüeintrag aber beide Zustände zu, hat also in diesem Beispiel die momentan geöffnete Seite Unterseiten, können Sie hier eine gesonderte Beschreibung für das gleichzeitige Auftreten beider Zustände vornehmen.

Das untere Textmenü erstellen

Zur Erinnerung: Die Designvorlage des Praxisbeispiels brachte gleich zwei Menüs mit: eine primäre Navigation im oberen Bereich der Seite und eine Meta-Navigation im Fußbereich der Seite. Da letztere weniger komplex (und daher auch einfacher umzusetzen) ist, nehmen wir uns diese in diesem Abschnitt als Erstes vor. Abbildung 7-1 zeigt noch einmal den gewünschten Endzustand im Frontend.

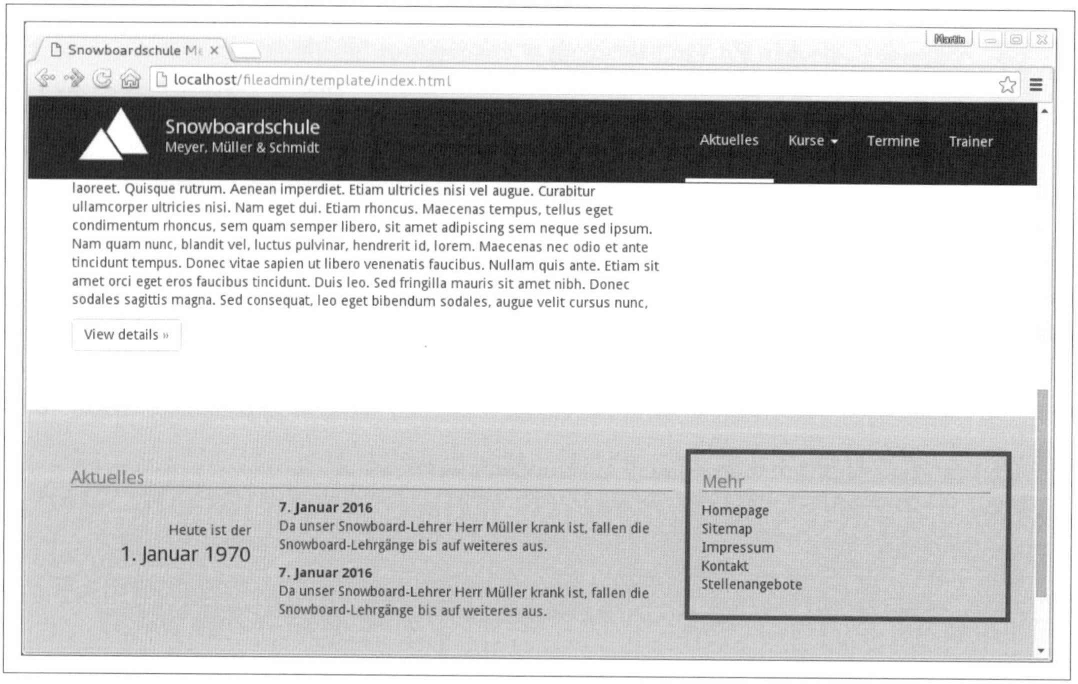

Abbildung 7-1 ▲
Gewünschtes Aussehen der sekundären Navigation

Im HTML-Quelltext ist dieses Menü eine einfache Liste (also ein <ul>-Element), das mehrere <li>-Elemente enthält. Jedes Listenelement enthält einen Link auf die entsprechende Zielseite. Code-Beispiel 7-1 zeigt den HTML-Quelltext, der das Menü später auszeichnen soll.

Beispiel 7-1: Die HTML-Struktur, die die sekundäre Navigation später einmal haben soll

```
<ul>
  <li><a href="/">Homepage</a></li>
  <li><a href="/sitemap.html">Sitemap</a></li>
```

Beispiel 7-1: Die HTML-Struktur, die die sekundäre Navigation später einmal haben soll (Fortsetzung)

```
  <li><a href="/impressum.html">Impressum</a></li>
  <li><a href="/kontakt.html">Kontakt</a></li>
  <li><a href="/jobs.html">Stellenangebote</a></li>
<ul>
```

Dieses Menü soll ein einfaches Textmenü ohne besondere Verschachtelung oder spezielle Menüzustände werden. Die einzelnen Menüelemente werden dynamisch der Seitenstruktur entnommen. Bevor allerdings die Beschreibung der Menüelemente losgeht, muss zunächst angegeben werden, woher das Menü überhaupt aufgebaut werden soll. Dafür gibt es das Objekt `HMENU` (hierarchisches Menü), in dem diese Eigenschaften gesetzt werden können.

Sprechen Sie, wie in Beispiel 7-2 zu sehen ist, zunächst per TypoScript die Fluid-Variable `{menuSecondary}` an.

Beispiel 7-2: Die Fluid-Variable »{menuSecondary}« befüllen

```
001 page = PAGE
002 page {
      [...]
058   # Die Designvorlage integrieren
059   10 = FLUIDTEMPLATE
060   10 {
        [...]
063     variables {
          [...]
107       labelMore = TEXT
108       labelMore.value = Mehr
109
110       menuSecondary = HMENU
111       menuSecondary {
112
113       }
114     }
115   }
116 }
```

In Zeile 110 wird die Variable `{menuSecondary}` mit einem (derzeit leider noch leeren) Menü befüllt. Außerdem wird in Zeile 107 die Variable `{labelMore}` mit der Überschrift des Menüs befüllt.

Den Startpunkt des Menüs angeben

Sie müssen dem System jetzt noch mitteilen, von wo aus das Menü dargestellt werden soll. Dafür gibt es die Eigenschaft `.special` des `HMENU`-Objekts. Um diese Eigenschaft zu nutzen, muss zunächst genau bekannt sein, von welcher Seite aus das Menü dargestellt wird. Sie wissen zwar, dass es die Hilfsseite *Hilfsnavigation* ist – für TypoScript wird aber eine eindeutige ID (*unique ID* = uid) des Seitendatensatzes benötigt.

Wenn Sie in der Baumdarstellung mit der Maus über das Icon der Seite *Hilfsnavigation* fahren, wird Ihnen als Tooltip die entsprechende Seiten-ID angezeigt: Die in Abbildung 7-2 angezeigte Seiten-ID lautet also *8*. Die ausgelesene Seiten-ID kann nun, wie Sie in Beispiel 7-3 sehen, in einer `.special.value`-Eigenschaft angewendet werden.

Tipp Die Seiten-ID wird in Ihrem Projekt mit großer Wahrscheinlichkeit vom hier gezeigten Beispiel abweichen. Wenn Sie die Seiten auf eine andere Art und Weise erstellt haben oder z.B. zwischendurch eine Seite angelegt und wieder gelöscht haben, wird die ID für die Seite *Hilfsnavigation* vermutlich anders lauten.

Beispiel 7-3: Angeben, von welcher Hilfsseite aus das Menü dargestellt werden soll

```
110     menuSecondary = HMENU
111     menuSecondary {
112       special = directory
113       special.value = 8
114     }
```

Abbildung 7-2 ▶ Seiten-ID auslesen

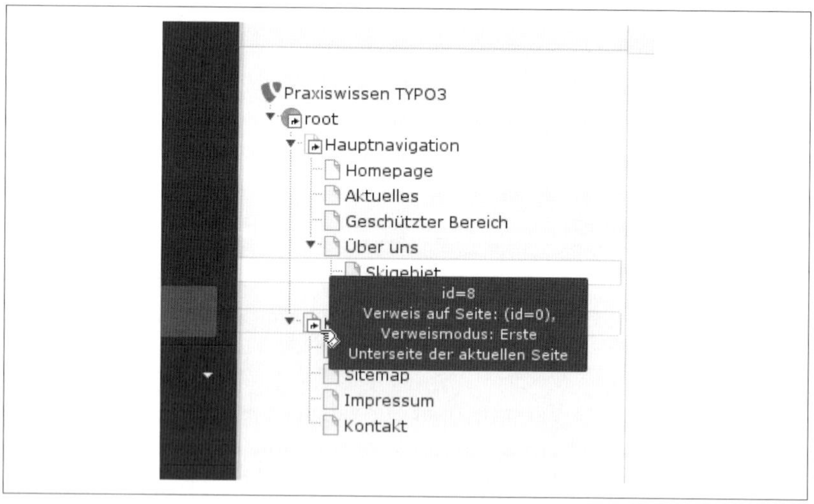

In Zeile 112 geben Sie über die Eigenschaft `.special` an, dass es sich beim erzeugten Menü um ein `directory`-Menü handeln soll, also um ein klassisches Menü. Weitere Werte für Menümöglichkeiten, die mit `.special` realisiert werden können, finden Sie weiter unten in diesem Kapitel und in der TypoScript-Referenz im Anhang.

In Zeile 113 wird für das `special=directory`-Menü über die Eigenschaft `.special.value` ein Wert angegeben, der bestimmt, von wo aus das Menü dargestellt werden soll. Hier sehen Sie den Wert `8`, da die Hilfsseite *Hilfsnavigation* in diesem Beispielprojekt die eindeutige Seiten-ID *8* hat. Die Seiten-ID der Hilfsseite kann in Ihrem Projekt abweichen.

Die Anzeige im Frontend wird noch kein Resultat liefern – ein Menü wird noch nicht dargestellt.

Das Textmenü darstellen

Um das Menü nun im Frontend sichtbar zu machen, muss TYPO3 zumindest mitgeteilt werden, wie der normale Zustand der ersten Menüebene aussehen soll. Die einzelnen Navigationsebenen werden wieder mit Nummern beschrieben, dieses Mal jedoch nicht in Zehnerschritten zur Kennzeichnung einer Reihenfolge, sondern in Einerschritten zur Beschreibung der Navigationsebene.

Zur Erzeugung der Hilfsnavigation wird auch nur eine Ebene `1` benötigt, da für diese Navigation keine Unterseiten vorgesehen sind. Diese erste Ebene soll ein Textmenü sein, das in TYPO3 durch das Objekt `TMENU` erstellt wird. Die Beschreibung des Textmenüs erfolgt, wie Sie in Beispiel 7-4 sehen, unter Angabe des Kennzeichners `NO` für den normalen Zustand.

Beispiel 7-4: Das Textmenü erzeugen

```
[...]
110         menuSecondary = HMENU
111         menuSecondary {
112           special = directory
113           special.value = 8
114
115           1 = TMENU
116           1 {
117             NO = 1
118           }
119         }
[...]
```

In Zeile 115 wird angegeben, dass auf der ersten Menüebene ein Textmenü (`TMENU`) angewendet werden soll. Somit stehen auf der ersten Ebene alle Eigenschaften von `TMENU` zur Verfügung. In Zeile 117 wird für die erste Menüebene der normale Zustand aktiviert.

Zustände müssen im Regelfall explizit mit `[Zustand] = 1` aktiviert werden. Eine Ausnahme bildet der Zustand `NO`, der nicht ausdrücklich aktiviert werden muss; das sollten Sie aber trotzdem tun, denn es wird Ihnen an späterer Stelle die Arbeit vereinfachen. Zur Durchführung des folgenden Beispiels *muss* allerdings der Zustand `NO` aktiviert werden, da die Ausführung sonst aufgrund einer fehlenden Beschreibung für den normalen Zustand verhindert würde.

Im Frontend sollten Sie nun das in Abbildung 7-3 dargestellte Menü sehen.

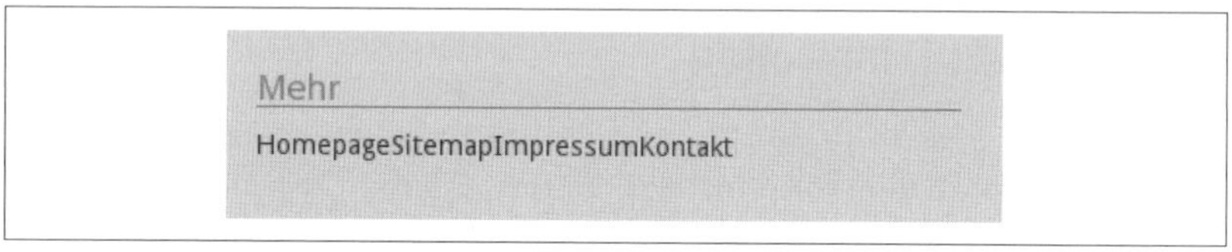

Abbildung 7-3 ▶ Das Menü wird für die angegebene Variable angezeigt.

Menüeinträge voneinander trennen

Die Menüeinträge »kleben« zurzeit noch aneinander. Die ursprüngliche Designvorlage sah vor, dass die Menüelemente in einer HTML-Liste angeordnet sein sollten. Diese gilt es nun noch zu konstruieren.

Mit der Eigenschaft `.linkWrap` des `TMENU`-Objekts kann jeder einzelne Menüeintrag mit HTML-Code umhüllt werden, um so jeden Menüeintrag in ein Listenelement `<li>` einzubetten. Das bereits bekannte Wrap-Symbol |, das in Kapitel 5, *TypoScript in der Praxis*, vorgestellt wurde, bestimmt auch hier wieder die Position, an der ein Inhalt einfließen soll. Im folgenden Beispiel wird an der Stelle des Wrap- bzw. Pipe-Symbols jeweils der Link eines Menüeintrags gesetzt. Auch das `HMENU`-Objekt selbst hat ein Attribut namens `.wrap`, das dieselbe Funktion für das Menü als Ganzes anbietet. Mit dem `.linkWrap`-Attribut der einzelnen Elemente und dem `.wrap`-Attribut des Menüs zusammen können nun also alle Menüeinträge mit einem `<li>`-Tag und das Menü als Ganzes mit einem `<ul>`-Tag umschlossen werden.

Beispiel 7-5: Die Menüelemente werden in Listenelemente eingebettet.

```
menuSecondary = HMENU
menuSecondary {
  special = directory
  special.value = 8

  wrap = <ul>|</ul>

  1 = TMENU
  1 {
    NO = 1
    NO {
```

Beispiel 7-5: Die Menüelemente werden in Listenelemente eingebettet. (Fortsetzung)

```
            linkWrap = <li>|</li>
          }
        }
      }
```

Ein erneuter Blick ins Frontend zeigt, dass das Menü im Fußbereich nun korrekt dargestellt wird. Abbildung 7-4 zeigt das Endergebnis im Frontend.

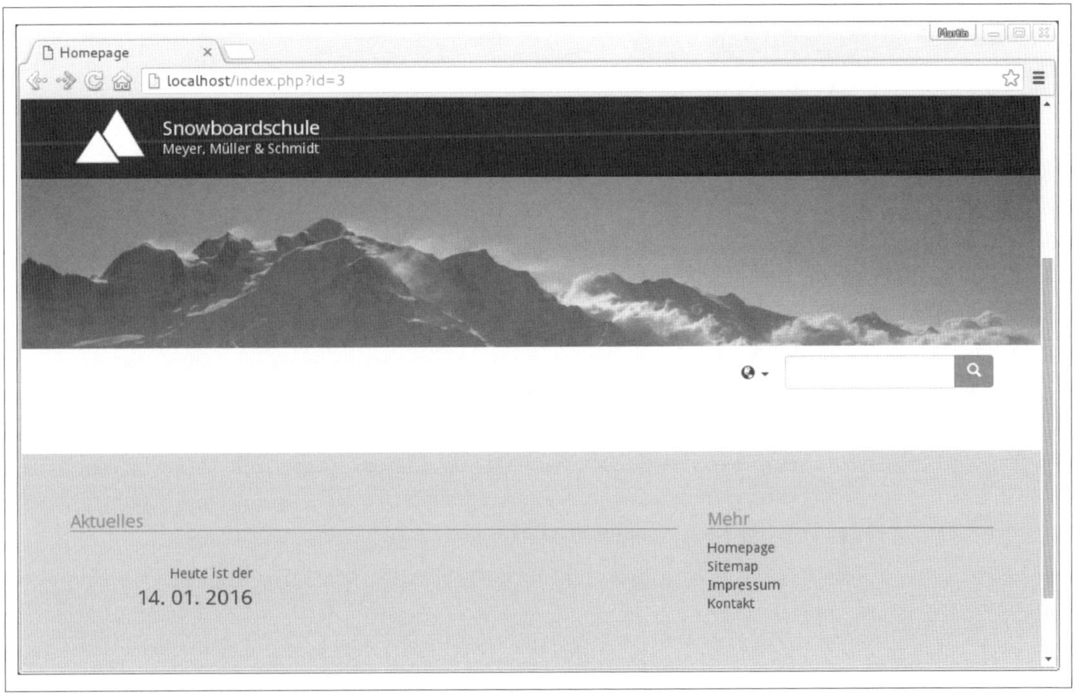

▲ **Abbildung 7-4**
Das Hilfsmenü wird nun korrekt dargestellt.

Das Hauptmenü erstellen

Im Kopfbereich der Seite soll nun eine horizontale Hauptnavigationsleiste erscheinen, die nach der Umsetzung so aussehen soll wie in Abbildung 7-5. Unterseiten sollen in einem Drop-down-Menü dargestellt werden; die aktive Seite soll im Menü hervorgehoben werden. Ist der Bildschirm für die Darstellung des Menüs zu klein, sorgen das CSS-Stylesheet und ein wenig JavaScript in der Designvorlage dafür, dass aus dem horizontalen Menü ein vertikales Menü wird, das auf Knopfdruck ausklappt. Beide Varianten des Menüs werden jedoch über dasselbe HTML-Markup generiert und müssen im TypoScript somit nicht separat berücksichtigt werden.

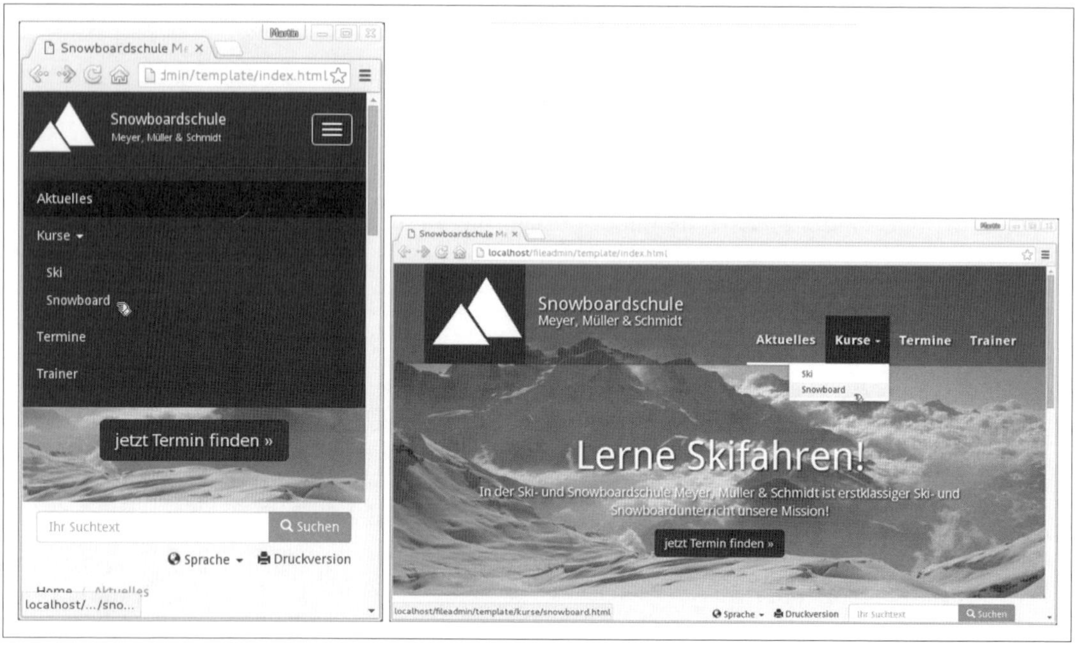

Abbildung 7-5 ▲ Die Vorgabe zur Hauptnavigation

Code-Beispiel 7-6 zeigt, wie das Menü später im HTML-Quelltext aussehen muss. Sie erkennen bereits, dass Navigationselemente im Bootstrap-Framework bevorzugt als Listen dargestellt werden. Auch die Unter-Navigation wird so umgesetzt: Hier sind einfach mehrere Listen ineinander verschachtelt.

Ein paar Besonderheiten bezüglich des Markups, die Sie beachten sollten:

1. Das jeweils aktive Menüelement wird mit der CSS-Klasse `active` ausgezeichnet. Beachten Sie, dass das Listenelement ausgezeichnet wird, nicht der darin enthaltene Link (Zeile 2).
2. Hat ein Menüpunkt Unterelemente, hat das Listenelement die CSS-Klasse `dropdown-toggle` sowie ein `data-toggle="dropdown"`-Attribut (Zeile 4). Neben dem Link enthält das Listenelement auch eine weitere Liste mit den Untermenüpunkten. Diese Liste hat die CSS-Klasse `dropdown-menu` (Zeilen 8 bis 11). Außerdem enthält der Link noch ein HTML-Element mit der CSS-Klasse caret (Zeile 6). Dieses Element fügt ein kleines Dreieck hinter den Link ein und verdeutlicht optisch, dass dieses Menüelement ausklappbar ist.

Beispiel 7-6: Der HTML-Quelltext des Hauptmenüs

```
01 <ul class="nav navbar-nav navbar-right">
02   <li class="active"><a href="aktuelles.html">Aktuelles</a></li>
03   <li class="dropdown">
```

Beispiel 7-6: Der HTML-Quelltext des Hauptmenüs (Fortsetzung)

```
      <a href="#" class="dropdown-toggle" role="button"
                            data-toggle="dropdown">
        Kurse
        <span class="caret"></span>
      </a>
      <ul class="dropdown-menu">
        <li><a href="kurse/ski.html">Ski</a></li>
        <li><a href="kurse/snowboard.html">Snowboard</a></li>
      </ul>
    </li>
    <li><a href="termine.html">Termine</a></li>
    <li><a href="trainer.html">Trainer</a></li>
  </ul>
```

Zunächst wird die Variable `{menuPrimary}` mit dem Objekt `HMENU` angesprochen. Genau wie schon bei der Hilfsnavigation zuvor müssen Sie wieder der `.special`-Eigenschaft den Wert `directory` zuweisen, um anzugeben, dass ein *normales* Menü ausgehend von einer bestimmten Seite erstellt werden soll. Für die Eigenschaft `.special.value` müssen Sie die Seiten-ID der Seite *Hauptnavigation* angeben. In Beispiel 7-7 wird dafür die Seiten-ID 2 angenommen; in Ihrem TYPO3-Projekt werden Sie voraussichtlich eine andere Seiten-ID für die Hilfsseite *Hauptnavigation* sehen. Wie bereits zuvor bei der Hilfsnavigation wird das ganze Menü in Form einer HTML-Liste erstellt. In Zeile 121 wird zudem das bisher noch nicht erwähnte Attribut `wrapItemAndSub` genutzt. Dieses hat eine ähnliche Funktion wie das `linkWrap`-Attribut, umschließt jedoch zusätzlich auch zu dem Link des Menüpunkts auch eventuelle Untermenüs.

Beispiel 7-7: Die Variable »{menuPrimary}« befüllen

```
001 page = PAGE
002 page {
      [...]
058   # Die Designvorlage integrieren
059   10 = FLUIDTEMPLATE
060   10 {
        [...]
063     variables {
          [...]
110       menuPrimary = HMENU
111       menuPrimary {
112         special = directory
113         special.value = 2
114
115         wrap = <ul class="nav navbar-nav navbar-right">|</ul>
116
117         1 = TMENU
118         1 {
119           NO = 1
```

Beispiel 7-7: Die Variable »{menuPrimary}« befüllen (Fortsetzung)

```
          NO {
            wrapItemAndSub = <li>|</li>
          }
        }
      }
      [...]
    }
  }
}
```

Im Frontend werden mit dieser TypoScript-Konfiguration bereits die ersten Menüpunkte dargestellt.

Falls einige Ihrer Seitentitel zu lang sind, um in dem horizontalen Menü dargestellt zu werden, können Sie über das TYPO3-Backend einen abweichenden Seitentitel für die Navigation vergeben. Sie finden dieses Feld in den Seiteneigenschaften unter dem Feld *Alternativer Navigationstitel* (siehe Abbildung 7-6).

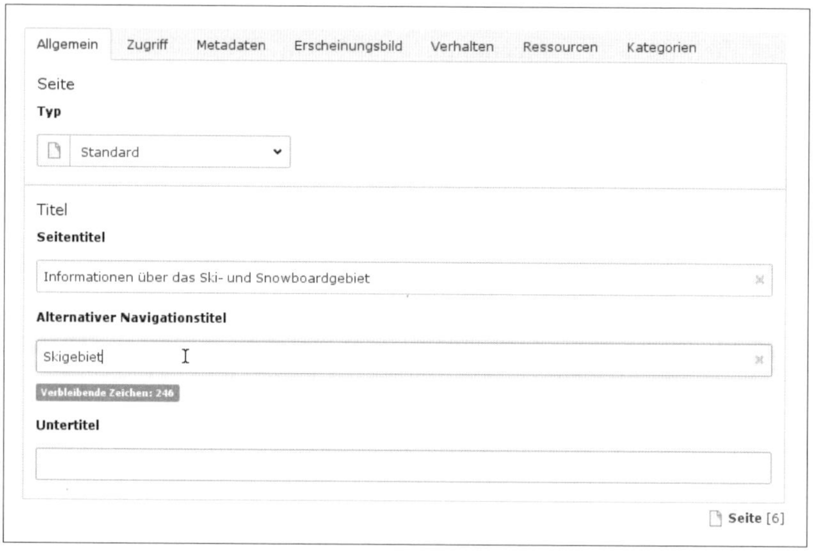

Abbildung 7-6 ▶ Navigationstitel in den Seiteneigenschaften vergeben

Unterschiedliche Menüzustände integrieren

Die Designvorlage gibt auch das Aussehen von Menüelementen im aktiven Zustand oder beim Vorhandensein von Untermenüelementen vor. Die von TypoScript unterstützten Menüzustände wurden bereits am Anfang dieses Kapitels zusammengefasst.

In unserem Beispiel unterscheiden sich die Menüzustände hauptsächlich durch unterschiedliche CSS-Klassen voneinander; beim Vorhandensein von Untermenüelementen soll zusätzlich ein Icon innerhalb des Links dargestellt werden.

Neben dem Menüzustand `NO` (für *Normal*) müssen im Folgenden nun also noch weitere Menüzustände implementiert werden:

1. `ACT` für gerade aktive Seiten. Hier soll das `<li>`-Element zusätzlich durch die CSS-Klasse `active` ausgezeichnet werden.
2. `IFSUB` für Seiten mit Untermenüpunkten. Hier hat das `<li>`-Element zusätzlich die CSS-Klasse `dropdown-toggle` und ein `data-toggle="dropdown"`-Attribut. Außerdem soll innerhalb des <a>-Tags ein `<span class="caret"></span>`-Element eingefügt werden.
3. `ACTIFSUB` für beides in Kombination.

Beispiel 7-8 zeigt die Implementierung des `ACT`-Zustands. In Zeile 140 wird zunächst die Definition des Zustands `ACT` erstellt, indem der Menüzustand `NO` kopiert wird. Anschließend wird in Zeile 142 der `linkWrap` überschrieben, sodass das Listenelement nun mit der CSS-Klasse `active` ausgezeichnet wird. Beachten Sie, dass Sie die Definition in Zeile 140 auch mit `ACT = 1` neu hätten erstellen können. Durch die Kopie haben Sie jedoch später die Möglichkeit, den `NO`-Zustand um weitere Attribute zu erweitern, die später in alle davon abgeleiteten anderen Zustände übernommen werden.

Beispiel 7-8: Implementierung des »aktiv«-Zustands im Hauptmenü

```
126     menuSecondary = HMENU
127     menuSecondary {
128       special = directory
129       special.value = 8
130
131       wrap = <ul>|</ul>
132
133       1 = TMENU
134       1 {
135         NO = 1
136         NO {
137           wrapItemAndSub = <li>|</li>
138         }
139
140         ACT < .NO
141         ACT {
142           wrapItemAndSub = <li class="active">|</li>
143         }
144       }
145     }
```

Den `IFSUB`-Zustand wird in Zeile 129 auf ähnliche Weise implementiert (siehe Beispiel 7-9). Zusätzlich wird noch das Attribut `ATagParams` verwendet, um den generierten <a>-Tag um weitere Attribut zu erweitern (das Bootstrap-Framework benötigt beispielsweise die dropdown-toggle-Klasse und das data-toggle="dropdown"-Attribut, um per JavaScript das Drop-down-Menü zu generieren). Über die Attribute linkWrap und ATagBeforeWrap wird zudem das Caret-Zeichen in den Link eingefügt. Insbesondere ATagBeforeWrap sorgt dafür, dass der Wrap innerhalb des Links eingefügt wird.

Ohne ATagBeforeWrap = 1 würde der Link wie folgt generiert werden:

```
<a ...>Linktext</a> <span class="caret"></span>
```

Mit ATagBeforeWrap = 1 ist der <span>-Tag hingegen innerhalb des Links:

```
<a ...>Linktext <span class="caret"></span></a>
```

Der ACTIFSUB-Zustand wird in Zeile 138 als Kopie des IFSUB-Zustands implementiert; lediglich die CSS-Klasse active wird hinzufügt.

Beispiel 7-9: Implementierung des IFSUB-Zustands im Hauptmenü

```
110      menuPrimary = HMENU
111      menuPrimary {
112        special = directory
113        special.value = 2
114
115        wrap = <ul class="nav navbar-nav navbar-right">|</ul>
116
117        1 = TMENU
118        1 {
119          NO = 1
120          NO {
121            wrapItemAndSub = <li>|</li>
122          }
123
124          ACT < .NO
125          ACT {
126            wrapItemAndSub = <li class="active">|</li>
127          }
128
129          IFSUB < .NO
130          IFSUB {
131            wrapItemAndSub = <li class="dropdown"> | </li>
132            linkWrap = | <span class="caret"></span>
133
134            ATagParams = class="dropdown-toggle" role="button"
                             data-toggle="dropdown"
135            ATagBeforeWrap = 1
136          }
137
138          ACTIFSUB < .IFSUB
139          ACTIFSUB {
140            wrapItemAndSub = <li class="active dropdown"> | </li>
141          }
142        }
143      }
```

Ein Blick in das Frontend zeigt, dass das Hauptmenü (oder zumindest dessen erste Ebene) so aussieht, wie in der Designvorlage vorgegeben.

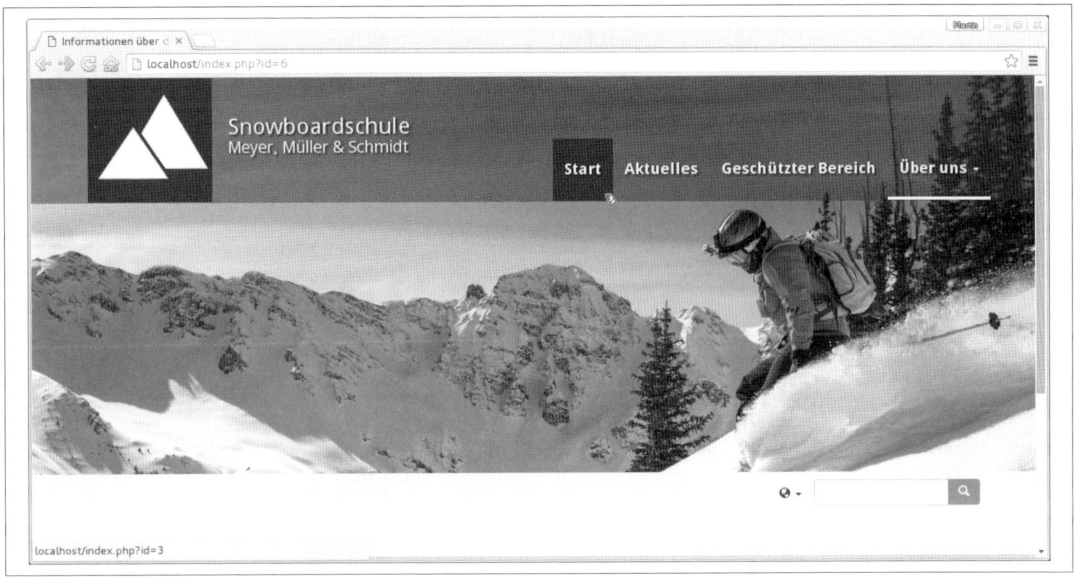

▲ **Abbildung 7-7**
Die erste Ebene des Menüs wird wie in der Vorlage definiert ausgegeben.

Eine zweite Navigationsebene hinzufügen

In der Vorgabe des Praxisbeispiels ist für das Hauptmenü noch eine zweite Navigationsebene vorgesehen. Wenn es zu einer Seite Unterseiten gibt, sollen diese als Untermenü in Form eines Drop-down-Menüs dargestellt werden.

Unterseiten anlegen

Bevor Sie die zweite Navigationsebene mit TypoScript beschreiben, ist es sinnvoll, zunächst im Seitenbaum Unterseiten anzulegen, falls Sie dies nicht bereits zuvor getan haben. Der im Folgenden vorgestellte Weg ist eine Alternative zu dem aus Kapitel 4, *Das Praxisbeispiel vorbereiten*, und eignet sich besonders dann, wenn Sie mehrere Seiten gleichzeitig anlegen möchten.

1. Wählen Sie im Backend, wie in Abbildung 7-8 zu sehen ist, aus dem linken Menü das Backend-Modul *Funktionen* aus ❶.
2. Für das Praxisbeispiel sollen für die Seite *Über uns* Unterseiten angelegt werden. Wählen Sie daher aus dem Seitenbaum diese Seite aus ❷, indem Sie auf den Textlink der Seite klicken.
3. Auf der rechten Seite erscheint dann eine Maske ❸, in der Sie bis zu neun Unterseiten auf einen Schlag anlegen können. Geben Sie hier

einige Unterseiten wie beispielsweise *Geschichte*, *Anfahrt* oder *Trainer* an ❹.

4. Bestätigen Sie anschließend das Anlegen der Seiten mit dem Button *Seiten anlegen* ❺.

Achten Sie darauf, dass Sie die Unterseiten auch auf der richtigen Seite anlegen. Das Anlegen mehrerer Seiten geht über die Funktion *Mehrere Seiten erzeugen* schnell, das Löschen von Seiten hingegen muss manuell über den Seitenbaum erfolgen.

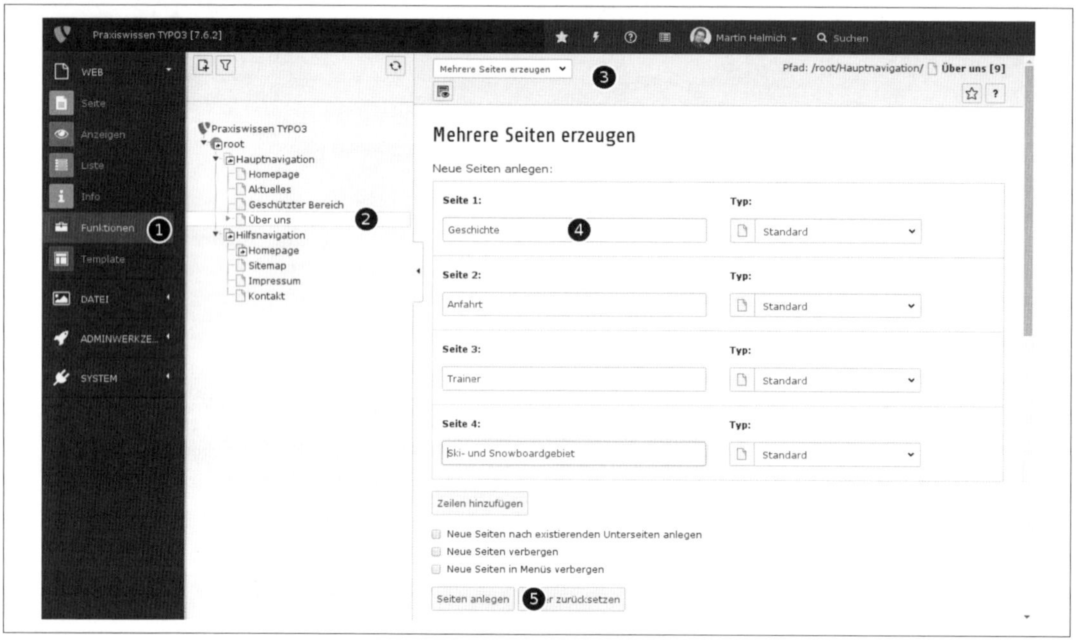

Abbildung 7-8 ▲
Mehrere Seiten mit einem Assistenten anlegen

Die zweite Navigationsebene beschreiben

In den bisherigen Beispielen haben Sie die erste Menüebene mit `.1 = TMENU`, `.1.NO = 1` usw. beschrieben. Die `.1` steht dabei für die erste Navigationsebene. Es liegt also auf der Hand, dass eine `.2` die zweite Navigationsebene beschreibt.

Im folgenden Beispiel wird in Zeile 146 die Beschreibung der ersten Ebene auf die zweite Ebene kopiert. Die Zahlen `1`, `2` usw. geben dabei die Navigations- bzw. Menüebenen an. In die zweite Ebene wird lediglich die TypoScript-Beschreibung der ersten Menüebene kopiert, nicht der Inhalt der Menüeinträge. Somit ist die Beschreibung der zweiten Menüebene identisch mit der der ersten. Da das Bootstrap-Framework verschachtelte Menüs grundsätzlich über ineinander verschachtelte HTML-Listen abbildet (und der bisherige TypoScript-Quelltext diese bereits generiert), muss darüber hinaus nicht mehr viel verändert werden. Der Wrap um die zweite Menüebene in Zeile 148 sorgt dafür, dass ein Untermenü als HTML-Liste mit der Klasse `dropdown-menu` ausgezeichnet wird.

Ebenfalls wichtig ist das Attribut `expAll`, mit dem die erste Menüebene ausgezeichnet wird. Dieses Attribut bewirkt, dass TYPO3 auch tatsächlich zu jedem Zeitpunkt alle Untermenüelemente eines Menupunkts anzeigt. Andernfalls würde das Untermenü zu einer Seite nur dann dargestellt, wenn diese auch aktiv ist – das würde in diesem Fall bedeuten, dass der Nutzer der Webseite das Drop-down-Menü für die Seite *Über uns* erst dann sehen könnte, wenn er diese vorher anklickt.

Beispiel 7-10: Die zweite Ebene als Kopie der ersten anlegen

```
110        menuPrimary = HMENU
111        menuPrimary {
112          special = directory
113          special.value = 2
114
115          wrap = <ul class="nav navbar-nav navbar-right">|</ul>
116
117          1 = TMENU
118          1 {
119            expAll = 1
               [...]
144          }
145
146          2 < .1
147          2 {
148            wrap = <ul class="dropdown-menu">|</ul>
149          }
150        }
```

Ein erneutes Betrachten der Seite im Frontend sollte Sie zufriedenstellen: Für die Seite *Über uns* wird nun die zweite Menüebene dargestellt.

Einen Klickpfad realisieren

Fur die Bezeichnung *Klickpfad* werden häufig andere Bezeichnungen wie *Brotkrumenpfad* oder das englische Wort *breadcrumb (trail)* verwendet. Alle bezeichnen aber das Gleiche: ein »Sie befinden sich hier«-Menü, wie Sie es in Abbildung 7-9 sehen können. Die Fluid-Variable `{menuBreadcrumb}` wurde bereits in der Designvorlage definiert und soll zur Umsetzung dieses Menüs verwendet werden.

Auch bei der Realisierung des Klickpfads handelt es sich wieder um ein `HMENU`-Objekt. Allerdings wird für die Eigenschaft `.special` dieses Mal nicht der Wert `directory` angegeben, der ein normales Menü kennzeichnet, sondern der Wert `rootline`, mit dem sich ein Klickpfad realisieren lässt.

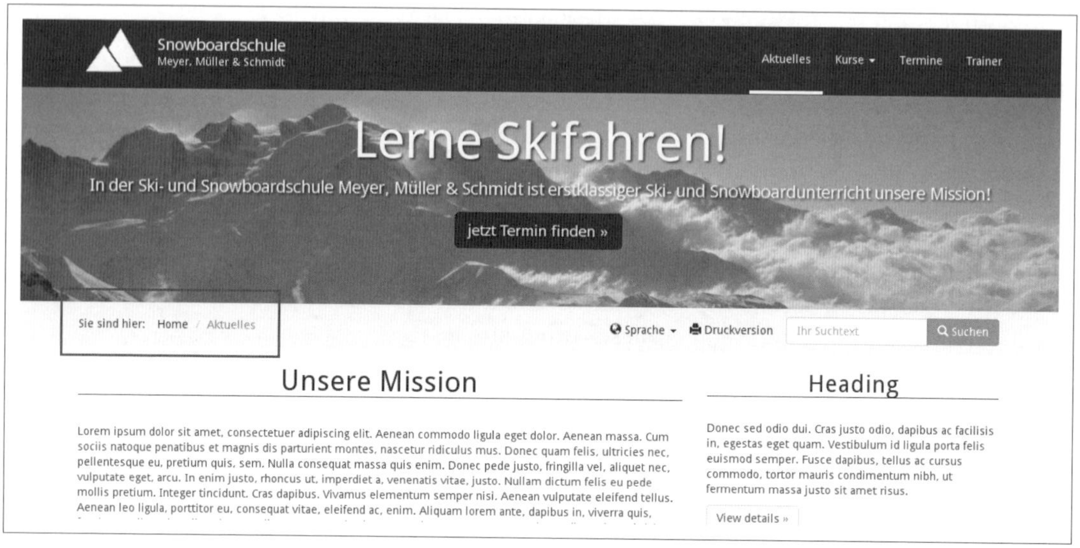

Abbildung 7-9 ▲ Der Klickpfad auf unserer Website

Auch bei der Erstellung eines Klickpfads muss eine Ebene definiert werden. Allerdings reicht es hier aus, eine Ebene `1` für den Zustand `NO` zu beschreiben, so wie es in Beispiel 7-11 geschehen ist. Alle folgenden Ebenen werden identisch verarbeitet und müssen nicht explizit angegeben werden.

Beispiel 7-11: Einen Klickpfad erstellen

```
page = PAGE
page {
  [...]
  10 = FLUIDTEMPLATE
  10 {
    [...]
    variables {
      [...]

      menuBreadcrumb = HMENU
      menuBreadcrumb {
        special = rootline

        1 = TMENU
        1 {
          NO = 1
        }
      }
    }
  }
}
```

Beim Betrachten des Ergebnisses im Frontend werden Sie feststellen, dass der Klickpfad bereits angezeigt wird. Allerdings stimmen derzeit weder die Formatierung noch der Startpunkt, an dem der Klickpfad beginnt. Die Formatierung des Klickpfads lässt sich wieder mit der `TMENU`-Objekt-Eigenschaft `.linkWrap` realisieren. In Beispiel 7-12 werden wie bei den vorherigen Menüs jedes Element von einem HTML-Listenelement und das ganze Menü von einer HTML-Liste mit der CSS-Klasse `breadcrumb` umschlossen.

Beispiel 7-12: Die einzelnen »breadcrumbs« formatieren

```
page = PAGE
page {
  [...]
  # Die Designvorlage integrieren
  10 = FLUIDTEMPLATE
  10 {
    [...]
    variables {
      [...]
      menuBreadcrumb = HMENU
      menuBreadcrumb {
        special = rootline

        1 = TMENU
        1 {
          wrap = <ol class="breadcrumb">|</ol>

          NO = 1
          NO {
            linkWrap = <li>|</li>
          }
        }
      }
    }
  }
}
```

Den Startpunkt des Klickpfads setzen

Im Backend können Sie erkennen, dass die Hilfsseiten Bestandteil des Klickpfads sind. Diese Hilfsseiten sollen im Klickpfad allerdings nicht erscheinen und werden in Beispiel 7-13 über die Eigenschaft `.special.range` des `HMENU`-Objekts aus dem entsprechenden Bereich genommen.

Dazu wurde in Beispiel 7-13 in Zeile 171 der Eigenschaft `.special.range` der Wert `2|-1` zugewiesen. Dieser Wert gibt an, dass der Klickpfad erst an der zweiten Ebene der Root-Ebene beginnen und nie enden (`-1`) soll. Die zweite Ebene ist eine öffentliche, sichtbare Seite, da die Seite *root* sich auf Ebene 0 befindet und die Hilfsseiten *Hauptnavigation* und *Hilfsnavigation* auf Ebene 1.

Beispiel 7-13: Den Start- und Endpunkt mit ».special.range« angeben

```
168    menuBreadcrumb = HMENU
169    menuBreadcrumb {
170      special = rootline
171      special.range = 2|-1
172
173      1 = TMENU
174      1 {
175        wrap = <ol class="breadcrumb">|</ol>
176
177        NO = 1
178        NO {
179          linkWrap = <li>|</li>
180        }
181      }
182    }
```

Alternativ dazu können Sie die Hilfsseiten auch über eine Konfigurationsvariable in den Seiteneigenschaften aus dem Menü ausblenden. Bearbeiten Sie hierzu die Seite im Seitenbaum und aktivieren Sie im Tab *Zugriff* die Option *In Menüs verbergen*.

Beispiel 7-14 zeigt zudem noch die Implementierung eines Aktiv-Zustands für das Menü. Im Unterschied zu den bisherigen Beispielen wird hier der TypoScript-Zustand `CUR` (statt `ACT`) genutzt. Im `ACT`-Zustand befinden sich in einem Menü alle Seiten, die Oberseiten der aktuell ausgewählten Seite sind. Dieses Verhalten ist nützlich, damit beispielsweise ein Menüpunkt im horizontalen Menü auch dann noch aktiv ist, wenn sich der Nutzer auf einer Unterseite dieses Menüpunkts befindet. Da ein Klickpfad alle der aktuellen Seite übergeordneten Seiten anzeigt, befänden sich somit prinzipbedingt alle Elemente des Klickpfads im `ACT`-Zustand – daher wäre es recht nutzlos, diesen Zustand explizit zu definieren. Im `CUR`-Zustand hingegen befindet sich ausschließlich der aktuell ausgewählte Menüpunkt – in einem Klickpfad also stets der letzte von allen, weshalb es gerade in einem Klickpfad sehr nützlich sein kann, diesen Zustand zu definieren.

Das Attribut `doNotLinkIt` in Zeile 185 sorgt zusätzlich dafür, dass das entsprechende Menüelement nicht verlinkt ist – beim letzten Element eines Klickpfads kann das ebenfalls durchaus sinnvoll sein, da der Link ohnehin nur auf die aktuelle Seite zeigen würde.

Beispiel 7-14: Klickpfad mit aktivem Element

```
168    menuBreadcrumb = HMENU
169    menuBreadcrumb {
170      special = rootline
171      special.range = 2|-1
172
173      1 = TMENU
```

Beispiel 7-14: Klickpfad mit aktivem Element (Fortsetzung)

```
      1 {
        wrap = <ol class="breadcrumb">|</ol>

        NO = 1
        NO {
          linkWrap = <li>|</li>
        }

        CUR = 1
        CUR {
          linkWrap = <li class="active">|</li>
          doNotLinkIt = 1
        }
      }
    }
```

Einen Text vorschalten

Der Klickpfad wird bereits vollständig angezeigt, jedoch soll der Text *Sie sind hier* vorgeschaltet werden. Dazu gibt es gleich mehrere Möglichkeiten, die im Folgenden beschrieben werden. Eine Variante, die ein neues Objekt einführt und größtmögliche Flexibilität bietet, wird anschließend in die Praxis umgesetzt.

Integration in die Designvorlage

Die erste Möglichkeit sieht vor, den scheinbar statischen Text *Sie sind hier* mit in die Designvorlage aufzunehmen und vor die Variable `{menuBreadcrumb}` zu stellen. Diese Möglichkeit klingt einfach, hat aber einen großen Nachteil: Bei mehrsprachigen Präsentationen kann nicht mehr mit nur einer Designvorlage gearbeitet werden, es muss aufgrund dieses einen Satzes für jede Sprache eine separate Datei vorhanden sein. Daher ist diese Methode lediglich für Internetpräsentationen geeignet, die in nur einer Sprache zur Verfügung stehen sollen. Eine Lösung mit TypoScript ist hier besser geeignet, da sich mit ihm in sogenannten *Conditions* die jeweils verwendete Sprache separat beschreiben lässt. Nähere Informationen zu Conditions erhalten Sie in Kapitel 9, *Erweiterte Darstellung von Inhalten*.

Vorschaltung mit wrap

Die zweite Möglichkeit ist, den Text mit der `.wrap`-Funktion voranzustellen. Diese Vorgehensweise, die ausschließlich über TypoScript gelöst wird, ist für kleine zusätzliche Angaben sicherlich praktikabel, für umfangreichere Vorhaben allerdings nicht übersichtlich genug. Theoretisch reicht diese Funktion aus, um das recht einfache Vorhaben umzusetzen.

```
menuBreadcrumb = HMENU
menuBreadcrumb {
   wrap = <span class="youarehere">Sie sind hier:</span> |
   special = rootline
   [...]
}
```

An einem Platzhalter mehrere Objekte ausführen

Die dritte Möglichkeit, die hier ausführlich vorgestellt wird, erlaubt es, an einem Platzhalter gleich mehrere Objekte in einer angegebenen Reihenfolge auszuführen. In der Praxis ist es allerdings nicht möglich, einem Platzhalter mehrere Objekte zuzuweisen, weshalb das neue Objekt `COA` eingeführt wird. `COA` kann mehrere Objekte mit ihren jeweiligen Definitionen in einer numerischen Liste aufnehmen. Diese Liste wird wieder mit den Zahlen `10`, `20`, `30` usw. beschrieben, wobei jedes einzelne Listenelement genau einem Objekt zugewiesen werden kann. Die Reihenfolge der Ausführung wird mit der Zahl bestimmt. Die Zahlen der numerischen Liste müssen zwar nicht in Zehnerschritten angegeben werden, dieser Zahlenabstand hat sich aber als praktisch erwiesen, um nachträglich Korrekturen vornehmen zu können.

Es kann nun erreicht werden, dass vor der Ausführung des `HMENU`-Objekts zunächst ein `TEXT`-Objekt ausgeführt wird, das den Text *Sie sind hier* ausgibt. In Beispiel 7-15 wird in Zeile 168 in der Variablen `menuBreadcrumb` eine `COA`-Instanz erzeugt. Der vorgeschaltete Text wird an Position `10` mit dem `TEXT`-Objekt und der Eigenschaft `.value` ausgegeben. An Position `20` folgt die Ausgabe des eigentlichen Klickpfads.

Beispiel 7-15: Das Objekt »COA« anwenden

```
168       menuBreadcrumb = COA
169       menuBreadcrumb {
170          10 = TEXT
171          10 {
172             value = Sie sind hier:
173             wrap = <span class="youarehere"> | </span>
174          }
175
176          20 = HMENU
177          20 {
                [...]
196          }
197       }
```

KAPITEL 8

Inhalte ausgeben

In diesem Kapitel:

- Neue Seiteninhalte anlegen
- Vorhandene Seiteninhalte ausgeben
- Besondere Seiteninhalte
- Inhalte in anderen Bereichen ausgeben
- Flexiblere Gestaltung mit Backend-Layouts
- Übersicht über Seiteninhaltstypen

Dieses Kapitel zeigt Ihnen, wie Sie Seiteninhalte, die von Redakteuren eingepflegt werden, integrieren und mit gestalterischen Vorgaben versehen können. Sie werden bereits bekannte TypoScript-Objekte verwenden und zusätzlich neue Objekte und Eigenschaften kennenlernen. Wenn Sie dieses Kapitel Schritt für Schritt nachvollzogen haben, werden Sie Seiteninhalte in verschiedenen gestalterischen Varianten mit TypoScript beschreiben können. Eine tabellarische Übersicht über die verschiedenen Seiteninhaltstypen finden Sie am Ende des Kapitels.

Neue Seiteninhalte anlegen

Bevor überhaupt Inhalte ausgeben werden können, müssen erst einmal Seiteninhalte angelegt werden. Dafür müssen Sie kurzzeitig den Redakteursposten einnehmen, wozu Sie die TypoScript-Template-Umgebung verlassen. Zunächst soll auf der Seite *Homepage* ein einfacher Text mit Überschrift angelegt werden.

Klicken Sie zum Anlegen eines Seiteninhalts in der linken Modulliste auf *Seite* ❶ und wählen Sie im Seitenbaum durch Anklicken des Textlinks die Seite *Homepage* ❷ aus. Beachten Sie aber, dass es die Seite *Homepage* gleich zweimal gibt. Eine der beiden *Homepage*-Seiten ist lediglich ein Verweis auf die tatsächliche Homepage, die sich in der primären Navigation befindet und somit eine Unterseite von *Hauptnavigation* ist.

Nach dem Anklicken des Textlinks *Homepage* im Seitenbaum erhalten Sie nun eine Ansicht, in der Sie die vier Spalten *Links*, *Normal*, *Rechts* und *Rand* sehen und in jeder davon neue Inhalte hinzufügen können. Sollten Sie eine andere Ansicht erhalten, vergewissern Sie sich, dass im oberen rechten Auswahlfeld die Option *Spalten* ausgewählt ist ❸.

Sie können Sie im rechten Bereich einen Seiteninhalt anlegen, indem Sie auf den Button *Neues Inhaltselement erstellen* innerhalb der Spalte *Normal* klicken, wie in Abbildung 8-1 zu sehen ist ❹.

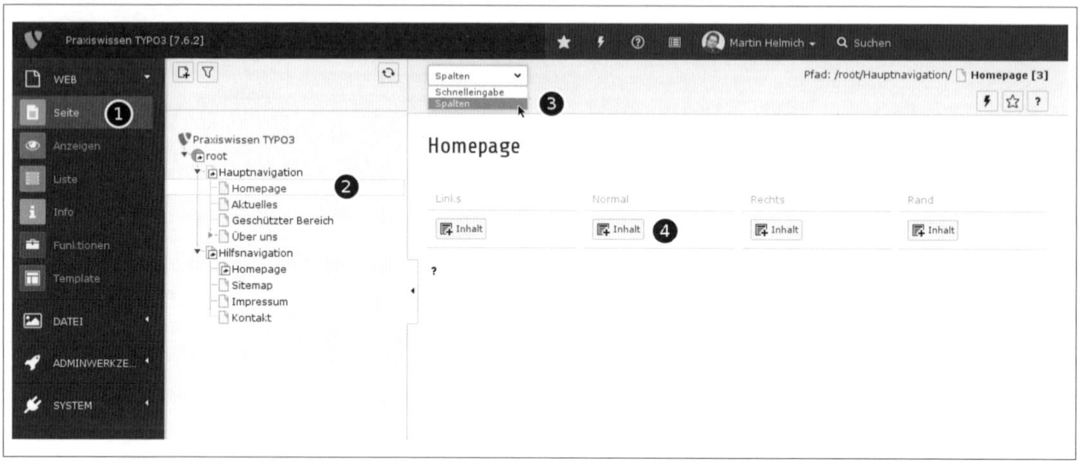

Abbildung 8-1 ▲ Übersicht über Seiteninhalte auf einer Seite

Abbildung 8-2 ▼ Der Wizard für neue Seiteninhalte

Im erscheinenden Wizard (siehe Abbildung 8-2) für neue Inhaltselemente bzw. Seiteninhalte können Sie verschiedene vordefinierte Inhaltstypen auswählen. Dies sind prinzipiell nur unterschiedliche Masken, die Redakteuren zur Verfügung gestellt werden. Sie können mit TypoScript abfragen, um welchen Inhaltstyp es sich gerade handelt und wie dieser dargestellt werden soll. Im nächsten Abschnitt wird dieses Thema ausführlich erläutert.

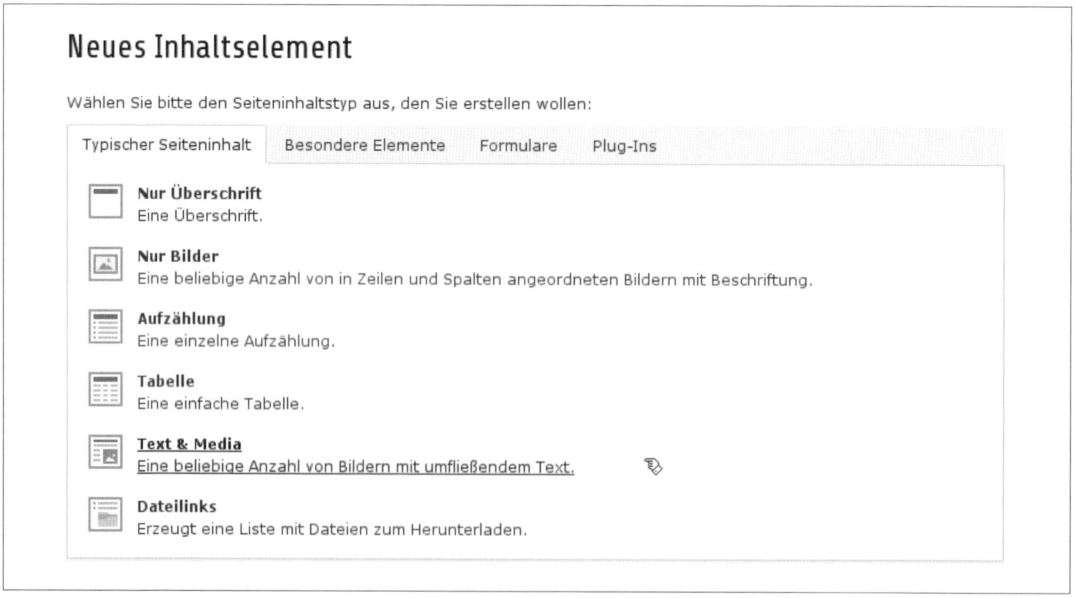

Diese vordefinierten Inhaltstypen sind z. B. *Text & Media*, *Tabelle* usw. Über den Inhaltstyp *Text & Media* kann der Redakteur Inhaltsüberschriften sowie Fließtext angeben. Außerdem gibt es zusätzliche Felder, über die Multimediainhalte wie Bilder, Video- oder Audiodateien hochgeladen bzw. eingebunden werden können und mit denen man die Position der eingebundenen Medien bestimmen kann.

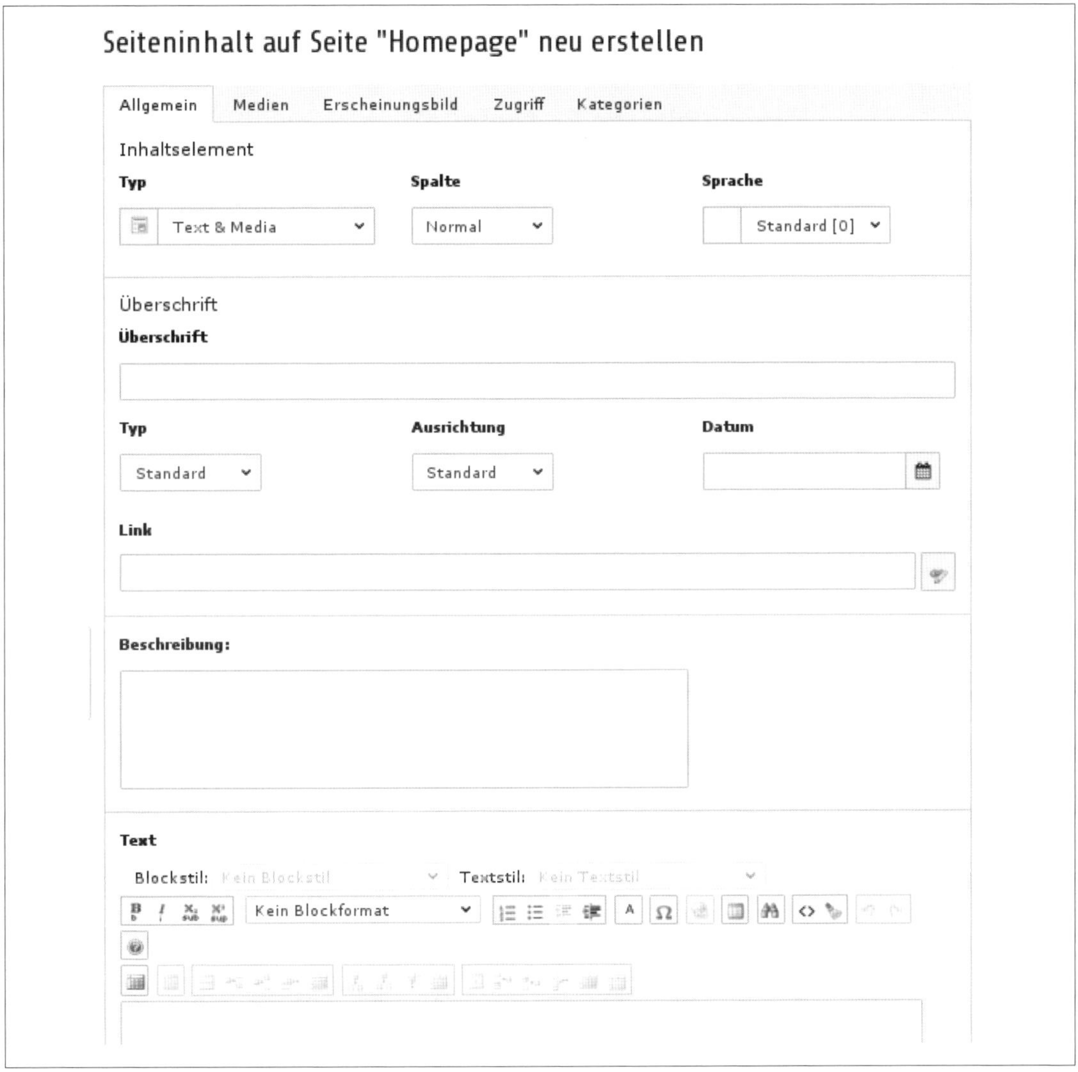

Für den ersten Seiteninhalt wählen Sie aus dem Wizard den Eintrag *Text & Media* aus. Es erscheint die in Abbildung 8-3 gezeigte Maske für einen Seiteninhalt des Typs *Text & Media*. Füllen Sie hier auf der Registerkarte *Allgemein* das Feld *Überschrift* mit dem Inhalt *Das ist eine Überschrift*.

▲ Abbildung 8-3
Backend-Maske für einen Seiteninhalt vom Typ »Text & Media«

Füllen Sie anschließend das Feld *Text* mit dem Inhalt *Dies ist ein Text* (siehe Abbildung 8-3). Speichern Sie den Seiteninhalt, indem Sie auf das Symbol *Speichern* klicken.

Speziell für Redakteure kann die Vielzahl der Eingabefelder oft verwirrend sein. In Kapitel 12, *Benutzerrechte für Redakteure anlegen*, erfahren Sie, wie Sie Redakteuren nur diejenigen Felder zur Verfügung stellen, die Sie per TypoScript beschrieben haben und die auch tatsächlich benötigt werden.

Einen weiteren Seiteninhalt anlegen

Legen Sie nun auf derselben Seite *Homepage* einen weiteren Seiteninhalt vom Typ *Text & Media* an. Verwenden Sie dazu den Button *Neues Inhaltselement erstellen*, der sich unterhalb des gerade angelegten Inhaltselements befindet, wie in Abbildung 8-4 zu sehen ist.

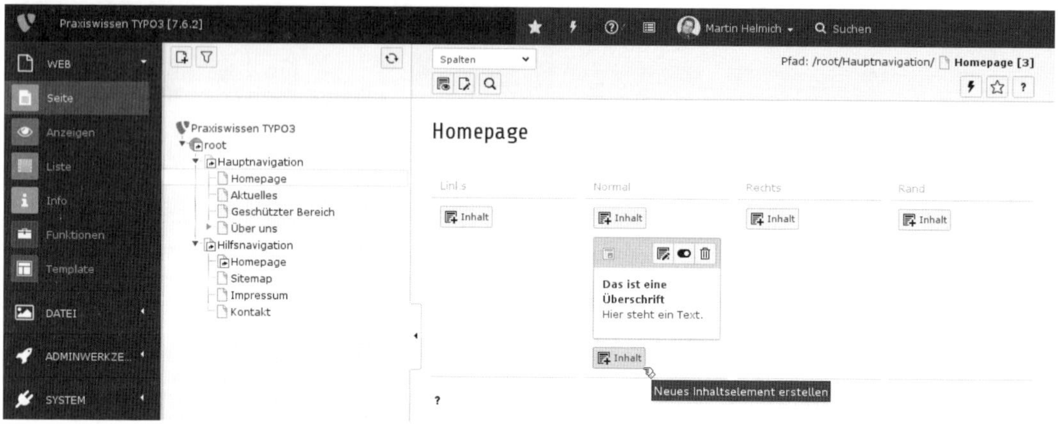

Abbildung 8-4 ▲
Einen weiteren neuen Seiteninhalt anlegen

Legen Sie zunächst einen weiteren Seiteninhalt vom Typ *Text & Media* an. Verwenden Sie bei Ihrem neuen Seiteninhalt in den Feldern *Überschrift* und *Text* einen von dem oben abweichenden Inhalt, z. B. *Das hier ist eine zweite Überschrift*, um direkt einen Unterschied festzulegen.

Es existiert ein weiteres Feld mit der Bezeichnung *Typ*, aus dem Sie ein Layout auswählen können. Wählen Sie hier statt des Eintrags *Normal* den Eintrag *Layout 3* aus und speichern Sie den neuen Seiteninhalt ab. Abbildung 8-5 zeigt, wo sich das Feld zur Auswahl des Layouts befindet.

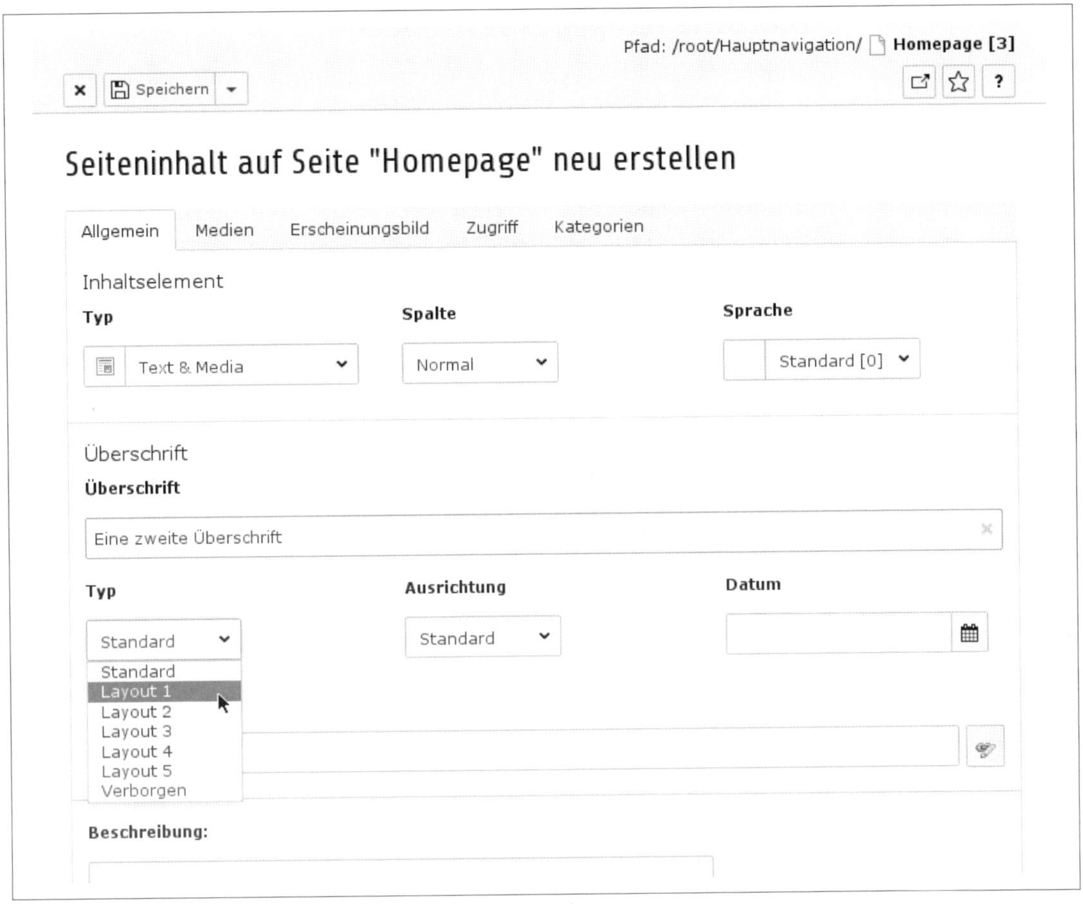

▲ **Abbildung 8-5**
Im Feld »Typ« ein Layout auswählen

Vorhandene Seiteninhalte ausgeben

Nachdem Sie nun zwei Seiteninhalte auf der Seite *Homepage* angelegt haben, werden Sie vielleicht enttäuscht sein, dass diese im Frontend noch nicht angezeigt werden. Auf der anderen Seite wäre das allerdings überraschend, da Sie TYPO3 noch nicht mitgeteilt haben, dass überhaupt Inhalt angezeigt werden soll.

Damit Sie nun Inhalte an der Stelle der Fluid-Variablen `{contentMain}` zu sehen bekommen, müssen Sie diese ansprechen. Dazu kann das TypoScript-Objekt `CONTENT` verwendet werden. Dieses Objekt von Hand zu konfigurieren, kann jedoch schnell sehr mühsam werden. Aus diesem Grund werden wir an dieser Stelle auf die Erweiterung *Fluid Styled Content* zurückgreifen, die bereits eine sinnvolle Standardkonfiguration für die Darstellung von Inhalten mitbringt. Diese Erweiterung ist standardmäßig vorinstalliert.

Statische Templates verwenden

TYPO3 hält fertige TypoScript-Code-Sammlungen mit einigen Tausend Zeilen TypoScript bereit, die Grundkonfigurationen enthalten, mit denen Sie arbeiten können. Diese fertigen TypoScript-Templates werden in TYPO3 als *statische Templates* bezeichnet und können in einem vorhandenen TypoScript-Template verwendet werden. Diese Vorgehensweise wird in Programmiersprachen häufig als *Inkludieren* bezeichnet.

Für unsere Zwecke geeignet ist das Template *Fluid Styled Content*. Es enthält bereits eine umfangreiche Standardkonfiguration für das Auslesen und Darstellen von Inhalten. Dieses Template muss nun in das *root*-Template unserer Seite eingebunden werden.

1. Wählen Sie dazu das Template-Modul an ❶ und wechseln Sie im Seitenbaum auf die Seite *root* ❷.
2. Klicken Sie in Ihrem TypoScript-Template ganz unten auf den Textlink *Vollständigen Template-Datensatz bearbeiten*. Abbildung 8-6 zeigt, wo sich dieser Textlink befindet ❸.

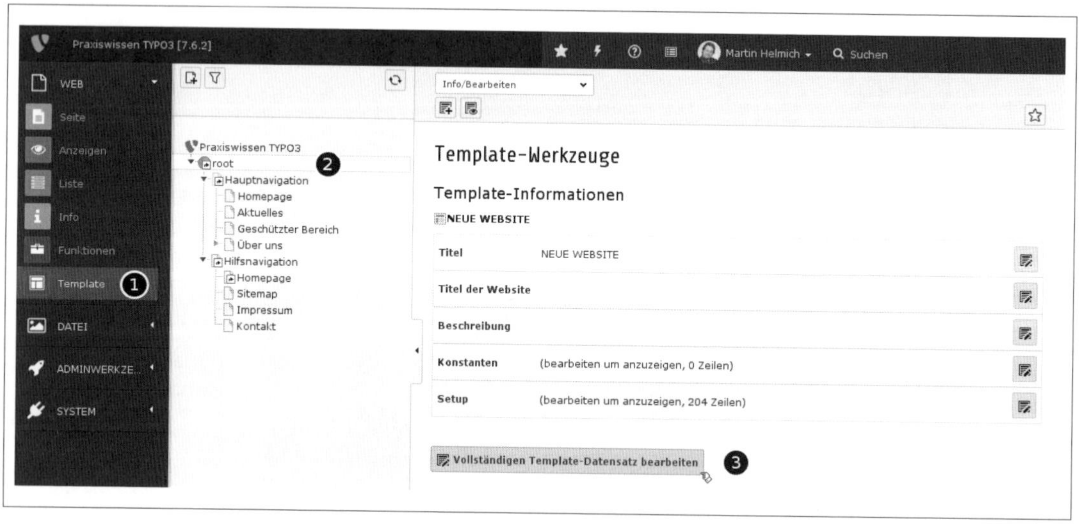

Abbildung 8-6 ▲
Der Textlink zur Maske, mit der das gesamte Template bearbeitet werden kann

3. Nun öffnet sich eine umfangreiche Template-Maske, die bereits in Kapitel 5, *TypoScript in der Praxis*, näher vorgestellt wurde. Wechseln Sie in die Registerkarte *Enthält*.
4. Fügen Sie im Abschnitt *Statische Templates einschließen (aus Erweiterungen)* auf der rechten Seite den Eintrag *Content Elements (fluid_styled_content)* zu Ihrem Template hinzu (siehe Abbildung 8-7), indem Sie einfach auf diesen Eintrag klicken.
5. Speichern Sie das Template ab.

▼ Abbildung 8-7
Das statische Template inkludieren

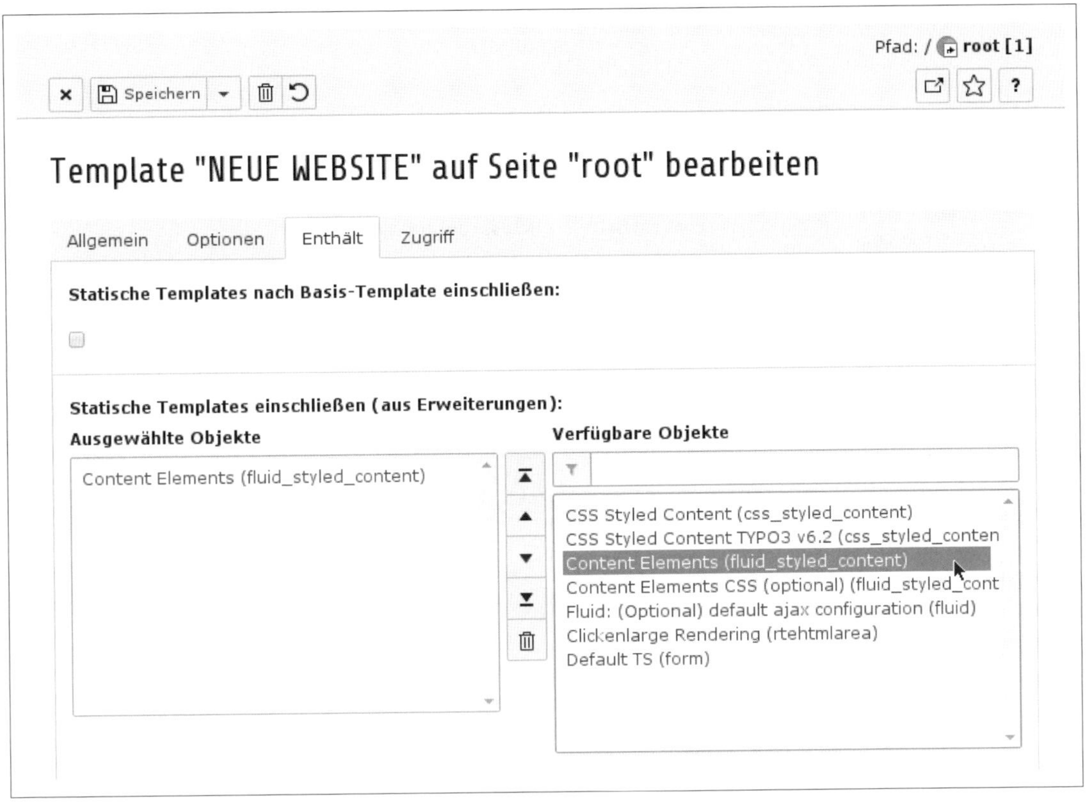

Tipp

Neben dem Eintrag *Content Elements (fluid_styled_content)* werden Sie noch weitere statische Templates früherer TYPO3-Versionen vorfinden. Das Template *css_styled_content* wurde in TYPO3-Versionen bis 6.2 genutzt und steht nach wie vor zur Verfügung. Dies ist beispielsweise dann sinnvoll, wenn Sie ein Upgrade von einer älteren Version machen und ein älteres Projekt auf TYPO3 7.6 weiterbetreiben möchten.

Inhalte ausgeben

Zum Einlesen und Ausgeben von Inhalten wird das TypoScript-Objekt `CONTENT` verwendet. Das soeben eingerichtete statische Template *Content Elements* stellt unter dem Bezeichner `styles.content.get` nun bereits eine vorkonfigurierte Instanz dieses Objekts zur Verfügung, das wir über den Kopieroperator der Fluid-Variablen `{contentMain}` zuweisen können.

Beispiel 8-1: Inhalte aus der Tabelle »tt_content« ausgeben

```
page = PAGE
page {
   [...]
   # Die Designvorlage integrieren
   10 = FLUIDTEMPLATE
   10 {
     [...]
     variables {
       [...]
       # Den Inhalt der Hauptspalte ausgeben
       contentMain < styles.content.get
     }
   }
}
```

Abbildung 8-8 ▼ Überschrift und Inhalt werden CSS-formatiert ausgegeben.

Wenn Sie jetzt Ihre Seite im Frontend betrachten, sollte sie ähnlich aussehen wie in Abbildung 8-8. Wie Sie sehen, liefert die Funktion `styles.content.get` in der Standardkonfiguration bereits durchaus brauchbare Ergebnisse. Der erzeugte HTML-Quelltext wird mit zahlreichen CSS-Klassen ausgezeichnet, sodass Sie einen Großteil der Formatierung einfach über die CSS-Datei anpassen können. Wie Sie komplexere Anpassungen über TypoScript vornehmen können, werden wir uns im nächsten Abschnitt ansehen.

Die Darstellung den eigenen Wünschen anpassen

Unter Umständen wird es notwendig sein, von der Standardkonfiguration abzuweichen. So sieht beispielsweise die Designvorlage vor, dass eine Überschrift (üblicherweise die erste) durch spezielles Markup besonders hervorgehoben und mit einer zusätzlichen Unterüberschrift (ja, dieses Wort gibt es tatsächlich) versehen werden kann:

```
<div class="page-heading">
  <h1>
    Die Überschrift
    <small>Die Unter-Überschrift</small>
  </h1>
</div>
```

Neben dieser Gesamtüberschrift sollten weitere Überschriftebenen als HTML-Tags von `<h2>` bis `<h6>` abgebildet werden. Mit dem *Layout*-Feld in den Eigenschaften der Inhaltselemente, die Sie bereits erstellt haben, können Sie in der Standardeinstellung alle Überschrifttypen von `<h1>` bis `<h5>` erstellen. Lediglich für die oben beschriebene Hauptüberschrift bedarf es einer Sonderlösung, die zunächst in TypoScript konfiguriert werden muss. Wie Sie die Darstellung der Überschriften oder auch einzelner Inhaltstypen Ihren Wünschen anpassen können, wird in den folgenden Abschnitten behandelt.

Um die folgenden Abschnitte zu verstehen, ist es wichtig, zu wissen, dass Inhaltselemente in der Datenbanktabelle *tt_content* gespeichert werden. Später werden wir für die Darstellung dieser Inhalte explizit Daten aus den Spalten dieser Tabelle auswerten müssen. Um die bereits bestehende TypoScript-Konfiguration zu analysieren, werden wir weiterhin den *TypoScript-Objektbrowser* verwenden. Um diesen aufzurufen, wählen Sie im Template-Modul oben den Menüpunkt *TypoScript Objekt-Browser* aus. Sie sehen das gesamte TypoScript-Template einschließlich der geladenen statischen Templates in einer Baumstruktur (siehe Abbildung 8-9). Um ein Objekt näher zu analysieren, klicken Sie auf das Pfeilsymbol davor, um seine Eigenschaften auszuklappen.

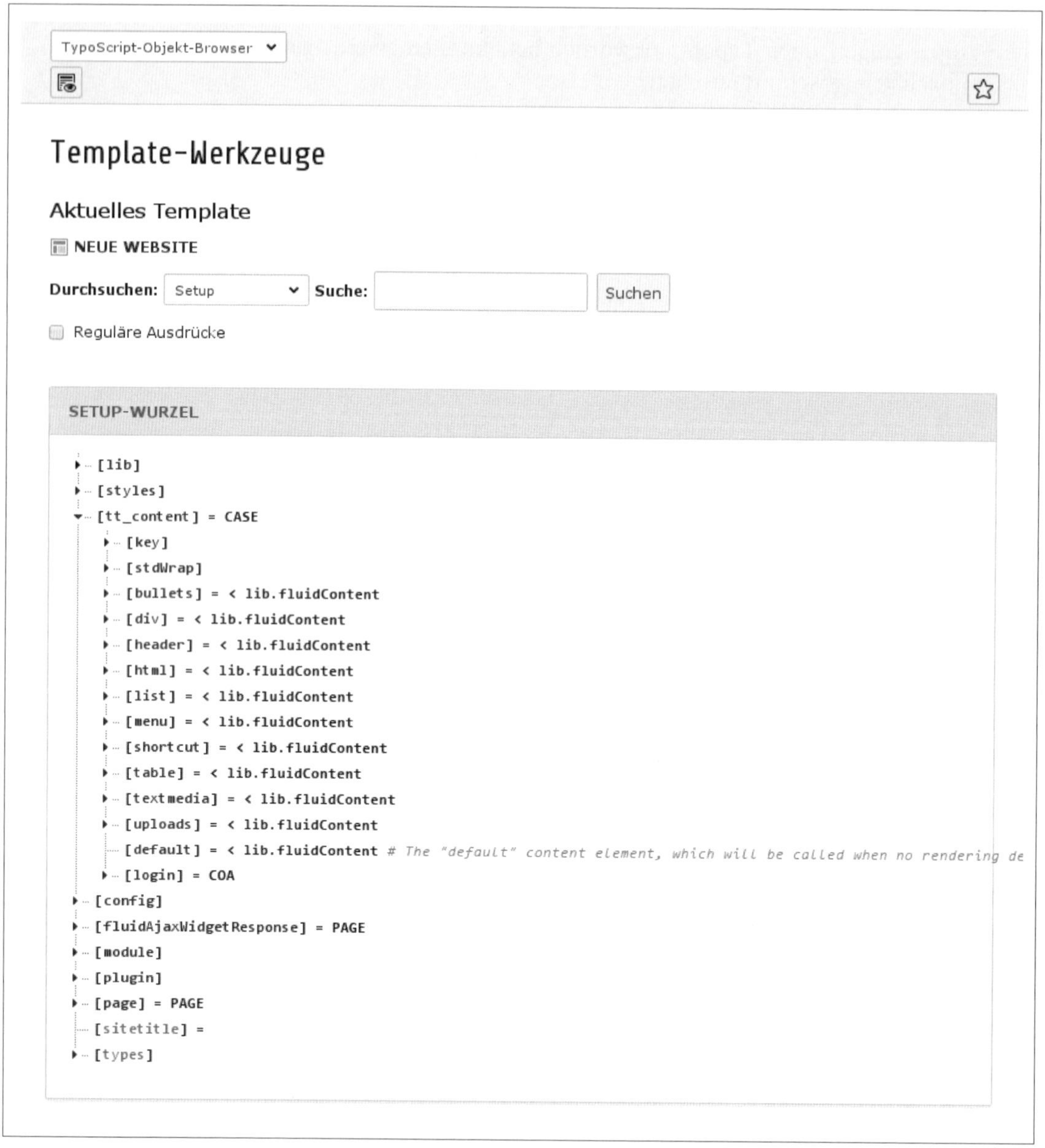

Abbildung 8-9 ▲
Der TypoScript-Objektbrowser

Die Darstellung von Inhalten verstehen

Intern verwendet TYPO3 eine Reihe von TypoScript-Optionen und Fluid-Vorlagen, um die Darstellung von Inhalten zu beschreiben. Umgekehrt bedeutet das auch, dass Sie TypoScript und Fluid verwenden können, um so gut wie alle Einstellungen in Ihrem Template zu überschreiben.

Das Praxisbeispiel sieht vor, dass es mehrere unterschiedliche Arten der Darstellung für Überschriften geben soll: In der ersten Variante soll die Überschrift in einer besonders hervorgehobenen Variante mit Unterüberschrift erscheinen, in den übrigen Varianten soll die Überschrift als reguläres `<h2>`- bis `<h5>`-Element dargestellt werden.

Um zu unterscheiden, welche Darstellung des Seiteninhalts angezeigt werden soll, wird das Auswahlfeld *Typ* mit den Einträgen *Standard*, *Layout 1*, *Layout 2* ... verwendet (siehe Abbildung 8-10). Je nach ausgewähltem Layout soll die jeweilige TypoScript-Beschreibung verwendet werden.

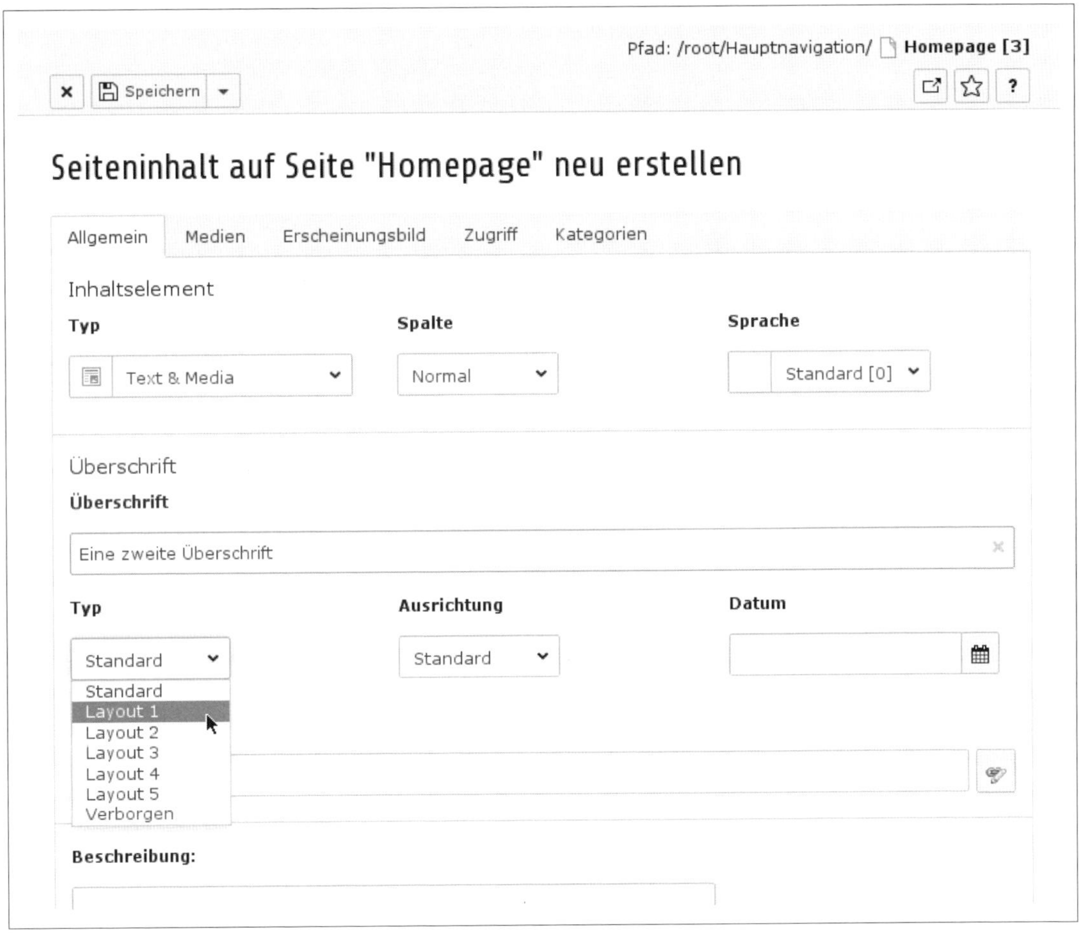

▲ Abbildung 8-10
Elemente des Auswahlfelds für die Überschrift

Die Darstellung von Inhaltselementen (und damit auch die der Überschriften) ist in dem TypoScript-Objekt `tt_content` konfiguriert, welche Sie über den TypoScript-Objektbrowser inspizieren können. Sie werden sehen, dass die TypoScript-Variable eine Instanz des `CASE`-Objekts ist.

Das CASE-Objekt bietet ähnliche Funktionen wie eine *switch/case*-Anweisung in einer Programmiersprache: In Abhängigkeit von einem bestimmten Eingabewert können verschiedene TypoScript-Konfigurationen zur Ausgabe eines Inhaltselements genutzt werden. Beispiel 8-2 zeigt ein (stark vereinfachtes) Beispiel für die Nutzung des CASE-Objekts zur Darstellung von Inhalten:

Beispiel 8-2: Nutzung des »CASE«-Objekts

```
01 tt_content = CASE
02 tt_content {
03   key.field = CType
04
05   header = TEXT
06   header {
07     field = header
08     wrap = <h1> | </h1>
09   }
10
11   textmedia = TEXT
12   textmedia {
13     field = bodytext
14   }
15 }
```

In der Datenbank, in der TYPO3 seine Inhalte speichert, hat jedes Inhaltselement einen Typ (wie beispielsweise den schon bekannten *Text & Media*). Dieser wird in einer Datenbankspalte namens CType gespeichert.

Das TypoScript-Objekt tt_content beschreibt nun, wie TYPO3 diese Inhaltselemente darzustellen hat. Es wird für jedes Inhaltselement neu ausgewertet, und der entstehende HTML-Quelltext wird auf der Seite ausgegeben. Dieses Code-Beispiel macht intensiven Gebrauch des .field-Attributs, das Sie bereits in Kapitel 5, *TypoScript in der Praxis*, kennengelernt haben. In Zeile 3 wird auf diese Weise der CType des Inhaltselements in das .key-Attribut geladen. Dessen Wert entscheidet, welches Unterelement des CASE-Objekts zur Darstellung des Inhaltselements genutzt werden soll. Für ein Inhaltselement, dessen CType also textmedia ist, wird das in textmedia definierte TEXT-Objekt zur Darstellung genutzt.

Das tatsächlich von TYPO3 genutzte tt_content-Objekt sieht natürlich um einiges komplizierter aus; Abbildung 8-9 zeigt einen Überblick über den tatsächlichen Aufbau dieses Objekts. Bei genauerer Inspektion fällt jedoch auf, dass nahezu alle Varianten des tt_content-CASE-Objekts Kopien des Objekts lib.fluidContent sind. Dieses wiederum ist eine Instanz des schon aus Kapitel 5 bekannten FLUIDTEMPLATE-Objekts.

Erweiterte Funktionen des FLUIDTEMPLATE-Objekts

Wenn Sie das *fluid_styled_content*-Template nutzen, wird die HTML-Ausgabe aller Inhaltselemente über Fluid-Vorlagen generiert. In Kapitel 4 und Kapitel 5 haben Sie Fluid bereits genutzt, um eine dynamische Vorlage für das Layout der Seite zu erstellen. In diesem Abschnitt betrachten wir nun einige erweiterte Funktionen von Fluid, die nützlich sind, wenn es um die Anpassung der Darstellung von Inhaltselementen geht.

Eines der wichtigsten Features von Fluid sind die sogenannten *Partials*. Mit diesen können Sie einzelne Teile einer HTML-Vorlage in eigene Dateien auslagern und diese dann wiederverwenden. Nehmen Sie als Beispiel zunächst ein einfaches `FLUIDTEMPLATE`-Objekt wie im nachfolgenden Code-Beispiel an:

Beispiel 8-3: Ein »FLUIDTEMPLATE« mit Partials

```
01 test = FLUIDTEMPLATE
02 test {
03   file = fileadmin/templates/vorlage.html
04
05   partialRootPaths {
06     10 = fileadmin/templates/content/partials
07   }
08
09   variables {
10     header = Test-Überschrift
11   }
12 }
```

Zusätzlich zu den Attributen, die Sie bereits kennen, wurde hier in Zeile 5 das Attribut `partialRootPaths` gesetzt. Dieses Attribut enthält eine Liste von Dateipfaden (die in diesem Fall aus nur einem Element besteht), in denen nach Partial-Dateien gesucht wird.

Eine Partial-Datei (die in diesem Beispiel den Dateinamen *fileadmin/templates/content/partials/header.html* tragen könnte) ist selbst ein ganz normales Fluid-Template (also eine HTML-Datei mit Variablen und ViewHelpern). Ein einfaches Partial könnte also beispielsweise wie folgt aussehen:

```
<h1>
  {header}
</h1>
```

Im eigentlichen Fluid-Template können Sie nun den `<f:render>`-ViewHelper nutzen, um dieses Partial an eine beliebige Stelle in Ihr Template einzufügen; gern auch mehrfach und mit unterschiedlichen Parametern:

```
1 <div class="row">
2   <div class="col-md-6">
3     <f:render partial="header" arguments="{header: 'Hallo Welt'}" />
4   </div>
5   <div class="col-md-6">
6     <f:render partial="header" arguments="{header: header}" />
7   </div>
8 </div>
```

Dasselbe Partial wird in diesem Template zweimal eingebunden, jeweils in Zeile 3 und Zeile 6. Über das `arguments`-Attribut können Sie Fluid-Variablen an das Partial durchreichen. Dabei kann es sich um feste Werte handeln (Zeile 3) oder um andere Fluid-Variablen. Im obigen Beispiel wird also zunächst in Zeile 3 das Partial `header` ausgewertet; innerhalb des Partials hat die Fluid-Variable `{header}` dann den Wert `"Hallo Welt"`. Beim zweiten Aufruf des Partials in Zeile 6 wird die bereits definierte Variable `{header}` einfach an das Partial durchgereicht.

Das Verständnis über die Funktionsweise von Fluid-Templates und -Partials ist wichtig, wenn Sie die Ausgabe der TYPO3-eigenen Inhaltselemente anpassen möchten. Denn auch diese werden, wie Sie bereits im letzten Abschnitt gesehen haben, über Fluid-Templates generiert – und in diesen werden Partials gern und intensiv genutzt.

Um zu verstehen, wie TYPO3 selbst Fluid-Templates zur Ausgabe von Inhalt nutzt, können Sie im TypoScript-Objektbrowser die Definition des Objekts `tt_content.textmedia` untersuchen (dieses Objekt wird zur Darstellung des schon bekannten Inhaltstyps *Text & Media* genutzt). Dort sehen Sie, dass dieses Objekt in etwa wie folgt definiert ist:

```
01 tt_content.textmedia =< lib.fluidContent
02 tt_content.textmedia {
03   templateName = Textmedia
04 }
05
06 lib.fluidContent = FLUIDTEMPLATE
07 lib.fluidContent {
08   templateRootPaths {
09     0 = EXT:fluid_styled_content/Resources/Private/Templates
10   }
11
12   partialRootPaths {
13     0 = EXT:fluid_styled_content/Resources/Private/Partials
14   }
15 }
```

Das Objekt `tt_content.textmedia` in Zeile 1 ist lediglich eine Referenz auf das `lib.fluidContent`-Objekt. Das Attribut `templateName` wird in Zeile 3 jedoch mit dem Wert `Textmedia` überschrieben. Der `templateName` zusammen mit dem Attribut `templateRootPaths` aus `lib.fluidContent` in Zeile 8 gibt an, an welcher Stelle TYPO3 letztendlich nach der Fluid-

Template-Datei zu suchen hat. Die Kennzeichnung `EXT:fluid_styled_content` im Dateipfad wird dabei mit dem Dateipfad der Systemkomponente `fluid_styled_content` ersetzt (üblicherweise ist dies das Verzeichnis *typo3/sysext/fluid_styled_content* innerhalb Ihrer TYPO3-Installation). In diesem Fall befindet sich das Fluid-Template für *Text & Media*-Inhaltselemente also in der Datei *typo3/sysext/fluid_styled_content/Resources/Private/Templates/Textmedia.html*. Um die HTML-Ausgabe des *Text & Media*-Inhaltselements an Ihre Wünsche anzupassen, könnten Sie nun die Fluid-Vorlage in dieser Datei verändern. Allgemein wäre das jedoch nicht ratsam, da alle Änderungen an TYPO3-eigenen Dateien nach dem nächsten Softwareupdate wieder weg wären. Im nächsten Abschnitt werden Sie daher erfahren, wie Sie diese Vorlage an Ihre Wünsche anpassen, ohne dabei Dateien des TYPO3-Kerns verändern zu müssen.

Anpassen der Kopfzeile

Theoretisch könnten Sie in Ihrem TypoScript-Template nun zum Objekt `lib.fluidContent` einen weiteren `templateRootPath` hinzufügen – beispielsweise ein Verzeichnis im *fildadmin/*-Ordner – und dort einzelne Standard-Fluid-Templates durch Ihre eigenen austauschen. Da unser aktuelles Ziel jedoch eine Änderung der Überschrift ist (und jedes der vielen verschiedenen Inhaltselemente eine Überschrift hat), wäre dies aber ein recht mühsamer Weg zur Anpassung der Überschrift. Glücklicherweise haben die Entwickler von TYPO3 diesen Umstand bedacht und die HTML-Vorlage, aus der die Überschriften der Inhaltselemente generiert werden, in ein eigenes Partial mit dem Namen `header` ausgelagert.

Erweitern Sie zunächst wie in Beispiel 8-4 das Objekt `lib.fluidContent` mit einem zusätzlichen `partialRootPath` im *fileadmin/*-Verzeichnis. Fluid wird bei der Generierung der Ausgabe alle konfigurierten Partial-Verzeichnisse nach den entsprechenden Vorlagen durchsuchen und dabei zuerst im von Ihnen konfigurierten Verzeichnis suchen.

Beispiel 8-4: Konfiguration eines zusätzlichen Partial-Verzeichnisses für »tt_content«

```
page = PAGE
page {
    [...]
}

lib.fluidContent {
  partialRootPaths {
    10 = fileadmin/templates/content/partials
  }
}
```

Durch diese Konfiguration wird jedes Fluid-Partial zuerst im Verzeichnis *fileadmin/templates/content/partials/* gesucht. Erst, wenn es dort nicht gefunden wird, schlägt Fluid im vorkonfigurierten Standardverzeichnis *typo3/sysext/fluid_styled_content/Resources/Private/Partials* nach. Um nun den Header zu überschreiben, platzieren Sie im Verzeichnis *fileadmin/templates/content/partials/* die Datei *Header.html*. Code-Beispiel 8-5 zeigt einen möglichen Inhalt für dieses Template.

Beispiel 8-5: Ein benutzerdefiniertes »Header«-Partial

```
01 <f:if condition="{data.header}">
02   <f:switch expression="{data.header_layout}">
03     <f:case value="1">
04       <div class="page-header">
05         <h1>
06           {data.header}
07           <f:if condition="{data.subheader}">
08             <small>{data.subheader}</small>
09           </f:if>
10         </h1>
11       </div>
12     </f:case>
13     <f:case value="2"><h2>{data.header}</h2></f:case>
14     <f:case value="3"><h3>{data.header}</h3></f:case>
15     <f:case value="4"><h4>{data.header}</h4></f:case>
16     <f:case value="5"><h5>{data.header}</h5></f:case>
17     <f:case value="6"><h6>{data.header}</h6></f:case>
18     <f:case default="true"><h2>{data.header}</h2></f:case>
19   </f:switch>
20 </f:if>
```

Dieses Template unterstützt alle möglichen Darstellungsweisen einer Überschrift. Hierzu werden die <f:switch>- und <f:case>-ViewHelper genutzt, die sich genauso verhalten wie ein *switch/case*-Statement in einer Programmiersprache. Als Variable für das *switch*-Statement wird die Variable {data.header_layout} verwendet; diese enthält das im TYPO3-Backend beim Erstellen des Inhaltselements ausgewählte Layout.

Der <f:if>-ViewHelper in den Zeilen 1 und 20 stellt sicher, dass die Überschrift nur dann ausgegeben wird, wenn ein Inhaltselement auch tatsächlich eine Überschrift hat (denn der Redakteur kann das entsprechende Eingabefeld im TYPO3-Backend ja auch einfach leer lassen).

Tipp Nutzen Sie den Fluid-Ausdruck {_all -> f:debug()} irgendwo im Fluid-Template, um den kompletten Datensatz auszugeben und alle nutzbaren Fluid-Variablen zu inspizieren.

Wurde das Layout 1 ausgewählt (Zeilen 2 bis 11), wird der in der Designvorlage definierte Seiten-Header ausgegeben. Über den <f:if>-View-

Helper in den Zeilen 6 bis 8 wird zudem abgefragt, ob eine Unterüberschrift vorhanden ist, und diese gegebenenfalls ausgegeben.

Um diese Anpassung zu verifizieren, benötigen Sie nun zunächst ein Inhaltselement mit einer entsprechend konfigurierten Überschrift. Wechseln Sie daher zurück in das Modul *Seite*, wählen Sie die *Homepage* und fügen Sie oben in der Spalte *Normal* ein weiteres Inhaltselement ein. Wählen Sie als Typ *Nur Überschrift*. Im nachfolgenden Bearbeitungsformular stehen Ihnen nun die Formularfelder *Überschrift* und *Unterüberschrift* zur Verfügung. Füllen Sie diese Felder mit einer kreativen Überschrift Ihrer Wahl und betrachten Sie nun die Seite im Frontend. Die Ausgabe sollte in etwa so aussehen wie in Abbildung 8-11.

▲ Abbildung 8-11
Eine Überschrift mit benutzerdefinierter Darstellung im Frontend

Das CONTENT-Objekt im Detail

Bisher haben wir zum Auslesen von Inhalten das vorkonfigurierte Objekt `styles.content.get` verwendet. Dabei handelt es sich um eine Instanz des `CONTENT`-Objekts, das in diesem Abschnitt näher erläutert werden soll.

Einlesen von Datensätzen

Statt der Anweisung `contentMain < styles.content.get` in Zeile 200 (siehe Beispiel 8-1) könnten wir auch folgenden TypoScript-Code verwenden:

Beispiel 8-6: Verwendung des »CONTENT«-Objekts

```
001 page = PAGE
002 page {
      [...]
059   10 = FLUIDTEMPLATE
060   10 {
        [...]
063     variables {
          [...]
199       # Den Inhalt der Hauptspalte ausgeben
200       contentMain = CONTENT
201       contentMain {
202         table = tt_content
203         select.orderBy = sorting
204         select.where = colPos=0
205         select.languageField = sys_language_uid
206       }
207     }
208   }
209 }
```

Mit dem `CONTENT`-Objekt werden Inhalte aus einer Datenbanktabelle geladen und in einer Schleife ausgegeben. TYPO3 erstellt dafür intern eine SQL-Abfrage. Das Resultat dieser Abfrage sind in der Regel alle Datensätze, die sich auf der aktuellen Seite befinden, weder gelöscht noch versteckt wurden und mit den aktuellen Zugriffsrechten übereinstimmen.

Auf jeden Fall angegeben werden muss der Name der Datenbanktabelle, aus der die Inhalte geladen werden sollen. Für Seiteninhalte ist das die Tabelle *tt_content*. Die entsprechende Zuweisung wird in Beispiel 8-6 in Zeile 202 vorgenommen.

Eine genauere Konfiguration der Abfrage ist über die `.select`-Funktion des Objekts möglich. Über `select.orderBy` in Zeile 203 wird angegeben, dass die Datensätze in genau der Reihenfolge ausgelesen werden sollen, in der sie auch im Backend geordnet sind. Die Eigenschaft `select.where` schränkt die Ergebnismenge der SQL-Abfrage nach einem bestimmten Kriterium ein; in Zeile 204 werden beispielsweise nur Inhalte der Spalte *Normal* (intern trägt diese die Nummer 0) geladen. Die Eigenschaft `select.languageField` in Zeile 205 ist wichtig, wenn Sie mit mehrsprachigen Inhalten arbeiten (dazu später mehr).

Ausgabe von Datensätzen

Das `CONTENT`-Objekt durchläuft sämtliche gefundenen Datensätze (also beispielsweise Inhaltselemente) in einer Schleife. Für die Darstellung jedes einzelnen Datensatzes wird ein TypoScript-Objekt verwendet, das dem `CONTENT`-Objekt über die Eigenschaft `renderObj` übermittelt werden kann. Ist diese Eigenschaft nicht gesetzt, wird automatisch auf der obersten Ebene des TypoScript-Baums nach einem Objekt gesucht, das denselben Namen trägt wie die abgefragte Datenbanktabelle – also etwa *tt_content*.

Selbstverständlich sind Sie bei der Verwendung des `CONTENT`-Objekts nicht auf die Tabelle *tt_content* beschränkt. Beispiel 8-7 zeigt, wie Sie das `CONTENT`-Objekt verwenden können, um eine Benutzerliste darzustellen. Dieses Beispiel ist kein Bestandteil des Praxisbeispiels, sondern dient lediglich der Veranschaulichung.

Beispiel 8-7: Fortgeschrittene Verwendung des CONTENT-Objekts

```
lib.userlist = CONTENT
lib.userlist {
  table = fe_users

  select.orderBy = username
  select.pidInList = 15

  renderObj = TEXT
  renderObj {
    field = username
    wrap = | <br />
  }
}
```

Besondere Seiteninhalte

In den bisherigen Abschnitten haben Sie die Inhaltselemente *Text & Media* und *Nur Überschrift* kennengelernt. Diese zwei Inhaltstypen reichen in vielen Fällen zur Verwaltung »normaler« Inhalte schon aus. Wenn Sie später Redakteuren Zugriff auf Ihre Seite geben, könnte es sogar sinnvoll sein, den Zugriff dieser Nutzer auf nur diese beiden Inhaltselemente einzuschränken – wie das geht, erfahren Sie in Kapitel 12, *Benutzerrechte für Redakteure anlegen*.

In diesem Abschnitt möchten wir jedoch noch einige weitere Inhaltselemente vorstellen, die ebenfalls gut zu gebrauchen sind. Hierzu zählen Sitemaps (also Menüs, die als Inhaltselement eingefügt werden können), sowie Kontaktformulare.

Eine Sitemap integrieren

Auch eine Sitemap ist ein Seiteninhalt, der von Redakteuren mit entsprechenden Rechten angelegt werden kann. Um eine Sitemap anzulegen, wechseln Sie daher in der linken Modulliste in den Bereich *Seite* und wählen dann aus dem Seitenbaum die Seite *Sitemap* aus, indem Sie auf den Textlink klicken.

Durch Anklicken des Buttons *Neues Inhaltselement erstellen* erscheint der bereits bekannte Wizard, mit dem Sie auswählen können, welcher Seiteninhaltstyp angelegt werden soll. Prinzipiell können Sie hier einen beliebigen Inhaltstyp auswählen, da Sie später immer noch die Möglichkeit haben, den Typ des Seiteninhalts z.B. von *Text & Media* auf *Menü/Sitemap* zu ändern. Um den Wizard zu verwenden, wählen Sie den Eintrag *Spezial-Menüs* aus, der sich im Abschnitt *Besondere Elemente* befindet.

Sie können nun auf der Registerkarte *Allgemein* die Masken für den Inhaltstyp *Menü/Sitemap* nach Ihren Wünschen füllen. Das Feld *Überschrift* dürfte selbsterklärend sein und wird wie schon bei den vorgestellten Inhaltstypen *Text & Media* und *Nur Überschrift* angewendet. Weiterhin können Sie spezielle Einstellungen zum Inhaltstyp vornehmen, wie in Abbildung 8-12 zu sehen ist. Besonders hervorzuheben sind die Felder *Menütyp* und *Ausgewählte Seiten*.

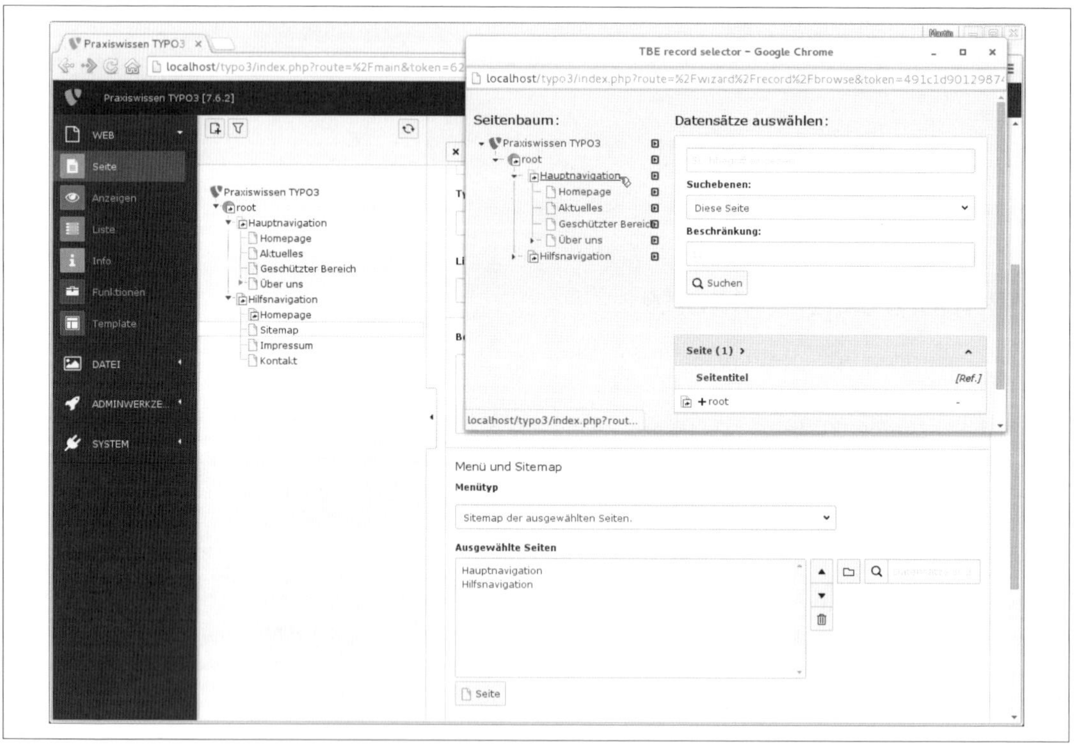

Abbildung 8-12 ▲
Seiteninhaltstyp »Sitemap«

Bei *Menütyp* können Sie bestimmen, um welche Art Menü es sich handeln soll. Wie schon beim Feld zur Auswahl des Layouts für die Überschrift wird je nach Auswahl eines Elements aus dem Auswahlfeld ein Wert in das Feld *menu_type* der Tabelle *tt_content* geschrieben. Für das ausgewählte Element *Sitemap* wird der Wert 2 gespeichert. Tabelle 8-1 können Sie entnehmen, für welchen Eintrag des Auswahlfelds welcher Wert im Datenbankfeld *menu_type* gespeichert wird und wofür der jeweils ausgewählte Menütyp steht.

Mit dem Eingabefeld *Ausgewählte Seiten* können Sie angeben, von wo aus die Sitemap dargestellt werden soll. Im Regelfall werden Sie nicht wünschen, dass die Sitemap von der obersten Ebene mit allen Hilfsseiten direkt angezeigt wird, sondern nur die Unterseiten der Hilfsseiten *Hauptnavigation* und *Hilfsnavigation* sollen zu sehen sein. Hierzu können Sie den Typ des Menüs auf *Sitemap der ausgewählten Seiten* ändern. Dieser Typ bietet ein zusätzliches Auswahlfeld an, in dem Sie die Ausgangspunkte des Menüs angeben können. Nehmen Sie diese beiden Seiten in die Auswahl auf, indem Sie rechts daneben auf das Ordnersymbol klicken. Es öffnet sich ein neues Fenster, in dem Sie durch den Seitenbaum navigieren und die gewünschte Seite auswählen können. Wiederholen Sie den Vorgang, um neben der Hilfsseite *Hauptnavigation* auch die Hilfsseite *Hilfsnavigation* hinzuzufügen.

Tipp

Wenn Sie oder die Redakteure einen Pop-up-Blocker eingerichtet haben, wird sich das gewünschte Fenster eventuell nicht öffnen. Deaktivieren Sie ihn daher oder fügen Sie Ihre Seite einer Liste von vertrauenswürdigen Seiten hinzu.

◀ **Tabelle 8-1**
Elemente des Auswahlfelds »Menütyp« mit den jeweils gespeicherten Werten

Element der Auswahlbox »Menütyp«	Gespeicherter Wert im Feld »menu_type«	Beschreibung
Menü dieser Seite	0	Listet ein Menü mit den unter *Ausgewählte Seiten* angegebenen Seiten auf; im Objektbrowser unter *default* zu finden.
Menü der Unterseiten	1	Menü von Unterseiten der aktuellen Seite.
Menü der Unterseiten (mit Inhaltsangabe)	4	Wie *Menü der Unterseiten*, jedoch werden zusätzlich noch die Datenbankfelder *Stichworte*, *Beschreibung* und *Subtitle* ausgegeben (keine Inhalte aus *tt_content*!).
Menü der Unterseiten (mit Seiteninhalt)	7	Wie *Menü der Unterseiten*, jedoch werden zusätzlich noch die Überschriften der einzelnen Seiteninhalte der jeweiligen Seite ausgegeben.
Sitemap	2	Sitemap der gesamten Seite mit bis zu vier Ebenen. Um einen Ausgangspunkt angeben zu können, damit die Hilfsseiten nicht angezeigt werden, verwenden Sie den Typ *Sitemap ausgewählter Seiten*.
Sitemap ausgewählter Seiten	8	Eine Sitemap, bei der eine oder mehrere Seiten als Ausgangspunkte angegeben werden können.

Tabelle 8-1 ▶ Elemente des Auswahlfelds »Menütyp« mit den jeweils gespeicherten Werten (Fortsetzung)

Element der Auswahlbox »Menütyp«	Gespeicherter Wert im Feld »menu_type«	Beschreibung
Abschnittsübersicht (mit Seiteninhalt)	3	Gibt von der aktuellen Seite bzw. der im Feld *Ausgangspunkt* angegebenen Seite eine Übersicht der auf dieser Seite angelegten Seiteninhalte aus. Dabei werden nur Inhalte angezeigt, die für die momentan aktive Sprache gelten und in der Spalte *Normal* angelegt wurden. Ausgegeben wird nur die Überschrift.
Kürzlich aktualisierte Seiten	5	Gibt alle Seiten aus, die innerhalb der letzten sieben Tage geändert wurden.
Verwandte Seiten (nach Stichwörtern)	6	Gibt Seiten aus, bei denen die Angaben im Feld *Stichworte* übereinstimmen.

Ein Kontaktformular konfigurieren

Eine weitere häufige Anforderung ist das Hinzufügen eines Kontaktformulars auf die Seite. Auch für solche Formulare kennt TYPO3 einen eigenen Inhaltstyp. Bevor Sie den benutzen können, müssen zuvor einige Einstellungen am System vorgenommen werden.

Kontaktformulare hinzufügen

Die Kontaktformularfunktion ist kein Bestandteil von TYPO3 selbst, sondern wird von der Erweiterung *form* angeboten. Diese wird bereits standardmäßig zusammen mit TYPO3 selbst ausgeliefert und ist nach der Installation auch bereits standardmäßig aktiviert. Die Kontaktformulare werden – wie andere Inhaltstypen auch – über TypoScript generiert und benötigen ein eigenes statisches TypoScript-Template, das Sie zunächst in Ihr Template inkludieren müssen (wie Sie es zuvor schon mit dem *fluid_styled_content*-Template getan haben).

Bearbeiten Sie hierzu erneut Ihr Template, indem Sie im Modul *Template* im Abschnitt *Web* die *root*-Seite anwählen und unter dem Menüpunkt *Info/Bearbeiten* die Schaltfläche *Vollständigen Template-Datensatz bearbeiten* betätigen. Unter der Registerkarte *Enthält* wählen Sie anschließend im Auswahlfeld *Statische Templates einschließen (aus Erweiterungen)* noch die Option *Default TS (form)* mit aus und speichern den Datensatz (siehe Abbildung 8-13).

Im Anschluss können Sie ein Kontaktformular als reguläres Inhaltselement auf einer Seite einfügen. In unserem Praxisbeispiel bietet sich dafür (wer hätte es gedacht) die Seite *Kontakt* unter der Seite *Hilfsnavigation* an. Wechseln Sie hierzu zurück in das *Seite*-Modul im Abschnitt *Web*, wählen Sie im Seitenbaum die *Kontakt*-Seite an und fügen Sie ein neues Inhaltselement in der *Normal*-Spalte hinzu.

▲ **Abbildung 8-13**
Das statische Template der »form«-Erweiterung hinzufügen

Sie finden das Kontaktformular in der Registerkarte *Formulare* unter der Beschriftung *Mail-Formular*. Nach dem Einfügen des Inhaltselements können Sie das Kontaktformular unter der Registerkarte *Formular* bearbeiten. Hier finden Sie ein Feld *Konfiguration*, in dem Sie das Formular komplett in TypoScript beschreiben können (siehe Abbildung 8-14).

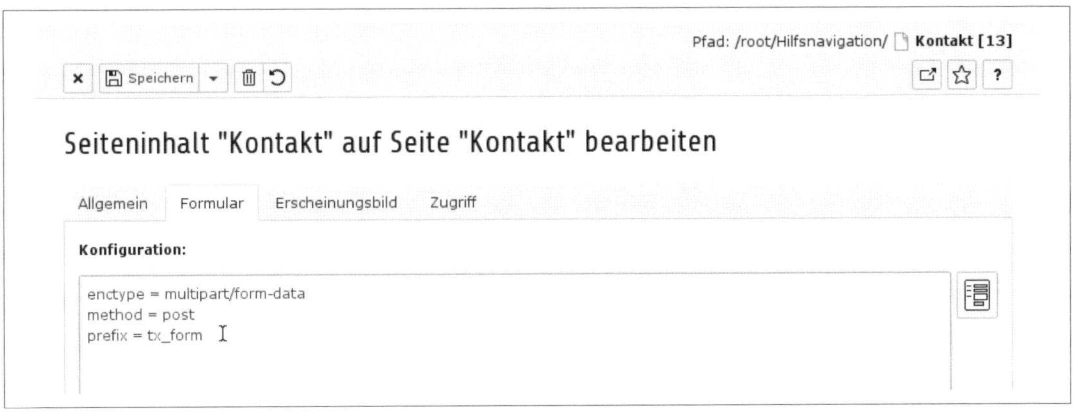

▲ **Abbildung 8-14**
Formulare können über TypoScript beschrieben werden.

Glücklicherweise müssen Sie das nicht, denn der Formularwizard, den Sie mit dem Button rechts neben dem Eingabefeld aktivieren können, bietet Ihnen eine grafische Konfigurationsoberfläche, in der Sie das Formular bequem konfigurieren können, ohne auch nur eine Zeile TypoScript schreiben zu müssen.

Der Formularwizard (siehe Abbildung 8-15) besteht aus den drei Registerkarten *Elemente*, *Optionen* und *Formular*. Unter der Registerkarte *Elemente* können Sie einzelne Eingabefelder zum Formular per Drag-and-drop hinzufügen. Unter dem Abschnitt *Vordefinierte Formularelemente* finden Sie zudem einige schon komplett fertig vorkonfigurierte Gruppen von Eingabefeldern, beispielsweise für den vollständigen Namen einer Person oder für eine E-Mail-Adresse. Andere Felder können Sie aus dem Abschnitt *Standard-Formularelemente* in das Formular hineinziehen.

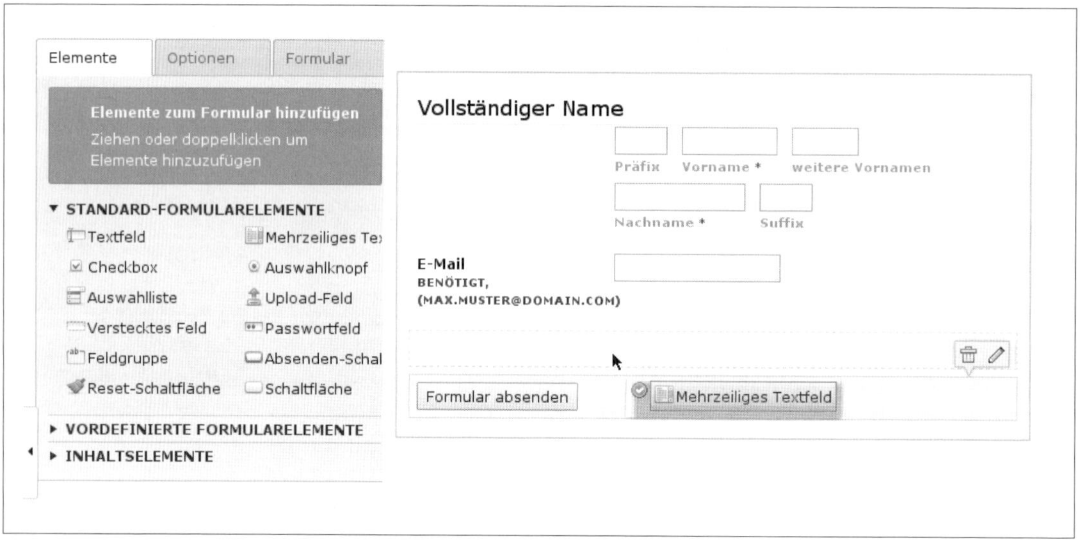

Abbildung 8-15 ▲
Im Formularwizard können Formulare grafisch konfiguriert werden

Konfigurieren Sie nun Ihr Kontaktformular, indem Sie einige Felder in das Formular hineinziehen. Für ein klassisches Kontaktformular würden an dieser Stelle ein Absendername und eine Nachricht Sinn machen – Sie sind aber in keinerlei Hinsicht eingeschränkt; mit den vorhandenen Feldern könnten Sie auch ebenso gut ein rudimentäres Bestellformular oder Ähnliches zusammenklicken.

Tipp Vergessen Sie nicht, dass Ihr Formular auch einen Button enthalten sollte, um das Formular abzuschicken. In der Liste der verfügbaren Elemente taucht dieser Button unter der Beschreibung *Absenden-Schaltfläche* auf.

Nachdem Sie die benötigten Formularfelder hinzufügt haben, können Sie für jedes Formularelement unter der Registerkarte *Optionen* noch diverse Einstellungen vornehmen. Ein gelbes Ausrufezeichen kennzeichnet Abschnitte, in denen noch eine Eingabe von Ihnen nötig ist – beispielsweise benötigt jedes Formularfeld einen eindeutigen Namen, und auch eine aussagekräftige Beschriftung ist sinnvoll. Unter den Eigenschaften können sie weiterhin definieren, ob ein Feld ein Pflichtfeld ist – also auf jeden Fall ausgefüllt werden muss oder nicht.

Unter der Registerkarte *Formular* können Sie zu guter Letzt noch einige Optionen konfigurieren, die das Formular als Ganzes betreffen. Am wichtigsten ist die Konfiguration des E-Mail-Empfängers im Abschnitt *Nachbearbeitung*. Geben Sie hier gültige E-Mail-Adressen für Absender und Empfänger an. Speichern Sie anschließend die Formularkonfiguration über den *Speichern*-Button im oberen Bereich des Formularwizards.

Zurück in der Bearbeitungsmaske des eigentlichen Inhaltselements sehen Sie nun, dass das Konfigurationseingabefeld nun reichhaltig mit TypoScript-Code gefüllt ist (siehe Abbildung 8-16).

▼ Abbildung 8-16
TypoScript-Konfiguration eines Kontaktformulars

Speichern Sie das Inhaltselement ab und betrachten Sie nun das Formular im TYPO3-Frontend Ihrer Seite. Sie sehen, dass das Formular nun im Frontend dargestellt wird (und auch bereits durchaus benutzbar ist!). Allerdings fügt es sich noch nicht wirklich schön in die Designvorlage ein. Im nächsten Schritt soll nun also noch die Ausgabe des Kontaktformulars angepasst werden.

Die Ausgabe der Formulare bearbeiten

Derzeit funktioniert unser Kontaktformular zwar – besonders schön sieht es jedoch noch nicht aus. Genau wie schon die anderen Inhaltselemente wird das Kontaktformular über Fluid-Templates ausgegeben. Für jedes einzelne Element des Formulars gibt es dabei ein Fluid-Partial, das Sie einzeln überschreiben können.

Hierzu muss zunächst (genau wie bei den übrigen Inhaltselementen) ein weiterer `partialRootPath` konfiguriert werden – dieses Mal allerdings für das TypoScript-Objekt `plugin.tx_form`. Beispiel 8-8 zeigt die entsprechende Konfiguration.

Beispiel 8-8: Hinzufügen eines neuen »partialRootPaths« für die Kontaktformulare

```
page = PAGE
page {
  [...]
}

lib.fluidContent {
  partialRootPaths {
    10 = fileadmin/templates/content/partials
  }
}

plugin.tx_form {
  partialRootPaths {
    20 = fileadmin/templates/ext/form/partials
  }
}
```

Durch diese Konfiguration können wir die Ausgabe einzelner Formularelemente verändern, indem wir neue Fluid-Partials im Verzeichnis *fileadmin/templates/ext/form/partials/* hinterlegen.

Um einen Überblick darüber zu erhalten, welche Formularelemente überhaupt angepasst werden können, werfen Sie am besten einen Blick in das ursprüngliche *Partials*-Verzeichnis der *form*-Erweiterung. Sie finden dieses Verzeichnis im Verzeichnis *typo3/sysext/form/Resources/Private/Partials* Ihrer TYPO3-Installation.

Möchten Sie beispielsweise die Ausgabe der Textelemente im Formular anpassen, können Sie das Partial *Default/Show/FlatElements/Textfield.html* überschreiben. Kopieren Sie hierzu diese Datei (mit dem exakten Dateipfad!) in das Verzeichnis *fileadmin/templates/ext/form/partials*. Der endgültige Dateipfad Ihres Partials müsste dann *fileadmin/templates/ext/form/partials/Default/Show/FlatElements/Textfield.html* lauten. Beispiel 8-9 zeigt, wie Sie dieses Partial anpassen können, damit es sich besser in die Designvorlage einfügt:

Beispiel 8-9: Fluid-Partial für ein Texteingabefeld

```
01 <f:if condition="{model.showElement}">
02   <div class="form-group {f:if(condition: model.validationErrorMessages,
                                    then:'has-error')}">
03     <label for="{model.additionalArguments.id}">
04       {model.additionalArguments.label}
05     </label>
06
07     <f:form.textfield
08       class="form-control"
09       id="{model.additionalArguments.id}"
10       lang="{model.additionalArguments.lang}"
11
12       name="{model.additionalArguments.prefix}
              [{model.additionalArguments.name}]"
13       value="{model.additionalArguments.value}"
14
15       maxlength="{model.additionalArguments.maxlength}"
16       placeholder="{model.additionalArguments.placeholder}"
17       pattern="{model.additionalArguments.pattern}"
18       required="{model.additionalArguments.required}"
19       type="{model.additionalArguments.type}"
20
21       additionalAttributes="{model.htmlAttributes}"
22     />
23
24     <f:if condition="{model.mandatoryValidationMessages}">
25       <div class="help-block">
26         <f:for each="{model.mandatoryValidationMessages}" as="message">
27           {message}
28         </f:for>
29       </div>
30     </f:if>
31
32     <f:if condition="{model.validationErrorMessages}">
33       <div class="help-block">
34         <f:for each="{model.validationErrorMessages}" as="error">
35           {error}
36         </f:for>
37       </div>
38     </f:if>
39   </div>
40 </f:if>
```

Dieses Fluid-Template sieht sehr kompliziert aus; dies liegt jedoch weniger an Fluid, als an der Tatsache, dass die Ausgabe von Formularelementen schlicht eine sehr komplizierte Sache ist. Was machen Sie beispielsweise, wenn das Formular abgeschickt wurde, eines der Eingabefelder jedoch ungültige Daten enthält? Wie werden die entsprechenden Fehlermeldungen und Hilfetexte ausgegeben? Im Code-Beispiel oben sehen Sie, dass im Fehlerfall in Zeile 2 die CSS-Klasse `has-error` in das oberste `<div>`-Element hinzugefügt wird. Dies geschieht durch den {f:if(condition:model.validationErrorMessages,then...)}-ViewHelper. In den Zeilen 32 bis 39 werden eventuelle Fehlermeldungen dann noch einmal ausführlich in einer Schleife ausgegeben. Das eigentliche Formularfeld befindet sich lediglich in den Zeilen 7 bis 22 und nimmt auch nur deshalb so viel Platz in Anspruch, weil nahezu alle Attribute dieses Felds über das TYPO3-Backend konfigurierbar sein müssen – und dementsprechend in Form von Fluid-Variablen hier berücksichtigt werden müssen.

Sie können dieses Prozedere mit den übrigen Fluid-Partials aus dem Verzeichnis *typo3/sysext/form/Resources/Partials/* wiederholen. Im Rahmen unseres Beispiels wollen wir es an dieser Stelle jedoch dabei belassen. In den Beispieldateien zu diesem Buch finden Sie einige weitere angepasste Formularelemente, die im Frontend letztendlich die in Abbildung 8-17 durchaus akzeptable Ausgabe generieren.

Abbildung 8-17 ▼
Das angepasste Kontaktformular im TYPO3-Frontend

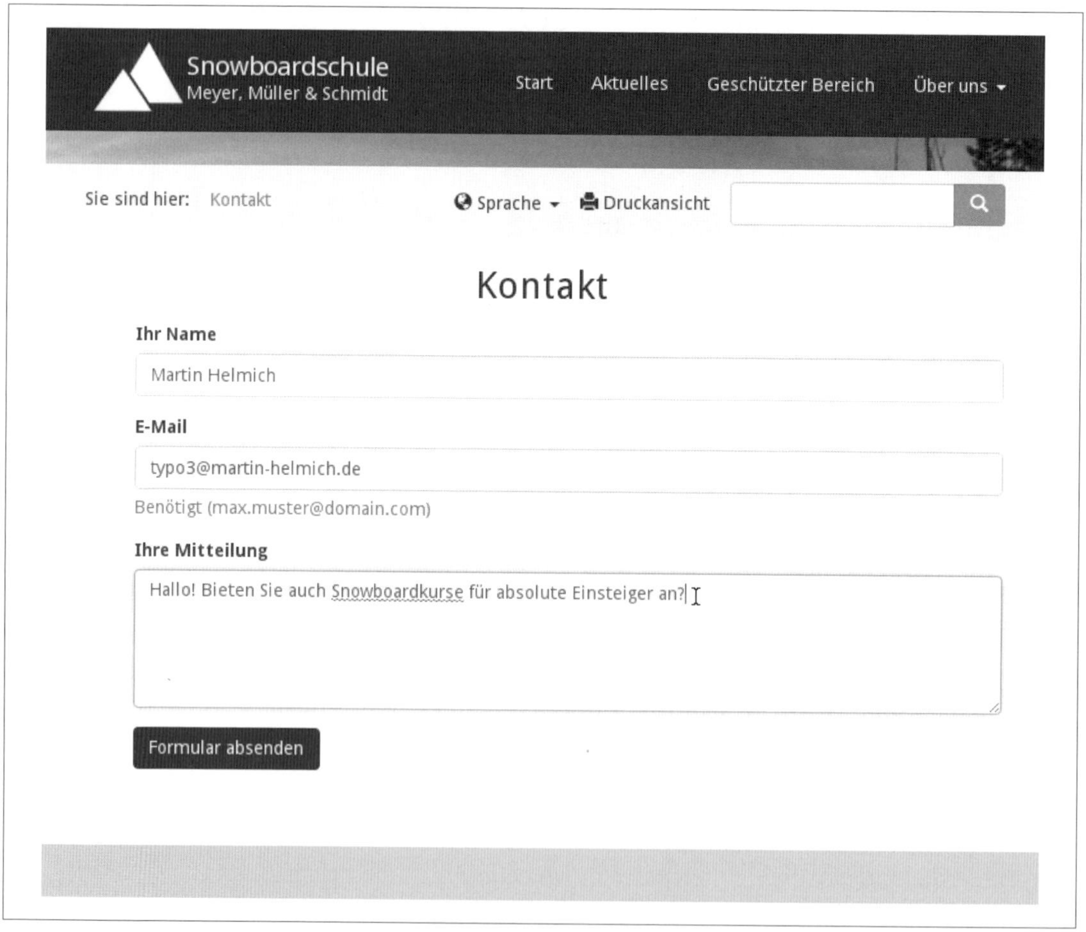

Inhalte in anderen Bereichen ausgeben

Bis jetzt haben Sie Inhalte lediglich in der dafür vorgesehenen Fluid-Variablen `{contentMain}` ausgegeben. Im Praxisbeispiel soll im rechten Bereich an der Stelle der Fluid-Variablen `{contentMargin}` jeweils der Text stehen, der für die entsprechende Seite vom Redakteur in der Spalte *Rechts* vorgesehen ist. Zusätzlich soll auf diesem Platzhalter noch der Inhalt ausgegeben werden, der sich auf der Seite *Statisch rechts* befindet. Außerdem existiert im Kopfbereich der Seite noch der Trailer (für den Sie in Kapitel 6, *Grafiken mit TypoScript erstellen*, bereits das Hintergrundbild konfiguriert haben), der ebenfalls vom Redakteur definierbaren Inhalt enthalten soll.

Inhalte am rechten Rand ausgeben

Die Randspalte soll nun also zwei Inhaltssammlungen ausgeben: den Inhalt der Spalte *Rechts* auf der aktuellen Seite sowie sämtlichen auf einer ganz bestimmten, fest definierten Seite enthaltenen Inhalt. Hierzu können Sie das bereits bekannte `COA`-Objekt nutzen.

Weisen sie zunächst der Fluid-Variablen `{contentMargin}` das Objekt `COA` zu (siehe Beispiel 8-10), da Sie nun zwei Bereiche unterscheiden müssen.

Beispiel 8-10: Der Variablen {contentMargin} das Objekt COA zuweisen

```
    # Den Inhalt der Hauptspalte ausgeben
    contentMain < styles.content.get

    # Den Inhalt der rechten Spalte ausgeben
    contentMargin = COA
}
```

Die Spalte »Rechts« auslesen

Zunächst soll die Variable `{contentMargin}` die Inhalte enthalten, die der Redakteur auf der aktuellen Seite für die Spalte *Rechts* angelegt hat. Um die zu erstellende Funktion testen zu können, müssen Sie vorab einen Seiteninhalt auf der rechten Spalte anlegen. Abbildung 8-18 zeigt einen Seiteninhalt vom Typ *Text & Media*, der auf der Seite *Homepage* auf der rechten Spalte angelegt wurde.

Die Inhalte, die sich auf den einzelnen Seiten der rechten Spalte befinden, sollen nun im `COA`-Objekt auf Position `10` dargestellt werden. Im oberen Abschnitt hatten wir die Inhalte der Hauptspalte mit der Funktion `styles.content.get` ausgelesen. Diese können Sie auch zum Auslesen der Inhalte der rechten Spalte nutzen. Über das Attribut `select.where` teilen Sie TYPO3 mit, dass der Inhalt einer anderen Spalte ausgelesen werden soll (in diesem Fall trägt die Spalte *Rechts* in der TYPO3-Datenbank die Nummer 2).

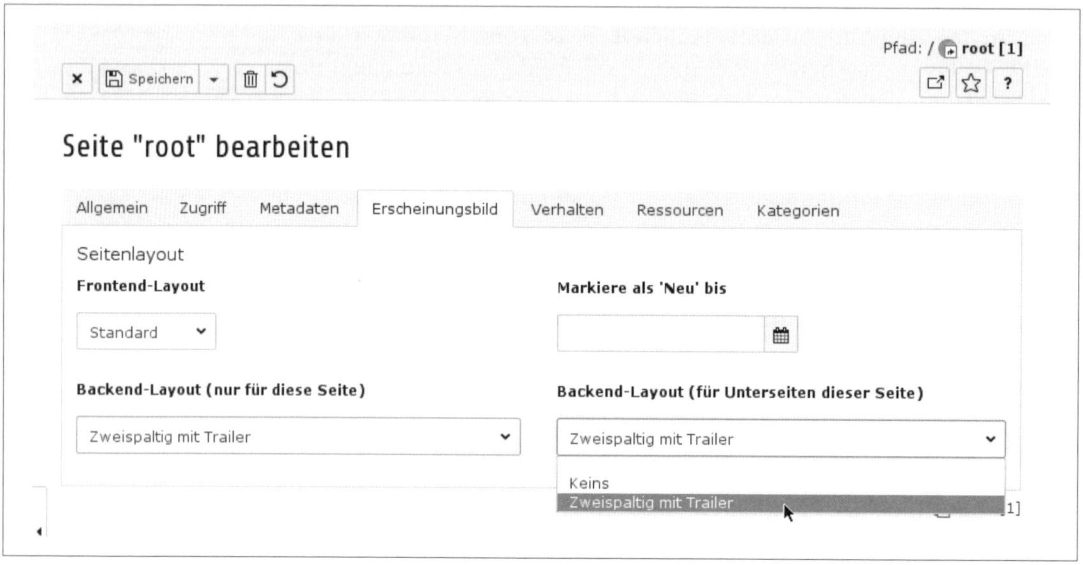

Abbildung 8-18 ▲ Die Spalte auswählen, auf der ein Seiteninhalt dargestellt werden soll

Beispiel 8-11: Inhalte aus der rechten Spalte auslesen

```
# Den Inhalt der Hauptspalte ausgeben
contentMain < styles.content.get

# Den Inhalt der rechten Spalte ausgeben
contentMargin = COA
contentMargin {
  10 < styles.content.get
  10.select.where = colPos=2
}
```

Seiteninhalte von einer anderen Seite einlesen

Im Praxisbeispiel ist gefordert, dass auf der rechten Seite neben Inhalten, die auf der jeweils aktuell angezeigten Seite liegen, auch Inhalte dargestellt werden können, die sich auf einer anderen Seite befinden. Erstellen Sie dazu eine Hilfsseite *Statisch rechts* als Unterseite von *root*. Diese neue Seite soll vom Seitentyp *Verweis* sein und einen Verweis auf die eigentliche *Homepage* erhalten. Dadurch wird die Seite bei versehentlichem Aufrufen nicht zugänglich gemacht. Setzen Sie in den Seiteneigenschaften den Haken bei *Im Menü verbergen*, damit die Seite nicht in Menüs wie der Sitemap angezeigt wird. Legen Sie anschließend auf der neu angelegten Seite einen Seiteninhalt auf der Spalte *Rechts* an.

Um nun die Inhalte, die sich auf dieser Seite befinden, zusätzlich für die Variable `contentMargin` auszugeben, wird an Position `20` wieder eine Kopie des Objekts `styles.content.get` erstellt. Bisher wurden bei der Verwendung des `PAGE`-Objekts lediglich Inhalte ausgegeben, die sich auf der aktuellen Seite befanden. Durch die Eigenschaft `select.pidInList` kann diese Selektierung jedoch neu gesetzt werden. Als Wert erwartet die Eigenschaft `.select.pidInList` eine kommaseparierte Liste von Seiten-IDs, von deren Seite der jeweilige Inhalt aufgenommen werden soll. In Beispiel 8-12 wird als eindeutige Seiten-ID für die Seite *Statisch rechts* die ID `23` angenommen; in Ihrem Projekt wird es voraussichtlich eine andere Seiten-ID sein.

Beispiel 8-12: Inhalte von einer angegebenen Seite »statisch« auslesen

```
199      # Den Inhalt der Hauptspalte ausgeben
200      contentMain < styles.content.get
201
202      # Den Inhalt der rechten Spalte ausgeben
203      contentMargin = COA
204      contentMargin {
205        10 < styles.content.get
206        10.select.where = colPos=2
217
218        20 < styles.content.get
219        20.select.where = colPos=2
220        20.select.pidInList = 23
221      }
```

Die Verwendung dieses Objekts hat den Vorteil, dass Sie nicht auf jeder Seite den gleichen Inhalt in die rechte Spalte einfügen müssen und Änderungen zentral von einer Stelle aus durchführen können. Dennoch gibt es einen Schönheitsfehler: Wenn Sie den Seiteninhalt ändern, werden Sie auf keiner Seite, die Sie bereits mit diesem Seiteninhalt aufgerufen haben, irgendeine Änderung bemerken. Das liegt an der TYPO3-Cachingfunktion.

Damit sich nachträgliche Änderungen auf alle Seiten übertragen, müssen Sie im Backend manuell den gesamten Cache löschen. Das bewirkt, dass der Cache jeder Seite Ihres Projekts erst wieder gefüllt werden muss, was die Performance Ihres TYPO3-Projekts kurzzeitig beeinträchtigt. Anstelle des `COA`-Objekts, das in Beispiel 8-12 in Zeile 203 verwendet wird, können Sie zur Umgehung des Problems auch das Objekt `COA_INT` verwenden. Seien Sie mit solchen »Lösungen« jedoch vorsichtig, da das `COA_INT`-Objekt grundsätzlich nicht gecached wird und sich daher ebenfalls negativ auf *jeden* Seitenaufbau auswirken kann.

Überschriften in der rechten Spalte formatieren

Die Vorgabe des Grafikers lautet, dass für die Überschriften in der rechten Spalte grundsätzlich <h3>-Tags verwendet werden sollen. Bei der Anpassung des Header-Fluid-Partials zuvor hatten wir jedoch festgelegt, dass standardmäßig <h2>-Tags, je nach Auswahl des Redakteurs aber auch alle möglichen anderen Überschriftebenen dargestellt werden sollen. Für den Inhalt in der Hauptspalte ist das auch so gewollt, für die Spalte am rechten Seitenrand müssen wir aber eine abweichende Darstellung konfigurieren.

Die Position eines Inhaltselements wird in der Datenbank in der Spalte *colPos* gespeichert. Für Inhalte in der Spalte *Normal* wird hier der Wert *0*, für Inhalte in der rechten Spalte der Wert *2* gespeichert. Diesen Sachverhalt können wir uns bei der Darstellung der Überschrift zunutze machen, indem wir diese in Abhängigkeit von der Spalte unterschiedlich darstellen. Dafür erweitern wir das zuvor erstellte Fluid-Partial in *fileadmin/templates/content/partials/Header.html* um einen weiteren <f:if>-ViewHelper, in dem die Position des Inhaltselements abgefragt wird:

Beispiel 8-13: Überschriften in der Randspalte abweichend formatieren

```
<f:if condition="{data.colPos} == 2">
  <f:then>
    <h2>{data.header}</h2>
  </f:then>
  <f:else>
    <f:switch expression="{data.header_layout}">
      <f:case value="1">
        <div class="page-header">
          <h1>
            {data.header}
            <f:if condition="{data.subheader}">
              <small>{data.subheader}</small>
            </f:if>
          </h1>
        </div>
      </f:case>
      <f:case value="2"><h2>{data.header}</h2></f:case>
      <f:case value="3"><h3>{data.header}</h3></f:case>
      <f:case value="4"><h4>{data.header}</h4></f:case>
      <f:case value="5"><h5>{data.header}</h5></f:case>
      <f:case value="6"><h6>{data.header}</h6></f:case>
      <f:case default="true"><h2>{data.header}</h2></f:case>
    </f:switch>
  </f:else>
</f:if>
```

Abbildung 8-19 zeigt das Endergebnis der Darstellung mit zwei Spalten im Browser.

▲ **Abbildung 8-19**
Darstellung von Inhalt in zwei Spalten

Flexiblere Gestaltung mit Backend-Layouts

Standardmäßig können Seiteninhalte in TYPO3 in den vier Spalten *Normal*, *Links*, *Rechts* und *Rand* platziert werden. Die Designvorlage sieht nun jedoch vor, dass auch im Trailer-Bereich Inhalt platziert werden können soll. Während die Verwendung der Spalten *Normal* und *Rechts* für die Inhalte im Hauptbereich und der Randspalte für den Redakteur noch intuitiv ist, wird es bei der Platzierung der Trailer-Inhalte ein wenig schwieriger. Natürlich könnten Sie beispielsweise die Spalte *Links* zweckentfremden und über TypoScript den dort platzierten Inhalt in den Trailer verlagern; für einen Redakteur wäre das jedoch nicht besonders intuitiv.

Mit den Backend-Layouts steht jedoch ein Konzept zur Verfügung, um eine flexiblere Positionierung von Inhaltselementen zu ermöglichen und das Layout im Backend an das tatsächliche Layout der Seite anzupassen – ein idealer Anwendungsfall für unseren Trailer-Inhalt.

Anlegen eines Layouts

Backend-Layouts werden in TYPO3 ähnlich wie TypoScript-Templates als Systemdatensätze verwaltet. Sie können über das *Liste*-Modul ein Layout auf einer Seite anlegen, das dann auf dieser Seite und allen Unterseiten zur Verfügung steht.

Um ein neues Backend-Layout anzulegen, gehen Sie wie folgt vor:

1. Wechseln Sie auf das *Liste*-Modul.
2. Wählen Sie die *root*-Seite an.
3. Klicken Sie auf den Punkt *Neuen Datensatz erstellen → Backend-Layout*. Sie erhalten die in Abbildung 8-20 dargestellte Maske.

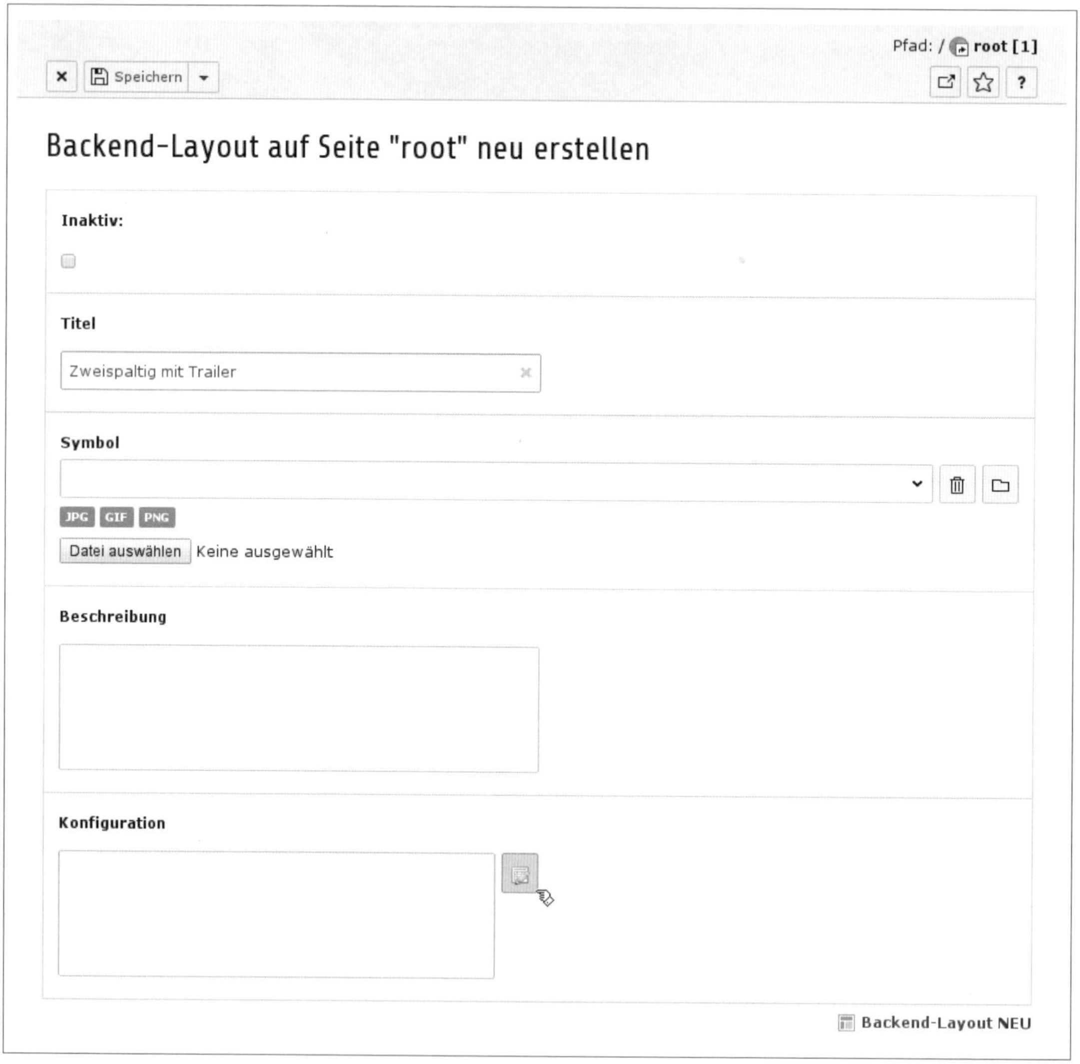

Abbildung 8-20 ▲
Die Bearbeitungsmaske zum Erstellen eines Backend-Layouts

Hier können Sie zunächst jedem Layout einen Titel, ein Icon und eine Beschreibung zuweisen. Am interessantesten ist jedoch das Feld *Konfiguration*, in dem Sie das Layout über TypoScript konfigurieren können. Glücklicherweise stellt TYPO3 dafür einen Assistenten bereit, den Sie durch einen Klick auf das nebenstehende Icon aufrufen können (siehe Abbildung 8-21).

Hier können Sie Ihr Layout ähnlich einer Tabelle mit verschiedenen Zeilen und Spalten konfigurieren. In jeder einzelnen Zelle dieser Tabelle können später separate Inhaltselemente platziert werden. Beachten Sie, dass Sie jeder einzelnen Zelle eine eindeutige Positionsnummer zuweisen müssen. Diese Nummer wird später in der Spalte *colPos* der Tabelle *tt_content* gespeichert. Wir erinnern uns: Bisher wurden hier für Inhalte in der *Normal*-Spalte der Wert *0* und für Inhalte in der *Rechts*-Spalte der Wert 2 gespeichert. Über das Backend-Layout können wir diese Spalten und die zugeordneten Werte jetzt vollkommen frei konfigurieren.

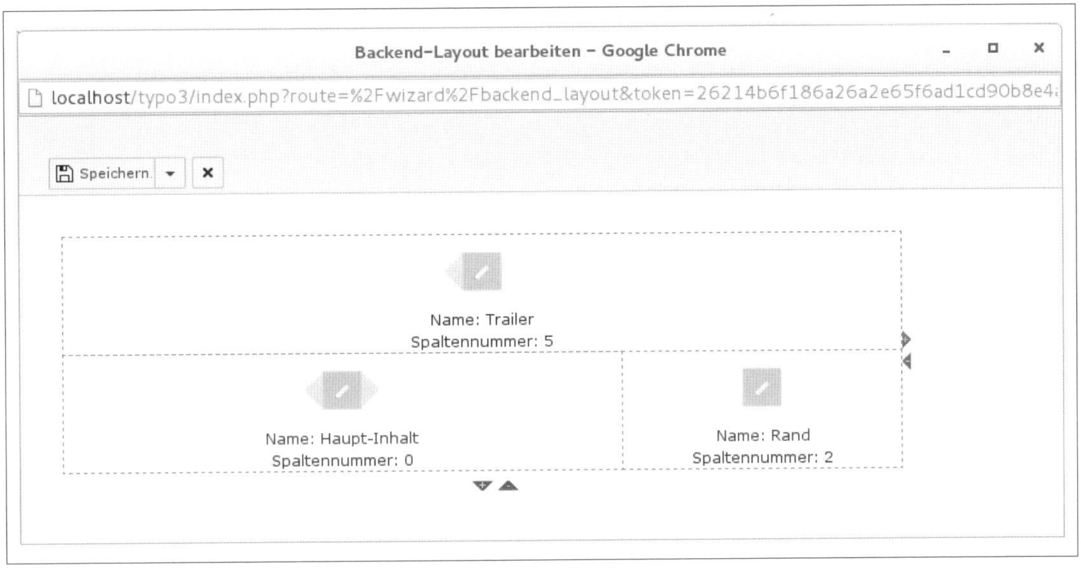

▲ Abbildung 8-21
Der grafische Assistent zum Konfigurieren eines Backend-Layouts

Für unser Beispiel erstellen wir eine mittlere und eine rechte Spalte sowie eine Trailer-Spalte, die die beiden anderen Spalten überspannt. Haben Sie das Layout erstellt, speichern Sie Ihre Änderungen zunächst im Assistenten über die entsprechende Schaltfläche. Der Assistent erstellt dann automatisch eine TypoScript-Konfiguration, die das erstellte Layout abbildet. Dieses können Sie gegebenenfalls erneut bearbeiten oder ansonsten das komplette Layout abspeichern.

Mit Layouts arbeiten

Haben Sie ein Layout erstellt, muss dieses einer Seite zugewiesen werden, um damit arbeiten zu können:

1. Bearbeiten Sie also jetzt die *root*-Seite.

2. Wechseln Sie auf die Registerkarte *Erscheinungsbild*. Hier können Sie unter den Auswahlfeldern *Backend-Layout (nur für diese Seite)* und *Backend-Layout (für Unterseiten dieser Seite)* das jeweils zu verwendende Layout angeben.
3. Weisen Sie der *root*-Seite und ihren Unterseiten wie in Abbildung 8-22 das soeben erstellte Layout zu.
4. Speichern Sie die Seite.

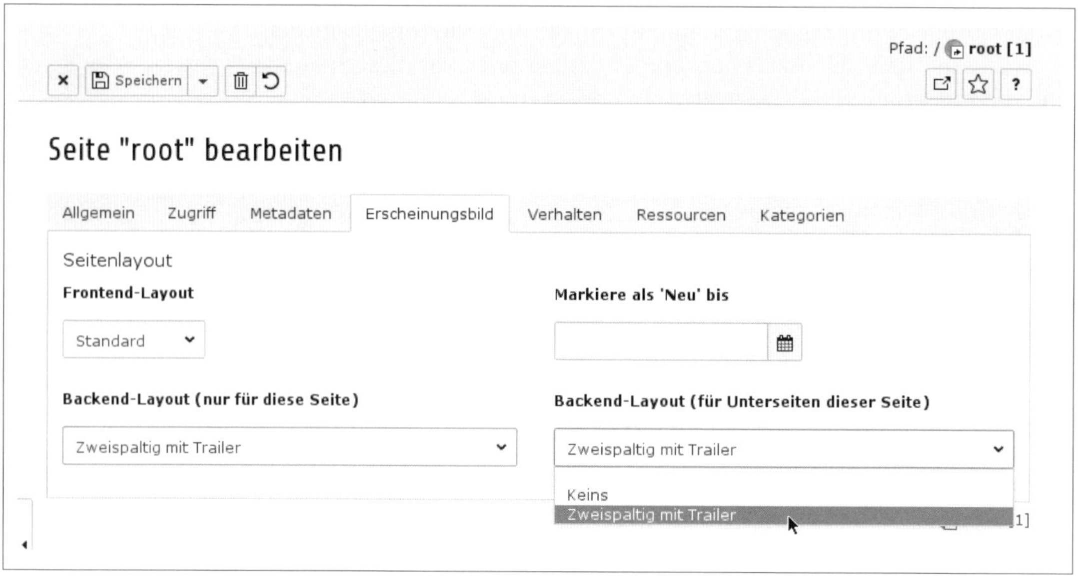

Abbildung 8-22 ▲
Zuweisen eines Layouts

Wechseln Sie nun auf das *Seite*-Modul, sehen Sie dort statt der üblichen vier Spalten eine Tabelle in Form Ihres soeben angelegten Layouts. In dieser Tabelle können Sie wie gewohnt Inhaltselemente anlegen. Selbstverständlich können Sie auch, wie in Kapitel 12, *Benutzerrechte für Redakteure anlegen*, erläutert wird, über das Feld *Page TSConfig* den Zugriff auf einzelne Spalten sperren.

Die im Backend-Layout definierten Bereiche können Sie im TypoScript über die konfigurierten Positionsnummern ansprechen. Haben Sie im obigen Beispiel den Bereich *Trailer* mit der Positionsnummer 5 konfiguriert, können Sie im TypoScript-Template die Fluid-Variable `{contentTrailer}` wie in Code-Beispiel 8-14 gezeigt mit dem Inhalt dieses Bereichs befüllen:

Beispiel 8-14: Einen benutzerdefinierten Inhaltsbereich im TypoScript auslesen

```
	# Den Inhalt der Hauptspalte ausgeben
	contentMain < styles.content.get

	# Den Inhalt der rechten Spalte ausgeben
```

Beispiel 8-14: Einen benutzerdefinierten Inhaltsbereich im TypoScript auslesen (Fortsetzung)

```
      contentMargin = COA
      contentMargin {
        10 < styles.content.get
        10.select.where = colPos=2

        20 < styles.content.get
        20.select.where = colPos=2
        20.select.pidInList = 23
      }

      # Den Inhalt des Trailers auslesen
      contentTrailer < styles.content.get
      contentTrailer.select.where = colPos=5
```

Verschiedene Fluid-Templates pro Backend-Layout

Mit Backend-Layouts haben Sie die Möglichkeit, für einzelne Seiten im TYPO3-Backend verschiedene Layouts zu konfigurieren, deren Struktur vom Backend auch wiedergegeben wird. In Kombination mit der Benutzung von Fluid-Templates ist es nun möglich, je nach Backend-Layout der Seite ein speziell für dieses Layout angepasstes Template zu verwenden. Beispielhaft soll im Folgenden für die Startseite ein einspaltiges und für die Unterseiten ein zweispaltiges Layout umgesetzt werden. Dafür sollen dann auch unterschiedliche Template-Dateien verwendet werden.

Erstellen Sie dazu auf der *root*-Seite über das *Liste*-Modul ein zweites Backend-Layout, das sich vom ersten unterscheidet; beispielsweise können Sie die Randspalte weglassen, sodass die *Normal*-Spalte mit Spaltennummer *0* und die *Trailer*-Spalte mit Spaltennummer *5* übrig bleiben. In den Seiteneigenschaften einer beliebigen Seite können Sie dann unter der Registerkarte *Erscheinungsbild* dieses Layout zuweisen.

Damit für das Backend-Layout der jeweils aufgerufenen Seite nun auch die richtige Template-Datei benutzt wird, müssen noch ein paar Anpassungen per TypoScript erfolgen. Momentan wird über die Eigenschaft `file` des TypoScript-Objekts `FLUIDTEMPLATE` immer dasselbe Template verwendet. Damit aber beim Aufruf der Unterseite das Template geladen wird, das zwei Spalten zur Darstellung verwendet, bedarf es der in Beispiel 8-15 gezeigten Anpassungen.

Beispiel 8-15: Verschiedene Fluid-Templates in Abhängigkeit vom Backend-Layout

```
page = PAGE
page {
   [...]

# Die Designvorlage integrieren
```

Beispiel 8-15: Verschiedene Fluid-Templates in Abhängigkeit vom Backend-Layout (Fortsetzung)

```
059   10 = FLUIDTEMPLATE
060   10 {
061     file.cObject = CASE
062     file.cObject {
063       key {
064         data = levelfield: -1 , backend_layout_next_level, slide
065         override.data = TSFE:page|backend_layout
066       }
067
068       1 = TEXT
069       1.value = fileadmin/templates/vorlage.html
070
071       2 = TEXT
072       2.value = fileadmin/templates/vorlage_einspaltig.html
073
074       default < .1
075     }
076
077     variables {
          [...]
231   }
232 }
```

Betrachten wir dieses Beispiel ein wenig genauer: Die Eigenschaft `.file` in Zeile 61 wird nicht mehr direkt mit einem Dateinamen befüllt; stattdessen wird sie nun über die `.cObject`-Eigenschaft mit einem `CASE`-Objekt befüllt. Dieses erfüllt in etwa dieselbe Funktion wie ein *switch/case*-Statement in einer Programmiersprache. Das `CASE`-Objekt besitzt dazu die Eigenschaft `key`. Wenn im Folgenden ein Objekt definiert wurde, das den gleichen Bezeichner wie der `key` hat, wird dieses Objekt zurückgegeben. Andernfalls wird das Objekt mit dem Bezeichner `default` zurückgegeben. In unserem Fall kommt der spätere `key` aus der Funktion `data` und enthält einen Wert aus der Datenbank, genauer gesagt die UID des entsprechenden Backend-Layouts. Über die Anweisung `levelfield: -1` wird dabei zunächst auf der aktuellen Seite nach einem Eintrag für ein Backend-Layout gesucht. Ist hier keiner vorhanden, wird über das sich am Ende befindende `slide` versucht, auf den übergeordneten Seiten (bis hin zur *root*-Seite) einen Eintrag zu finden. Ist dort ebenfalls nirgendwo ein Eintrag vorhanden, wird der Default-Wert des `CASE`-Objekts genommen, dem hier eine Kopie der ersten Ebene zugewiesen wird. Da man auf der *root*-Seite für alle Unterseiten ein Backend-Layout zuweisen, aber gleichzeitig auch auf einer dieser Seiten ein eigenes Layout explizit einstellen kann, soll in diesem Fall der Eintrag der Unterseite genommen, die Vererbung also nicht beachtet werden. Das geschieht mit der Funktion `override.data`, die die UID des zugewiesenen Backend-Layouts der aktuellen Seite übergeben bekommt.

Wenn nun beispielsweise eine Seite aufgerufen wird, der das Backend-Layout mit der UID 2 zugewiesen ist, wird als Template die Datei *vorlage_einspaltig.html* verwendet, da der ausgelesene Wert, der in key steckt, gleich dem Bezeichner 2 ist, für den als value das entsprechende Template angegeben ist. So ist es möglich, mehrere Templates auf einer Website einzusetzen, indem Sie für jedes vorhandene Backend-Layout innerhalb des `file.cObject`-Bereichs ein Objekt erstellen, das als Bezeichner die UID des Backend-Layouts und als value das entsprechende Template bekommt. Sie müssten an dieser Stelle eventuell die Bezeichner anpassen, sofern Ihre verwendeten Backend-Layouts eine andere UID haben. Diese können Sie sehen, indem Sie im Modul *Liste* mit der Maus über das Backend-Layout fahren.

Übersicht über Seiteninhaltstypen

Tabelle 8-2 gibt einen Überblick über die verschiedenen Seiteninhaltstypen mit den jeweils gespeicherten Werten im Datenbankfeld *CType* und beschreibt die Verwendung dieser Typen.

◀ Tabelle 8-2
Seiteninhaltstypen und ihre Werte im Datenbankfeld »CType«

Seiteninhaltstyp	CType	Beschreibung
Nur Überschrift	header	Dieser Seiteninhaltstyp stellt lediglich eine Überschrift zur Verfügung. Verwendet wird nur das Fluid-Partial *Header*.
Aufzählung	bullets	Dieser Seiteninhaltstyp ermöglicht es, eine Liste zu erstellen. Für jede vom Redakteur angegebene Zeile wird ein separater Bereich gekennzeichnet, der z. B. mit vorangestellten Symbolen versehen werden kann.
Tabelle	table	Mit diesem Inhaltstyp können Tabellen beschrieben werden.
Text & Media	textmedia	Mit diesem Seiteninhaltstyp kann ein Textbereich mitsamt Überschrift und verschiedensten Mediendateien angegeben werden. Das ist der vermutlich am häufigsten gebrauchte Inhaltstyp.
Dateilinks	uploads	Um Dateien zum Download anzubieten, eignet sich dieser Seiteninhaltstyp.
Spezial-Menüs	menu	Erstellt eine Sitemap, eine Inhaltsübersicht oder eine Übersicht der folgenden Seiten. Dieser Seiteninhaltstyp wurde in diesem Kapitel eingehend behandelt.
Reines HTML	html	Mit diesem Seiteninhaltstyp können Sie HTML-Code angeben, der an der entsprechenden Stelle direkt ausgegeben wird. Der Typ eignet sich besonders bei der Verwendung von komplexen und individuellen Tabellen als Seiteninhalt.
Trenner	div	Dieses Element wird als Trennelement (üblicherweise als horizontale Linie) auf der Seite ausgegeben.
Datensatz einfügen	shortcut	Mit diesem Seiteninhaltstyp können Sie bereits angelegte Seiteninhalte wiederverwenden. Dabei wird der Seiteninhalt von einer anderen Seite genommen. Änderungen an einem Seiteninhalt müssen nur noch im Originalinhalt vorgenommen werden und übertragen sich automatisch auf eingefügte Seiteninhalte.

Tabelle 8-2 ▶ Seiteninhaltstypen und ihre Werte im Datenbankfeld »CType« (Fortsetzung)

Seiteninhaltstyp	CType	Beschreibung
Anmeldeformular	login	Mit dem Seiteninhaltstyp *Login* können Sie einen Log-in-Button für zugriffsbeschränkte Seiten anzeigen lassen. Wie Sie Webseiten vor Zugriff schützen und Frontend-Benutzer anlegen, erfahren Sie in Kapitel 9, *Erweiterte Darstellung von Inhalten*.
Kontaktformular	mailform	Dieser Inhaltstyp fügt ein beliebig konfigurierbares Formular auf die Seite ein, dessen Eingaben per Mail an eine konfigurierbare Adresse verschickt werden. Dieser Inhaltstyp erfordert, dass die Erweiterung *form* geladen und deren statisches TypoScript eingebunden wurde.
Plugin einfügen	list	Mit *Plugin einfügen* können Frontend-Plug-ins auf einer Seite ausgeführt werden.

KAPITEL 9

Erweiterte Darstellung von Inhalten

In diesem Kapitel:

- Einen zeitabhängigen Begrüßungstext realisieren
- Mehrsprachige Websites
- Zugriffsbeschränkte Seiten und Seiteninhalte
- Spezielle Druckansicht
- E-Mail-Adressen vor Spam schützen

In diesem Kapitel erfahren Sie, wie Sie mit einigen interessanten Funktionen, z. B. mit Bedingungen, häufig anfallende Aufgabenstellungen erledigen. Erläutert wird, wie Ausnahmen in TYPO3 behandelt und mehrsprachige Internetseiten umgesetzt werden, wie Sie einen geschützten Kundenbereich einrichten können und wie eine Druckansicht erzeugt wird.

Einen zeitabhängigen Begrüßungstext realisieren

Im Praxisbeispiel soll auf jeder Seite im Fußbereich neben dem eigentlichen Datum (gespeichert in der Fluid-Variablen {today}) noch ein zeitabhängiger Begrüßungstext dargestellt werden. Zur Erinnerung: In der Fluid-Designvorlage sieht dieser Bereich der Seite so aus:

```
<div class="col-md-4 date-wrapper">
  {labelToday -> f:format.raw()}
  <div class="date">{today}</div>
</div>
```

Im Praxisbeispiel soll auf jeder Seite die Fluid-Variable {labelToday} zusätzlich zum Generischen »Heute ist der...« noch der Begrüßungstext *Guten Morgen*, *Guten Tag* bzw. *Guten Abend* vorangestellt werden. Um das umzusetzen, ist eine Unterscheidung der Darstellung nach Tageszeit notwendig. Da TYPO3 auf PHP basiert und PHP-Skripten immer auf dem Server ausgeführt werden, ist die hier vorgestellte Lösung abhängig von der Serverzeit.

Sogenannte *Conditions* (Bedingungen) können dazu verwendet werden, Eigenschaften unter gewissen Umständen neu zu setzen. Wenn ein bestimmter Zustand eintritt, soll eine Eigenschaft xyz statt eines Werts abc den Wert def erhalten. Eine Übersicht über die Möglichkeiten von Conditions finden Sie in der *TypoScript-Kurzreferenz* im Anhang.

Eine Condition ist prinzipiell nichts anderes als ein *Wenn/Dann*-Bereich. In der Programmiersprache PHP würde das Vorhaben, einen zeitabhängigen Begrüßungstext auszugeben, z.B. wie folgt gelöst:

```
$hour = (int) date("H");
$text = "Guten Morgen";

if ($hour > 10) {
  $text = "Guten Tag";
} else if ($hour > 18) {
  $text = "Guten Abend";
}

echo $text;
```

In diesem PHP-Beispiel würde zunächst die aktuelle Stunde im 24-Stunden-Format in der Variablen `$hour` gepeichert. `$text` wird `Guten Morgen` zugewiesen. Wenn der Wert der Stunde größer als `10` ist (es also 11 Uhr oder später ist), wird die Variable `$text` mit `Guten Tag` überschrieben; ist es 19 Uhr oder später, wird die Variable `$text` mit dem Wert `Guten Abend` überschrieben. Zuletzt wird der Inhalt von `$text` ausgegeben.

Sicherlich kann dieses PHP-Beispiel verfeinert werden, allerdings soll es hier nicht um PHP gehen, sondern um TypoScript. Auch TypoScript stellt die oben beschriebenen Funktionalitäten mit Conditions zur Verfügung. In Beispiel 9-1 wird abhängig von der aktuellen Serverzeit der Begrüßungstext mit einem neuen Wert überschrieben.

Die Fluid-Variable `{labelToday}` wird in Beispiel 9-1 vollständig neu beschrieben und ist jetzt eine Instanz des Objekts `COA_INT`. Dieses Objekt kann, genau wie `COA` auch, mehrere Objekte in einer geordneten Folge aufnehmen. Das ist notwendig, da jetzt Inhalt ausgegeben werden soll, der sich in relativ kurzen Zeitabständen ändern kann. Der Unterschied zwischen `COA` und `COA_INT` liegt in der Behandlung des Cache: Der unterhalb von `COA_INT` angegebene TypoScript-Code wird nicht gecacht, sodass permanent eine Zeitabfrage durchgeführt wird. Das globale Deaktivieren des Cache bzw. das Setzen einer Cache-Periode mit der Eigenschaft `config.cache_period` wird dadurch vermieden.

Conditions befinden sich immer in eckigen Klammern und dürfen sich *nicht* innerhalb von geschweiften Klammern befinden! Sie müssen also sicherstellen, dass vor der Anwendung von Conditions alle geschweiften Klammern geschlossen werden. Conditions werden immer mit einem abschließenden `[global]` beendet. Dann wird TypoScript wieder ohne Berücksichtigung besonderer Gegebenheiten ausgeführt.

Support Neben dem TypoScript-Feld in einem Template-Datensatz werden über TypoScript auch Eigenschaften auf Seiten- und Benutzerebene verändert. Dazu gibt es die Felder *Page* und *User-TSconfig* in den Seiten- und Backend-Benutzereigenschaften. Wie Sie Conditions in *TSconfig*-Feldern nutzen können, um zum Beispiel bestimmten Backend-Benutzern gesonderte Rechte zu geben, erfahren Sie in Kapitel 12, *Benutzerrechte für Redakteure anlegen*, im Abschnitt »Nicht benötigte Spalten ausblenden« auf Seite 350.

Beispiel 9-1: Zeitabhängiger Begrüßungstext mit Conditions

```
001 page = PAGE
002 page {
      [...]
059   10 = FLUIDTEMPLATE
060   10 {
        [...]
063     variables {
          [...]
098       today = TEXT
099       today.data = date:d. m. Y
100
          [...]
103
104       labelToday = COA_INT
105       labelToday {
106         10 = TEXT
107         10.value = Guten Morgen
108         10.wrap = |! 
109
110         20 = TEXT
111         20.value = Heute ist der
112       }
          [...]
223     }
224   }
225 }
    [...]
238
239 # Zeitabhängiger Begrüßungstext
240 [hour = >10]
241 page.10.variables.labelToday.10.value = Guten Tag
242 [hour = >18]
243 page.10.variables.labelToday.10.value = Guten Abend
244 [global]
```

In Zeile 104 wird das Objekt `COA_INT` verwendet, das mehrere Objekte in einer geordneten Liste aufnehmen kann und den Cache für diesen TypoScript-Abschnitt deaktiviert. Zunächst wird in Zeile 106 auf Position `10` der Text `Guten Morgen` ausgegeben. In Zeile 108 folgt gleich eine `.wrap`-Funktion, die nach der Ausgabe des in Zeile 107 angegebenen Texts ein

Ausrufezeichen ausgibt, gefolgt von einem Leerzeichen. Prinzipiell hätte der in der `.wrap`-Funktion angegebene Wert mit in die Eigenschaft `.value` aufgenommen werden können. Allerdings wird durch die separate `.wrap`-Funktion das folgende Überschreiben der in Zeile 107 angegebenen Ausgabe `Guten Morgen` an späterer Stelle vereinfacht, weil nicht jedes Mal der in Zeile 108 definierte Wert mit angegeben werden muss.

In den Zeilen 98 und 99 erfolgt, wie bereits bekannt, die Ausgabe des aktuellen Datums mithilfe einer `.data`-Funktion.

Erst ganz am Ende Ihres TypoScript-Templates, wenn keine geschweiften Klammern mehr offen sind, folgt die Abfrage, ob eine Eigenschaft oder Funktion gegebenenfalls überschrieben werden soll. Nochmals zur Erinnerung: Conditions dürfen nicht innerhalb von geschweiften Klammern stehen! In Zeile 240 wird in eckigen Klammern abgefragt, ob der Wert der Stunde größer als `10` ist. (Wenn es 10:50 Uhr ist, ist die Stunde nicht größer als `10`!) Ist das der Fall, wird die Eigenschaft `page.10.variables.labelToday.10.value`, der bereits in Zeile 108 der Wert `Guten Morgen` zugewiesen wurde, in Zeile 241 mit dem neuen Wert `Guten Tag` überschrieben.

In Zeile 242 wird die vorherige Abfrage durch eine neue ersetzt. Wenn der Wert der Stunde größer als `18` ist, wird in Zeile 243 die Eigenschaft `page.10.variables.labelToday.10.value` wiederum mit einem neuen Wert überschrieben. Da keine weitere Abfrage mehr folgt, wird in Zeile 244 die Abfrage aus den Zeilen 240 bis 243 mit `[global]` beendet. Alle nun folgenden Zeilen unterliegen somit keiner Bedingung mehr.

Wenn Sie das Ergebnis im Frontend betrachten, sollten Sie für die jeweils aktuelle Serverzeit die entsprechende Ausgabe in der Variablen `{labelToday}` erkennen können. Spielen Sie ein wenig mit den Uhrzeiten herum, um sicherzugehen, dass die Bedingungen auch tatsächlich greifen.

Tipp Wenn Sie statt des Begrüßungstexts im Frontend eine Ausgabe im Sinne von `<!--INT_SCRIPT.0d1d1b17c9f4c84aacf079988595081b-->` oder ähnlich sehen, denken Sie daran, die Ausgabe der Variablen `{labelToday}` im Fluid-Template durch den `f:format.raw()`-ViewHelper zu filtern: `{labelToday -> f:format.raw()}`.

Werden Sie trotz der Zeitänderung nach wie vor mit dem in Zeile 107 angegebenen Inhalt `Guten Morgen` begrüßt, sollten Sie im Objektbrowser überprüfen, ob Sie die Warnmeldung *The script was short of 1 end brace(s)* erhalten. Diese Meldung gibt an, dass noch mindestens eine geschweifte Klammer geöffnet ist. Überprüfen Sie Ihr TypoScript-Template auf sämtliche sich öffnenden und schließenden Klammern und korrigieren Sie diese so lange, bis Sie im Objektbrowser die oben genannte Fehlermeldung nicht mehr erhalten.

Conditions und der TypoScript-Objektbrowser

Wenn Sie sich im TypoScript-Objektbrowser den Inhalt der Eigenschaft `page.10.variables.labelToday.10.value` ansehen (siehe Abbildung 9-1), werden Sie bemerken, dass hier `Guten Morgen` steht und nicht `Guten Tag` oder `Guten Abend`, obwohl alle drei Varianten abhängig von der Serverzeit denkbar wären. Im unteren Bereich sehen Sie jedoch ein Feld mit mehreren Kontrollkästchen und einem Absendebutton *Set conditions*, mit dem Sie eine bestimmte Bedingung simulieren und das Ergebnis im Objektbrowser betrachten können. Die bereits bestehenden, Ihnen vermutlich unbekannten Conditions wurden im statischen Template *CSS styled content* angegeben.

Mehrsprachige Websites

Mehrsprachige Internetpräsentationen werden von TYPO3 nativ unterstützt. Es gibt zwei Möglichkeiten, wie Internetpräsentationen mehrsprachig erstellt werden können: durch zwei (oder mehrere) unterschiedliche Seitenbäume oder durch einen einzigen Seitenbaum.

Eine TYPO3-Website, die zur Umsetzung von Mehrsprachigkeit mit mehreren Seitenbäumen arbeitet, benötigt prinzipiell ein übergeordnetes Projekt-Template, in dem die generelle Darstellung der Website abgelegt wird. Da jedoch einige sprachrelevante Meldungen und Ausgaben in TypoScript angegeben werden, z.B. für das Suchformular oder auch die im vorigen Abschnitt statisch gesetzten Ausgaben, ist für jede Sprache ein Extension-Template erforderlich. Extension-Templates bilden eine Ausnahme unter den übergeordneten Templates und können einzelne TypoScript-Eigenschaften und -Funktionen überschreiben. Nähere Informationen zu Extension-Templates erhalten Sie in Kapitel 10, *Bestehende Erweiterungen integrieren*.

Der Vorteil bei der Umsetzung von Mehrsprachigkeit mit mehreren Seitenbäumen liegt in der Flexibilität der Gestaltung. Jede Sprachversion kann so ein eigenes Design erhalten, was dann angebracht ist, wenn die gesamte Navigationsstruktur, angebotene Funktionalitäten usw. von Sprache zu Sprache unterschiedlich sein sollen.

Eine mehrsprachige Website mit nur einem Seitenbaum zu realisieren, hat den Vorteil, dass Änderungen an der Internetpräsentation schneller in anderen Sprachen verfügbar sind.

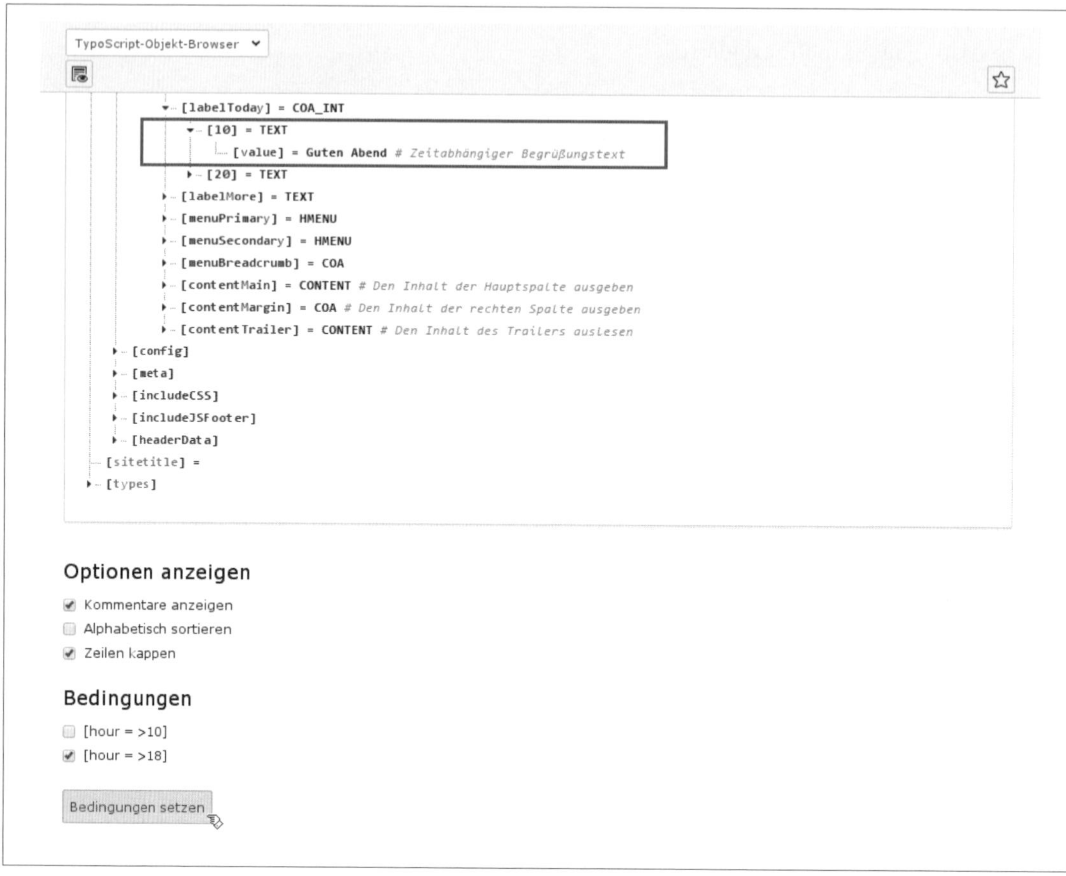

Abbildung 9-1 ▲
Simulieren von Bedingungen im Objektbrowser

Eine neu angelegte Seite in einer Default-Sprache kann schnell und einfach übersetzt werden. Auch ist der Sprachwechsel innerhalb einer Seite möglich, ohne dass der Besucher zurück auf die Homepage geführt wird. Zudem muss nicht jede Seite übersetzt werden: Einzelne Seiten oder auch ganze Teilbereiche einer Präsentation, die beispielsweise überwiegend technische Informationen enthalten, können auch in nur einer Sprache zur Verfügung stehen.

Da die Integration von Mehrsprachigkeit mit nur einem Seitenbaum offensichtlich zwar aufwendiger ist, aber wesentliche Vorteile gegenüber der Realisierung mit unterschiedlichen Seitenbäumen bietet, soll diese Möglichkeit im Folgenden vorgestellt werden.

Neue Sprachen anlegen und Inhalte übersetzen

Das Arbeiten mit mehrsprachigen Internetseiten wurde in TYPO3 kontinuierlich verbessert. So steht mittlerweile eine Funktionalität zur Verfügung, mit der Sie die Inhalte einer Sprache in eine andere kopieren können. Auf den ersten Blick mag diese Funktionalität überflüssig sein, da die Inhalte ja ohnehin übersetzt werden müssen, aber gerade Übersetzer werden sich darüber freuen. Zusätzlich können Sie beim Anlegen einer Sprache eine Sprachflagge auswählen (eine nähere Erläuterung folgt weiter unten).

Um Mehrsprachigkeit zu erreichen, müssen Sie in TYPO3 zunächst eine weitere Sprache anlegen:

1. Klicken Sie dazu im linken Menü auf das Modul *Liste* ❶.
2. Wählen Sie als aktuelle Seite die Root-Ebene aus (das TYPO3-Logo, nicht die Seite *root*) ❷.
3. Legen Sie auf dieser Seite einen neuen Datensatz vom Typ *Website-Sprache* an ❸ (siehe Abbildung 9-2).

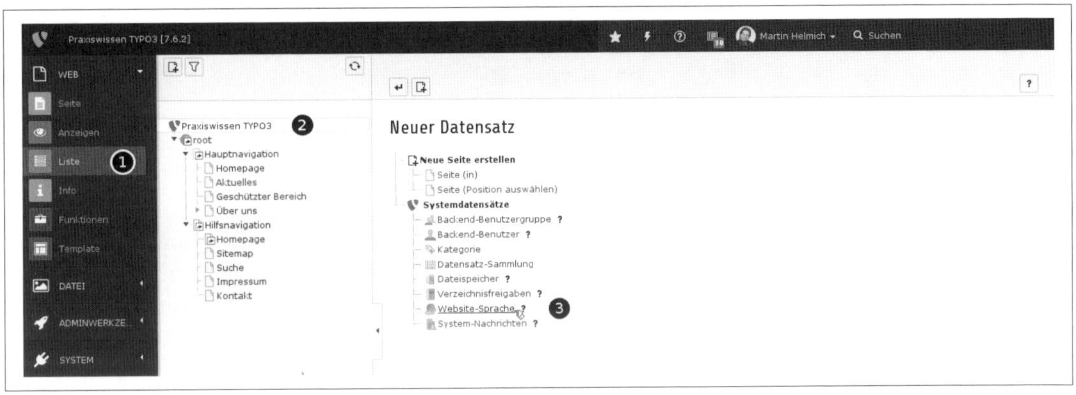

▲ **Abbildung 9-2**
Eine neue Sprache anlegen

4. Sie erhalten eine einfache Maske (siehe Abbildung 9-3), in der Sie den Titel einer neuen Sprache anlegen und auch eine Sprachflagge auswählen können. Geben Sie hier als Sprache z. B. *Englisch* an.
5. Speichern Sie Ihren neuen Datensatz ab, indem Sie auf das Icon *Dokument speichern und schließen* klicken.

Nach dem Anlegen der neuen Websitesprache können Sie nun für Ihre bestehenden Seiten und deren Inhalte Übersetzungen anlegen. Gehen Sie dazu in das Backend-Modul *Seite* und wählen Sie beispielsweise Ihre Seite *Homepage* aus, auf der sich bereits Inhalte befinden. Im oberen Bereich können Sie aus der Auswahl den Menüeintrag *Sprachen* wählen. Es erscheint die in Abbildung 9-4 angegebene Backend-Seite.

Tipp Die Auswahl der Ansicht *Sprachen* steht nur dann zur Verfügung, wenn auch eine zusätzliche Websitesprache angelegt wurde!

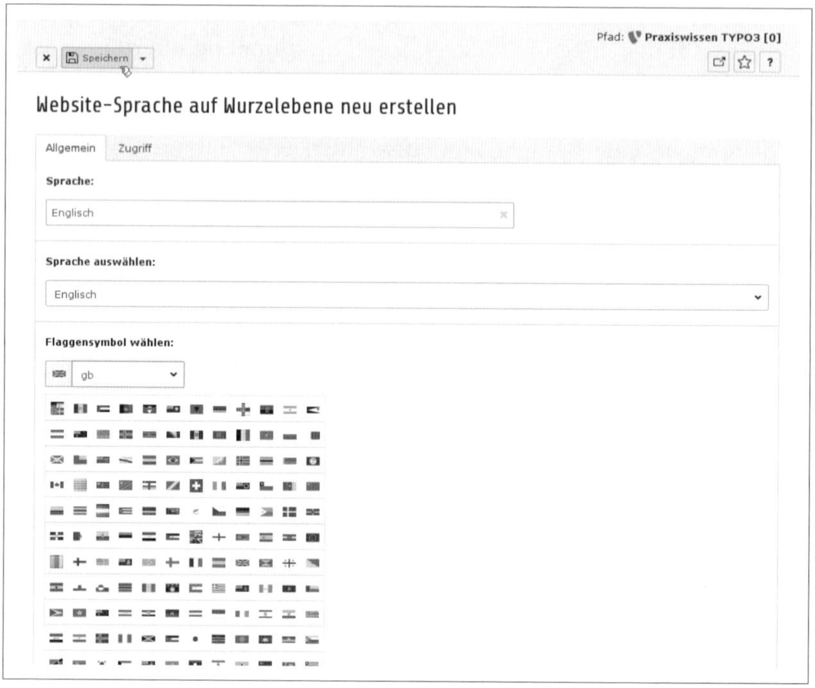

Abbildung 9-3 ▶
Die Backend-Maske für Websitesprachen

Sie können nun von Ihrer aktuellen Seite eine Übersetzung anlegen, indem Sie im Auswahlfeld *Neue Übersetzung dieser Seite erstellen* die gewünschte Sprache auswählen. Geben Sie in der dann erscheinenden Maske zu Demonstrationszwecken als Übersetzung für die Seite *Homepage* den Titel *Homepage Englisch* an. Achten Sie darauf, dass die übersetzte Version nicht als *Versteckt* gekennzeichnet ist, und speichern Sie Ihre Übersetzung der Seite ab. Das Backend-Modul *Seite* nimmt nun für Seiten mit einer Übersetzung eine neue Gestalt an, wie in Abbildung 9-5 zu sehen ist.

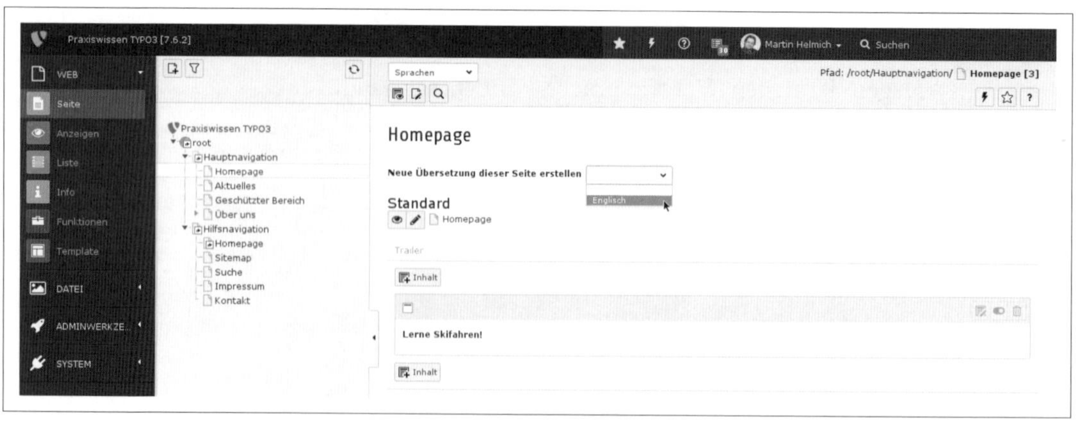

Abbildung 9-4 ▼
Das Backend-Modul »Seite« im »Sprachen«-Modus ohne Übersetzung

Über den Button *Übersetzen* können Sie die Inhalte der linken Spalte mit in die rechte Spalte aufnehmen. Hierzu müssen Sie zunächst entscheiden, ob Sie die Inhalte in die andere Sprache *übersetzen* oder *kopieren* möchten. Der Unterschied besteht darin, dass übersetzte Inhaltselemente weiterhin eng an das ursprüngliche Inhaltselement gebunden sind; sie übernehmen bestimmte Eigenschaften (beispielsweise Layout- oder Sichtbarkeitseinstellungen) und werden auch zusammen mit dem ursprünglichen Element verschoben oder gelöscht. In eine andere Sprache kopierte Elemente hingegen sind vollkommen unabhängig und können somit auch unabhängig vom ursprünglichen Element verschoben oder gelöscht werden.

Der Überschrift von so erstellten Inhalten in der anderen Sprache wird jeweils der Text *Translate to English* vorangestellt, um kenntlich zu machen, dass dieser Inhalt noch nicht übersetzt wurde. Erstellen Sie also nun in der Spalte *Englisch* einfach einen neuen Seiteninhalt, indem Sie ein bestehendes Inhaltselement übersetzen, und machen Sie darin (z.B. durch Wahl des Titels *Homepage Englisch*) kenntlich, dass es sich hier um einen englischsprachigen Inhalt handelt.

▼ **Abbildung 9-5**
Das Modul »Seite« im »Sprachen«-Modus mit einer übersetzten Seite mit Inhalt

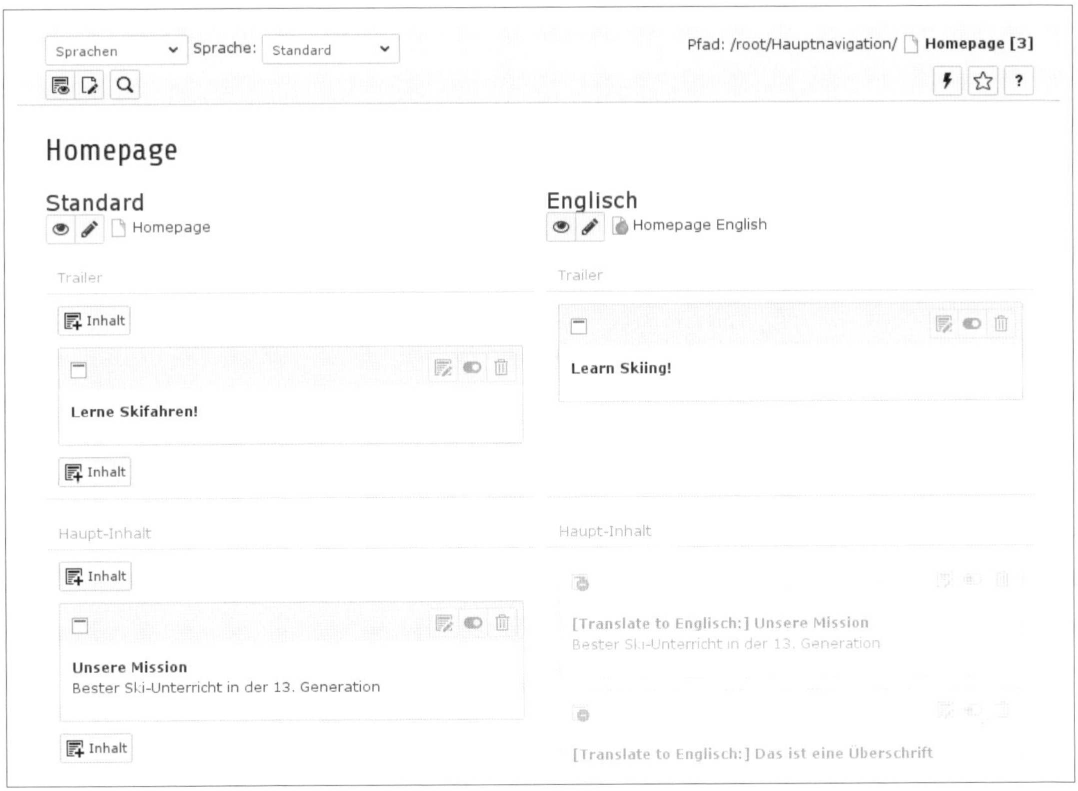

TypoScript und Mehrsprachigkeit

Wenn Sie Ihre übersetzte Seite im Frontend ansehen, bemerken Sie, dass jetzt nur der deutsche Inhalt (als Standardsprache) dargestellt wird, Sie aber keine Möglichkeit haben, auf den englischen Inhalt zuzugreifen. Daher muss jetzt noch ermöglicht werden, dass auch der englische Inhalt ausgegeben werden kann, ohne dass zum Wechseln der Sprache ein Eingriff in TypoScript notwendig wäre. Dafür wird der URL-Parameter `&L=` eingeführt, der mit in der URL übergeben wird und angibt, welche Sprache angezeigt werden soll.

Damit ein Sprachwechsel auch auf die Folgeseiten Einfluss hat, muss der Parameter `&L=` weitergereicht werden. In TypoScript steht zum Weiterreichen von Parametern die Funktion `config.linkVars` zur Verfügung, die Links, die von TYPO3 erzeugt werden, um den hier angegebenen Parameter ergänzt.

Support

Es kann in TYPO3 schon mal vorkommen, dass URL-Parameter doppelt an die URL gehängt werden. Um das zu verhindern, wird die CONFIG-Eigenschaft `config.uniqueLinkVars` gesetzt, sodass die übergebenen Parameter nur einmal in der URL vorkommen dürfen, also *unique* sind.

Erweitern Sie das Projekt-Template um die in Beispiel 9-2 angegebenen Zeilen, die direkt im oberen Abschnitt über `page = PAGE` sowie im unteren Abschnitt `Mehrsprachigkeit` hinzugefügt werden.

Beispiel 9-2: Mehrsprachigkeit über einen URL-Parameter realisieren

```
# Allgemeine Konfigurationen
config {
  linkVars = L
  uniqueLinkVars = 1
  sys_language_uid = 0
  language = de
  locale_all = de_DE
}

page = PAGE
page {
  [...]
}

[...]

# Mehrsprachigkeit
[globalVar = GP:L=1]
config {
  sys_language_uid = 1
```

Beispiel 9-2: Mehrsprachigkeit über einen URL-Parameter realisieren (Fortsetzung)

```
259   language = en
260   locale_all = en_UK
261 }
262 [global]
```

In Zeile 3 wird über `config.linkVars` angegeben, dass ein Parameter `L` mit jedem von TYPO3 aus erzeugten Link weitergegeben wird. Über die in Zeile 4 gesetzte CONFIG-Eigenschaft `config.uniqueLinkVars = 1` wird festgelegt, dass Parameter in der URL nur genau ein Mal vorkommen dürfen. In den Zeilen 5 und 6 werden die ID der Sprache auf `0` (Default-Sprache) und das Language-Label auf `de` gesetzt. Zeile 7 setzt die systemweiten lokalen Informationen wie Uhrzeit und Datum auf die gewünschte Sprache.

In Zeile 256 folgt eine Condition (Bedingung): Nur dann werden die Zeilen 257 bis 261 ausgeführt und die unter `config` angegebenen Eigenschaften mit einem neuen Wert überschrieben, wenn der übergebene Parameter `L` gleich `1` ist. In Zeile 262 wird der Condition-Bereich über die Angabe `[global]` wieder verlassen.

Sehen Sie sich die Seite im Frontend erneut an und erweitern Sie die URL um den Parameter `&L=0`, also z. B. auf `index.php?id= 0&L=0`. Sie werden die Seite wieder in der Default-Sprache *Deutsch* betrachten können. Wenn Sie den Parameter allerdings auf `&L=1` abändern, wird die Seite in der übersetzten englischen Version erscheinen, inklusive des englischen Seitentitels. Dazu werden sämtliche Links, z. B. die automatisch generierten Links in den Menüs, jeweils mit dem aktuellen Parameter `&L=` versehen, wofür die in Beispiel 9-2 in Zeile 3 angegebene Konfiguration `config.linkVars = L` verantwortlich ist.

Theoretisch können Sie statt `L` auch jeden anderen Parameter verwenden, beispielsweise `&sprache=`, den Sie dann mit in `config.linkVars` übergeben und auch in der Condition abfragen. Es gibt allerdings Frontend-Module, die Mehrsprachigkeit nur in Kombination mit dem Parameter `&L=` ermöglichen, der sich hier als Standard durchgesetzt hat. Um mögliche Probleme zu vermeiden, gewöhnen Sie sich am besten an, diesen Parameter für die Realisierung von Mehrsprachigkeit zu verwenden.

Einen einfachen Sprachwechsler konstruieren

Damit ein komfortabler Sprachwechsel möglich ist, der den Benutzer nicht erst wieder auf die Homepage verweist oder zum manuellen Abändern der URL zwingt, müssen ein Link auf die aktuelle Seite gesetzt und dabei dem Parameter `&L=` der Wert der gewünschten Sprache zugewiesen werden.

Für einen komfortablen Sprachwechsel müssen Sie den Parameter `&L=` abändern können. Diesen könnten Sie mit den beiden Funktionen `.wrap` und `.field` dynamisch erzeugen, wie in den folgenden Zeilen dargestellt ist:

```
language = TEXT
language {
   field = uid
   wrap = <a href="index.php?id=|&L=1">English</a>
}
```

Das ist jedoch nicht die eleganteste Lösung, da wir schließlich statisch einen Link angeben und um die Fluid-Variable `{language}` »wrappen«. Besser ist das mit TYPO3-eigenen Werkzeugen zu lösen. Dafür wird der Link auf die aktuelle Seite mit der Funktion `.typolink` dynamisch erzeugt. In Beispiel 9-3 wird dieser Sprachwechsler mit der Fluid-Variablen `{language}` und der Funktion `.typolink` realisiert.

Beispiel 9-3: Einen textbasierten Sprachwechsler realisieren

```
# Allgemeine Konfigurationen
config {
  linkVars = L
  uniqueLinkVars = 1
  sys_language_uid = 0
  language = de
  locale_all = de_DE
}

page = PAGE
page {
  # Die Designvorlage integrieren
  10 = FLUIDTEMPLATE
  10 {
    [...]
    variables {
      [...]
      # Den Sprachwechsler darstellen
      language = TEXT
      language {
        value = English
        typolink {
          ATagBeforeWrap = 1
          wrap = <i class="glyphicon glyphicon-globe"></i> |
          parameter.data = page:uid
          additionalParams = &L=1
        }
      }
    }
  }
}

[...]
```

Beispiel 9-3: Einen textbasierten Sprachwechsler realisieren (Fortsetzung)

```
266
267 # Mehrsprachigkeit
268 [globalVar = GP:L=1]
    [...]
275 page.10.variables.language {
276   value = Deutsch
277   typolink.additionalParams = &L=0
278 }
279 [global]
```

In der Variable `language` wird in Zeile 236 als Inhalt zuerst lediglich der Text `English` ausgegeben. Der Text wird über die Funktion `.typolink` in einen Hyperlink umgewandelt. Zur Rückführung auf die aktuelle Seite benötigt der Link die derzeitige Seiten-ID. Dieser Wert wird in Zeile 240 über die Funktion `.parameter.data` übergeben und über `page:uid` ausgelesen (Tabelle *pages*, Spalte *UID*). In Zeile 241 wird der für die Sprachumschaltung benötigte Parameter `L` an die URL angefügt und mit der UID `1` der englischen Sprache belegt. Der Wrap in Zeile 238 und 239 rendert das in der Designvorlage vorgesehene Icon in den Link hinein. Die gesamte erzeugte Ausgabe ist somit ein Link mit dem Text *English*, der auf die eigene Seite zeigt, und mit dem an die URL angehängten Parameter `&L=1`.

In Zeile 275 wird die bereits bestehende Condition, die einen *GetPost*-Parameter (`GP`) überprüft, um vier Zeilen erweitert. Sollte ein Parameter `L` einen Wert `1` enthalten, wird die Bedingung ausgeführt und die Zeilen 235 bis 242 werden durch die Anweisungen in Zeile 276 und 277 überschrieben. Als Parameter wird dadurch der neue Parameter `&L=0` verwendet, und der Text wird auf *Deutsch* umgeschaltet.

Tipp Nutzen Sie immer die Funktion `.typolink`, wenn Sie in TypoScript auf Inhalte verlinken. Sie überlassen so TYPO3 die gesamte Erzeugung. Das hat enorme Vorteile, da viele Extensions so unterstützt und von TYPO3 erzeugte Parameter automatisch übergeben werden.

Ein Sprachenmenü erstellen

Für die Umschaltung der Sprache bietet TypoScript ein spezielles Menü an. Das Content-Objekt `HMENU` hat die Eigenschaft `.special`, die Sie bereits in »Den Startpunkt des Menüs angeben« kennengelernt haben. Die Eigenschaft bietet eine spezielle Menüstruktur `language` an, über die ein Sprachauswahlmenü erzeugt wird. Mit `.special = language` wird das `HMENU` zu einem Sprachumschalter. Über die Eigenschaft `.special.value = 0,1` werden die IDs der verwendeten Sprachen in einer kommaseparierten Liste übergeben. Es können die von `HMENU` bekannten Menüzustände wie `NO`, `RO` oder `ACT` verwendet werden.

Befüllen Sie die Fluid-Variable language mit dem Code, der in Beispiel 9-4 in den Zeilen 236 bis 272 angegeben ist, und entfernen Sie die Anpassung der Condition, die Sie in Beispiel 9-3 in den Zeilen 275 bis 278 durchgeführt haben.

Beispiel 9-4: Ein grafisches Sprachwechselmenü konstruieren

```
010 page = PAGE
011 page {
      [...]
069   10 {
        [...]
072     variables {
          [...]
233       # Den Sprachwechsler darstellen
234       language = COA
235       language {
236         wrap = <div class="btn-group">|</div>
237
238         10 = TEXT
239         10 {
240           value = Sprache
241           wrap (
241             <a href="#" class="dropdown-toggle" data-toggle="dropdown">
242               <i class="glyphicon glyphicon-globe"></i> 
243               |
244                <span class="caret"></span>
245             </a>
246           )
247         }
248
249         20 = HMENU
250         20 {
251           special = language
252           special.value = 0,1
253
254           1 = TMENU
255           1 {
256             wrap = <ul class="dropdown-menu dropdown-menu-right">|</ul>
257
258             NO = 1
259             NO {
260               linkWrap = <li>|</li>
261               stdWrap.override = Deutsch || Englisch
262             }
263
264             ACT < .NO
265             ACT.linkWrap = <li class="active"> | </li>
266           }
267         }
268       }
269     }
270   }
271 }
```

Beispiel 9-4: Ein grafisches Sprachwechselmenü konstruieren (Fortsetzung)

```
    [...]
293 # Mehrsprachigkeit
294 [globalVar = GP:L=1]
    ...
301 page.10.variables.language.20.1.NO.stdWrap.override = German || English
302 [global]
```

In Zeile 234 wird die Fluid-Variable `language` mit einem `COA`-Objekt befüllt. Dieses besteht auf einem einfachen `TEXT`-Objekt in Zeile 238, das einen Button ausgibt, über den später das Sprachmenü aktiviert werden kann, und dem eigentlichen Menü als `HMENU`-Objekt in Zeile 250.

Über die `HMENU`-Eigenschaft `.special` legen Sie in Zeile 252 fest, dass es sich um ein Sprachmenü handelt und dieses die Sprachen mit den UIDs `0` und `1` verarbeiten soll (Zeile 253). Die UID `0` steht in unserem Beispiel für die deutsche Sprache, die `1` für Englisch. Die IDs können sich in Ihrem Projekt von diesem Beispiel unterscheiden.

Das Menü soll als Drop-down-Menü dargestellt werden und dazu die Funktionen des Bootstrap-Frameworks nutzen. Die erste und einzige Ebene wird als Drop-down-Liste, also als `TMENU`-Objekt erstellt (Zeile 255). Der Normalzustand eines Menüelements wird in den Zeilen 259 bis 263 beschrieben und besteht aus einem einfachen Textlink, der in eine HTML-Liste eingebaut wird.

Normalerweise würde jeder Link im Sprachmenü den Titel der aktuellen Seite in der jeweiligen Sprache tragen. Das ist in diesem Beispiel nicht besonders zielführend, weshalb die Links einfach den Titel »Deutsch« oder »Englisch« tragen sollen. Dies wird in Zeile 262 umgesetzt.

Das Zeichen || ist ein TYPO3-*OptionSplit*, durch den der erste Menüeintrag den Titel »Deutsch« und der zweite den Titel »Englisch« bekommt. Grundsätzlich können mit einem OptionSplit diverse Eigenschaften und sogar Objekte, die in einer Schleife ausgeführt werden (wie beispielsweise Menüelemente) je nach Position unterschiedlich behandelt werden.

Um dem Benutzer zu signalisieren, welche Sprache gewählt wurde, soll es zusätzlich zum Normalzustand `NO` einen Aktivzustand `ACT` geben. Der `NO`-Zustand wird in Zeile 265 in den `ACT`-Zustand kopiert.

Statische Inhalte übersetzen

Aktuell enthält das TypoScript-Setup Ihrer Seite zahlreiche statische Texte, die derzeit deutschen Text enthalten. Wenn ein Benutzer nun die englische Übersetzung einer Seite betrachtet, werden diese statischen

Texte nach wie vor in ihrer deutschen Version angezeigt. Um statische Inhalte sprachabhängig zu gestalten, bietet TypoScript Ihnen dafür das spezielle Attribut `.lang.[SPRACHE]` an. Dieses können Sie beispielsweise in einem TEXT-Objekt nutzen, um gleich mehrere Übersetzungen anzugeben. Welche dann letztendlich genutzt wird, bestimmt die Eigenschaft `config.language`, die Sie in Beispiel 9-2 bereits gesetzt haben.

Die Eigenschaft `config.language` ist auch entscheidend, wenn Sie Plug-ins und Extensions auf Ihrer Seite nutzen; auch diese richten die Sprache Ihrer Ausgabetexte nach dieser Konfigurationseinstellung. In einem späteren Abschnitt werden wir außerdem betrachten, wie Sie Texte und Übersetzungen von Plug-ins an Ihre Bedürfnisse anpassen können.

Im folgenden Beispiel werden alle bisher definierten TEXT-Objekte und andere statische Texte um die Funktion `.lang.[SPRACHE]` erweitert, sodass Mehrsprachigkeit direkt unterstützt wird, womit der Pflege- und Übersetzungsaufwand geringer wird.

Beispiel 9-5: Unterstützung für Mehrsprachigkeit in das TypoScript-Template integrieren

```
page = PAGE
page {

  10 = FLUIDTEMPLATE
  10 {

    variables {
      brandLineFirst = TEXT
      brandLineFirst.value = Snowboardschule
      brandLineFirst.lang.en = Snowboard school
      [...]

      labelNews = TEXT
      labelNews.value = Aktuelles
      labelNews.lang.en = News

      labelToday = COA_INT
      labelToday {
        10 = TEXT
        10.value = Guten Morgen
        10.lang.en = Good morning
        10.wrap = |! 

        20 = TEXT
        20.value = Heute ist der
        20.lang.en = Today is
      }

      labelMore = TEXT
      labelMore.value = Mehr
      labelMore.lang.en = More
      [...]
```

Beispiel 9-5: Unterstützung für Mehrsprachigkeit in das TypoScript-Template integrieren (Fortsetzung)

```
188
189        menuBreadcrumb = COA
190        menuBreadcrumb {
191          10 = TEXT
192          10 {
193            value = Sie sind hier:
194            lang.en = You are here:
195            wrap = <span class="youarehere"> | </span>
196          }
             [...]
219        }
           [...]
239        # Den Sprachwechsler darstellen
240        language = COA
241        language {
242          wrap = <div class="btn-group">|</div>
243
244          10 = TEXT
245          10 {
246            value = Sprache
247            lang.en = Language
               [...]
255          }
             [...]
276        }
277      }
278    }
289  }
280
     [...]
292
293  # Zeitabhängiger Begrüßungstext
294  [hour = >10]
295  page.10.variables.labelToday.10.value = Guten Tag
296  page.10.variables.labelToday.10.lang.en = Good day
297  [hour = >18]
298  page.10.variables.labelToday.10.value = Guten Abend
299  page.10.variables.labelToday.10.lang.en = Good evening
300  [global]
301
302  # Mehrsprachigkeit
303  [globalVar = GP:L=1]
     [...]
310  page.10.variables.language.20.1.NO.stdWrap.override = German || English
311  [global]
```

Wie Sie Beispiel 9-5 entnehmen können, ist das Anwenden der Funktion `.lang.[SPRACHE]` nicht auf jede Eigenschaft anwendbar. Die Eigenschaft `.stdWrap.override` in Zeile 310 unterstützt diese Funktionalität z. B. nicht. Hier bleibt Ihnen nichts anderes übrig, als eigenständige Übersetzungen anzulegen, die sich im Condition-Bereich für die englische Sprache befinden.

Sie werden beim Aufruf der Webseite feststellen, dass bei der Auswahl der Sprache alle Inhalte je nach Sprachwahl unterschiedlich ausgegeben werden. Wenn Sie die Sprache Englisch gewählt haben und über die Navigation eine Seite ohne Übersetzung auswählen, wird automatisch auf die Systemsprache zurückgeschaltet. Für unser Praxisbeispiel bedeutet das einen Wechsel zur deutschen Sprache. Das Verhalten kann über die Konfigurationseinstellung `config.sys_language_mode` beeinflusst werden. Es können folgende Werte gesetzt werden:

Tabelle 9-1 ▶ Seiteninhaltstypen und ihre Werte im Datenbankfeld »CType«

Typ String	Beschreibung
[default]	Das System gibt die Übersetzung aus, sofern diese vorhanden ist. Wird keine Übersetzung gefunden, wird komplett auf die Default-Sprache zurückgeschaltet.
content_fallback	Das System gibt die Übersetzung aus, sofern diese vorhanden ist. Ist der Inhalt nicht übersetzt, wird der Inhalt der Default-Sprache angezeigt. Alle übersetzten Inhalte werden jedoch weiterhin angezeigt, z.B. Menüpunkte.
strict	Ist keine Übersetzung vorhanden, wird eine Fehlermeldung angezeigt.

Wir empfehlen, `config.sys_language_mode = content_fallback` zu setzen. Mit dieser Einstellung werden dem Besucher alle in der gewählten Sprache verfügbaren Inhalte ausgegeben.

Zugriffsbeschränkte Seiten und Seiteninhalte

Häufig ist es unerwünscht, dass Websitebesucher *alle* Seiten oder Seiteninhalte sehen dürfen. Im Praxisbeispiel soll z.B. unterhalb der Seite *Geschützter Bereich* eine weitere Navigation erscheinen, die nur dann zu sehen sein soll, wenn sich der Besucher erfolgreich mit einem Benutzernamen und einem zugehörigen Passwort authentifiziert hat.

TYPO3 selbst bietet die Unterstützung von geschützten Bereichen an. So können Sie z.B. bestimmen, dass Seiten, ganze Seitenbäume und auch Seiteninhalte nur für bestimmte Benutzergruppen zugänglich sein sollen. Doch bevor Sie eine Seite nur für bestimmte Benutzergruppen zugänglich machen können, muss auch mindestens eine solche Benutzergruppe vorhanden sein.

Websitebenutzer anlegen

Websitebenutzer, häufig auch als Frontend-User oder FE-User bezeichnet, sowie Benutzergruppen für Websitebenutzer müssen auf einer separaten Seite angelegt werden. An einer späteren Stelle teilen Sie TYPO3 mit, auf welcher Seite sich die Benutzer befinden.

Legen Sie unterhalb der Root-Ebene eine neue Seite vom Typ *Ordner* an:

1. Wechseln Sie in das Modul *Seite* und wählen Sie im oberen Bereich des Seitenbaums die Option *Neue Seite erstellen* ❶.
2. Wählen Sie nun den Typ *Ordner* ❷).
3. Erstellen Sie einen neuen Ordner, indem Sie das Ordersymbol anklicken und an die gewünschte Stelle im Seitenbaum ziehen ❸ (siehe Abbildung 9-6).
4. Geben Sie dem neu erstellten Ordner im Seitenbaum den Titel *Benutzer* und bestätigen Sie mit *Enter*.

Eine neue Maske öffnet sich, in der Sie auf der Registerkarte *Allgemein* als Bezeichnung den Titel *Benutzer* angeben können. Gehen Sie anschließend auf die Registerkarte *Verhalten*. Dort erscheint die Auswahlliste *Enthält Erweiterung* (siehe Abbildung 9-7), aus der Sie den Eintrag *Website-Benutzer* auswählen. Stellen Sie sicher, dass die Seite sichtbar ist, und speichern Sie Ihre Angaben.

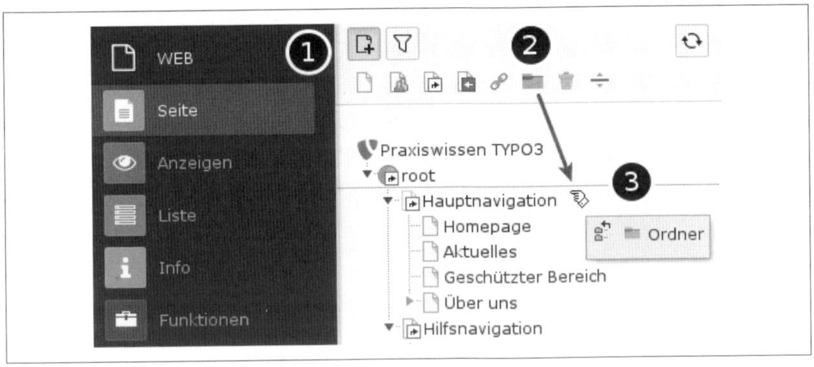

◀ **Abbildung 9-6**
Eine Seite vom Typ »Ordner« anlegen

▼ **Abbildung 9-7**
Der Systemordner soll Websitebenutzer aufnehmen können.

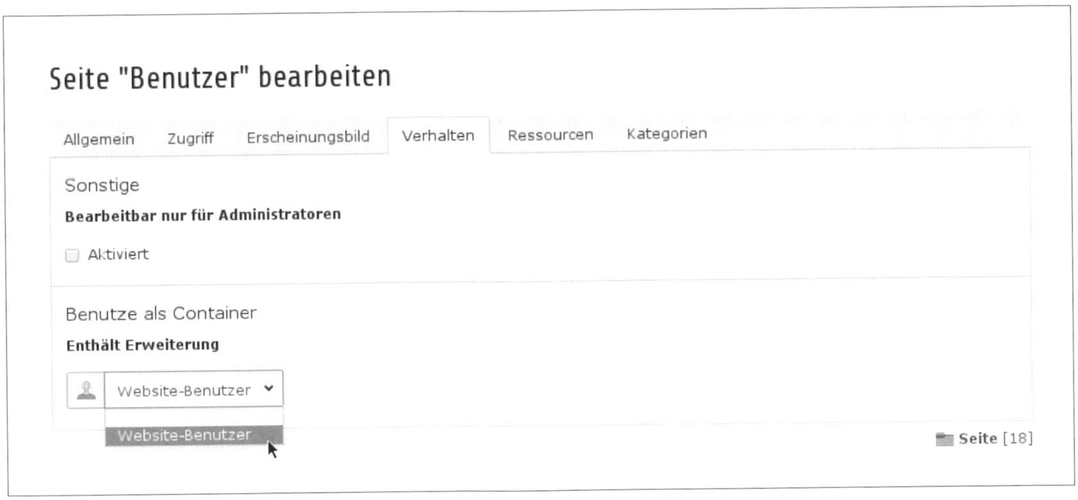

Im Seitenbaum sehen Sie nun eine neue Seite, die ein anderes Icon hat. Eine solche Seite wird als *Systemordner* bezeichnet und ist eine besondere Seite, die nicht mit in die Menüs aufgenommen wird und ganz bestimmte Datensätze (z.B. Websitebenutzer) enthalten kann. Diese sowie Websitebenutzergruppen lassen sich nur auf einer Seite vom Typ *Ordner* anlegen.

Bevor Sie allerdings einen Websitebenutzer anlegen können, muss zunächst eine Benutzergruppe vorhanden sein. Um diese zu erstellen, gehen Sie wie folgt vor:

1. Wechseln Sie in das *Liste*-Modul.
2. Wählen Sie den *Benutzer*-Ordner an.
3. Klicken Sie auf die Schaltfläche *Neuen Datensatz erstellen* in der oberen Zeile.
4. In der Liste der Datensätze, die neu angelegt werden können, stehen jetzt zwei weitere Datensätze zur Verfügung, *Website-Benutzer* und *Website-Benutzergruppe*. Wählen Sie hier den Eintrag *Website-Benutzergruppe* aus.

Es erscheint die in Abbildung 9-8 gezeigte Maske, in der die Angabe eines Gruppennamens für die Benutzergruppe völlig ausreichend ist. Geben Sie hier als Gruppennamen *Snowboardkurs* an und speichern Sie Ihre Angabe ab.

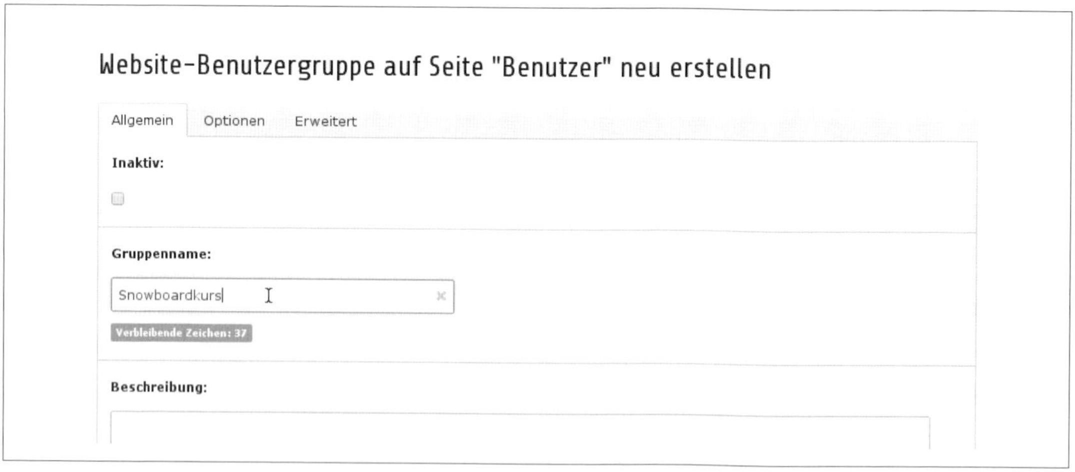

Abbildung 9-8 ▲ Die Backend-Maske für Websitebenutzergruppen

Nachdem Sie eine Benutzergruppe für Websitebenutzer angelegt haben, können Sie auch einen Benutzer anlegen. Legen Sie auch dafür auf der Seite *Benutzer* einen neuen Datensatz an und wählen Sie aus der Liste der möglichen Datensätze den Eintrag *Website-Benutzer* aus. Es erscheint die in Abbildung 9-9 gezeigte Maske.

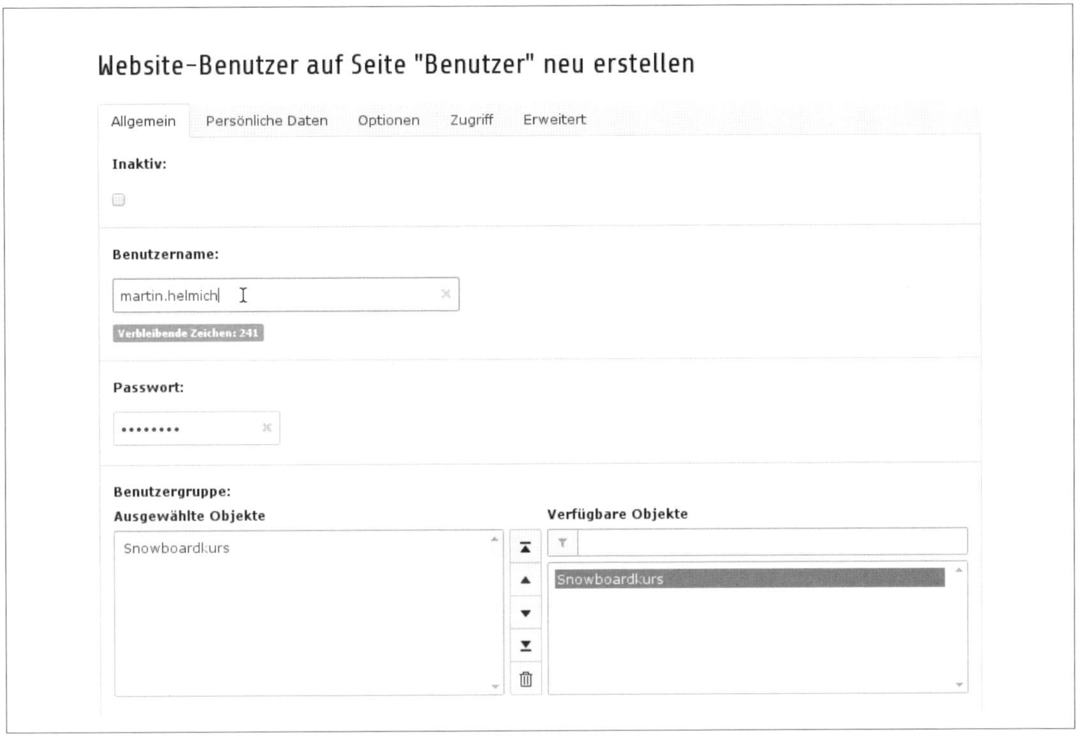

▲ **Abbildung 9-9**
Die Backend-Maske für Websitebenutzer

Sie müssen auf der Registerkarte *Allgemein* in den drei Pflichtfeldern *Benutzername*, *Passwort* und *Benutzergruppe* einen Wert angeben. Alle anderen Felder sind optional. Geben Sie als Benutzernamen beispielsweise *test* an und wählen Sie ein Passwort Ihrer Wahl. Aus dem Feld der möglichen Benutzergruppen auf der rechten Seite wählen Sie den Eintrag *Snowboardkurs* aus. Speichern Sie danach den angelegten Benutzer ab.

Ein Log-in-Formular anlegen

Ein Log-in-Formular, auf dem sich Websitebesucher anmelden können, steht bereits als vordefinierter Seiteninhaltstyp zur Verfügung.

Legen Sie jetzt auf der Seite *Geschützter Bereich* einen neuen Seiteninhalt vom Typ *Anmeldeformular* an. Es erscheint die in Abbildung 9-10 gezeigte Maske. Geben Sie als Titel *Mitgliederbereich* an und speichern Sie diesen Seiteninhalt ab.

Tipp Die Darstellung des Moduls *Seite* befindet sich derzeit eventuell noch im *Sprachen*-Modus. Wenn Sie möchten, können Sie rechts oben in einem Auswahlfeld die Darstellung von *Sprache* auf *Spalten* ändern.

Abbildung 9-10 ▲ Einen Seiteninhalt vom Typ »Anmeldung« anlegen

Beim Betrachten dieser Seite im Frontend und dem Versuch, sich mit dem angelegten Benutzer einzuloggen, werden Sie zunächst einen Anmeldefehler erhalten. Auch wenn das Formular Ihnen vorwirft, Benutzername und Passwort falsch eingegeben zu haben, liegt die tatsächliche Ursache darin, dass Sie dem Log-in-Formular noch mitteilen müssen, auf welcher Seite sich die Websitebenutzer und -benutzergruppen befinden (unabhängig davon kann ein falscher Benutzername oder ein falsches Passwort natürlich auch dieselbe Fehlermeldung verursachen).

Bearbeiten Sie dafür erneut das Inhaltselement, das das Log-in-Formular enthält. Unter der Registerkarte *Plug-In* finden Sie eine Reihe an Konfigurationsmöglichkeiten für das Log-in-Formular. Geben Sie hier unter dem Punkt *Speicherort Benutzer* die Seite an, auf der Ihre Websitebenutzer und -benutzergruppen abgelegt sind.

Wenn Sie nun die Seite zum Übernehmen der Änderungen einmal aktualisieren und dann das Log-in-Formular erneut absenden, sollte das Log-in funktionieren und Ihnen das in Abbildung 9-11 gezeigte Resultat liefern. Wenn Sie die Seite noch ein weiteres Mal aufrufen, haben Sie zudem die Möglichkeit, sich über den Button *Logout* wieder abzumelden. Loggen Sie sich über den Button *Logout* wieder aus, um die im folgenden Abschnitt durchgeführte TypoScript-Beschreibung für die Darstellung des Log-in-Formulars zu erstellen.

Tipp Sie werden feststellen, dass auch die Übersetzung der Log-in-Maske bereits funktioniert. Der Grund dafür ist wieder die Verwendung einer Sprachdatei, die über die Konfiguration `config.language` die Begriffe in der jeweiligen Sprache zurückliefert.

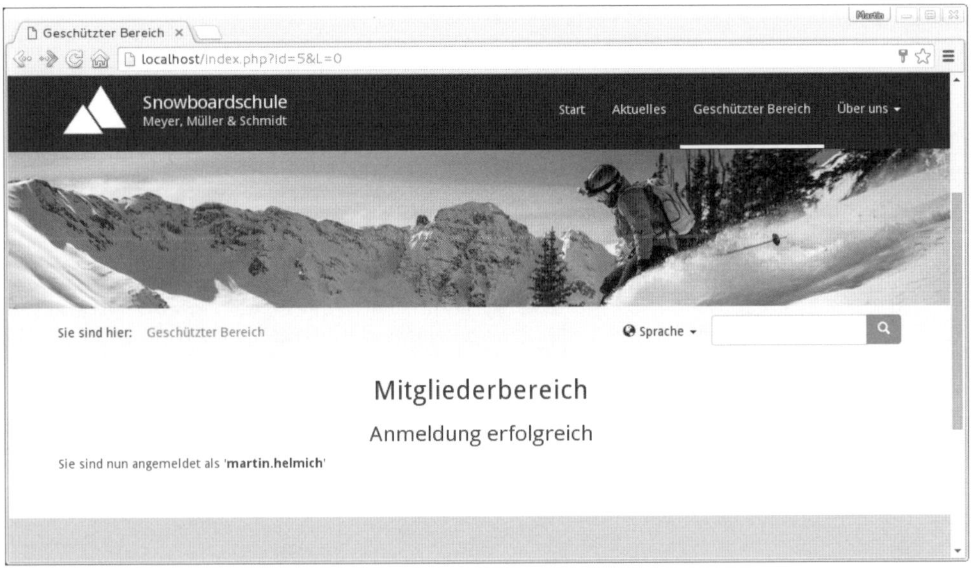

▲ **Abbildung 9-11**
Erfolgreiches Log-in in den geschützten Bereich

Log-in-Meldungen ausgeben

In TYPO3 können Sie Seiten und Seiteninhalte geschlossenen Benutzergruppen zugänglich machen. Die Steuerung von Zugriffsrechten ist nur auf Gruppenebene möglich, nicht auf Benutzerebene. Auf der Seite *Geschützter Bereich* soll nun zusätzlich zum Log-in-Formular noch der Seiteninhalt *Herzlichen Glückwunsch* angelegt werden, der nur dann angezeigt wird, wenn der Benutzer sich erfolgreich angemeldet hat, unabhängig von der Benutzergruppe.

Seiteninhalte vor Zugriff schützen

Gehen Sie zum Anlegen eines solchen Inhalts über das Backend-Modul *Seite* auf die Seite *Geschützter Bereich* und legen Sie über das Symbol für *Neuen Datensatz anlegen* einen neuen Seiteninhalt vom Typ *Text & Media* an. Geben Sie als Überschrift *Herzlichen Glückwunsch* ein und als Text beispielsweise *Sie haben sich erfolgreich eingeloggt!*

Der Seiteninhalt würde nun aber immer angezeigt, unabhängig davon, ob sich ein Benutzer erfolgreich authentifiziert hat oder nicht. Um diesen Seiteninhalt nur dann anzeigen zu lassen, wenn sich ein Benutzer tatsächlich auch eingeloggt hat, können Sie über die Registerkarte *Zugriff* (siehe Abbildung 9-12) die gewünschten Zugriffsrechte vergeben. Wählen Sie in der Auswahlliste unter *Zugriffsrechte für Benutzergruppen* das Recht *Anzeigen, wenn angemeldet* aus und speichern Sie den Seiteninhalt ab. Im Frontend wird nun je nach Log-in-Zustand der Seiteninhalt ein- oder ausgeblendet.

Tabelle 9-2 bietet einen Überblick darüber, in welchen Fällen Sie die jeweiligen Rechte aus dem Auswahlfeld *Zugriff* vergeben sollten.

Tabelle 9-2 ▶ Die Rechte des Auswahlfelds »Zugriff«

Zugriffsrecht	Beschreibung
Nach Anmeldung verbergen	Der Seiteninhalt wird nicht mehr angezeigt, wenn sich der Benutzer erfolgreich angemeldet hat. Dabei spielt es keine Rolle, welcher/welchen Benutzergruppe(n) der eingeloggte Benutzer zugeordnet ist. Dieses Recht eignet sich z. B. für einen Seiteninhalt mit dem Text *Log-in fehlgeschlagen*.
Anzeigen, wenn angemeldet	Dieses Zugriffsrecht tritt immer dann ein, wenn ein Benutzer eingeloggt ist, unabhängig von zugeordneten Benutzergruppen. Dieses Recht eignet sich für den Text *Log-in erfolgreich*.
Benutzergruppen:	Sie können einem Benutzer mehrere Benutzergruppen zuordnen. Ist der eingeloggte Benutzer Mitglied einer dieser Gruppen, wird der Seiteninhalt angezeigt.

Abbildung 9-12 ▼ Zugriffsrechte für Seiteninhalte setzen

Komfortablere Log-in-Meldungen

Möchten Sie auch noch weiteren Inhalt ausgeben lassen, wenn der Log-in fehlgeschlagen ist, haben Sie mit diesem Ansatz ein Problem. Zwar könnten Sie auf der Seite *Geschützter Bereich* einen zusätzlichen Seiteninhalt *Log-in nicht erfolgreich* anlegen, der immer dann angezeigt würde, wenn kein Benutzer eingeloggt ist (Zugriffsrecht: *Nach Anmeldung verbergen*); allerdings würde dieser Seiteninhalt auch dann angezeigt, wenn gar kein Versuch unternommen wurde, sich einzuloggen: Wollte sich ein Benutzer einloggen, würde er sofort die Meldung *Log-in nicht erfolgreich* erhalten.

Im folgenden Beispiel soll eine komfortablere Log-in-Meldung ausgegeben werden, sodass der Benutzer erst nach dem Absenden des Log-in-Formulars eine Meldung darüber erhält, ob der Log-in erfolgreich war oder nicht. Legen Sie dafür unterhalb der Seite *Geschützter Bereich* eine weitere Seite mit dem Titel *Loginstatus* an. Damit diese neue Seite nicht im Menü und in der Sitemap dargestellt wird, sollte noch die Option *Im Menü verbergen* aktiviert werden.

Auf dieser neu angelegten Seite legen Sie nun zwei Seiteninhalte vom Typ *Text & Media* an. Einer erhält den Text *Log-in erfolgreich* und das Zugriffsrecht *Anzeigen, wenn angemeldet*, der zweite den Text *Log-in fehlgeschlagen* und das Zugriffsrecht *Nach Anmeldung verbergen*. Sie können auch noch einen dritten Seiteninhalt vom Typ *Login* anlegen, diesmal mit dem Zugriffsrecht *Nach Anmeldung verbergen*. Wenn ein Benutzer nach einem fehlgeschlagenen Log-in-Versuch auf dieser Seite landet, wird die Meldung *Log-in fehlgeschlagen* angezeigt und der Benutzer kann gleich noch einen weiteren Versuch starten. War der Log-in erfolgreich, erhält er zurzeit nur die Meldung *Log-in erfolgreich*.

Es stellt sich jetzt noch die Frage, wie der Besucher der Website nach dem Absenden des Log-in-Formulars auf der Seite *Geschützter Bereich* auf die Seite *Loginstatus* gelangt, die ja nicht im Menü angezeigt wird. Bearbeiten Sie dafür den Seiteninhalt *Login* auf der Seite *Geschützter Bereich* und wechseln Sie auf die Registerkarte *Plug-In einfügen* und die Unterregisterkarte *Weiterleitungen*. Hier wählen Sie in der Auswahlbox *Weiterleitungsmodus* die Punkte *Nach Anmeldung* und *Nach Anmeldefehler* aus und fügen in die Elementboxen *Nach erfolgreicher Anmeldung auf folgende Seite weiterleiten* und *Nach einem Fehler bei der Anmeldung auf folgende Seite weiterleiten* die Seite *Loginstatus* ein. Nach dem Absenden des Log-in-Formulars wird der Benutzer so auf die Seite *Loginstatus* weitergeleitet, und zwar unabhängig davon, ob der Log-in erfolgreich war oder nicht. Alternativ könnten Sie die Statusmeldungen so auch auf zwei unterschiedlichen Seiten platzieren.

Seiten nur bestimmten Benutzergruppen zugänglich machen

Wenn Sie jetzt innerhalb Ihrer Navigation Seiten anlegen und diese auf die Benutzergruppe *Snowboardkurs* beschränken, werden die betroffenen Seiten nur dann in der Navigation, in der Sitemap und in der Suche als Suchergebnis angezeigt, wenn der eingeloggte Frontend-Benutzer auch das Recht zum Betrachten dieser Seiten hat.

Das Log-in-Formular anpassen

Das Log-in-Formular fügt sich derzeit noch nicht wirklich in den grafischen Stil der Designvorlage ein. Aus diesem Grund soll im nächsten Abschnitt das HTML-Markup des Log-in-Formulars verändert werden, sodass es sich besser in die Designvorlage einpasst.

Den großen Teil der Arbeit macht bei dem Log-in-Formular ein PHP-Programm, das von der (direkt mit TYPO3 ausgelieferten) Erweiterung *felogin* angeboten wird. Die Darstellung des Formulars ist jedoch ähnlich wie schon andere Inhaltselemente auch über TypoScript beschrieben und kann angepasst werden.

Definieren einer eigenen Designvorlage

Das TypoScript-Objekt, das die Darstellung des Log-in-Formulars beschreibt, ist das Objekt `plugin.tx_felogin_pi1`. Sie können dieses Objekt im Template-Modul über den *TypoScript-Objekt-Browser* betrachtet (siehe Abbildung 9-13).

Das Anmeldeformular nutzt eine HTML-Designvorlage, aus der das im Frontend ausgegebene HTML generiert wird. Häufig nutzen TYPO3-Extensions die Ihnen schon bekannte Template-Sprache Fluid; in diesem Fall handelt es sich jedoch um eine einfache HTML-Datei, in der Platzhalter eingefügt wurden, die später ersetzt werden. Der Pfad zu dieser Vorlage wird im Attribut `templateFile` beschrieben; die Vorlage wird standardmäßig im Verzeichnis *typo3/sysext/felogin/Resources/Private/Templates/FrontendLogin.html* Ihrer TYPO3-Installation gesucht.

Beginnen Sie zunächst damit, diesen Pfad in Ihren eigenen TypoScript-Template zu überschreiben (siehe Beispiel 9-6). Die Vorlagendatei *FrontendLogin.html* kopieren Sie am besten zunächst einfach in das *fileadmin/templates/*-Verzeichnis.

Tipp

Um nicht den Überblick über die angepassten HTML-Vorlagen verschiedener Systemkomponenten zu verlieren, empfehlen wir, jeweils ein Unterverzeichnis pro Extension anzulegen und die angepassten Vorlagen dort zu organisieren. Die angepassten Designvorlagen des Log-in-Formulars werden daher im Folgenden im Verzeichnis *fileadmin/templates/ext/felogin* gespeichert.

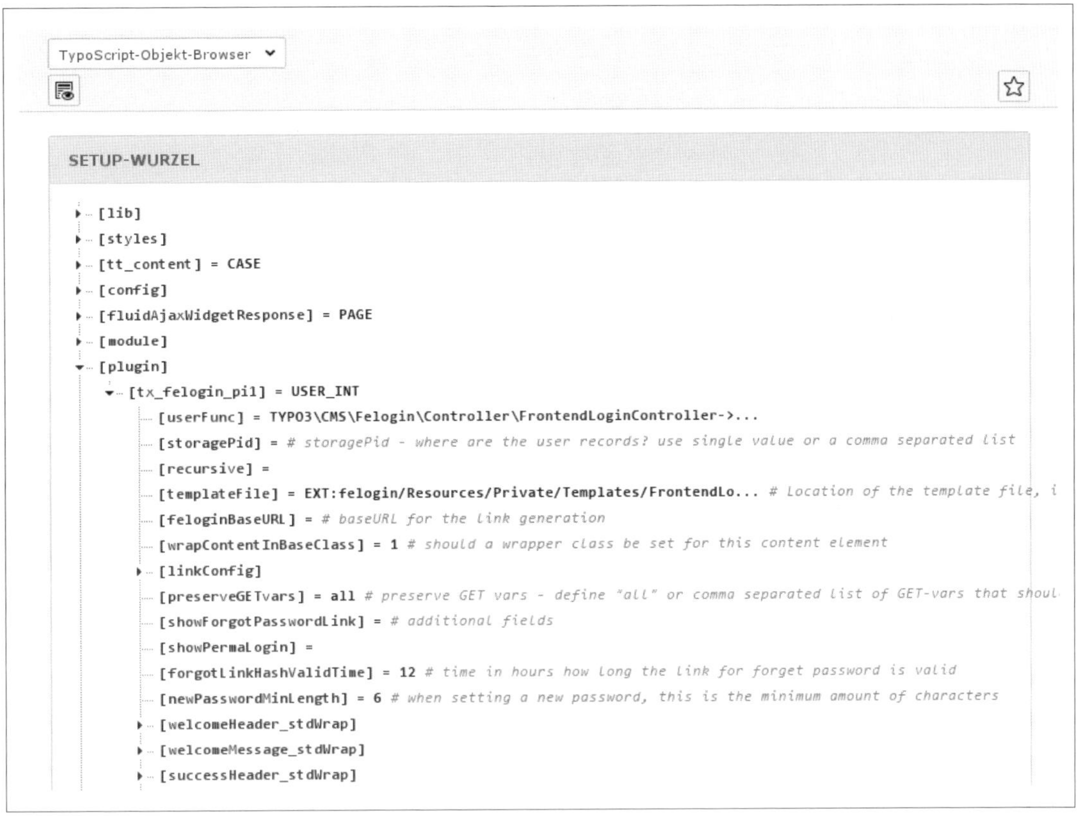

▲ **Abbildung 9-13**
Die TypoScript-Definition des Anmeldeformulars im »TypoScript-Objekt-Browser«

Beispiel 9-6: Definition einer neuen Designvorlage für das Anmeldeformular

```
page = PAGE
page {
    [...]
}
  [...]

plugin.tx_felogin_pi1 {
  templateFile = fileadmin/templates/ext/felogin/FrontendLogin.html
}

```

Die Platzhalter, die Sie in der Designvorlage verwenden können, sind in der bestehenden Vorlage bereits dokumentiert. Achten Sie beim Bearbeiten darauf, die in der Vorlage definierten Teilbereiche so zu belassen, wie sie sind (sie sind innerhalb von HTML-Kommentaren platziert, beispielsweise `<!--###TEMPLATE_LOGIN###-->`). Nachfolgendes Code-Beispiel zeigt eine Beispielvorlage für den `###TEMPLATE_LOGIN###`-Bereich, die die CSS-Klassen des Bootstrap-Frameworks nutzt.

Beispiel 9-7: Eine eigene Designvorlage für das Anmeldeformular

```
<!--###TEMPLATE_LOGIN###-->
<!-- ###LOGIN_FORM### -->
<div class="row">
  <div class="col-md-offset-3 col-md-6">
    ###STATUS_HEADER###
    <div class="panel panel-default">
      <div class="panel-body">
        <p>###STATUS_MESSAGE###</p>
        <form action="###ACTION_URI###" target="_top" method="post" onsubmit="###ON_SUBMIT###">
          <div class="form-group">
            <label for="user">###USERNAME_LABEL###</label>
            <input type="text" class="form-control" id="user" name="user" value="" />
          </div>
          <div class="form-group">
            <label for="pass">###PASSWORD_LABEL###</label>
            <input type="password" class="form-control" id="pass" name="pass" value="" data-rsa-encryption="" />
          </div>

          <!--###PERMALOGIN_VALID###-->
            <div class="form-group">
              <label for="permalogin">###PERMALOGIN###</label>
              <input name="permalogin" value="0" type="hidden" ###PERMALOGIN_HIDDENFIELD_ATTRIBUTES### id="permaloginHiddenField" />
              <input name="permalogin" class="form-control" value="1" type="checkbox" ###PERMALOGIN_CHECKBOX_ATTRIBUTES### id="permalogin" onclick="document.getElementById('permaloginHiddenField').disabled = this.checked;" />
            </div>
          <!--###PERMALOGIN_VALID###-->

          <div>
            <input class="btn btn-primary btn-block btn-lg" type="submit" name="submit" value="###LOGIN_LABEL###" />
          </div>

          <div class="felogin-hidden">
            <input type="hidden" name="logintype" value="login" />
            <input type="hidden" name="pid" value="###STORAGE_PID###" />
            <input type="hidden" name="redirect_url" value="###REDIRECT_URL###" />
            <input type="hidden" name="###PREFIXID###[noredirect]" value="###NOREDIRECT###" />
            ###EXTRA_HIDDEN###
          </div>
          </fieldset>
        </form>

        <!--###FORGOTP_VALID###-->
        <p><!--###FORGOT_PASSWORD_LINK###-->###FORGOT_PASSWORD### <!--###FORGOT_PASSWORD_LINK###--></p>
```

Beispiel 9-7: Eine eigene Designvorlage für das Anmeldeformular (Fortsetzung)

```
          <!--###FORGOTP_VALID###-->
        </div>
      </div>
    </div>
</div>
<!-- ###LOGIN_FORM### -->
<!--###TEMPLATE_LOGIN###-->
```

Log-in in einer Fluid-Variablen speichern

Statt als Seiteninhalt können Sie das Log-in-Formular auch über TypoScript einer Fluid-Variablen zuweisen, um es an einer beliebigen Stelle im Layout auszugeben. Dafür reicht es aus, die TypoScript-Beschreibung für das Log-in-Formular in eine Variable zu kopieren und anschließend diese Kopie anzupassen:

```
page.10.variables.login < plugin.tx_felogin_pi1
```

Eigenschaften, die häufig angepasst werden müssen, sind z.B. `.storagePid` (die ID der Seite, auf der die Benutzer und Gruppen gespeichert sind) und `.templateFile` (Dateiname einer benutzerdefinierten Designvorlage).

Support Sollten Sie im Frontend die Meldung *ID was not an accessible page* erhalten, befinden Sie sich auf einer zugriffsgeschützten Seite. So eine Seite darf nur von Benutzern eingesehen werden, die sich im Frontend als berechtigte Frontend-User authentifiziert haben. Den Zugriff erhalten Sie, indem Sie sich im Frontend über das Log-in-Formular anmelden.

Spezielle Druckansicht

Ein häufiger Anwendungsfall bei Internetpräsentationen ist eine spezielle Druckversion, die im Regelfall den gleichen Inhalt hat wie die »normale« Präsentation, jedoch eine andere Gestaltung. Spezielle Druckansichten lassen sich grundsätzlich auch direkt per CSS-Formatierung vornehmen; in diesem Abschnitt soll jedoch gezeigt werden, wie auch mit TypoScript Anpassungen möglich sind.

Ein weiteres PAGE-Objekt verwenden

Für die Erstellung einer Druckansicht ist die bisher integrierte Designvorlage nicht mehr notwendig, da z.B. sämtliche in dieser Designvorlage genutzten Variablen (bzw. die darin enthaltenen TypoScript-Objekte) nicht mehr benötigt werden. Die Ausnahme bildet das Objekt `styles.content.get`, mit dem zuvor die einzelnen Inhaltsbereiche der

Seite ausgegeben wurden. Daher soll an dieser Stelle ein weiteres PAGE-Objekt mit der Bezeichnung print eingeführt werden:

```
print = PAGE
```

Im aktuellen TypoScript-Template befinden sich jetzt jedoch zwei PAGE-Objekte. TYPO3 weiß im Moment nicht, welches der beiden überhaupt für die Darstellung im Frontend zuständig sein soll. Deshalb nimmt TYPO3 zur Darstellung einfach die Beschreibung des ersten PAGE-Objekts, das es im Template findet.

Die Eigenschaft .typeNum

Um aber mehrere PAGE-Objekte gezielt einzusetzen und anzusprechen, kann jedes von ihnen mit einer eindeutigen Nummer versehen werden. Die entsprechende Eigenschaft für das PAGE-Objekt heißt .typeNum. Wurde bei einem PAGE-Objekt die Eigenschaft .typeNum nicht angegeben, erhält es automatisch die interne Nummer 0. Die Druckversion könnte die Nummer 1 erhalten:

```
print = PAGE
print.typeNum = 1
```

Üblicherweise wird die Webseite im Frontend über eine URL der Art *http://meinedomain.tld/index.php?id=123* aufgerufen. Hier wird angegeben, dass die Seite mit der eindeutigen ID 123 (Datenbanktabelle *page*, Feld *UID*) angezeigt werden soll. Das zu verwendende PAGE-Objekt kann über die URL mit dem Parameter *&type=* explizit angegeben werden. Die URL *index.php?id=123&type=0* führt zu einem identischen Ergebnis wie der Aufruf über die URL *index.php?id=123*. Wird allerdings die URL mit dem Parameter *&type=1* aufgerufen, erhalten Sie zum jetzigen Zeitpunkt noch die Fehlermeldung *The page ist not configured [type=1]*, da die Druckversion, für die *type = 1* gelten soll, noch nicht in Ihrem Template definiert und beschrieben wurde.

Die Druckansicht mit TypoScript beschreiben

Erweitern Sie Ihr TypoScript-Template außerhalb von geschweiften Klammern nun um eine spezielle Druckansicht, die lediglich den Inhalt der aktuellen Seite ausgibt:

Beispiel 9-8: Ausgabe von Inhalt für eine Druckansicht

```
page = PAGE
page {
    [...]
}

# Eine Druckversion der Seite erstellen
print = PAGE
```

Beispiel 9-8: Ausgabe von Inhalt für eine Druckansicht (Fortsetzung)

```
283 print {
284   typeNum = 1
285   10 < styles.content.get
286 }
```

Neben page = PAGE haben Sie nun noch eine zweite Darstellung print = PAGE definiert, die eine völlig andere Beschreibung erhalten kann und nur für einen explizit angegebenen Parameter *&type=1* (Zeile 284) zur Verfügung steht. Nach dem Aufruf der Webseite im Frontend müssen Sie die URL noch um diesen Parameter erweitern:

index.php?id=0&type=1

Sie sollten das in Abbildung 9-14 gezeigte Ergebnis erhalten.

◀ **Abbildung 9-14**
Die Darstellung der Druckversion im Frontend

Falls das in Abbildung 9-14 gezeigte Ergebnis nicht eintritt, obwohl Sie den Parameter *&type=1* in der URL angegeben haben, überprüfen Sie am besten zunächst im Objektbrowser, ob tatsächlich alle Klammern wieder geschlossen wurden. Sollten Sie dort den Hinweis *The script was short of 1 end brace(s)* erhalten, bedeutet das, dass nicht alle sich öffnenden Klammern auch wieder geschlossen werden.

Selbstverständlich können für die Druckversion auch ein Stylesheet und eine Designvorlage verwendet werden (das Folgende ist kein ausführbares Beispiel):

```
[...]
print.includeCSS.style = fileadmin/style.css
print.10 = FLUIDTEMPLATE
print.10 {
  file = fileadmin/print.html
  variables.content < styles.content.get
  [...]
}
```

Da eine Designvorlage allerdings zunächst angelegt werden muss und die Integration so wie in den Beispielen in Kapitel 5, *TypoScript in der Praxis*, erfolgt, soll hier nicht näher auf die Verwendung einer Designvorlage für die Druckversion eingegangen werden.

Ein Link zur Druckversion

Es wäre allerdings eine Zumutung, dem Benutzer einer Webseite mitzuteilen, dass manuell ein Parameter *&type=1* eingefügt werden muss, um eine Druckansicht der aktuellen Seite zu erhalten. Das lässt sich, wie schon bei der Sprachauswahl, eleganter lösen. Dafür steht die Fluid-Variable `print` zur Verfügung, die einen Link zur speziellen Druckansicht enthalten soll.

Beispiel 9-9: Einen Link zur Druckansicht mit Sprachunterstützung erstellen

```
page = PAGE
page {
  [...]
  10 = FLUIDTEMPLATE
  10 {
    [...]
    variables {
      [...]
      # Den Link zur Druckversion darstellen
      print = TEXT
      print {
        value = Druckansicht
        lang.en = Print view

        typolink {
          wrap = <i class="glyphicon glyphicon-print"></i> |
          ATagBeforeWrap = 1

          parameter.dataWrap = {page:uid},1
          target = _blank
        }
      }
    }
  }
}
```

Die hier gezeigte Arbeitsweise ist prinzipiell identisch mit der bei der Umsetzung des Sprachwechslers: Zunächst wird ab Zeile 279 der Text `Druckansicht` bzw. `Print view` ausgegeben. Der Text wird durch die in den Zeilen 284 bis 290 angegebene `.typolink`-Funktion in einen Link umgewandelt. Das Attribut `.parameter.dataWrap` übernimmt gleich zwei Funktionen: Durch das Übergeben der aktuellen Seiten-ID mit `page:uid` (Tabelle *page*, Spalte *UID*) wird auf die aktuelle Seite verlinkt. Die angehängte `1` bezeichnet die Typnummer der Druckansicht und sorgt dafür, dass der erzeugte Link auf diesen Seitentyp verlinkt.

Support Die Ausgabe der Meldung *The page is not configured!* im Frontend bedeutet, dass ein aufgerufener Seitentyp in der URL (z.B. *www.domain.tld/index.php?id=XX&type=xx*) fehlerhaft oder gar nicht konfiguriert ist.

Besondere Darstellung von Inhalten in der Druckversion

Nun kann es immer wieder vorkommen, dass die TypoScript-Beschreibung der Seiteninhalte (aus der Tabelle *tt_content*) für die Druckversion nicht besonders gut geeignet ist. Die TypoScript-Beschreibung für Datensätze der Tabelle *tt_content* ist jedoch global gültig, also sowohl für die Beschreibung der normalen Ansicht in `page = PAGE` als auch für die Druckversion in `druckversion = PAGE`. Um eine unterschiedliche Beschreibung der Darstellung von Seiteninhalten zu erreichen, sind deshalb zwei Konfigurationen für die TypoScript-Beschreibung unterhalb von `tt_content` notwendig: eine für die *normale* Darstellung und eine für die Druckversion.

Auch das kann durch Conditions erreicht werden. Erweitern Sie zu Demonstrationszwecken die Beschreibung für die Überschrift, die Sie in Kapitel 8, *Inhalte ausgeben*, vorgenommen haben. Nur wenn es sich bei der aktuellen Darstellung um die Druckversion (*&type=1*) handelt, soll es keine speziellen Überschriften für das ausgewählte Layout *Layout 1* geben, sondern lediglich die Default-Beschreibung. Dafür wird im folgenden Beispiel für die Druckversion der abweichende `.partialRootPath` für das `lib.fluidContent`-Objekt einfach gelöscht, sodass wieder die Standard-Templates genutzt werden.

Beispiel 9-10: Andere Handhabung der Hauptüberschrift in der Druckversion

```
lib.fluidContent {
  partialRootPaths {
    10 = fileadmin/templates/content/partials
  }
}
```

Beispiel 9-10: Andere Handhabung der Hauptüberschrift in der Druckversion (Fortsetzung)

```
   [...]
# Standard-Templates in der Druckansicht
[globalVar = GP:type=1]
lib.fluidContent {
  partialRootPaths.10 >
}
[global]
```

E-Mail-Adressen vor Spam schützen

All diejenigen, die ihre E-Mail-Adresse auf einer Website veröffentlichen, sind häufig Opfer von sogenanntem *Spam*. Als Spam werden unerwünschte Werbe-E-Mails bezeichnet, die häufig an Hunderttausende von gesammelten E-Mail-Adressen versendet werden. Dabei durchsuchen spezielle Roboter systematisch das Internet und Newsgroups nach potenziellen Adressen.

Die Herkunft des Begriffs Spam ist interessant: Eigentlich ist Spam ein Markenname der amerikanischen Firma Hormel Foods Inc., wird in den USA umgangssprachlich für Dosenfleisch verwendet und steht ursprünglich für *spiced ham*. Zum Synonym für unerwünschte Werbung wurde er durch einen Sketch in der Fernsehserie *Monty Python's Flying Circus*. Dort wünscht ein Gast ein Gericht ohne Dosenfleisch, aber die Kellnerin bietet ihm in einer langen Aufzählung immer wieder nur Spamgerichte an.

Neben Spamfiltern zum automatischen Aussortieren unerwünschter Werbe-E-Mails gibt es aber auch vorbeugende Maßnahmen, um erst gar keine E-Mails dieser Art zu erhalten. Dabei besteht die Prophylaxe darin, E-Mail-Adressen entweder gar nicht oder nur in verschlüsselter Form zu veröffentlichen. Roboter suchen beim Durchforsten des Internet häufig nach @-Zeichen; darum wird, um Mailadressen für Roboter unkenntlich zu machen, z.B. das @-Zeichen durch die Zeichenkombination *at* oder Ähnliches ersetzt.

Häufig ist es gewünscht, zusätzlich zur Nennung der E-Mail-Adresse auf einer Webseite auch einen Link auf diese E-Mail-Adresse zu setzen, um möglichst komfortabel eine E-Mail an diesen Empfänger verschicken zu können. Die E-Mail-Adresse steht dann allerdings erneut im Quellcode und könnte von Robotern gefunden werden. Die in dem Link angegebene E-Mail-Adresse muss also ebenfalls verschlüsselt werden, jedoch auf eine spezielle Art, damit E-Mail-Programme mit diesen verschlüsselten E-Mail-Adressen umgehen können.

In TYPO3 steht eine Funktion zur Verfügung, mit der E-Mail-Adressen verschlüsselt werden können: `config.spamProtectEmailAddresses`. Im folgenden Beispiel wird diese Funktion im oberen Bereich des TypoScript-Templates eingefügt:

Beispiel 9-11: Den Spamschutz für E-Mail-Adressen aktivieren

```
1     # Allgemeine Konfigurationen
2   config {
3     linkVars = L
4     uniqueLinkVars = 1
5     sys_language_uid = 0
6     language = de
7     locale_all = de_DE
8     spamProtectEmailAddresses = 1
9   }
10
11    # Die Webseite darstellen
12  page = PAGE
    [...]
```

In Zeile 8 wird der Spamschutz aktiviert. Jeder Link der Art

```
<a href="mailto:abc@def.de">abc@def.de</a>
```

wird von TYPO3 in eine verschlüsselte Form umgewandelt:

```
<a href="javascript:linkTo_UnCryptMailto('nbjmup;bcdAefg/ef');">
abc(at)def.de</a>
```

Für Roboter ist es damit nicht mehr bzw. nur noch schwer möglich, E-Mail-Adressen ausfindig zu machen.

Als erweiterter Schutz steht die Eigenschaft `.spamProtectEmailAddresses_atSubst` zur Verfügung, die das @-Zeichen in einer E-Mail-Adresse durch den übergebenen Wert ersetzt. Im folgenden Beispiel wird die Zeichenkette at übergeben:

Beispiel 9-12: Das @-Zeichen in einer E-Mail-Adresse ersetzen

```
  # Allgemeine Konfigurationen
config {
  linkVars = L
  uniqueLinkVars = 1
  sys_language_uid = 0
  language = de
  locale_all = de_DE
  spamProtectEmailAddresses = 1
  spamProtectEmailAddresses_atSubst = at
}

  # Die Webseite darstellen
page = PAGE
[...]
```

KAPITEL 10

Bestehende Erweiterungen integrieren

In diesem Kapitel:

- Einführung
- Der TYPO3-Extension Manager
- Das News-Plug-in integrieren und anpassen
- Eine Suche hinzufügen
- Probleme nach der Installation einer Erweiterung

In diesem Kapitel erfahren Sie, wie Sie vorhandene Erweiterungen in TYPO3 integrieren und an Ihre eigenen Bedürfnisse anpassen.

Einführung

TYPO3 ist schon seit jeher vollständig modular aufgebaut. Zusätzlich zum ohnehin schon respektablen Umfang des Grundsystems haben Sie die Möglichkeit, das System über benutzerdefinierte Erweiterungen um weitere Funktionen zu ergänzen – und Erweiterungen gibt es viele: Derzeit stehen um die 1.200 Erweiterungen für TYPO3 unter Open Source-Lizenzen öffentlich zur Verfügung, die sich alle mit geringem Aufwand über das TYPO3-Backend hinzufügen lassen.

In einem sogenannten *Extension-Repository* können Erweiterungen auf einem zentralen Server abgelegt und so der Öffentlichkeit und damit auch Ihnen zur weiteren Verwendung zur Verfügung gestellt werden. Die Vielfalt der verfügbaren Erweiterungen muss jedoch mit Vorsicht genossen werden: Während die Entwicklung des TYPO3-Kern selbst strengen Qualitätsmechanismen unterliegt, gilt dies nicht notwendigerweise für Erweiterungen, die von Community-Mitgliedern bereitgestellt werden. Zwar existiert innerhalb der Community ein Prozess, über den Sicherheitslücken in Erweiterungen gemeldet werden können – eine Garantie, dass die zur Verfügung gestellten Erweiterungen keine Fehler enthalten, gibt es allerdings nicht.

Ebenso kann es zu Kompatibilitätsproblemen kommen: Einzelne Erweiterungen setzen eine ganz bestimmte TYPO3-, PHP- oder MYSQL-Version voraus. Steht diese Version nicht zur Verfügung, kann es bei der einen oder anderen Erweiterung zu Fehlermeldungen kommen, oder die gesamte Webseite lässt sich nicht mehr ohne Fehlermeldungen anzeigen. Im schlimmsten Fall ist selbst ein Log-in in das Backend aufgrund von Fehlermeldungen nicht mehr möglich. Durch manuelles

Deinstallieren der Erweiterung kann der Zugriff auf das Backend wieder ermöglicht werden – jedoch ist dieses immer mit Ärger und Stress verbunden. Wie Sie manuell eine Erweiterung wieder deinstallieren können, erfahren Sie ebenfalls in diesem Kapitel.

Diese Einführung soll Sie nicht davor zurückschrecken lassen, Erweiterungen zu verwenden. Jedoch sollten Sie unbekannte Erweiterungen nicht in einer Produktivumgebung testen, da das unangenehme Folgen haben kann. Testen Sie Erweiterungen also möglichst in einer separaten Testumgebung auf Fehler oder vergewissern Sie sich vorab durch Recherche in Foren, ob Probleme mit der Erweiterung oder den von Ihnen genutzten Systemvoraussetzungen bekannt sind.

Im Sprachgebrauch werden Sie auf verschiedene Begriffe treffen, die prinzipiell alle eines gemeinsam haben. Ob *Erweiterung*, *Extension*, *Modul* oder *Plug-in*: Jeder dieser Begriffe bezeichnet etwas, das TYPO3 um bestimmte Funktionalitäten erweitert. Erweiterung und Extension sind Oberbegriffe für die Begriffe Modul und Plug-in.

Unter einem Modul wird in TYPO3 eine Backend-Erweiterung verstanden, also eine Erweiterung, die nicht auf der Website direkt eingesetzt wird. Ein klassisches Backend-Modul ist z. B. *phpMyAdmin*. Das gesamte Backend selbst ist vollständig modular aufgebaut.

Unter einem Plug-in wird in TYPO3 eine Frontend-Erweiterung verstanden. Frontend-Plug-ins können direkt auf der Website eingesetzt werden und stehen im Regelfall im Seiteninhaltstyp *Plugin einfügen* in einer Auswahl zur Verfügung. Klassische Frontend-Plug-ins sind z. B. das News-Plug-in, das Shop-Plug-in usw. Sie werden aber häufig auf den falsch angewandten Begriff »Frontend-Modul« treffen – nicht unbedingt in diesem Buch, aber z. B. in Foren. Prinzipiell ist damit immer eine Erweiterung gemeint.

Wie bereits oben erwähnt wurde, können Frontend-Plug-ins direkt auf der Website integriert bzw. angezeigt werden. Dabei arbeiten fast alle Frontend-Plug-ins nach den gleichen Prinzipien. Diese Grundlagen werden ausführlich am Beispiel des News-Plug-ins erläutert, und bei den anderen vorgestellten Erweiterungen wird überwiegend auf die jeweiligen Eigenarten eingegangen. Auch wenn Sie für Ihr aktuelles Projekt das News-Plug-in nicht benötigen sollten, empfiehlt es sich, den Abschnitt »Das News-Plug-in integrieren und anpassen« in diesem Kapitel durchzuarbeiten, um sich ein grundsätzliches Verständnis anzueignen.

Der TYPO3-Extension Manager

Den Extension Manager finden Sie im linken Menü im Abschnitt *ADMINWERKZEUGE*. Sie können in diesem Bereich vorhandene Erweiterungen installieren und deinstallieren und verfügbare Erweiterungen aus dem sogenannten Extension-Repository herunterladen, dem zentralen Ablageort für Erweiterungen. Ein Klick auf das Backend-Modul *Erweiterungen* öffnet im rechten Bereich den Extension Manager.

Installierte Erweiterungen

Wenn Sie den Extension Manager aufrufen, wechseln Sie zunächst in die Übersicht der lokal zur Verfügung stehenden Erweiterungen, indem Sie oben im Auswahlmenü den Punkt *Installierte Erweiterungen* auswählen. In dieser Übersicht finden Sie alle Erweiterungen, die derzeit lokal auf Ihrem System zur Verfügung stehen. Eine Erweiterung kann dabei aktiviert oder deaktiviert sein. Deaktivierte Erweiterungen erkennen Sie daran, dass die entsprechende Zeile in der Übersichtstabelle ausgegraut ist.

Wie Sie in Abbildung 10-1 sehen, sind bereits sehr viele Erweiterungen installiert. In der Einleitung zu diesem Kapitel haben Sie erfahren, dass TYPO3 selbst fast vollständig modular aufgebaut ist. Dieser modulare Aufbau ist aber nicht das, was Sie von klassischen Erweiterungen erwarten würden.

Für uns sind z.B. das Shop- oder das News-Plug-in klassische Erweiterungen. Hier kann man jedoch erkennen, dass z.B. die Backend-Menüpunkte *Log* und *Template* ebenfalls Erweiterungen sind, die in der Grundinstallation bereits enthalten sind. Wie Sie in Abbildung 10-1 sehen können, gibt es eine umfangreiche Liste von Erweiterungen, die bereits installiert sind.

▼ Abbildung 10-1
Auch viele der bereits genutzten Funktionalitäten sind Erweiterungen.

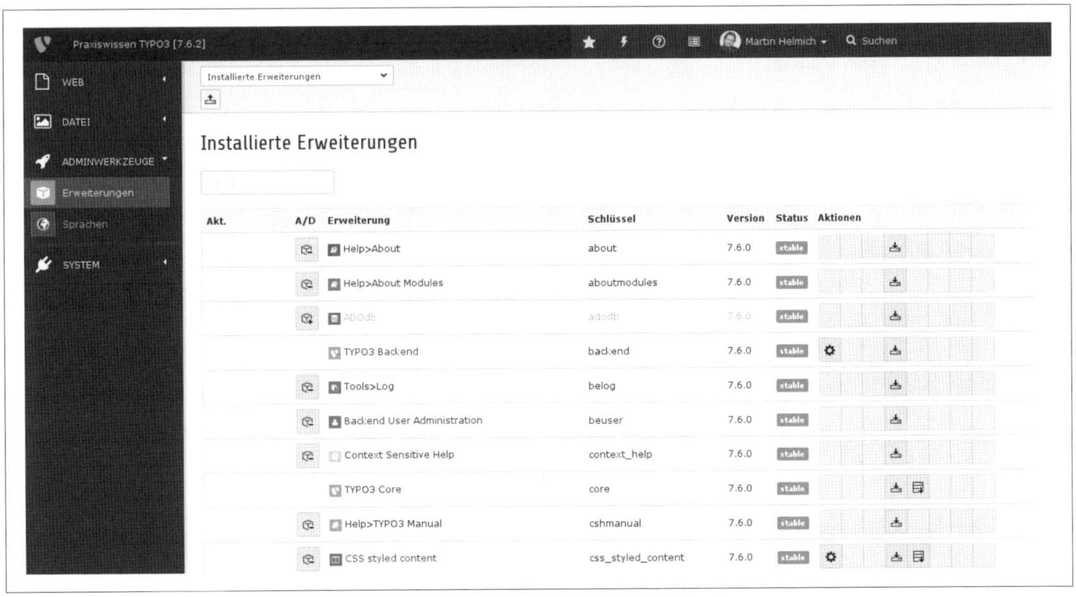

Das Extension Manager-Menü

Im oberen Bereich des Extension Managers finden Sie ein Auswahlmenü. Darin sehen Sie, wie in Abbildung 10-2 gezeigt, folgende Menüpunkte:

Abbildung 10-2 ▶
Auswahl mit verschiedenen Programmbereichen

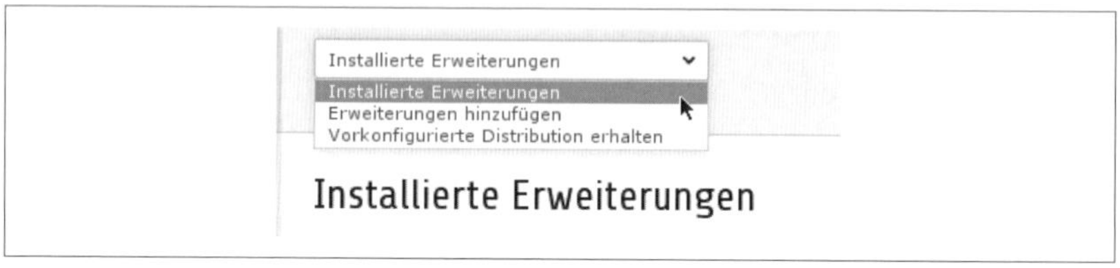

Installierte Erweiterungen (engl. Installed Extensions)
: Das sind alle Erweiterungen, die in Ihrer TYPO3-Installation zur Verfügung stehen und mit einem Klick aktiviert werden können oder bereits aktiviert sind. Wenn eine Erweiterung zur Verfügung steht, bedeutet das, dass sich die Erweiterungsdateien in einem Unterordner von *typo3/ext/*, *typo3/sysext/* oder *typo3conf/ext/* befinden.

Erweiterungen hinzufügen (engl. Get Extensions)
: Steht eine Erweiterung in Ihrer TYPO3-Installation nicht zur Verfügung, können Sie sich diese Erweiterung von einem Server herunterladen, der TYPO3-Erweiterungen zur Verfügung stellt. Dieser zentrale Sammelpunkt aller veröffentlichten Erweiterungen wird als Extension-Repository bezeichnet. Über diesen Menüpunkt können Sie Erweiterungen aus dem Repository nachinstallieren oder bereits installierte Erweiterungen aktualisieren.

Tipp Falls Sie TYPO3 in Kapitel 2, *TYPO3 installieren*, über Composer installiert haben, werden Ihnen dieser Menüpunkt (und der nächste) nicht zur Verfügung stehen. Bei der Installation per Composer müssen auch Extensions per Composer heruntergeladen und installiert werden.

Vorkonfigurierte Distribution erhalten (engl. Get preconfigured distribution)
: Distributionen sind fertig zusammengestellte und vorkonfigurierte Webseiten mit Extensions und Inhalt, die Sie herunterladen und installieren können. Auf diesen Weg können Sie beispielsweise das offizielle Introduction Package, aber auch andere, von der Community bereitgestellte Distributionen installieren.

Die Spalten im Extension Manager

In den Erweiterungslisten im Extension Manager (siehe Abbildung 10-1) sind mehrere Spalten erkennbar, die im Folgenden näher erläutert werden.

Zu Beginn fast jeder Zeile steht entweder ein Button mit einem Minuszeichen oder einem Pluszeichen. Das Symbol mit dem Minuszeichen gibt an, dass die Erweiterung installiert ist und durch einen Klick auf dieses Symbol deinstalliert werden kann. Das andere Symbol gibt an, dass die Erweiterung in der TYPO3-Installation zur Verfügung steht, aber nicht installiert ist. Durch einen Klick auf den Button mit dem Pluszeichen kann die Erweiterung installiert werden. Bei einigen Erweiterungen steht überhaupt keine Schaltfläche zum Aktivieren oder Deaktivieren zur Verfügung; hierbei handelt es sich um Erweiterungen, die Bestandteil des Kernsystems sind und die Sie zu Ihrem eigenen Wohl nicht deaktivieren dürfen.

Die Spalte *Erweiterung* enthält die Bezeichnung der Erweiterung, damit Sie wissen, welches Modul oder Plug-in Sie gerade installieren bzw. deinstallieren möchten.

In der Spalte *Schlüssel* wird der sogenannte *Erweiterungsschlüssel* angezeigt. Das ist der eindeutige Bezeichner der Erweiterung; er darf nicht noch einmal verwendet werden. Für Entwickler, die ihre selbst entwickelten Erweiterungen veröffentlichen möchten, steht unter *typo3.org* ein Formular zur Verfügung, mit dem man sich einen Extension-Key reservieren lassen kann, damit es in der internationalen Entwicklergemeinde nicht zu Namenskonflikten kommt.

Die Spalte *Version* enthält, wie der Name bereits vermuten lässt, die Versionsnummer der aktuell installierten Version.

In der Spalte *Aktionen* finden Sie für jede Extension Schaltflächen, die verschiedene Aktionen auslösen. Hier können Sie beispielsweise die Extension als ZIP-Datei herunterladen oder weitere Konfigurationseinstellungen vornehmen (in Abbildung 10-3 am Beispiel der Erweiterung RTE-HTMLArea zu sehen).

In der *Status*-Spalte wird der Entwicklungsstand der Erweiterung angegeben. Mögliche Werte sind *test*, *experimental*, *obsolete*, *alpha*, *beta* und *stable*. Ein weiterer Status, der nicht den Stand der Entwicklung, sondern die Updatefähigkeit beeinflusst, ist der Status *Exclude From Updates*. Diesen Status können Sie setzen, wenn eine Erweiterung nicht aktualisiert werden soll. Öffnen Sie dazu die Datei *ext_emconf.php* einer Extension und ändern Sie die Zeile für den Status wie folgt: *'state'* => *'excludeFromUpdates'*. Das ist sehr nützlich, wenn Sie Anpassungen an Erweiterungen durchgeführt haben und diese nicht durch ein Update überschrieben werden sollen.

Wie Sie mitbekommen haben, wird der Status nicht von einem Gremium vergeben, sondern direkt vom Entwickler der Erweiterung selbst. Er kann durch Anpassung der Datei *ext_emconf.php* verändert werden.

Sogar Erweiterungen mit dem Status *stable* können also durchaus noch Fehler enthalten, wenn sie z.B. nur für eine bestimmte TYPO3-Umgebung getestet wurden.

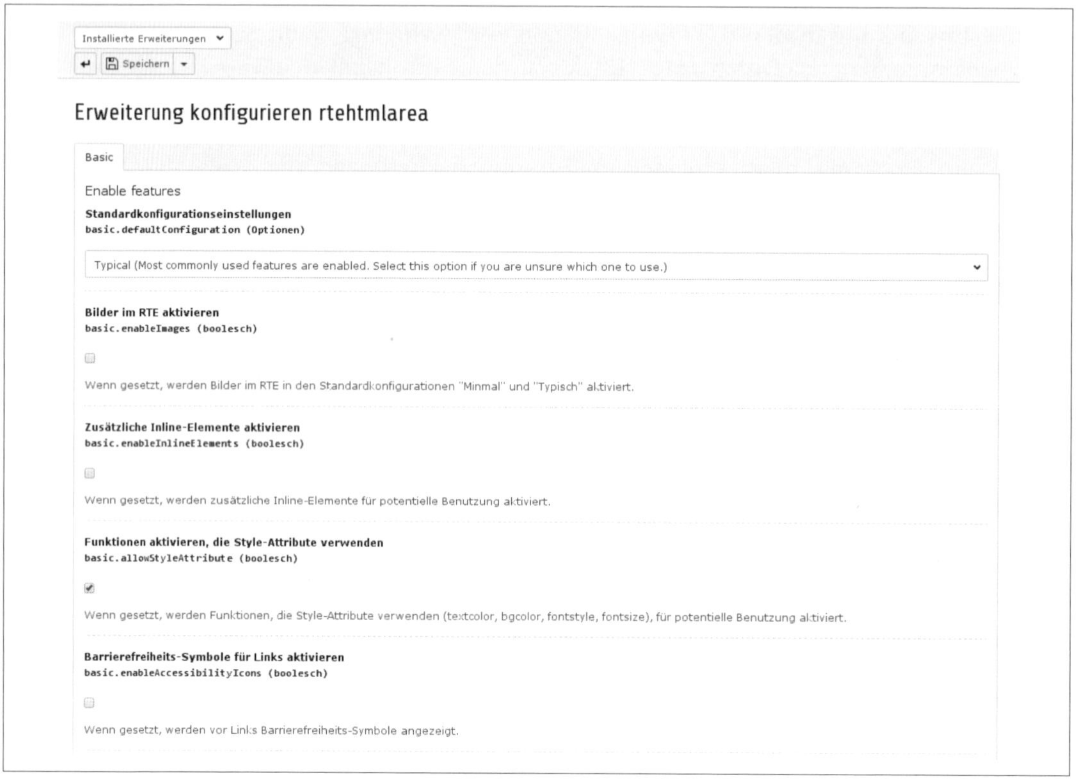

Abbildung 10-3 ▲
Über die Schaltfläche »Erweiterung konfigurieren« können weitere Einstellungen für eine Erweiterung vorgenommen werden.

In der Ansicht *Erweiterungen hinzufügen* wird als weitere Spalte die *Beschreibung* der jeweiligen Extension dargestellt. Zusätzlich können Sie mit einem Klick auf den Erweiterungsnamen eine Detailansicht der Erweiterung öffnen.

Verfügbare Erweiterungen aktivieren

Erweiterungen, die in Ihrer TYPO3-Installation zur Verfügung stehen, können Sie mit einem Klick aktivieren. Um eine Übersicht darüber zu erhalten, welche Erweiterungen überhaupt vorhanden sind, wählen Sie im Extension Manager den Eintrag *Installierte Erweiterungen* aus.

Sie erhalten eine Übersicht der Erweiterungen, die sich in Ihrer TYPO3-Installation befinden. Um eine Erweiterung zu aktivieren, klicken Sie auf den Button mit dem Pluszeichen. Aktivieren Sie zunächst aber noch keine Erweiterung. Das werden Sie in einem folgenden Abschnitt anhand des News-Plug-ins nachholen.

Erweiterungen aus dem Extension-Repository herunterladen

Steht eine Erweiterung nicht zur Verfügung, können Sie sie aus dem sogenannten Extension-Repository herunterladen. Das Extension-Repository stellt als zentraler Server alle veröffentlichten Erweiterungen zur Verfügung. Der Erweiterungsmanager lädt sich automatisch eine jeweils aktuelle Liste der verfügbaren Erweiterungen aus dem Repository. Sie können über den Button *Jetzt aktualisieren* auch manuell eine aktuelle Liste anfordern.

Support Für den Vorgang des Downloads der Extension-Liste wird vom ausführenden Programm viel Arbeitsspeicher des Servers belegt. Wird dem PHP-Programm zu wenig Speicherzugriff erlaubt, kann es zu der Fehlermeldung *Fatal error: Allowed memory size of …* oder *Error parsing json response: null* kommen. Bei einem auf TYPO3 spezialisierten Provider sollte Ihnen ausreichend Arbeitsspeicher für PHP zur Verfügung stehen.

Wenn Sie selbst einen Server aufgesetzt haben, müssen Sie diesem gestatten, nach außen HTTP-Anfragen zu stellen. Je nach Konfiguration der Firewall ist das nicht unbedingt gegeben.

Nach dem Laden der Liste aller verfügbaren Erweiterungen steht Ihnen eine recht umfangreiche Tabelle zur Verfügung, die zur Übersichtlichkeit auf mehrere Seiten aufgeteilt wurde und sämtliche installierbaren TYPO3-Erweiterungen enthält (siehe Abbildung 10-4).

▼ Abbildung 10-4
Eine Liste aller installierbaren Erweiterungen

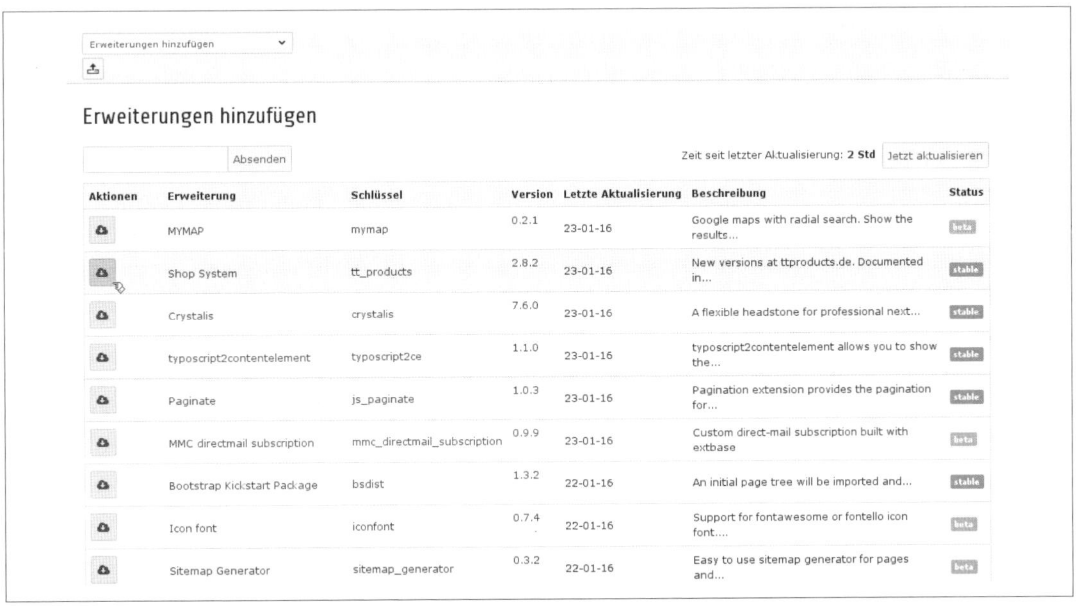

Der Downloadbutton auf der linken Seite gibt an, dass die Erweiterung in Ihre TYPO3-Installation übertragen werden kann.

Das News-Plug-in integrieren und anpassen

Mit dem News-Plug-in werden aktuelle Mitteilungen erstellt. Das ist prinzipiell auch über Seiteninhaltstypen wie *Text & Media* möglich. Das News-Plug-in selbst stellt aber Funktionen zur Verfügung, die diese Seiteninhaltstypen im Regelfall nicht bieten.

Eine typische Funktion ist beispielsweise die Automatisierung eines Teasertexts mit anschließendem Link *Weiter* auf einen vollständigen Artikel. Mehrere bestehende News werden so auf einer Übersichtsseite auf eine bestimmte Anzahl von Zeichen gekürzt – um die vollständige Nachricht zu lesen, kann man einem Link folgen.

Eine weitere Funktion ist das Erstellen von News-Archiven. News-Beiträge, die ein bestimmtes Datum überschritten haben, können in ein Archiv aufgenommen und dann beispielsweise kategorisiert nach Jahren, Quartalen oder Monaten aufgelistet werden.

Diese Funktionen lassen sich theoretisch auch über normale Seiteninhalte realisieren. Das muss jedoch jeweils manuell geschehen. Ein Teasertext müsste manuell erstellt werden, Archive wären per Hand zu pflegen usw.

Wenn diese Funktionen jedoch nicht benötigt werden, ist das News-Plug-in möglicherweise überflüssig, und Sie sollten die bekannten Seiteninhaltstypen verwenden. Mit TypoScript lassen sich diese Funktionen zum großen Teil ebenfalls realisieren, jedoch ist das recht kompliziert und aufwendig.

Das News-Plug-in installieren

Bevor das News-Plug-in installiert werden kann, muss es zunächst heruntergeladen werden. Das Herunterladen von Erweiterungen funktioniert unterschiedlich, je nachdem, ob Sie TYPO3 per Composer installiert haben oder nicht (falls ersteres der Fall ist, werden Sie im Extension Manager mit einem deutlich sichtbaren Warnhinweis darauf aufmerksam gemacht).

Im Composer-Modus müssen Sie Erweiterungen mit Composer über die Kommandozeile herunterladen (dazu unten mehr); andernfalls ist ein Herunterladen der Erweiterung über das TYPO3-Backend im Extension Manager möglich. Wählen Sie hierzu aus dem Auswahlfeld im oberen Bereich den Punkt *Erweiterungen hinzufügen* aus. Im Eingabefeld oberhalb der verfügbaren Erweiterungen können Sie dann nach dem News-Plug-in suchen, indem Sie den Extension-Key *news* angeben und anschließend mit *Enter* bestätigen.

Sie erhalten als Suchergebnis eine Auswahl an Extensions, die alle das Suchwort *news* im Extension-Key haben. Über den Downloadbutton ganz links neben dem Suchergebnis können Sie jetzt die Erweiterung News mit dem Extension-Key *news* in Ihre lokale TYPO3-Installation herunterladen. Dadurch wird der gesamte Quellcode der Erweiterung in Ihre lokale TYPO3-Installation übertragen und im Ordner *typo3conf/ext/news/* abgelegt. Wenn Sie die Erweiterung herunterladen, wird sie im selben Zuge auch gleich aktiviert, sodass Sie sie sofort benutzen können.

Ob die Erweiterung korrekt heruntergeladen und aktiviert wurde, können Sie überprüfen, indem Sie im oberen Auswahlmenü zurück auf den Punkt *Installierte Erweiterungen* wechseln und die News-Extension in der Liste suchen.

Support Sollten Sie eine Fehlermeldung in der Art *Ihre TYPO3-Version (7.6.2) ist höher als diese Extension benötigt. Sie benötigt TYPO3-Versionen 4.5.0 - 6.2.99* erhalten, können Sie durch Setzen des Häkchens bei *Versionserfordernis ignorieren* und eine anschließende Bestätigung über den Button *Ich weiß was ich tue; trotzdem weitermachen* die Erweiterung trotzdem installieren. Bitte ignorieren Sie Abhängigkeiten jedoch nicht generell, sondern prüfen Sie immer genau, wie wichtig sie sind. Sie sollten die Funktion möglichst nur auf einer Testumgebung und nicht im Live-Betrieb Ihrer Website durchführen.

Die komplette Installation, einschließlich des Anlegens zusätzlicher Datenbanktabellen, wird vollautomatisch für Sie vorgenommen.

Falls Sie TYPO3 in Kapitel 2, *TYPO3 installieren*, nicht manuell, sondern über Composer installiert haben, benötigen Sie stattdessen einen Kommandozeilenbefehl, um die News-Extension zu installieren. Wechseln Sie hierzu in Ihr Projektverzeichnis (in Kapitel 2 war dies */var/www/buch*) und nutzen Sie folgenden Befehl, um die News-Erweiterung herunterzuladen und zu installieren:

```
$ composer require typo3-ter/news
```

Composer wird die Erweiterung nun herunterladen und installieren. Im Anschluss wird Ihnen die Extension im Extension Manager unter der Liste der Installierten Erweiterungen genauso zur Verfügung stehen, als wäre sie über das TYPO3-Backend heruntergeladen worden.

Wechseln Sie zurück in die Liste der installierten Erweiterungen und klicken Sie in der *news*-Zeile in der Erweiterungsliste auf den Button *Konfigurieren*. Hier können Sie Einstellungen an der Erweiterung durchführen (siehe Abbildung 10-5).

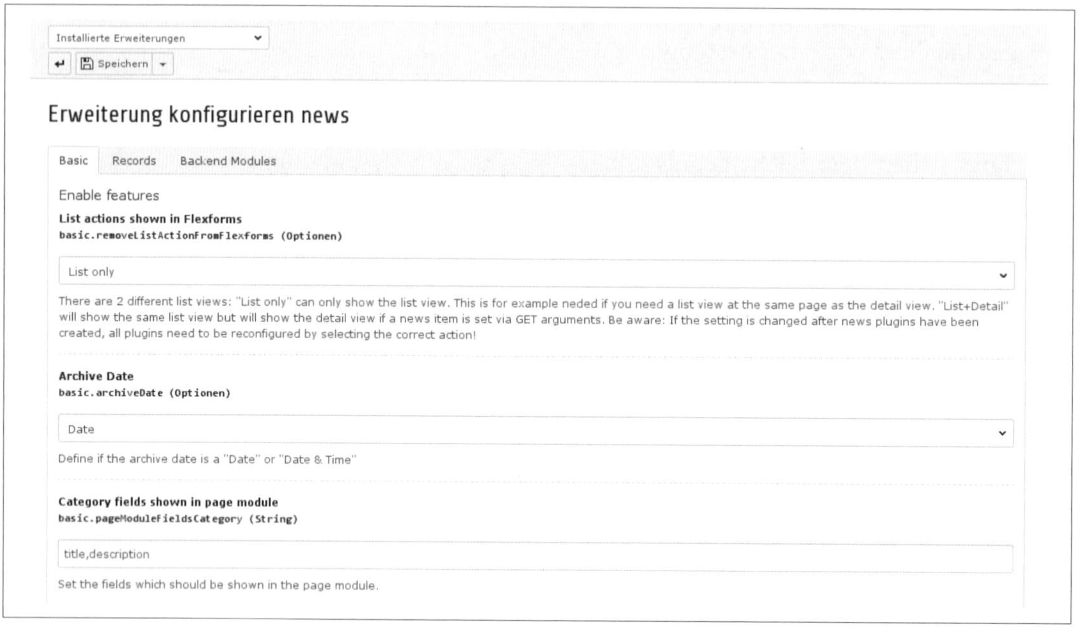

Abbildung 10-5 ▲
Das News-Plug-in wurde erfolgreich installiert.

Die Konfiguration betrifft insbesondere das Verhalten im Backend, zum Beispiel bei mehrsprachigen Präsentationen, und einige Feineinstellungen. Sie können die Grundkonfiguration getrost so lassen. Wenn gewünscht, können Sie diese Konfigurationen zu einem späteren Zeitpunkt wieder ändern.

Das News-Plug-in ist jetzt installiert – auf den ersten Blick wird Ihnen wahrscheinlich das neue Backend-Modul *News-Administration* im linken Menü auffallen. Bevor wir uns mit dem Backend-Modul beschäftigen, kümmern wir uns jedoch zunächst um die Darstellung von News im Frontend.

Tipp Nach der Installation von Erweiterungen sind in der Regel nur die englischen Sprachdateien vorhanden. Wenn Sie andere Sprachen im Backend nutzen, können Sie die benötigten Sprachdateien in der Sprachverwaltung herunterladen, indem Sie die Schaltfläche *Aus Bibliothek aktualisieren* anklicken.

Frontend-Plug-in: Seiteninhalt/Container anlegen

Das News-Plug-in soll jetzt so in die Website integriert werden, dass News zunächst nur auf der Seite *Aktuelles* angezeigt werden. Später sollen die letzten drei News auch im Fußbereich der Seite auftauchen.

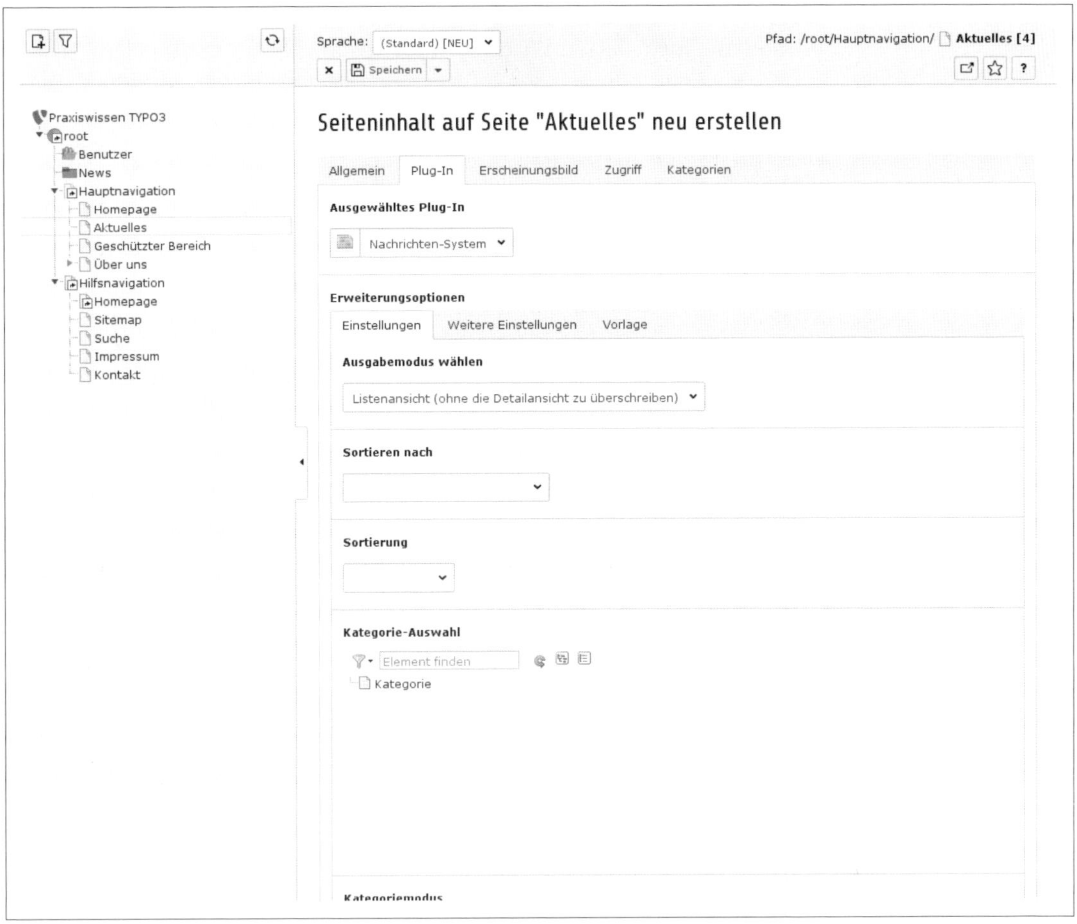

▲ Abbildung 10-6
Das News-Plug-in kann über eine Maske konfiguriert werden.

Sie können das News-Plug-in nach seiner Installation zur Seite *Aktuelles* hinzufügen. Dazu wählen Sie im linken Menü den Eintrag *Seite* und im Seitenbaum die Seite *Aktuelles* aus. Durch Anklicken des Buttons *Neues Inhaltselement erstellen* können Sie dann einen Seiteninhalt anlegen. Es öffnet sich der Wizard für neue Seiteninhalte. Sie können entweder einen ganz normalen Seiteninhalt wie *Text & Media* auswählen oder aber im unteren Bereich *Plug-Ins* den Eintrag *Allgemeines Plug-In* oder direkt *Nachrichten-System* verwenden. Für welches Element Sie sich auch entscheiden, Sie haben nachträglich immer die Möglichkeit, den Typ des Seiteninhalts zu ändern, z.B. von *Text & Media* auf *Allgemeines Plug-In*.

Nach dem Anlegen eines neuen Seiteninhalts vom Typ *Allgemeines Plug-In* kommen Sie in die Maske für Frontend-Plug-ins, in der mehrere Registerkarten zur Auswahl stehen. Über die Registerkarte *Allgemein* können Sie unter anderem eine Überschrift vergeben. Auf der Registerkarte *Plug-In* wählen Sie das gewünschte Frontend-Plug-in aus dem

Auswahlfeld *Ausgewähltes Plug-In* aus. Die Liste dieser Auswahl zeigt Ihnen alle installierten Frontend-Plug-ins an. In Ihrem aktuellen Projekt sollte die Liste lediglich den Eintrag *Nachrichten-System* enthalten, da Sie derzeit nur dieses Frontend-Plug-in installiert haben. Sie erhalten eine Meldung, in der angegeben wird, dass die Maske neu geladen werden muss. Bestätigen Sie die Meldung einfach mit *OK*. Es erscheint die in Abbildung 10-6 gezeigte umfangreiche Maske, in der bereits das News-Plug-in konfiguriert werden kann.

Tipp Im News-Plug-in wird eine Technik mit der Bezeichnung *FlexForms* angewendet, die das Konfigurieren einer Erweiterung über eine Maske mit mehreren Registerkarten ermöglicht. Die hier zur Verfügung gestellten Konfigurationsmöglichkeiten werden in der Datenbanktabelle *tt_content* in nur einem einzigen Datenbankfeld im XML-Format gespeichert.

Frontend-Plug-in: Elemente und Container

Das News-Plug-in ist ein klassisches Beispiel für ein Frontend-Plug-in, das mehrere (News-)Elemente aufnehmen kann. Das Einfügen eines Seiteninhalts vom Typ *Plug-In → Nachrichten-System* stellt einen Container bereit, der, je nach Konfiguration des News-Plug-ins, mehrere News-Elemente aufnehmen kann. Abbildung 10-7 veranschaulicht das.

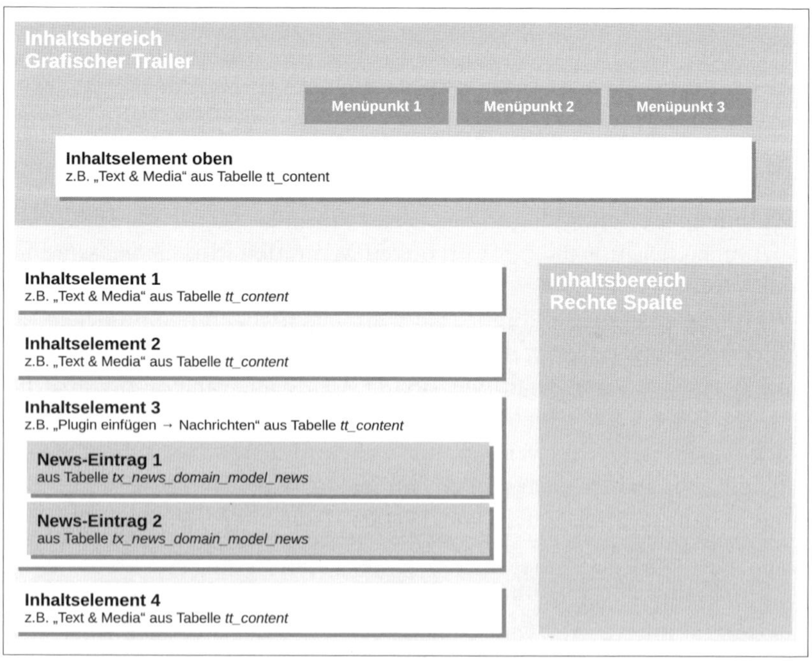

Abbildung 10-7 ▶ Ein News-Container, der mehrere News-Elemente aufnehmen kann

Das News-Plug-in konfigurieren

Für die ausführliche Konfiguration des News-Plug-ins stehen umfangreiche Dokumentationen zur Verfügung, die die Einstellungsmöglichkeiten detailliert beschreiben. Daher sollen in diesem Abschnitt nur die am häufigsten verwendeten Konfigurationsmöglichkeiten vorgestellt werden.

Überblick über die wichtigsten Konfigurationsmöglichkeiten

Auf der Registerkarte *Einstellungen* können Sie unter *Ausgabemodus wählen* angeben, was genau das News-Plug-in auf der Website darstellen soll. Mit *Listenansicht* wird angegeben, dass eine bestimmte Anzahl an News in einer Kurzfassung (Teaser) dargestellt wird. Ein Klick im Frontend auf einen News-Beitrag zeigt dann den ausgewählten Beitrag in Gänze an. Die Anzahl der dargestellten Beiträge kann auf der Registerkarte *Weitere Einstellungen* unter *Maximale Anzahl anzuzeigender Datensätze* angegeben werden. Über die Option *Kategorie-Auswahl* kann die Listenansicht auf eine bestimmte Nachrichtenkategorie eingeschränkt werden. Die Option *Zeitlimit* hingegen erlaubt es, nur News-Einträge ab einem bestimmten Zeitpunkt darzustellen.

Die Option *Detailansicht* im Auswahlfeld *Ausgabemodus wählen* gibt an, dass nur ein einziger News-Beitrag angezeigt wird. Um welchen News-Beitrag es sich handeln soll, muss über Parameter in der URL übermittelt werden. Daher eignet sich die *Detailansicht* insbesondere auf Seiten, auf die gegebenenfalls von der *Listenansicht* aus verwiesen wird. Auf welche Seite ein Link von der Listenansicht zu einer Detailansicht verweisen soll, kann auf der Registerkarte *Weitere Einstellungen* unter *Seiten-ID für Einzelnachrichten-Ansicht* angegeben werden.

Mit *Datumsmenü* kann ein Menü aller vorhandenen News-Beiträge gruppiert nach Datum erstellt werden. Dies ist nützlich für Archivansichten, in denen ein Nutzer der Seite historische News-Beiträge durchsuchen können soll.

Mit der Ansicht *Suchformular* wird ein Suchformular angezeigt, mit dem in News-Beiträgen gesucht werden kann. Für ein Suchformular wird zudem (auf einer anderen Seite platziert) ein News-Element mit der Ansicht *Suchergebnis* benötigt, in dem die Ergebnisse einer Suche dargestellt werden können.

Die Ansichten *Kategorien* und *Tags* geben jeweils ein Menü der im TYPO3-Backend hinterlegten Kategorien bzw. Tags aus. Die News-Kategorien sind (ähnlich wie der TYPO3-Seitenbaum) hierarchisch organisiert; jede Kategorie kann Unterkategorien haben, und jeder

News-Eintrag gehört zu einer Kategorie. Tags sind nicht hierarchisch unterteilt, und jeder Eintrag kann mit beliebig vielen Tags ausgezeichnet werden.

Für jeden Ausgabemodus auf dem Reiter *Einstellungen* können Sie im Feld *Ausgangspunkt* angeben, auf welcher Seite bzw. welchen Seiten sich die News-Beiträge befinden. Wenn kein Ausgangspunkt angegeben wird, werden News-Beiträge immer auf der momentan aktuellen Frontend-Seite gesucht, also z.B. auf *Aktuelles*. Mit *Rekursiv* können Sie zusätzlich angeben, ob vom Ausgangspunkt bzw. der momentan aktuellen Seite aus rekursiv nach News-Beiträgen gesucht werden soll. Wenn Sie den Ausgangspunkt z.B. auf die Seite *root* legen und die Option *Rekursiv* auf *unendlich* setzen, würde das gesamte TYPO3-Projekt nach News-Beiträgen durchsucht.

Notwendige Konfigurationen für das Praxisbeispiel

Für das Praxisbeispiel ist es zunächst erforderlich, dass Sie eine Listenansicht auswählen. Wählen Sie daher auf der Registerkarte *Einstellungen* in der Auswahl *Ausgabemodus wählen* den Eintrag *Listenansicht* aus. Speichern Sie anschließend die getätigten Konfigurationen über den Button *Speichern* ab.

Einen News-Beitrag erstellen

Damit später überhaupt News-Beiträge angezeigt werden können, muss auch mindestens einer vorhanden sein. Dieser News-Beitrag soll sich ebenfalls auf der Seite *Aktuelles* befinden. Wechseln Sie zum Anlegen eines News-Beitrags in das *Liste*-Modul und wählen Sie die Seite *Aktuelles*. Anschließend klicken Sie in der oberen Zeile auf die Schaltfläche *Neuen Datensatz erstellen*.

Im rechten Bereich sehen Sie eine Liste der möglichen Datensätze, die Sie neu anlegen können. Mit der Installation der Erweiterung News sind zwei neue Einträge in der Liste der möglichen Datensätze aufgetaucht: *Artikel* und *Nachrichten-Tag* (siehe Abbildung 10-8). Wählen Sie zum Anlegen eines News-Beitrags den Eintrag *Artikel* aus.

Es öffnet sich die in Abbildung 10-9 gezeigte Maske für einen News-Beitrag. Diese Maske ist recht umfangreich und enthält viele Felder, die im Regelfall für das jeweilige Projekt nicht benötigt werden. Diese nicht benötigten Felder können den Redakteuren mithilfe von Benutzerrechten entzogen werden. Nähere Informationen dazu finden Sie in Kapitel 12, *Benutzerrechte für Redakteure anlegen*.

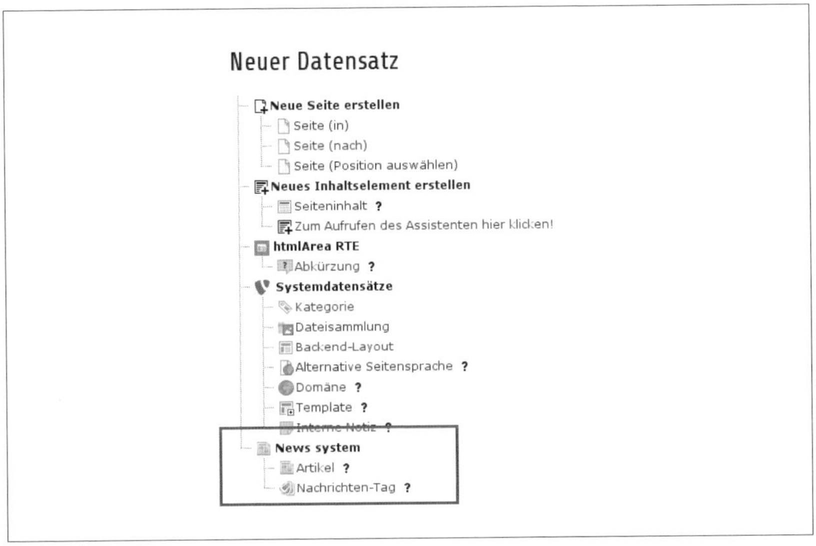

Abbildung 10-8
Einen News-Beitrag anlegen

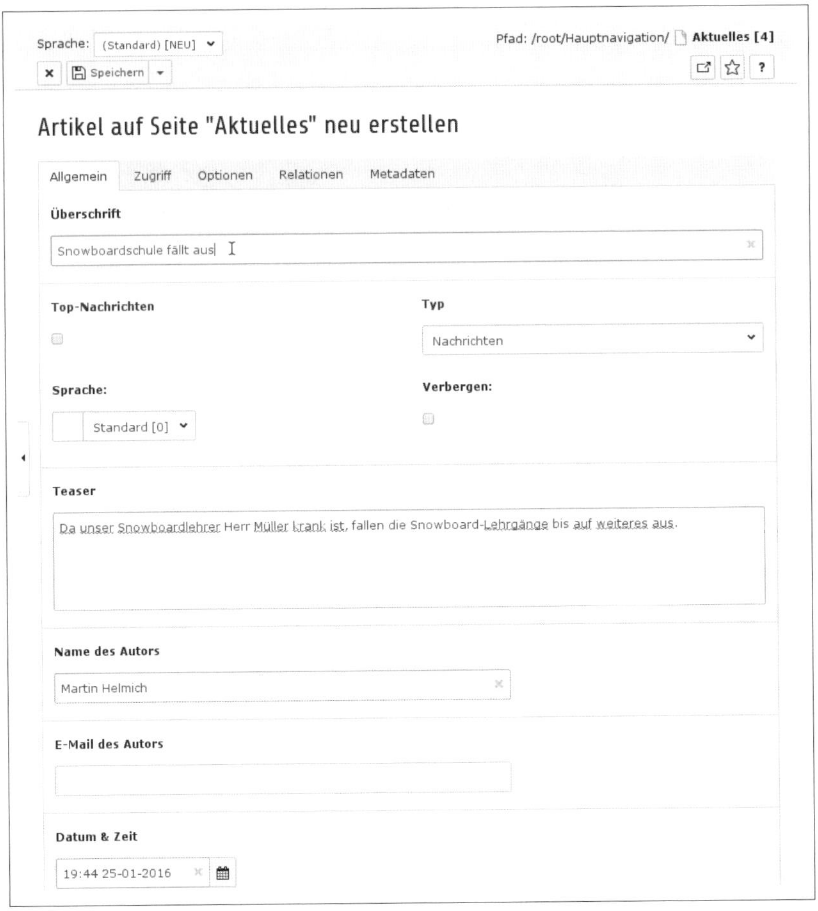

Abbildung 10-9
Die Maske für einen News-Beitrag

1. Tragen Sie in die Felder *Überschrift* und *Rich-Text-Editor* (optional auch *Teaser*) einen beliebigen Inhalt ein.
2. Deaktivieren Sie die Option *Verbergen*, falls sie aktiviert ist. Ansonsten wird dieser News-Beitrag nicht angezeigt.
3. Speichern und schließen Sie Ihren ersten News-Beitrag.

Wenn Sie jetzt im Frontend das Ergebnis der Seite *Aktuelles* betrachten, werden Sie feststellen, dass bisher keine News angezeigt werden. Sie erhalten lediglich eine Meldung mit dem lapidaren Inhalt *Oops, an error occurred! Code: ...* (siehe Abbildung 10-10).

Wenn Sie im Frontend eine *Oops, an error occured!*-Meldung erhalten, können Sie in die Protokolldatei im Verzeichnis *typo3temp/logs/* Ihrer TYPO3-Installation schauen. Hier können Sie mehr über die Ursache eines solchen Fehlers erfahren, müssen sich dafür jedoch durch eine beachtliche Menge Debug-Informationen wühlen. In diesem Fall kommt die Fehlermeldung daher, dass die News-Extension noch ein TypoScript-Template benötigt, das zunächst eingebunden werden muss.

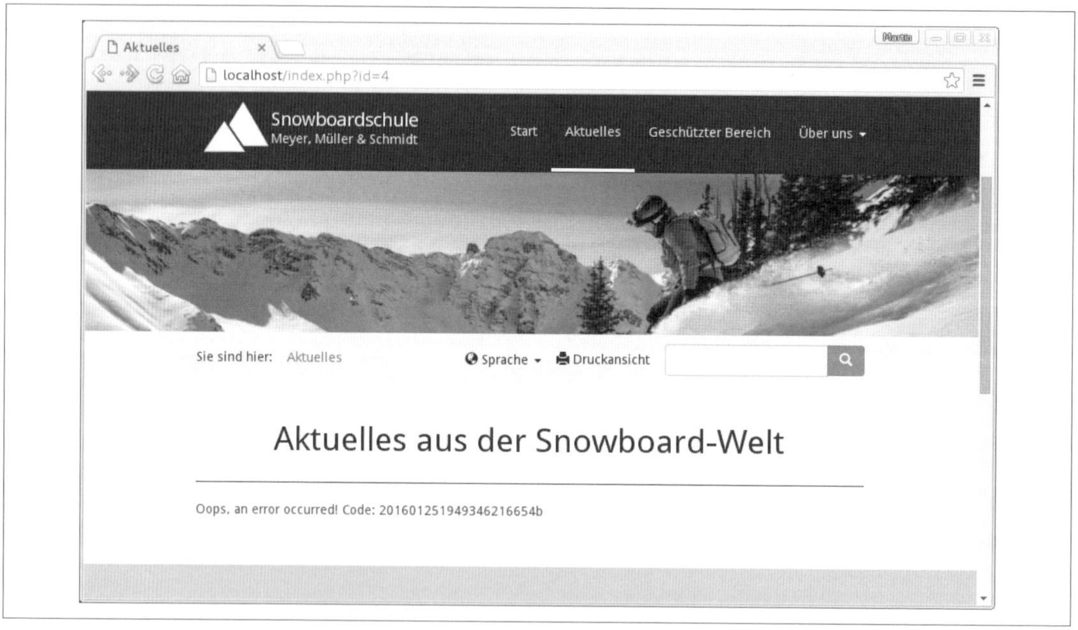

Abbildung 10-10 ▲
Fehlermeldung der Erweiterung News im Frontend

Ein statisches Template für die Anzeige von News inkludieren

Damit News-Beiträge im Frontend angezeigt werden können, muss ein statisches Template inkludiert werden.

1. Wechseln Sie dazu in Ihr Template, indem Sie im linken Menü in das Backend-Modul *Template* wechseln.

2. Wählen Sie anschließend im Seitenbaum die Seite *root* aus.
3. Gehen Sie jetzt jedoch nicht in den Bereich *Setup*, sondern klicken Sie auf den Textlink *Vollständigen Template-Datensatz bearbeiten*.
4. Wählen Sie die Registerkarte *Enthält* aus.
5. Fügen Sie im Abschnitt *Statische Templates einschließen (aus Erweiterungen)* den inkludierten Templates das statische Template *News (news)* hinzu (siehe Abbildung 10-11).
6. Speichern Sie das gesamte Projekt-Template ab.

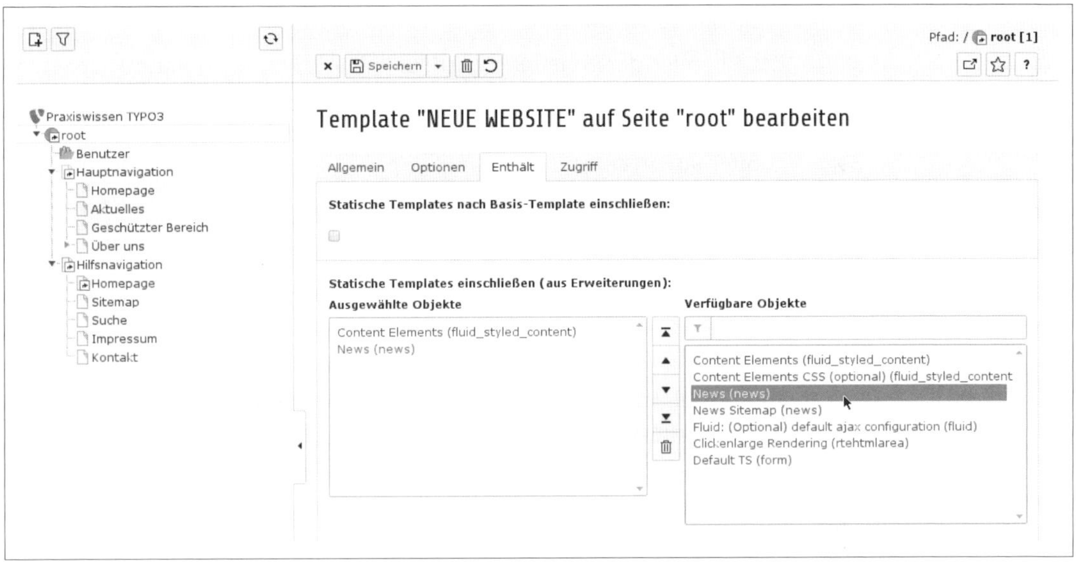

▲ **Abbildung 10-11**
Das statische Template »News (news)« hinzufügen

Rufen Sie anschließend das Frontend erneut auf, und Sie werden feststellen, dass die Listendarstellung der News nun bereits funktioniert. Wenn Sie bei einem News-Eintrag jedoch auf den Link *Weiterlesen* klicken, geschieht nichts, und Sie bleiben auf derselben Ansicht wie zuvor. Um dieses Problem zu lösen, muss nun im nächsten Schritt eine Detailansicht konfiguriert werden.

Die Verlinkung zur Detailansicht anpassen

Auf der Seite *Aktuelles* haben Sie bei der Plug-in-Konfiguration im Backend angegeben, dass News-Beiträge im Ansichtsmodus *Listenansicht* gezeigt werden sollen. Nachrichten werden also nicht komplett, sondern in einer Liste dargestellt. Jeder Eintrag besteht aus der Überschrift und einem kurzen Ausschnitt aus dem Text. Um die gesamte Nachricht einsehen zu können, müssen die Listeneinträge zu einer *Detailansicht* verlinkt werden.

Wenn Sie jetzt auf der Seite *Aktuelles* auch ein Plug-in im Modus *Detailansicht* einfügten, würden Sie bei der Auswahl der Seite *Aktuelles* des Menüs im Frontend die Fehlermeldung *No news entry found* erhalten.

Um bei einem Klick auf den Link eines News-Beitrags den vollständigen Beitrag zu sehen, muss eine neue Seite als Unterseite von *Aktuelles* angelegt werden:

1. Legen Sie eine neue Unterseite an, indem Sie per Rechtsklick das Kontextmenü der Seite *Aktuelles* öffnen und die Aktion *Seitenaktionen → Neu* auswählen.
2. Geben Sie der neuen Seite z. B. den Titel *Detailansicht* und aktivieren Sie die Option *Sichtbarkeit → In Menüs → verbergen* unterhalb der Registerkarte *Zugriff*, damit diese Seite weder im Menü noch in der Sitemap angezeigt wird.
3. Fügen Sie dann auf der neuen Seite einen Seiteninhalt vom Typ *Nachrichten-System* ein.
4. Wählen Sie in der erscheinenden Maske zur Konfiguration des News-Plug-ins den Anzeigemodus *Detailansicht* aus.
5. Speichern Sie das Inhaltselement.

Damit nun bei Auswahl eines News-Beitrags auf der Seite *Aktuelles* auch eine Verlinkung zur Seite *Detailansicht* erfolgt, muss in der Konfiguration des News-Plug-ins auf der Seite *Aktuelles* eine entsprechende Eigenschaft gesetzt werden:

1. Wählen Sie im Backend aus dem Seitenbaum die Seite *Aktuelles* aus und klicken Sie auf das Bleistiftsymbol des einzigen angelegten News-Seiteninhalts.
2. Wechseln Sie auf die Registerkarte *Plug-In → Weitere Einstellungen*.
3. Wählen Sie für die Eigenschaft *Seiten-ID für Einzelnachrichten-Ansicht* jetzt die Seite *Detailansicht*, indem Sie ganz rechts neben dem Eintrag in dem Eingabefeld nach dem Seitentitel suchen.
4. Speichern Sie das Inhaltselement und rufen Sie anschließend die Seite *Aktuelles* im Frontend auf.

Sie werden sehen, dass Ihre angelegte Nachricht angezeigt wird (siehe Abbildung 10-12). Die Überschrift ist bereits verlinkt, und der Link *weiterlesen* verweist nicht mehr ins Leere, sondern leitet Sie beim Klick auf die Seite mit dem Plug-in und der Detailansicht weiter.

Support Wenn Sie im Frontend keine Ausgabe erhalten, muss der gesamte Frontend-Cache einmal manuell geleert werden. Klicken Sie dazu im oberen Bereich auf das gelbe Blitzsymbol und dann auf den Textlink *Seiteninhalts-Cache löschen*.

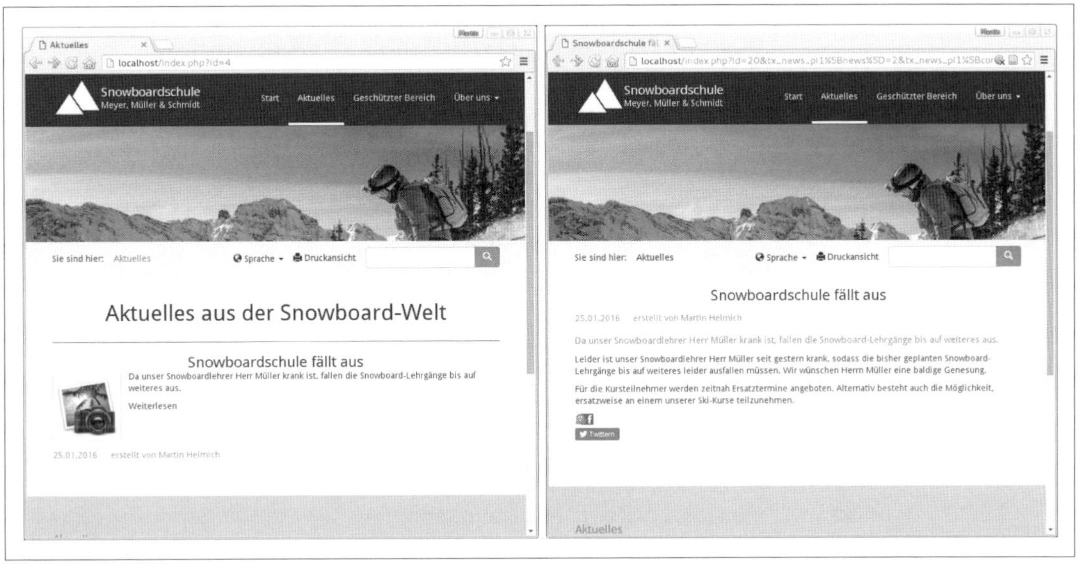

▲ Abbildung 10-12
Im Frontend wird der angelegte News-Beitrag angezeigt (Listen- und Detailansicht)

Das News-Plug-in unter die Lupe genommen

Nehmen wir das News-Plug-in einmal ein wenig unter die Lupe, um zu erfahren, was genau passiert ist, als Sie es installiert haben, wo die News-Maske definiert ist und warum überhaupt im Inhaltsbereich News angezeigt werden.

Das News-Plug-in selbst befindet sich im Ordner *typo3conf/ext/news/*. In diesem Ordner sind einige Dateien, die in folgender Auflistung kurz vorgestellt werden:

ext_emconf.php
: Hier liegt die generelle Beschreibung des Plug-ins. Sämtliche Informationen werden hier gespeichert, z.B. wer der Autor des Plug-ins ist, wie es heißt und was es macht (in Form einer Freitextbeschreibung), in welcher Version es vorliegt usw.

ext_tables.php
: Diese Datei erweitert (*extends*) bestehende Konfigurationen und nimmt Implementierungen im System vor, z.B. im Klickmenü, oder sorgt dafür, dass das News-Plug-in auch unter *Plugin einfügen → Erweiterungen* zu finden ist usw.

ext_tables.sql
: Diese Datei enthält als SQL-Dump die Beschreibung von Tabellen und Feldern. Bei der Installation des Moduls werden nach dieser Datei die Tabellen und Felder angelegt bzw. erweitert, die das News-Plug-in benötigt.

Configuration/TypoScript/setup.txt

In dieser Datei befindet sich Standard-TypoScript-Code, der inkludiert wird. Der Inhalt lässt sich direkt mit dem Template-Analyzer einsehen. Dadurch wird ermöglicht, dass es bereits eine Basiskonfiguration gibt und dass das News-Plug-in überhaupt als *Inhalt* unterhalb von *tt_content* implementiert ist. Eine genauere Erläuterung folgt weiter unten.

Configuration/TypoScript/constants.txt

Diese Datei ähnelt *Configuration/TypoScript/setup.txt*, enthält aber Variablen (und kein TypoScript). Außerdem steht in dieser Datei, wie der Bereich *News* für einen sogenannten Konstanteneditor auszusehen hat.

Configuration/TCA/.php*

Diese Dateien (eine für jeden Datensatztyp, der von der Extension verwaltet wird) enthalten Beschreibungen, wie die eigentlichen Masken im Backend aussehen. Hier werden die Reihenfolge und die Konfiguration jedes einzelnen Felds (Input-Feld/DateTime-Feld, Trim, Label usw.) beschrieben. Durch Änderungen an dieser Datei können z. B. Plug-ins manuell erweitert werden – Updatefähigkeit ist dann allerdings nicht mehr gegeben!

Resources/Private/Language/locallang_*.xlf

Diverse Sprachdateien für die Mehrsprachigkeit der Backend-Oberflächen und für das Frontend-Plug-in. Diese Dateien enthalten üblicherweise lediglich die englischen Sprachdateien; Übersetzungen für andere Sprachen (darunter auch Deutsch) müssen über die Sprachverwaltung heruntergeladen werden.

Classes/

Die eigentlichen PHP-Klassen des News-Plug-ins, die die Funktionalität für das Frontend bereitstellen. Der Aufbau dieses Verzeichnisses wird in Kapitel 11, *Eine eigene Erweiterung schreiben*, noch im Detail erläutert.

Resources/Private/Templates/News/.html*

Die mitgelieferten Designvorlagen. Hierbei handelt es sich durchgehend um die Ihnen bereits bekannten Fluid-Templates; dabei existiert stets eine Vorlage für jeden Anzeigemodus, in dem das Plug-in konfiguriert werden kann.

Wenn Sie das News-Plug-in über den Extension Manager installieren, läuft intern Folgendes ab:

- Die Datei *ext_tables.sql* wird verarbeitet. Es wird geprüft, ob die Tabellen und Felder vorhanden sind. Alle benötigten Tabellen und Felder werden angelegt.
- In der Datei *typo3conf/PackageStates.php* wird das News-Plug-in (*news*) als installierte Erweiterung hinzugefügt.

- Die temporären Cache-Dateien im Ordner *typo3temp/Cache* werden gelöscht. Diese Dateien enthalten aus allen installierten Modulen die Konfigurationen von *ext_tables.php* in aufbereiteter Form.
- Die Dateien aus den Verzeichnisses *Classes/* sowie *Configuration/TCA/* (und noch weitere Dateien) werden nicht importiert. Sie werden dynamisch zur Laufzeit verarbeitet.

Betrachten wir einmal direkt in der Datenbanktabelle *tt_content*, welche Werte im Datensatz für den angelegten Seiteninhalt vom Typ *Plugin einfügen → Nachrichten-System* auf der Seite *Aktuelles* gespeichert wurden. Tabelle 10-1 zeigt die wichtigsten Felder dieses Datensatzes und ihre Werte.

◀ Tabelle 10-1
Ausgewählte Datenbankfelder und ihre Werte beim Inhaltstyp »Plugin einfügen«

Feld	Inhalt	Beschreibung
CType	list	Das Feld `CType` bestimmt, um welchen Content-Typ es sich bei diesem Inhalt handelt (z. B. *Text*, *Text mit Bild* usw.). Der Content-Typ *Plugin einfügen* wird als `list` gespeichert.
title	Aktuelle Informationen:	
list_type	news_pi1	Im Feld `list_type` wird gespeichert, um welches Modul es sich handelt. Als Wert wird hier der eindeutige Extension-Key gespeichert.
pi_flexform	<?xml version="1.0" encoding="utf-8" standalone="yes" ?> <T3FlexForms> [...]	Enthält die Konfiguration der in den Registerkarten angegebenen Werte im XML-Format.

Was macht TYPO3 mit den Daten, wenn versucht wird, den Inhalt darzustellen? In TypoScript haben Sie angegeben, dass die Fluid-Variable `contentMain` mit dem Seiteninhalt befüllt werden soll. Dazu steht in Ihrem TypoScript-Template Folgendes:

```
[...] variables.contentMain < styles.content.get
```

Wie bereits in Kapitel 8, *Inhalte ausgeben*, erläutert wurde, sucht TYPO3 für jeden gefundenen Datensatz aus der Tabelle *tt_content* nach einer entsprechenden Darstellungsbeschreibung in TypoScript. Und auch das News-Plug-in bzw. der Container für das News-Plug-in (*Plugin einfügen*) muss sich somit unterhalb von `tt_content` befinden.

Durch das Einbinden des statischen Templates für das News-Plug-in wird vordefinierter TypoScript-Code geladen. Den eingebundenen TypoScript-Code können Sie sich z. B. im Template-Analyzer direkt ansehen, oder Sie betrachten das Verhalten im Objektbrowser.

Ein Blick in den Objektbrowser unterhalb von `tt_content` (siehe Abbildung 10-13) gibt Aufschluss darüber, wie sich das News-Plug-in in die

Darstellung von Inhalten implementiert hat. Zunächst geht TYPO3 bei der Suche nach Beschreibungen für Seiteninhalte in den Abschnitt `tt_content`, um sich die Konfiguration für den aktuellen Datensatz zu suchen. `tt_content` ist mit `CASE` definiert, unter `tt_content.key` wurde angegeben, dass nach einem Wert im Datenbankfeld `CType` unterschieden werden soll. Diese Beschreibung wurde aber nicht vom installierten News-Plug-in vorgenommen, sondern bereits vom inkludierten statischen Template *Fluid Styled Content*. Im Feld `CType` ist beim Datensatz für den Seiteninhalt vom Typ *Plugin einfügen* der Wert `list` gespeichert (siehe Abbildung 10-13).

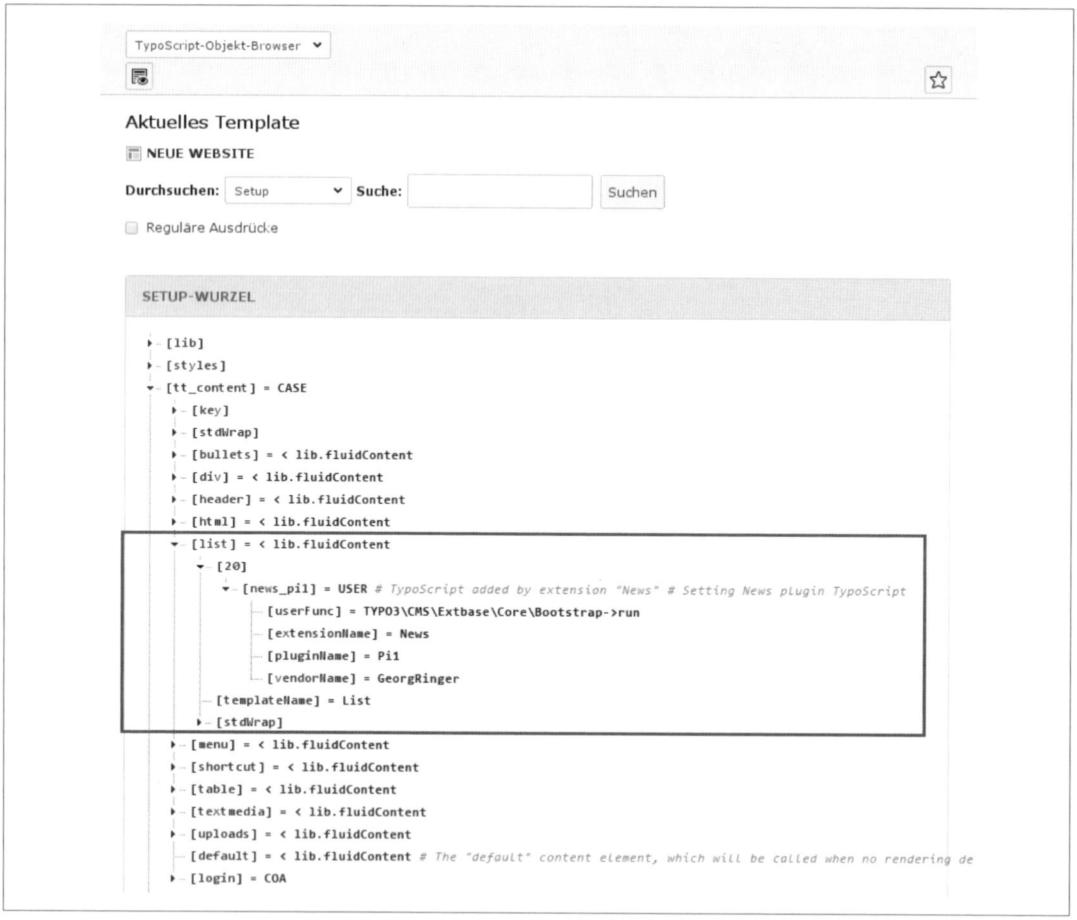

Abbildung 10-13 ▼ Seiteninhaltstyp »Plugin einfügen« mit der Erweiterung »News«

Wie in Abbildung 10-13 zu erkennen ist, wird das Objekt `lib.fluidContent` kopiert und nutzt das Template `List`. In diesem Template wird konfiguriert, dass zunächst die übliche Überschrift ausgegeben wird (in Kapitel 8, *Inhalte ausgeben* hatten wir die Ausgabe dieser Überschrift durch eine Anpassung des `Header`-Partials angepasst) und anschließend das TypoScript-Objekt `tt_content.list.20.{data.list_type}` ausgegeben wird. Und {data.list_type} enthält in diesem Fall den (internen) Namen des News-Plug-ins: news_pi1.

Dieses TypoScript-Objekt ist ein Objekt des Typs USER. Dieses Objekt ruft »lediglich« eine darin angegebene Methode einer PHP-Klasse auf (in diesem Fall die Methode TYPO3\CMS\Extbase\Core\Bootstrap->run mit einigen benutzerdefinierten Parametern). Wie genau in einer Extension enthaltener PHP-Quelltext ausgeführt wird, wird in Kapitel 11, *Eine eigene Erweiterung schreiben*, betrachtet.

Weitere Konfigurationsmöglichkeiten im TypoScript-Setup haben Sie im Objekt plugin.tx_news. Dieses enthält eine Reihe weiterer Variablen, die Ihnen beispielsweise erlaubt, die Templates der News-Erweiterung auszutauschen (dazu später mehr) und zahlreiche weitere Optionen zu konfigurieren.

▼ Abbildung 10-14
Das Objekt »plugin.tx_news« mit allen Konfigurationsmöglichkeiten

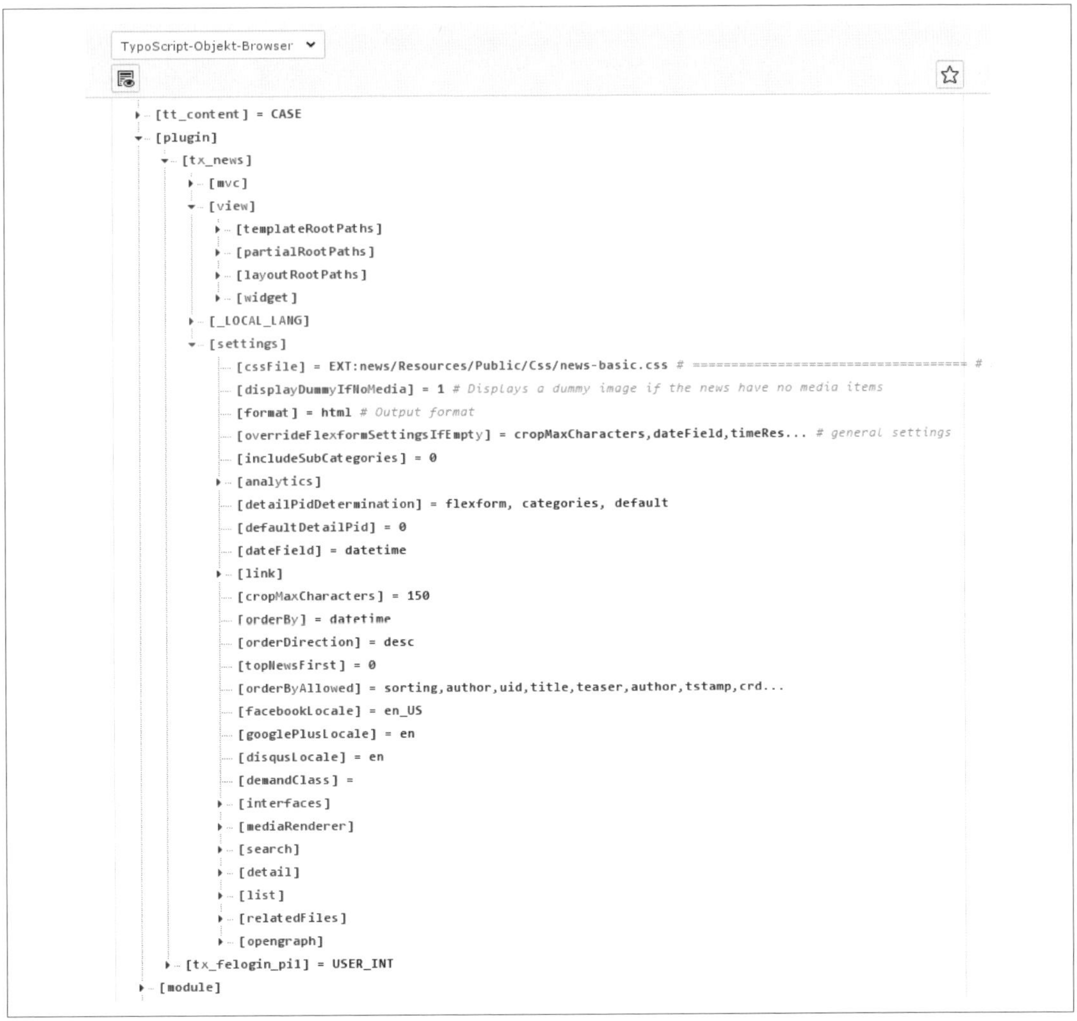

Die Kapselung von Funktionalität, Konfiguration und Design

Die Funktionalität steht bei Erweiterungen im Regelfall im Mittelpunkt und wird durch zahlreiche PHP-Klassen zur Verfügung gestellt. In solchen PHP-Klassen wird beschrieben, was die Erweiterung genau machen soll. Theoretisch ist es möglich, in einer PHP-Klasse auch direkt hartkodiert das Design des Frontends zu verankern oder bestimmte Eigenschaften (Datenbankzugriff usw.) direkt zu setzen. Da das jedoch häufig nachträglich einen großen Mehraufwand bedeutet und eine Portierung nicht mehr problemlos möglich wäre (Grundgedanke: *Install in one click*), werden Frontend-Erweiterungen wie das News-Plug-in in drei Bereiche unterteilt: Funktionalität (PHP-Klasse), Konfiguration (FlexForms, TypoScript) und Design (Designvorlage).

Funktionalitäten können konfiguriert, also den jeweiligen Bedürfnissen angepasst werden. Beim News-Plug-in wurde z.B. im Seiteninhalt vom Typ *Plugin einfügen* ein Ansichtscode angegeben, mit dem Sie dem News-Plug-in mitgeteilt haben, was genau es machen soll. Sie haben dort als Ansicht beispielhaft *Listenansicht* ausgewählt. Eine andere mögliche Konfiguration wäre z.B. *Searchform* gewesen. Es werden außerdem weitere Funktionalitäten wie z.B. die Beschränkung auf eine bestimmte Anzahl von angezeigten Datensätzen zur Verfügung gestellt. Auch der Dateiname der gekapselten Designvorlage ist konfigurierbar.

Die Konfiguration wird im Regelfall über die Registerkarten (FlexForms) direkt im Seiteninhalt oder über TypoScript vorgenommen.

Das News-Plug-in mit dem Konstanteneditor anpassen

Das Design kann relativ problemlos an die eigenen Bedürfnisse angepasst werden. Wichtig ist allerdings, dass die Designvorlagen nicht direkt im Extension-Ordner verändert werden, da sie dort bei einem Update durch die Originalversion überschrieben würden. Nach einer Installation über den Extension Manager finden Sie die Erweiterung News üblicherweise im Verzeichnis *typo3conf/ext/news* Ihrer TYPO3-Installation.

Noch einmal zur Erinnerung: »Updatefähig« heißt, dass angepasste Bereiche nach einem Update nicht erneut angepasst werden müssen. Die Konfiguration per TypoScript ist updatefähig, da sie in der Datenbank gespeichert wird und auch noch nach einem TYPO3-Update verwendet werden kann. Bei einem möglicherweise später angedachten separaten Update des News-Plug-ins würde der Ordner *typo3conf/ext/news/* jedoch mit einer neuen Version des News-Plug-ins überschrieben. Dadurch würden auch alle Anpassungen verloren gehen. Und um das Design unseren Wünschen anzupassen, sind gegebenenfalls Anpassungen an einer Designvorlage notwendig.

Das News-Plug-in nutzt Fluid-Templates als Designvorlagen, mit denen Sie in den bisherigen Abschnitten bereits gearbeitet haben. Zur Erinnerung: In Kapitel 8, *Inhalte ausgeben*, hatten wir die Seitenüberschriften angepasst, indem das `partialRootPaths`-Attribut des `lib.fluidContent`-

Objekts um einen weiteren Dateipfad erweitert wurde. Für das News-Plug-in (und auch die meisten anderen neuen TYPO3-Plug-ins) kann eine Anpassung auf genau demselben Wege erfolgen.

Statt direkt über das TypoScript-Setup werden wir die Anpassung der Dateipfade für die Designvorlagen in diesem Abschnitt über den Konstanteneditor vornehmen. Diesen finden Sie ebenfalls im Template-Modul in der Auswahlliste oben, in der sich auch die Einträge *Info/Bearbeiten* und *TypoScript-Objekt-Browser* befinden (siehe Abbildung 10-15). Damit Sie jetzt aber das richtige TypoScript-Template bearbeiten, sollten Sie aus dem Seitenbaum die Seite *root* auswählen, auf der sich Ihr Projekt-Template befindet.

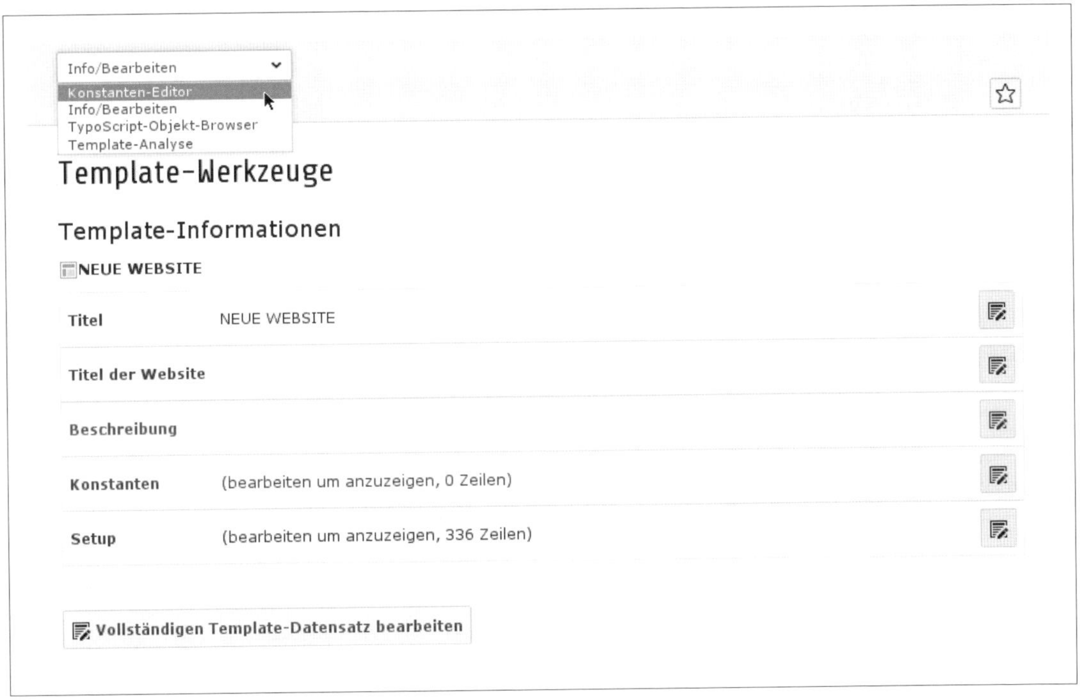

▲ **Abbildung 10-15**
Den Konstanteneditor auswählen

Sie sehen das Auswahlfeld *Kategorie* (engl. *Category*, siehe Abbildung 10-16), in dem sich die Einträge *CONTENT* und *INTERNAL NOTES* sowie ein *PLUGIN.TX_NEWS*-Eintrag befinden. Hinter jeder Kategorie sehen Sie in Klammern eine Zahl, die Ihnen anzeigt, wie viele Konfigurationsmöglichkeiten sich hinter einer jeden Kategorie befinden.

Im Abschnitt *CONTENT*, der beim ersten Aufruf des Konstanteneditors als Default-Seite erscheint, sehen Sie z.B. die Konfigurationsmöglichkeit *Target for internal links*. Der Default-Wert ist *[Empty]*, Sie können ihn aber auch mit einem neuen Wert überschreiben. Bei einem Klick auf das

Bleistiftsymbol erscheint ein Textfeld, in das Sie einen eigenen Wert für diese Eigenschaft eingeben können.

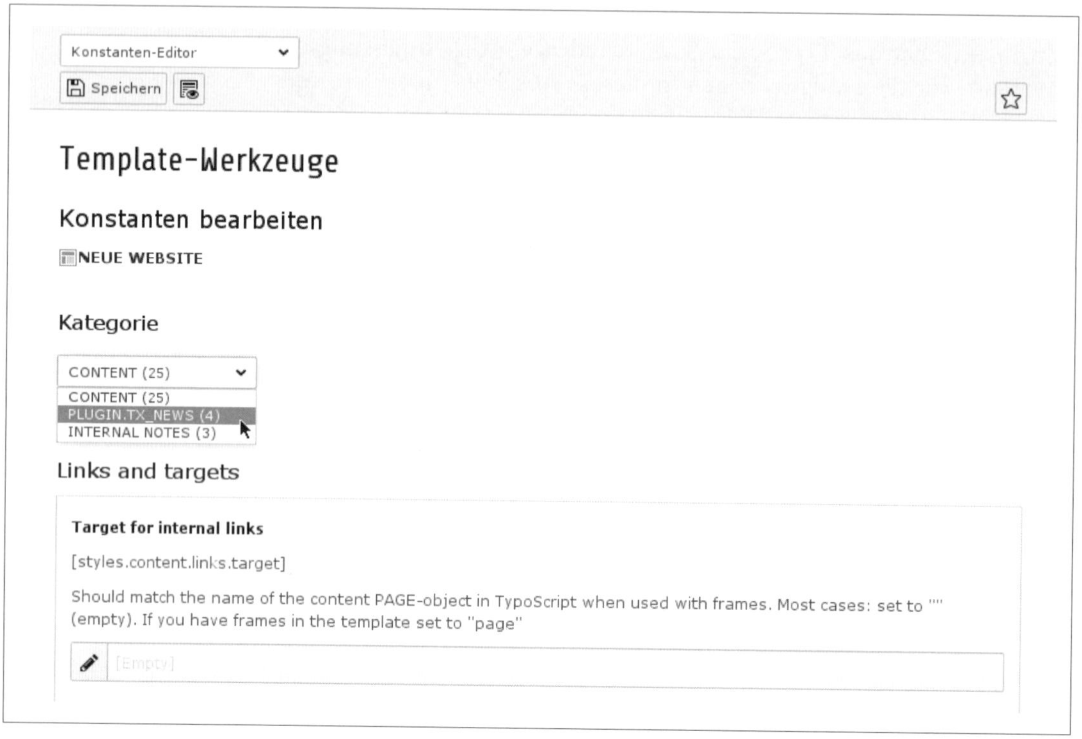

Abbildung 10-16 ▲ Der Konstanteneditor wird in Kategorien unterteilt.

Wechseln Sie nun im Konstanteneditor in die Kategorie *PLUGIN.TX_NEWS*. Sie können im Abschnitt *Files* die Konfigurationsmöglichkeit *Path to template root* für die Designvorlage finden (siehe Abbildung 10-17). Als Default-Wert sehen Sie einen Verweis auf die Originaldesignvorlage. Wichtig bei dieser Konfigurationseinstellung: Ähnlich wie beim `partialRootPaths`-Attribut des `FLUIDTEMPLATE`-TypoScript-Objekts überschreiben Sie hier nicht den ursprünglichen Pfad für die Designvorlagen (dieser wird auch nach einer Änderung im Konstanteneditor nach wie vor *typo3conf/ext/news/Resources/Private/Templates* lauten), sondern fügen lediglich einen zusätzlichen Dateipfad hinzu, indem die Designvorlagen *zuerst* gesucht werden. Auf diese Weise können Sie beispielsweise einzelne Fluid-Designvorlagen in einem eigenen Verzeichnis überschreiben. Wird eine Designvorlage dort nicht gefunden, fällt das News-Plug-in dann automatisch auf die ausgelieferte Standardvorlage zurück.

Der Konstanteneditor bietet Ihnen die Möglichkeit, wiederverwertbare Variablen für Ihren TypoScript-Quelltext anzubieten. Jeder Wert, der im Konstanteneditor definiert wird, kann im TypoScript-Setup anschließend benutzt und über die Konstanten an einer Stelle geändert werden. Auch Extensions wie beispielsweise das News-Plug-in machen häufig vom Konstanteneditor Gebrauch, um Plug-ins einfach konfigurierbar zu machen.

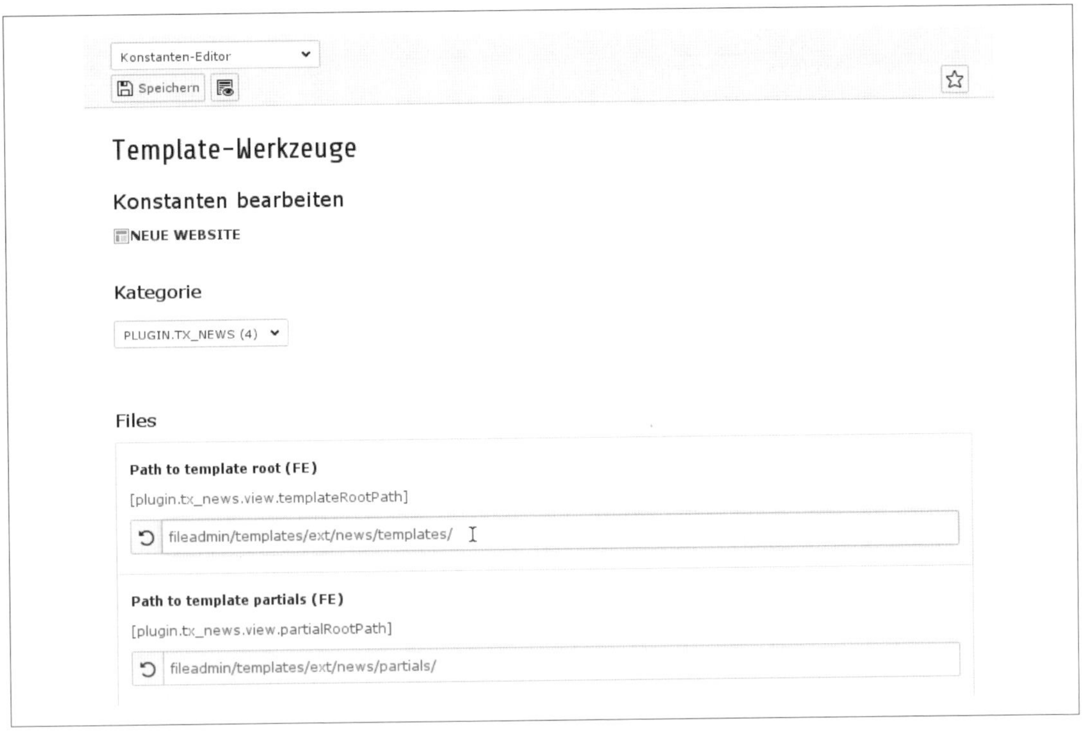

▲ **Abbildung 10-17**
Anpassung des Dateipfads für die Designvorlagen der News-Extension

Das News-Plug-in ist im Auslieferungszustand mit vordefiniertem TypoScript-Code und Variablen ausgestattet. Inkludiert man das statische Template des News-Plug-ins, ist TypoScript-Code mit eingeschlossen, und zwar der Inhalt der beiden Dateien *Configuration/TypoScript/setup.txt* und *Configuration/TypoScript/constants.txt*.

So wurde als TypoScript-Code in der Datei *Configuration/TypoScript/setup.txt* unter anderem das hier definiert:

```
plugin.tx_news {
  view {
    templateRootPaths {
      0 = EXT:news/Resources/Private/Templates/
      1 = {$plugin.tx_news.view.templateRootPath}
    }
    [...]
  }
}
```

Es muss also eine Variable geben, die den gleichen Namen trägt wie die TypoScript-Eigenschaft. Diese Variable wurde in der hereingeladenen Datei *Configuration/TypoScript/constants.txt* wie folgt festgelegt:

```
plugin.tx_news.view.templateRootPath = EXT:news/Resources/Private/
Templates/
```

Sie können die in diesen beiden inkludierten Dateien angegebenen TypoScript-Beschreibungen und Variablenzuweisungen einfach über die beiden Felder `Setup` und `Constants` überschreiben und so an Ihre Bedürfnisse anpassen.

Der Unterschied zwischen TypoScript und Constants wäre vielleicht nicht ganz so verwirrend, wenn andere Bezeichnungen für Variablen gewählt worden wären. Folgende Konfiguration ist daher möglicherweise leichter verständlich:

```
Setup:     plugin.tx_news.view.templateRootPath = {$var}
Constants: var = EXT:news/Resources/Private/Templates/
```

Sie können über den Konstanteneditor nun also einen alternativen Dateipfad angeben, unter dem das News-Plug-in nach Designvorlagen suchen soll. Tragen Sie hierzu beispielsweise den Pfad *fileadmin/templates/ext/news/templates/* ein. Ändern Sie in demselben Zuge auch den Pfad zu den Partials, beispielsweise auf *fileadmin/templates/news/partials/* und speichern Sie die eingetragenen Werte ab (siehe Abbildung 10-17).

Die Designvorlage anpassen

Mit den Änderungen im vorherigen Abschnitt haben Sie dem News-Plug-in mitgeteilt, dass Fluid-Designvorlagen nun zuerst im Verzeichnis *fileadmin/templates/ext/news/templates/* gesucht werden sollen. Erst wenn eine Designvorlage dort nicht existiert, wird im Standardverzeichnis *typo3conf/ext/news/Resources/Private/Templates/* nachgeschlagen. Dasselbe gilt für Partials, die nun zuerst in *fileadmin/templates/ext/news/partials/* gesucht werden. Der Unterschied zwischen Templates und Partials wurde bereits in Kapitel 8, *Inhalte ausgeben*, betrachtet.

Sie können somit Kopien der Originaldesignvorlage und Partials in einem Verzeichnis hinterlegen, das von Versionsupdates des News-Plug-ins nicht betroffen ist.

Bei einem generellen Update von TYPO3 ist das News-Plug-in nicht betroffen, da es sich im lokalen Extension-Ordner *typo3conf/ext/news/* befindet. Das Anlegen einer Kopie der Designvorlage betrifft somit nur den Fall, dass Sie das News-Plug-in selbst auf eine neue Version updaten wollen – z. B. weil Sicherheitslücken bekannt geworden sind (eher unwahrscheinlich) oder eine neue Version genau das Feature beinhaltet, auf das Sie schon lange gewartet haben. Da die Verknüpfung mit der Designvorlage über TypoScript angegeben wird, wird diese Verknüpfung in derjenigen Datenbank gespeichert, deren Inhalt von einem Update nicht betroffen ist. Sämtliche üblichen Individualisierungen wie Konfiguration und Layoutanpassung bleiben erhalten.

Als Ausgangspunkt kopieren Sie sich am besten die Originaldateien, die Sie verändern möchten, aus dem *typo3conf/ext/news/Resources/Templates/*-Verzeichnis in Ihr eigenes Verzeichnis. Zunächst sollten wir jedoch betrachten, wie diese Vorlagen aufgebaut sind.

Die Designvorlage im Detail

Der Inhalt einer Designvorlage setzt sich aus vielen verschachtelten Teilbereichen (Partials) zusammen. Verwenden Sie am besten die Originaldesignvorlagen als Grundlage und passen Sie diese Ihren Bedürfnissen an. Sie können problemlos Fluid-Variablen entfernen und hinzufügen und auch neue Partials hinzufügen.

Im Verzeichnis *typo3conf/ext/news/Resources/Private/Templates/News/* finden Sie verschiedene Fluid-Vorlagen. In der Regel existiert dabei stets eine Datei für jeden Ansichtsmodus, in dem Sie das News-Plug-in im Frontend darstellen können. Für die Listenansicht ist beispielsweise die Vorlage *List.html* zuständig, für die Detailansicht (wenig überraschend) die Vorlage *Detail.html*.

Wenn Sie sich den Inhalt der Designvorlage ansehen (siehe Beispiel 10-1), werden Sie erkennen, dass diese ausgiebigen Gebrauch von Fluid-ViewHelpern macht. Den `<f:if>`-ViewHelper sowie den `<f:render>`-ViewHelper haben Sie in den vorherigen Kapiteln bereits kennengelernt. Da wir die Arbeit mit Fluid-Tempaltes in Kapitel 11, *Eine eigene Erweiterung schreiben*, noch detailliert betrachten, folgt hier zunächst nur das Nötigste.

Beispiel 10-1: Die Standard-Fluid-Vorlage für die Liste der News-Beiträge

```
{namespace n=GeorgRinger\News\ViewHelpers}
<f:layout name="General" />

<f:section name="content">
  <f:if condition="{news}">
    <f:then>
      <div class="news-list-view">
        <f:if condition="{settings.hidePagination}">
          <f:then>
            <f:for each="{news}" as="newsItem" iteration="iterator">
              <f:render partial="List/Item"
                  arguments="{newsItem: newsItem,
                              settings:settings,
                              iterator:iterator}" />
```

Beispiel 10-1: Die Standard-Fluid-Vorlage für die Liste der News-Beiträge (Fortsetzung)

```
12           </f:for>
13         </f:then>
14         <f:else>
15           <n:widget.paginate objects="{news}"
                 as="paginatedNews"
                 configuration="{settings.list.paginate}"
                 initial="{offset:settings.offset,
                           limit:settings.limit}">
16             <f:for each="{paginatedNews}"
                  as="newsItem" iteration="iterator">
17               <f:render partial="List/Item"
                    arguments="{newsItem: newsItem,
                                settings:settings,
                                iterator:iterator}" />
18             </f:for>
19           </n:widget.paginate>
20         </f:else>
21       </f:if>
22     </div>
23   </f:then>
24   <f:else>
25     <div class="no-news-found">
26       <f:translate key="list_nonewsfound" />
27     </div>
28   </f:else>
29 </f:if>
30 </f:section>
```

Diese Fluid-Vorlage sieht zunächst einmal kompliziert aus und kann, da fast jede Zeile aus einem neuen ViewHelper besteht, ein wenig erschrecken. Die ganzen ViewHelper einmal beiseitegelassen, beschreibt diese Fluid-Vorlage Folgendes:

Es existiert eine Fluid-Variable `{news}`. Diese Variable enthält eine Liste aller News-Beiträge, die dargestellt werden sollen. In Zeile 10 bis 12 wird mit einem `<f:for>`-ViewHelper über diese Liste iteriert, und für jeden einzelnen News-Beitrag wird in Zeile 11 das Partial mit dem Namen `List/Item` ausgewertet. Innerhalb dieses Partials steht der News-Beitrag unter dem Variablennamen `{newsItem}` zur Verfügung. Der beste Ansatzpunkt für eine Veränderung der Listenansicht wäre somit also tatsächlich das Partial `List/Item`.

Um dieses Partial anzupassen, kopieren Sie die Originaldatei von *typo3-conf/ext/news/Resources/Private/Partials/List/Item.html* nach *fileadmin/templates/ext/news/partials/List/Item.html*. Beachten Sie dabei, dass der Pfad relativ zum jeweiligen `partialRootPath` gleich bleiben muss (also stets *List/Item.html*, da das Partial genau so in dem übergeordneten Fluid-Template referenziert wird). Beispiel 10-2 zeigt eine mögliche Variante dieses Partials, das die CSS-Klassen des Bootstrap-Frameworks nutzt.

Beispiel 10-2: Eine an die Designvorlage angepasste Version des Partials »List/Item.html«

```
01 {namespace n=GeorgRinger\News\ViewHelpers}
02
03 <div class="panel panel-default">
04   <div class="panel-heading">
05     <n:link newsItem="{newsItem}"
06             settings="{settings}"
07             title="{newsItem.title}">
08       {newsItem.title}
09     </n:link>
10     <div class="pull-right">
11       <f:if condition="{newsItem.author}">
12         {newsItem.author},
13       </f:if>
14       {newsItem.datetime -> f:format.date(format: 'd.m.Y')}
15     </div>
16   </div>
17   <div class="panel-body">
18     <f:if condition="{newsItem.tags}">
19       <div>
20         <f:for each="{newsItem.tags}" as="tag">
21           <span class="label label-default">{tag}</span>
22         </f:for>
23       </div>
24     </f:if>
25     <f:if condition="{newsItem.teaser}">
26       <f:then>
27         {newsItem.teaser -> f:format.crop(maxCharacters: 200,
                  respectWordBoundaries:'1') -> f:format.html()}
28       </f:then>
29       <f:else>
30         {newsItem.bodytext -> f:format.crop(maxCharacters: 200,
                  respectWordBoundaries:'1') -> f:format.html()}
31       </f:else>
32     </f:if>
33
34     <n:link class="btn btn-primary" newsItem="{newsItem}"
                  settings="{settings}" title="{newsItem.title}">
35       Weiterlesen
36     </n:link>
37   </div>
38 </div>
```

Ein paar Worte zu diesem Template: Die News-Extension bringt eigene Fluid-ViewHelper mit, wie beispielsweise den in Zeile 5 genutzten `<n:link>`-ViewHelper. Dieser erstellt einen Link zur Detailansicht eines News-Beitrags. Sämtliche von Erweiterungen bereitgestellten ViewHelper müssen explizit in ein Fluid-Template importiert werden. Dies geschieht über das namespace-Statement in Zeile 1.

In Zeile 14 wird der `f:format.date`-ViewHelper genutzt, um einen Datumswert in einem bestimmten Format auszugeben (da Datumsformate häufig ebenfalls sprachabhängig sind, könnten Sie das Datumsformat theoretisch per TypoScript in der `settings`-Variablen in das Fluid-Template hineinreichen und dann sprachabhängig überschreiben).

In den Zeilen 25 bis 32 wird der eigentliche Haupttext des News-Beitrags ausgegeben. Falls im TYPO3-Backend ein Teasertext angegeben wurde, wird dieser für die Ausgabe genutzt. Da die Angabe eines Teasertexts nicht verpflichtend ist, wird alternativ der Hauptinhalt des News-Beitrags für die Vorschau genutzt. Über den `f:format.crop`-ViewHelper wird in Zeile 27 bzw. 30 die maximale Länge des ausgegebenen Texts auf 200 Zeichen beschränkt.

Die Anpassung der News-Listenansicht sollte lediglich als kurzes Beispiel für die Anpassbarkeit der Extension dienen. Im Extension-Verzeichnis selbst finden Sie unter *Resources/Private/Templates* und *Resources/Private/Partials* zahlreiche weitere Fluid-Templates der News-Extension, die Sie auf genau dieselbe Weise überschreiben können, wenn Sie möchten.

Darüber hinaus ist der hier beschriebene Ansatz zur Anpassung von Fluid-Designvorlagen weitgehend allgemeingültig. Die meisten der in der neueren Zeit entwickelten TYPO3-Erweiterungen nutzen Fluid für ihre HTML-Ausgabe und können auf genau dieselbe Art und Weise in ihrer Ausgabe angepasst werden wie in diesem Abschnitt am Beispiel der News-Extension gezeigt. Ältere Extensions nutzen unter Umständen noch andere Mechanismen zur Ausgabe ihres HTML-Quelltexts – mit der Extension Indexed Search werden wir im weiteren Verlauf dieses Kapitels noch eine dieser Extensions betrachten.

Das News-Plug-in manuell konfigurieren

Das News-Plug-in lässt sich nicht nur über die Registerkarten (Flex-Forms) konfigurieren, sondern auch über TypoScript. Dabei handelt es sich im Regelfall nicht direkt um das eigentliche TypoScript, sondern um einen Mischmasch aus von der PHP-Klasse erwarteten bzw. ermöglichten Variablen und tatsächlichem TypoScript-Code, der ebenfalls von der PHP-Klasse verarbeitet wird. Leider ist das nicht direkt erkennbar.

Die über FlexForms angegebenen Konfigurationen überschreiben im Regelfall die in TypoScript angegebenen Eigenschaften. Über das inkludierte statische Template der News-Erweiterung werden diese Typo-Script-Konfigurationen bereits mit einem Wert versehen, der dann überschrieben werden kann – entweder mit TypoScript oder auch über die Registerkarten (FlexForms). Das ist allerdings abhängig von der Erweiterung selbst, da die PHP-Klassen das Zusammenspiel von Flex-Forms und TypoScript unterstützen muss.

Sie haben bereits erfahren, dass die aufzurufende PHP-Funktion in `tt_content.list.20.news_pi1.userFunc` angegeben wird. Die entsprechenden Zeilen im Objektbrowser lassen sich wie folgt schreiben:

```
tt_content.list.20.news_pi1 = USER
tt_content.list.20.news_pi1 {
   userFunc = TYPO3\CMS\Extbase\Core\Bootstrap->run
   extensionName = News
   pluginName = Pi1
   [...]
}
```

Durch die PHP-Funktion `TYPO3\CMS\Extbase\Core\Bootstrap->run` wird das TYPO3-eigene Programmier-Framework Extbase gestartet, auf dem die News-Extension basiert (mehr zum Extbase-Framework in Kapitel 11, *Eine eigene Erweiterung schreiben*).

Wird in einem `USER`-Objekt das Extbase-Framework für die Darstellung eines Plug-ins genutzt, werden alle Attribute dieses Objekts zudem mit dem entsprechenden Objekt unter dem Namen `plugin.tx_[PLUGINNAME]` zusammengeführt (Sie erinnern sich an das Objekt `plugin.tx_news` aus dem vorherigen Abschnitt, in dem beispielsweise das Attribut `views.templateRootPaths` verändert wurde). Neben dem `view`-Attribut, in dem die Dateipfade für die verschiedenen Fluid-Templates konfiguriert werden, ist dabei das `settings`-Attribut besonders interessant. Dieses enthält eine Vielzahl an Konfigurationsvariablen, die entweder direkt das Verhalten des PHP-Quelltexts der Extension beeinflussen oder in der ein oder anderen Art in den Fluid-Vorlagen ausgewertet werden (dort stehen alle hier konfigurierten Attribute in der Fluid-Variablen `{settings}` zur Verfügung).

Darstellung von News im Fußbereich

In unserem Praxisbeispiel war vorgesehen, dass im Fußbereich der Seite stets die drei aktuellsten News-Mitteilungen aufgelistet werden sollten. Hierzu existiert in der Fluid-Designvorlage für die Seite bereits die Variable `{footerNews}`, die bisher jedoch noch nicht befüllt wurde. Da Sie nun wissen, wie und wo die Darstellung des News-Plug-ins über TypoScript beschrieben wird, können Sie diese Variable mit einem entsprechend konfigurierten TypoScript-Objekt befüllen. Am einfachsten kopieren Sie dazu zunächst das Objekt `tt_content.list.20.news_pi1`, wie in Beispiel 10-3 gezeigt.

Beispiel 10-3: Befüllen einer Fluid-Variablen mit einem Frontend-Plug-in

```
page = PAGE
page {
   [...]
   10 = FLUIDTEMPLATE
```

Beispiel 10-3: Befüllen einer Fluid-Variablen mit einem Frontend-Plug-in (Fortsetzung)

```
  10 {
    [...]
    variables {
      [...]

      # Das News-Plugin im Fußbereich einfügen
      footerNews < tt_content.list.20.news_pi1
    }
  }
}
```

Wenn Sie nun einen Blick ins Frontend der Seite werfen, werden Sie merken, dass das Ganze schon gar nicht so schlecht aussieht (siehe Abbildung 10-18). Die News-Meldungen werden offensichtlich im Fußbereich ausgegeben. Noch unschön ist dabei:

1. Die News-Meldungen werden mit demselben Fluid-Template wie im Hauptinhaltsbereich angegeben (genauer gesagt mit exakt dem Fluid-Partial, das wir im vorherigen Abschnitt erstellt hatten). Während dieses im Hauptbereich optisch eine gute Figur macht, sieht diese Darstellung im Fußbereich der Seite fehl am Platze aus.
2. Die generierten Links funktionieren noch nicht; obwohl ja bereits eine eigene Seite im Seitenbaum für die Detailansicht funktioniert, zeigen die Links in der HTML-Ausgabe nicht auf diese Seite.

Abbildung 10-18 ▼
Die News werden mit dem Standard-Template im Fußbereich dargestellt.

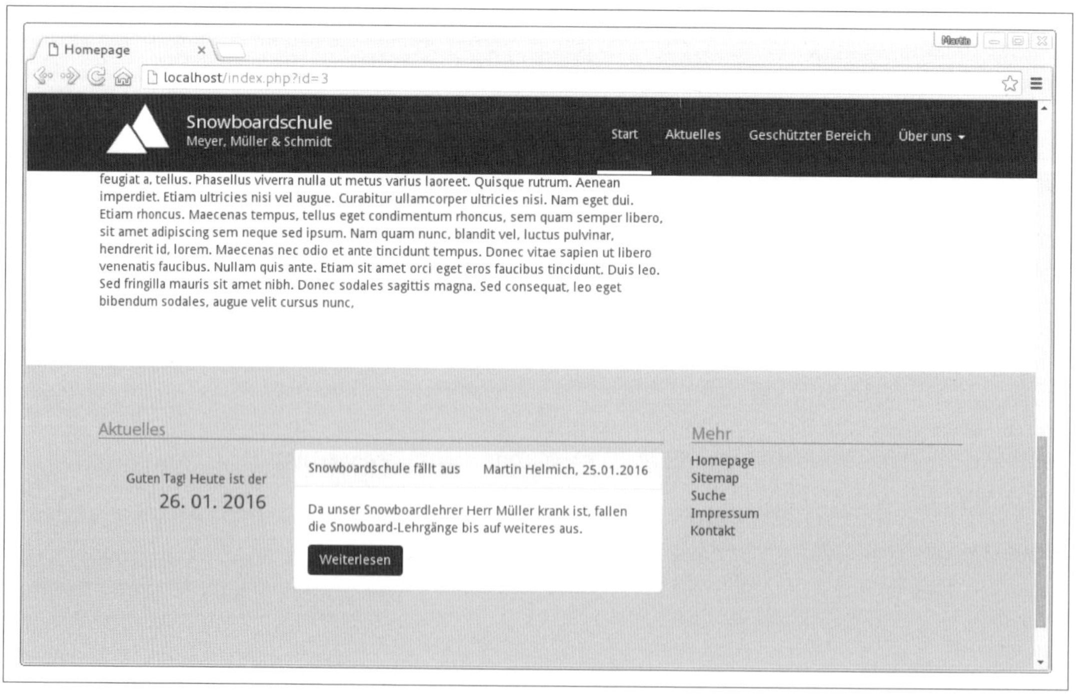

Beide Probleme werden nun im Rest dieses Abschnitts angegangen. Hierzu muss dem in den Fußbereich kopierten USER-Objekt eine alternative Designvorlage »untergeschoben« werden, und es muss ein Weg gefunden werden, dem Objekt über TypoScript mitzuteilen, auf welche Seite für die Detailansicht verlinkt werden soll.

Um das News-Plug-in im Fußbereich mit einer anderen Designvorlage darzustellen, können Sie das bereits bekannte `view.templateRootPaths`-Attribut nutzen. Dieses wurde bisher direkt im Objekt `plugin.tx_news` gesetzt; dieses wird als Standard-Konfiguration für alle USER-Objekte herangezogen, in denen das News-Plug-in dargestellt wird – sofern keine abweichende Konfiguration vorhanden ist (die Sie jetzt erstellen werden). Beispiel 10-4 zeigt, wie Sie das `view`-Attribut des USER-Objekts konfigurieren können, sodass die News im Fußbereich (und nur da!) mit anderen Fluid-Templates dargestellt werden als im Hauptbereich der Seite.

Beispiel 10-4: Das News-Plug-in im Fußbereich mit anderen Designvorlagen darstellen

```
293       # Das News-Plugin im Fußbereich einfügen
294       footerNews < tt_content.list.20.news_pi1
295       footerNews {
296         view.templateRootPaths.0 = fileadmin/templates/ext/news-footer/
297       }
```

In diesem Fall wurde in Zeile 296 der bereits bestehende `templateRootPath` komplett überschrieben. In dem Fall, dass eine Designvorlage in dem angegebenen Verzeichnis nicht existiert, wird nun nicht auf die Standardvorlage zurückgefallen, sondern im Frontend eine Fehlermeldung im Sinne von *Sorry, the requested view was not found* erscheinen.

Da im Fußbereich nur die Listenansicht dargestellt werden soll, reicht es in diesem Falle daher aus, auch nur die Fluid-Vorlage *News/List.html* bereitzustellen. Beispiel 10-5 zeigt eine mögliche Vorlage für den Fußbereich, die Sie in der Datei *fileadmin/templates/ext/news-footer/News/List.html* platzieren können. Aufgrund des knappen Platzes im Fußbereich fällt die Vorlage naturgemäß etwas knapper als im Hauptbereich aus.

Beispiel 10-5: Eine kurze Designvorlage für die Listenansicht des News-Plug-ins im Fußbereich

```
{namespace n=GeorgRinger\News\ViewHelpers}
<ul>
  <f:for each="{news}" as="newsItem">
    <li>
      <div>
        <n:link newsItem="{newsItem}"
                settings="{settings}"
                title="{newsItem.title}">
          {newsItem.title}
        </n:link>
      </div>
```

Beispiel 10-5: Eine kurze Designvorlage für die Listenansicht des News-Plug-ins im Fußbereich (Fortsetzung)

```
      <f:if condition="{newsItem.author}">
        {newsItem.author},
      </f:if>
      {newsItem.datetime -> f:format.date(format: 'd.m.Y')}
    </li>
  </f:for>
</ul>
```

Abbildung 10-19 zeigt die Ausgabe dieses Fluid-Templates im TYPO3-Frontend.

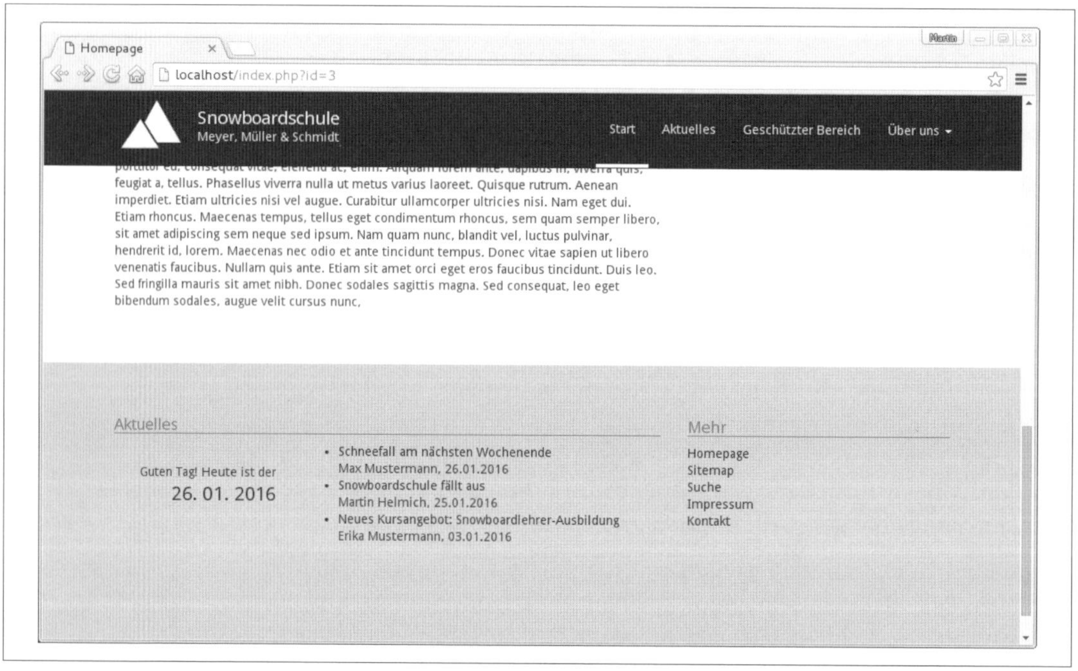

Abbildung 10-19 ▼
Ausgabe des News-Plug-ins mit einem eigenen Template für den Fußbereich

Das Problem mit der abweichenden Designvorlage wäre damit schon einmal gelöst. Nun steht noch die Verlinkung zur Detailansicht aus, und es gibt ein zweites Problem, das derzeit noch nicht unbedingt auffällt: Aktuell zeigt die News-Listenansicht im Fußbereich eine unbestimmte Anzahl an Mitteilungen an. Bei drei Mitteilungen ist das noch in Ordnung, aber zehn News im Fußbereich der Seite wären ein wenig zu viel. Auch dies muss noch angepasst werden.

Sie können beide Probleme lösen, indem Sie einzelne Attribute des `settings`-Objekts überschreiben. Hier können Sie beispielsweise unter `.settings.defaultDetailPid` die Seiten-ID der Detailansicht angeben (zur Erinnerung: Die ID einer Seite erfahren Sie, indem Sie im Seitenbaum mit der Maus über das Icon einer Seite fahren; die Seiten-ID finden Sie im dann erscheinenden Tooltip). Für die maximal darzustellende Anzahl an Beiträgen können Sie die `.settings.limit`-Variable nutzen. Beispiel 10-6 zeigt, wie diese Attribute verwendet werden können, um die Darstellung anzupassen.

Beispiel 10-6: Die Konfiguration des News-Plug-ins für den Fußbereich anpassen

```
293       # Das News-Plugin im Fußbereich einfügen
294       footerNews < tt_content.list.20.news_pi1
295       footerNews {
296         view.templateRootPaths.0 = fileadmin/templates/ext/news-footer/
297         settings {
298           defaultDetailPid = 20
299           limit = 3
300         }
301       }
```

Beachten Sie, dass die Seiten-ID der Detailansicht in Zeile 298 in Ihrer TYPO3-Installation höchstwahrscheinlich abweichen wird.

Ein Extension-Template erstellen

Im letzten Abschnitt konnten wir erreichen, dass die letzten drei News-Beiträge im Fußbereich der Seite dargestellt wurden. Womöglich sind wir damit jedoch über das Ziel hinausgeschossen, da nun auch auf der Seite *Aktuelles* im Fußbereich die letzten drei News angezeigt werden, obwohl diese auch im Content-Bereich erscheinen. Auf der Seite *Aktuelles* sollen daher keine News-Beiträge mehr im Fußbereich dargestellt werden.

Eine solche Ausnahme lässt sich mit sogenannten *Extension-Templates* realisieren. Extension-Templates erben sämtliche TypoScript-Beschreibungen von einem übergeordneten Template und können einzelne Eigenschaften überschreiben. Dadurch ist es nicht mehr notwendig, das TypoScript-Template vollständig neu aufzusetzen. Diese Ausnahme ist dann auch für alle Unterseiten der Seite gültig, auf der das Extension-Template angelegt wurde.

Tipp Extension-Templates und Erweiterungen (engl. *Extensions*) haben nichts miteinander zu tun. Ein Extension-Template erweitert ein übergeordnetes Template, Extensions hingegen erweitern TYPO3 im Frontend oder im Backend um zusätzliche Funktionen.

Gehen Sie zum Anlegen eines Extension-Templates in das Backend-Modul *Templates* im linken Menü und wählen Sie anschließend im Seitenbaum die Seite aus, ab der diese Ausnahme gelten soll. In diesem Praxisbeispiel ist es die Seite *Aktuelles*, für die im rechten Bereich keine

News mehr angezeigt werden sollen. Wählen Sie aus der Auswahl oben den Eintrag *Info/Bearbeiten* aus. Sie erhalten die bereits bekannte Template-Seite, auf der Sie darauf hingewiesen werden, dass auf dieser Seite noch kein Template vorhanden ist. Da Sie kein neues Projekt starten möchten, sondern lediglich eine Ausnahme zum bestehenden TypoScript-Template hinzufügen wollen, klicken Sie auf den Button *Klicken Sie hier, um ein Erweiterungs-Template zu erstellen* und erstellen ein solches Ausnahme-Template.

Tipp Falls Sie sich verklickt und z.B. ein Projekt-Template angelegt haben, können Sie anschließend über den Textlink *Vollständigen Template-Datensatz bearbeiten* das erzeugte Template wieder löschen, indem Sie in der dann erscheinenden Maske im oberen Bereich auf das Mülleimersymbol klicken.

Extension-Templates erhalten nach dem Anlegen den Titel *+ext*, der Ihnen zeigen soll, dass es sich bei diesen Templates nicht um Projekt-Templates handelt, sondern lediglich um Ausnahme-Templates. Sie können den Titel eines Extension-Templates nach Belieben verändern, indem Sie auf das Bleistiftsymbol vor dem Feld *Titel* klicken.

Sie werden sich vielleicht noch daran erinnern, dass nach dem Erstellen eines Projekt-Templates das Feld *Setup* bereits mit sieben Zeilen gefüllt war, die im Frontend die Ausgabe *Hello World* erzeugten. In einem Extension-Template werden Sie diese sieben Demozeilen nicht finden, da sie das aktuelle übergeordnete Projekt-Template stören würden.

Um eine Ausnahme zu erstellen, klicken Sie auf das Bleistiftsymbol vor dem Text *Setup*. Sie können hier jetzt die TypoScript-Beschreibung für die Fluid-Variable `footerNews` verändern. In folgendem Beispiel wird alles gelöscht, was sich in dieser Variablen befindet.

```
page.10.variables.footerNews >
```

Hintergrund: So arbeitet der Konstanteneditor

Auch wenn wir damit vom News-Plug-in abkommen, sollen hier kurz die Arbeitsweise des Konstanteneditors im Hintergrund vorgestellt und die Frage beantwortet werden, wie sich ein Plug-in (z.B. das News-Plug-in) in den Konstanteneditor integriert.

Wechseln Sie im Backend-Modul *Templates* in der Auswahlliste oben auf den Eintrag *Info/Bearbeiten* und bearbeiten Sie dann das Feld *Konstanten*. Sie erhalten voraussichtlich ein leeres Feld. Ob es nun leer ist oder bereits einige Zeilen enthält, soll hier nicht weiter wichtig sein. Fügen Sie einfach folgende Zeilen hinzu:

```
meineVariable.nachname = Meyer
meineVariable.vorname = Robert
```

In TypoScript (Feld *Setup*) könnten Sie nun diese beiden Variablen verwenden. Folgende Zeilen dienen nur zur Anschauung, Sie müssen sie nicht ausprobieren:

```
irgendEtwas = TEXT
irgendEtwas.value = Hallo {$meineVariable.vorname}
{$meineVariable.nachname}
```

Wäre es nicht schön, wenn wir auch diese beiden Variablen komfortabel über den Konstanteneditor konfigurieren könnten? Das geht recht einfach direkt über eine Konfigurationszeile jeweils oberhalb der Variablenzuweisung, die mit einem Rautezeichen eingeleitet wird:

```
#cat=Persoenliche_Einstellungen;type=;label=Ihr Nachname:
meineVariable.nachname = Meyer
#cat= Persoenliche_Einstellungen;type=;label=Ihr Vorname:
meineVariable.vorname = Robert
```

Die Syntax dieser Konfigurationszeile für den Konstanteneditor lautet wie folgt:

```
#cat=[Kategorie];type=[Input-Typ];label=[Beschreibungstext]
```

Wenn Sie das Resultat im Konstanteneditor betrachten, indem Sie aus der Auswahl im *Template*-Modul rechts oben den Eintrag *Konstanten-Editor* auswählen, erhalten Sie in der Kategorieliste auch eine Kategorie mit der Bezeichnung *PERSöNLICHE EINSTELLUNGEN* (siehe Abbildung 10-20).

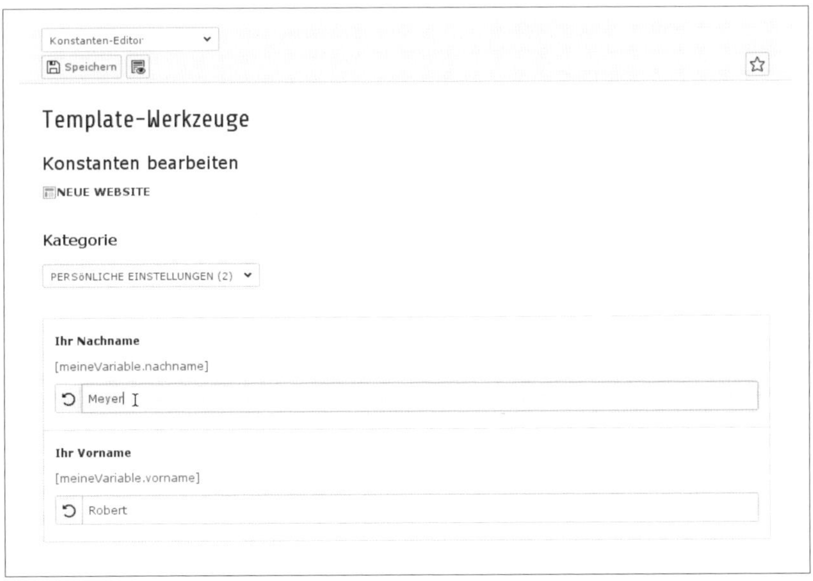

◀ **Abbildung 10-20**
Der Konstanteneditor mit einer eigenen Kategorie

Eine Suche hinzufügen

Eine seiteninterne Suchfunktion gehört auf vielen Seiten zu den Standardfunktionen und ist speziell auf größeren Seiten mit viel Inhalt sogar unbedingt notwendig, damit Besucher der Seite sich schnell zurechtfinden können. Auch TYPO3 bietet eine Suchfunktion in Form der Extension Indexed Search Engine *(indexed_search)*, die in diesem Abschnitt betrachtet werden soll.

Die Indexed Search Engine erlaubt neben der einfachen Suche nach einzelnen Begriffen zusätzlich auch logische Verknüpfungen wie `AND` und `OR` und kann auch in einigen Dateiformaten wie PDF-, Word-, OpenOffice-, Excel-, RTF- sowie PowerPoint-Dokumenten suchen. Dazu kann diese erweiterte Suchfunktion in News-Beiträgen suchen, zumindest wenn für die News-Beiträge die Indizierung aktiviert wurde.

In diesem Abschnitt soll auf einer neuen Suche-Seite die Extension integriert werden. Außerdem ist in der Designvorlage auf jeder Seite ein kleines Suchfenster vorgesehen, welches in diesem Abschnitt ebenfalls mit Funktion gefüllt werden soll.

Die Indexed Search Engine installieren

Das Frontend-Plug-in Indexed Search Engine ist bereits Bestandteil Ihrer TYPO3-Installation und muss im Extension Manager im Abschnitt *Installierte Erweiterungen* nur noch aktiviert werden.

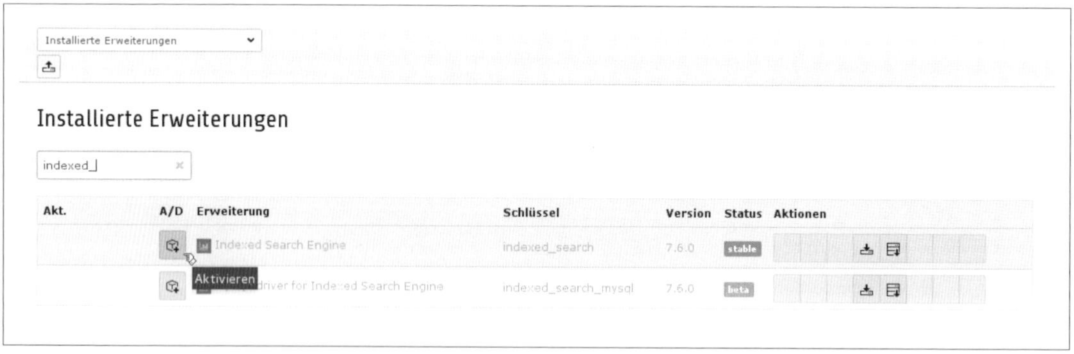

Abbildung 10-21 ▲ Die Indexed Search Engine installieren

Die Erweiterung Indexed Search Engine ist erfolgreich aktiviert, wenn die Zeile im Extension Manager nicht mehr ausgegraut ist. Nach der Aktivierung der Erweiterung sollten Sie ein weiteres Backend-Modul *Indizierung* im Abschnitt *WEB* erkennen können (siehe Abbildung 10-22).

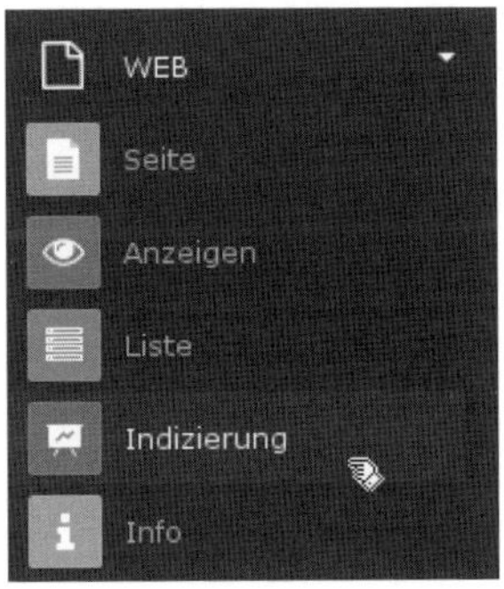

◀ **Abbildung 10-22**
Die Erweiterung steht jetzt unter »ADMINWERKZEUGE« zur Verfügung.

Konfigurieren der Indexed Search Engine

Das Durchsuchen von Dokumenten kann eine Belastung für den Server sein. Allein um ein 200-seitiges PDF-Dokument auf das Vorkommen eines Worts hin zu durchsuchen, würde der Server stark beansprucht werden. Damit nicht jede Suchanfrage erneut sämtliche Dokumente durchsucht, werden die Inhalte von Seiten und Dokumenten *indiziert* und in einer bzw. mehreren Datenbanktabellen gespeichert. Die eigentliche Suchanfrage findet somit nur noch in der Datenbank statt.

Die Suchmaschine indiziert dabei die Seiten und Dokumente nicht von allein, sondern immer nur dann, wenn Seiten erstmalig im Frontend aufgerufen werden. In der Konfiguration können Sie angeben, wie lange ein Eintrag in der Datenbank gültig sein soll. Eine einmal indizierte Seite oder ein indiziertes Dokument wird erst dann wieder indiziert, wenn eine bestimmte Zeit vergangen ist.

Um Änderungen an der Konfiguration der Erweiterung Indexed Search Engine vorzunehmen, gehen Sie im Extension Manager in den Bereich *Installierte Erweiterungen*. Mit einem Klick auf den Aktionsbutton *Konfigurieren* in der entsprechenden Zeile erhalten Sie die Möglichkeit, die Erweiterung zu konfigurieren (siehe Abbildung 10-23).

Damit in Dateien gesucht werden kann, müssen die drei Applikationen *catdoc*, *pdftotext* und *pdfinfo* installiert sein, die in Linux-Systemen im Regelfall im Ordner *usr/local/bin/* oder *usr/bin/* abgelegt werden. Diese Tools werden von TYPO3 benötigt, damit der Inhalt von PDF- und Word-Dokumenten ausgelesen werden kann.

Es können noch weitere Dateiformate durchsucht bzw. indiziert werden. Dazu sind allerdings einige serverseitige Tools notwendig, die ebenfalls auf dem Server zur Verfügung stehen müssen. Diese zusätzlichen Tools sind *xlhtml* für Excel-Dokumente, *ppthtml* für PowerPoint-

Dokumente und *unrtf* für RTF-Dokumente. Wenn Sie zusätzlich OpenOffice-Dokumente durchsuchen lassen möchten, wird lediglich das Tool *unzip* vorausgesetzt.

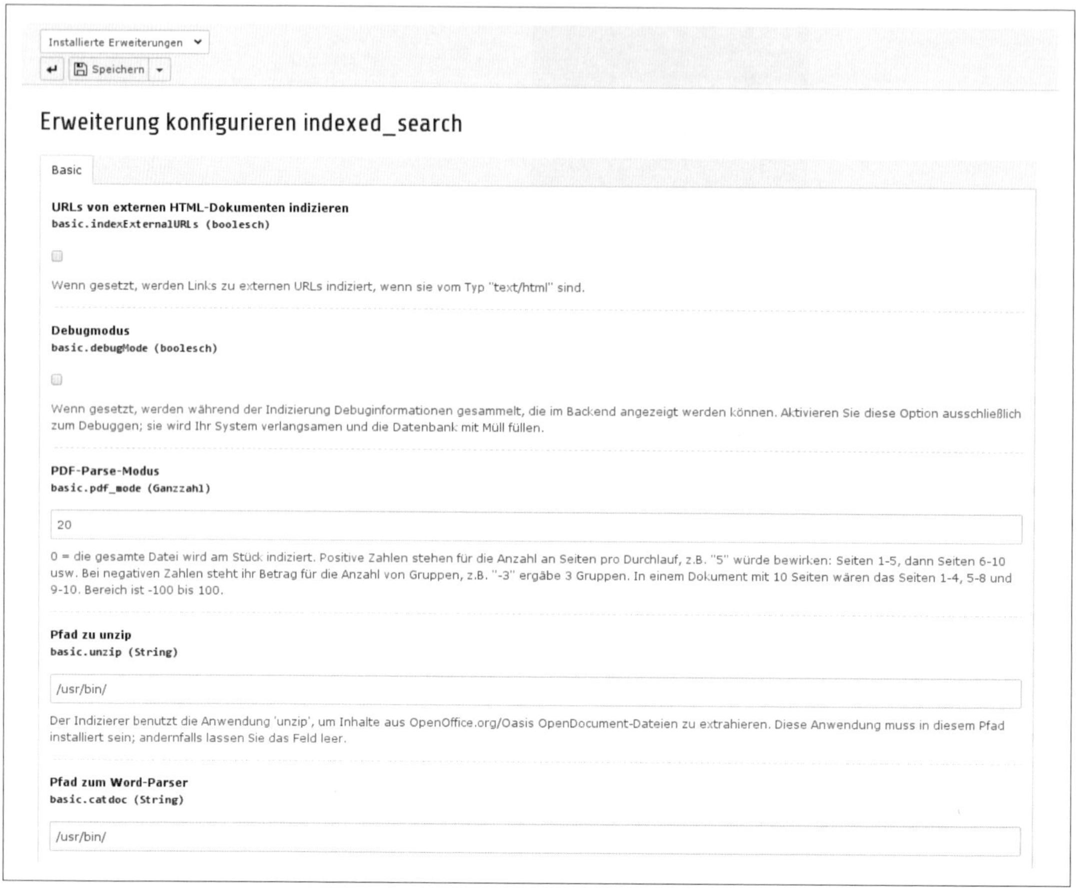

Abbildung 10-23 ▲
Die Indexed Search Engine konfigurieren

Aber keine Sorge: Die ganz normale Suche über die im TYPO3-Backend gepflegten Inhalte funktioniert auch ohne diese ganzen Werkzeuge.

Tipp Unter einem Ubuntu- oder Debian-System können Sie – Root-Zugang vorausgesetzt – die notwendigen Pakete mit folgendem Befehl nachinstallieren:

```
$ apt-get install unrtf ppthtml xlhtml catdoc unzip
poppler-utils
```

Die Verzeichnispfade sind mit */usr/bin/* bereits vordefiniert. Sollten sich die jeweiligen Anwendungen in einem anderen Verzeichnis befinden, können Sie für jedes Tool separat das Verzeichnis angeben, in dem es sich befindet. Wenn Ihnen eine Anwendung nicht zur Verfügung steht oder Sie eine Funktion nicht nutzen möchten, lassen Sie das jeweilige Feld einfach leer. Dadurch wird die Performance minimal verbessert.

Einfluss auf die Performance können Sie über die Konfigurationsangaben *PDF-Parse-Modus*, *Indizierung im Frontend deaktivieren*, *Mindestwartezeit für indizierte Seiten* und *Höchstanzahl zu indizierender, externer Dateien* nehmen.

PDF-Parse-Modus
: Damit geben Sie an, wie viele Seiten eines PDF-Dokuments auf einmal indiziert werden sollen. Da die Indizierung eines umfangreichen PDF-Dokuments die Serverressourcen stark beansprucht, wird ein Dokument in mehreren Schritten indiziert. Mit positiven Werten geben Sie an, wie viele Seiten eines Dokuments in einem Durchgang indiziert werden sollen. Geben Sie z. B. als Wert eine `10` an, werden bei einem 200-seitigen PDF-Dokument 20 Durchgänge benötigt, bei einem 20-seitigen Dokument 2 Durchgänge.

  Mit negativen Werten können Sie angeben, in wie vielen Durchgängen das Dokument indiziert werden soll. Der Wert `-10` besagt also, dass bei einem 200-seitigen PDF jeweils 20 Seiten je Durchgang indiziert werden sollen, bei einem 20-seitigen Dokument hingegen nur 2 Seiten je Durchgang.

  Der Wert `0` gibt an, dass das gesamte Dokument nicht aufgeteilt, sondern in einem Durchgang indiziert wird.

Indizierung im Frontend deaktivieren
: Im Normalfall wird der Indizierungsvorgang im Frontend vorgenommen, wenn die jeweiligen Seiten aufgerufen werden. Hier kann die Indizierung im Frontend ausgeschaltet werden, sodass sie nur dann möglich ist, wenn eine Seite aus dem Backend aufgerufen wird. Alternativ können Sie in diesem Fall die Indizierung auch von der Extension Crawler durchführen lassen, die Ihre Webseite ähnlich wie die großen Suchmaschinen in regelmäßigen Abständen komplett durchläuft und indiziert.

  Für den Anfang werden Sie die Crawler-Extension jedoch aller Wahrscheinlichkeit nach nicht benötigen und mit der einfachen Indizierung über das Frontend erst einmal auskommen.

Mindestwartezeit für indizierte Seiten
: Hier können Sie angeben, wie viele Stunden eine bereits indizierte Seite mindestens indiziert bleibt, bis sie erneut durchlaufen wird. Das ist insbesondere dann sinnvoll, wenn Sie im Live-Betrieb häufig Änderungen an Seiten vornehmen. Dann ist es natürlich nicht

besonders effektiv, wenn nach jeder kleinen Änderung im Abstand von z. B. fünf Minuten die Seite jedes Mal neu indiziert wird.

Höchstanzahl zu indizierender externer Dateien
: Wenn Sie auf einer Seite eine große Anzahl an Dokumenten aufführen, können Sie hier angeben, wie viele davon in einem Durchgang indiziert werden sollen. In Kombination mit der Konfiguration *PDF-Parse-Modus* können somit, zumindest bei PDF-Dokumenten, Performanceprobleme vermieden werden.

Das Suchformular einbinden

Stellen Sie sicher, dass es auf Ihrer TYPO3-Seite eine Seite *Suche* im Seitenbaum gibt, oder legen Sie gegebenenfalls eine an (beispielsweise als Unterseite der Seite *Hilfsnavigation*). Das Suchformular integrieren sie als Seiteninhalt vom Typ *Indexsuche*. Wählen Sie auf der Registerkarte *Plug-Ins* in der Liste der verfügbaren Erweiterungen *Indexsuche* aus (siehe Abbildung 10-24) und speichern Sie die Eingabe ab.

Abbildung 10-24▲
Die Indexed Search Engine auf der Webseite einbinden

Wenn Sie nun die Seite *Suche* im Frontend aufrufen, sehen Sie eine Suchmaske mit einem Hinweistext (siehe Abbildung 10-25) und einem Link *Erweiterte Suche*, hinter dem sich eine umfangreichere Suchmaske verbirgt. Sie werden aber auch schnell feststellen, dass die Suche noch nicht funktioniert und keine Ergebnisse zurückgeliefert werden.

Tipp Sollte die angezeigte Sprache im Frontend Englisch sein, haben Sie in Kapitel 9, *Erweiterte Darstellung von Inhalten*, im Abschnitt »TypoScript und Mehrsprachigkeit« auf Seite 214 vermutlich nicht den Eintrag `config.language = de` gesetzt. Über diese Eigenschaft geben

Sie unter anderem die Sprache für diese Erweiterung an. Zusätzlich lässt sich damit eine mehrsprachige Indexed Search Engine realisieren. Sie müssen über das *Sprachen*-Modul außerdem die Sprachdateien aktualisieren.

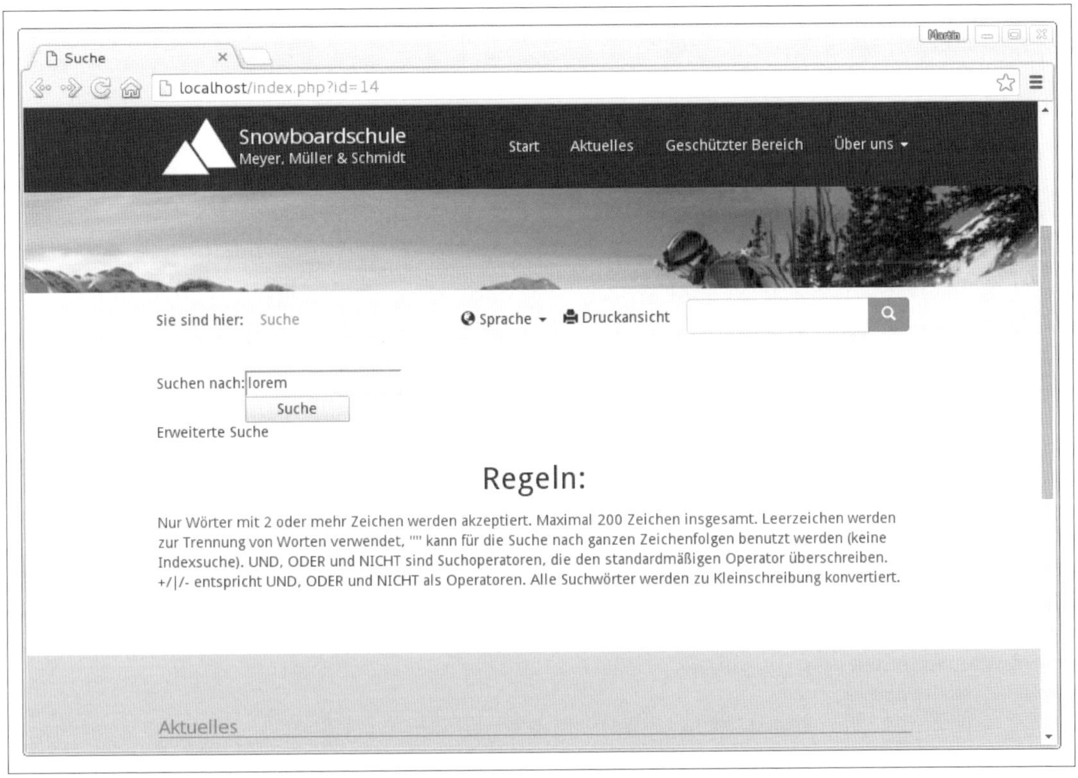

▲ Abbildung 10-25
Die Indexed Search Engine im Frontend

Die indizierte Suche aktivieren und überprüfen

Dass beim Ausführen der Suche im Frontend keine Ergebnisse gefunden werden, liegt daran, dass die indizierte Suche noch aktiviert werden muss. Hierzu müssen Sie zunächst (wie auch schon zuvor bei der News-Extension) das statische TypoScript-Template der Extension einfügen. Wechseln Sie hierzu ins Modul *Template*, wählen Sie die *root*-Seite an und klicken Sie in der *Info/Bearbeiten*-Ansicht auf die Schaltfläche *Vollständigen Template-Datensatz bearbeiten*. In der Registerkarte *Enthält* wählen Sie nun im Feld *Statische Templates einschließen* zusätzlich zu den bereits ausgewählten noch die Option *Indexed Search (Extbase & Fluid based) (indexed_search)* aus (siehe Abbildung 10-26).

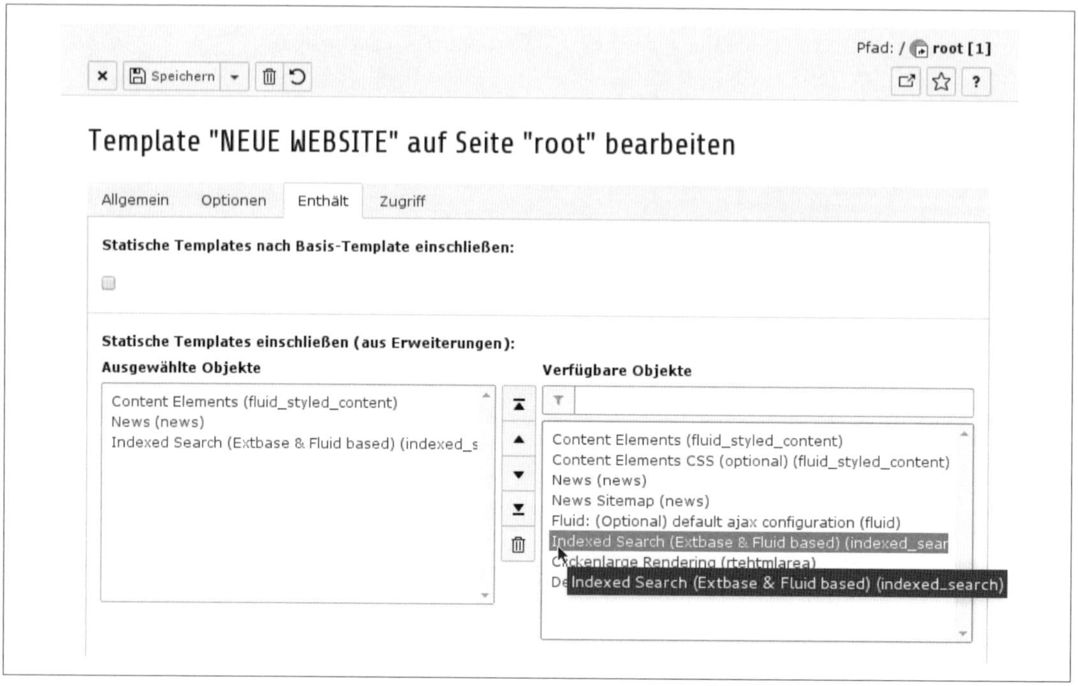

Abbildung 10-26▲ Für die Indexed Search-Erweiterung muss ein zusätzliches statisches Template geladen werden.

Speichern Sie anschließend den Template-Datensatz. Nach dem Einbinden des statischen Templates muss die Suche noch über TypoScript aktiviert werden. Fügen Sie dazu in Ihr TypoScript-Template die Zeilen 8 und 9 ein:

Beispiel 10-7: Die indizierte Suche aktivieren

```
01 # Allgemeine Konfigurationen
02 config {
03   linkVars = L
04   uniqueLinkVars = 1
05   sys_language_uid = 0
06   language = de
07   locale_all = de_DE
08   index_enable = 1
09   index_externals = 1
10 }
```

In Zeile 8 wird die Indizierung grundsätzlich aktiviert. Mit der Eigenschaft `.index_externals` in Zeile 9 weisen Sie die Suche weiterhin an, auch externe Medien wie etwa verlinkte PDF-Dokumente zu indizieren.

Alle Seiten, die Sie durchsuchen möchten, müssen zunächst indiziert werden. Gehen Sie dazu auf jede einzelne Frontend-Seite und führen Sie anschließend die Suche erneut durch. Jetzt sollte ein Suchergebnis gefunden werden.

Nachdem Sie die Erweiterung Indexed Search Engine installiert und das Backend einmal neu geladen haben, finden Sie im Abschnitt *ADMIN-WERKZEUGE* ein neues Backend-Modul: *Indizierung*. Mithilfe dieses Tools können Sie überprüfen, wie weit die Indizierung bereits fortgeschritten ist. Wählen Sie aus dem oberen Auswahlfeld in diesem Backend-Modul den Eintrag *Liste: Seiten* aus. Auf diese Weise erhalten Sie den besten Überblick darüber, welche Seiten bereits indiziert sind und wie viele Wörter in die Datenbank aufgenommen wurden. Über den Menüeintrag *Liste → Externe Dokumente* sehen Sie eine Übersicht des Indizierungsfortschritts von Dokumenten.

Die Darstellung anpassen

In diesem Abschnitt soll gezeigt werden, welche Eigenschaften und Dateien Sie überschreiben bzw. ändern oder löschen müssen, um das Design der Suche Ihren Wünschen anzupassen.

Im Unterschied zur News-Extension arbeitet die Indexsuche nicht mit dem Extbase-Framework und nutzt auch keine Fluid-Templates. Ein Blick in den TypoScript-Objektbrowser liefert einen Einblick darin, was genau bei der Einbindung eines Suchformulars vor sich geht. Hier ist das Plug-in `plugin.tx_indexedsearch` in etwa wie folgt definiert:

```
plugin.tx_indexedsearch = USER_INT
plugin.tx_indexedsearch {
  userFunc = TYPO3\CMS\IndexedSearch\Controller\
             SearchFormController->main
  templateFile = EXT:indexed_search/Resources/Private/Templates/
                 indexed_search.tmpl
  [...]
}
```

Das Such-Plug-in ist kein Objekt des Typs `USER`, sondern `USER_INT`. Der Unterschied besteht darin, dass die Ausgabe eines `USER_INT`-Objekts nicht im TYPO3-Cache zwischengespeichert wird (und das wäre bei Suchergebnissen, die ja direkt von einer Nutzereingabe abhängen, auch nicht wirklich sinnvoll).

Auch wenn diese Extension nicht der bekannten Struktur mit einem erweiterbaren `templateRootPath` folgt, kann die hier genutzte Designvorlage durchaus ebenfalls angepasst werden. Über die Eigenschaft `plugin.tx_indexedsearch.templateFile` wird angegeben, wo sich die Designvorlage befindet. Im Auslieferungszustand der Erweiterung ist diese Designvorlage unter *typo3/sysext/indexed_search/pi/indexed_search.tmpl* zu finden. Sie können jetzt wieder eine Kopie dieser Designvorlage im Ordner *fileadmin/* ablegen und mit TypoScript auf diese kopierte Designvorlage verweisen, wie in Beispiel 10-8 zu sehen.

Beispiel 10-8: TypoScript-Konfiguration der Indexed Search-Extension

```
plugin.tx_indexedsearch {
  templateFile = fileadmin/templates/ext/indexed_search/
                 indexedsearch.html
  show.rules = 0
  _CSS_DEFAULT_STYLE >
}
```

Im Unterschied zu den bisher bekannten Fluid-Templates handelt es sich bei dieser Designvorlage um eine einfache HTML-Datei, in der einige `###PLATZHALTER###` definiert sind. Diese werden später von der Extension durch einfaches Suchen und Ersetzen mit entsprechenden Inhalten aktualisiert. Komplexe Kontrollstrukturen wie in Fluid, wie etwa `if`-Bedingungen oder `for`-Schleifen, können Sie hier leider nicht definieren.

Außerdem enthält hier eine einzelne Datei die HTML-Vorlagen für nahezu alle Ansichten der Suche: das Formular, den Hilfetext sowie die Anzeige der Suchergebnisse. Die einzelnen Ansichten sind in Blöcke unterteilt, die mit Markern wie den folgenden umschlossen sind:

```
<!-- ###SEARCH_FORM### begin -->
...
<!-- ###SEARCH_FORM### end -->
```

Achten Sie bei der Bearbeitung der Designvorlage darauf, diese Marker so zu belassen, wie sie sind. Davon abgesehen können Sie die kopierte Designvorlage komplett an Ihre Bedürfnisse anpassen. Insbesondere was die Formatierung betrifft, können Sie sämtliche `div`-Container und CSS-Bezeichner durch eigene Formatierungsangaben ersetzen. Beispiel 10-9 zeigt eine mögliche Variante für den `###SEARCH_FORM###`-Bereich.

Beispiel 10-9: Beispiel für eine angepasste Such-Designvorlage (Auszug)

```
<!-- ###SEARCH_FORM### begin -->
<div class="row">
  <div class="col-md-offset-3 col-md-6">
    <form action="###ACTION_URL###" method="post" id="tx_indexedsearch"
                                      class="form-horizontal">
      <input type="hidden" name="tx_indexedsearch[_sections]"
             value="0" />
      <input type="hidden" name="tx_indexedsearch[_freeIndexUid]"
             id="tx_indexedsearch_freeIndexUid" value="_" />
      <input type="hidden" name="tx_indexedsearch[pointer]" id="tx_
             indexedsearch_pointer" value="0" />
      <!-- ###HIDDEN_FIELDS### begin -->
      <input type="hidden" name="###HIDDEN_FIELDNAME###"
             value="###HIDDEN_VALUE###" />
      <!-- ###HIDDEN_FIELDS### end -->

      <div class="form-group">
```

Beispiel 10-9: Beispiel für eine angepasste Such-Designvorlage (Auszug) (Fortsetzung)

```
        <input type="search" name="tx_indexedsearch[sword]"
               value="###SWORD_VALUE###" class="form-control input-lg"
               ###PLACEHOLDER### />
      </div>

      <div class="form-group">
        <input type="submit" name="tx_indexedsearch[submit_button]"
               value="###FORM_SUBMIT###"
               class="btn btn-success btn-lg btn-block" /></td>
      </div>
    </form>
  </div>
</div>
<!-- ###SEARCH_FORM### end -->
```

Die Indexsuche bringt zudem eigene CSS-Stylesheets mit, die im Typo-Script-Template im Attribut `_CSS_DEFAULT_STYLE` definiert wurden. Falls sich diese Stylesheets mit Ihren eigenen Stylesheets der Designvorlage in die Quere kommen, können Sie die entsprechende Eigenschaft im Typo-Script einfach löschen, wie im Beispiel 10-8 in Zeile 334 zu sehen ist.

Wenn Sie keine Suchregeln angezeigt bekommen möchten, können Sie wie in Zeile 330 die Anzeige über die Eigenschaft `plugin.tx_indexedsearch.show.rules = 0` deaktivieren.

Möchten Sie Begriffe der mitgelieferten Übersetzung anpassen, sollten Sie die Funktion `._LOCAL_LANG` nutzen. Die Syntax dieser Funktion sieht so aus:

```
._LOCAL_LANG.[lang-key].[label-key] = [Neuer Wert]
```

Um nun z.B. den Text *Erweiterte Suche* ändern zu können, ist es erforderlich, dass Sie den sogenannten *Label-Key* kennen. Für die Erweiterung Indexed Search Engine befindet sich die deutsche Sprachdatei unter *typo3conf/l10n/de/indexed_search/pi/de.locallang.xml*. Wenn Sie sich diese Datei ansehen, werden Sie im Quellcode den Label-Key für die Übersetzung *Erweiterte Suche* finden (`link_advancedSearch`). Wenn der Lang-Key bekannt ist, kann über TypoScript diese Übersetzung an Ihre Bedürfnisse angepasst werden:

```
plugin.tx_indexedsearch._LOCAL_LANG.de.link_advancedSearch = Zur
umfangreicheren Suche
```

Das Suchformular im Kopfbereich

Unsere Designvorlage sieht vor, dass der Kopfbereich jeder Seite ein kleines Suchformular enthalten soll. Dieses Formular war bereits stets da, hat jedoch nie eine Funktion erfüllt. Da Sie nun eine funktionierende Suche auf Ihrer Seite haben, ist dies die perfekte Gelegenheit, auch das Suchformular im Trailer mit Leben zu füllen.

Theoretisch können Sie hier denselben Ansatz wählen, mit dem Sie schon das News-Plug-in im Fußbereich der Seite dargestellt haben. Hierzu müssten Sie eine Fluid-Variable mit einer Kopie des Objekts `plugin.tx_indexedsearch` befüllen und könnten für dieses Objekt ein anderes `templateFile`-Attribut konfigurieren. Da es sich bei dem Suchformular jedoch eigentlich nur um ein recht statisches HTML-Konstrukt ohne dynamischen Inhalt handelt, können Sie sich hier die Sache einfacher machen.

In der Fluid-Designvorlage sieht das Suchformular derzeit aus wie folgt:

```
<form class="form-inline" action="{searchUrl}" method="post">
  <div class="input-group">
    <input type="text" name="tx_indexedsearch[sword]" class="form-control"
           placeholder="{labelSearchPlaceholder}"/>
    <span class="input-group-btn">
      <button type="submit" class="btn btn-success">
        <i class="glyphicon glyphicon-search"></i>
        {labelSearch}
      </button>
    </span>
  </div>
  <div class="clearfix"></div>
</form>
```

Das `<input>`-Element in diesem Suchformular hat bereits den Namen `tx_indexedsearch[sword]`. Genau denselben Namen hat auch das Sucheingabefeld in der Designvorlage des Such-Plug-ins. Es müssen nun nur noch die Fluid-Variablen `{searchUrl}` und einige Platzhalter mit statischen Texten wie etwa `{labelSearchPlaceholder}` und `{labelSearch}` befüllt werden. Beispiel 10-10 zeigt, wie diese Variablen befüllt werden.

Beispiel 10-10: Konfiguration des Suchformulars im Kopfbereich der Seite

```
page = PAGE
page {

  10 = FLUIDTEMPLATE
  10 {

    variables {

      # Die URL des Suchformulars konfigurieren
      searchUrl = TEXT
      searchUrl {
        typolink {
          parameter = 14
          returnLast = url
        }
```

Beispiel 10-10: Konfiguration des Suchformulars im Kopfbereich der Seite (Fortsetzung)

```
312       }
313
314       labelSearchPlaceholder = TEXT
315       labelSearchPlaceholder.value = Ihr Suchtext
316       labelSearchPlaceholder.lang.en = Your search
317
318       labelSearch = TEXT
319       labelSearch.value = Suchen
320       labelSearch.lang.en = Search
321     }
322   }
323 }
```

Besonders interessant ist dabei die Fluid-Variable `searchUrl` in den Zeilen 306 bis 312. Diese wird mit der Seiten-URL des Suchformulars befüllt. Hierzu wird die bereits bekannte `typolink`-Funktion genutzt. Der `parameter` in Zeile 309 enthält die Seiten-ID des Suchformulars, und das Attribut `returnLast` in Zeile 310 verändert das Verhalten der `typolink`-Funktion: Während diese normalerweise einen Text mit einem `<a>`-Tag umschließt, sorgt dieser Parameter dafür, dass die erstellte URL des Links direkt ausgegeben wird – perfekt, um ihn in einem Suchformular weiterzuverwenden.

Ausblick: Suchen mit SOLR

Die Indexsuche stellt hinsichtlich ihrer Leistungsfähigkeit schon einen deutlichen Fortschritt gegenüber der herkömmlichen Suche dar. Bei großen Seitenbäumen mit mehreren Tausend Seiten und Dokumenten stößt jedoch auch die Indexsuche irgendwann an ihre Kapazitätsgrenzen.

Um auch den höchsten Anforderungen gerecht zu werden, kann ein dedizierter Suchserver verwendet werden, beispielsweise der in Java implementierte Apache-SOLR-Server (*http://lucene.apache.org/solr/*). Dieser kann mithilfe einer TYPO3-Erweiterung (Extension-Key: *solr*) in die TYPO3-Präsentation integriert werden. Da die Einrichtung eines solchen Servers jedoch in keinem Fall trivial und nur bei sehr großen Websites überhaupt notwendig ist, soll der kurze Ausblick an dieser Stelle genügen.

Probleme nach der Installation einer Erweiterung

Leider kann es immer mal wieder vorkommen, dass die Installation einer Erweiterung fehlschlägt und so der Zugriff auf das Backend nicht mehr möglich ist. Dieses Problem tritt üblicherweise dann auf, wenn eine Erweiterung fehlerhaft oder für eine andere TYPO3-Version bestimmt ist. In so einem Fall reicht es meistens aus, folgende Schritte manuell durchzuführen (z. B. per FTP).

Öffnen Sie die Datei *typo3conf/PackageStates.php* und suchen Sie in dieser nach dem Eintrag für `news`. Sie sollten unter anderem folgende Zeilen vorfinden:

```
'news' =>
    array (
      'state' => 'active',
      'packagePath' => 'typo3conf/ext/news/',
      'classesPath' => 'Classes/',
    ),
```

Hier können Sie den Eintrag für `state` von `active` auf `inactive` setzen. Im Anschluss sollten Sie dann noch den Ordner *typo3temp/Cache* sowie, wenn Sie sich dann wieder ins Backend einloggen können, erneut manuell den Frontend-Cache leeren.

KAPITEL 11

Eine eigene Erweiterung schreiben

In diesem Kapitel:

- Ein eigenes Mitarbeiter-Plug-in entwickeln
- Die Struktur einer TYPO3-Erweiterung
- Die Klassen im Detail
- Die Ausgabe mit Fluid
- TypoScript-Parameter übergeben
- Daten aus der Datenbank laden

In diesem Kapitel erfahren Sie, wie Sie eine eigene Erweiterung mit und für TYPO3 erstellen. Derzeit stehen Ihnen zwei verschiedene Schnittstellen für die Entwicklung von Erweiterungen zur Verfügung: zum einen die »klassische« *pibase*-Schnittstelle und zum anderen die in TYPO3 4.3 neu hinzugekommene *Extbase*-Schnittstelle. Im Folgenden liegt der Schwerpunkt auf der moderneren Extbase-Schnittstelle. Diese hat sich in der Praxis in den vergangenen Jahren als Standard durchgesetzt und ermöglicht eine sehr effiziente und saubere Softwareentwicklung.

Zum besseren Verständnis dieses Kapitels sind Kenntnisse der PHP-Programmierung sowie der *objektorientierten Programmierung* (OOP) und gängiger objektorientierter Entwurfsmuster von Vorteil.

Ein eigenes Mitarbeiter-Plug-in entwickeln

TYPO3 ist ein Open Source-System, das der GPL-Lizenz unterliegt. Dadurch wird Ihnen ermöglicht, Änderungen am PHP-Quellcode von TYPO3 vorzunehmen. Damit allein ließe sich schon fast jedes Vorhaben realisieren. Sie würden jedoch recht schnell Probleme mit TYPO3-Updates bekommen, da Sie mit jeder neuen TYPO3-Version die Änderungen erneut einspielen müssten.

Damit TYPO3-Updates kein Problem sind, hält TYPO3 eine sogenannte API (*Application Program Interface*) bereit. Unter einer API versteht man eine Schnittstelle, auf die man aufsetzen und die man updatefähig entwickeln kann. Eine einmal entwickelte TYPO3-Erweiterung wird somit, sofern sie im lokalen Ordner *typo3conf/ext/* abgelegt worden ist, auch noch nach einem TYPO3-Update funktionsfähig sein. Ausnahmen kann es natürlich geben, insbesondere dann, wenn Änderungen gerade in den Bereichen vorgenommen werden, die in Ihrer Erweiterung verwendet werden. Testen Sie daher TYPO3-Updates nicht in einer Live-Umgebung, sondern in einer separaten Testumgebung.

Um TYPO3-Erweiterungen entwickeln zu können, sind grundlegende PHP-Kenntnisse vorteilhaft. Sie müssen kein PHP-Profi sein, sollten sich aber auch nicht vor der Verwendung von PHP-Code scheuen. Sie werden in diesem Abschnitt keine Einführung in PHP erhalten, da das ein sehr komplexes Thema ist und bereits viele gute Bücher dazu erschienen sind, beispielsweise *Einführung in PHP 5* von David Sklar (O'Reilly Verlag).

Techniken und Konzepte

Wie bereits angedeutet, haben sich in den letzten Jahren neue Methoden in der Entwicklung von TYPO3-Erweiterungen etabliert. Während die ältere Extension-API – die sogenannte pibase-Schnittstelle – dem Entwickler eine umfangreiche Funktionsbibliothek zur Verfügung stellte, ihm aber ansonsten weitgehend freie Hand ließ, sieht es bei der modernen Extbase-Schnittstelle anders aus: Sie nimmt den Entwickler stärker an die Hand und macht konkrete Vorgaben hinsichtlich der Architektur einer Erweiterung.

Während die pibase-Schnittstelle also eher als einfache Funktionsbibliothek gedacht war, tritt Extbase als vollwertiges Applikationsframework auf. Der Unterschied zwischen beiden besteht hauptsächlich in der Umkehr des Kontrollflusses (engl. inversion of control). Während der Entwickler bei pibase die Wahl hat, ob er die angebotenen Funktionen nutzt oder nicht, übernimmt Extbase den kompletten Kontrollfluss einer Erweiterung, sodass der Entwickler nur noch bestimmte »Einstiegspunkte« entwickeln muss, die dann von Extbase automatisch angesprochen werden.

Das mag auf den ersten Blick einschränkend wirken; jedoch ermöglicht dieser Ansatz, insbesondere mit seinen Architekturvorgaben, eine Art Standardisierung von TYPO3-Erweiterungen und somit auch eine Steigerung der Qualität von Erweiterungen.

Im folgenden Abschnitt werden einige grundlegende Konzepte vorgestellt, die für die Entwicklung mit Extbase wichtig sind. Dabei handelt es sich vor allem um das Paradigma des Domain-driven Design und das Architekturmuster Model-View-Controller.

DDD – Domain-driven Design

Die Anforderungen an Webanwendungen sind in den vergangenen Jahren stetig gewachsen. Das *Domain-driven Design* bietet eine Möglichkeit, die Komplexität der Anwendung für den Entwickler und den Auftraggeber überschaubar zu halten.

Die Idee des Domain-driven Design ist, aussagekräftige Objekte aus dem realen Leben zu modellieren und deren Verhalten und Eigenschaften zu beschreiben. Dabei entsteht ein Modell eines Fachgebiets, das Domänenmodell (Domain Model). Dieses Modell besteht aus miteinander in Verbindung stehenden Objekten. Bei großen Projekten erleichtert es die Arbeit der beteiligten Entwickler, Anwender und Auftraggeber. Sie lernen, eine gemeinsame Sprache zu sprechen und sich im Fachgebiet des anderen zu bewegen.

Objekte, die nicht zum Domänenmodell gehören, beispielsweise das Suchen, Speichern, Filtern, Validieren und Darstellen, werden ausgelagert und von einer anderen Ebene übernommen. Diese Ebene bildet die Erweiterung Extbase oder ein Framework wie TYPO3 Flow, das sich um die genannten Funktionen kümmert. Da diese grundlegenden Funktionen dann nicht mehr weiter beachtet werden müssen, kann bei der Entwicklung der Blick auf das Wesentliche gerichtet werden. Der Begriff Domain-driven Design wurde übrigens von Eric Evans[1] geprägt. Es handelt sich dabei um ein sehr weitläufiges Themengebiet, über das Sie sich in der entsprechenden Literatur umfassend informieren können.

MVC – Model-View-Controller

Bei der Erweiterung Extbase handelt es sich um ein MVC-Framework, wobei MVC für *Model-View-Controller* steht. Die Idee von MVC ist eine sinnvolle Trennung der Programmierung nach Zuständigkeiten (engl. separation of concerns). Es werden drei Hauptbelange einer Software unterschieden:

- Model – das Datenmodell (oder nach DDD Domänenmodell)
- View – die Datendarstellung
- Controller – die Steuerung der Anwendung

Die Trennung ermöglicht die Unterteilung der Anwendung in unabhängige Klassen. Das bringt einige Vorteile mit sich: Da die Klassen unabhängig voneinander sind, können sie einfacher ausgetauscht werden. Die Entwickler werden förmlich gezwungen, einen »sauberen« Code zu entwickeln. Die Komplexität wird durch die Aufteilung reduziert, und einzelne Komponenten werden gekapselt, was die Übersichtlichkeit erhöht.

Wie arbeiten Model, View und Controller zusammen? Bei Webanwendungen wird eine Aktion in der Regel von einem Benutzer ausgeführt. Eine

1 Eric Evans prägte den Begriff Domain-driven Design und veröffentlichte das Buch »Domain-Driven Design: Tackling Complexity in the Heart of Software«.

Aktion kann beispielsweise die Eingabe von Daten in ein Formular sein, das über eine Schaltfläche abgeschickt wird. Eine Aktion wird aber auch beim Aufruf einer Webseite durch einen Besucher im Browser ausgelöst. Immer, wenn eine Interaktion geschieht, wird eine Aktion ausgelöst.

Der Controller arbeitet diese Aktionen ab. Er bildet also die Schnittstelle zwischen dem View und dem Model. Er reagiert auf eine Aktion, löst Operationen im Model aus und gibt Objekte an die View weiter oder nimmt Objekte von der View auf und gibt diese an das Model weiter.

Die View regelt die Ausgabe der Daten. In ihr werden Informationen aufbereitet und dargestellt. Werden Daten in einem Model geändert, teilt der Controller dies der View mit, damit diese die Darstellung ändern kann.

Das Model ist von Controller und View vollständig abgekapselt. Im Model werden lediglich Daten und Operationen zur Verfügung gestellt, auf die der Controller zugreifen kann. Der Benutzer kann also über den Controller auf die Programmlogik und die Daten zugreifen, die das Model repräsentiert.

Zusammengefasst bedeutet das: Das Model verwaltet die Daten, die View stellt diese z.B. in HTML dar, und der Controller steuert Model und View über ausgeführte Aktionen.

Die Aufgabenstellung

Anforderungen

Die Snowboardschule Meyer-Müller-Schmidt aus dem Beispielprojekt möchte eine Auflistung ihrer Snowboardlehrer anlegen, die auf der Seite *Mitarbeiter* dargestellt werden soll. Zu jedem Snowboardlehrer soll auch ein Foto hinterlegt werden können. Eine ähnliche Erweiterung mit der Bezeichnung *tt_address* ist bereits verfügbar. Da hier allerdings gezeigt werden soll, wie Sie eine eigene Erweiterung mit TYPO3 entwickeln, wird obige Aufgabenstellung als neues Frontend-Plug-in für TYPO3 entwickelt.

Theoretisch ist auch die manuelle Pflege der Daten mit den bekannten Seiteninhalten möglich, wobei dann für jeden Snowboardlehrer ein eigener Seiteninhalt angelegt würde. Die Pflege der Daten wäre jedoch umständlich und nicht zentral. Soll die Datenhaltung zentral bleiben und das Importieren der Daten z.B. aus Excel-Dokumenten ermöglicht werden, ist dafür ein separates Plug-in erforderlich.

Vorüberlegungen zum Entwurf

Wir werden nun folgende Ansätze mit Extbase verfolgen, um die Aufgabe abzubilden. Als Erstes wird ein Modell erstellt. In unserem Fall besteht das Modell aus nur einem Objekt, `Snowboardlehrer`. Unser Objekt `Snowboardlehrer` hat einen *Nachnamen*, einen *Vornamen* und ein *Bild*. Generell sollten wir bei der Entwicklung die englische Sprache benutzen. Wir werden unsere Erweiterung daher *snowboard_staff* nennen. Unser Domänenobjekt heißt `SnowboardTeacher`, hat die Attribute `firstName`, `lastName` und `picture` und sieht wie in Abbildung 11-1 skizziert aus.

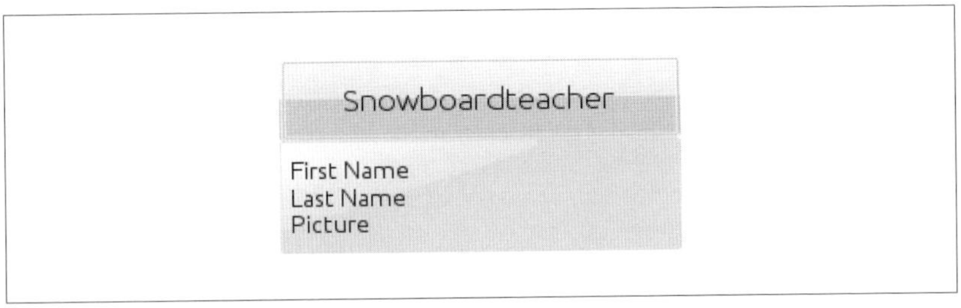

◀ Abbildung 11-1
Ein einfaches Modell unseres Snowboardlehrers

Zusätzlich könnte das Modell noch weitere Objekte enthalten, beispielsweise ein Objekt `Kurs` bzw. `Class`, wenn zu jedem Snowboardlehrer ein Kurs eingetragen werden müsste.

Jede Extbase-Erweiterung benötigt immer mindestens einen Controller. Dieser bildet die Schnittstelle zwischen dem Benutzer und unserem Model. Über eine vom Benutzer ausgelöste Aktion agiert er mit dem Model und der View. Diese ausgelösten Aktionen können z.B. das Anlegen, Bearbeiten, Löschen oder Suchen eines Snowboardlehrers sein.

Wie wir bereits wissen, wird durch die Interaktion eines Benutzers eine Aktion ausgelöst. Welche Aktionen benötigen wir im Controller, um die Darstellung unserer Snowboardlehrer zu erhalten? Die einzige Aktion, die in unserem Beispiel aufgerufen wird, ist eine »Start«-Aktion. Gemeint ist damit lediglich das Aufrufen der Seite. Diese Aktion wird in der Regel `Index` oder `List` genannt. Weitere Aktionen sind in unserem Fall nicht geplant. Theoretisch könnte unser Plug-in z. B. noch so erweitert werden, dass ein Snowboardlehrer seine Daten im Frontend pflegen kann. Dafür wäre eine sogenannte »Update«-Aktion nötig.

Nun brauchen wir noch eine »View«, über die die Ausgabe unseres Mitarbeiter-Plug-ins erzeugt wird. Es ist sinnvoll, schon jetzt darüber nachzudenken, wie die Darstellung im Frontend aussehen soll, und eine HTML-Designvorlage anzulegen. Wir können die Vorlage von unserem ersten Plug-in zu Hilfe nehmen. Mit der Ausgabe bzw. der View beschäftigen wir uns später im Abschnitt »Die Ausgabe mit Fluid«. Dort werden wir uns überlegen, wie die Liste ausgegeben werden soll, und erstellen eine Designvorlage mit der Template-Engine Fluid.

Der Extension Builder

Mit dem Extension Builder können Sie sich schnell und komfortabel die benötigten Schnittstellen erstellen. Dabei werden Dateien erzeugt, die die Grundkonfiguration beinhalten, die Sie über den Extension Builder angegeben haben.

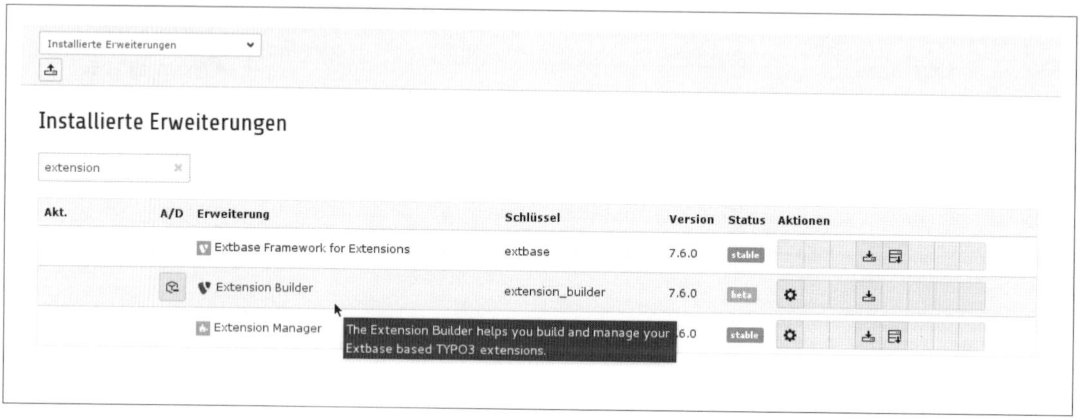

Abbildung 11-2 ▼
Der Extension Builder im Extension Manager

Die Erweiterung Extension Builder muss, wie Sie bereits in Kapitel 10, *Bestehende Erweiterungen integrieren*, erfahren haben, über den Erweiterungsmanager aus dem Extension-Repository heruntergeladen werden (siehe Abbildung 11-2). Durch einen Klick auf den Downloadbutton können Sie den Extension Builder installieren.

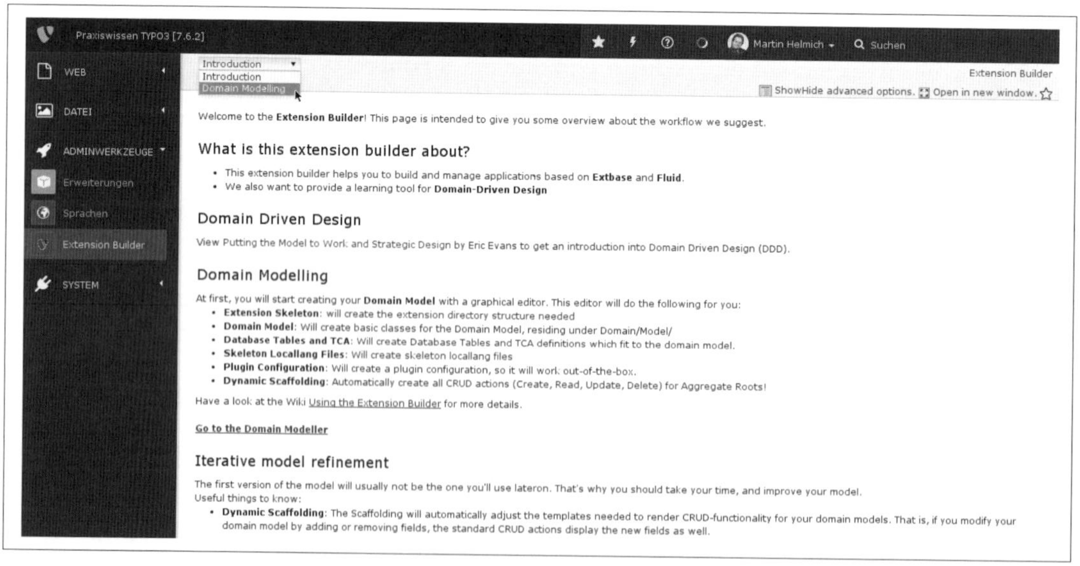

Abbildung 11-3 ▼
Der Extension Builder fügt einen neuen Menüpunkt im Hauptmenü hinzu.

Sie finden jetzt im Hauptmenü im Abschnitt *ADMINWERKZEUGE* ein zusätzliches Modul (siehe Abbildung 11-3). Durch Auswahl dieses

Menüeintrags gelangen Sie in den Extension Builder, mit dem Sie nun die Grundlagen für Ihr eigenes Snowboardlehrer-Plug-in schaffen können.

Im rechten Bereich öffnet sich zunächst eine Informationsseite, die die Funktionsweise des Extension Builders erläutert. Um nun eine neue Erweiterung erstellen zu können, wählen Sie im Auswahlmenü in der oberen Leiste den Eintrag *Domain Modelling*.

Die Oberfläche des Tools *Domain Modelling* ist in zwei Bereiche aufgeteilt. In der linken Spalte mit der Beschriftung *Eigenschaften der Erweiterung* können Sie allgemeine Angaben zu Ihrer Erweiterung machen, etwa Namen und Beschreibung der Erweiterung, den Extension-Key (dazu später mehr) oder Angaben zu den Urhebern der Erweiterung.

Tipp Zum Zeitpunkt des Verfassens dieses Kapitels war der Extension Builder noch nicht vollständig in die deutsche Sprache übersetzt. Wundern Sie sich daher nicht, wenn die Feldbezeichner im Rest dieses Abschnitts bunt zwischen Deutsch und Englisch hin- und herwechseln.

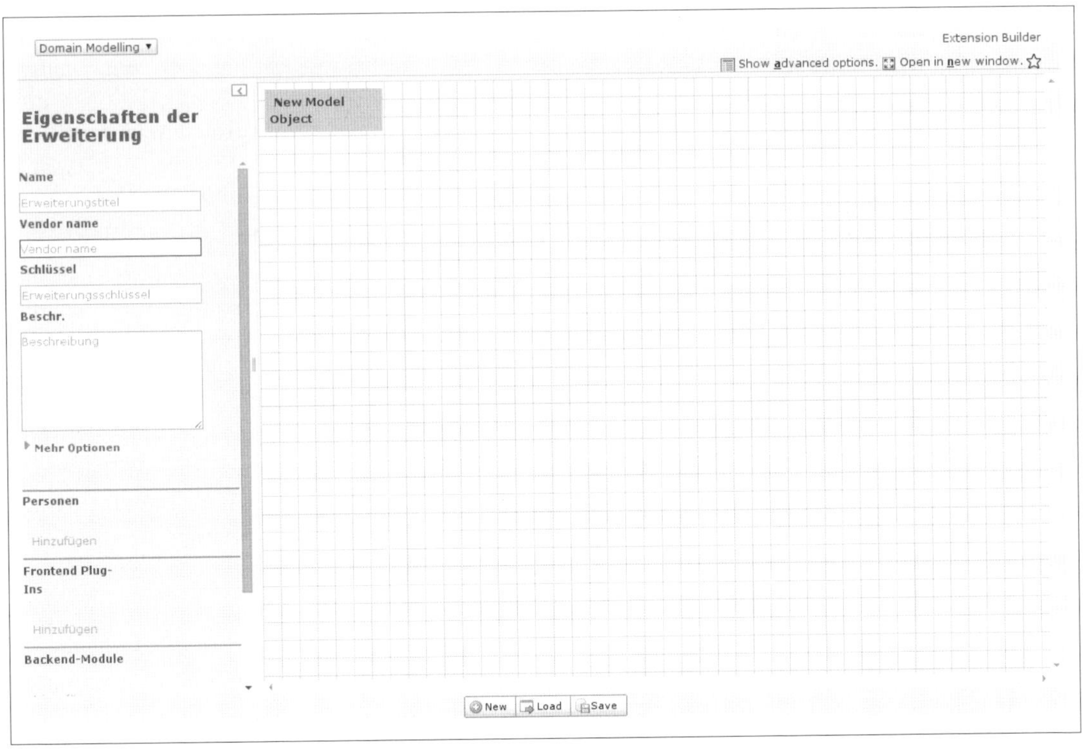

▲ **Abbildung 11-4**
Der Extension Builder mit einem (noch leeren) Domain Model

Extension-Key

Ein Extension-Key ist ein eindeutiger Bezeichner (Identifier) einer Erweiterung. Sollte im Extension-Repository eine weitere Erweiterung mit demselben Extension-Key vorhanden sein, werden Sie über kurz oder lang technische Probleme bekommen. Sie sollten dennoch unterscheiden, ob Sie vorhaben, eine Extension später auch zu veröffentlichen, also der Allgemeinheit zur Verfügung zu stellen, oder nur um eine Erweiterung für den Eigenbedarf handelt. Im Regelfall wird es sich bei der Extension-Entwicklung um Letzteres handeln. Dann ist die globale Registrierung eines Extension-Keys nicht zwingend erforderlich, da Sie davon ausgehen können, dass der verwendete Key eindeutig bleibt. In jedem Fall ist es aber erforderlich, einen Extension-Key anzugeben.

Tipp Möchten Sie eine Erweiterung veröffentlichen bzw. steht von vornherein die Möglichkeit einer Veröffentlichung im Raum, können Sie unter der Adresse *http://typo3.org/extensions/* nach einem Log-in einen Extension-Key registrieren bzw. vormerken lassen. Sie benötigen dazu ein Benutzerkonto auf *typo3.org*.

Zur Wahl eines guten Extension-Keys empfiehlt es sich, auf den übermäßigen Gebrauch von Unterstrichen zu verzichten und nur Kleinschreibung zu verwenden. Ein Extension-Key wie z.B. *mitarbeiter_robert_meyer_versuch1* sieht zwar auf den ersten Blick praktisch aus, aber TYPO3 entfernt (absichtlich) in einigen Teilbereichen Unterstriche und stellt ein *tx_* voran. Aus *mitarbeiter_robert_meyer_versuch1* würde somit eine Erweiterung mit dem Bezeichner *tx_mitarbeiterrobertmeyerversuch1* und der zugehörigen Datenbanktabelle *tx_mitarbeiterrobertmeyerversuch1_domain_model_staff*.

Wie Sie an obigem Extension-Key sehen können, sollten Sie möglichst nicht nur auf die Verwendung von Unterstrichen verzichten, sondern auch die Länge aus Gründen der besseren Handhabung möglichst gering halten. Ebenso benötigen Sie bei Erweiterungen für die Eigenentwicklung im Regelfall nicht Ihren vollständigen Namen im Bezeichner, sondern ein vorangestellter Firmenname oder/und Ihre Initialen vor einem beschreibenden Wort dürften meist ausreichen. Für das Mitarbeiter-Plug-in empfiehlt sich daher der Extension-Key *snowboard_staff*.

Eigenschaften der Erweiterung

In der linken Spalte mit der Beschriftung *Eigenschaften der Erweiterung* finden Sie einige Eingabefelder, in denen Sie allgemeine Informationen zu Ihrer Erweiterung angeben können.

Wählen Sie zunächst einen Namen für die Extension im Eingabefeld *Name*. Dieser kann frei wählbar sein, und sollte möglichst kurz und knapp beschreiben, was die Erweiterung eigentlich tut (ein sinnvoller Name wäre z.B. *Snowboardlehrer* oder *Mitarbeiter*).

Im Eingabefeld *vendor name* tragen Sie einen Namen ein, der Sie als »Hersteller« der Extension eindeutig identifiziert. Dieser vendor name wird später ausschließlich im PHP-Namespace für die PHP-Klassen verwendet; andere Integratoren oder gar Endanwender werden diesen in der Regel später nicht wahrnehmen. Er darf nur aus Buchstaben und Zahlen bestehen und muss im sogenannten *UpperCamelCase* angegeben werden. In unserem Beispiel könnten Sie *Snowboard* als *vendor name* wählen.

Tragen Sie Ihren Extension-Key in das Eingabefeld *Schlüssel* ein. Ebenso können Sie optional im Feld *Beschr.* eine beliebige Angabe machen, die die Erweiterung näher beschreibt.

Wenn Sie eine Extension für den Eigenbedarf entwickeln und internationale Programmierer nicht berücksichtigt werden müssen, können Sie hier die Werte jeweils in Ihrer Lieblingssprache angeben. Möchten Sie die Erweiterung jedoch veröffentlichen, sollten Sie nicht davon ausgehen, dass die gesamte TYPO3-Gemeinschaft der deutschen Sprache mächtig ist. Geben Sie in diesem Fall in den jeweiligen Feldern die Bezeichnungen auf Englisch an.

Weitere Eingabefelder stehen Ihnen zur Verfügung, wenn Sie die Schaltfläche *Mehr Optionen* betätigen.

Im Auswahlfeld *Kategorie* können Sie zu Informations- und Einsortierungszwecken eine Erweiterungskategorie auswählen. Bei der zu erstellenden Mitarbeitererweiterung handelt es sich um ein Frontend-Plug-in, da diese Extension auf der Website (im Frontend) angezeigt wird.

Sie als Entwickler des Plug-ins geben die Stabilität Ihrer TYPO3-Erweiterung an – von *Experimentell* über *Alpha* bis hin zu *Stabil*. Spätestens daran können Sie erkennen, dass Sie auf die Statusangaben von Modulen und Plug-ins nicht allzu sehr zählen dürfen. Jeder Entwickler legt für sich fest (und hier sogar noch vor Beginn der eigentlichen Programmiertätigkeit), wie stabil die Erweiterung ist (oder sein wird). Wählen Sie als Status fairerweise *Experimentell* aus.

Unter *Abhängig von* können Sie andere Extensions angeben, die für die Verwendung Ihrer Erweiterung benötigt werden. Besteht eine Abhängigkeit zu einer anderen Extension oder gegebenenfalls sogar zu mehreren, können Sie hier in einzelnen Zeilen sämtliche Extension-Keys der jeweiligen Erweiterungen sowie die Mindestversionsnummern angeben. Das ist insbesondere dann notwendig, wenn Sie eine bestehende Extension um zusätzliche Funktionen erweitern möchten. Bei dem zu erstellenden Mitarbeiter-Plug-in handelt es sich um eine eigenständige Erweiterung, die lediglich das TYPO3-CMS und das Extbase-Framework benötigt.

Diese Basisabhängigkeiten werden bereits vom Extension Builder vorgegeben, sodass Sie hier keine Änderungen vornehmen müssen.

Im Abschnitt *Personen* können Sie außerdem die Kontaktdaten beliebig vieler Personen angeben, die an der Entwicklung der Erweiterung beteiligt sind.

Speichern Sie Ihre Angaben ab, indem Sie auf den Button *Speichern* in der unteren Zeile klicken.

Domänenobjekte konfigurieren

Im nächsten Schritt können Sie damit beginnen, das Domänenmodell Ihrer Erweiterung zu entwerfen. Es besteht aus Klassen, die später auf relationale Datenbanktabellen abgebildet werden.

Bevor Sie beginnen, aktivieren Sie zunächst die Option *Show advanced options* im oberen rechten Bereich des Extension Builders.

Um dem Model ein neues Domänenobjekt hinzuzufügen, klicken Sie die mit *New Model Object* beschriftete Fläche in der oberen linken Ecke an und ziehen sie in den zentralen Bereich des Extension Builders.

Klicken Sie zunächst auf die Kopfzeile des neuen Objekts, um diesem einen Namen geben zu können. Da die Erweiterung Snowboardlehrer verwalten soll, geben Sie dem Objekt den Namen `SnowboardTeacher`.

Tipp Klassennamen werden per Konvention immer im sogenannten UpperCamelCase geschrieben. Die Klassennamen `snowboardTeacher` oder `snowboard_teacher` wären also ungültig.

Aus dem Objektnamen leitet der Extension Builder später auch den Namen der Datenbanktabelle ab. In der Datenbank würden die Snowboardlehrer später also in der Tabelle *tx_userstaff_domain_model_snowboardteacher* gespeichert.

Klicken Sie nun auf die Schaltfläche *Einstellungen des Domainobjekts*, um allgemeine Angaben zum neuen Domänenobjekt machen zu können. Hier stehen Ihnen die folgenden Eingabefelder zur Verfügung (von denen Sie einige nur dann sehen, wenn die Option *Show advanced options* im oberen rechten Bereich aktiviert ist):

1. *Objekttyp*. Hier können Sie festlegen, ob es sich bei dem Objekt um eine *Entität* oder ein *Wertobjekt* handelt. Beide Begriffe stammen aus dem Jargon des Domain-driven Design, machen an dieser Stelle aber nur einen theoretischen Unterschied aus. Lassen Sie den Wert dieses Eingabefelds auf dem Standardwert *Entity*.
2. *Is aggregate root*. Der Begriff der Aggregatwurzel stammt aus der DDD-Welt. Praktisch hängt diese Einstellung davon ab, ob der

Extension Builder automatisch einen Controller erstellen soll, über den dieses Modell ausgelesen und bearbeitet werden kann. Setzen Sie bei dieser Option einen Haken.

3. *Enable sorting*. Diese Einstellung gibt an, ob die Objekte dieser Klasse manuell sortiert werden können. Da es bei Mitarbeitern später sinnvoll ist, sie einfach nach Nachnamen zu sortieren, müssen Sie diesen Haken nicht setzen.
4. *Description*. Hier können Sie eine Beschreibung der Klasse angeben. Diese Beschreibung wird später für die dynamisch generierten Formulare im TYPO3-Backend verwendet. Geben Sie hier den Wert *Snowboard teacher* an.

Die Eingabefelder *Map to existing table* und *Extend existing model class* benötigen Sie an dieser Stelle nicht. Sie werden dann interessant, wenn Sie bereits bestehende Extensions erweitern möchten.

Öffnen Sie jetzt den Abschnitt *Standardaktionen*. Hier können Sie angeben, welche Frontend-Oberflächen der Extension Builder generieren soll. Da die Pflege der Daten später über das Backend erfolgen soll, benötigen Sie hier nur die Aktionen *Liste* und *Anzeige* (jeweils für eine Übersichts- und eine Detaildarstellung).

Sie gelangen zum Abschnitt *Eigenschaften*. Bis jetzt haben Sie nur grundlegende Informationen angegeben, Attribute wie Vorname, Nachname, Alter und Bild fehlen jedoch noch. Diese können Sie in diesem Abschnitt anlegen.

Öffnen Sie den Abschnitt *Eigenschaften* und klicken Sie auf die Schaltfläche *Hinzufügen*. Geben Sie in das erste Feld *Eigenschaftenname* den Wert *firstName* ein. Dieser Feldname wird später auch in der Datenbank verwendet. Wenn Sie ein Plug-in veröffentlichen möchten, ist es ratsam, hier englische Namen zu verwenden, damit Anwender aus der ganzen Welt diese Feldnamen auch verstehen können.

Das Feld *Beschreibung* wird das Label sein bzw. der beschreibende Text, der in der späteren Backend-Maske angezeigt wird. Dieses Label kann vom Attributnamen abweichen. Für den beschreibenden Text können Sie Leer- und Sonderzeichen verwenden und müssen auch auf Groß- und Kleinschreibung keine Rücksicht nehmen. Daher können Sie ins Feld *Beschreibung* getrost *First Name* eintragen.

Als Attributtyp geben Sie für das Attribut *firstName* den Typ *String* an. Wie Sie sehen können, beinhaltet die Liste der möglichen Feldtypen keine klassischen Datenbankfelder, sondern die für TYPO3-Backend-Masken zur Verfügung stehenden Eingabemöglichkeiten. Sie müssen sich an dieser Stelle keine Gedanken darüber machen, ob in der Datenbank nun ein Datenbankfeld vom Typ *varchar* oder *blob* angelegt wird: Darum kümmert sich TYPO3 selbstständig.

Mit *Ist Pflichtfeld* können Sie festlegen, ob dieses Attribut zwingend gesetzt sein muss, um ein Objekt dieser Klasse speichern zu können. Da ein Vorname immer gesetzt sein sollte, sollten Sie das Attribut *firstName* also als Pflichtfeld markieren.

Das Kontrollkästchen *Ist Ausschlussfeld* gibt an, dass Backend-Benutzern, die keine Administratoren sind, explizit das Recht erteilt werden muss, dieses Feld zu bearbeiten bzw. überhaupt angezeigt zu bekommen.

Geben Sie dann, äquivalent zum Attribut *firstName*, ein weiteres Feld namens *lastName* an. Auch hier sollte als Datentyp *String* verwendet werden. Gehen Sie zum Anlegen dieses Attributs wie beim Attribut *firstName* vor.

Für das Feld *picture*, in dem ein Foto des Snowboardlehrers ausgegeben werden kann, ist als Feldtyp *Bild* zu verwenden.

Wenn Sie sämtliche Felder angelegt haben, speichern Sie die Erweiterung erneut über den Button *Speichern* ab.

Abbildung 11-5 ▶ Ein fertig konfiguriertes Domain Object im Extension Builder

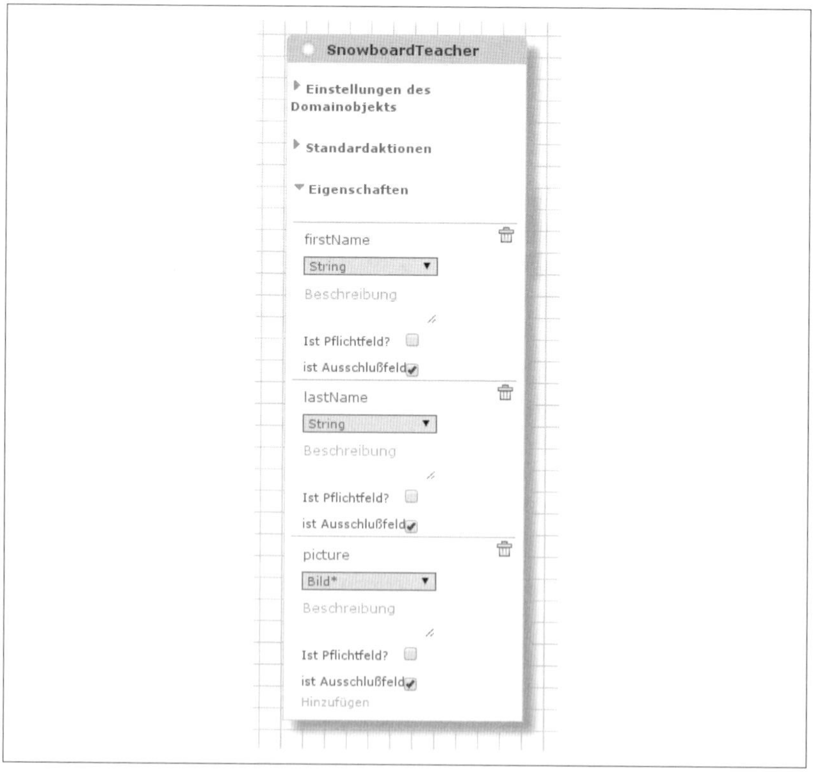

Frontend-Plug-ins

Jetzt können Sie sich mit der Integration des Frontend-Plug-ins in das TYPO3-System beschäftigen und definieren, wo im Backend das Frontend-Plug-in zur Verfügung stehen und wo eine Ansteuerung ermöglicht werden soll. Klicken Sie dazu in der linken Spalte auf die Schaltfläche *Hinzufügen* beim Eintrag *Frontend-Plug-Ins*.

Sie müssen erneut einen Titel für das Frontend-Plug-in im Feld *Name* angeben (siehe Abbildung 11-6). Zusätzlich müssen Sie einen Plug-in-Schlüssel angeben. Dieser wird später zusammen mit dem Extension-Key verwendet, um das Plug-in eindeutig zu identifizieren. Geben Sie also einen Plug-in-Key ein, der nur aus Kleinbuchstaben besteht. Sinnvolle Werte wären hier *plugin* oder noch kürzer einfach *pi*.

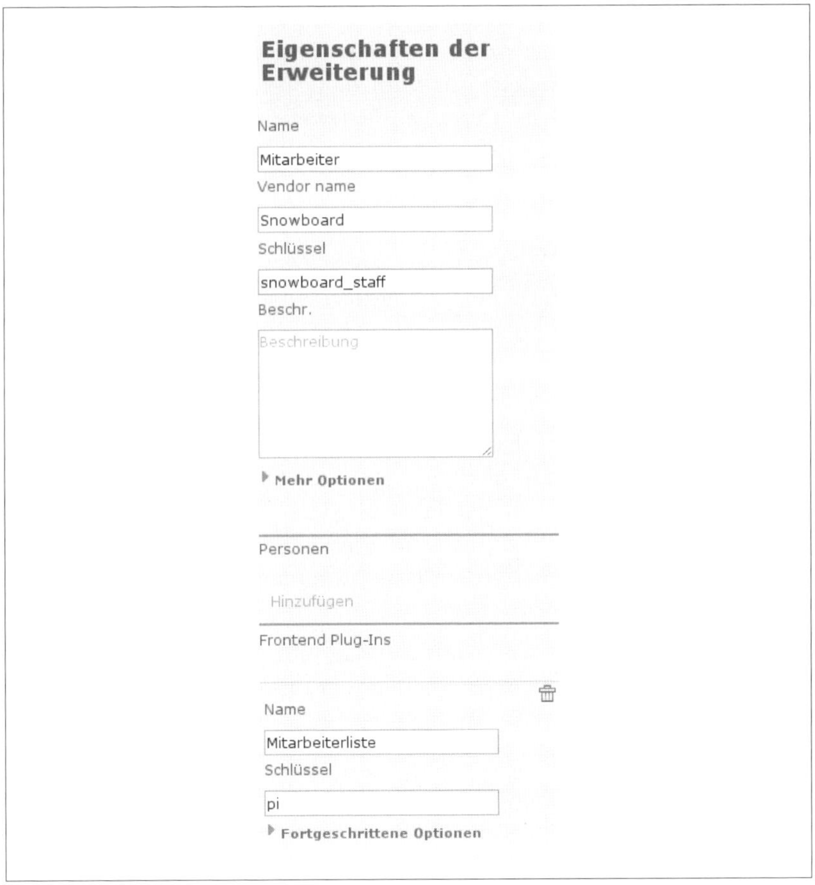

◀ Abbildung 11-6
Konfiguration des Frontend-Plug-ins

Unter der Schaltfläche *Fortgeschrittene Optionen* verbergen sich einige weitere Eingabefelder. Im Feld *Controller action combinations* können Sie optional angeben, welche Controller über das Plug-in angesprochen werden dürfen. Lassen Sie dieses Feld zunächst leer.

Im Feld *Non cacheable actions* können Sie diejenigen Controller-Methoden angeben, deren Ausgaben nicht im TYPO3-internen Cache zwischengespeichert werden sollen.

Über das Deaktivieren des Cache sollten Sie für jede Controller-Action im Einzelfall entscheiden. Grundsätzlich sollten Sie den Cache deaktivieren, wenn Sie Benutzereingaben aus dem Frontend verarbeiten möchten oder die dargestellten Daten stets aktuell sein sollen. Da das Mitarbeiter-Plug-in keine Eingaben aus dem Frontend verarbeiten soll und sich die Daten der Mitarbeiter auch nicht minütlich ändern, ist die Deaktivierung des Cache für keine der Controller-Actions notwendig.

Speichern Sie die Einstellungen über den Button *Speichern* ab.

Die Arbeit mit dem Extension Builder abschließen

Ein abschließender Schritt ist beim Arbeiten mit dem Extension Builder nicht notwendig. Bei jedem Klick auf den *Speichern*-Button wird die gesamte Erweiterung im Verzeichnis *typo3conf/ext* abgespeichert, sodass die Extension sofort über den Extension Manager installiert werden kann.

Das Frontend-Plug-in installieren

Nachdem Sie das Frontend-Plug-in angelegt haben und die Dateien vom Extension Builder geschrieben wurden, können Sie Ihre Erweiterung installieren. Wechseln Sie dazu in den Erweiterungsmanager, suchen Sie Ihre Erweiterung und installieren Sie sie auf die gewohnte Weise.

Bei der Installation der Extension wird in der Datenbank die neue Tabelle *tx_snowboardstaff_domain_model_snowboardteacher* mit angegebenen Datenbankfeldern erstellt. Außerdem wird bei Installation der Erweiterung der Cache geleert. All dies geschieht vollautomatisch, sodass Sie bei der Installation der Extension nicht allzu viel davon mitbekommen.

Sie erhalten den Hinweis, dass die Erweiterung erfolgreich installiert wurde. Werfen Sie noch einen Blick in die Liste der geladenen Erweiterungen unter *Erweiterungen verwalten*.

Damit die Erweiterung im Frontend funktioniert, muss noch das vom Extension Builder erstellte statische TypoScript-Template inkludiert werden. Gehen Sie dazu wie folgt vor:

1. Wechseln Sie in das Modul *Template* und wählen Sie die *root*-Seite aus.
2. Wählen Sie im Auswahlmenü in der oberen Zeile die Option *Info/Bearbeiten*.

3. Klicken Sie auf *Den gesamten Template-Datensatz bearbeiten*.
4. Wechseln Sie auf die Registerkarte *Enthält*.
5. Fügen Sie im Eingabefeld *Statische Templates einschließen (aus Erweiterungen)* aus der Liste der verfügbaren Objekte den Eintrag der neuen Erweiterung hinzu.
6. Speichern Sie das Template.

Die Plug-in-Integration testen und verstehen

Nachdem Sie nun Ihr eigenes – wenn auch noch unvollständiges – Frontend-Plug-in erstellt und installiert haben, können Sie es auch einsetzen. Sie dürfen aber nicht davon ausgehen, dass der Extension Builder eine Eier legende Wollmilchsau ist – das Ergebnis, das auf der Website zu sehen ist, wird Sie noch nicht zufriedenstellen; im nächsten Abschnitt wird es deshalb im Detail betrachtet.

Um das Frontend-Plug-in jetzt einzusetzen, legen Sie auf der Seite *Trainer*, die eine Unterseite der Seite *Über uns* ist, einen neuen Seiteninhalt vom Typ *Plugin einfügen* an. Wenn die Installation erfolgreich verlaufen ist, können Sie auch als Erweiterung Ihr eigenes Frontend-Plug-in *Mitarbeiterliste* auswählen (siehe Abbildung 11-7).

▼ Abbildung 11-7
Die Erweiterung »Snowboardlehrer« wird angezeigt.

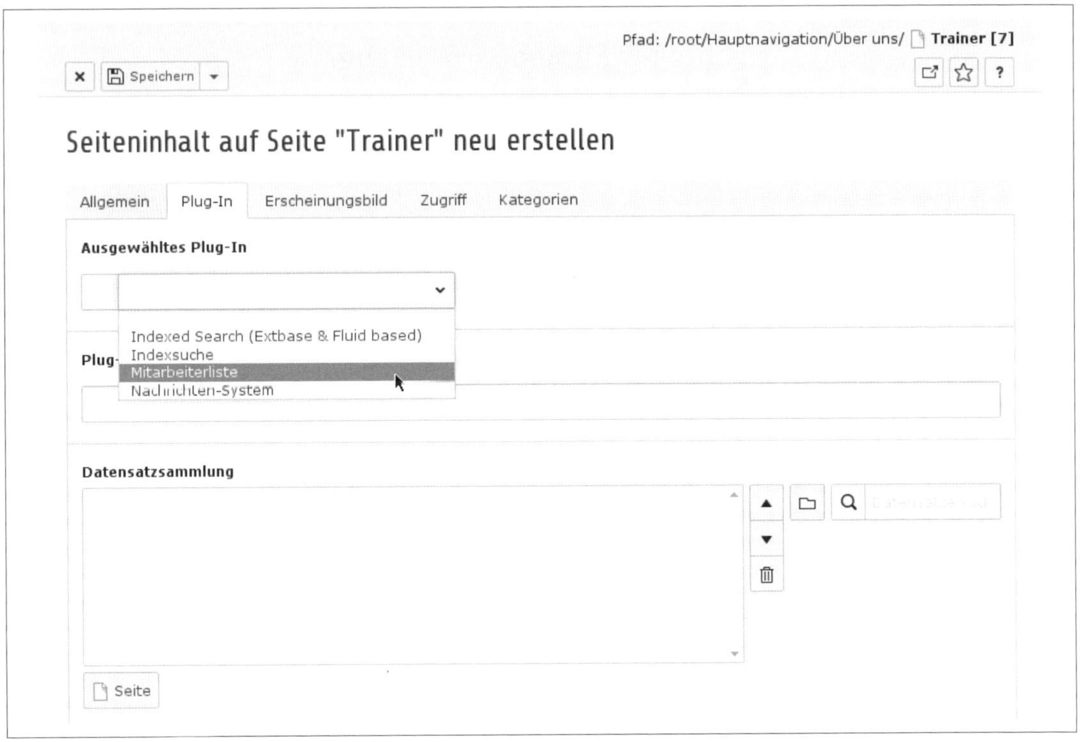

Betrachten Sie das Ergebnis im Frontend, sehen Sie die in Abbildung 11-8 gezeigte leere Tabelle, deren Herkunft wir uns im Folgenden genauer ansehen werden. Dabei handelt es sich um eine vom Extension Builder generierte Standardoberfläche. Diese liest tatsächlich bereits Snowboardlehrer aus der Datenbank aus (in der allerdings noch keine Datensätze gespeichert sind). Auch wenn das Frontend-Plug-in noch nicht fertig ist, haben Sie trotzdem einen großen Schritt gemacht: Sie haben es geschafft, eine eigene Erweiterung zu erstellen und diese in den Seiteninhalt *Plugin einfügen* einzubinden. Und Sie erhalten jetzt im Frontend eine Oberfläche, die offensichtlich vom von Ihnen erstellten Plug-in erzeugt wurde.

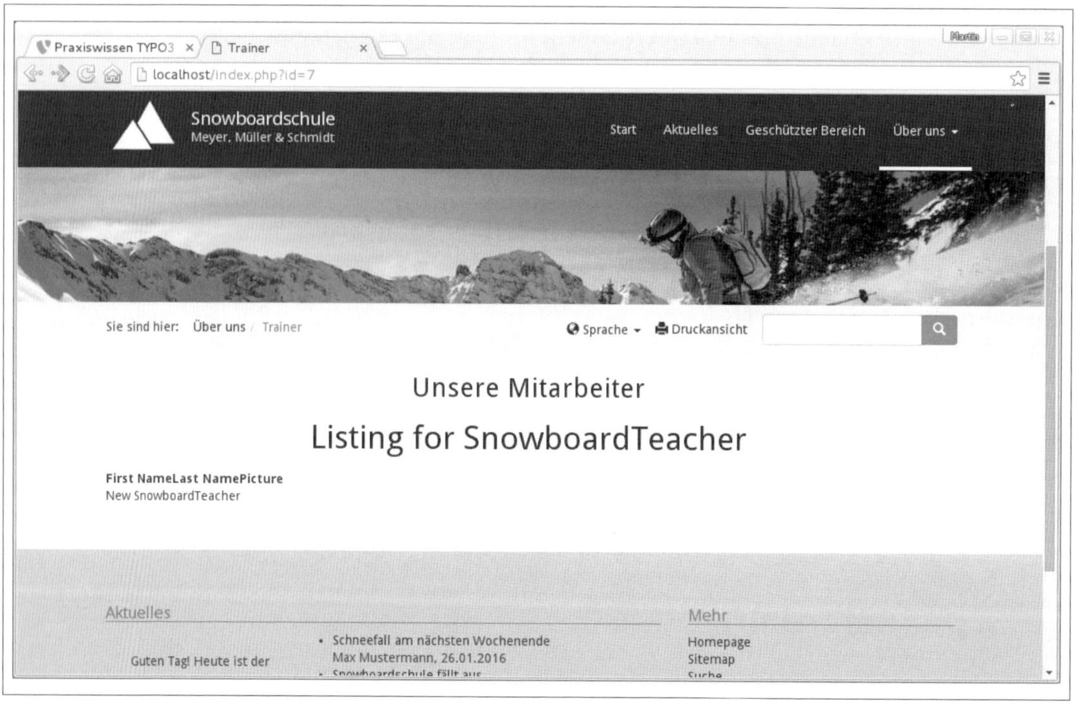

Abbildung 11-8 ▲
Im Frontend wird das Plug-in mit einem Beispielcode ausgeführt.

Darum reagiert das Frontend-Plug-in

Um den folgenden Ablauf nachvollziehen zu können, ist es empfehlenswert, die nächsten Schritte im Objektbrowser zu verfolgen. Öffnen Sie dazu die in Abbildung 11-9 gezeigten Abschnitte `plugin.tx_snowboardstaff` und `tt_content.list.20.snowboardstaff_pi`.

Sie haben als Seiteninhalt den Typ *Plugin einfügen* ausgewählt. Da es sich dabei um einen Seiteninhalt handelt, wird in TypoScript der Abschnitt `tt_content` angesprochen. Der Seiteninhaltstyp *Plugin einfügen* wird im Datenbankfeld `CType` als `list` abgelegt. Die unter `tt_content` befindliche `CASE`-Abfrage auf das Feld `Ctype` (`tt_content.key.field = CType`) verweist also in den Abschnitt `list` (`tt_content.list`).

tt_content.list ist ein Fluid-Template, das wiederum das Datenbankfeld list_type auswertet und das dementsprechende Unterobjekt von tt_content.list.20 ausliefert. Beim angelegten Seiteninhalt *Plugin einfügen* haben Sie als Erweiterung *Snowboardlehrer* angegeben. In der Datenbank wird dann im Feld list_type der Bezeichner des Plug-ins gespeichert, also tx_snowboardstaff_pi. Daher greift die TypoScript-Definition für tt_content.list.20.snowboardstaff_pi.

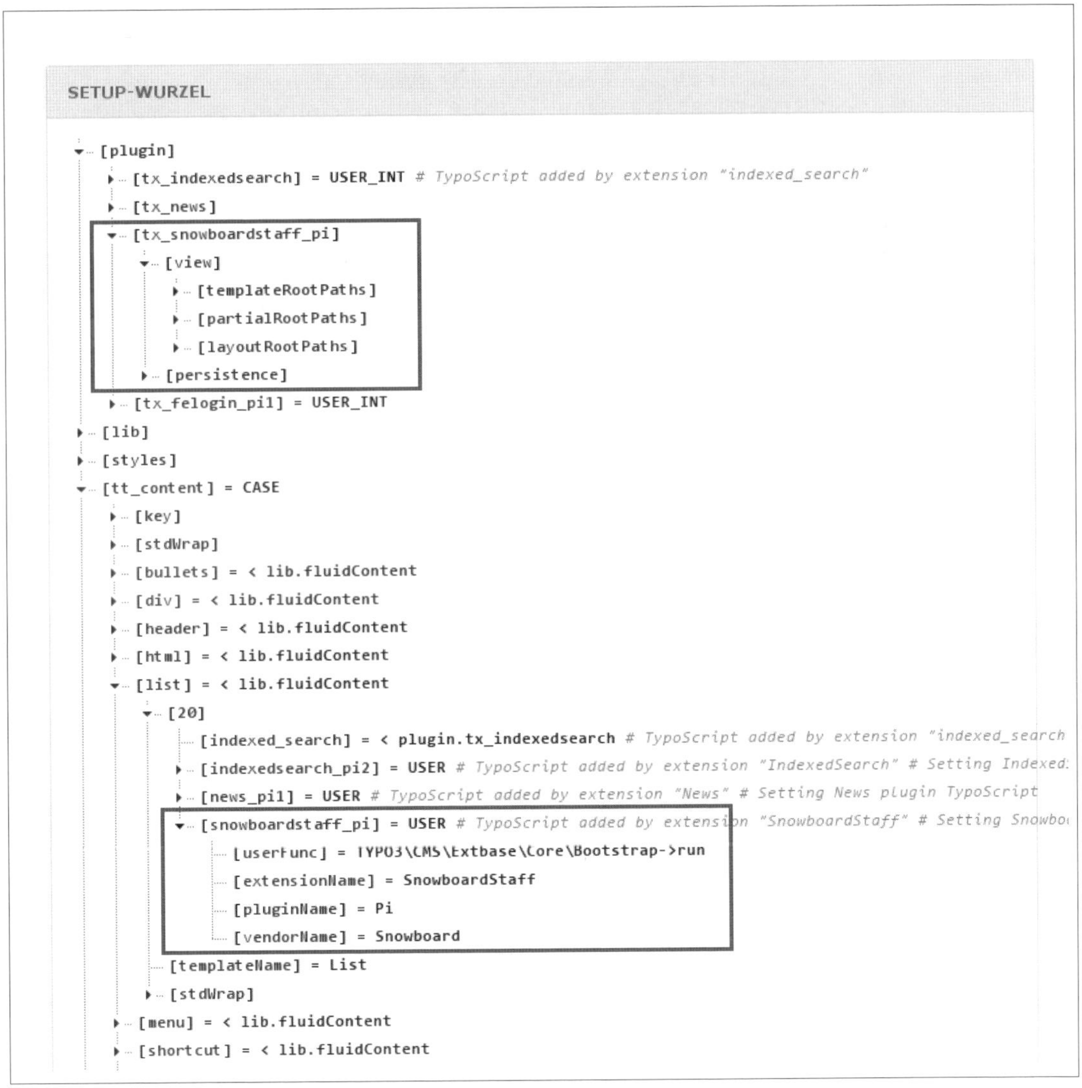

▼ **Abbildung 11-9**
Das Frontend-Plug-in wird über TypoScript hereingeladen.

Hier können Sie erkennen, dass das Objekt USER zum Einsatz kommt. Sie können vier Eigenschaften unterhalb dieses Objekts erkennen: .userFunc, .extensionName, .pluginName und .vendorName. In .userFunc wird definiert, dass das Extbase-Framework angesprochen werden soll, um die Ausgabe dieses Plug-ins zu generieren (der Wert `TYPO3\CMS\Extbase\Core\Bootstrap->run` ist eine Referenz auf eine Methode in einer PHP-Klasse, die ausgeführt werden soll). Über die Attribute `.extensionName` und `.pluginName` wird Extbase mitgeteilt, welche Erweiterung und welches Plug-in für die Ausgabe anzusprechen sind.

Woher kommt aber die Ausgabe? Der Extension Builder hat neben dem Domänenmodell (bestehend aus der Klasse `SnowboardTeacher`) auch bereits einen Controller (`SnowboardTeacherController`) und die zugehörigen HTML-Views erstellt. Die Angabe des Extension- und Plug-in-Keys reicht aus, damit Extbase diesen Controller selbstständig findet und anspricht.

Datensätze anlegen

Damit Sie an späterer Stelle Snowboardlehrer bzw. Mitarbeiter ausgeben können, müssen diese vorher auch angelegt worden sein. Gehen Sie dazu auf das Backend-Modul *Liste* und legen Sie auf der Seite *Trainer* einen neuen Datensatz an (keinen neuen Seiteninhalt, sondern einen neuen Datensatz). Sie erhalten dann in der Liste der möglichen Datensätze die Möglichkeit, einen neuen Snowboardlehrer anzulegen (siehe Abbildung 11-10).

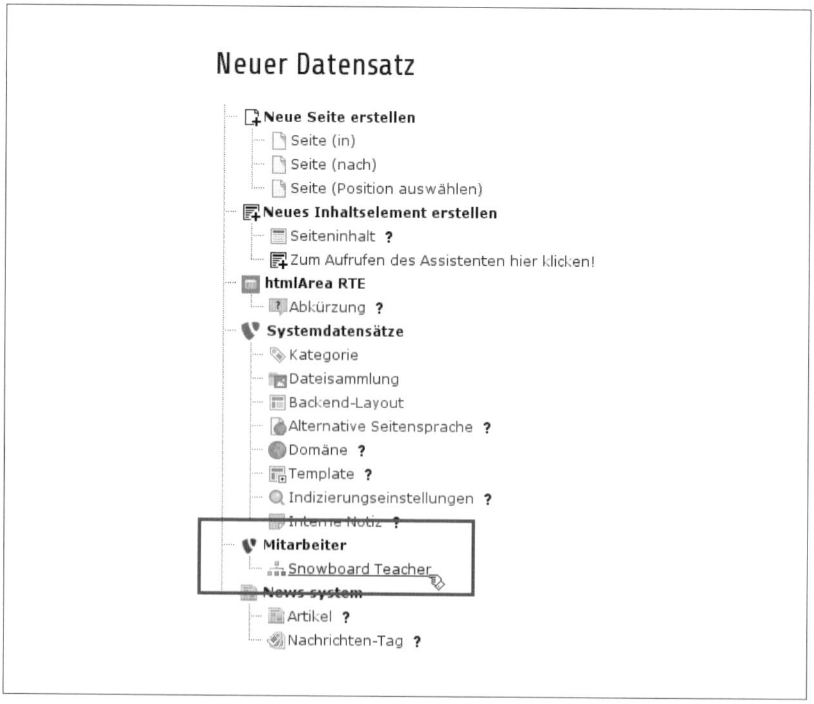

Abbildung 11-10 ▶ Auf den Seiten können jetzt auch Snowboardlehrer angelegt werden.

Wählen Sie als neuen Datensatz *Snowboardlehrer* aus. Sie rufen damit die in Abbildung 11-11 gezeigte Maske auf, die die von Ihnen während des Domain Modelling angegebene Konfiguration enthält. Legen Sie möglichst zwei oder mehr Snowboardlehrer an und laden Sie außerdem für jeden Mitarbeiter ein Bild hoch.

Tipp Über das Backend-Modul *Liste* erhalten Sie auch Zugriff auf bereits angelegte Snowboardlehrer-Datensätze.

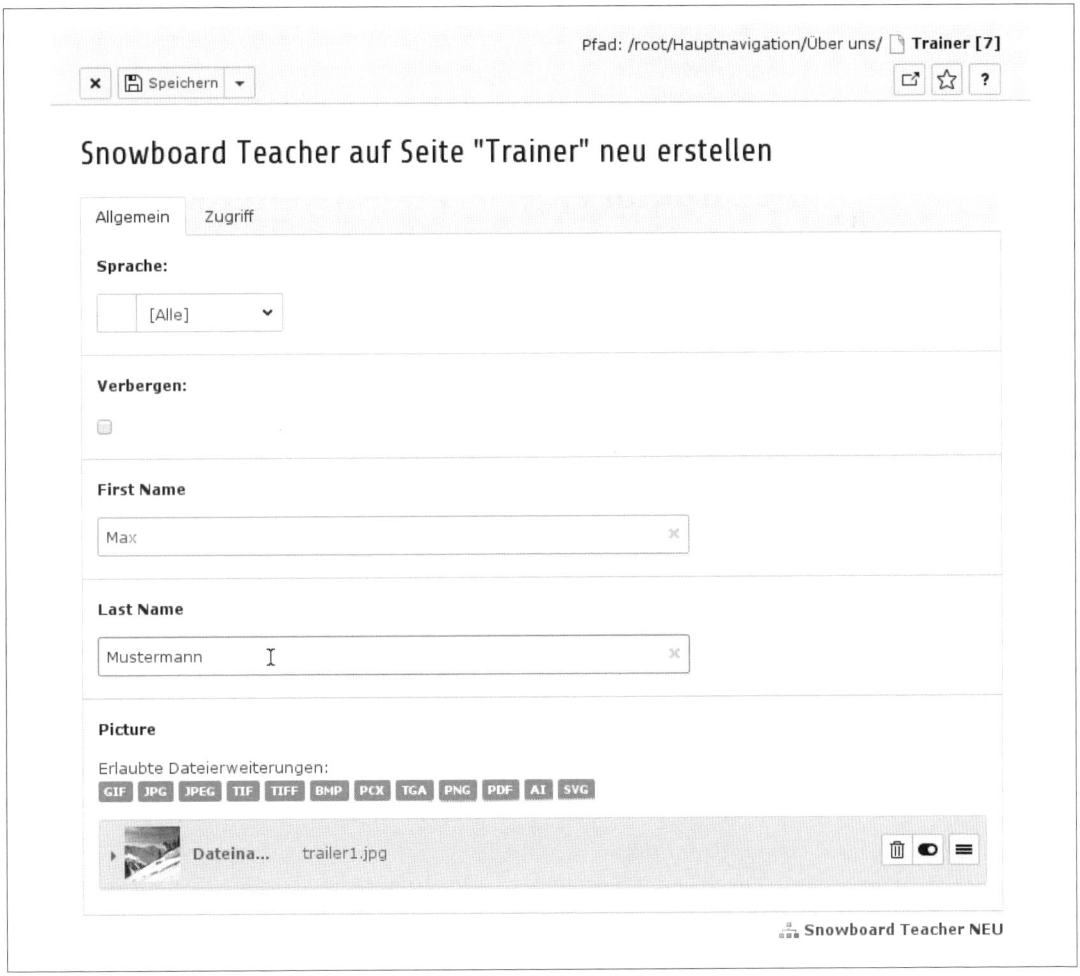

▲ Abbildung 11-11
Die Backend-Maske für Snowboardlehrer-Datensätze

Den Speicherort der Objekte konfigurieren

Bevor die Snowboardlehrer nun im TYPO3-Frontend angezeigt werden können, muss dem auf der Seite *Trainer* platzierten Plug-in noch mitgeteilt werden, wo nach anzuzeigenden Datensätzen gesucht werden soll. Standardmäßig sucht ein Extbase-Plug-in in TYPO3 7 stets auf der Wurzelseite des Seitenbaums nach Datensätzen. Eine andere Seiten-ID können Sie per TypoScript in der Eigenschaft `plugin.[PLUGINNAME].persistence.storagePid` konfigurieren. Durch folgende Zeile in Ihrem TypoScript-Setup können Sie die *Trainer*-Seite, auf der Sie gerade den Datensatz erstellt haben, als Speicherort angeben:

```
plugin.tx_snowboardstaff_pi.persistence.storagePid = 7
```

Alternativ können Sie über das bereits bekannte `.data`-Attribut den Speicherort auch so konfigurieren, dass stets die aktuelle Seite angenommen wird:

```
plugin.tx_snowboardstaff_pi.persistence.storagePid.data = page:uid
```

Die Struktur einer TYPO3-Erweiterung

Überblick

Seit der Einführung von Extbase ist die Datei- und Ordnerstruktur von TYPO3-Erweiterungen standardisiert. Der Extension Builder hat Ihre Erweiterung im Verzeichnis *typo3conf/ext/snowboard_staff* gespeichert. Wenn Sie dieses Verzeichnis z. B. mit einem FTP-Browser öffnen, finden Sie dort folgende Dateien und Verzeichnisse vor:

ext_emconf.php
: Diese Datei enthält Konfigurationsdaten für den Erweiterungsmanager, etwa Version und Autoren der Extension sowie Abhängigkeiten zu anderen Extensions.

ext_tables.php
: In dieser Datei werden die mit der Erweiterung neu hinzugekommenen Datenbanktabellen konfiguriert (in diesem Fall die Tabelle *tx_snowboardstaff_domain_model_snowboardteacher*). Diese Konfiguration ist notwendig, um die Datensätze aus dieser Tabelle über das TYPO3-Backend bearbeiten zu können.

ext_localconf.php
: Diese Datei beinhaltet die Frontend-spezifische Konfiguration. Hier ist beispielsweise festgelegt, auf welche Controller vom Frontend-Plug-in aus zugegriffen werden darf.

Classes/
: In diesem Verzeichnis sind alle PHP-Klassen der Erweiterung gespeichert. Zu beachten ist hier, dass sich der Dateiname einer PHP-Klasse direkt aus den Klassennamen ableitet. Die Klasse `Snowboard\Snow-`

`boardStaff\Domain\Model\SnowboardTeacher` muss daher unbedingt in der Datei *Classes/Domain/Model/SnowboardTeacher.php* gespeichert sein.

Resources/Private
: In diesem Verzeichnis sind zusätzlich benötigte Dateien gespeichert, die nicht vom Websitebesucher einsehbar sein müssen. Im Unterverzeichnis *Templates/* werden z.B. die HTML-Templates für die Views und im Verzeichnis *Language/* die Übersetzungsdateien gespeichert.

Resources/Public
: Hier werden Dateien benötigt, die öffentlich zugänglich sein müssen. Das können beispielsweise Bilder oder CSS-Dateien sein, die direkt über den Browser aufrufbar sein müssen.

Die erstellten PHP-Klassen

Werfen wir nun einen genaueren Blick in den *Classes*-Ordner. Im Verzeichnis *Classes/* gibt es die Ordner *Controller/*, *ViewHelpers/* und *Domain/*. Im Verzeichnis *Domain/* finden wir noch die Verzeichnisse *Model/*, *Repository/* und *Validator/*. Alle Verzeichnisse bzw. darin enthaltenen Dateien haben bestimmte Aufgaben.

Im Verzeichnis *Model/* liegt das Datenmodell unserer Snowboardschule. Dabei wird für jedes Domänenobjekt eine PHP-Klasse angelegt, die wiederum in einer eigenen Datei gespeichert wird, in diesem Fall in *SnowboardTeacher.php*. Die zugehörige Klasse ist nach den üblichen Konventionen benannt: `Snowboard\SnowboardStaff\Domain\Model\SnowboardTeacher`.

In der Klasse definieren wir die Attribute wie Nachname, Vorname und Bild. Zusätzlich zu den Attributen werden Methoden beschrieben. Auf die Attribute kann nur indirekt über Methoden aus der Klasse zugegriffen werden. Sollen Attribute gelesen oder gesetzt werden, geschieht das über sogenannte *Getter*- und *Setter*-Methoden, z.B. `getLastname()`. Es können auch weitere Methoden definiert werden, beispielsweise eine Funktion `getLastnameAndFirstname()`, die Nach- und Vornamen zusammen ausgibt.

Die *Repository*-Klassen dienen dazu, den Zugriff auf die Daten zu kapseln. Jedes Repository stellt Methoden bereit, um Objekte eines bestimmten Typs (beispielsweise Snowboardlehrer) aus einer Datenquelle zu laden. Diese Datenquelle ist in den meisten Fällen eine SQL-Datenbank, kann aber beispielsweise auch ein Webservice oder eine XML-Datei sein. Wichtig ist, dass unsere Anwendung durch die Verwendung von Repository-Klassen unabhängig von der konkreten Umsetzung der Datenbank wird.

Im Verzeichnis *Controller/* werden die Controller gespeichert. Die Benennung ist auch hier wieder von großer Wichtigkeit. In der Regel orientiert sich die Benennung der Controller am Datenmodell. Wenn das Modell ein Objekt `SnowboardTeacher` enthält, ist es sinnvoll, auch einen `SnowboardTeacherController` zu erstellen. Dieser trägt den Klassennamen `Snowboard\SnowboardStaff\Controller\SnowboardTeacherController` und wird in der Datei *SnowboardTeacherController.php* gespeichert. In der Klasse werden die *Actions* programmiert. Dabei handelt es sich um Methoden mit einem bestimmten Namensschema. Die Methoden enden immer mit dem Wort *Action*, z.B. `indexAction()`. Welche Methode beim ersten Aufruf ausgeführt wird und welche Methoden überhaupt genutzt werden können, wird in der Datei *ext_localconf.php* angegeben. Ist kein Wert vorhanden, wird immer zuerst die Methode `indexAction()` aufgerufen.

Die Ausgabe wird über die Template-Engine Fluid erzeugt. Innerhalb der Fluid-Templates können wir eigene Ausgabelogiken mithilfe sogenannter ViewHelper implementieren. Diese werden im Verzeichnis *ViewHelper/* gespeichert. Wie Fluid funktioniert und wie Ausgaben über Templates erzeugt werden, betrachten wir im Abschnitt »Die Ausgabe mit Fluid«.

Die Klassen im Detail

Das Model

Werfen Sie nun einen genaueren Blick in das Verzeichnis *Classes/Domain/Model*. Hier finden Sie in der Datei *SnowboardTeacher.php* die Klasse `Tx_UserStaff_Domain_Model_SnowboardTeacher`. Die Definition der Klasse sollte in etwa aussehen wie in Beispiel 11-1:

Beispiel 11-1: Inhalt der Modelldatei »Snowboardteacher.php«

```
<?php
namespace Snowboard\SnowboardStaff\Domain\Model;

use TYPO3\CMS\Extbase\DomainObject\AbstractEntity;
use TYPO3\CMS\Extbase\Domain\Model\FileReference;

class SnowboardTeacher extends AbstractEntity
{

    /**
     * @var string
     * @validate NotEmpty
     */
```

Beispiel 11-1: Inhalt der Modelldatei »Snowboardteacher.php« (Fortsetzung)

```
14      protected $firstName = '';
15
16      /**
17       * @var string
18       * @validate NotEmpty
19       */
20      protected $lastName = '';
21
22      /**
23       * @var \TYPO3\CMS\Extbase\Domain\Model\FileReference
24       */
25      protected $picture = null;
26
27      /**
28       * @return string $firstName
29       */
30      public function getFirstName()
31      {
32          return $this->firstName;
33      }
34
        [...]
78 }
```

In den Zeilen 10 bis 25 werden die Attribute unseres Modells erzeugt, indem wir sie als Variablen anlegen. Die im Kommentar stehenden Angaben dienen zur Validierung und Beschreibung. Die Kommentare werden im DocComment-Stil[2] angelegt und sind zwingend notwendig. Bei der Variablen `firstName` wird der Typ als String deklariert. Das geschieht durch das Setzen von `@var string` in Zeile 11. Über `@validate` geben wir an, dass der String nicht leer sein darf. Die Variablen sind `protected`, was bedeutet, dass der Zugriff nur direkt innerhalb der Klasse über Methodenaufrufe erfolgen kann. Die get-Methoden werden in den Zeilen 30, 47 und 65 definiert.

Sie können diese Klasse beliebig um eigene Methoden erweitern. Um später einfach den vollen Namen eines Snowboardlehrers abrufen zu können, erweitern Sie die Klasse daher, wie in Beispiel 11-2 gezeigt, um die Methode `getFirstAndLastName()`:

Beispiel 11-2: Der Klasse »SnowboardTeacher« wird eine neue Methode hinzugefügt.

```
<?php
namespace Snowboard\SnowboardStaff\Domain\Model;

use TYPO3\CMS\Extbase\DomainObject\AbstractEntity;
use TYPO3\CMS\Extbase\Domain\Model\FileReference;
```

2 PHPDoc ermöglicht die automatische Generierung einer Dokumentation aus Kommentaren im Quelltext. Siehe dazu *http://www.phpdoc.de*.

Beispiel 11-2: Der Klasse »SnowboardTeacher« wird eine neue Methode hinzugefügt. (Fortsetzung)

```

class SnowboardTeacher extends AbstractEntity
{
    [...]

    /**
     * Returns the teacher's full name (first and last name)
     * @return string
     */
    public function getFullName()
    {
        return $this->firstName . ' ' . $this->lastName;
    }

    [...]
}
```

Die get-Methoden werden wir später benötigen, um die Variablen auszulesen.

Der Controller

Damit mit unserem Model interagiert werden kann, benötigt es einen Controller. Dieser existiert in der Klasse `Snowboard\SnowboardStaff\Controller\SnowboardTeacherController` in der Datei *typo3conf/ext/snowboard_staff/Classes/Controller/SnowboardTeacherController.php*. Die Klasse sieht ähnlich aus wie in Beispiel 11-3:

Beispiel 11-3: Inhalt der Controller-Datei »SnowboardteacherController.php«

```
<?php
namespace Snowboard\SnowboardStaff\Controller;

use TYPO3\CMS\Extbase\Mvc\Controller\ActionController;
use Snowboard\SnowboardStaff\Domain\Model\SnowboardTeacher;

class SnowboardTeacherController extends ActionController
{

    /**
     * @var \Snowboard\SnowboardStaff\Domain\Repository\
                 SnowboardTeacherRepository
     * @inject
     */
    protected $snowboardTeacherRepository = NULL;

    /**
     * @return void
     */
    public function listAction()
    {
```

Beispiel 11-3: Inhalt der Controller-Datei »SnowboardteacherController.php« (Fortsetzung)

```
21         $snowboardTeachers = $this->snowboardTeacherRepository->
                                findAll();
22         $this->view->assign('snowboardTeachers', $snowboardTeachers);
23     }
24
25     /**
26      * @param \Snowboard\SnowboardStaff\Domain\Model\SnowboardTeacher
                  $snowboardTeacher
27      * @return void
28      */
29     public function showAction(SnowboardTeacher $snowboardTeacher)
30     {
31         $this->view->assign('snowboardTeacher', $snowboardTeacher);
32     }
33
34 }
```

Wir erweitern also die Extbase-Klasse `TYPO3\CMS\Extbase\Mvc\Controller\ActionController`. In Zeile 14 wird ein Klassenattribut vom Typ `Snowboard\SnowboardStaff\Domain\Repository\SnowboardTeacherRepository` angelegt. Die Annotation `@inject` in Zeile 12 sorgt dafür, dass das Extbase-Framework dieses Attribut automatisch mit einer Instanz der Klasse `SnowboardTeacherRepository` initialisiert, wenn ein neuer Controller instanziert wird.

Sie erinnern sich, dass das Repository für uns die Arbeit des Suchens übernimmt bzw. die Objekte aus der Datenbank liefert. Die vom Repository gelieferten Snowboardlehrer-Objekte werden in den Zeilen 21 und 22 beim Aufruf der Methode `listAction()` direkt an die View übergeben. Die Methode `findAll()` des Repository liefert alle gefundenen Objekte vom Typ `SnowboardTeacher`.

Das Extbase-Framework benötigt die Information, welche Controller existieren und welche Aktionen sie bereitstellen. Die Angaben dazu nehmen Sie in der Datei *ext_localconf.php* vor. Ändern Sie diese so, wie in Beispiel 11-4 zu sehen ist.

Beispiel 11-4: Angaben zum Controller in der Datei »ext_localconf.php«

```
<?php
if (!defined('TYPO3_MODE')) {
    die('Access denied.');
}

\TYPO3\CMS\Extbase\Utility\ExtensionUtility::configurePlugin(
    'Snowboard.' . $_EXTKEY,
    'Pi',
    array('SnowboardTeacher' => 'list, show'),
    array('SnowboardTeacher' => '')
);
```

Es gibt den Controller `SnowboardTeacherController` mit den Methoden `indexAction()` und `showAction()`. Für jede Aktion muss zwingend eine Methode mit der passenden Bezeichnung »<Aktionsname>Action()« vorhanden sein. Wir haben in Zeile 9 festgelegt, dass der erste Controller `Snowboardteacher` ist. Zudem legen wir fest, dass als erste Aktion `index` aufgerufen wird, sobald das Plug-in im Frontend aufgerufen wird. Es wird also die Methode `listAction()` aufgerufen, in der die `findAll()`-Methode des Repository alle Datensätze unseres `Snowboardteacher` holt und an die View weiterleitet.

Die Ausgabe mit Fluid

Um auch in Ihrer Erweiterung eine Trennung zwischen Design, Inhalt und Funktionalität zu erreichen, soll das Design nicht hartkodiert im PHP-Programm bestimmt werden, sondern dynamisch über Designvorlagen zur Verfügung stehen. Auf Extbase basierende Erweiterungen nutzen hierzu die Template-Engine Fluid, die Sie bereits aus den vorhergehenden Kapiteln kennen – in Kapitel 4 und Kapitel 5 haben wir das Seiten-Template mit Fluid implementiert, in Kapitel 8 Inhaltselemente mit Fluid ausgegeben und in Kapitel 10 die Templates der (ebenfalls auf dem Extbase-Framework basierenden) News-Extension angepasst.

Überblick

In `SnowboardteacherController` haben wir mit der `list`-Aktion über den Aufruf `$this->view->assign('snowboardTeachers', $this->snowboardTeacherRepository->findAll());` Objekte vom Typ `SnowboardTeacher` an die View übergeben. Alle Werte, die der View auf diese Weise übergeben wurden, stehen im Fluid-Template als Variable zur Verfügung und können über die gewohnte {...}-Notation angesprochen werden. Die Fluid-Templates werden im Verzeichnis *typo3conf/ext/user_staff/Resources/Private/Templates* gespeichert. Für jeden Controller wird dort ein Verzeichnis angelegt. Die vom Extension Builder erstellten Vorlagen finden Sie also im Verzeichnis *Resources/Private/Templates/SnowboardTeacher*.

Tipp

Im Verzeichnis *Resources/* existieren zwei Ordner: *Private/* und *Public/*. Im Verzeichnis *Public/* können Sie Dateien speichern, die über das Web erreichbar sein sollen. Das können beispielsweise Grafiken Ihres Templates oder CSS-Dateien sein. Im Ordner *Private/* liegen Dateien, die nicht öffentlich sind, z.B. Fluid-Templates, Sprachdateien u.a.

Im Ordner *Snowboardteacher/* ist nur die Template-Datei *List.html* für unsere Ausgabe zuständig. Beim Aufruf der Webseite wird die List-Aktion ausgelöst und somit die Methode `listAction()` im Controller. Für die Aktion muss eine gleichnamige Template-Datei vorhanden sein, die für diese Aktion die Ausgabe erzeugt. Für die Index-Aktion ist das die Datei *List.html*.

In *List.html* finden Sie also das vom Extension Builder automatisch generierte Template, das aussehen sollte wie in Beispiel 11-5.

Beispiel 11-5: Die Fluid-Template-Datei »List.html«

```
[...]
<f:section name="main">
<h1>Listing for SnowboardTeacher</h1>

<f:flashMessages />

<table class="tx_snowboardstaff">
  <tr>
    <th><f:translate key="tx_snowboardstaff_domain_model_
                          snowboardteacher.first_name" /></th>
    <th><f:translate key="tx_snowboardstaff_domain_model_
                          snowboardteacher.last_name" /></th>
    <th><f:translate key="tx_snowboardstaff_domain_model_
                          snowboardteacher.picture" /></th>
    <th></th>
    <th></th>
  </tr>

  <f:for each="{snowboardTeachers}" as="snowboardTeacher">
    <tr>
      <td>
        <f:link.action action="show" arguments="{snowboardTeacher:
                                     snowboardTeacher}">
          {snowboardTeacher.firstName}
        </f:link.action>
      </td>
      <td>
        <f:link.action action="show" arguments="{snowboardTeacher:
                                     snowboardTeacher}">
          {snowboardTeacher.lastName}
        </f:link.action>
      </td>
      <td>
        <f:link.action action="show" arguments="{snowboardTeacher:
                                     snowboardTeacher}">
          {snowboardTeacher.picture.originalResource.name}
        </f:link.action>
      </td>
      <td>
        <f:link.action action="edit" arguments="{snowboardTeacher:
                                     snowboardTeacher}">
```

Beispiel 11-5: Die Fluid-Template-Datei »List.html« (Fortsetzung)

```
47            Edit
48          </f:link.action>
49        </td>
50        <td>
51          <f:link.action action="delete" arguments="{snowboardTeacher:
                                               snowboardTeacher}">
52            Delete
53          </f:link.action>
54        </td>
55      </tr>
56    </f:for>
57 </table>
58
59 <f:link.action action="new">New SnowboardTeacher</f:link.action>
60 </f:section>
```

Zur Verdeutlichung: In unserem Controller `SnowboardteacherController` wird die Index-Aktion `listAction()` aufgerufen. Darin werden die aus dem Repository `snowboardTeacherRepository` mit der `findAll()`-Methode gefundenen `SnowboardTeacher`-Objekte an die View übergeben: `$this->view->assign('snowboardTeacher', $this->snowboardTeacherRepository->findAll());`. Die aus dem Repository für uns gesuchten Snowboardlehrerobjekte stehen also hier im Template zur Verfügung. Wir können uns nun durch die Objekte hangeln und beispielsweise den Vornamen mit `{snowboardTeacher.firstName}` ausgeben.

Obiges Template macht außerdem intensiven Gebrauch von Fluid-ViewHelpern, die bisher nur oberflächlich betrachtet wurden. Die Syntax `f:translate` bedeutet, dass es sich um einen ViewHelper handelt, der aus der Erweiterung Fluid `f:` (kurz für »Fluid«) stammt. Der Translate-ViewHelper im Speziellen ist dafür verantwortlich, ein sprachabhängiges Label aus der Sprachdatei (unter *Resources/Private/Lanuage/locallang.xlf*) auszulesen.

Die Ausgabe einer Liste aller Snowboardlehrer wird in den Zeilen 28 bis 56 durch die `for each`-Schleife `<f:for each="{snowboardTeachers}" as="snowboardTeacher">` möglich. Jeder gefundene Datensatz wird durchlaufen. In Zeile 32 wird z.B. das Ergebnis der vom Extension Builder im Modell `Snowboardteacher` angelegten Get-Methode `getFirstName()` ausgegeben. Wiederholt wird auch der `f:link.action`-ViewHelper benutzt, beispielsweise in Zeile 31. Dieser dient dazu, einen Link auf eine andere Controller-Action zu generieren – in diesem Fall etwa auf die `showAction`, deren Zweck es sein könnte, Details zu einem einzelnen Snowboardlehrer darzustellen. Beachten Sie, dass der Extension Builder auch Links zu Controller-Actions erstellt hat, die in dem Controller gar nicht definiert sind (beispielsweise die Links zur `edit`-, `delete` oder `new`-Action in den Zeilen 46, 51 und 59). Diese gilt es noch zu entfernen, da den Besucher beim Klick auf einen solchen Link nur eine unschöne Fehlermeldung erwarten würde.

Die View anpassen

Sie können diese View nun Ihren Bedürfnissen nach anpassen. Möchten Sie beispielsweise Vor- und Nachnamen in einer Tabellenspalte darstellen, platzieren Sie die Marker `{snowboardTeacher.firstName}` und `{snowboardTeacher.lastName}` in einer einzelnen Zelle. Alternativ können Sie auch die Methode `getFullName` verwenden, die Sie im vorigen Abschnitt implementiert haben.

Beispiel 11-6 zeigt ein radikal angepasstes Template, in dem die CSS-Klassen des Bootstrap-Frameworks genutzt wurden, um die Trainerliste in das Design der Seite einzupassen. Die Trainer werden nun nicht mehr tabellarisch dargestellt, sondern als Elemente eines Bootstrap-Gridlayouts. Dies sieht im Frontend aktuell noch ein wenig komisch aus, wird aber schöner, sobald wir im nächsten Abschnitt noch das hinterlegte Bild mit einfügen.

Da die Erweiterung die Snowboardlehrer nur ausgeben, aber keine Bearbeitung ermöglichen soll, können Sie im selben Schritt auch gleich die Links zum Bearbeiten und Löschen der Snowboardlehrer entfernen.

Beispiel 11-6: Anpassungen des Fluid-Templates

```
<div class="row">
  <f:for each="{snowboardTeachers}" as="snowboardTeacher">
    <div class="col-md-4 text-center">
      <f:link.action action="show" arguments="{snowboardTeacher:
                                              snowboardTeacher}">
        <h3>
          {snowboardTeacher.fullName}
        </h3>
      </f:link.action>
    </div>
  </f:for>
</div>
```

Weiterhin sollten Sie in Ihrer View berücksichtigen, was passiert, wenn keine Snowboardlehrer vorhanden sind. Aktuell würde die `for`-Schleife im View genau 0-mal durchlaufen und Sie sähen gar nichts. Um diesen Fall gesondert abzufangen, können Sie wie in Beispiel 11-7 gezeigt den `f:if`-ViewHelper verwenden.

Beispiel 11-7: Verwendung des ViewHelper »if«

```
<f:if condition="{snowboardTeachers}">
  <f:then>
    <div class="row">
```

Beispiel 11-7: Verwendung des ViewHelper »if« (Fortsetzung)

```
      <f:for each="{snowboardTeachers}" as="snowboardTeacher">
        <div class="col-md-4 text-center">
          <f:link.action action="show" arguments="{snowboardTeacher:
                                       snowboardTeacher}">
            <h3>
              {snowboardTeacher.fullName}
            </h3>
          </f:link.action>
        </div>
      </f:for>
    </div>
  </f:then>
  <f:else>
    <div class="alert alert-info">
      <strong>Keine Snowboardlehrer!</strong>
      Es wurden keine Datensätze gefunden.
    </div>
  </f:else>
</f:if>
```

Nach dem Speichern des Templates löschen Sie den Seiteninhaltscache im TYPO3-Backend und sehen sich an, was im Frontend angezeigt wird.

Die Grafik anzeigen

Bisher wird im Frontend lediglich der Name des Mitarbeiters ausgegeben; im TYPO3-Backend kann jedoch auch ein Bild hochgeladen werden. Sie können nun einmal versuchen, dieses Bild im Fluid-Template auszugeben, indem Sie es mit `{snowboardTeacher.picture}` als Variable referenzieren. Die Ausgabe wird Sie jedoch wahrscheinlich enttäuschen, da das Bild nur als eine Zeichenkette wie `TYPO3\CMS\Extbase\Domain\Model\FileReference:12` ausgegeben wird.

Abhilfe schafft der `f:image`-ViewHelper, der genutzt werden kann, um die hochgeladene Grafikdatei auch als Bild in der HTML-Seite auszugeben. Beispiel 11-8 zeigt die Nutzung dieses ViewHelpers.

Beispiel 11-8: Nutzung des »f:image«-ViewHelpers

```
      <f:for each="{snowboardTeachers}" as="snowboardTeacher">
        <div class="col-md-4 text-center">
          <f:link.action action="show" arguments="{snowboardTeacher:
                                       snowboardTeacher}">
            <f:image image="{snowboardTeacher.picture}" width="250"
                     height="250" class="img-circle" />
            <h3>
              {snowboardTeacher.fullName}
            </h3>
          </f:link.action>
```

Beispiel 11-8: Nutzung des »f:image«-ViewHelpers (Fortsetzung)

```
        </div>
    </f:for>
```

Anschließend löschen wir den Seiteninhaltscache im TYPO3-Backend und betrachten das Ergebnis im Frontend. Die Grafiken werden angezeigt und über die Template Engine neu berechnet. Wenn wir im Quellcode den Pfad zur Datei prüfen, werden wir feststellen, dass diese aus dem *typo3temp/*-Verzeichnis geladen wird. Durch die Angabe `width` und `height` im ViewHelper wird die Grafik in der Breite von 200 Pixeln neu erstellt. Abbildung 11-12 zeigt das Endergebnis im Frontend.

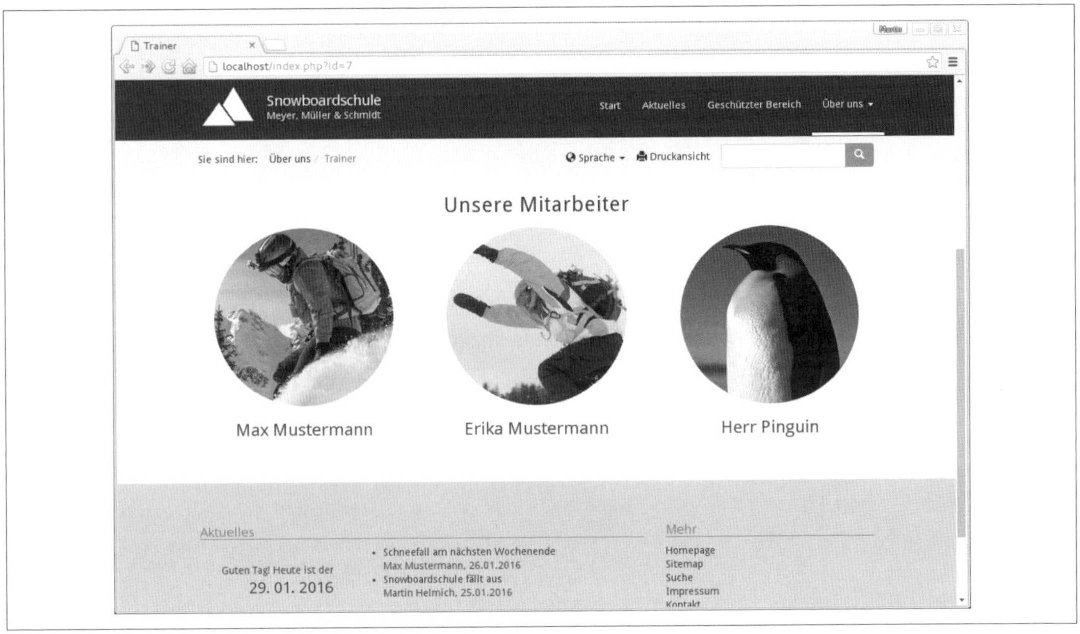

▼ Abbildung 11-12
Die finale Ausgabe der Mitarbeiterliste im Frontend

TypoScript-Parameter übergeben

Das settings-Objekt

Mit TypoScript können Sie an Ihren Controller und die View Parameter übergeben, die Sie dann nach Belieben verarbeiten können. Diese Parameter werden direkt unterhalb von `plugin.tx_snowboardstaff_pi.settings` angegeben und in Ihrem Controller im Klassenattribut `$this->settings` zur Verfügung gestellt. (Falls Ihre Extension mehrere Controller verwendet, steht Ihnen die Variable `$settings` in allen Controllern zur Verfügung.) Das Settings-Array steht Ihnen ebenfalls in allen Views unter dem Variablennamen `{settings}` zur Verfügung.

Beispielsweise könnten Sie über eine TypoScript-Einstellung konfigurierbar machen, ob in der Listenansicht das Bild des Mitarbeiters dargestellt werden soll. Das Standard-TypoScript Ihrer Extension können Sie in der Datei *typo3conf/ext/snowboard_staff/Configuration/Typoscript/setup.txt* bearbeiten. (Alle TypoScript-Optionen in dieser Datei können Sie später über das Template-Modul im TYPO3-Backend noch einmal überschreiben.) Diese Datei beinhaltet bereits einige Standardeinstellungen, die vom Extension Builder vorgenommen wurden.

Fügen Sie, wie in Beispiel 11-9 dargestellt, eine entsprechende Option in Ihre *setup.txt* ein:

Beispiel 11-9: Eigene TypoScript-Optionen definieren

```
plugin.tx_snowboardstaff_pi {
  settings {
    displayUserImage = 1
  }
  [...]
}
```

Anschließend können Sie diese Option im View *List.html* auswerten, wie es in Beispiel 11-10 dargestellt ist:

Beispiel 11-10: Im TypoScript definierte Variablen auswerten

```
    <f:for each="{snowboardTeachers}" as="snowboardTeacher">
      <div class="col-md-4 text-center">
        <f:link.action action="show" arguments="{snowboardTeacher:
                                   snowboardTeacher}">
          <f:if condition="{settings.displayUserImage}">
            <f:image image="{snowboardTeacher.picture}" width="250"
                     height="250" class="img-circle" />
          </f:if>
          <h3>
            {snowboardTeacher.fullName}
          </h3>
        </f:link.action>
      </div>
    </f:for>
```

Dadurch lassen sich einfache Konfigurationen realisieren, die eine Trennung zwischen Design, Struktur und Inhalt auch bei eigenen Extensions ermöglichen.

TypoScript-Objekte als Parameter übergeben, ausführen und überschreiben

Sie können aber nicht nur einfache Parameter übermitteln, sondern auch ganze TypoScript-Objekte mit den zugehörigen Eigenschaften übergeben und ausführen lassen. So können Sie beispielsweise das bereits in Kapitel 5, *TypoScript in der Praxis*, betrachtete `IMAGE`-Objekt nutzen, um eine responsive Grafik ausgeben zu lassen. Dazu fügen Sie die in Beispiel 11-11 angegebenen Zeilen in die Datei *Configuration/TypoScript/setup.txt* ein.

Beispiel 11-11: Eine Grafik über TypoScript beschreiben

```
plugin.tx_snowboardstaff_pi {
  settings {
    userImage = IMAGE
    userImage {
      file {
        import = 1
        import.data = field:picture
        treatIdAsReference = 1
        height = 250
      }

      params = class="img-circle"

      sourceCollection {
        small {
          width = 250
          srcsetCandidate = 1x
        }
        big {
          width = 250
          srcssetCandidate = 2x
          pixelDensity = 2
        }
      }

      layoutKey = srcset
      layout {
        srcset {
         element = <img src="###SRC###" srcset="###SOURCECOLLECTION###"
                                          ###PARAMS### ###ALTPARAMS###>
          source = |*|###SRC### ###SRCSETCANDIDATE###,|*|###SRC###
                                                  ###SRCSETCANDIDATE###
        }
      }
    }
  }
  [...]
}
```

Diesen TypoScript-Code mit dem unter `.userImage` definierten `IMAGE`-Objekt und seinen Eigenschaften können Sie in Ihrer View mit dem Fluid-ViewHelper `f:cObject` auswerten, wie in Beispiel 11-12 dargestellt ist:

Beispiel 11-12: Ein TypoScript-Objekt in der Fluid-View verwenden

```
<div class="row">
  <f:for each="{snowboardTeachers}" as="snowboardTeacher">
    <div class="col-md-4 text-center">
      <f:link.action action="show" arguments="{snowboardTeacher:
                                         snowboardTeacher}">
        <f:cObject typoscriptObjectPath="plugin.tx_snowboardstaff_
                    pi.settings.userImage"
                    data="{picture: snowboardTeacher.picture.uid}" />
        <h3>
          {snowboardTeacher.fullName}
        </h3>
      </f:link.action>
    </div>
  </f:for>
</div>
```

Im ViewHelper `cObject` können Sie über den Parameter `typoscriptObjectPath` den Pfad des auszugebenden TypoScript-Objekts angeben. Über den Parameter `data` können Sie definieren, auf welche Daten in dem Objekt zugegriffen werden darf. (Wir erinnern uns: In Beispiel 11-11 hatten Sie in Zeile 7 den Wert `picture` angesprochen.)

Daten aus der Datenbank laden

In den vorangegangenen Abschnitten haben Sie erfahren, wie Sie über das TYPO3-Backend angelegte Datensätze auslesen und über eine Fluid-View wieder ausgeben können. Doch wie genau werden diese Daten eigentlich aus der Datenbank gelesen?

In der Klasse `Snowboard\SnowboardStaff\Controller\SnowboardTeacherController` wurden über den Aufruf der Methode `findAll` in der Klasse `Snowboard\SnowboardStaff\Domain\Repository\SnowboardTeacherRepository` alle Snowboardlehrer aus der Datenbank geladen. Diese Klasse ist also für das Laden der Datensätze zuständig. Werfen Sie deshalb einen Blick in die Datei *Classes/Domain/Repository/SnowboardTeacherRepository.php*.

Die Klasse erweitert die Extbase-Klasse `TYPO3\CMS\Extbase\Persistence\Repository`, die die wichtige und zur Ausgabe der Liste der Snowboardlehrer benötigte Funktion `findAll()` bereitstellt. Sie werden sich wundern, wie wenig Inhalt das Repository hat, obwohl es so eine zentrale und wichtige Rolle spielt. Für das Repository sind keine Implementierungen von Methoden notwendig, da die Basisklasse `TYPO3\CMS\Extbase\Persistence\Repository` bereits eine wohldefinierte Menge an Methoden bereitstellt, die der Extension-Entwickler nicht selbst zu implementieren braucht. Diese Funktionen sind in Tabelle 11-1 aufgeführt.

◀ **Tabelle 11-1**
»find«-Methoden der Basis-Respository-Klasse

Methode	Beschreibung
`$repository->findAll()`	Liefert alle vorhandenen Objekte der Klasse zurück, die nicht als gelöscht oder ausgeblendet gekennzeichnet sind.
`$repository->findBy<Attributname>` `$repository->findByLastname('einName')`	Liefert alle Objekte der Klasse zurück, deren Eigenschaft (z. B. `$lastname`) mit dem gegebenen Wert übereinstimmt und die nicht als gelöscht oder ausgeblendet gekennzeichnet sind.
`$repository->findOneBy<Attributname>` `$repository->findOneByLastname('einName')`	Wie `findBy<Attributname>`, hier wird jedoch nur das erste gefundene Objekt zurückgeliefert.

Für komplexere Anfragen können auch eigene `find`-Methoden implementiert werden. Solche Anfragen werden in Extbase nicht direkt als SQL-Abfragen formuliert, sondern über eine objektorientierte Abfrageschnittstelle.

Ein Beispiel für eine solche Abfrage sehen Sie in Beispiel 11-13:

Beispiel 11-13: Eine benutzerdefinierte Datenbankabfrage schreiben

```
01 <?php
02 namespace Snowboard\SnowboardStaff\Domain\Repository;
03
04 use \TYPO3\CMS\Extbase\Persistence\Repository;
05
06 class SnowboardTeacherRepository extends Repository
07 {
08     public function findAll()
09     {
10         $query = $this->createQuery();
11         $query->setOrderings(['lastName' => 'ASC']);
12         return $query->execute();
13     }
14 }
```

In Zeile 8 wird zunächst eine neue Methode definiert (in diesem Fall überschreiben wir die geerbte Methode `findAll()`). Anschließend wird in Zeile 10 über die ebenfalls geerbte Methode `createQuery()` eine neue Abfrage erstellt. Diese Abfrage findet standardmäßig alle Objekte vom Typ `SnowboardTeacher`. Über den Aufruf der Methode `setOrderings` in Zeile 11 können Sie angeben, dass das Ergebnis der Abfrage nach den Nachnamen der Snowboardlehrer sortiert werden soll. In Zeile 12 werden anschließend in einem Schritt die Abfrage ausgeführt und das Ergebnis zurückgeliefert.

Wie Sie die Ergebnismenge einer Abfrage nach bestimmten Kriterien einschränken können, sehen Sie in Beispiel 11-14.

Beispiel 11-14: Eine benutzerdefinierte Datenbankabfrage schreiben

```
01 <?php
02 namespace Snowboard\SnowboardStaff\Domain\Repository;
03
04 use \TYPO3\CMS\Extbase\Persistence\Repository;
05
06 class SnowboardTeacherRepository extends Repository
07 {
08     public function findAll()
09     {
10         $query = $this->createQuery();
11         $constraint = $query->logicalNot(
12           $query->equals('lastName', 'Mustermann')
13         );
14         $query->matching($constraint);
15         return $query->execute();
16     }
17 }
```

In diesem Beispiel wird in Zeile 11 eine Einschränkung auf das Attribut `lastName` erstellt. Der Aufruf `$query->equals('lastName','Mustermann')` erstellt eine Einschränkung, die auf alle Snowboardlehrer mit dem Nachnamen »Mustermann« zutrifft. Dadurch, dass diese Einschränkung nochmals von dem Aufruf `$query->logicalNot(...)` umschlossen ist, wird sie negiert und trifft somit auf alle Snowboardlehrer, die nicht zur Familie Mustermann gehören, zu.

Ebenso wie Sie mit der Methode `logicalNot` eine Einschränkung negieren können, können Sie mit den Methoden `$query->locicalAnd` und `$query->logicalOr` auch Einschränkungen miteinander kombinieren.

Schlussbemerkung

Das von uns entwickelte Mitarbeiter-Plug-in soll Ihnen einen Ausblick auf die Entwicklung von Erweiterungen mit Extbase und Fluid vermitteln und es Ihnen ermöglichen, die konzeptuellen Veränderungen in TYPO3 zu verstehen. Das Plug-in wurde bewusst einfach gehalten, da Programmierung keinen thematischen Schwerpunkt dieses Buchs darstellt. Wenn Sie sich mit dem Framework und der Entwicklung tiefergehend beschäftigen möchten, sollten Sie die Dokumentationen und Literatur zu Extbase und Fluid verfolgen. Zur Extension-Entwicklung mit Extbase und Fluid ist im O'Reilly Verlag im November 2013 ein Buch von Jochen Rau, Sebastian Kurfürst und Martin Helmich (Achtung, Eigenwerbung!) erschienen. Um Ihre Kenntnisse in allgemeinen Konzepten wie dem Domain-driven Design und dem Model-View-Controller-Muster zu erweitern, empfehle ich Ihnen, grundlegende Literatur zu diesen Themen zu lesen.

KAPITEL 12

Benutzerrechte für Redakteure anlegen

In diesem Kapitel:

- Überblick
- Administratoren anlegen
- Redakteure anlegen
- Das Backend noch benutzerfreundlicher gestalten
- Workspaces: Trennung von Entwurfsarbeits- und Live-Umgebung

In den bisherigen Kapiteln haben Sie überwiegend als Administrator Templates bearbeitet, die gesamte Seitenstruktur angelegt und Inhalte eingepflegt. In diesem Kapitel erstellen Sie weitere Benutzer, die ohne großen Schulungsaufwand selbstständig die Webseite redaktionell pflegen können.

Überblick

TYPO3 bietet zahlreiche Funktionen, die das Arbeiten mit mehreren Benutzern und auch die Gestaltung von Gruppen- und Rechtestrukturen vereinfachen. In Kapitel 3, *Das Backend kennenlernen*, haben Sie bereits das Modul *Backend-Benutzer* kennengelernt, das Sie auch zur Erstellung weiterer Benutzer verwenden können. Außerdem finden Sie hier eine Liste aller aktuell gerade angemeldeten Nutzer, sodass Sie diese bei Bedarf z.B. über Wartungsarbeiten informieren können.

Außerdem stehen sogenannte *Workspaces* zur Verfügung, die einen Vorschaumodus mit Versionierung und Rechte- bzw. Rollensystem umfassen. Seiten und Seiteninhalte können bearbeitet werden, ohne dass Änderungen sofort auf der Website sichtbar sind. Über die verschiedenen Rollen können Inhalte von Redakteuren geändert, zum endgültigen »Live-Schalten« jedoch an eine weitere Instanz gereicht werden. Workspaces gehören nicht mehr zum Basissystem, sondern sind eine eigene Systemerweiterung. Auf das Thema Workspaces wird am Ende dieses Kapitels eingegangen.

Das TYPO3-Backend kann für Wartungsarbeiten komplett gesperrt werden. Wenn Sie beispielsweise Updates vornehmen oder Änderungen am System oder der Datenbank durchführen und nicht möchten, dass währenddessen Benutzer im TYPO3-Backend arbeiten, legen Sie im Verzeichnis *typo3conf/* die Datei *LOCK_BACKEND* an. Das Frontend ist weiterhin wie gewohnt zu erreichen, aber im Backend erscheint eine Meldung (siehe Abbildung 12-1).

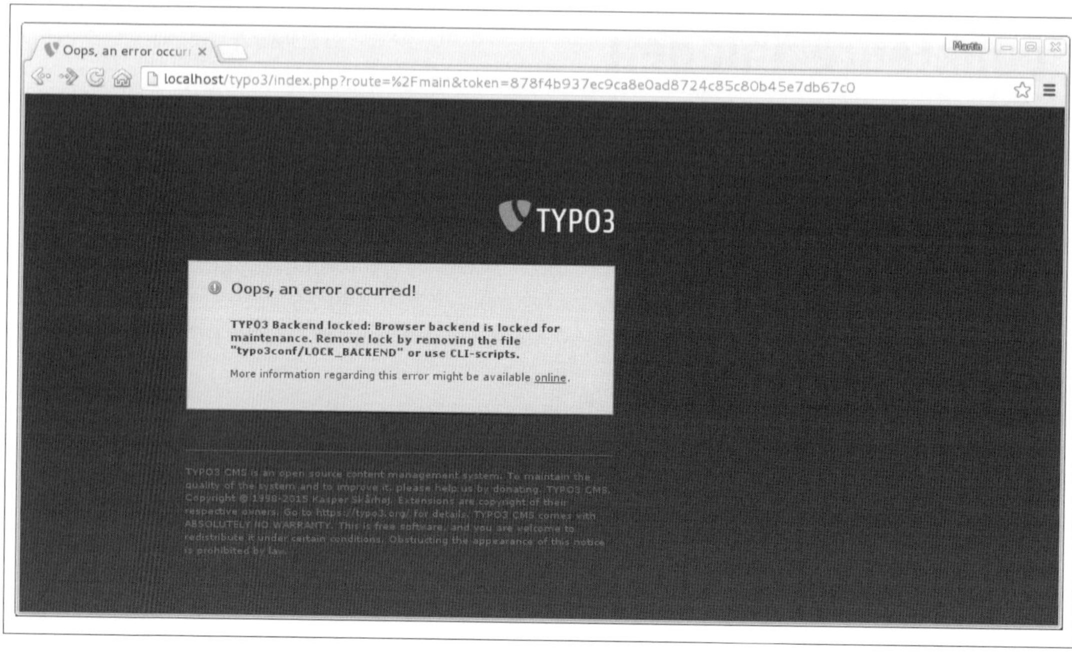

Abbildung 12-1 ▲
Der Backend-Zugriff kann für Wartungsarbeiten gesperrt werden.

Möchten Sie, dass sich nur noch Administratoren im TYPO3-Backend anmelden können, aber Redakteuren der Zugriff verwehrt wird, setzen Sie im Install-Tool im Menü *All configuration* die Option *[BE][adminOnly]* auf *1*. Wie Sie Administratoren und Redakteure anlegen, erfahren Sie in den folgenden Abschnitten.

Administratoren anlegen

Bei der Standardinstallation von TYPO3 ist im Normalfall bereits ein Benutzer mit Administratorrechten vorhanden. Mit diesem Benutzer haben Sie bisher gearbeitet. Wenn Sie nun anderen Personen Zugriff auf Ihr TYPO3-Projekt mit Administratorrechten gewähren möchten, könnten Sie Ihre Zugangsdaten mitteilen, mit denen Sie sich selbst in das TYPO3-Backend einloggen. Das hat den Vorteil, dass Sie keinen weiteren Benutzer anlegen müssen – Sie sparen so etwa eine Minute Zeit. Die Liste der Nachteile, die auftreten, wenn Sie Ihre persönlichen Zugangsdaten anderen Personen mitteilen, ist sehr lang, und nur einige dieser Nachteile sollen im Folgenden genannt werden.

Zum einen werden Sie Ihr Passwort wahrscheinlich noch an anderen Stellen verwenden. Wenn andere Personen das Passwort kennen, mit dem Sie z. B. auch Ihre E-Mails abrufen oder sich in ein Firmennetzwerk einloggen, birgt das unvorhersehbare Gefahren. Zum anderen können Sie in TYPO3 erkennen, wann sich welcher Benutzer eingeloggt hat und welche Aktionen von diesem Benutzer ausgehen. Gibt es auf der Website irgendwelche Phänomene oder Modifikationen, werden Änderungen immer auf Sie selbst zurückfallen. Sie haben keine Möglichkeit, nachzuweisen, dass ein anderer Benutzer versehentlich rekursiv alles gelöscht hat, wenn sich auch andere Personen mit Ihren Zugangsdaten einloggen können.

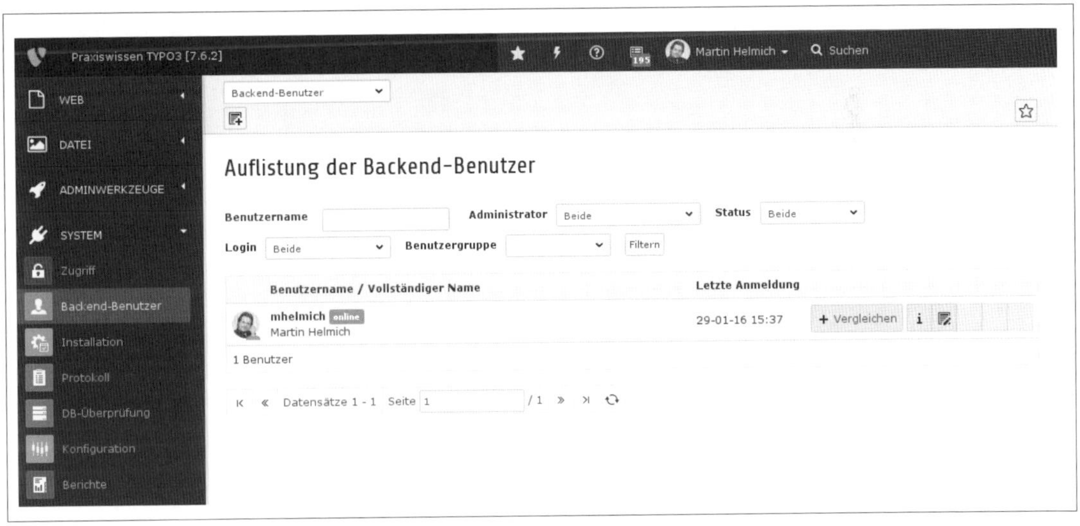

▲ **Abbildung 12-2**
Im Modul »Backend-Benutzer« können Sie Backend-Benutzer verwalten.

Um diesen Nachteilen entgegenwirken zu können, sollten Sie sich vor der Herausgabe von Zugangsdaten eine Minute Zeit nehmen, um einen neuen Benutzer anzulegen. Gehen Sie dazu in das Backend-Modul *Backend-Benutzer*. Auf der rechten Seite können Sie dann erkennen, welche Benutzer bereits angelegt worden sind (siehe Abbildung 12-2). Achten Sie besonders auf das Icon in der unteren rechten Ecke des Benutzerbildes: Benutzer mit Administratorrechten erhalten hier als Icon eine Figur mit orangefarbenem Hemd, Benutzer mit eingeschränkten Rechten werden mit einem blauen Hemd dargestellt.

Um einen neuen Benutzer anzulegen, klicken Sie im Modul *Backend-Benutzer* auf den Button *Neuen Datensatz erstellen* in der oberen Menüleiste.

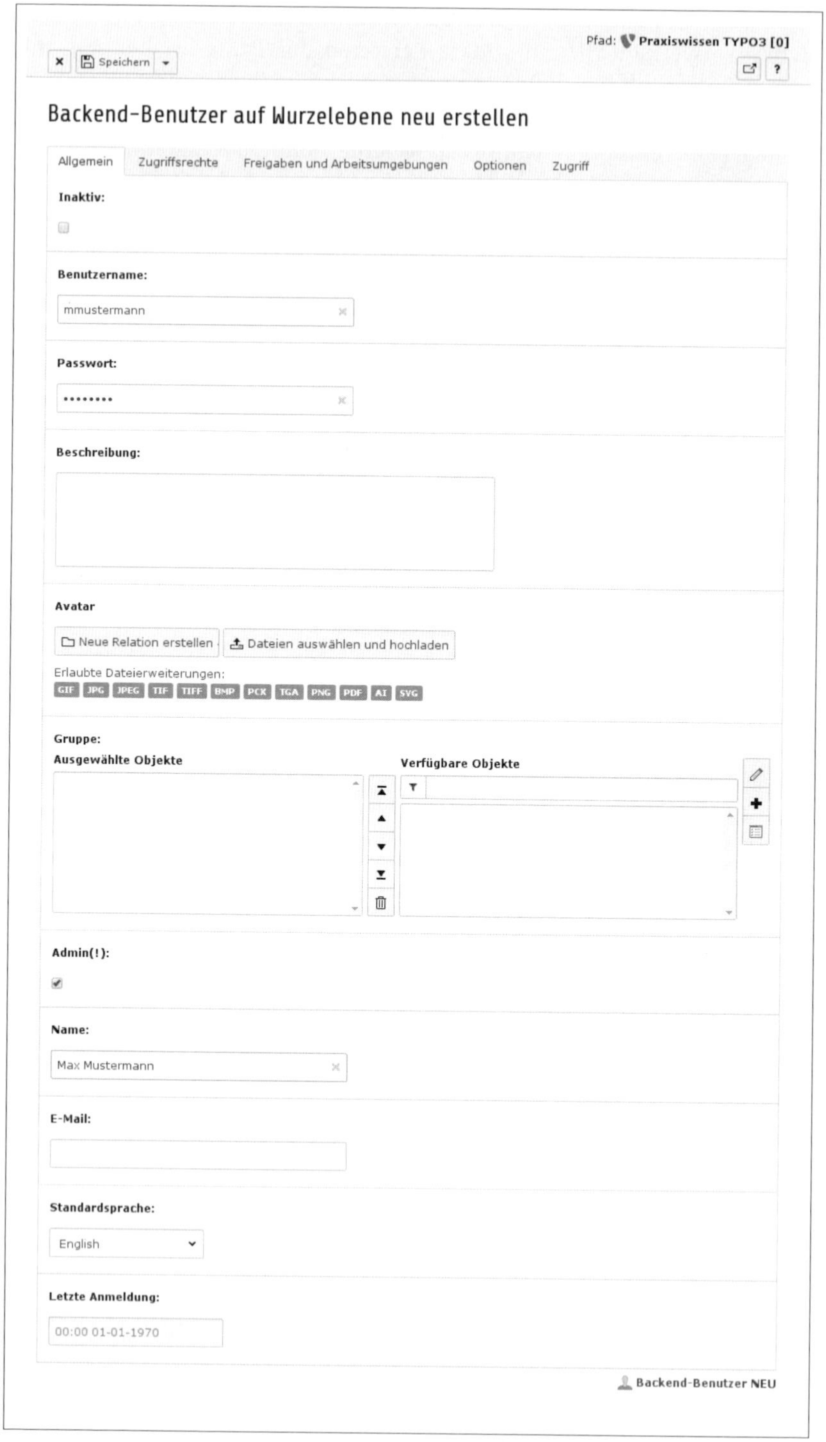

Abbildung 12-3 ▶ Die Maske für Backend-Redakteure

In der erscheinenden Maske (siehe Abbildung 12-3) nehmen Sie die Angaben zum Benutzer vor. Auf der Registerkarte *Allgemein* müssen die beiden Felder *Benutzername* und *Passwort* zwingend angegeben werden. Mit diesen Zugangsdaten kann sich der neue Benutzer anschließend in das TYPO3-Backend einloggen. Zu diesem Zeitpunkt darf der neue Benutzer noch nichts (außer sich einloggen). Optional, aber durchaus sinnvoll ist die Angabe einer Standardsprache. Wenn sich der neue Administrator erstmalig ins Backend einloggt, wird die hier angegebene Sprache verwendet und gespeichert. Wählen Sie im Auswahlfeld *Standardsprache* beispielsweise den Eintrag *German* aus.

Da Sie einen Benutzer mit Administratorrechten anlegen möchten, aktivieren Sie das Kontrollkästchen *Admin(!)*. Es folgt ein Hinweis, der Sie darüber informiert, dass nach dem Bestätigen dieses Hinweises die Daten gespeichert werden und die Maske mit anderen Feldern neu geladen wird. Bestätigen Sie diesen Hinweis einfach mit *OK*.

Warnung Wenn Sie das Kontrollkästchen *Admin(!)* aktivieren, bekommt der angelegte Benutzer Administratorrechte und erhält dadurch Zugriff auf das gesamte System – ohne Einschränkungen!

Einschränkungen vorzunehmen, z.B. dass der Administrator sich nur bis zu einem bestimmtem Datum einloggen darf, ist bei Administratoren wenig sinnvoll, da diese ihre eigenen Rechte bearbeiten können. Auf die anderen Felder und Möglichkeiten wird im nächsten Abschnitt eingegangen.

Speichern Sie den neu angelegten Administrator über das bekannte Icon *Dokument speichern und schließen*. Nachdem Sie einen neuen Administrator angelegt haben, können Sie testen, ob sich dieser auch mit Administratorrechten einloggen kann. Loggen Sie sich aus dem Backend aus und mit den Zugangsdaten des neuen Benutzers wieder ein.

Redakteure anlegen

Häufig werden Sie Benutzer anlegen wollen, die nur auf bestimmte Seiten Zugriff haben und nur bestimmte Aktionen durchführen dürfen, die Sie zuvor erlaubt haben. Nicht jeder Benutzer muss in TYPO3 ein Administrator sein – auch Redakteure mit eingeschränktem Backend-Zugang können angelegt werden.

Im vorigen Abschnitt haben Sie einen Administrator angelegt, der alle Rechte am TYPO3-Projekt hat. Ein Benutzer, der kein Administrator ist, hat zunächst gar keine Rechte und darf nicht mehr, als sich ein- und ausloggen. Über Backend-Benutzergruppen können Sie einzelne Rechte vergeben und später Benutzern eine oder mehrere Benutzergruppen zuweisen. Die Rechte – also alles, was ein Benutzer darf – werden in Benutzergruppen definiert. Daher ist der erste Schritt zum Anlegen eines Redakteurs das Anlegen einer Benutzergruppe für Redakteure, in der die gesetzten Rechte angegeben werden.

Eine Benutzergruppe für Redakteure anlegen

Um eine Backend-Benutzergruppe anzulegen, wechseln Sie in das Modul *Liste* und legen auf der Root-Ebene einen neuen Datensatz vom Typ *Backend-Benutzergruppe* an. Sie müssen für die Benutzergruppe zwingend einen *Gruppennamen* angeben, nehmen Sie in diesem Fall *Redakteure*.

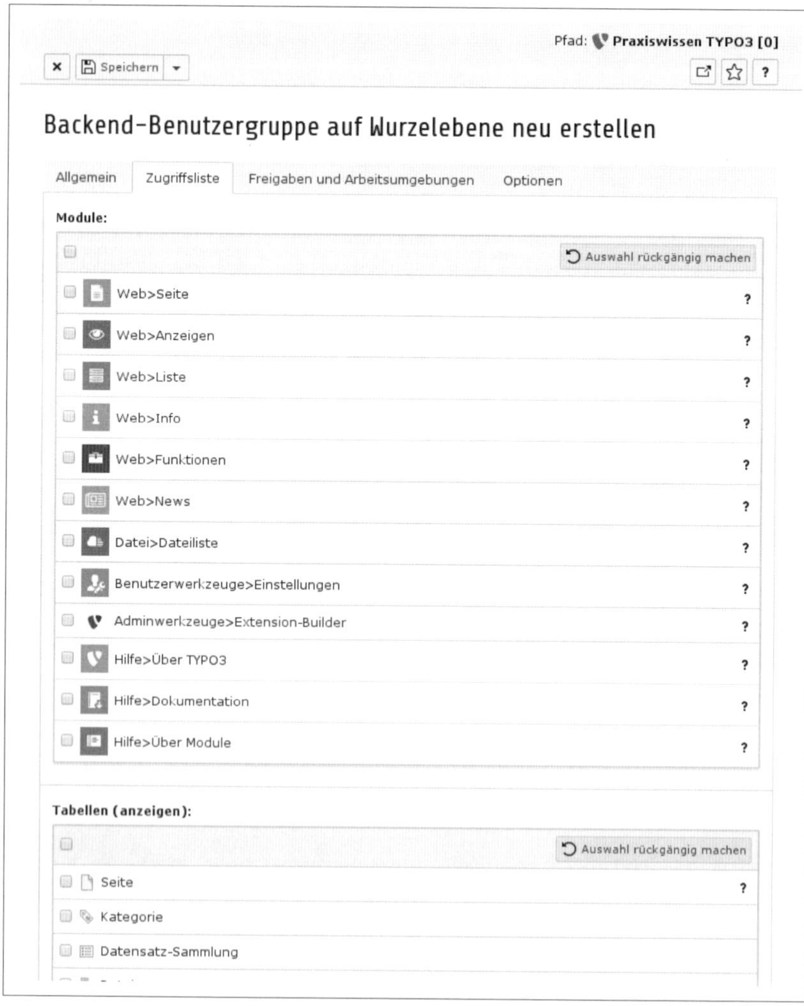

Abbildung 12-4 ▶ Die Übersicht über die Zugriffsliste einer Benutzergruppe

Die Zugriffsrechte finden sich auf der Registerkarte *Zugriffsliste* (siehe Abbildung 12-4). Markierte Einträge zeigen, welche Rechte gesetzt sind.

Backend-Module verfügbar machen

Sie sehen eine umfangreiche Liste mit Konfigurationsmöglichkeiten. Unter *Module* geben Sie an, welche Backend-Module dem Redakteur zur Verfügung stehen sollen. Das sind die Bereiche, die im linken Menü angezeigt werden.

Sinnvoll für Redakteure ist, wenn sie Seiten und Seiteninhalte bearbeiten können. Dazu ist es erforderlich, dass Backend-Module aus dem Bereich *Web* zur Verfügung gestellt werden. Geben Sie der Benutzergruppe daher das Recht, auf den Bereich *Web* zuzugreifen. Sie können sogar genau angeben, welche Backend-Module aus diesem Bereich zur Verfügung gestellt werden sollen. Mögliche Backend-Module sind – je nachdem, welche Erweiterungen installiert sind – *Seite*, *Anzeigen*, *Liste*, *Info*, *Zugriff*, *Funktionen*, *News*, *Arbeitsbereiche* und *Versionierung*. Um Redakteure nicht unnötig mit zu vielen Menüpunkten zu belasten, empfiehlt es sich, hier nur das Backend-Modul *Web → Seite* zu aktivieren, da mit diesem einen Backend-Modul fast alles gemacht werden kann, was ein Redakteur können sollte. Es kann auch noch sinnvoll sein, das Backend-Modul *Web → Liste* zu aktivieren, das hängt jedoch von Ihrem jeweiligen TYPO3-Projekt ab. Einige Datensätze stehen nur in diesem Backend-Modul zur Verfügung, z.B. das Bearbeiten von Datensätzen Ihres eigenen Plug-ins Snowboardlehrer.

Im Bereich *Datei* können Sie angeben, ob der Benutzer auch durch Dateien und Verzeichnisse navigieren und Dateien anlegen und modifizieren darf. Dazu können Sie eine Dateifreigabe einrichten, die einen speziellen Verzeichnisbereich umfasst. Näheres hierzu erfahren Sie im Abschnitt »Verzeichnisse zuweisen und Dateifreigaben einrichten« weiter unten in diesem Kapitel. Es ist durchaus sinnvoll, dass ein Redakteur auf eine solche Dateifreigabe Zugriff hat. Aktivieren Sie daher *Datei → Dateiliste*.

Wenn Redakteure selbstständig ihr Passwort ändern oder sonstige Einstellungen wie z.B. einen Wechsel der Sprache vornehmen können sollen, empfiehlt es sich, *Benutzerwerkzeuge → Benutzereinstellungen* zu aktivieren. Die fertige Rechtevergabe unter *Module* könnte dann wie in Abbildung 12-5 aussehen.

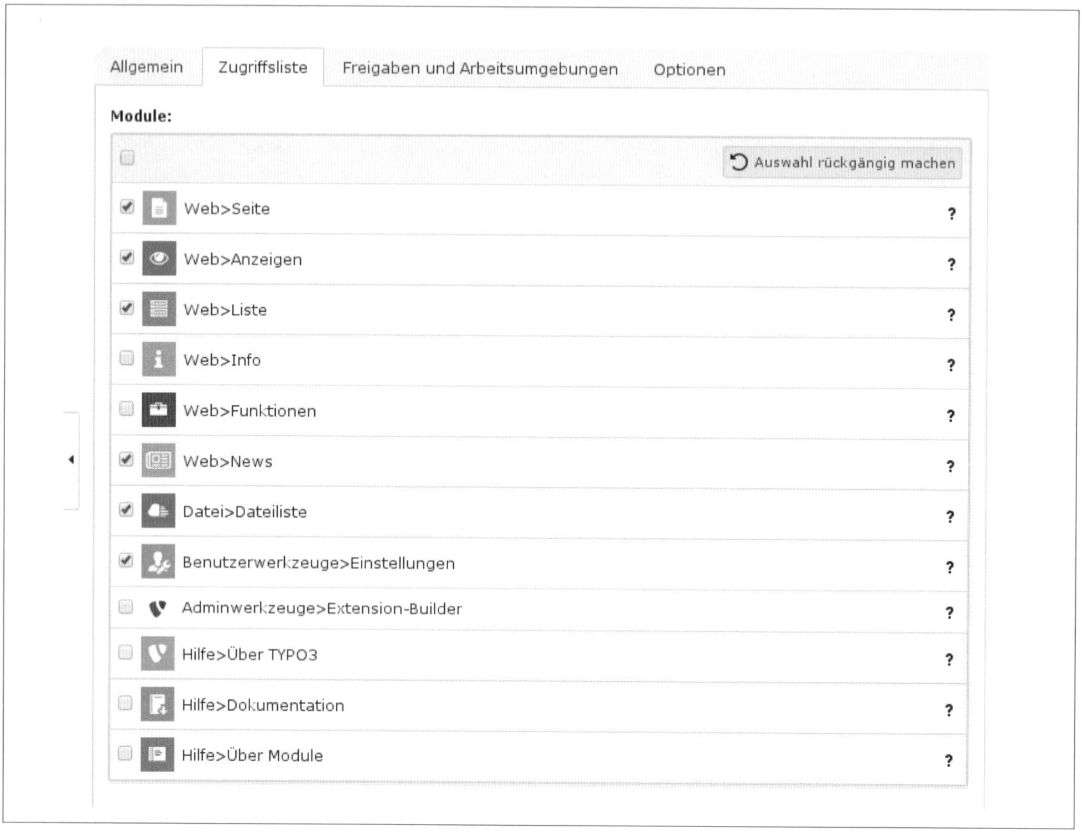

Abbildung 12-5 ▲
Eine mögliche Rechtevergabe im Bereich »Module«

Zugriff auf Datensätze

Als Nächstes können Sie die Rechte für die Bereiche *Tabellen (anzeigen)* und *Tabellen (ändern)* vergeben (siehe Abbildung 12-6). In *Tabellen (anzeigen)* definieren Sie, welche Datensätze der Benutzer sehen darf; in *Tabellen (ändern)* geben Sie an, welche Datensätze der Benutzer ändern und anlegen darf. Im Regelfall reicht es aus, nur Rechte im Bereich *Tabellen (ändern)* anzugeben, da es in der Praxis selten vorkommen wird, dass ein Benutzer im Backend Datensätze zwar sehen, aber nicht verändern darf. Wenn ein Benutzer Datensätze verändern darf, darf er diese automatisch auch sehen.

Sie können in der Liste der möglichen Datensätze erkennen, dass auch die installierten Erweiterungen mit aufgenommen wurden. Selbst für das eigene erstellte Plug-in können Sie angeben, ob der Benutzer an diesen Datensätzen Änderungen vornehmen bzw. sie sehen darf.

Der Redakteur soll das grundsätzliche Recht erhalten, Datensätze aus den Tabellen *Seite*, *Seiteninhalt*, *News* und *Snowboardlehrer* zu sehen, anzulegen, zu editieren und zu löschen. Damit ein Benutzer aber später tatsächlich Inhalte und Seiten verändern bzw. löschen kann, die er z.B. nicht selbst erstellt hat, müssen an einer späteren Stelle noch weitere Rechte vergeben werden. Im Abschnitt »Zugriffsrechte setzen« weiter unten erfahren Sie dazu mehr. Eine mögliche Einstellung ist z.B. die in Abbildung 12-6 gezeigte.

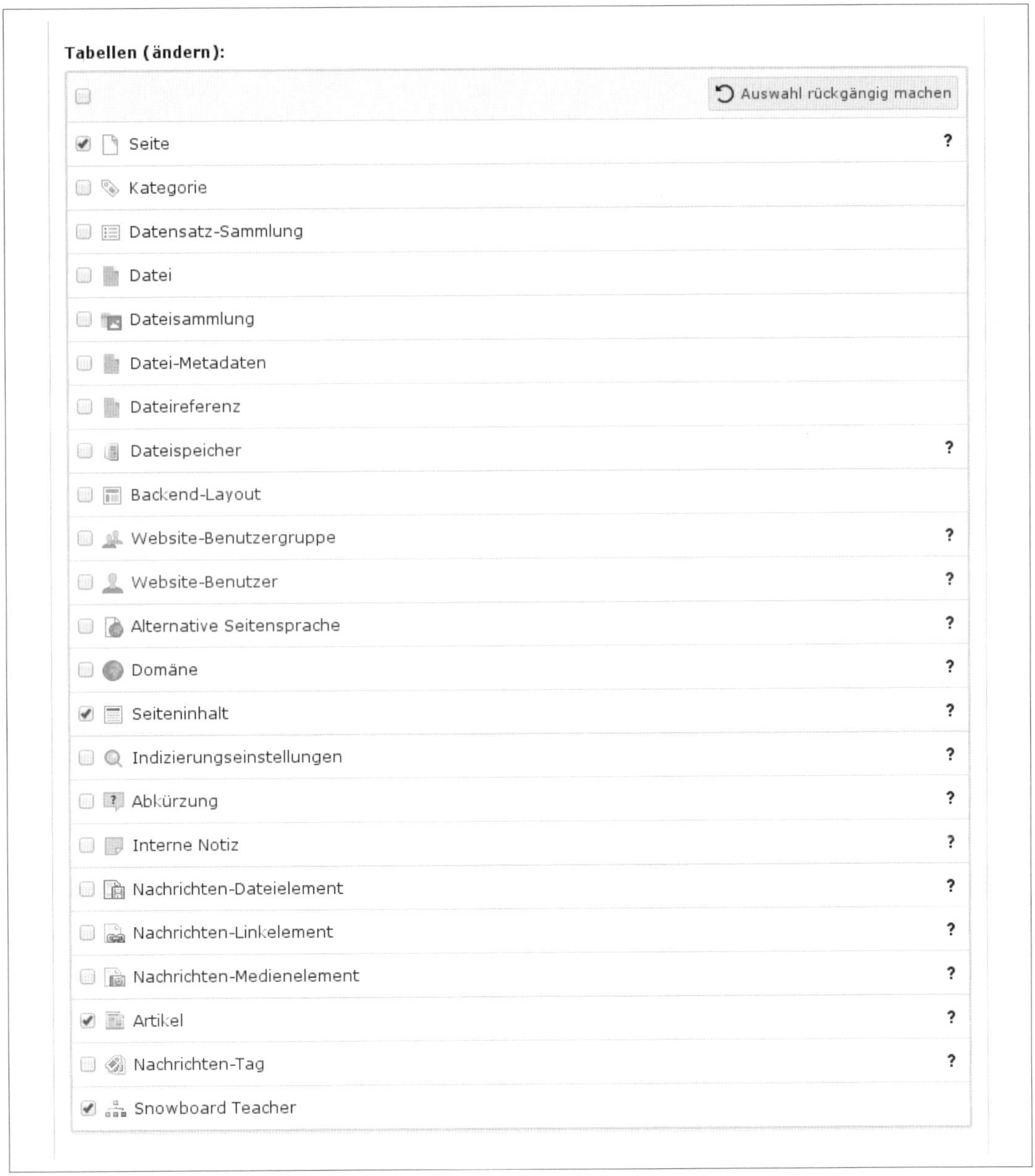

▼ Abbildung 12-6
Die ausgewählten Seitentypen dürfen gesehen und modifiziert werden.

Seitentypen erlauben

Unter *Seitentypen* (siehe Abbildung 12-7) können Sie angeben, welche Seitentypen ein Benutzer anlegen und bearbeiten darf. In vielen Fällen reicht es aus, wenn der Redakteur das Recht zum Anlegen und Bearbeiten von Seiten des Typs *Standard* erhält. Es handelt sich dabei um das Bearbeiten eines Seitendatensatzes, nicht um die Inhalte auf einer Seite.

Bei den weiteren Seitentypen sind tiefer gehende Kenntnisse der Redakteure erforderlich. Wenn ein Redakteur z.B. eine Seite vom Typ *Verweis* anlegen oder bearbeiten darf, kann er die gesamte Webseite oder auch einen Teilbereich unzugänglich machen, indem er unwissentlich einen Verweis »ins Nirwana« zeigen lässt. Überlegen Sie sich daher, wie intensiv Sie die Redakteure schulen möchten, welchen Support Sie bieten können und ob diese Seitentypen tatsächlich für die Pflege der Website benötigt werden. In Abbildung 12-7 sehen Sie eine mögliche Konfiguration der Box *Seitentypen*.

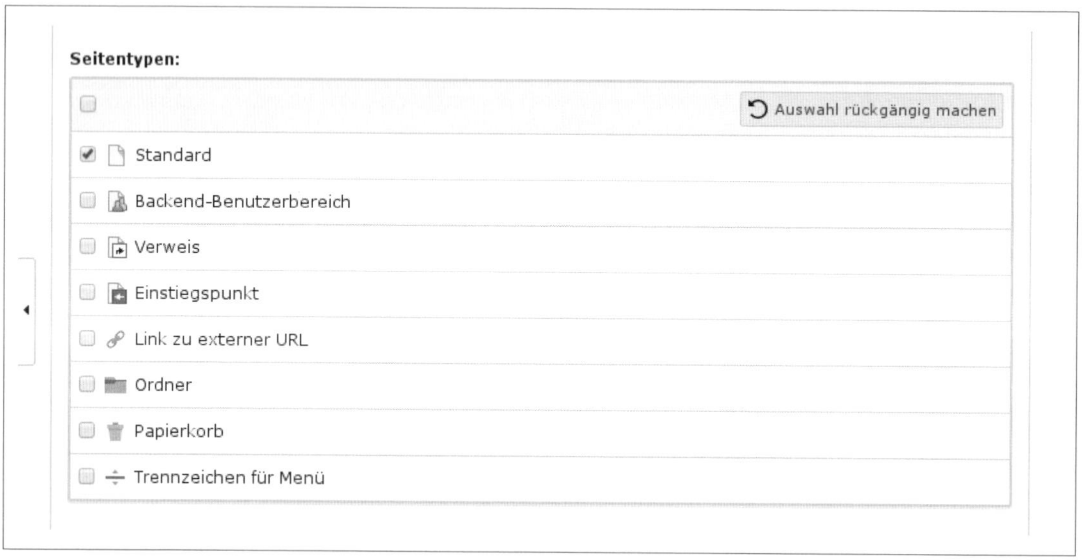

Abbildung 12-7 ▲
Den ausgewählten Seitentyp darf der Redakteur anlegen bzw. auswählen.

Zugriff auf einzelne Felder explizit gestatten

Es folgt die umfangreiche Box *Erlaubte Ausschlussfelder* mit sehr vielen Einträgen. Hier geben Sie an, welche Felder ein Benutzer sehen und ändern darf. Der erste Eintrag *Seite → Typ* gibt z.B. an, dass ein Benutzer in einem Datensatz vom Typ *Seite* das Feld *Seitentyp* sehen darf. Sie haben bereits in zwei vorherigen Boxen angegeben, ob ein Benutzer Seitendatensätze sehen und bearbeiten darf (*Tabellen ändern*) und welche Seitentypen für den Benutzer zur Verfügung stehen sollen (*Seitentypen*). Hier geben Sie an, ob dieses Feld überhaupt zur Verfügung stehen soll.

Ein Feld *Seite → Titel* werden Sie in der Auflistung nicht finden, da dieses Feld immer zur Verfügung steht, wenn ein Benutzer Zugriff auf Seitendatensätze hat. So sehen Sie in dieser Liste grundsätzlich nur Felder, die aus Sicht von TYPO3 bzw. seinen Erweiterungen optional sind. Zum normalen Betrieb von TYPO3 und für die Arbeit der Redakteure wäre es theoretisch nicht nötig, einen Eintrag in dieser Liste auszuwählen. Häufig ist es aber sinnvoll, dass bestimmte Felder dem Redakteur zusätzlich zur Verfügung stehen.

Übliche Einstellungen für Datensätze vom Typ *Seite* sind *Typ*, *Seite verbergen*, *Start*, *Stopp*, *Zugriff*, *Inklusive Unterseiten* und gegebenenfalls *Dateien*. Diese Rechte sind aber abhängig von der Funktion der TYPO3-Webseite. *Dateien* werden z.B. für das Beispielprojekt nur dann gebraucht, wenn der Redakteur das Recht erhalten soll, selbstständig den Trailer auszutauschen. Dann ist es aber auch erforderlich, dass der Benutzer Zugriff auf Seiten vom Typ *Erweitert* erhält usw.

Hat ein Benutzer auf das Feld *Seite → Verstecken* keinen Zugriff, werden neu angelegte Seiten dieses Benutzers automatisch als *Versteckt* gekennzeichnet und stehen im Frontend zunächst nicht zur Verfügung. Erst muss ein Benutzer diese Seite freischalten, der dazu das Recht hat.

Geben Sie der Benutzergruppe hier die Rechte für die Felder, die die Redakteure Ihrer Meinung nach benötigen. Es ist häufig sinnvoll, die Anzahl der Felder auf ein Minimum zu reduzieren. Einige Felder werden voraussichtlich von Ihrem Template nicht unterstützt, z.B. die Felder *Seiteninhalt → Schrift* und *Seiteninhalt → Größe*. Außerdem haben Sie in Kapitel 10, *Bestehende Erweiterungen integrieren*, aus der Designvorlage für das *News*-Modul einige Felder entfernt. Es wäre unsinnig, diese Felder in den Masken zugänglich zu machen, wenn sie nicht mehr unterstützt werden.

Explizites Verbieten von Seiteninhaltstypen und Erweiterungen

Im Abschnitt *Feldwerte explizit erlauben/verbieten* können Sie angeben, welche Seiteninhaltstypen für den Redakteur zur Verfügung stehen sollen. Nicht unterstützte Seiteninhaltstypen können somit vor den Redakteuren versteckt werden. Gleiches gilt auch für Erweiterungen. Wenn der Redakteur das Recht hat, einen Seiteninhalt vom Typ *Erweiterung* anzulegen, erhält er in der entsprechenden Maske ein Auswahlfeld, das zeigt, welche Erweiterung er einfügen kann. Wie auch bei den Seiteninhaltstypen können Sie hier angeben, welche Erweiterungen für die Benutzergruppe nicht zur Verfügung stehen sollen.

In der Regel sollte dem Redakteur der Seiteninhaltstyp *HTML* nicht erlaubt werden. Er setzt spezielles Wissen voraus, das der Redakteur oft nicht hat. Ebenfalls ist der Zugriff auf die Plug-ins wie Indexsuche und News zu unterbinden. Der Einsatz, die Einrichtung und das Platzieren von Plug-ins sollten vom Administrator erledigt werden. Der Redakteur soll möglichst nur Inhalte pflegen können.

Tipp Standardmäßig müssen Sie explizit Inhaltstypen erlauben. Es ist aber auch umgekehrt möglich, also dass alle Inhalte als Voreinstellung erlaubt sind und explizit verboten werden müssen. Das können Sie im Install-Tool über die Eigenschaft `[BE][explicitADmode]` einstellen. Die Werte `explicitDeny` und `explicitAllow` stehen zur Auswahl.

Konfigurationsfehler vermeiden

Sie merken, dass die Konfiguration von Zugriffsregeln eine Wissenschaft für sich ist und viele Möglichkeiten bietet, Fehler zu machen. Glücklicherweise werden die häufigsten Fehlkonfigurationen von dem Benutzergruppen-Formular automatisch erkannt und Sie als Anwender darauf hingewiesen.

Dieses Problem kann beispielsweise auftreten, wenn Sie unter Feldwerte *explizit erlauben/verbieten* einem Benutzer erlauben, ein bestimmtes Plug-in einzufügen, gleichzeitig jedoch den Seitentyp *Plugin einfügen* nicht erlauben. In diesem Fall weist das Formular Sie auf die Sinnlosigkeit dieses Vorhabens mit dem in Abbildung 12-8 gezeigten Warnhinweis hin.

Abbildung 12-8 ▼ Fehlkonfigurationen bei Zugriffslisten werden automatisch erkannt.

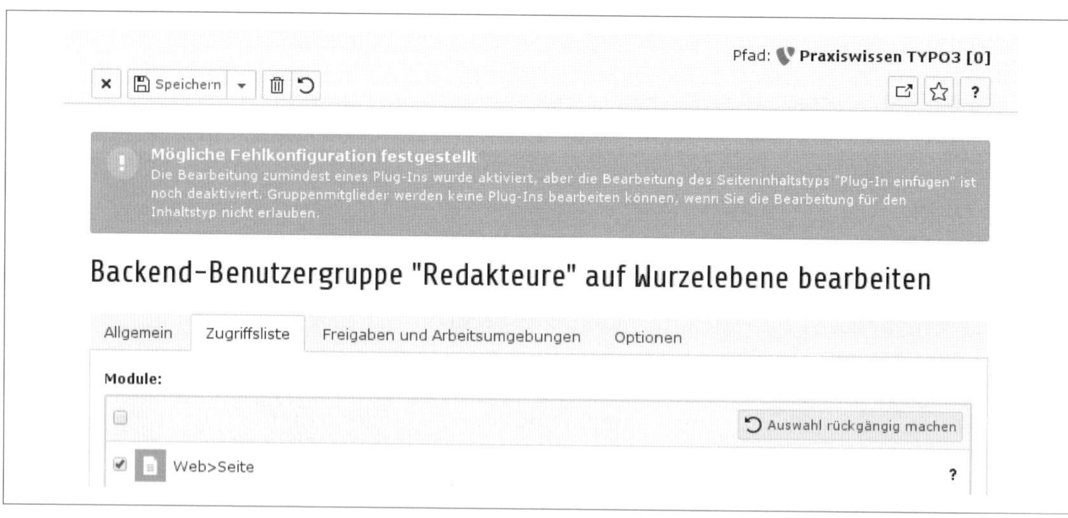

Auf Sprachen beschränken

Über den Punkt *Auf Sprachen einschränken* können Sie der Benutzergruppe die Berechtigung für bestimmte Sprachen erteilen. So kann es beispielsweise eine englische Benutzergruppe geben, deren Mitglieder nur Zugriff auf die englischsprachige Website haben.

Tipp Ich empfehle Ihnen, bei der doch sehr umfangreichen Konfiguration der Zugriffsliste öfter über die Schaltfläche *Speichern* zwischenzuspeichern. Sollten Sie mittendrin versehentlich auf einen anderen Menüpunkt klicken, kann die Konfiguration sonst schnell verloren gehen.

Einstiegspunkte im Seitenbaum angeben

Wechseln Sie auf die Registerkarte *Freigaben und Arbeitsumgebungen*. Unter *Datenbankfreigaben* (engl. *DB Mounts*) können Sie bestimmen, welche Einstiegspunkte im Seitenbaum für die Benutzer angezeigt werden. Sie müssen hier Seiten angeben, da dem Benutzer sonst im Seitenbaum nichts angezeigt wird und er somit einen leeren Seitenbaum sieht. Geben Sie z.B. die einzelnen Bereiche an, in denen der Redakteur arbeiten darf. Im Beispielprojekt sind das die drei Seiten *Hauptnavigation* und *Hilfsnavigation*. Sollen die Benutzer dieser Benutzergruppe auch Frontend-Benutzer editieren dürfen, muss der Systemordner *Benutzer* mit aufgenommen werden.

Tipp Es ist nicht möglich, die Root-Ebene (die Seite mit der Weltkugel) als Einstiegspunkt für den Seitenbaum anzugeben.

Verzeichnisse zuweisen und Dateifreigaben einrichten

Unter *Verzeichnisfreigaben* (engl. *File Mounts*) können Sie den Zugriff auf Dateien einrichten. Der Benutzer kann dann z.B. im Backend-Modul *Dateiliste*, sofern ihm dieses Modul zur Verfügung steht, innerhalb und unterhalb eines angegebenen Verzeichnisses arbeiten. Dazu wird eine Dateifreigabe für einige Seiteninhaltstypen benötigt, und zwar immer dort, wo Dateien hochgeladen oder eingefügt werden können.

Unter einer Dateifreigabe wird in TYPO3 der Zugriff auf einen Ordner unter einem anderen Namen verstanden. Sie können so z.B. eine Dateifreigabe *Redakteure* einrichten, die auf den bestehenden Ordner *fileadmin/user_upload/* zeigt.

Support Wenn Sie dem Redakteur kompletten Zugriff auf den Ordner *fileadmin/* erlauben möchten, tragen Sie bei *Pfad* einen Punkt (.) ein.

Bevor Sie eine Dateifreigabe zuweisen können, muss zunächst eine vorhanden sein. Vor dem Anlegen sollten Sie die bisher getätigten Einstellungen über die Schaltfläche *Dokument speichern* sichern. Klicken Sie dann rechts neben der Box *Verzeichnisfreigaben* auf das schwarze Plussymbol. Je nach Browser öffnet sich entweder ein neues Fenster oder im rechten Bereich wird eine neue Maske geladen (siehe Abbildung 12-9).

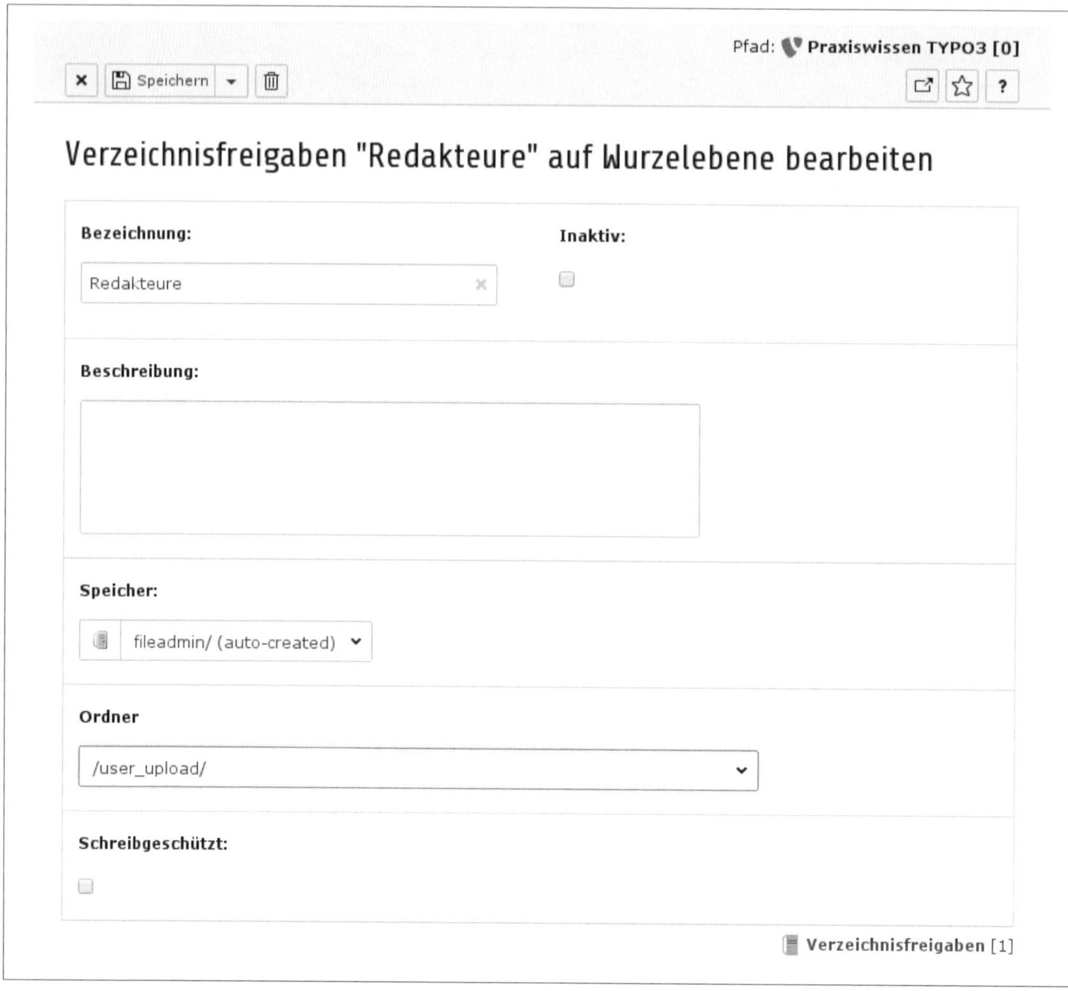

Abbildung 12-9 ▲
Eine neue Dateifreigabe einrichten

1. Geben Sie einen beliebigen Bezeichner für die neue Dateifreigabe im Feld *Bezeichnung* an, z. B. *Redakteure*.
2. Wählen Sie im Feld *Speicher* den Wert *fileadmin/ (auto-created)* aus.
3. Das Auswahlfeld *Ordner* wird zu diesem Zeitpunkt noch keine Verzeichnisse enthalten. Speichern Sie die Dateifreigabe über die Schaltfläche *Speichern*.
4. Nach dem Speichern enthält das Auswahlfeld *Ordner* alle Verzeichnisse des Verzeichnisses *fileadmin*. Wählen Sie das Verzeichnis */user_upload/* aus.
5. Speichern Sie die Dateifreigabe.

Sie können jetzt Ihre Angaben und Einstellungen für die neue Benutzergruppe speichern.

Rechte für Dateioperationen setzen

Im letzten Feld können Rechte auf Dateioperationen gesetzt werden. Sie können festlegen, ob Dateien und Verzeichnisse verschoben, gelöscht, umbenannt und angelegt werden dürfen. Interessant ist die Option *Verzeichnis → Rekursiv Löschen*. Wenn Sie dieses Recht für Ihre Gruppe aktivieren, erlauben Sie den Redakteuren, komplette Verzeichnisse rekursiv zu löschen. Der Vorteil ist, dass nicht zeitaufwendig alle Dateien eines Verzeichnisses einzeln gelöscht werden müssen. Nachteilig ist jedoch, dass Dateien leicht aus Versehen dauerhaft vom Server gelöscht werden können.

Einen Redakteur als Benutzer anlegen

Nachdem Sie eine Benutzergruppe für Redakteure angelegt haben, können Sie nun auch einen Backend-Benutzer anlegen, der lediglich die soeben konfigurierten Rechte besitzt.

1. Wechseln Sie dazu im linken Menü in das Backend-Modul *Backend-Benutzer* im Abschnitt *System*.
2. Klicken Sie nun im oberen Bereich auf den Button *Neuen Datensatz erstellen*.
3. In der bekannten Maske für Backend-Benutzer legen Sie den Benutzer *Redakteur* an, der diesmal kein Administrator sein soll.
4. Damit dieser Benutzer die gewünschten Rechte erhält, weisen Sie ihm die gerade erstellte Benutzergruppe *Redakteure* zu.
5. Vergessen Sie nicht, die Backend-Sprache zu bestimmen, und speichern Sie dann den neuen Benutzer ab.

Tipp Der Benutzername wird nach dem Verlassen des Felds immer in Kleinbuchstaben konvertiert und auch so abgespeichert. Das Passwort behält die gewählte Groß- und Kleinschreibung bei.

Zugriffsrechte setzen

Sie können sich jetzt aus dem Backend abmelden und mit dem soeben erstellten Benutzer wieder anmelden. Einfacher ist es jedoch, über das Modul *Backend-Benutzer* den Benutzer direkt zu wechseln. Das bietet Ihnen den Vorteil, dass Sie – ohne sich erneut anmelden zu müssen – zwischen dem gewählten Benutzer und dem Administrator wechseln können. Suchen Sie dazu in der Liste der Backend-Benutzer nach dem soeben erstellten Benutzer. In der Spalte mit den Optionen für jeden Nutzer finden Sie ganz rechts den Button *Benutzer wechseln*.

Nach erfolgreichem Wechsel werden Sie bemerken, dass im Modul *Web → Seite* bzw. *Web → Liste* im Seitenbaum nichts angezeigt wird, obwohl Sie in der Benutzergruppe die *Datenbankfreigaben* (*DB Mounts*) angelegt haben. Der Grund dafür ist, dass die Zugriffsrechte der Seiten noch nicht angepasst wurden. Derzeit gehört jede einzelne Seite Ihnen als Administrator, und nur Sie dürfen sie sehen bzw. Änderungen vornehmen. Klicken Sie auf den *Verlassen*-Button im *Benutzer*-Menü im oberen rechten Bereich, um wieder mit Administratorrechten in Ihr Backend zurückzukehren.

Gehen Sie im linken Menü in das Backend-Modul *Zugriff* im Abschnitt *System*. Aktivieren Sie im Seitenbaum die Root-Ebene, indem Sie auf den Textlink rechts neben dem TYPO3-Logo klicken. Wählen Sie oben aus dem Auswahlfeld den Eintrag *Rechte* aus. Wie in Abbildung 12-10 zu sehen ist, erhalten Sie Informationen darüber, wer der Besitzer einer Seite ist und was er alles darf. Dazu können Sie die Rechte einer möglichen Benutzergruppe sehen und erhalten auch Informationen darüber, was Backend-Benutzer tun dürfen, die weder zu einer bestimmten Benutzergruppe gehören noch Besitzer von Seiten oder Seiteninhalten sind.

Abbildung 12-10 ▼
Übersicht über die Zugriffsrechte von Seiten

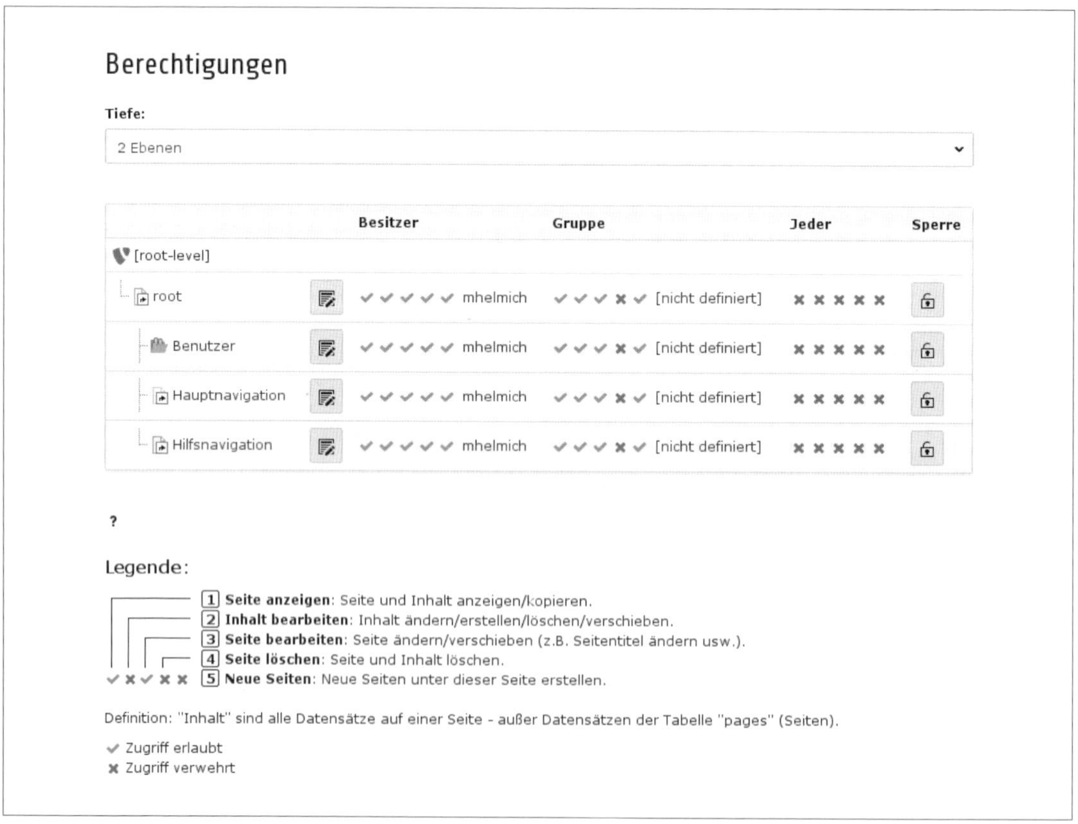

Zugriffsrechte werden immer automatisch vergeben, wenn ein Benutzer eine Seite oder einen sonstigen Datensatz anlegt. Besitzer ist im Regelfall immer der eingeloggte Backend-Benutzer. Dieser kann auch wieder einer Benutzergruppe angehören, der ebenfalls Zugriffsrechte eingeräumt werden können. Wenn der eingeloggte Benutzer zwar ein anderer ist als der, der einen Datensatz angelegt hat, aber mit zur definierten Benutzergruppe gehört, kann dieser Benutzer bestimmte angegebene Aktionen ausführen.

Um die Zugriffsrechte für die gesamte Seitenstruktur anzuzeigen, können Sie aus dem Auswahlfeld *Tiefe* z.B. den Eintrag *10 Ebenen* auswählen. Ausgehend von der momentan aktuellen Seite – in Abbildung 12-10 ist das z.B. die Root-Ebene – werden dann mit der angegebenen Tiefe alle Seiten angezeigt.

Klicken Sie in dieser Übersicht auf das Bleistiftsymbol der Seite *root*. Sie erhalten die in Abbildung 12-11 gezeigte Maske, in der Sie die Rechte editieren können. Sie erkennen, dass der Besitzer dieser Seite der Benutzer *admin* ist (bzw. der Benutzer, mit dem Sie eingeloggt waren, als Sie die Seite angelegt haben) und dass als Gruppe *keine Gruppe* angegeben wurde.

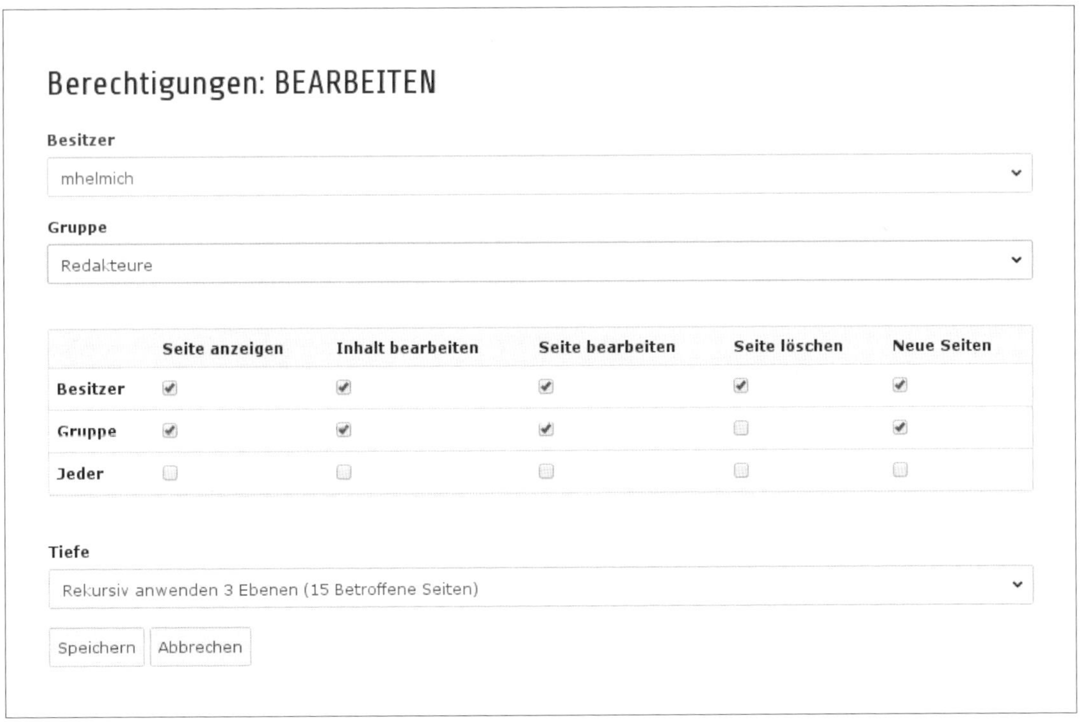

▼ Abbildung 12-11
Die Zugriffsrechte einer Seite bearbeiten

Da nun Redakteure die Seiten und Seiteninhalte bearbeiten können sollen, ist es erforderlich, dass Sie die Rechte neu setzen. Dabei können Sie angeben, dass der Besitzer ein anderer sein soll, was nicht immer vorteilhaft ist. Ebenfalls, und das ist sinnvoll, können Sie angeben, dass die zugehörige Benutzergruppe jetzt die Benutzergruppe *Redakteure* sein soll. Wählen Sie dazu aus dem Auswahlfeld *Gruppe* den Eintrag *Redakteure* aus.

In der Tabelle *Rechte* erkennen Sie, was der Besitzer tun darf. Im Regelfall darf der Besitzer immer alles, und es ist auch wenig sinnvoll, ihm einzelne Rechte wie z. B. *Seite löschen* zu verbieten. Wenn der Benutzer dann versehentlich eine neue Seite angelegt hätte und diese natürlich direkt wieder löschen wollte, hätte er dazu kein Recht. Möglicherweise sinnvoll ist allerdings, das Recht *Neue Seiten* zu deaktivieren. Der Besitzer kann dann keine neuen Seiten ausgehend von einer bestehenden Seite anlegen und somit nur bestehende Seiten pflegen. In diesem einen Fall ist es dann auch sinnvoll, dem Benutzer das Recht *Seite löschen* zu entziehen.

In vielen Fällen, insbesondere bei kleineren Websites mit nur einigen wenigen Benutzern, kann es sinnvoll sein, der Benutzergruppe die gleichen Rechte zu geben wie dem Besitzer. Dann darf die Benutzergruppe auch Seiten löschen, die von einem anderen Benutzer angelegt wurden. Das führt zu einem wesentlich geringeren Supportaufkommen – Rückfragen, warum sich eine Seite nicht löschen lässt, entfallen. Diese Einstellung ist aber von Projekt zu Projekt neu zu überlegen und abhängig davon, ob Benutzer parallel mit gleichen Rechten arbeiten oder ob es ein ausgeklügeltes Rechtekonzept geben soll.

Die eben getätigten Einstellungen sollen für die Seite *root* und auch für die jeweiligen Unterseiten übernommen werden. Wählen Sie aus dem Auswahlfeld unterhalb der Tabelle *Rechte* aus, dass diese Rechte rekursiv auf alle verfügbaren Datensätze angewendet werden sollen, also auf ein Maximum an Ebenen. Durch anschließendes Bestätigen der Rechteänderungen über den Button *Speichern* werden diese neuen Zugriffsrechte gespeichert, und Sie erhalten eine Übersicht der Seitenrechte (siehe Abbildung 12-12).

Auch in der Übersichtsliste können Sie einzelne Seitenberechtigungen schnell bearbeiten, indem Sie einfach auf die Zugriffssymbole klicken. In der Übersichtsliste können Sie einzelne Seiten durch den Button *Sperre* auch komplett für die Bearbeitung sperren. In diesem Fall dürfen nur noch Administratoren die entsprechende Seite bearbeiten. Dies macht beispielsweise bei dem Ordner Sinn, den Sie in Kapitel 9, *Erweiterte Darstellung von Inhalten*, für die Frontend-Benutzer angelegt haben.

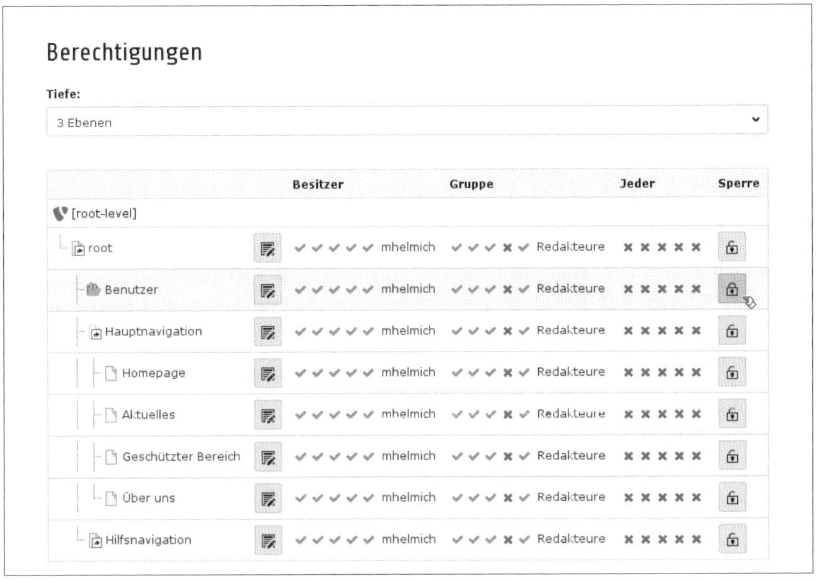

◀ **Abbildung 12-12**
Übersicht der Seitenberechtigungen

Log-in mit Redakteursrechten

Der Redakteur kann sich nun erfolgreich in das Backend einloggen und erhält nur die ihm zugeteilten Backend-Module, den entsprechenden Seitenbaum und die angegebenen Zugriffsrechte auf Seiten und Seiteninhalte. Abbildung 12-13 zeigt, wie das Backend für den eingeloggten Redakteur aussieht, wenn er einen Seiteninhalt auf der Seite *Homepage* bearbeitet.

▼ **Abbildung 12-13**
Der Redakteur arbeitet mit einem eingeschränkten Backend.

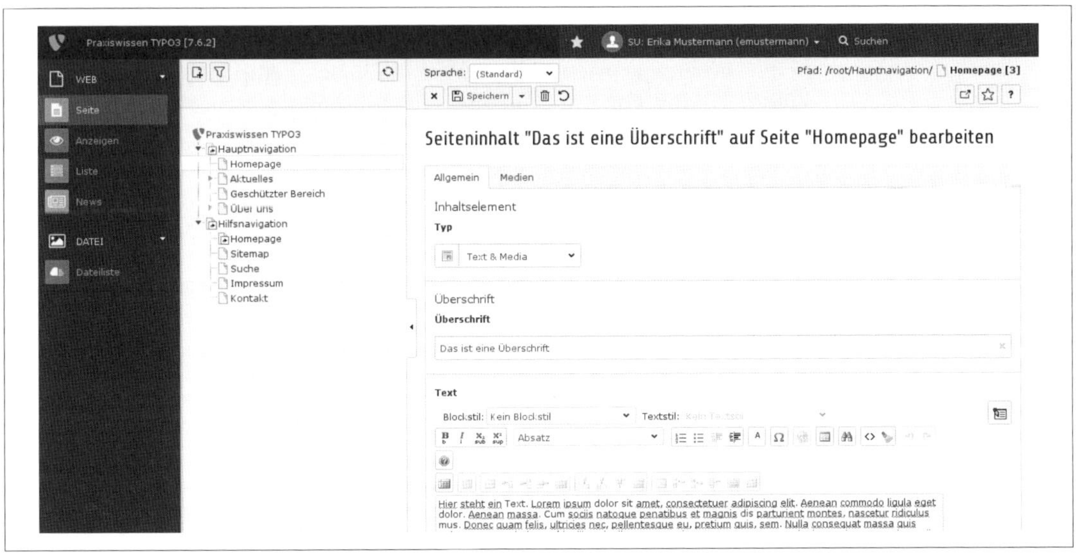

Arbeiten mit mehreren Benutzern

Wenn Sie als Administrator einen Seiteninhalt anlegen, haben Sie derzeit das Problem, dass Sie keiner Benutzergruppe angehören. Für sämtliche von Ihnen als Administrator angelegten Inhalte sind Sie somit der Besitzer – die Redakteure haben gegebenenfalls keine Rechte an den von Ihnen erstellten Daten. Im vorigen Abschnitt haben Sie die Zugriffsrechte rekursiv neu gesetzt. Wenn Sie allerdings bei einem laufenden Projekt für Redakteure Support leisten und als Administrator Seiten anlegen, werden die Redakteure nur dann das Recht zum Löschen dieser Seite haben, wenn bei den Zugriffsrechten auch *Alle* das Recht haben, diese Datensätze zu modifizieren. Sie müssten also manuell über das Backend-Modul *Zugriff* die Rechte jedes Mal neu setzen, wenn Sie Seiten anlegen.

Der Standard in TYPO3 ist, dass der Besitzer einer neu angelegten Seite immer der aktuell eingeloggte Benutzer ist. Dieser Besitzer hat sämtliche Rechte an dieser Seite und kann somit die Seite bearbeiten, löschen und auch Seiteninhalte bearbeiten. Als Benutzergruppe wird immer diejenige Benutzergruppe verwendet, die beim jeweiligen Benutzer im in Abbildung 12-3 gezeigten Feld *Gruppe* ganz oben steht. Standardmäßig hat die Gruppe alle Rechte an dieser Seite, sie darf sie nur nicht löschen. Alle weiteren Benutzer, die weder Besitzer einer Seite sind noch der angegebenen Benutzergruppe angehören, erhalten keine Rechte an der Seite.

Benutzergruppen und Zugriffsrechte vergeben

Um diesen unschönen Effekt zu umgehen, gibt es die Möglichkeit, über das Feld *Seiten-TSconfig* anzugeben, wie die Rechte für neu angelegte Seiten gesetzt werden sollen. Wie auch bei Templates werden die im Feld *TSconfig* vorgenommenen Einstellungen auf die Unterseiten vererbt und können somit auch ab einer beliebigen Seite überschrieben werden.

Jede neu angelegte Seite soll aber immer der Benutzergruppe *Redakteure* angehören, auch wenn Sie als Administrator dieser Gruppe nicht angehören. Außerdem soll die Benutzergruppe das Recht erhalten, Seiten zu löschen.

Um die Rechte für neue Seiten mit einem neuen Wert zu versehen und die Standardkonfiguration zu überschreiben, bearbeiten Sie die übergeordnete Seite *root*, indem Sie im Seitenbaum auf das Icon vor dem Seitentitel klicken und aus dem sich öffnenden Pop-up-Menü den Eintrag *Bearbeiten* auswählen. Tragen Sie in das in Abbildung 12-14 gezeigte Feld *Seiten-TSconfig* auf der Registerkarte *Ressourcen* folgende Zeilen ein:

Beispiel 12-1: TSconfig-Beispiel zum Setzen von Zugriffsrechten für neue Seiten

```
01 TCEMAIN.permissions {
02    groupid = 1
03    user = show,editcontent,edit,delete,new
04    group = show,editcontent,edit,delete,new
05    everybody =
06 }
```

In Beispiel 12-1 geben Sie in Zeile 2 an, dass für neue Seiten die Benutzergruppe mit der eindeutigen ID 1 gespeichert werden soll. Wenn bei Ihnen die Benutzergruppe *Redakteure* eine andere eindeutige Nummer hat, müssen Sie diese hier angeben.

▼ Abbildung 12-14
Zugriffsrechte für neue Seiten im Feld »TSconfig« setzen

In den Zeilen 3 bis 5 werden die jeweiligen Zugriffsrechte für *Besitzer* (`user`), *Gruppe* (`group`) und *Alle* (`everybody`) definiert. Dabei geben Sie kommasepariert an, welche Rechte der jeweilige Bereich erhalten soll. Sowohl der Besitzer als auch die Gruppe dürfen in obiger Konfiguration alles, alle anderen Benutzer dürfen nichts. Theoretisch reicht es aus, lediglich die Konfiguration für die Gruppe neu zu definieren, da sich diese Konfiguration von der Standardkonfiguration nur dahingehend unterscheidet, dass die Gruppe auch Seiten löschen darf.

Legen Sie als Administrator jetzt eine Seite unterhalb der Seite *root* an, sind Sie der Besitzer dieser Seite mit allen Rechten. Die Benutzergruppe ist jetzt *Redakteur* und darf wie der Besitzer alles tun, auch Seiten löschen. Alle anderen Benutzer dürfen nichts. Legen Sie als Administrator zu Testzwecken unterhalb der Seite *root* eine Seite namens *test* an und überprüfen Sie, ob anschließend im Backend-Modul *Zugriff* die Rechte wie gewünscht gesetzt werden.

Das Backend noch benutzerfreundlicher gestalten

Sie haben mit TypoScript in Ihrem Template viele Funktionalitäten beschrieben, die jetzt auch direkt auf der Webseite unterstützt werden. Für Seiteninhalte wie beispielsweise die Spalte oder das Layout für die Überschrift fragen Sie Felder der Datenbank ab. Allerdings können unglückliche bzw. nicht eindeutige Bezeichnungen, z. B. für das Layout der Überschrift mit den Bezeichnungen *Normal*, *Layout 1* usw. im Backend, den Redakteur verwirren. Dieser Abschnitt soll Ihnen zeigen, wie Sie das Backend an die Bedürfnisse der Redakteure anpassen können.

Nicht benötigte Spalten ausblenden

In Kapitel 8, *Inhalte ausgeben*, wurde bereits das Arbeiten mit Backend-Layouts erläutert. Backend-Layouts sind in der Regel der beste Weg, um Redakteuren die Arbeit mit den verschiedenen Inhaltsbereichen im Backend zu erleichtern, da Sie sich beim Layout des Backends genau an dem der Frontend-Ausgabe orientieren können. Idealerweise legen Sie für die *root*-Seite ein Backend-Layout fest, das sich auf alle Unterseiten vererbt, und blenden die beiden *Backend-Layout*-Seitenfelder dann für die Redakteure aus.

Wenn Sie nicht mit Backend-Layouts arbeiten, stehen Ihnen in der Standardkonfiguration beim Einpflegen von Inhalten vier Spalten zur

Verfügung (*Links*, *Normal*, *Rechts*, *Rand*), von denen aber womöglich nur eine Teilmenge vom Template unterstützt wird (im Praxisbeispiel nutzen wir die *Normal*- und *Rechts*-Spalten sowie eine benutzerdefinierte *Trailer*-Spalte).

Über die *TSconfig* können Sie die Sichtbarkeit dieser Spalten für einzelne Seiten einschränken. Wenn Sie die Sichtbarkeit von Spalten für bestimmte Seiten konfigurieren möchten, geht dies über Backend-Layouts in der Regel komfortabler. Der Kniff bei der Sache: Das *TSConfig*-Feld steht Ihnen nicht nur für Seiten, sondern auch für Benutzergruppen zur Verfügung. So können Sie über die *TSConfig* der Benutzergruppe *Redakteure* beispielsweise den Zugriff auf die *Trailer*-Spalte verbieten.

Bearbeiten Sie hierzu Ihre Backend-Benutzergruppe im Modul *Liste* und geben Sie in der Registerkarte *Optionen* folgende Konfiguration in das Feld *TSconfig* ein:

```
mod.SHARED.colPos_list = 0,2
```

Zur Erinnerung: In dem in Kapitel 8, *Inhalte ausgeben*, angelegten Backend-Layout trugen die Spalten *Normal* und *Rand* die Spaltennummern *0* und *2*, der Trailer hatte die Nummer *5*. Mit dieser Konfiguration haben alle Mitglieder der Benutzergruppe *Redakteure* nun also keinen Zugriff mehr auf die Spalte *Trailer*.

Für diese Benutzer sollte die Darstellung der Seite *Homepage* im Backend-Modul *Seite* im Spaltenmodus nun wie in Abbildung 12-15 aussehen.

Abbildung 12-15 ▶
Im Backend-Modul »Seite« werden nicht mehr alle Spalten angezeigt.

Beim Bearbeiten eines Seiteninhalts werden Sie aber feststellen, dass in der Maske zu einem Seiteninhalt die unterschiedlichen Spalten immer noch zur Verfügung stehen (siehe Abbildung 12-16).

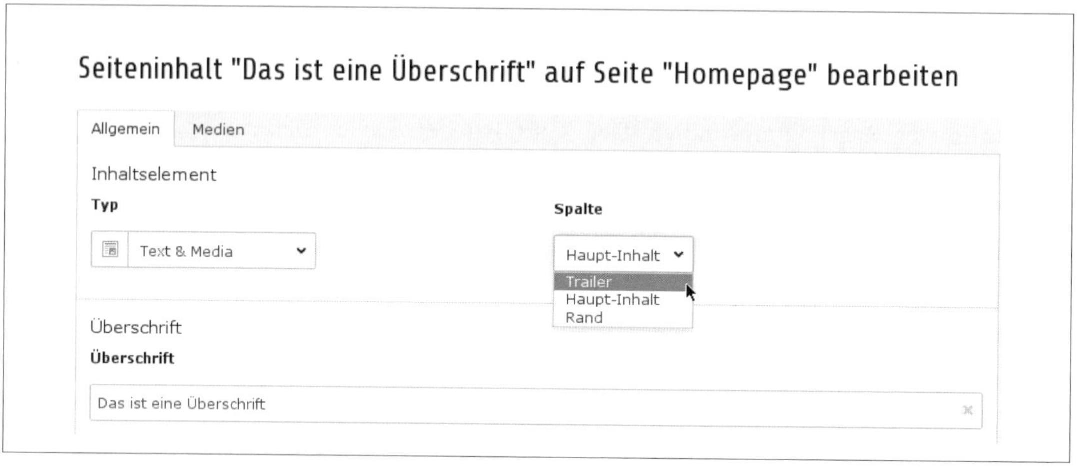

Abbildung 12-16 ▲
In der Maske für Seiteninhalte stehen die Spalten noch immer zur Verfügung.

Sie müssen nun Zugriff auf die Darstellung der Masken bekommen. Bestehende Konfigurationen können Sie über den Bereich `TCEFORM` modifizieren; die Syntax sieht so aus:

```
TCEFORM.[tabelle].[feld].[...] = Wert
```

Um die Beschreibung für das Auswahlfeld *colPos* beeinflussen zu können, damit nur noch die Einträge *Normal* und *Rand* angezeigt werden, können Sie folgende Konfiguration verwenden, in der überflüssige Einträge entfernt werden. Abbildung 12-17 zeigt das Ergebnis.

```
TCEFORM.tt_content.colPos.removeItems = 5
```

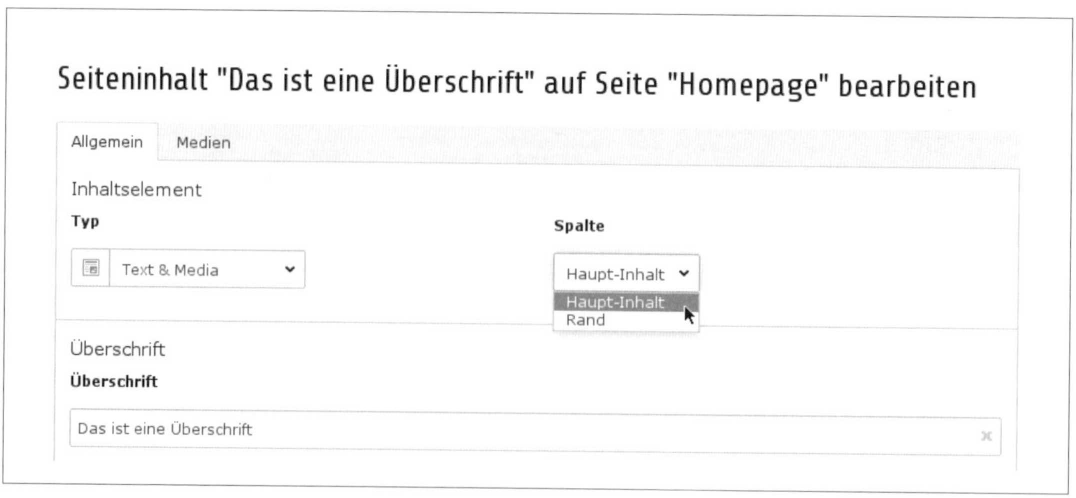

Abbildung 12-17
Es stehen nur noch unterstützte Spalten zur Verfügung.

Die bereits aus Kapitel 9, *Erweiterte Darstellung von Inhalten*, bekannten TYPO3-Conditions können übrigens auch im *TSconfig*-Feld eingesetzt werden. Möchten Sie zum Beispiel für einen bestimmten Benutzer nur die rechte Spalte freigeben, tragen Sie die folgende Condition in *TSconfig* ein:

```
[loginUser = 3]
     mod.SHARED.colPos_list = 2
     TCEFORM.tt_content.colPos.removeItems = 0,5
[global]
```

Es wird dabei abgefragt, ob der Benutzer mit der ID 3 eingeloggt ist, und die in der Condition gesetzten *TSconfig*-Eigenschaften werden überschrieben. So wird nur die rechte Spalte für den Benutzer sichtbar.

Das Auswahlfeld für die Gestaltung der Überschrift anpassen

Wenn der Redakteur Inhalte einpflegt oder modifiziert, steht ihm auch das Auswahlfeld *header_layout* zur Verfügung. Von Ihrem TypoScript-Template werden zwar alle Überschrifttypen unterstützt, jedoch insbesondere die Layout-1-Überschrift wird optisch deutlich anders dargestellt als die übrigen Überschriften – was aus dem unscheinbaren Namen Layout 1 nicht unbedingt hervorgeht.

Mit folgender Konfiguration überschreiben Sie die Beschreibung dieser Menüeinträge.

```
TCEFORM.tt_content.header_layout.altLabels {
  0 = Standardüberschrift
  1 = Seitentitel
  2 = Überschrift, 2. Ebene
  3 = Überschrift, 3. Ebene
  4 = Überschrift, 4. Ebene
  5 = Überschrift, 5. Ebene
}
```

Darüber hinaus macht es vielleicht nicht unter allen Umständen Sinn, Ihren Redakteuren ganze fünf Überschriftebenen für die Seitengestaltung anzubieten. Mit folgender Konfiguration können Sie die Überschriftlayouts 4 und 5 entfernen. Der Eintrag *Versteckt* hat den internen Wert *100*. Das Resultat beider Konfigurationen sehen Sie in Abbildung 12-18.

```
TCEFORM.tt_content.header_layout.removeItems = 4,5,100
```

Tipp Wenn Sie nicht wissen, welchen Eintrag ein Wert erhält, können Sie diesen Eintrag verwenden und abspeichern. In der Datenbank können Sie dann den gespeicherten Wert zu diesem Feld sehen.

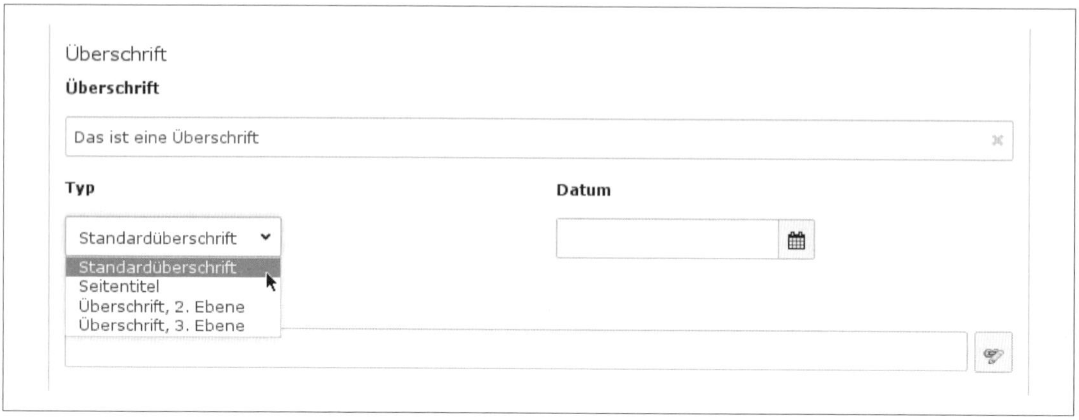

Abbildung 12-18 ▲
Die Elemente der Auswahlfelder können auch im Text verändert werden.

Workspaces: Trennung von Entwurfsarbeits- und Live-Umgebung

Bis jetzt haben Sie Änderungen immer direkt an der Live-Präsentation vorgenommen. Sicherer ist es jedoch, eine sogenannte *Entwurfsarbeitsumgebung* zu verwenden, die im Englischen als *draft workspace* bezeichnet wird. In einer Entwurfsarbeitsumgebung können Sie Änderungen an Seiten, Seiteninhalten und auch TypoScript-Templates vornehmen, doch werden diese Änderungen erst nach dem Veröffentlichen in der Live-Umgebung angezeigt.

Die Workspace-Funktion ist als System-Extension verfügbar. Sie müssen die Extension also erst installieren, wenn Sie mit unterschiedlichen Umgebungen arbeiten wollen. Gehen Sie dazu in den Erweiterungsmanager und dort in die Auswahl *Installierte Extensions*. In der Liste der Erweiterungen für das Backend finden Sie die Erweiterung *workspaces*. Klicken Sie auf das graue Plussymbol vor der Extension, um diese zu installieren. Nach der Installation sehen Sie im Backend im Abschnitt *Web* ein neues Modul. Bevor Sie diese Funktion jedoch verwenden können, müssen Sie zunächst eine Arbeitsumgebung anlegen.

Erstellen von Arbeitsumgebungen

Zum Erstellen einer neuen Arbeitsumgebung wechseln Sie zunächst in das *Liste*-Modul und wählen im Seitenbaum die Wurzelseite aus (die mit dem TYPO3-Logo). Klicken Sie anschließend in der oberen Zeile auf die Schaltfläche *Neuen Datensatz anlegen*. In der anschließend dargestellten Auswahlliste wählen Sie den Eintrag *Arbeitsumgebung* aus der Gruppe *Systemdatensätze*.

Sie sehen nun das in Abbildung 12-19 dargestellte Formular. Für den Anfang reicht es aus, unter der Registerkarte *Allgemein* im Feld *Titel* einen Namen für die neue Arbeitsumgebung anzugeben, etwa *Entwurfsarbeitsumgebung*. In den übrigen Registerkarten können Sie beispielsweise die neue Arbeitsumgebung für nur ganz bestimmte Benutzer oder Gruppen freischalten, eigene Ablaufphasen für die Umgebung definieren oder die Umgebung komplett sperren.

▼ **Abbildung 12-19**
Erstellen einer neuen Arbeitsumgebung

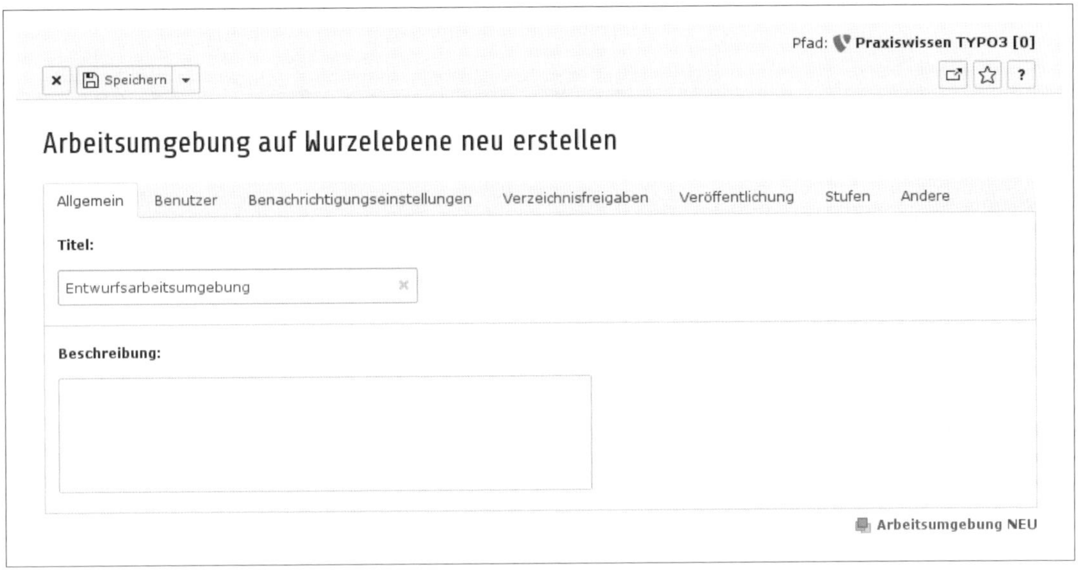

Sobald Sie mindestens eine Arbeitsumgebung erstellt haben, werden Sie rechts oben ein Workspace-Auswahlfeld (siehe Abbildung 12-20) erkennen, das die Elemente *LIVE-Arbeitsumgebung* und die soeben angelegte neue Arbeitsumgebung enthält. Eventuell müssen Sie das Backend erst einmal neu laden.

▼ **Abbildung 12-20**
Auswahl der Arbeitsumgebung

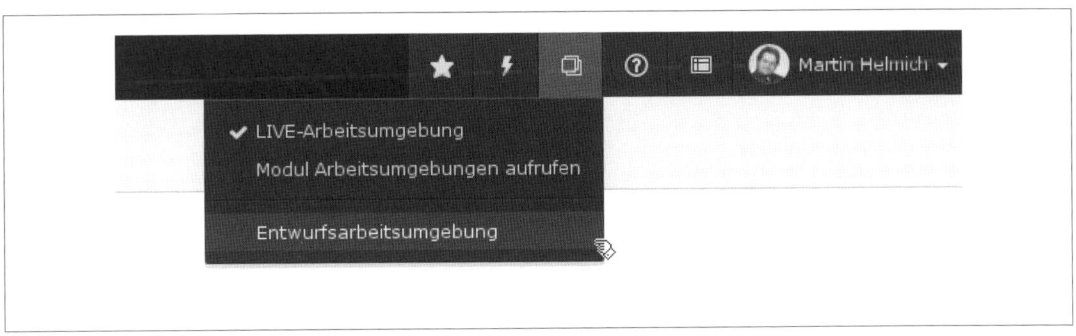

Wenn Sie nun aus diesem Auswahlfeld den Eintrag *Entwurfsarbeitsumgebung* auswählen, verlassen Sie die Live-Arbeitsumgebung und wechseln in die neue Umgebung (siehe Abbildung 12-21).

Einsatzbereiche der Entwurfsarbeitsumgebung

Sie werden erkennen, dass sich das Erscheinungsbild des Backends deutlich verändert hat. Anhand der Titelzeile ist erkennbar, dass Sie sich nicht mehr in der Live-Arbeitsumgebung befinden.

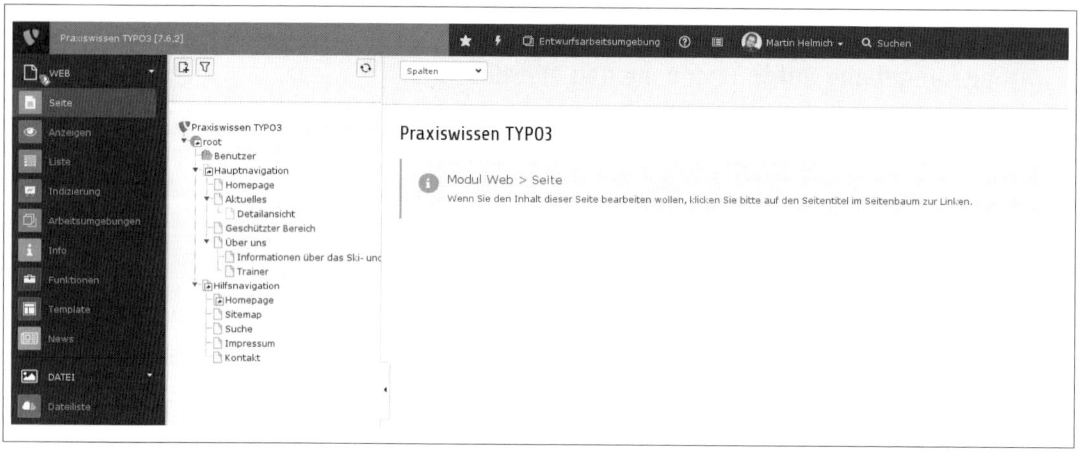

Abbildung 12-21 ▲
Das Backend in der Entwurfsarbeitsumgebung

Datenbankinhalte, die über das Backend geändert werden (z. B. Seiten), können in unterschiedlichen Versionen zur Verfügung stehen, von denen nur eine Version in der Live-Umgebung angezeigt wird. Für Dateien steht diese Versionierung nicht zur Verfügung. Sämtliche Änderungen an Dateien haben sofort eine Auswirkung auf die Live-Umgebung. Die im Extension Manager und auch im Install-Tool vorgenommenen Änderungen werden z. B. in der Datei *typo3conf/LocalConfiguration.php* gespeichert. Das Update einer TYPO3-Erweiterung oder das Hinzufügen oder Löschen von Erweiterungen kann somit nicht in der Entwurfsarbeitsumgebung getestet werden.

Auch das Ändern von Designvorlagen steht nur über einen Umweg in der Entwurfsarbeitsumgebung zur Verfügung. Da eine Designvorlage eine Datei ist, ist eine Versionierung und damit eine Trennung von Live- und Entwurfsarbeitsumgebung nicht möglich. Jedoch sind TypoScript-Templates versionierungsfähig, da diese Templates in der Datenbank gespeichert werden. Sie könnten z. B. von Ihrer Designvorlage eine Kopie erstellen und dann über TypoScript in der Entwurfsarbeitsumgebung auf diese kopierte Designvorlage verweisen. Jedoch sollten Sie auch bei dieser Herangehensweise Vorsicht walten lassen, da sich schnell Fehler einschleichen können (z.B. durch Änderungen an eingebundenen Dateien wie Stylesheets oder Grafiken), die Auswirkungen auf die Live-Umgebung haben.

Grundsätzlich lässt sich daher sagen, dass die Trennung von Entwurfs- und Live-Umgebung insbesondere für redaktionelle Tätigkeiten eine wertvolle Bereicherung darstellt. Da derzeit keine Versionierung von Dateien möglich ist, sind tiefer greifende Entwicklungen oder Änderungen (z.B. Anpassungen im Install-Tool, das Testen von Erweiterungen oder auch generelle TYPO3-Updates) nicht versionierungsfähig und können somit in der Entwurfsarbeitsumgebung nicht genutzt werden.

Die Entwurfsarbeitsumgebung einsetzen

Wenn Sie das Backend auf die Entwurfsarbeitsumgebung umgestellt haben, können Sie ganz regulär redaktionelle Änderungen vornehmen, so wie Sie es gewohnt sind. Haben sich bei einer Seite Änderungen am Inhalt ergeben, wird diese Seite im Seitenbaum gelb gekennzeichnet. Sie können auch eine neue Version einer gesamten Seite anlegen. Das bietet einige Vorteile, da Sie die Seiteneigenschaften bearbeiten oder auch die gesamte Seite innerhalb des Seitenbaums verschieben können, was nur in der Vorschau sichtbar wird. Eine neue Version einer Seite wird automatisch angelegt, wenn Sie im Entwurfsarbeitsmodus die Seite selbst bearbeiten oder verschieben. Diese wird im Seitenbaum ebenfalls mit einem gelben Hintergrund gekennzeichnet. Es kann sein, dass Sie den Seitenbaum über das Icon mit den grünen Pfeilen aktualisieren oder sogar das gesamte Backend neu laden müssen, damit die Kennzeichnung sichtbar wird (siehe Abbildung 12-22).

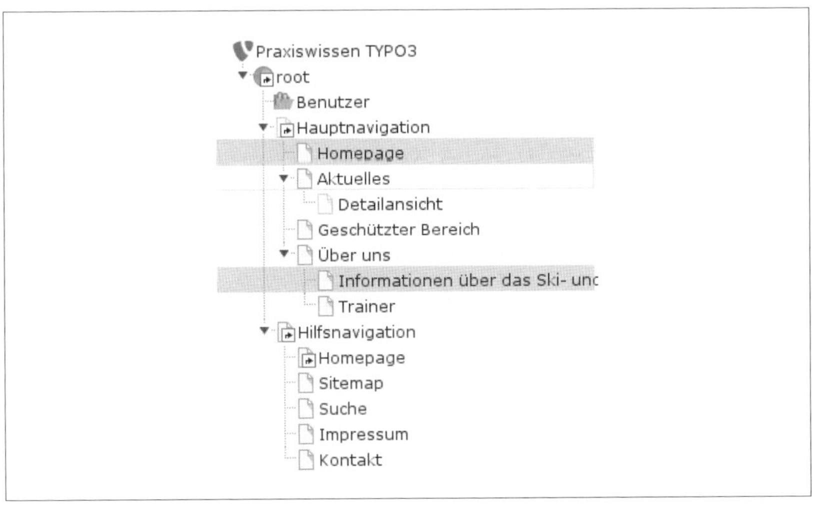

◀ **Abbildung 12-22**
Hervorgehobene Seiten, die in der Entwurfsumgebung verändert wurden

Haben Sie in einem Arbeitsbereich Änderungen vorgenommen und wechseln anschließend in das *Arbeitsumgebungen*-Modul, gelangen Sie in die *Review*-Ansicht. Hier sehen Sie eine Übersicht sämtlicher Änderungen, die innerhalb dieser Umgebung vorgenommen wurden (siehe Abbildung 12-23).

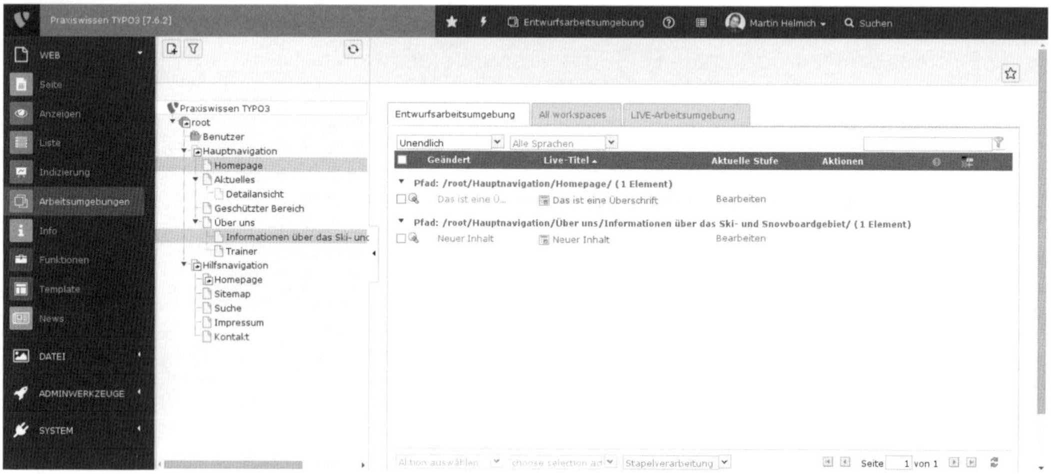

Abbildung 12-23 ▲
Die Review-Ansicht

Bewegen Sie den Mauszeiger über eine dieser Zeilen, wird eine Reihe zusätzlicher Schaltflächen sichtbar, mit denen Sie z. B. diese Version der Seite bearbeiten können. Über die Schaltfläche *Vorschau* können Sie ein neues Fenster öffnen, in dem Sie die öffentliche und die bearbeitete Version der Seite komfortabel miteinander vergleichen können (siehe Abbildung 12-24).

Möchten Sie eine Änderung veröffentlichen, können Sie das direkt tun, indem Sie das Kontrollkästchen in der linken Spalte aktivieren und im Auswahlfeld in der Fußzeile die Option *Veröffentlichen* anwählen. Alternativ können Sie die Änderung über dieselbe Schaltfläche auch zunächst in den Status *Bereit für Veröffentlichung* versetzen, um sie später zu veröffentlichen. Falls Sie sich dafür entscheiden, eine Veränderung nicht zu veröffentlichen, können Sie die Änderungen rückgängig machen, indem Sie die bearbeitete Version löschen. Auf diese Weise wird automatisch der Ursprungszustand wiederhergestellt.

Tipp

Neben den vordefinierten Zuständen *Bearbeitung* und *Bereit für Veröffentlichung* können Sie für jede Arbeitsumgebung eigene Zustände anlegen. Bearbeiten Sie dazu die Arbeitsumgebung im *Liste*-Modul und wechseln Sie auf die Registerkarte *Staging*. Hier können Sie über die Schaltfläche *Neu anlegen* zusätzliche Bearbeitungsstufen anlegen.

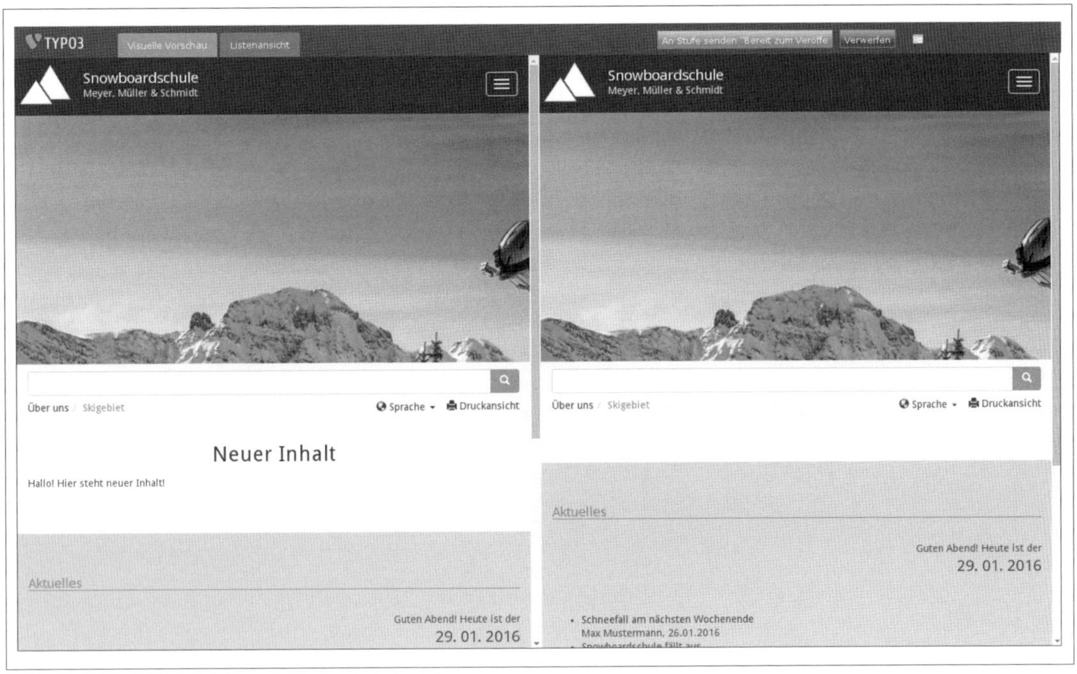

▲ **Abbildung 12-24**
Vergleichsansicht zwischen der Live-Version und dem Entwurf

Redakteure auf bestimmte Arbeitsumgebungen beschränken

Sie können den Arbeitsbereich von Redakteuren auch auf einzelne Arbeitsumgebungen beschränken. Dafür müssen Sie die Zugriffsrechte des jeweiligen Redakteurs oder der jeweiligen Benutzergruppe bearbeiten und unter der Registerkarte *Freigaben und Arbeitsumgebungen* im Abschnitt *Arbeitsumgebungsberechtigungen* nur die Option *Live bearbeiten (Online)* deaktivieren.

Tipp Wenn Sie bei einer Benutzergruppe die Option *Live Bearbeiten (Online)* entfernen, denken Sie daran, dass auch bei einem Benutzerdatensatz selbst diese Option aktiviert sein kann. Ist für einen einzelnen Benutzer die Option *Live Bearbeiten* noch aktiv, aber für die Gruppe nicht, kann der Benutzer dennoch im Live-Workspace Inhalte bearbeiten.

Im Anschluss müssen Sie den Redakteur bzw. dessen Benutzergruppe in mindestens einer Arbeitsumgebung als Besitzer oder Mitglied eintragen. Bearbeiten Sie hierzu die Arbeitsumgebung im *Liste*-Modul und tragen Sie in der Registerkarte *Benutzer* im Feld *Mitglieder* die Benutzergruppe *Redakteure* ein (Sie können auch einzelne Benutzer als Mitglieder eintragen). Benutzer, für die die Option *Live Bearbeiten* nicht aktiviert ist und die kein Mitglied einer Arbeitsumgebung sind, erhalten beim nächsten Log-in die Fehlermeldung, dass keine Arbeitsumgebung gefunden werden konnte.

Sämtliche Änderungen, die Redakteure ab jetzt vornehmen, sind nicht mehr sofort online sichtbar, sondern der Redakteur sieht im Backend nur noch die ihm zugewiesene Arbeitsumgebung. In Kombination mit Workflows lassen sich auf diese Weise zusätzlich umfangreiche Freigabeprozesse realisieren.

KAPITEL 13

Tipps und Tricks

In diesem Kapitel:

- Wiederkehrende Aufgaben: der Scheduler
- Update auf eine höhere TYPO3-Version
- Ein Backup erstellen
- Suchmaschinen, soziale Netzwerke und TYPO3
- Sicherheit und TYPO3
- Das Backend-Passwort vergessen?

In diesem Kapitel lernen Sie nützliche Tipps und Tricks kennen, die gelegentlich benötigt werden, thematisch aber nicht in die anderen Kapitel passen.

Wiederkehrende Aufgaben: der Scheduler

Gerade in komplexeren TYPO3-Umgebungen gibt es eine Reihe von Aufgaben, die regelmäßig ausgeführt werden sollte. Dazu können beispielsweise Wartungsaufgaben zählen, etwa die automatische Kontrolle des Systemstatus oder die Aktualisierung der Extension-Liste aus dem Repository.

Viele Erweiterungen bringen dafür bereits eigene Skripte mit, die über eine Kommandozeilenumgebung oder als *Cron-Job* gestartet werden können.[1] Der *Planer* (engl. *Scheduler*) bietet eine Möglichkeit, sämtliche innerhalb einer TYPO3-Installation anfallenden Wartungsaufgaben zentral zu verwalten.

Einrichten des Schedulers

Beim Scheduler handelt es sich um eine Systemerweiterung, die standardmäßig bereits installiert ist, jedoch noch nicht aktiviert ist. Um den Scheduler einzurichten, suchen Sie ihn daher zunächst im Erweiterungsmanager (Modul *Erweiterungen* im Abschnitt *Adminwerkzeuge*) unter dem Menüpunkt *Installierte Erweiterungen* und aktivieren sie ihn.

Um den Scheduler verwenden zu können, müssen Sie zunächst einen neuen Backend-Benutzer mit dem Namen *_cli_scheduler* anlegen. Die-

1 Der Cron-Dienst ist ein Dienstprogramm unter Unix-artigen Systemen. Seine Aufgabe ist die zeitgesteuerte Ausführung von beliebigen Kommandos (sogenannten Cron-Jobs).

ser Benutzer dient lediglich dazu, dass vom Scheduler zeitgesteuerte Aktionen später überhaupt irgendeinem Benutzer zugerechnet werden können. Geben Sie diesem Benutzer weder Administrationsrechte noch irgendwelche anderen Berechtigungen. Auch das Passwort ist egal, da sich ohnehin nie eine echte Person mit diesem Benutzer im Backend anmelden wird.

Tipp Selbst wenn Sie es wollten, können Sie sich mit einem Backend-Benutzer, dessen Name mit *_cli_* beginnt, auch mit gültigen Zugangsdaten nicht im TYPO3-Backend anmelden. Das Einzige, was Sie sehen, wenn Sie versuchen, sich mit dem *_cli_scheduler*-Benutzer im Backend anzumelden, ist die Fehlermeldung *TYPO3 Fatal Error: You have tried to login using a CLI user. Access prohibited!*

Ist der entsprechende Benutzer angelegt, können Sie versuchen, den Scheduler über eine Kommandozeile aufzurufen. Verwenden Sie dazu folgenden Befehl:

```
php /pfad/zur/typo3-installation/typo3/cli_dispatch.phpsh scheduler
```

Läuft dieser Befehl ohne Fehlermeldung durch, können Sie ihn als Cron-Job einrichten. Verwenden Sie dafür das Kommando `crontab -e`. Folgende Zeile sorgt beispielsweise dafür, dass der Scheduler stündlich ausgeführt wird:

```
0 * * * * php /pfad/zur/typo3-installation/typo3/cli_dispatch.phpsh
scheduler
```

Tipp Bei Managed-Hosting-Anbietern steht der `crontab`-Befehl häufig nicht zur Verfügung. Viele Anbieter stellen stattdessen jedoch eine grafische Verwaltungsoberfläche für das Einrichten von Cron-Jobs zur Verfügung. Verwenden Sie gegebenenfalls diese, um den Scheduler-Cron-Job anzulegen.

Ist der Scheduler-Cron-Job eingerichtet, können Sie über das TYPO3-Backend überprüfen, ob er auch korrekt ausgeführt wird. Wechseln Sie dazu in das *Planer*-Modul (engl. *Scheduler*) im Bereich *System* und wählen Sie im Auswahlmenü im oberen Bereich den Menüpunkt *Konfiguration prüfen*. Hier können Sie erkennen, wann der Scheduler zuletzt ausgeführt wurde.

Anlegen von Tasks

Bei Tasks handelt es sich um vordefinierte Wartungsaufgaben, die in bestimmten Zeitintervallen automatisch durchgeführt werden können. Um Tasks zu verwalten, wechseln Sie in das *Planer*-Modul im Bereich *System* und wählen im Auswahlmenü im oberen Bereich den Menüpunkt *Geplante Tasks*. Hier finden Sie eine Übersichtsliste über bereits angelegte Tasks (sofern vorhanden). Mit einem Klick auf den Button *Task hinzufügen* können Sie einen neuen Task erstellen und sehen dann die in Abbildung 13-1 gezeigte Oberfläche.

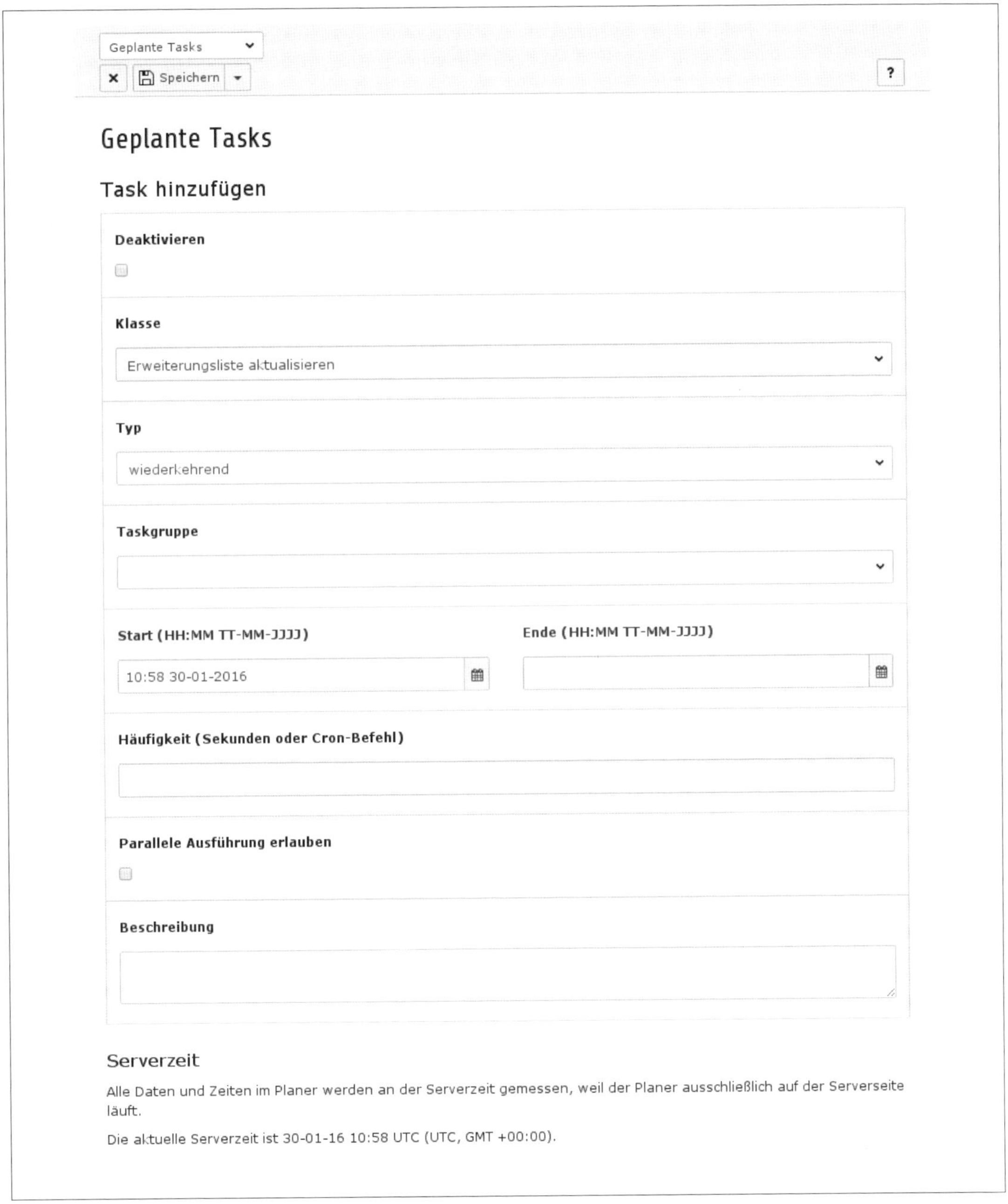

▼ Abbildung 13-1
Anlegen eines neuen Scheduler-Tasks

Unter *Klasse* finden Sie eine Liste sämtlicher Aufgaben, die von Erweiterungen zur Verfügung gestellt werden. Unter *Typ* können Sie angeben, ob die Aufgabe nur einmalig oder regelmäßig ausgeführt werden soll. Des Weiteren können Sie ein Start- und ein (optionales) Enddatum sowie das Intervall der Aufgabe angeben. Außerdem können Sie eine Beschreibung angeben und eine Gruppe zuweisen, um so verschiedene Aufgaben mit demselben Task leichter unterscheiden zu können.

Nach dem Speichern dieses Tasks wird er in der Übersichtsliste angezeigt. Hier können Sie erkennen, wann der Task zum letzten Mal ausgeführt wurde und wann er das nächste Mal ausgeführt werden wird. Sie können den Task auch durch die Auswahlbox in der linken Spalte auswählen und über die Schaltfläche *Ausgewählte Tasks ausführen* sofort starten.

Update auf eine höhere TYPO3-Version

Es ist eine neue TYPO3-Version erschienen – sehr schön! Die Community war wieder fleißig und hat viele Anregungen und Verbesserungen eingebracht. Dennoch sei gleich vorweg gewarnt: *Never change a running system!* Warum updaten, wenn alles läuft? Sofern keine Sicherheitslöcher bekannt sind – und bis jetzt sind nur relativ kleine Sicherheitsprobleme aufgetreten, die umgehend gefixt wurden –, ergibt ein TYPO3-Update keinen Sinn. Mit der Entwicklung auf eine neue Version zu warten, können Sie sich auch sparen – legen Sie einfach mit der zuletzt erschienenen Final-Version los und entwickeln Sie Ihre Webseiten. Die Neuerungen in höheren TYPO3-Versionen sind teilweise sehr speziell; Sie werden nach einem Update nicht alles neu erstellen müssen! Genug der Vorworte.

In diesem Abschnitt erfahren Sie, wie Sie unter Linux ein Update auf eine neuere TYPO3-Version durchführen können. Je nachdem, ob Ihre TYPO3-Installation per Composer installiert wurde, sind die Schritte hier unterschiedlich. Im ersten Abschnitt wird hierzu zunächst das »manuelle« Update beschrieben, in dem Sie einfach die Quelldateien austauschen. Der darauffolgende Abschnitt beschreibt alternativ das Update über Composer.

Austausch der Quelldateien

Den Quellcode zu einer neuen TYPO3-Version erhalten Sie online unter *http://typo3.org*. Unter dem Menüpunkt *Download* finden Sie das Quelltextpaket der jeweils aktuellsten Version zum Download. Laden Sie diese neue Version in Ihr TYPO3-Stammverzeichnis parallel zum bereits bestehenden Ordner *typo3_src-x.x.x/*, der den Quellcode für die gerade aktive Webseite enthält. Entpacken Sie den Inhalt dieses Ordners wie gewohnt bzw. wie in Kapitel 2, *TYPO3 installieren*, gezeigt, und setzen Sie, je nach Serverkonfiguration, die Rechte neu.

Alternativ dazu können Sie auch den *get.typo3.org*-Service nutzen, um die aktuelle Version direkt über einen Kommandozeilenbefehl herunterzuladen und zu entpacken:

```
wget --content-disposition get.typo3.org/7.6
tar xfz typo3_src-7.6.2.tar.gz
```

Beachten Sie, dass im obigen Befehl nur die Major-Versionsnummer 7.6 angegeben wurde, aber nicht das Patchlevel. Auf diese Weise erhalten Sie stets die aktuellste Version des angegebenen Versionszweigs (zum Zeitpunkt des Verfassens ist dies die Version 7.6.2, auch wenn sich diese aufgrund kurzer Releasezyklen relativ zügig ändert).

Die Ordner- bzw. Dateistruktur könnte jetzt z.B. so aussehen (nehmen wir an, Sie betreiben TYPO3 in Version 6.2.17 und haben nun gerade Version 7.6.2 heruntergeladen und entpackt):

```
[...]
fileadmin/
index.php -> typo3_src/index.php
typo3 -> typo3_src/typo3
typo3_src -> typo3_src-6.2.17/
typo3_src-6.2.17/
typo3_src-7.6.2/
typo3conf/
typo3temp/
[...]
```

Sie können in dieser Struktur erkennen, dass unter `typo3_src/` ein *symbolischer Link* auf den Ordner `typo3_src-6.2.17/` zeigt. Solange der symbolische Link nicht geändert wird, greift noch immer der alte Quellcode. Um den Quellcode auf die neue Version umzustellen, reicht es im Regelfall aus, den symbolischen Link neu zu setzen:

```
rm typo3_src
ln -s typo3_src-7.6.2 typo3_src
```

Somit zeigt der Ordner `typo3_src/` auf den Ordner `typo3_src-7.6.2/`. Der alte Ordner ist allerdings noch immer vorhanden. Ein Downgrade ist dadurch relativ leicht möglich, indem Sie den symbolischen Link wieder auf den alten Quellcode »biegen«.

Update über Composer

Wenn TYPO3 über Composer installiert wurde, enthält die Datei *composer.json* im Projektverzeichnis eine genaue Spezifikation, welche

TYPO3-Version installiert sein soll. Hier könnte beispielsweise der folgende Inhalt stehen:

```
"require": {
  "typo3/cms": "~7.6.0",
  "typo3-ter/news": "^4.0",
  "typo3-ter/extension-builder": "^7.6"
}
```

Wie Sie sehen, ist hier spezifiziert, dass TYPO3 in »ungefähr Version 7.6.0« installiert sein soll. In diesem Fall wird Composer stets die aktuellste Version aus dem Versionszweig 7.6 installieren. Nebenbei können Sie hier sehen, dass auch über `composer require` installierte Extensions in dieser Datei spezifiziert sind.

Möchten Sie lediglich auf die aktuellste Version innerhalb desselben Versionszweigs upgraden, reicht nun ein einfaches `composer update` auf der Kommandozeile. Zur Sicherheit sichern Sie vorher außerdem die Datei *composer.lock* – in dieser Datei sind die exakten Versionsnummern aller derzeit installierten Pakete festgehalten. Möchten Sie das Update später aus irgendeinem Grund wieder rückgängig machen, hilft Ihnen ein Backup der *composer.lock*-Datei dabei enorm.

```
$ cp composer.lock composer.lock.backup
$ composer update --with-dependencies typo3/cms
```

Composer wird nun die neueste TYPO3-Version des 7.6-Zweigs installieren und alle benötigten Abhängigkeiten ebenfalls aktualisieren.

Falls Sie stattdessen auf einen anderen Versionszweig updaten möchten – beispielsweise auf eine (noch nicht für den Produktiveinsatz empfohlene) Version 8 –, können Sie den Befehl `composer require` nutzen:

```
$ composer require typo3/cms '~8.0.0'
```

Auch dieser Befehl lädt nun die jeweils aktuellste Version des 8.0-Versionszweigs herunter. Im Unterschied zu der manuellen Upgrade-Methode, die im vorherigen Abschnitt beschrieben wurde, wird der Quelltext hier nicht durch das »Umbiegen« von symbolischen Links ausgetauscht. Stattdessen hinterlegt Composer den aktualisierten Quelltext der neuen TYPO3-Version direkt im Verzeichnis *vendor/typo3/cms/*.

Mit Composer ist jedoch auch ohne diese Symlink-Konstruktion ein Downgrade schnell gemacht. Sofern Sie vor dem Upgrade eine Sicherungskopie der *composer.lock*-Datei erstellt haben, können Sie dieses nun wieder einspielen und mit dem Befehl `composer install` den vorherigen Versionsstand exakt wiederherstellen:

```
$ cp composer.lock.backup composer.lock
$ composer install
```

Alternativ dazu können Sie über den Befehl `composer require` auch ganz bestimmte (ältere) Versionen wieder installieren. Haben Sie beispielsweise per `composer update` ein Versionsupdate von 7.6.2 auf 7.6.3 durchgeführt und möchten wieder zurück, hilft folgender Befehl:

```
$ composer require typo3/cms '7.6.2'
```

Durchführen des Upgrades im Install-Tool

Wenn Sie jetzt allerdings Ihre Webseite im Frontend betrachten, werden Sie mit großer Wahrscheinlichkeit feststellen, dass sie nicht mehr ohne Fehlermeldungen angezeigt wird – wenn überhaupt. Der Grund dafür ist normalerweise, dass von der neuen TYPO3-Version Datenbanktabellen benötigt werden, die noch nicht vorhanden sind.

Um eine Überprüfung der Datenbanktabellen vorzunehmen, müssen Sie sich in das Install-Tool einloggen. Dieses Install-Tool, das Sie über die URL *http://meinedomain.tld/typo3/install/* erreichen können, wird Ihnen im Regelfall aber nicht direkt zur Verfügung stehen. Sie werden die Meldung erhalten, dass die Nutzung aus Sicherheitsgründen deaktiviert ist. Um die Ausführung des Install-Tool zu ermöglichen, legen Sie im Verzeichnis *typo3conf/* die Datei mit der Bezeichnung *ENABLE_INSTALL_TOOL* an (siehe auch Kapitel 2, *TYPO3 installieren*).

Nach dem Anlegen der Datei sollten Sie wieder Zugriff auf das Install-Tool haben. Wenn Ihnen jedoch der Zugriff mit einer *Internal Server Error*-Meldung verwehrt wird, sollten Sie prüfen, ob die Datei- und Ordnerrechte für den neuen Quellcode auch richtig gesetzt sind (nach den Vorgaben des Providers).

Im Install-Tool sollten Sie zunächst in den Abschnitt *Upgrade Wizard* wechseln. Hier finden Sie eine Reihe von Operationen, die im Zuge des Updates durchgeführt werden sollten. Bestätigen Sie sämtliche Schritte mit dem *Next*-Button und wählen Sie als Letztes den Button *Go to Database Analyzer*. Hier können Sie über den Button *Compare current database with specification* überprüfen, ob alle erforderlichen Datenbanktabellen und Datenbankfelder vorhanden sind (siehe Abbildung 13-2).

TYPO3 macht Ihnen Vorschläge dazu, welche Änderungen am System vorzunehmen sind. Sämtliche Änderungen, die TYPO3 an der Datenbank vornehmen möchte, können Sie über ein Kontrollkästchen vor jeder Aktion aktivieren bzw. deaktivieren. Die Vorschläge von TYPO3, Datenbanktabellen und -felder anzulegen, lassen Sie getrost so stehen. Sie können ohne weitere Überlegungen einfach auf den Button *Execute* klicken.

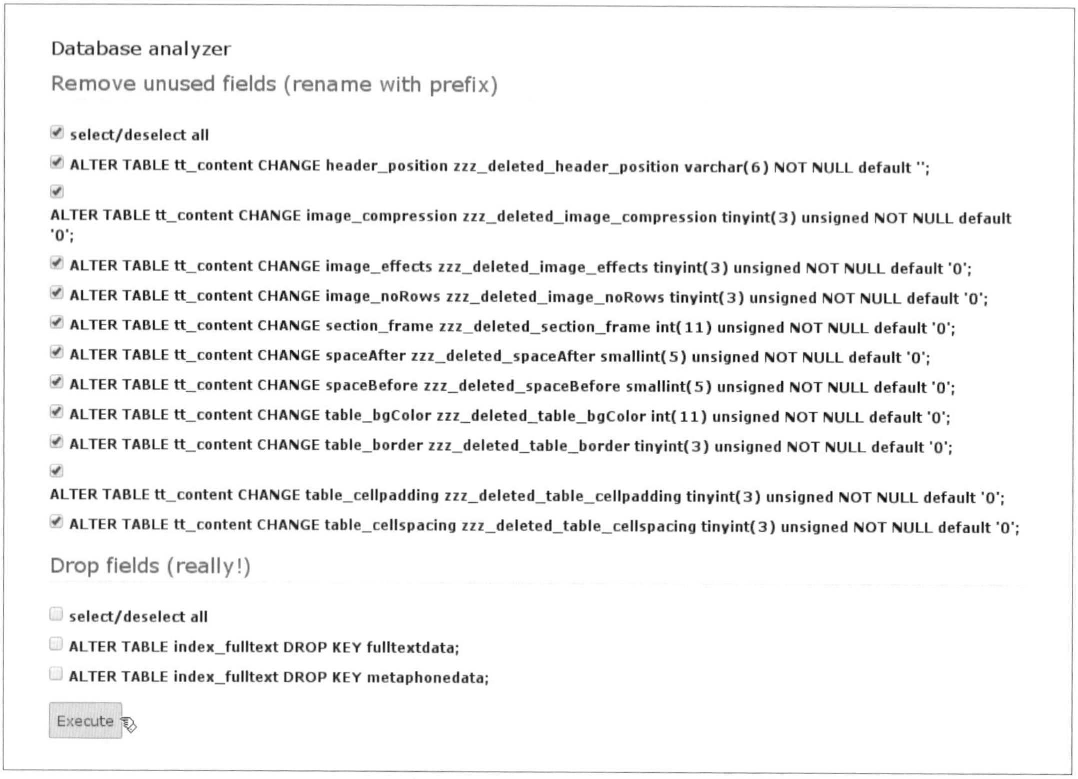

Abbildung 13-2 ▲
Die Datenbank überprüfen

Es empfiehlt sich, anschließend alle Dateien des Ordners *typo3temp/Cache* zu löschen. Nach dem Entfernen dieser Dateien sollten Sie sich wieder in das Backend einloggen können. Hier löschen Sie einmal manuell den gesamten Cache – und Ihr Update sollte erfolgreich abgeschlossen worden sein.

Support Sollten nach einem Update fehlerhafte Darstellungen im TYPO3-Backend auftreten oder es zu Log-in-Problemen im Install-Tool kommen, kann das an lokal im Browser gespeicherten Dateien liegen. In vielen Fällen hilft einfaches Löschen des Browser-Cache und der gespeicherten Cookies.

Ebenfalls eine nützliche Funktion ist die Prüfung auf inkompatible Extensions. Gerade bei größeren Versionssprüngen, zum Beispiel bei einem Update von 6.2 auf 7.6, kann es vorkommen, dass einige Ihrer Extensions nicht mehr funktionsfähig sind. Um Ihre Erweiterungen auf Kompatibilität mit der neuen Version zu prüfen, können Sie im Install-Tool unter dem Menüpunkt *Important Actions* den Button *Check extensions* benutzen. Hier werden die Konfigurationsdateien *ext_tables.php* und *ext_localconf.php* aller installierten Erweiterungen eingebunden. Sie erhalten dann eine entsprechende Meldung darüber, ob alle lokalen Extensions geladen werden konnten oder ob es zu Fehlern gekommen ist. Allerdings sollten Sie im Erfolgsfall beachten, dass das fehlerfreie Einbinden der Erweiterung keine Auskunft darüber gibt, ob die eigentliche Funktionalität der Extension gewährleistet ist.

Bei Patchlevel-Versionssprüngen innerhalb eines Versionszweigs (also beispielsweise von TYPO3 7.6.2 auf 7.6.3) ist es außerdem möglich, TYPO3 einfach über das Install-Tool upzudaten. Diese Funktion befindet sich unter *Important Actions* im Bereich *Core update*. Mit einem Klick auf den Button *Check for core Updates* sucht TYPO3 automatisch nach Aktualisierungen und fügt diese entsprechend ein.

Ein Backup erstellen

Um ein Backup von TYPO3 zu erstellen, gibt es grundsätzlich mehrere Möglichkeiten. Auch stehen bereits einige Erweiterungen dafür zur Verfügung. In diesem Abschnitt werden Sie allerdings erfahren, wie Sie selbst ein manuelles Backup durchführen können, damit Sie wissen, welche Daten tatsächlich zum Wiederherstellen einer TYPO3-Präsentation benötigt werden.

Ein manuelles Backup besteht aus zwei Bereichen: den benötigten Dateien sowie den Daten aus der Datenbank. An Dateien werden alle von Ihnen und auch von den Redakteuren hochgeladenen Dateien benötigt, die sich zum einen im Ordner *fileadmin/* befinden, zum anderen in *uploads/*.

Auch der Ordner *typo3conf/* wird benötigt. In diesem Ordner befindet sich die Datei *typo3conf/LocalConfiguration.php*, die die Konfiguration des Grundsystems (Datenbankverbindungen usw.) enthält und in der alle über das Install-Tool durchgeführten Änderungen abgespeichert sind. Sämtliche von Ihnen nachträglich aus dem Extension Repository heruntergeladenen Erweiterungen wurden ebenfalls im Ordner *typo3conf/ext/* abgelegt. Über das Backend installierte Sprachdateien liegen in *typo3conf/l10n/*.

Für die Sicherung der Dateien werden somit die folgenden Ordner einschließlich aller Dateien und Unterordner benötigt:

```
fileadmin/
uploads/
typo3conf/
```

Haben Sie TYPO3 über Composer installiert, empfiehlt sich zudem ein Backup der Dateien *composer.json* und *composer.lock*. Über diese können Sie im Fall des Falles die TYPO3-Installation selbst auf die Versionsnummer genau wiederherstellen.

Für die Daten aus der Datenbank eignet sich das Tool phpMyAdmin, das auch als TYPO3-Erweiterung zur Verfügung steht. Hier können Sie über den Link *Exportieren* einen sogenannten Datenbank-Dump erstellen lassen. In Abbildung 13-3 sehen Sie die Maske zur Erstellung einer Sicherung der Datenbank.

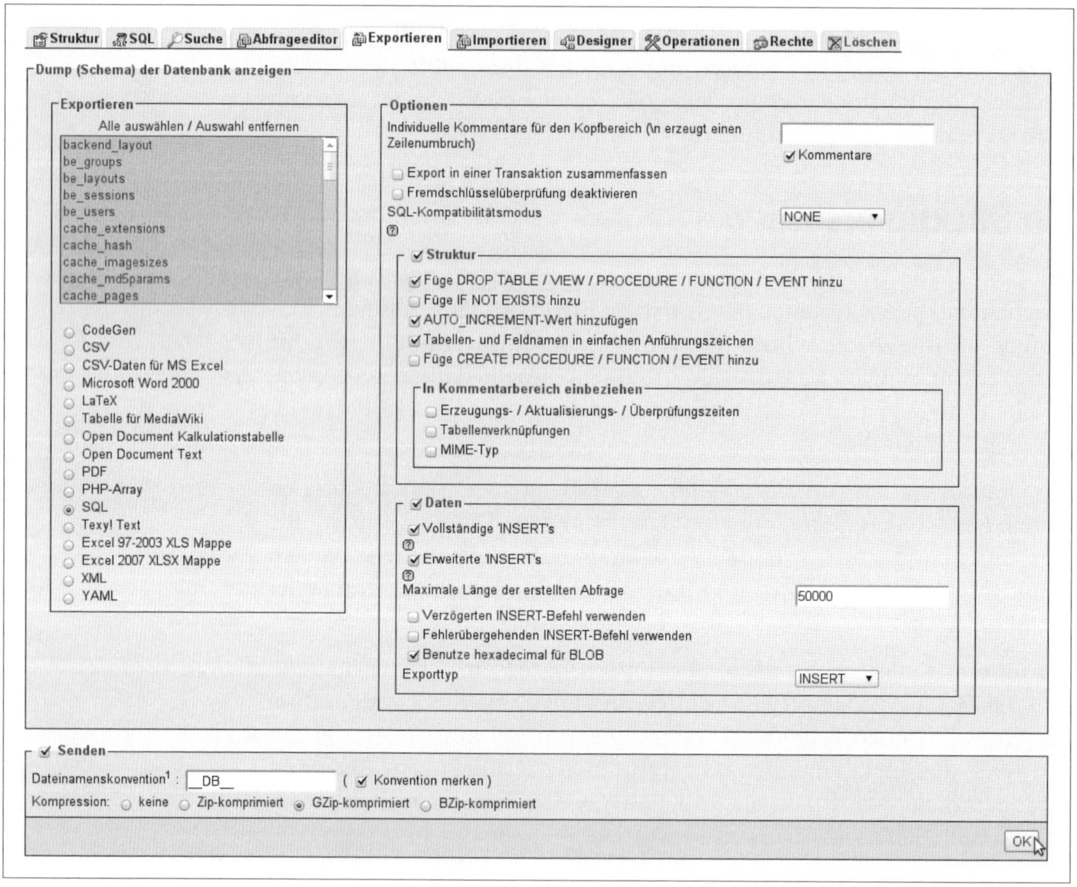

Abbildung 13-3 ▲
Einen Datenbank-Dump erstellen

Achten Sie beim Erstellen des Datenbank-Dumps darauf, dass Sie die Kontrollkästchen *Struktur*, *Mit 'Drop Table'*, *Auto_Increment-Wert hinzufügen*, *Daten* sowie *Vollständige 'Insert's* aktiviert haben. Außerdem ist es sinnvoll, sich den erzeugten SQL-Dump als Datei herunterzuladen – aktivieren Sie dazu das Kästchen bei *Senden*.

Es kann nicht schaden, wenn Sie alle Datenbanktabellen herunterladen. Sollten Sie allerdings Probleme der Art haben, dass Sie aufgrund einer

Prozesszeitbegrenzung Ihres Webservers nicht alle Daten exportiert bekommen, können Sie entweder jede einzelne Datenbanktabelle separat sichern oder aber nur die tatsächlich benötigten. Pauschal lässt sich sagen, dass alle Tabellen, die mit *cf_** und *index_** beginnen, nicht benötigt werden bzw. der Inhalt und auch die Struktur dieser Tabellen problemlos rekonstruiert werden können.

Auch über die Kommandozeile ist das Erstellen eines Backups der Datenbank recht einfach. Sie können hierzu das Kommandozeilenwerkzeug `mysqldump` nutzen:

```
mysqldump -u[IHR-BENUTZER] -p -h[IHR-SERVER] [IHRE-DATENBANK] | gzip > ihr_
backup.sql.gz
```

Auch das Wiedereinspielen eines so erstellten Backups ist einfach über die Kommandozeile möglich (denken Sie daran: Kein Backup-Konzept ist komplett, wenn Sie nicht auch die Wiederherstellung mindestens einmal erfolgreich getestet haben!).

```
zcat ihr_backup.sql.gz | mysql -u[IHR-BENUTZER] -p -h[IHR-SERVER]
[IHRE-DATENBANK]
```

Fehlende Datenbanktabellen lassen sich relativ einfach über den schon vorgestellten Database-Analyzer im Install-Tool wiederherstellen – die Daten jedoch nicht. Allerdings werden auch nicht alle Daten ausdrücklich benötigt: Sie brauchen die Seiten, die Seiteninhalte, die erstellten Templates und sicherlich noch einige andere Datenbanktabellen, aber nicht unbedingt Tabellen für den Cache oder für Statistiken.

Der Recycler

Datensätze werden von TYPO3 in der Datenbank nicht gelöscht, sondern mit einem Flag markiert. Zu jedem Datensatz gibt es in der Datenbank einen Tabelleneintrag und darin das Feld *deleted*. Wenn dieses Feld auf 1 gesetzt ist, wurde der Datensatz im TYPO3-Backend gelöscht. Der Datensatz wird im Backend nicht mehr angezeigt, der Eintrag bleibt jedoch in der Datenbank gespeichert. Das ist eine sehr nützliche Funktion, die eine History und eine Wiederherstellung von geänderten Daten ermöglicht. Das Zurücksetzen kann in der Datenbank selbst erfolgen oder über die Systemerweiterung *Recycler*.

Stellen Sie sich einmal vor, ein Redakteur hat Datensätze fälschlicherweise gelöscht und will diese nun wiederhergestellt haben. Sie müssten in eine Datenbank-Verwaltungsoberfläche wie phpMyAdmin gehen und alle Datensätze suchen, deren Deleted-Flag auf 1 steht. Dann müssten Sie noch prüfen, ob diese Einträge auch dem Benutzer gehören und vom richtigen Datum sind, und alle Einträge manuell wieder auf 0 setzen. Was für eine Arbeit!

Komfortabler geht das mit dem *Recycler*-Modul (siehe Abbildung 13-4). Auch dieses gehört bereits zum Standard-Installationsumfang, ist jedoch standardmäßig deaktiviert. Sie können es wie gewohnt über den Extension Manager aktivieren.

Abbildung 13-4 ▶ Das Modul »Recycler« im TYPO3-Backend

Legen Sie zum Testen einen neuen Datensatz vom Typ *News* auf der Seite *Aktuelles* an und löschen Sie ihn gleich wieder über das Mülleimersymbol. Gehen Sie anschließend in das Modul *Papierkorb* (engl. *Recycler*) und auf die Seite *Aktuelles*. Über das Auswahlfeld *Tabelle* rechts oben können Sie die Tabelle *News* auswählen, in der Sie Daten wiederherstellen möchten. Die gelöschte *News* wird Ihnen angezeigt. Zusätzlich erhalten Sie Informationen zum Datensatz (siehe Abbildung 13-5). Über die Schaltfläche *Löschen* (engl. *Delete*) ist das endgültige (!) Löschen und über *Wiederherstellen* (engl. *Recover*) das Wiederherstellen möglich.

Den Recycler können Sie auch nutzen, um die Datenbank aufzuräumen und von veralteten Datensätzen zu reinigen. Seien Sie dabei aber behutsam!

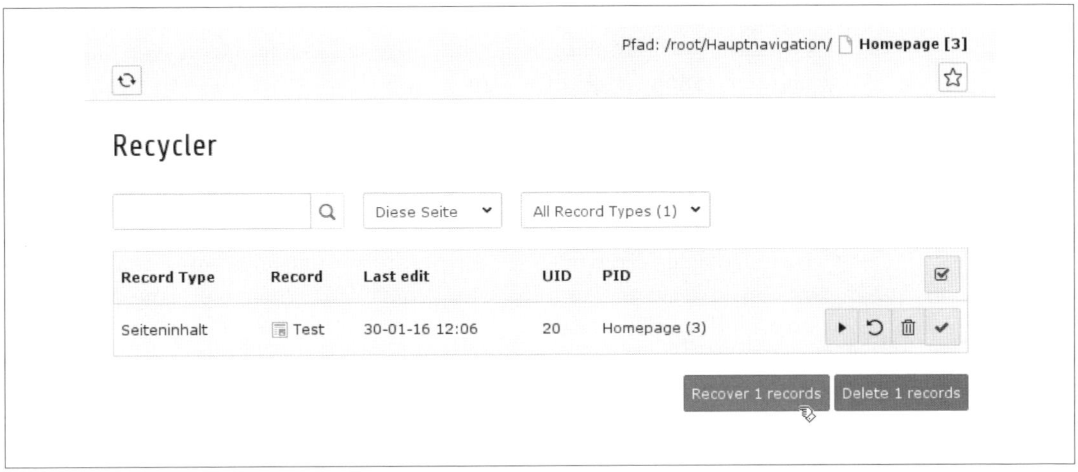

▲ **Abbildung 13-5**
Wiederherstellen von gelöschten Datensätzen

Suchmaschinen, soziale Netzwerke und TYPO3

Anders als bei statischen Webseiten werden Inhalte in TYPO3 dynamisch aus einer Datenbank ausgelesen. Die Ausgabe des Quellcodes sollte für eine gute Platzierung in den Suchmaschinen aufbereitet werden. TYPO3 bringt von Hause aus einige nützliche Funktionen mit, die jedoch zuerst konfiguriert werden müssen. Auch der Einsatz bestimmter Erweiterungen ist für eine bessere Platzierung sinnvoll. Die Auszeichnung mit sinnvollen Metadaten ist auch dann wichtig, wenn Links auf Ihre Seite in sozialen Netzwerken eingebunden werden, um beispielsweise automatisch eine Zusammenfassung und ein Vorschaubild der Seite extrahieren zu können.

Generell ist das Thema Suchmaschinenoptimierung sehr umfangreich, und ich will in diesem Buch auch nicht versuchen, eine Zusammenfassung anderer SEO[2]-Literatur zu liefern. In diesem Abschnitt beschränke ich mich darauf, Ihnen zu zeigen, welche Einstellungen und Tätigkeiten in TYPO3 erforderlich sind, um wenigstens rudimentäre Suchmaschinentauglichkeit zu erreichen.

Der Seiten-Header

In älterer Literatur zur Suchmaschinenoptimierung waren Metadaten im Seitenkopf das Allheilmittel, um gute Platzierungen in Suchmaschinen zu erreichen. Moderne Suchmaschinen arbeiten differenzierter und werten die im <head>-Bereich einer Seite hinterlegten Daten nicht mehr

2 SEO, *Search Engine Optimization* – die Optimierung von Webseiten für Suchmaschinen

oder nur noch für Darstellungszwecke in den Suchergebnissen aus. So ist mittlerweile hinlänglich bekannt, das Google die Keywords (früher als für Suchmaschinenoptimierung unbedingt nötig angepriesen) schlichtweg komplett ignoriert.

Ganz bedeutungslos sind die üblichen Metatags jedoch nicht: Viele Suchmaschinen werten sie nach wie vor für die Darstellung der Seite in den Suchergebnissen aus. Darüber hinaus verlassen sich auch zunehmend soziale Netzwerke auf die Metainformationen im Seitenkopf; beispielsweise wenn ein Link auf Ihre TYPO3-Seite auf einem sozialen Netzwerk geteilt wird.

Seitentitel

TYPO3 nutzt für den Seitentitel stets den Titel der aktuellen Seite. Navigieren Sie beispielsweise auf die Seite *Homepage*, enthält auch das `<title>`-Tag der HTML-Seite den Wert *Homepage*. Der Titel ist eine der wichtigsten Angaben für Suchmaschinen, da er für die Position in den Suchergebnissen und als Überschrift der Suchergebnisse verwendet wird. Fügen Sie folgende Zeilen Ihrem TypoScript-Template hinzu, um den Seitentitel beispielhaft zu ändern:

```
config.noPageTitle = 2
page.headerData.10 = TEXT
page.headerData.10 {
  field = subtitle // title
  wrap = <title>Snowboardschule Meier-Müller-Schmidt: |</title>
}
```

Über `config.noPageTitle = 2` deaktivieren Sie die automatische Erzeugung des Titels. In den Seitenkopf fügen Sie innerhalb des `<head>`-Bereichs über die Eigenschaft `.headerData` einen Text manuell ein. Dazu erstellen Sie ein `TEXT`-Objekt und schreiben darin das Feld `title` bzw. `subtitle`, wenn vorhanden. Anschließend erstellen Sie über die `.wrap`-Funktion den HTML-`<title>`-Tag und ergänzen ihn um beliebigen Text.

Metadaten

In »Objekte und Eigenschaften einer Webseite«, wurden der Seite bereits Metadaten hinzugefügt. Diese werden jedoch statisch auf jeder Seite gleich ausgegeben. Die Angaben sollten aber auf jeder Seite unterschiedlich sein und sich im Inhalt der Seite wiederfinden. In den Seiteneigenschaften einer Seite können Sie Metainformationen angeben (wie in Abbildung 13-6 gezeigt), die jedoch nicht automatisch von TYPO3 in den Seiten-Header geschrieben werden. Die Daten werden mit den folgenden Zeilen dynamisch aus den Seiteneigenschaften ausgelesen. Ergänzen Sie also die bereits vorhandenen Zeilen wie folgt:

```
page.meta.description {
  field = description
  ifEmpty = Hier kann eine Standard-Beschreibung stehen
}

page.meta.author {
  field = author
  ifEmpty = Martin Helmich
}
```

In den ifEmpty-Attributen wird für jeden Metatag ein Standardwert angegeben. Dieser wird verwendet, wenn auf der entsprechenden Seite keine Metaeigenschaft eingetragen wurde. Sie können das ifEmpty-Attribut auch weglassen, wenn Sie möchten, dass gar kein Metatag erstellt wird, wenn beispielsweise kein Autor angegeben wurde.

▼ Abbildung 13-6
Metaangaben einer Seite hinzufügen

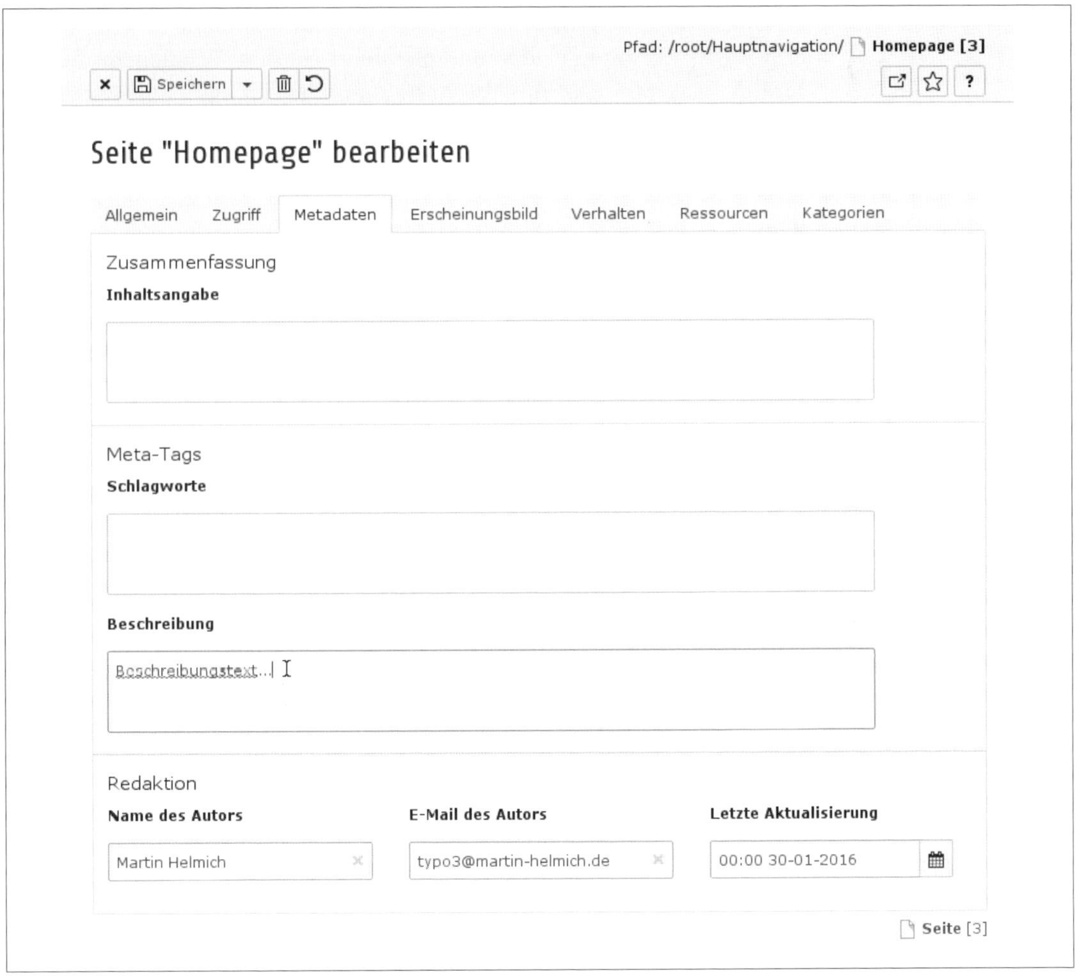

Freundlichere URLs

TYPO3 gestaltet Links in der Standardkonfiguration nicht unbedingt anwenderfreundlich. Eine URL wie *index.php?id=123&type=0* kann man sich beispielsweise nur schwer merken. Suchmaschinen akzeptieren zwar mittlerweile teilweise diese Links wieder, das Ranking ist häufig jedoch wesentlich besser, wenn die URL einen thematischen Bezug zur Suchanfrage hat. In diesem Abschnitt wird TYPO3 so konfiguriert, dass es normal lesbare URLs erstellt (z.B. *ueber-uns/trainer/*), über die sich sowohl Suchmaschinen als auch Websitebesucher freuen.

Um lesbare und suchmaschinenfreundliche URLs für die Seiten des Seitenbaums zu generieren, können Sie die Extension RealURL nutzen. Diese gehört nicht zum Standardumfang von TYPO3, sondern muss zunächst über den Erweiterungsmanager aus dem TYPO3 Extension Repository heruntergeladen und installiert werden. Wählen Sie dazu im Modul *Erweiterungen* im Abschnitt *Adminwerkzeuge* den Menüpunkt *Erweiterungen hinzufügen* und suchen Sie dort nach dem Extension-Key *realurl*. Laden Sie die Extension herunter und aktivieren Sie sie.

Tipp Falls Sie TYPO3 per Composer installiert haben, installieren Sie *realurl* stattdessen mit dem Befehl `composer require typo3-ter/realurl` über die Kommandozeile.

Der Einsatz von RealURL setzt einige spezielle Konfigurationen Ihres Webservers voraus. Bisher wurden alle Aufrufe von TYPO3-Seiten an die Datei *index.php* gerichtet, die im Wurzelverzeichnis Ihres Webservers liegt. Dem Webserver muss nun mitgeteilt werden, dass auch andere URLs (wie beispielsweise */ueber-uns/trainer/*) von der Datei *index.php* verarbeitet werden sollen.

Im Webserver Apache kann über sogenannte *mod_rewrite*-Regeln in *.htaccess*-Dateien eingestellt werden, dass, wenn eine angeforderte Webseite nicht vorhanden ist, diese Anfrage an eine andere Datei weitergereicht wird. *mod_rewrite* muss im Apache-Webserver aktiviert worden sein.

Die bereits standardmäßig mit TYPO3 ausgelieferte *.htaccess*-Datei enthält bereits eine fertige Konfiguration für *mod_rewrite*. Sofern Sie also die *.htaccess* aus der Standardinstallation nutzen, müssen Sie keine weitere Konfiguration vornehmen.

Falls Sie eine eigene *.htaccess*-Datei nutzen, fügen Sie dieser folgende Zeilen hinzu (sofern noch nicht vorhanden), durch die Anfragen an nicht gefundene Webseiten an die Datei *index.php* weitergereicht werden:

```
RewriteEngine On
RewriteRule ^/typo3$ - [L]
RewriteRule ^/typo3/.*$ - [L]

RewriteCond %{REQUEST_FILENAME} !-f
RewriteCond %{REQUEST_FILENAME} !-d
RewriteCond %{REQUEST_FILENAME} !-l
RewriteRule .* /index.php
```

Tipp Bei auf TYPO3 spezialisierten Providern sollte die Datei *.htaccess* im Regelfall schon vorbereitet sein.

Im Anschluss muss RealURL noch in Ihrem TypoScript-Setup aktiviert werden. Fügen Sie dazu die folgenden Zeilen in Ihr TypoScript-Template ein:

```
config.baseUrl = http://ihredomain.tld/
config.tx_realurl_enable = 1
```

Leeren Sie im Anschluss alle Caches und rufen Sie das Frontend Ihrer Seite auf. Sämtliche internen Verlinkungen und Menüs nutzen nun sprechende und gut lesbare URLs.

Ein paar Schönheitsfehler gibt es noch: Die von RealURL generierten URLs bilden die hierarchische Struktur des Seitenbaums nach. Eine Seite *Über uns* mit einer Unterseite *Trainer* erhält also die URL *ueber-uns/trainer/*. Auf diese Weise werden jedoch auch die Hilfsseiten, die eigentlich nur zur Strukturierung der Seite dienen, aber im Frontend keine direkte Funktion erfüllen, in den URLs berücksichtigt. Die vollständige URL der Homepage in unserem Praxisbeispiel lautet aktuell derzeit beispielsweise */hauptnavigation/homepage/*. Um einzelne Seiten von der Linkgenerierung auszuschließen, können Sie die entsprechende Seite (hier also die Seite *Hauptnavigation*) bearbeiten und unter der Registerkarte *Allgemein* die Option *Nicht in sprechende URL aufnehmen* aktivieren.

Über die Seiteneigenschaft *Pfadsegment für untergeordnete Seiten* können Sie zudem genau kontrollieren, mit welchem Namen die Seite in der URL auftauchen soll. Standardmäßig wird hierzu der *Seitentitel* oder (falls gesetzt) der *Alternative Navigationstitel* genutzt. Ist Ihnen die URL */ueber-uns/informationen-ueber-das-snowboardgebiet/* zu lang, können Sie als Pfadsegment beispielsweise einfach nur *snowboardgebiet* angeben, um die URL zu verkürzen.

Multi-Domain-Konfiguration

Unter einer Multi-Domain-Konfiguration ist die Nutzung von mehreren Domains innerhalb eines TYPO3-Projekts zu verstehen. Sie können beispielsweise verschiedene Abteilungen eines Unternehmens in mehrere Seitenbäume aufteilen und diese über unterschiedliche Domains erreichen. Ein weiterer Anwendungsfall könnte eine Subdomain wie *shop.domain.tld* sein, über die eine Shopseite innerhalb von TYPO3 angezeigt wird.

TYPO3 stellt dazu den Datensatztyp *Domäne* bereit. Wenn beim Aufruf einer Domain oder Subdomain eine bestimmte Seite innerhalb von TYPO3 angezeigt werden soll, legen Sie auf dieser Seite einen Datensatz vom Typ *Domäne* an und tragen die URL im Feld *Domäne* ein (siehe Abbildung 13-7).

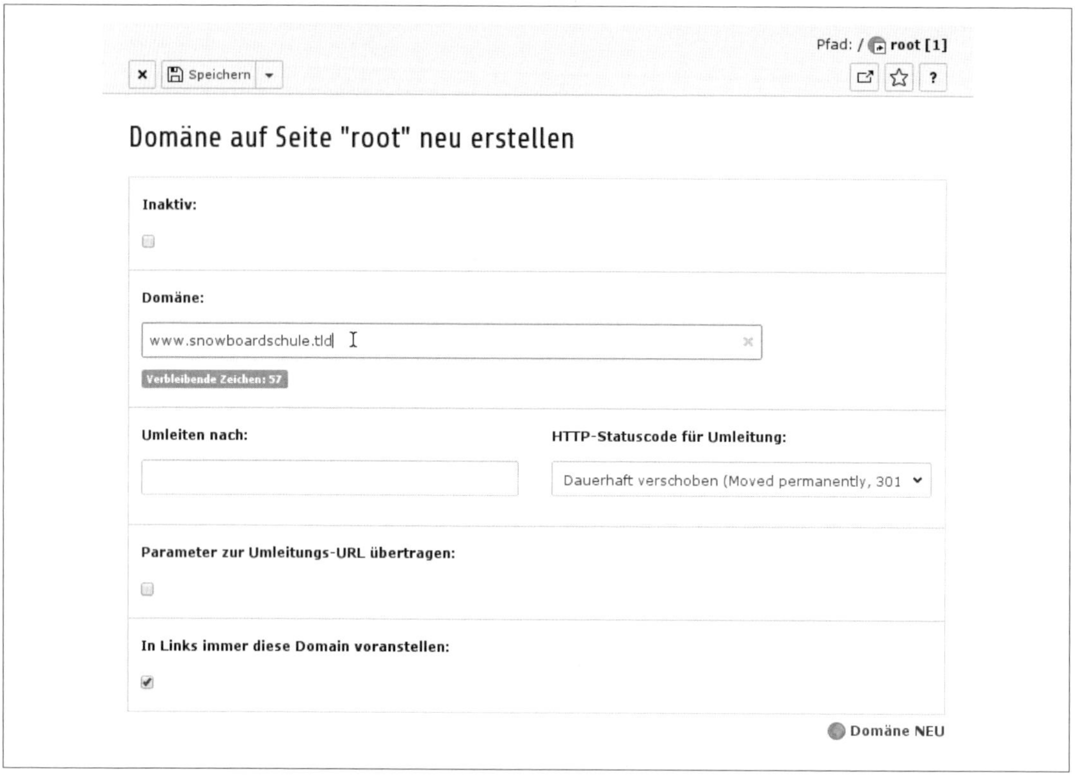

Abbildung 13-7 ▲ Einen Datensatz vom Typ »Domäne« anlegen

Rufen Sie nach dem Speichern die Domain im Webbrowser auf, und TYPO3 wird Ihre Anfrage auf die entsprechende Seite leiten. Die Domain darf nur genau ein Mal im System angelegt werden, muss also *eindeutig* sein. Wenn Sie versuchen, eine Domain doppelt einzurichten, wird an die Domain nach dem Speichern automatisch eine Zahl angehängt. Das ist ein Indiz dafür, dass die Domain bereits im System existiert.

Warnung Beachten Sie, dass *domain.tld* und *www.domain.tld* zwei unterschiedliche Domänen sind und separat angelegt werden müssen.

Es wird Sie jedoch verwundern, dass Sie von einer Seite, auf der Sie einen Datensatz vom Typ *Domäne* abgelegt haben, nicht über das Menü der Webseite auf eine andere Seite zugreifen können. Mit den folgenden TypoScript-Config-Eigenschaften können Sie dieses Verhalten ändern:

```
config.absRefPrefix = http://www.domain.tld/
config.content_from_pid_allowOutsideDomain = 1
```

In Abbildung 13-8 sehen Sie eine Übersicht einer möglichen Multi-Domain-Konfiguration.

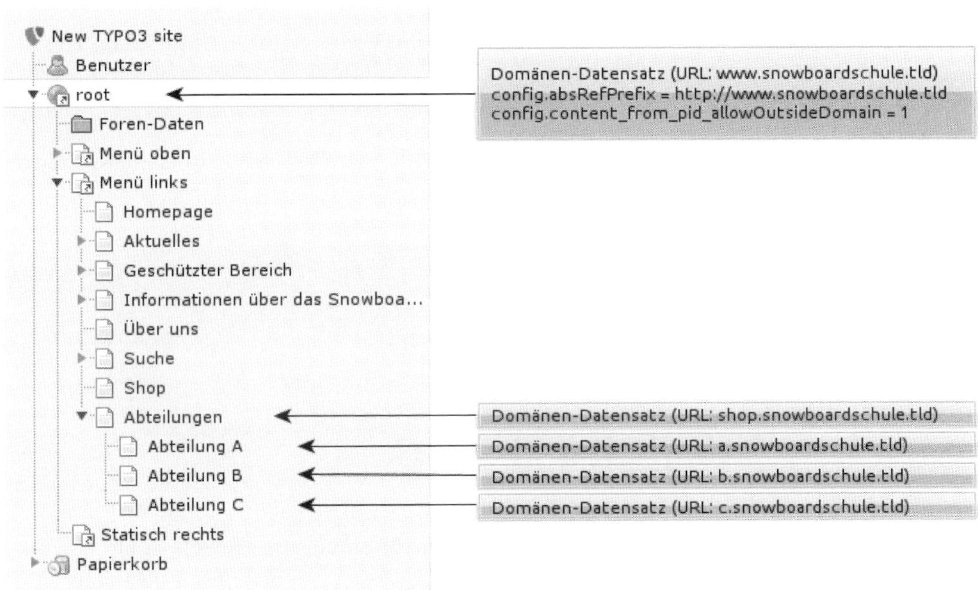

▲ **Abbildung 13-8**
Mögliche Multi-Domain-Konfiguration

Über den Datensatz *Domäne* können Sie auch Umleitungen von Domains realisieren. Bei einer Umleitung kann auch direkt der HTTP-Statuscode übermittelt werden. Das ist für Suchmaschinen sehr interessant. Wenn Sie eine dauerhafte Weiterleitung einer Domain auf eine andere einrichten, sollte der Statuscode *301 »Moved permanently«* an den aufrufenden Client gesendet werden (siehe Abbildung 13-9).

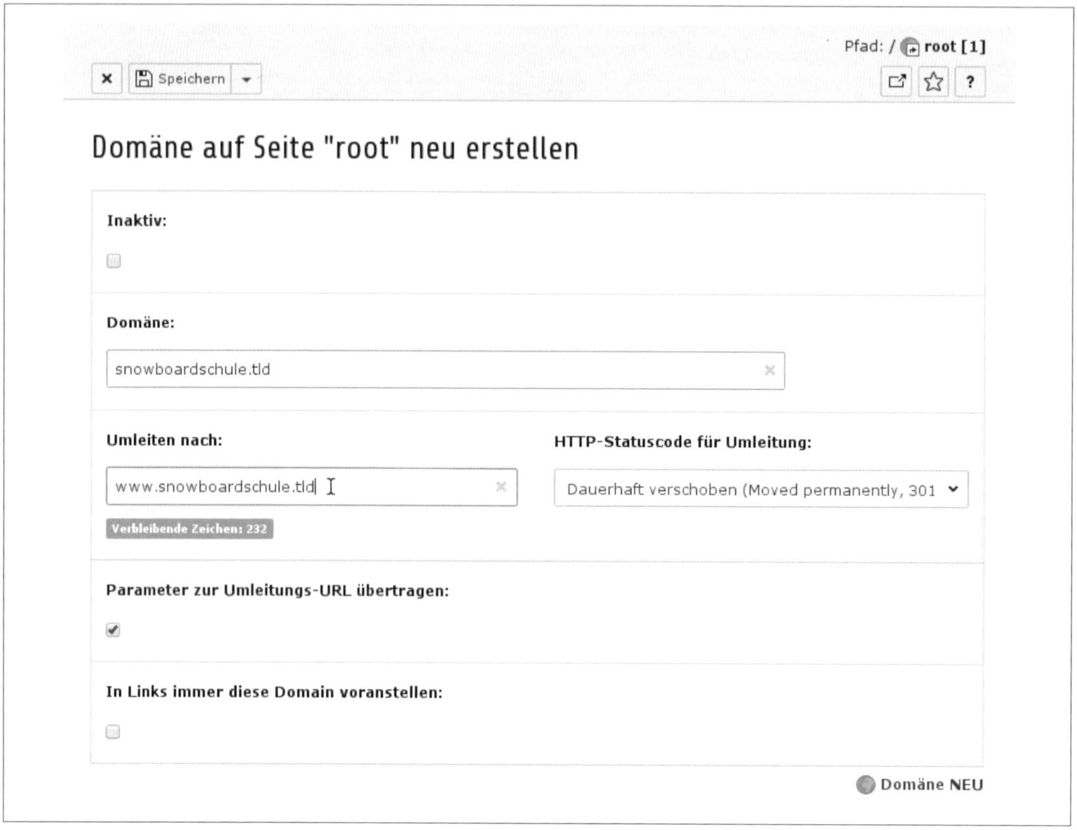

Abbildung 13-9 ▲
Domain-Weiterleitung mit Statuscode 301

Sicherheit und TYPO3

Vorweg einige einfache Regeln zur Sicherheit. Es mag sich banal anhören, aber die häufigste Ursache für Sicherheitslücken ist ein zu einfaches Passwort. Sie sollten als Inhaber einer Website für Fußballartikel nicht das Passwort *Fußball* verwenden. Passwörter sollten allermindestens acht Zeichen lang sein (besser noch länger). Wählen Sie möglichst keine zusammenhängenden Wörter, und verwenden Sie Sonderzeichen und/oder Zahlen. Doch wie soll man sich so etwas merken? Meine Idee ist ein Merksatz: »Jeden Tag prüfe ich meine Webseiten auf Sicherheit!« ergibt z.B. das Kennwort *JTpimWaS!*.

Wählen Sie bereits bei der Installation von TYPO3 ein sicheres Passwort! Wenn Sie ein vorinstalliertes TYPO3 nutzen, sollte das Ändern der Standardpasswörter Ihre erste Aktion nach dem erstmaligen Anmelden sein! Auch der Benutzername sollte individuell gehalten werden und daher nicht *Admin*, *Administrator* oder *Webmaster* lauten.

Updates von TYPO3 und Erweiterungen

In regelmäßigen Abständen erscheinen neue TYPO3-Versionen. Sie wissen bereits, dass es ein TYPO3-Core-System und Systemerweiterungen gibt. Werden im Core-System oder in einer Systemerweiterung Sicherheitslücken bekannt, erscheint in der Regel sehr schnell eine neue TYPO3-Version. Ein Update auf die neueste Version ist generell zu empfehlen. Beachten Sie dabei die Versionsnummern. Wenn Sie beispielsweise die TYPO3-Version 6.2 nutzen, müssen Sie (zumindest für den Augenblick) nicht zwingend auf die Version 7.6 aktualisieren. Der Versionszweig 6.2 wird weiterentwickelt, und Updates werden von der Community bereitgestellt. Das trifft nicht auf alle Zweige zu: Versionszweige kleiner als 6.2 werden nicht mehr unterstützt, für sie werden also keine Updates mehr entwickelt.

Genauso wichtig wie das Updaten von TYPO3 sind Pflege und regelmäßige Aktualisierung der Erweiterungen. Beides ist über den Erweiterungsmanager recht einfach möglich. Hier können Sie unter dem Menüpunkt *Erweiterungen hinzufügen* regelmäßig eine aktuelle Liste aller aktuell verfügbaren Erweiterungen aus dem TYPO3 Extension Repository beziehen (das Update der Extension-Liste können Sie auch über einen Scheduler-Task automatisieren). Sobald von einer Extension dann eine neuere Version zur Verfügung steht, erhalten Sie unter dem Menüpunkt *Installierte Erweiterungen* in der Übersichtsliste für diese Extension einen *Aktualisieren*-Button (siehe Abbildung 13-10).

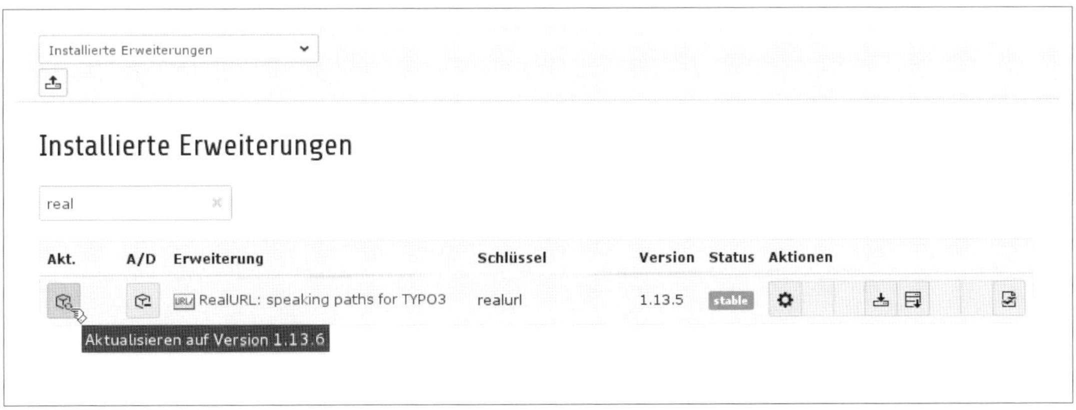

▲ **Abbildung 13-10**
Nach Extension-Updates suchen

Das TYPO3-Sicherheitsteam (Security Team) leistet tolle Arbeit und erstellt sogenannte *Security Bulletins*. Darin werden in TYPO3 und in Erweiterungen entdeckte Sicherheitslücken veröffentlicht. Diese werden über eine Mailingliste verteilt, in die Sie als Administrator eines TYPO3-Projekts sich eintragen sollten. Parallel dazu steht ein RSS-Feed zur Verfügung. Natürlich können aber nicht alle Erweiterungen überprüft werden.

Eine gute Umgebung

Beim Thema Sicherheit gilt stets: Jedes System ist nur so sicher wie das schwächste Glied. Zum Betrieb Ihrer TYPO3-Seite gehören nicht nur TYPO3 selbst, sondern auch der PHP-Interpreter, der Webserver, das Betriebssystem, möglicherweise darunterliegende Virtualisierungssoftware, die Hardware selbst, das Rechenzentrum, in dem diese Hardware betrieben wird, und das Gebäude, in dem sich das Rechenzentrum befindet.

In der Regel haben Sie nicht alle Komponenten dieses Systems unter Ihrer eigenen Kontrolle (und möchten das vielleicht auch gar nicht – wer möchte auch schon für eine Vereinsseite ein eigenes Rechenzentrum betreiben?), sodass Sie hier einen Provider suchen sollten, dem Sie in Sicherheitsfragen vertrauen. Denn letztendlich bringt ein auf neuestem Stand gehaltenes TYPO3 nichts, wenn es auf einem veralteten PHP-Interpreter oder einem Webserver mit längst bekannten Sicherheitslücken betrieben wird. Ein guter Hosting-Partner sollte Sie automatisch über Sicherheitslücken informieren, sobald sie bekannt werden, und Systemkomponenten aktualisieren.

Insbesondere Webserver und PHP-Interpreter sollten dabei stets auf aktuellem Stand sein. Auch hier muss es nicht die neueste Version sein, zu empfehlen ist jedoch die aktuellste Version des jeweiligen Versionszweigs.

Schön ist es, wenn Sie Zugriff auf Logdateien haben. Der Webserver erstellt eine Logdatei, in der alle Zugriffe auf die Website protokolliert werden. Dieses sogenannte *Access Log* ist sehr nützlich, um nachzuvollziehen, welche Seiten ein Eindringling aufgerufen hat und wie. Der Aufruf gibt Aufschluss darüber, wo eine Sicherheitslücke besteht. Wenn Sie eine Lücke feststellen, dann scheuen Sie sich nicht, mit dem TYPO3-Sicherheitsteam in Kontakt zu treten. Schreiben Sie lieber eine Meldung zu viel als eine zu wenig.

Um TYPO3 zu nutzen, benötigen Sie in der Regel einen FTP- oder SSH-Zugang. Da ein Dateitransfer per FTP unverschlüsselt über das Internet erfolgt, sollten Sie eine Dateiübertragung über SSH (bzw. SFTP) oder FTPS stets bevorzugen. Nutzen Sie nicht die gleichen Anmeldedaten für TYPO3, FTP/SSH und die Datenbank. Sie können die Zugangsdaten bei Ihrem Provider vermutlich ändern. Ein guter Provider ermöglicht Ihnen auch den Zugriff auf die FTP-Logdateien, sodass Sie eine Übersicht darüber haben, welche Dateien per FTP verändert wurden.

Zusätzlichen Schutz für sensible Bereiche wie das Install-Tool oder auch das TYPO3-Backend können Sie über eine *.htaccess*-Datei erzielen. Sichern Sie das Backend gesondert ab, indem Sie einen Verzeichnisschutz für das Verzeichnis *typo3/* anlegen. Bei den meisten Anbietern können Sie einen Verzeichnisschutz bequem über eine Konfigurationsoberfläche anlegen.

Das Install-Tool

TYPO3 bringt einige Sicherheitsfunktionen mit, die Sie im Install-Tool einstellen können.

Es wird eine Benachrichtigung per E-Mail versendet, sobald vier fehlerhafte Anmeldeversuche in einer Stunde geschehen sind. Sie müssen dazu Ihre E-Mail-Adresse als »Warning-E-Mail-Adresse« angeben:

```
[BE][warning_email_addr] =  robert@robertmeyer.info
```

Setzen Sie immer einen zufälligen Encryption Key im Bereich *Basic Configurations*. Klicken Sie dort auf die Schaltfläche *Generate Random Key*, um einen zufälligen Wert zu erzeugen. Dieser Key wird innerhalb von TYPO3 zur Erzeugung eines Zufallswerts benötigt.

Gewöhnlich erfolgt der Zugriff auf das TYPO3-Backend über das HTTP-Protokoll. Die Übertragung von Daten erfolgt also unverschlüsselt. Wenn Sie über ein SSL-Zertifikat verfügen, kann die Kommunikation über das HTTPS-Protokoll erzwungen werden, und zwar mit der Einstellung `[BE][lockSSL]`. Setzen Sie diese auf `2`, wenn Sie die Anmeldung und die weitere Kommunikation im Backend über HTTPS erzwingen möchten.

Wenn Sie `lockSSL` gesetzt haben, können Sie auch die Übertragung von Cookies über eine gesicherte Verbindung, also per HTTPS, durchführen, indem Sie `[SYS] [cookieSecure]=1` setzen.

Warnung Setzen Sie Einstellungen für eine SSL-Verbindung nur, wenn Sie ein SSL-Zertifikat besitzen und das HTTPS-Protokoll genutzt werden kann. Infomieren Sie sich darüber bei Ihrem Provider. Andernfalls kann es vorkommen, dass Sie sich nicht mehr im TYPO3 Backend anmelden können. Über das manuelle Anpassen der Datei *typo3conf/LocalConfiguration.php* können Sie jedoch Einträge wie `lockSSL` jederzeit wieder entfernen.

Das Backend-Passwort vergessen?

Huch! Sie haben keinen Zugriff mehr auf das Backend? Keine Panik! Solange Sie noch irgendwie Zugriff auf den Server haben – sei es per FTP oder direkt per SSH –, müssen Sie sich keine Sorgen machen. Im

Folgenden wird gezeigt, wie Sie einen neuen Backend-Benutzer als Administrator anlegen können, mit dem Sie das Passwort für Ihren alten Benutzer neu setzen können.

Sie haben Zugriff auf das Install-Tool

Wenn Sie Zugriff auf das Install-Tool haben, können Sie sich entspannen und haben nach wenigen Klicks wieder Zugriff auf das Backend. Gehen Sie im Install-Tool in den Abschnitt *Important Actions*. Hier finden Sie den Bereich *Create backend administrator user*, siehe Abbildung 13-11. Geben Sie in den Feldern *username* und *password* die gewünschten Zugangsdaten ein. Wichtig ist allerdings, dass es den Benutzernamen noch nie zuvor in dieser TYPO3-Installation gegeben hat. Auch wenn der Benutzername zuvor einmal existiert hat und irgendwann gelöscht wurde, ist er nicht eindeutig, da er in der Datenbank nur mit einem *deleted*-Flag versehen wurde. Zwar können Sie im Backend dann einen weiteren Benutzer mit demselben Benutzernamen anlegen – über das Install-Tool ist das jedoch nicht möglich. Achten Sie außerdem darauf, dass Sie für den Benutzernamen nur Kleinbuchstaben verwenden. Nach dem Anlegen eines Administrators sollten Sie sich mit den gerade vergebenen Zugangsdaten in das Backend einloggen können.

Sie haben das Install-Tool-Passwort vergessen?

Auch jetzt brauchen Sie nicht in Panik zu geraten, zumindest dann nicht, wenn Sie noch per FTP oder auf andere Art und Weise Zugriff auf den Server haben. Wenn Sie im Install-Tool ein Passwort Ihrer Wahl eingeben, sehen Sie nach dem Absenden des fehlerhaften Log-ins im unteren Bereich eine Zeichenkette (zu erkennen in Abbildung 13-12), die das von Ihnen eingegebene Passwort in verschlüsselter Form anzeigt.

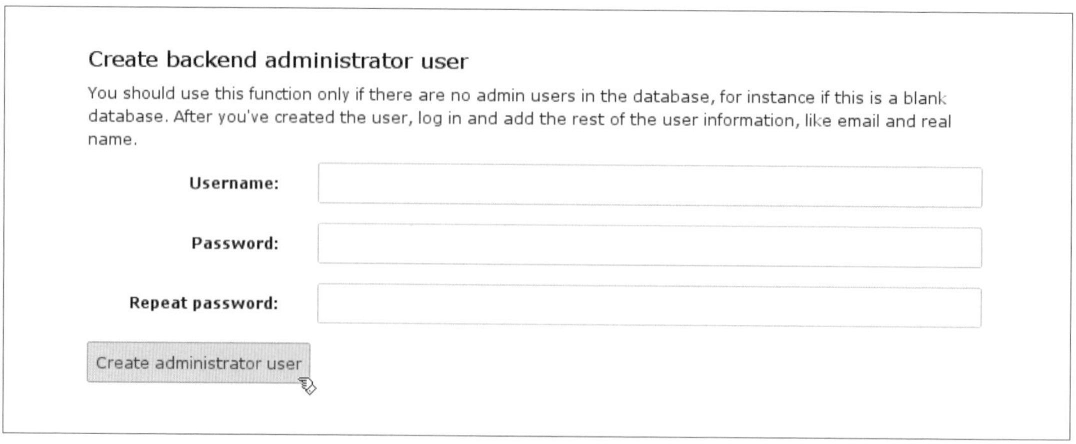

Abbildung 13-11 ▼ Einen Administrator anlegen

Kopieren Sie sich dieses Passwort heraus. Per FTP können Sie jetzt die Datei *typo3conf/LocalConfiguration.php* öffnen und für die in dieser Datei angegebene Konfiguration `[BE][installToolPassword]` das soeben kopierte neue Passwort in der verschlüsselten Form setzen. Nach dem Speichern und dem Hochladen der Datei auf den Server sollte der Login in das Install-Tool nun möglich sein.

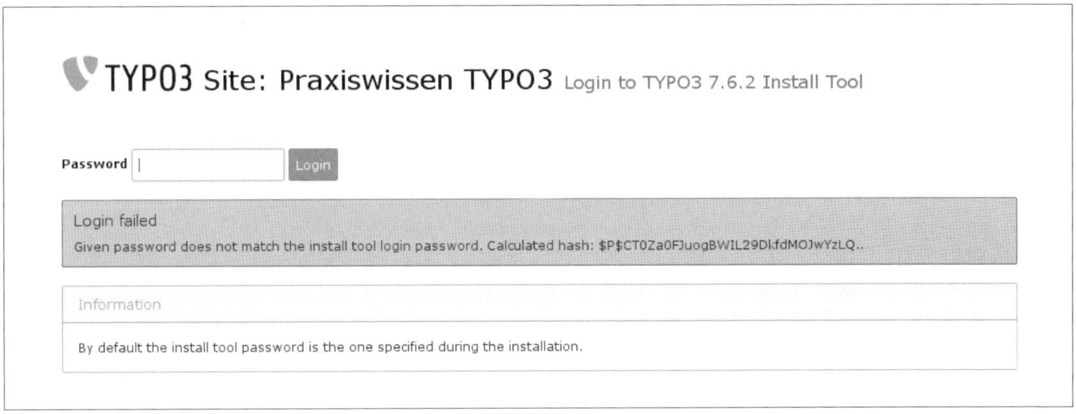

▲ **Abbildung 13-12**
Das eingegebene falsche Passwort in verschlüsselter Form

Sie haben auch sonstige Zugangsdaten vergessen?

Jetzt dürfen Sie langsam nervös werden. Wenn Sie TYPO3 bei einem Provider hosten, bitten Sie diesen darum, das FTP-Passwort neu zu setzen. Wenn Ihr Provider ein auf TYPO3 spezialisierter Provider ist, wird er Ihnen sicherlich das Passwort zum Install-Tool neu setzen bzw. gegebenenfalls sogar gleich einen neuen Backend-Benutzer einrichten. Hosten Sie TYPO3 jedoch selbst, müssen Sie zumindest noch Zugriff per SSH als Benutzer mit Root-Rechten auf den Server bekommen, um die Datei *typo3conf/LocalConfiguration.php* zu bearbeiten.

ANHANG

TypoScript-Kurzreferenz

Übersicht

Datentypen

<tag>

Beispiel: `<BODY bgcolor="red">`

align

Gibt eine horizontale Ausrichtung an.

Mögliche Werte: `right/left/center`

Default: `left`

VHalign

Gibt eine vertikale und eine horizontale Ausrichtung durch zwei kommaseparierte Werte an.

Horizontal (`right`, `center`, `left`)

Vertikal (`top`, `center`, `bottom`)

Mögliche Werte: `r/c/l, t/c/b`

Default: `l, t`

Beispiel: `r, c`

resource

Es gibt zwei Arten von Ressourcen (Dateien): eine direkte Dateiangabe inkl. Pfad sowie ein Verweis auf eine Datei innerhalb der Datenbank (z.B. eine Datei innerhalb eines Templates). Befindet sich innerhalb des Werts ein Schrägstrich, wird die Datei aus dem angegebenen Verzeichnis genommen, ansonsten wird innerhalb des Templates (der Ressource) nach einer Datei gesucht.

Das Sternchen am Ende des Dateinamens bewirkt, dass die letzte Dateiversion (bei *toplogo*.gif* z.B. *toplogo_05.gif*) verwendet wird. Das numerische Präfix legt TYPO3 beim Hochladen selbstständig an, wenn der Dateiname bereits vergeben ist.

Beispiel:

```
fileadmin/bild.gif
bild*.gif
```

imgResource

Erwartet als Datei eine gültige Grafik (ähnlich wie bei resource, s.o.). Welche Dateitypen erlaubt sind, kann im Install-Tool im Abschnitt *All configuration* über die Konfigurationsmöglichkeit `$TYPO3_CONF_VARS["GFX"]["imagefile_ext"]` festgelegt werden.

Default: *pdf, gif, jpeg, jpg, tif, bmp, ai, pcx, tga, png*

Beispiel:

```
fileadmin/bild.gif
bild*.gif
```

target

HTML-Target, das in `<A>`-Tags Verwendung findet. Wird überwiegend bei Frames benötigt. Der Datentyp `target` verdeutlicht, dass ein HTML-Target erwartet wird.

Mögliche Werte: Jede beliebige Zeichenkette wird akzeptiert.

Beispiel:

```
_top
_blank
page
```

int+/posint

Positive Zahl (Integer-Wert größer oder gleich 0).

int

Beliebige Zahl.

string/str/value

Beliebige Zeichenkette.

boolean

True/False, 1/0, ja/nein.

Leere Zeichenketten werden als *falsch* gewertet, beliebige Zeichenketten (außer »=0«) als *wahr*. Üblicherweise werden die Werte `1` für *wahr* und `0` für *falsch* verwendet.

degree

Mögliche Werte: –90 bis 90

rotation

Wie `int+`, jedoch verdeutlicht `rotation`, dass eine Zahl zwischen 0 und 360 erwartet wird.

Mögliche Werte: 0 bis 360

Beispiel: `180`

x,y,w,h

`x,y` geben die Position von der linken oberen Ecke aus an (x = nach rechts, y = nach unten).

`w,h` geben eine Breite und eine Höhe an.

Beispiel: `10,10,5,5`

HTML-color

Übliche HTML-Farbangaben. Farbwörter werden in einer TYPO3-internen Tabelle in einen Hex-Wert umgewandelt.

Beispiel:

```
red
#ffeecc
```

GraphicColor

Wie `HTML-color`, jedoch ist zusätzlich die Angabe von RGB-Werten möglich.

Beispiel:

```
red
#ffeecc
255,0,255
```

page_id

Angabe einer Seiten-ID. `page_id` erwartet eine positive Zahl oder aber die Angabe von `this` als Verweis auf die aktuelle Seite.

Beispiel:

```
34
this
```

list

Kommaseparierte Liste von beliebigen Zeichenketten.

Beispiel: `item1, item2, item3`

wrap

Ein Wert kann von beliebigen Zeichenketten umhüllt bzw. eingeschlossen werden. Im Beispiel wird dem Wert `<font color="red">` vorangestellt, `</font>` wird am Ende hinzugefügt.

Beispiel:

```
<font color="red">|</font>
```

case

Gibt an, ob eine Zeichenkette in Groß- (`upper`) bzw. Kleinbuchstaben (`lower`) umgewandelt wird.

Mögliche Werte: `upper, lower`

getText

Erläuterung siehe Abschnitt »data (getText)«.

dir

Gibt eine Dateiliste aus. Im Beispiel werden aus dem Ordner *fileadmin/files* alle *pdf-*, *gif-* und *jpg*-Dateien aufgelistet, sortiert nach dem Dateinamen. Das Durchsuchen erfolgt rekursiv (inkl. Unterverzeichnissen), dem Dateinamen wird der gesamte Pfad vorangestellt.

Syntax:

```
[relativer Pfad] | [Liste von Dateiendungen] | [Sortierung: name, size, ext, date] | [reverse: "r"] | [vollständige Pfadangabe: Boolean]
```

Beispiel:

```
fileadmin/files | pdf, gif, jpg | name | r | true
```

Objektgruppen

An diversen Stellen in der Referenz wird auf eine Objektgruppe verwiesen. Welche Objekte zu einer Objektgruppe gehören, können Sie der folgenden Liste entnehmen.

Objektgruppe	Einzelne, untergeordnete Objekte
`cObjekt`	`HTML, TEXT, IMAGE, …`
`frameObj`	`FRAMESET, FRAME`
`menuObj`	`GMENU, TMENU, IMGMENU, JSMENU`
`GifBuilderObj`	`TEXT, SHADOW, OUTLINE, EMBOSS, BOX, IMAGE, EFFECT`

Funktionen/stdWrap

Daten auslesen

field

fieldname

Gibt den Inhalt eines angegebenen Feldnamens aus. `field` ist die einfache Form von `getData`.

Beispiel: Dies gibt den Titel der aktuellen Seite aus:

```
page.10 = TEXT
page.10.field = title
```

Hinweis: Mit `".field = nav_title // title"` wird der Inhalt des Datenbankfelds `"title"` nur dann ausgegeben, wenn `"nav_title"` keinen Wert enthält.

data

getText

Nähere Informationen im Abschnitt »data (getText)«.

cObject

cObject

Der Inhalt eines anderen cObjekts (z.B. TEXT, IMAGE etc.) kann angegeben werden.

filelist

dir/stdWrap

Siehe dir im Abschnitt »Datentypen«.

data (getText)

`[.data = …]`

Mit der Funktion data können diverse Werte ausgelesen werden.

Hinweis: Mit // können mehrere Werte angegeben werden. Es wird der erste Wert genommen, der ein Ergebnis größer als 0 enthält.

Beispiel:

```
10.data = GPvar : name // GPvar : username
```

---

field : [Feldname]

Mit `field` kann ein beliebiges Feld aus der Tabelle *pages* der aktuellen Seite ausgelesen werden. Identisch zur `stdWrap`-Funktion `field`.

Beispiel:

```
10 = TEXT
10.data = field : header
20 = TEXT
20.field = header
```

---

getenv : HTTP_REFERER

Mit getenv können die üblichen Umgebungsvariablen, wie z. B. der Referer, ausgelesen werden.

Beispiel:

```
10 = TEXT
10.data = getenv : HTTP_REFERER
```

---

date : d.m.Y

Mit date kann das aktuelle Datum zurückgeliefert werden. Die Formatierung erfolgt dabei mit den in PHP-`date()`-Funktionen üblichen Buchstaben.

Beispiel:

```
10 = TEXT
10.data = date : d.m.Y
```

GP : irgendwas

Mit GP können GET- und POST-Werte ausgelesen werden (z. B. in Formularen etc.).

Beispiel:

```
10 = TEXT
10.data = GP : username
```

TSFE : [TSFE-Wert]

Mit TSFE können Werte ausgelesen werden, die in einem globalen TSFE-Array stehen.

Beispiel:

```
10 = TEXT
10.data = TSFE : loginUser
```

DB : [Tabelle] : [uid] : [Feld]

Mit DB kann ein beliebiger Datensatz ausgelesen werden.

Hinweis: Es können hier nur Felder angezeigt werden, die in einem TCA-Array enthalten (z.B. im Backend sichtbar) sind. Datensätze, die als `deleted` gekennzeichnet sind, werden ebenfalls nicht ausgegeben.

leveltitle/leveluid/levelmedia: [level], slide

Diese Funktionen laden den Titel, die ID oder die Medienobjekte einer Seite aus dem Seitenbaum. Die `slide`-Option bewirkt, dass (falls diese Seite keinen Titel hat) der Seitenbaum so lange weiter nach oben durchlaufen wird, bis eine Seite mit Titel bzw. Medienobjekt gefunden wurde.

Beispiel: Lädt den Seitentitel der ersten Seite auf der ersten Ebene des Seitenbaums.

```
10.data = leveltitle: 1
```

Lädt den Seitentitel der ersten Seite, die zwei Ebenen oder mehr über der aktuellen Seite im Seitenbaum steht und einen Seitentitel hat.

```
10.data = leveltitle: -2, slide
```

levelfield: [level], [fieldname], slide

Diese Funktion funktioniert genauso wie `leveltitle` oder `levelmedia`, nur mit beliebig definierbaren Feldnamen.

Beispiel: Durchläuft alle Oberseiten der aktuellen Seite und gibt die erste gefundene Unterüberschrift aus.

```
10.data = levelfield: -1, sub_header, slide
```

pagelayout

Liefert das aktuell genutzte Backend-Layout zurück.

Bedingungen

override

string/stdWrap

Wenn `override` einen Wert größer als eine leere Zeichenkette oder `0` zurückliefert, wird der Wert genommen, der sich hinter `override` ergibt.

ifEmpty

string/stdWrap

Wenn der Inhalt bis zu diesem Punkt leer ist (oder gleich `0`), wird der Wert genommen, der sich hinter `ifEmpty` ergibt.

required

boolean

Wird `required` auf `1` gesetzt, wird das gesamte Objekt nur dann ausgeführt, wenn tatsächlich ein Wert zurückgegeben wurde.

Beispiel: Dieses Beispiel führt jeden Datensatz nur dann aus, wenn im Datenbankfeld `bodytext` auch ein Wert enthalten ist:

```
page.10 = TEXT
page.10.field = bodytext
page.10.wrap = <hr size="1">|
page.10.required = 1
```

fieldRequired

Ähnlich wie `required`, jedoch kann hier speziell auf ein bestimmtes Feld hin geprüft werden.

Beispiel: Dieses Beispiel führt jeden Datensatz nur dann aus, wenn im Datenbankfeld `title` auch ein Wert enthalten ist:

```
page.10 = TEXT
page.10.field = bodytext
page.10.fieldRequired = title
```

if

Nähere Informationen im Abschnitt »if«.

Parse-Funktionen

listNum

int / +calc / +"last"

Teilt einen Inhalt nach Kommata (oder einem anderen Zeichen) auf (explode).

Weitere Eigenschaften:

`splitChar`: Trennzeichen, Default = Komma. Wird ein numerischer Wert angegeben (z.B. `10`), wird das entsprechende ASCII-Zeichen genommen (10 = Zeilenumbruch)

Beispiel: Dieses Beispiel zeigt nur den letzten Satz des Datenbankfelds `bodytext` an:

```
page.10 = TEXT
page.10.field = bodytext
# Char 46 ist ein Punkt.
page.10.splitChar = 46
page.10.listNum = last - 1
```

parseFunc

Nähere Informationen im Abschnitt »parseFunc«.

trim

boolean

Entfernt Leerzeichen vor und hinter einem Wert.

intval

boolean

Wandelt einen Wert in eine Zahl um. Wenn sich ein Wert nicht in eine Zahl umwandeln lässt, wird `0` zurückgeliefert.

case

case

Konvertiert eine Zeichenkette in Groß- oder Kleinschreibung.

Mögliche Werte: `upper`, `lower`

crop

Schneidet den Inhalt nach einer angegebenen Anzahl von Zeichen ab und fügt die nach einem Pipesymbol angegebenen beliebigen Zeichen an.

Beispiel: Dieses Beispiel liefert als Ergebnis »Dies ist nu...« zurück. Der Rest wird abgeschnitten und durch die angegebenen Punkte ersetzt.

```
page.10 = TEXT
page.10.value = Dies ist nur ein Test
page.10.crop = 11 | ...
```

stripHtml

boolean

Entfernt alle HTML-Tags aus dem Inhalt.

htmlSpecialChars

boolean

Der Inhalt wird durch die PHP-Funktion `htmlspecialchars()` geparst. Dadurch wird HTML-Code nicht ausgeführt, sondern direkt angezeigt.

br

boolean

Konvertiert alle Zeilenumbrüche in einen `<br>`-Tag (bzw. wie unter dem Abschnitt »brTag« angegeben).

brTag

string

Alle ASCII-Codes mit 10 (CR) werden durch den angegebenen Wert ersetzt.

Beispiel: `brTag = <br>`

doubleBrTag

string

Alle doppelten Line-Breaks (ASCII-Code 10) werden durch den angegebenen Wert ersetzt.

Beispiel: `doubleBrTag = <p>`

Datums- und Zeitfunktionen

date

date-conf

Formatiert einen Wert in ein Datum. Zu Formatierungsmöglichkeiten siehe Formatierungszeichen für die »date«-Funktion oder *php.net*.

strftime

strftime-conf

Wie date (s.o.).

age

boolean

String: Min | Std | Tage | Jahre

Wenn age = 1 gesetzt ist, wird der Inhalt (z.B. ein zurückgelieferter Wert aus einer Datenbankabfrage) als Datum gesehen und die Differenz zwischen dem aktuellen Datum und dem zurückgelieferten Datum berechnet. Beinhaltet age eine Zeichenkette, dient diese Zeichenkette zur Formatierung (vier Werte für Minuten, Stunden, Tage und Jahre, jeweils getrennt durch ein Pipesymbol).

EditPanel

editPanel

boolean/editPanel

Siehe Objekt »EDITPANEL«.

editIcons

string

Siehe Objekt »EDITPANEL«.

Debugging

debug

boolean

Ähnlich wie `htmlSpecialChars`: Liefert das Ergebnis in HTML-Darstellung zurück. HTML-Code wird somit nicht vom Browser ausgeführt.

debugFunc

boolean/integer
2 = Darstellung in einer Tabelle

Liefert den Inhalt zurück. Mit `debugFunc = 2` können einzelne Werte in einer Tabelle überprüft werden.

debugData

boolean

Liefert den Inhalt von `$cObj->data` direkt an den Browser.

imgResource

ext

imageExtension/stdWrap

Gibt an, welche Dateiendungen als `imgResource` gewertet werden sollen.

Default: *web (= if, jpg)*

width/height

int/stdWrap

Gibt die gewünschte Breite und Höhe einer Grafik in Pixel an.

Hinweis: Sind beide Parameter angegeben und die Pixelangabe von einem der beiden Parameter wurde um ein `m` ergänzt, bleiben die Proportionen erhalten, und die angegebenen Größen gelten als maximale Dimensionen.

params

string

Beliebige Zeichenkette. Hier können an ImageMagick beliebige Parameter übergeben werden (per Kommandozeile). – Nähere Informationen finden Sie in der Dokumentation zu ImageMagick.

Beispiel: `-rotate 90`

import

path/stdWrap

Mit import wird definiert, dass die Grafik aus einer in der Datenbank gespeicherten Referenz auf eine Datei geladen werden soll.

Beispiel:

```
.import = 1
.import.field = image
.import.listNum = 0
```

maxW/maxH

int/stdWrap

Maximale Breite (maxW) und maximale Höhe (maxH) in Pixeln.

minW/minH

int/stdWrap

Minimale Breite (minW) und minimale Höhe (minH) in Pixeln.

treatIdAsReference

boolean/stdWrap

Wenn dieses Feld gesetzt ist, wird angenommen, dass das mit .import importierte Feld die ID einer Referenz auf diese Datei enthält und nicht die ID der Datei selbst. Das ist beispielsweise dann nötig, wenn Sie Bilder aus der aktuellen Seite mit levelmedia importieren.

imageLinkWrap

enable

boolean/stdWrap

Aktiviert die Erzeugung eines Links zu einer Grafik.

width/height

int (1 bis 1000)

Breite und Höhe der Grafik in Pixeln. Durch ein m hinter einem der Werte (z.B. .width=100m) werden die Proportionen beibehalten, width und height sind dann maximale Werte.

effects

string

Hier können besondere Grafikeffekte angegeben werden. Nähere Informationen zu effects finden Sie im Abschnitt »GIFBUILDER«.

Beispiel:

```
.effects = gamma = 1,3 | sharpen=80
```

wrap

wrap

Wrap um das Bild. Mit einem `wrap` wird ein gegebener Inhalt, der durch das Pipesymbol gekennzeichnet wird, im Regelfall mit HTML-Code umhüllt.

Beispiel: `<table border="1"><tr><td> | </td></tr> </table>`

JSwindow

boolean

Das Bild wird in einem neuen Fenster geöffnet, die Dimensionen des neuen Fensters passen sich der Bildgröße an.

JSwindow.expand

x, y

Gibt an, um welche Pixelzahl das Fenster größer sein soll als das Bild.

JSwindow.newWindow

boolean

Wenn `JSwindow.newWindow` gesetzt ist, wird jedes Bild in einem neuen Fenster geöffnet.

title

string

Seitentitel eines neuen Fensters (HTML).

bodyTag

<tag>

<body>-Tag eines neuen Fensters.

Beispiel: `<body bgcolor = "white">`

numRows

table

string

Angabe des Tabellennamens.

select

Nähere Informationen im Abschnitt »select«.

select

uidInList — Kommaseparierte Liste von Unique-IDs.

pidInList — Kommaseparierte Liste von Parent-IDs.

orderBy

SQL: Order By

Beispiel: `select.orderBy = sorting, title`

groupBy

SQL: Group By

Beispiel: `select.groupBy = CType`

max

int / +calc / +"total"

Es werden maximal x Datensätze ausgegeben.

begin

int / +calc / +"total"

Es wird erst ab dem x-ten Datensatz begonnen.

where

SQL: Where

Erweiterung der Where-Klausel um eigene Bedingungen.

Beispiel: `select.where = colPos = 0 AND CType='text'`

andWhere

SQL: Where

Erweitert eine unter `.where` angegebene Where-Klausel um eine zusätzliche Bedingung.

languageField — Wird bei mehrsprachigen Präsentationen zur Unterscheidung der Sprache benötigt.

Beispiel: `select.languageField = sys_language_uid`

if

Die `if`-Funktion liefert *wahr* zurück, wenn alle (!) verwendeten Abfragen *wahr* sind. Wenn eine einzelne Abfrage *falsch* zurückliefert, ist das Gesamtergebnis falsch.

---

isTrue

string/stdWrap

Wenn der Inhalt *wahr* ist (kein leerer String und ungleich `0`), wird das, was sich unterhalb von `isTrue` befindet, verarbeitet.

---

isFalse

string/stdWrap

Wenn der Inhalt *falsch* ist (leerer String oder String = `0`), wird das, was sich unterhalb von `isFalse` befindet, verarbeitet.

---

isPositive

int/stdWrap + calc

Wenn der Inhalt eine positive Zahl ist (größer als `0`), wird das, was sich unterhalb von `isPositive` befindet, verarbeitet.

---

isGreaterThan

.value/stdWrap

Liefert *wahr* zurück, wenn der Inhalt größer ist als der Wert von `isGreaterThan.value`.

---

isLessThan

.value/stdWrap

Liefert *wahr* zurück, wenn der Inhalt kleiner ist als der Wert von `isLessThan.value`.

---

equals

.value/stdWrap

Liefert *wahr* zurück, wenn der Inhalt identisch ist mit dem Wert von `equals.value`.

---

isInList

.value/stdWrap

Liefert *wahr* zurück, wenn der Inhalt in der kommaseparierten Liste von `isInList.value` vorhanden ist.

Hinweis: Die kommaseparierte Liste darf zwischen den einzelnen Elementen keine Leerzeichen haben!

---

value

string/stdWrap

Gegebenenfalls Angabe eines zu überprüfenden Werts.

negate

boolean

Das zurückgelieferte Ergebnis (*wahr*/*falsch*) wird negiert.

parseFunc

short

Strings (Array)

Hier können Abkürzungen vereinbart werden.

Beispiele: Alle Vorkommnisse von t3 werden in TYPO3 umgewandelt:

```
.short.t3 = TYPO3
```

Hier wird an einem Anwendungsfall demonstriert, wie eine sich ändernde Versionsnummer innerhalb der Contents dynamisch gehalten werden kann:

```
.short.versionx = 3.8.0
```

Dieses Beispiel demonstriert das Setzen eines Links auf die Homepage:

```
.short.backToHome = <a href="index.php">
```

makelinks

boolean/stdWrap

`makelinks = 1` erzeugt aus jedem Content, der mit *http://* oder *mailto:* beginnt, einen Link.

tags

String (Array)

Eigene HTML-Tags.

Beispiel:

```
.tags.fett = TEXT
.tags.fett {
   current = 1
   wrap = <b>|</b>
}
```

denyTags

Strings (kommasepariert)

In denyTags können HTML-Tags verboten werden.

Beispiel:

```
.denyTags = font, span
```

allowTags

Strings

Hier werden erlaubte Tags aufgeführt. Wird ein Tag in `allowTags` gefunden, wird denyTags ignoriert.

Objekt-Referenz

PAGE

typeNum

Integer

Angabe der typeNum, die das gewünschte PAGE-Objekt definiert.

Hinweis: typeNum muss gesetzt werden und eine eindeutige Nummer erhalten.

1,2,3,10,20,30

cObject

Stellt eine Liste zur Verfügung, auf der diverse Objekte in einer geordneten Folge angelegt werden können. Die Ordnung wird durch die Höhe der Nummer angegeben.

Beispiel:

```
page.20 = TEXT
page.20.value = WELT
page.10 = TEXT
page.10.value = HALLO
```

wrap

wrap

Inhalt wird gewrapt. Über das Pipesymbol »|« wird der zu umhüllende Wert gekennzeichnet.

Beispiel:

```
page.10 = TEXT
page.10.value = HALLO WELT
page.10.wrap = <b> | </b>
```

stdWrap

Wrapt den Inhalt mit den stdWrap-Eigenschaften und -Funktionen. Nähere Informationen finden Sie im Abschnitt »Funktionen/stdWrap«.

bodyTag

<tag>

<body>-Tag (HTML) der Seite.

Default: `<body bgcolor = "#FFFFFF">`

Beispiel:

```
page = PAGE
page.typeNum = 0
page.bodyTag = <body bgcolor = "red">
```

bodyTagAdd

string

Weitere Attribute, die zum <body>-Tag hinzugefügt werden sollen.

Beispiel:

```
page.bodyTagAdd = class="my-css-class"
```

bodyTagCObject

cObject

Dieses Attribut erlaubt es, das <body>-Tag als TypoScript-Objekt zu beschreiben. Das kann etwa dann nützlich sein, wenn Sie CSS-Klassen des <body>-Tags abhängig vom Seitenlayout setzen wollen.

Beispiel

```
page.bodyTagCObject = TEXT
page.bodyTagCObject {
    field = layout
    wrap = <body class="my-layout-|">
}
```

frameSet

Objekt FRAMESET

Nähere Informationen im Abschnitt »frameSet«.

meta

Objekt META

Angabe von Metatags.

Beispiel:

```
page = PAGE
page.typeNum = 0
page.meta.AUTHOR = R. Meyer
page.meta.KEYWORDS.field = title
```

shortcutIcon

resource (*.ico*)

Einige Browser können kleine Icons zur URL hinzufügen. Hier wird ein Verweis zu einer *.ico*-Datei angegeben.

headerData

string

Fügt beliebigen Code (z.B. JavaScript-Code etc.) in den Header-Bereich ein.

config

Nähere Informationen ab Abschnitt »CONFIG«.

includeLibs

resource

Einzubindende PHP-Dateien, wird insbesondere von Erweiterungen benötigt.

stylesheet

resource

Fügt in den Header-Bereich der Seite eine *.css*-Datei ein.

Beispiel:

```
page.stylsheet = fileadmin/style.css
```

Ergebnis im HTML-Code:

```
<link rel="stylesheet" href="fileadmin/style.css">
```

includeCSS.[array]

resource (Array)

Wie die Eigenschaft `stylesheet`, jedoch können hier mehrere Stylesheets angegeben werden.

Beispiel:

```
page = PAGE
page.typeNum = 0
page.includeCSS.f1 = fileadmin/f1.css
page.includeCSS.f2 = fileadmin/f2.css
```

includeJS.[array] und includeJSFooter.[array]

resource (Array)

Ähnlich wie `includeCSS` fügen diese Attribute JavaScript-Dateien hinzu. `includeJS` fügt Dateien in den Head-Bereich der Seite hinzu, und `includeJSFooter` an das Ende des Body-Bereichs.

CSS_inlineStyle

string

Hier kann beliebiger CSS-Code direkt an den Browser »durchgereicht« werden (Inline CSS bzw. In-Document CSS). Der <style>-Tag selbst wird von TYPO3 erzeugt.

Text

value

string

Ausgabe eines beliebigen Texts.

Beispiel:

```
page.10 = TEXT
page.10.value = Hallo Welt
```

(stdWrap-Eigenschaften)

Nähere Informationen finden Sie im Abschnitt »Funktionen/stdWrap«.

Beispiel:

```
page.10 = TEXT
page.10.field = title
```

COA

1,2,3,4,10,20

cObject

Mit COA kann ein Objekt in eine geordnete Liste mit mehreren Objekten aufgeteilt werden.

Beispiel:

```
page = PAGE
page.typeNum = 0
page.10 = COA
page.10.10 = TEXT
page.10.10.value = Hallo
page.10.20 = TEXT
page.10.20.value = Welt
```

if

Wenn if *falsch* zurückliefert, wird der COA-Abschnitt nicht gerendert. Nähere Informationen zu if finden Sie im Abschnitt »Funktionen/stdWrap«.

wrap

wrap

Umhüllt einen Inhalt, der durch das Pipesymbol »|« gekennzeichnet wird, mit einem Wert.

Beispiel:

```
page.10 = TEXT
page.10.value = HALLO WELT
page.10.wrap = <b> | </b>
```

stdWrap

stdWrap

Nähere Informationen im Abschnitt »Funktionen/stdWrap«.

COA_INT

1,2,3,10,20

cObject

Wie Objekt COA, jedoch werden die unter COA_INT angegebenen Objekte nicht gecached. Nähere Informationen dazu in Erweiterte Darstellung von Inhalten.

if

Wenn if *falsch* zurückliefert, wird der COA-Abschnitt nicht gerendert. Nähere Informationen zu if finden Sie im Abschnitt »Funktionen/stdWrap«.

CASE

key

string/stdWrap

In `key` wird der zu überprüfende Wert eingetragen.

Beispiel:

```
.10 = CASE
.10.key.field = layout
```

[value-array]

cObject

Hier können beliebige Werte angegeben werden, nach denen eine CASE-Abfrage überprüft werden soll.

Beispiel:

```
.10 = CASE
.10.key.field = layout
.10.1 = TEMPLATE
[...]
.10.7 = TEXT
[...]
```

Die `1` wie auch die `7` spiegeln in diesem Beispiel gespeicherte Werte des Datenbankfelds `layout` wider: Steht in dem Feld `Layout` eine `1`, wird das `TEMPLATE`-Objekt ausgeführt, steht in dem Feld `Layout` eine `7`, wird das `TEXT`-Objekt ausgeführt.

default

cObject

Default, wenn keine Übereinstimmung gefunden wurde.

stdWrap

Nähere Informationen zu `std/Wrap` finden Sie im Abschnitt »Funktionen/stdWrap«.

if

Nur wenn `if` einen wahren Wert (> `0`) zurückliefert, wird die `CASE` Abfrage ausgeführt. Nähere Informationen zu `if` finden Sie im Abschnitt »Funktionen/stdWrap«.

FILE

file

resource

Die unter `.file` angegebene Datei wird direkt an den HTML-Code übergeben. Ausnahmen sind Dateien mit den Endungen *jpg*, *jpeg*, *gif* und *png*. Diese werden direkt in ein `<img>`-Tag umgewandelt.

Beispiel:

```
.10 = FILE
.10.file = fileadmin/datei.txt
```

Hinweis: Die Dateigröße ist intern auf 1 MByte beschränkt.

---

wrap

wrap

Umhüllt einen Inhalt, der durch das Pipesymbol »|« gekennzeichnet wird, mit einem Wert.

Beispiel:

```
page.10 = FILE
page.10.file = fileadmin/test.jpg
page.10.wrap = <table><tr><td> | </td></tr>
</table>
```

---

templateName

string / stdWrap

Dieser Name wird zusammen mit der `.format`-Eigenschaft und der `.templateRootPaths`-Eigenschaft genutzt, um die zu ladende Template-Datei zu ermitteln.

Beispiel Folgendes Beispiel wird die Datei *fileadmin/tmpl/Foo.xml* laden:

```
10 = FLUIDTEMPLATE
10 {
  format = xml
  templateName = Foo
  templateRootPaths.0 = fileadmin/tmpl
}
```

---

template

cObject

Beschreibt den Inhalt der Fluid-Designvorlage. Dieses Attribut überschreibt ein eventuell gesetztes `.template`-Attribut. Üblicherweise wird für dieses Attribut ein `FILE`-Objekt genutzt; theoretisch wäre jedoch auch ein `TEXT`-Objekt ebenso gut möglich.

Beispiel

```
10 = FLUIDTEMPLATE
10.template = FILE
10.template.file = fileadmin/tmpl/page.html
```

---

templateRootPaths, partialRootPaths, layoutRootPaths

Liste von Dateipfaden (mit stdWrap)

Dieses Attribut enthält eine Liste von Verzeichnispfaden, in denen nach Fluid-Templates gesucht wird. Die konfigurierten Verzeichnisse werden in absteigender Reihenfolge durchsucht, so lange, bis ein gesuchtes Template gefunden wurde.

format

string / stdWrap

Das gewünschte Ausgabeformat. Dieses Attribut ist nur dann sinnvoll, wenn auch das `.templateName`-Attribut verwendet wird, da nur dieses das Format überhaupt berücksichtigt.

variables

cObject (Array)

Variablen, die im Fluid-Template zur Verfügung stehen sollen. Dies können beliebige Inhaltsobjekte sein.

TEMPLATE

template

cObject

Unter der Eigenschaft `template` wird ein Objekt angegeben, in dem im Regelfall die Designvorlage abgelegt ist, normalerweise das Objekt `FILE`.

Beispiel:

```
.10 = TEMPLATE
.10.template = FILE
.10.template.file = fileadmin/datei.html
```

marks.[Platzhalter]

cObject

Unterhalb von `marks.` werden Platzhalter definiert. Dabei wird direkt hinter `marks.` der Platzhalterbezeichner angegeben und alles einem Objekt zugewiesen.

Beispiel:

```
.10 = TEMPLATE
.10.template = FILE
.10.template.file = fileadmin/datei.html
.10.marks.INHALT = TEXT
.10.marks.INHALT.value = Hallo Welt
```

Hinweis: Die Platzhalterbezeichner unterscheiden Groß- und Kleinschreibung!

workOnSubpart

string

In dem oben genannten Beispiel (von `marks`) wird eine gesamte Datei eingelesen. Mit `workOnSubpart` kann dagegen auf einzelne Teilbereiche einer Datei zurückgegriffen werden, wenn diese angegeben sind. Im Wesentlichen besteht ein Subpart aus zwei Markierungen, ähnlich Platzhaltern, die einen Teilbereich einschließen.

Syntax: Teilbereiche werden eingeschlossen von:

```
<!-- ###SUBPARTBEZEICHNER### begin-->
<!-- ###SUBPARTBEZEICHNER### end-->
```

CONTENT

table

string

Hier wird der Name einer Datenbanktabelle angegeben. Mögliche Tabellen sind *pages* sowie alle Tabellen mit dem Präfix *tx_*, *tt_*, *ttx_* , *fe_*, *user_*.

Beispiel:

```
.10 = CONTENT
.10.table = tt_content
```

select

Hier kann in die SQL-Abfrage eingegriffen werden. Nähere Informationen zu select finden Sie im Abschnitt »Funktionen/stdWrap«.

Beispiel:

```
.10 = CONTENT
.10.table = tt_content
.10.select.orderBy = sorting
```

wrap

wrap

Umhüllt einen Inhalt, der durch das Pipesymbol »|« gekennzeichnet wird, mit einem Wert.

Beispiel:

```
page.10 = CONTENT
page.10.table = tt_content
page.10.wrap = | <hr size="1">
```

stdWrap

stdWrap

Nähere Informationen finden Sie im Abschnitt »Funktionen/stdWrap«.

IMAGE

file

imgResource

Angabe des Pfads zu einer Grafikdatei.

Beispiel:

```
page.10 = IMAGE
page.10.file = fileadmin/test.jpg
```

params

string

Angabe von Parametern für den <img>-Tag.

alttext/titletext

string/stdWrap

Beispiel:

```
.10 = IMAGE
.10.file = fileadmin/firmengebaeude.gif
.10.titletext = Unsere Firma
```

if

Nur wenn `if` einen wahren Wert zurückliefert, wird `IMAGE` ausgeführt. Nähere Informationen zu `if` finden Sie im Abschnitt »Funktionen/stdWrap«.

wrap

wrap

Umhüllt eine Grafik, die durch das Pipesymbol »|« repräsentiert wird, mit einem Wert.

Beispiel:

```
page.10 = IMAGE
pege.10.file = fileadmin/firmengebaeude.gif
page.10.wrap = <table><tr><td> | </td></tr>
</table>
```

stdWrap

Nähere Informationen im Abschnitt »Funktionen/stdWrap«.

sourceCollection

array

Über dieses Attribut können verschiedene Darstellungsformen des Bilds für verschiedene Ausgabegeräte konfiguriert werden.

Beispiel

```
sourceCollection {
  small {
    width = 200
    scrsetCandidate = 600w
  }
  smallRetina {
    width = 200
    pixelDensity = 2
    srcsetCandidate = 600w 2x
  }
}
```

layoutKey

string / stdWrap

Gibt an, welches der unter `.layout` definierten Layouts für die Ausgabe des Bilds genutzt werden soll. Der Wert, den Sie hier angeben, muss auch als Attribut in der `.layout`-Eigenschaft existieren.

layout.[name]

Dieses Attribut konfiguriert mögliche Ausgabevarianten für ein Bild. Jeder Eintrag in diesem Array hat üblicherweise ein .element-Attribut und ein .source-Attribut.

Das .source-Attribut definiert eine Vorlage, mit der jede einzelne Variante des Bilds ausgegeben werden soll (also für jedes Element im .sourceCollection-Attribut des IMAGE-Objekts). Sie können hier Platzhalter wie ###SRC## verwenden sowie alle anderen Attribute des sourceCollection-Elements über dieselbe Syntax ansprechen.

Das .element-Attribut definiert eine Vorlage, mit der das gesamte Bild ausgegeben wird. Sie können hier über den Platzhalter ###SOURCECOLLECTION### auf die Ausgabe der einzelnen Bildvarianten zugreifen.

Beispiel

```
10 = IMAGE
10 {
  sourceCollection = {
    ...
  }
  layoutKey.field = image_layout
  layoutkey.field.ifEmpty = srcset
  layout.srcset {
    element = <img src="###SRC###"
srcset="###SOURCECOLLECTION###" ###PARAMS### ###ALTPARAMS### />
    source = |*|###SRC### ###SRCSETCANDIDATE###,|*|###SRC###
###SRCSETCANDIDATE###
  }
}
```

GIFBUILDER

XY

x, y (Kalkulation möglich)

Mit XY werden die gesamten Dimensionen der zu erzeugenden Grafik angegeben.

format

gif/jpg

Durch Angabe eines Formats kann manuell auf die Dateigröße zugegriffen werden. Standard ist immer gif.

Beispiel:

```
page.10 = IMAGE
page.10.file = GIFBUILDER
page.10.file.format = jpg
```

reduceColors

Integer

Sofern das Format eine *.gif*-Datei ist (Standard), können die Farben reduziert werden.

Mögliche Werte: 1 bis 255

Beispiel:

```
page.10 = IMAGE
page.10.file = GIFBUILDER
page.10.file.reduceColors = 16
```

quality

Integer

Wenn das Format der Grafik `jpg` ist, kann mit `quality` die Qualität der *.jpg*-Grafik angegeben werden.

Mögliche Werte: 10 bis 100

transparentBackground

boolean 1/0

Wird diese Eigenschaft auf `1` gesetzt, wird die Grafik mit der Farbe transparent gemacht, die auf Position 0.0 (Pixel in der linken oberen Ecke) der Grafik gefunden wird.

Hinweis: `niceText` sollte nicht zusammen mit dieser Eigenschaft verwendet werden.

transparentColor

HTML-Color

Hier kann explizit eine transparente Farbe angeben werden.

Hinweis: `niceText` und `reduceColors` sollten nicht zusammen mit dieser Eigenschaft verwendet werden.

Beispiel:

```
page.10 = IMAGE
page.10.file = GIFBUILDER
page.10.file.transparentColor = #F3C6CC
```

transparentColor.closest

boolean 1/0

Transparente Farbe wird die nächstliegende Farbe.

backColor

Color

Hintergrundfarbe für die gesamte Grafik. Standard ist ein weißer Hintergrund.

Beispiel:

```
page.10 = IMAGE
page.10.file = GIFBUILDER
page.10.file.backColor = #333333
```

maxWidth

Integer/Pixel

Mit maxWidth kann die maximale Breite der Grafik angegeben werden. Diese Eigenschaft kommt insbesondere bei der dynamischen Angabe von XY zum Einsatz.

Beispiel:

```
page.10 = IMAGE
page.10.file = GIFBUILDER
page.10.file.XY = [10.w], [10.h]+20
page.10.file.maxWidth = 160
```

maxHeight

Integer/Pixel

Mit maxHight kann die maximale Höhe der Grafik angegeben werden. Siehe auch »maxWidth«.

breakWidth

Integer/Pixel

Mit breakWidth kann die maximale Breite einer Grafik angegeben werden, nach der ein Zeilenumbruch des GIFBUILDER-Textobjekts erfolgt.

Beispiel:

```
10.file = GIFBUILDER

     10.file {
       XY = [20.w]+5,[20.lineHeight]+
                          [20.h]
       20 = TEXT
         20 {
           text = Ein langer text der
                automatisch
                umgebrochen wird ...
           breakWidth = 250
           breakSpace = 1.0
         }
     }
```

breakSpace

Integer/Pixel

Mit breakSpace kann der Abstand zwischen den Zeilen angegeben werden. Siehe auch »breakWidth«.

HMENU

1, 2, 3 etc.

Integer

Gibt an, auf welcher Menüebene gearbeitet werden soll. `1` ist z. B. die erste Ebene, wohingegen `2` schon die ersten Unterordner sind, die andere Eigenschaften erhalten können.

Beispiel:

```
page.10.marks.MENU_LINKS = HMENU
page.10.marks.MENU_LINKS {
   1 = TMENU
   1.10 = [...]
   2 = TMENU
   2.10 = [...]
}
```

entryLevel

Integer

Der Einstiegslevel für dieses Menü. Gibt an, ab welcher Ebene ausgehend von der *rootline* (-1) das Menü angezeigt werden soll. Nähere Informationen finden Sie in Menüs erstellen.

special

string

Mit `special` können die Menüelemente selektiert werden. Diese Eigenschaft ist nicht zwingend erforderlich, für manche Realisierungswünsche ist sie jedoch sehr nützlich.

Mögliche Werte: `directory`, `list`, `updated`, `browse`, `rootline`, `keyword`

Hinweis: `special` kann weitere Untereigenschaften wie z. B. `value` (bei `directory`) oder `range` (bei `rootline`) haben.

minItems

Integer

Die Mindestanzahl von Menüeinträgen. Wenn nicht genügend Menüeinträge vorhanden sind, werden Dummyeinträge mit dem Titel » . . . « mit einem Link auf die aktuelle Seite erzeugt.

maxItems

Integer

Die maximale Anzahl von Menüeinträgen. Falls mehr Menüeinträge vorhanden sind, werden diese bei der Menüerzeugung ignoriert.

excludeUidList

Integer (kommaseparierte Liste)

Hier können Seiten (uids) angegeben werden, die *nicht* im Menü erscheinen sollen. Hierdurch lassen sich bestimmte Seiten einfach verstecken.

begin

Integer

Der erste Eintrag im Menü.

Beispiel: Um die ersten zwei Elemente eines Menüs nicht anzuzeigen, kann man hier `begin = 3` angeben.

wrap

wrap

Umhüllt ein Menü, das durch das Pipesymbol »|« gekennzeichnet wird, mit einem Wert.

Beispiel:

```
page.10 = HMENU
page.10.wrap = <table><tr><td> | </td></tr>
</table>
```

TMENU/TMENU_ITEM

expAll

boolean

Wenn `expAll` auf `1` gesetzt ist, werden die Untermenüs permanent mit angezeigt.

Default: `0`

allWrap

wrap

Umhüllt das gesamte Menüelement mit HTML-Code.

Beispiel:

```
page.10 = TMENU
page.10.allWrap = <b> | </b>
```

linkWrap

Umhüllt die Einträge innerhalb des von TYPO3 erzeugten `<A>`-Tags mit dem angegebenen Wert.

beforeImg

imgResource

Grafik, die *vor* einem Menüelement angezeigt werden soll.

beforeImgTagParams

stdWrap

Angabe von Parametern für den erzeugten <img>-Tag.

beforeImgLink

boolean

Wenn diese Eigenschaft aktiviert ist, wird zusätzlich zum Menütext auch auf die Grafik ein Link gesetzt.

beforeROImg

imgResource

Grafik für einen Roll-over-Zustand.

RO

boolean

Wenn für das Textmenü ein Roll-over-Zustand aktiviert werden soll, muss diese Eigenschaft auf `1` gesetzt werden.

linkWrap

wrap

Umhüllt die Einträge innerhalb des von TYPO3 erzeugten <A>-Tags mit dem angegebenen Wert.

GMENU/GMENU_ITEM

expAll

boolean

Wenn `expAll` auf `1` gesetzt ist, werden die Untermenüs ebenfalls mit angezeigt.

collapse

boolean

Gibt an, was bei einem »geöffneten« Element passieren soll, wenn auf dieses Element erneut angeklickt wird. Ist `collapse = 1`, wird durch einen Klick auf ein bereits geöffnetes Menüelement dieser »Ordner« wieder geschlossen. Die Untermenüs dieses Eintrags werden somit nicht mehr angezeigt.

target

String (HTML-Target)

Hier kann angegeben werden, was das HTML-Target eines Links sein soll.

Beispiel: `marks.MENU_OBEN.1.target = _self`

wrap

wrap

Mit dieser Eigenschaft kann das »gesamte Menügebilde« mit dem angegebenen Wert umhüllt werden.

forceTypeValue

integer

Angabe eines expliziten &type-Parameters, der für den Link verwendet werden soll.

min

x, y (Kalkulation möglich)

Mit `min` können die minimalen Dimensionen des gesamten Menüs angegeben werden.

Beispiel:

```
marks.MENU_OBEN.1.min = 100,20
```

Hierdurch ist das gesamte Menü mindestens 100 Pixel breit und 20 Pixel hoch.

max

x, y (Kalkulation möglich)

Wie `min`, jedoch werden hier die maximalen Dimensionen des gesamten Menüs angegeben.

useLargestItemX

boolean

Die gesamte Breite des Menüs ist so breit wie das längste Element.

useLargestItemY

boolean

Die gesamte Höhe des Menüs ist so hoch wie das höchste Element.

disableAltText

boolean

Wenn diese Eigenschaft auf `1` gesetzt wird, werden keine `<Alt>`-Tags mehr erzeugt.

before

String/HTML

Gibt an, was *vor* einem Menüeintrag angezeigt werden soll.

beforeImg

String/Dateipfad

Absolute Angabe einer Grafikdatei, die vor dem Menüeintrag angezeigt wird.

Beispiel:

```
page.10.1.beforeImg = /fileadmin/1a.gif
```

EDITPANEL

label

string

Titel für das Editpanel. Der aktuelle Datensatztitel kann mit `%s` eingefügt werden.

Beispiel:

```
page.20 = EDITPANEL
page.20.label = Sie editieren: %s
```

allow

string

Gibt an, welche Funktionen zur Verfügung stehen. Mehrere Werte können kommasepariert angegeben werden.

Mögliche Werte: `toolbar, edit, new, delete, move, hide`

Beispiel:

```
page.20 = EDITPANEL
page.20.allow = edit, new, delete
```

newRecordFromTable

string

Gibt an, für welche Tabelle neue Datensätze angelegt werden.

Beispiel:

```
page.20 = EDITPANEL
page.20. newRecordFromTable = pages
```

line

integer

Hier kann die Distanz einer Linie (1 Pixel) zum Editpanel angegeben werden. `line=0` zeigt keine Linie an.

edit.displayRecord

boolean

Wenn diese Eigenschaft auf `1` gesetzt wird, wird der editierte Eintrag zusätzlich oberhalb des Editierformulars angezeigt.

onlyCurrentPid

boolean

Wenn diese Eigenschaft auf `1` gesetzt wird, werden nur Datensätze mit einem Editpanel versehen, wenn diese Datensätze tatsächlich auf der aktuellen Seite liegen. Mit der Eigenschaft `CONTENT->select` können z.B. Inhalte fremder Seiten eingelesen werden.

USER/USER_INT

Der Unterschied zwischen USER und USER_INT liegt insbesondere in der Handhabung des Caches. Das Resultat aus USER_INT wird nicht gecached. Das Resultat von USER wird gecached, sofern nicht innerhalb des PHP-Skripts die Funktion $GLOBALS["TSFE"]->set_no_cache() aufgerufen wird.

USER/USER_INT benötigen auf höchster Objektebene eine Angabe der zu inkludierenden Datei (includeLibs).

---

userFunc

Name der Funktion

userFunc gibt die gewünschte Funktion (z.B. in einer inkludierten Klasse) an.

Beispiel:

```
includeLibs.class1=fileadmin/
class1.php.inc
page = PAGE
page.typeNum = 0
page.10 = USER
page.10.userFunc = klassenname->main
page.10.meinObjekt = TEMPLATE
```

[String-array]

An die eigene PHP-Funktion werden die Eigenschaften unterhalb von USER übermittelt. So kann z.B. aus der eigenen PHP-Funktion der gesamte Abschnitt meinObjekt gerendert und zurückgeliefert werden.

OptionSplit

OptionSplit kann einer Eigenschaft mehrere Werte zuweisen, die sich abwechseln (alternieren), oder kann sie in mehrere Bereiche aufteilen (Anfang, Mitte, Ende).

|*|

Teilt einen Wert in die Bereiche Anfang, Mitte und Ende auf (Teilbereiche).

Beispiel:

```
page.10.1 = GMENU
page.10.1.XY = 100,20
page.10.1.backColor = blue |*| red |*| yel-
low
```

Die Hintergrundfarbe des ersten Elements ist Blau, die des letzten Gelb, und die Hintergrundfarbe aller Elemente in der Mitte ist Rot.

||

Teilt einen Teilbereich (|*|) in erstes, zweites, drittes ... Element auf.

Beispiel:

```
page.10.1 = GMENU
page.10.1.XY = 100,20
page.10.1.backColor = blue || green |*| red
|*| silver || yellow
```

Hier erhält das erste Element eine blaue und das zweite Element eine grüne Hintergrundfarbe. Alle Elemente in der Mitte erhalten eine rote Hintergrundfarbe. Das vorletzte Element erhält eine silberne, das letzte Element eine gelbe Hintergrundfarbe.

Conditions

Browser

Bei der Überprüfung wird intern die Versionsnummer des Browsers mit übergeben. Ist der Browser z. B. der Netscape Communicator in der Version 4.72, lautet der zu überprüfende Browsername »netscape4.72«. Die Überprüfung auf einen Teilstring reicht hier aber aus. So würden hier z. B. »net« oder »scape« oder auch »netscape4« funktionieren.

Syntax: `[browser = ...]`

Beispiel: `[browser = netscape, opera]`

Browser	Name
Microsoft Internet Explorer	msie
Netscape Communicator	netscape
Lynx	lynx
Opera	opera
PHP fopen	php
AvantGo	avantgo
Adobe Acrobat WebCapture	acrobat
IBrowse (Amiga)	ibrowse
Teleport Pro	teleport
Sonstige	unknown

Browserversion

Syntax: `[version = ...]`

Beispiele: Nur für Versionen, die genau 4.03 sind:

`[version = 4.03]`

Nur für Versionen größer als 4 und ebenfalls für Netscape-Browser Version 3:

`[version = > 4] [browser=netscape3]`

Betriebssystem

Syntax: `[system = ...]`

Beispiel: `[system = win, mac]`

Betriebssystem	Name
Windows 3.11	win311
Windows NT	winNT
Windows 95	win95
Windows 98	win98
Macintosh	mac
Linux	linux
SunOS	unix_sun
HP-UX	unix_hp
SGI/IRIX	unix_sgi
Amiga	amiga

Devices

Syntax: `[device = ...]`

Gerät	Name
Handhelds/PDAs	pda
WAP-Handys	wap
Grabbers	grabber
Indexing robots	robot

Sprache

Der Wert muss exakt mit dem Wert übereinstimmen, der in `getenv("http_ACCEPT_LANGUAGE")` in PHP gespeichert ist.

Syntax: `[language = ...]`

IP-Adressen

Syntax: `[IP = ...]`

Beispiele:

```
[IP = 123.*.*.*]
[IP = [192.168.*.*] [62.153.151.126]
```

Stunde

Syntax: `[hour = ...]`

Beispiel: `[hour = > 17]`

Minute

Syntax: `[minute = ...]`

Mögliche Werte: 1–59

Beispiel: `[minute = > 37]`

Wochentag

Syntax: `[dayofweek = ...]`

Mögliche Werte: 0–6 (Sonntag = 0 bis Samstag = 6)

Beispiel: `[dayofweek =0]`

Tag des Monats

Syntax: `[dayofmonth = ...]`

Mögliche Werte: 1–31

Beispiel: `[dayofmonth = > 25]`

Monat

Syntax: `[month = ...]`

Mögliche Werte: 1–12

Beispiel: `[month = 12]`

Benutzergruppe (FE)

Bei `usergroup` wird die UID der gewünschten FE-Benutzergruppe angegeben.

Syntax: `[usergroup = ...]`

Beispiel: `[usergroup = 16]`

Eingeloggter Benutzer (FE)

Bei `loginUser` wird die UID des gewünschten FE-Benutzers angegeben.

Syntax: `[loginUser = ...]`

Beispiele: Findet genau einen FE-User:

`[loginUser = 25]`

Findet alle eingeloggten FE-Benutzer:

`[loginUser = *]`

treeLevel

Prüft auf die aktuelle Ebene innerhalb des Baums. Besonders für Manipulationen bei der Template-Vererbung sinnvoll einsetzbar.

Syntax: `[treeLevel = ...]`

Beispiel: `[treeLevel = 3]`

PIDInRootline

Prüft, ob sich eine bestimmte Seite unterhalb einer bestimmten Seite befindet. Besonders für Manipulationen bei der Template-Vererbung sinnvoll einsetzbar.

Syntax: `[PIDInRootline = ...]`

Beispiel: `[PIDInRootline = 12, 216]`

PIDupinRootline

Wie `PIDInRootline`. Die aktuelle Seite wird hier jedoch ausgeschlossen.

Syntax: `[PIDupinRootline = ...]`

GlobalVar/ GlobalString

Prüft auf globale Variablen (`GET`, `POST`, Umgebungsvariablen): `ENV`, `GP`, `TSFE`, `LIT`

Syntax:

```
[globalVar = ...]
[globalString = ...]
```

Beispiele:

```
[globalString = HTTP_HOST=www.robert-meyer.info]
[globalString = ENV:REMOTE_ADDR=192.168.*.*]
[globalVar = TSFE:id > 10]
```

userFunc

Hier kann eine eigene PHP-Funktion angegeben werden, die *true* bzw. *false* zurückliefert. Die PHP-Funktion selbst wird in der Datei *localconf.php* abgelegt.

Syntax: `[userFunc = <Funktions-Name>]`

Beispiel: `[userFunc = meineFunktion()]`

Primäre Objekte

PAGE

Nähere Informationen im Abschnitt »PAGE«.

CONFIG

doctype

string

Der Dokumententyp, der für dieses Dokument genutzt werden soll. Mögliche Werte für dieses Attribut sind:

```
xhtml_trans
xhtml_frames
xhtml_strict
xhtml_basic
xhtml_11
xhtml_rdfa_10
html
none
```

linkVars

Stringliste

Variablen aus HTTP_GET_VARS, die immer an eine erzeugte URL angefügt werden sollen.

Beispiel: `config.linkVars = session`

Dies fügt an einen Link den Parameter session mit einem übertragenen Wert an.

Hinweis: Einige Module/Erweiterungen erzeugen direkte Links, hierdurch kann diese Eigenschaft ggf. unbrauchbar werden.

message_page_is_being_generated

string

Alternative Nachricht (HTML) zu *Page is being generated.*

message_preview

string

Alternativer Text (HTML), der erscheinen soll, wenn die Preview-Funktion aktiviert ist.

Default: PREVIEW

locale_all

string

PHP-setlocal-Funktion. Nahere Informationen unter *php.net*.

Beispiel: `config.locale_all = de DE`

spamProtectEmailAddresses

boolean

Wenn diese Eigenschaft gesetzt wird, werden alle E-Mail-Adressen verschlüsselt, so dass E-Mail-Robots diese E-Mail-Adresse nicht mehr entschlüsseln können.

spamProtectEmailAddresses_atSubst

string

Alternative Angabe des @-Zeichens.

Default: (at), sofern `spamProtectEmailAddresses` aktiviert ist.

frameReloadIfNotInFrameset

boolean

Wenn diese Eigenschaft aktiviert ist, muss immer das gesamte Frameset geladen sein – einzelne Frame-Seiten lassen sich nicht separat im Browser öffnen.

Hinweis: `typeNum` muss ungleich `0` sein!

cache_period

int (sec)

Hier kann in Sekunden angegeben werden, wie lange eine Seite im Cache verweilen soll.

Hinweis: Der Wert dieser Eigenschaft kann durch jede angelegte Seite überschrieben werden.

Default: 86400 (= 24 Std.)

cache_clearAtMidnight

boolean

Wird diese Eigenschaft aktiviert, verfällt der Cache einer Seite nachts um 0 Uhr.

Default: *false*

no_cache

boolean

Wenn diese Eigenschaft aktiviert ist, wird kein Cache verwendet.

Default: *false*

Hinweis: Diese Eigenschaft sollte aus Performancegründen nicht aktiviert werden!

titleTagFunction

Funktionsname

Um den Titel der Seite manuell zu setzen, kann eine Funktion hierzu aufgerufen werden (anzulegen in der *localconf.php*).

headerComment

string

Hier kann ein beliebiger Kommentar angegeben werden, der vor dem TYPO3-Hinweis im Quelltext erscheint.

admPanel

boolean/ADM-Panel

Wenn `admPanel` aktiviert ist, wird (bei eingeloggtem Backend-User) ein Admin-Panel angezeigt.

Hinweis: Das Admin-Panel muss für jeden Benutzer separat im Feld `TSConfig` aktiviert werden!

index_enable

boolean

Gecachete Seiten dürfen indiziert werden.

index_externals

boolean

Wenn diese Eigenschaft aktiviert ist, werden auch »externe« Medialinks (z.B. PDF, DOC) mit indiziert.

sys_language_uid

integer

Hier kann die UID einer Webseitensprache angegeben werden.

compressCss und compressJs

boolean

Gibt an, ob CSS- und JavaScript-Dateien vor der Ausgabe komprimiert werden sollen, um Bandbreite zu sparen und den Seitenaufbau zu optimieren.

concatenateCss und concatenateJs

boolean

Gibt an, ob CSS- und JavaScript-Dateien vor der Ausgabe in jeweils eine Datei zusammengefasst werden sollen, um den Seitenaufbau zu beschleunigen.

TSConfig : Benutzer

admPanel

Hinweis: Damit das Admin-Panel angezeigt und aktiviert wird, muss auch in TypoScript `config.admPanel` aktiviert werden.

enable.[bereich]

boolean

Hier können verschiedene Bereiche des Admin-Panels aktiviert werden.

Bereiche: `all` (aktiviert alle folgenden Bereiche), `preview`, `cache`, `publish`, `edit`, `tsdebug`, `info`

Beispiel:	`admPanel.enable.edit = 1`
Hinweis:	Für Admin-User muss `admPanel` nicht explizit gesetzt werden. Hier ist `admPanel.enable.all = 1` immer gesetzt.

hide

boolean

Wenn `hide` aktiviert ist, wird das Admin-Panel nicht angezeigt.

override.[modulname].[attribut]

verschiedene

Erlaubt es, einzelne Werte des Admin-Panels gezielt zu überschreiben.

Beispiel:	`admPanel.override.preview.showHiddenPages = 0`

options

RTEkeyList

String (kommasepariert)

Hier kann der Rich-Text-Editor für den Benutzer konfiguriert werden. Folgende Elemente können mit in die kommaseparierte Liste aufgenommen werden:

Elemente	`cut, copy, paste, formatblock, fontstyle, fontsize, bold, italic, underline, left, center, right, orderedlist, unorderedlist, outdent, indent, line, link, table, image, textcolor`
Hinweis:	Bekommt `options.RTEkeyList` keinen Wert zugewiesen, werden alle Elemente angezeigt.

clearCache.pages

boolean

Der Benutzer kann den gesamten Cache einer Seite löschen.

clearCache.all

boolean

Der Benutzer kann alle Caches löschen.

lockToIP

String (kommasepariert)

String-Liste mit möglichen IP-Adressen, von denen sich der Benutzer einloggen kann. Wildcards (*) sind erlaubt.

Beispiel: `options.lockToIP = 192.*.*.*, 62.4.*.*`

saveDocNew/saveDocNew.[table]

boolean

Mit aktiviertem `saveDocNew` wird für den Benutzer ein zusätzlicher Button *Speichern und neuen Datensatz anlegen* angezeigt. Mit `[table]` kann diese Option für ganz bestimmte Module aktiviert werden.

Beispiel:

```
saveDocNew = 0
saveDocNew.tt_products = 1
```

disableDelete/disableDelete.[table]

boolean

Deaktiviert den *Löschen*-Button. Mit `[tables]` kann explizit der Button für ein bestimmtes Modul gesteuert werden.

contextMenu.[key].disableItems

String (kommasepariert)

Hier können die einzelnen Elemente aus den Klickmenüs (Element-Browser) deaktiviert werden.

Mögliche Werte für key:

`pageTree`, `pageList`, `folderTree`, `folderList`

Mögliche Objekte für page-Werte:

`view`, `edit`, `hide`, `new`, `info`, `copy`, `cut`, `paste`, `delete`, `move_wizard`, `history`, `perms`, `new_wizard`, `hide`, `edit_access`, `edit_pageheader`, `db_list`

Mögliche Objekte für folder-Werte:

`edit`, `upload`, `rename`, `new`, `info`, `copy`, `cut`, `paste`, `delete`

Beispiel: `contextMenu.pageTree.disableItems = delete`

setup

`setup` hat zwei Unterwerte: `default` und `override`. Sämtliche hier aufgeführten Eigenschaften können somit `setup.default...` oder `setup.override...` sein. `default` gibt an, welche Werte beim ersten Log-in des Benutzers gelten sollen, `override` gibt an, dass die zum Benutzer gespeicherten Werte überschrieben werden sollen.

thumbnailsByDefault

boolean

Thumbnails werden angezeigt.

startInTaskCenter

boolean

Wenn diese Eigenschaft aktiviert wird, öffnet sich das Backend im *TaskCenter*.

saveTreePositions

boolean

Wenn diese Eigenschaft aktiviert wird, merkt sich TYPO3 beim Log-out die zuletzt bearbeitete Seite und öffnet diese beim nächsten Log-in.

edit_RTE

boolean

Aktiviert bzw. deaktiviert den Rich-Text-Editor.

copyLevels

int (positiv)

Anzahl der Ebenen, die ein Benutzer rekursiv kopieren darf.

recursiveDelete

boolean

Aktiviert das rekursive Löschen. Alle Unterseiten und deren Inhalte werden mit gelöscht.

TSConfig : Page

mod

web_layout.menu.function

Modul: Web > Page

Optionen:

0 => QuickEdit
1 => Columns
2 => Languages

web_info.menu.function

Modul: Web > Info

Optionen:

page => Pagetree overview
log => Admin Changelog
tsconf => Page TSconfig

web_func.menu.function

Modul: Web>Functions

Optionen:
1 => Import
2 => Export
3 => Wizards

web_ts.menu.function

Modul: Web>Template

Optionen:
0 => Info/Modify
1 => Constant editor
2 => TypoScript Object browser
3 => Template analyzer

user_task.menu.function

Modul: User>Task center

Optionen:
"tasks" => Tasks
"messages" => Messages
"note" => Quick Note
"recent" => Recent Pages
"mod" => Modules
"actions" => Actions

SHARED.colPos_list

Spezielle Eigenschaft, mit der sich die Content-Spalten *Links*, *Normal*, *Rechts*, *Rand* aktivieren bzw. deaktivieren lassen.

Optionen:
"0" => Normal
"1" => Left
"2" => Right
"3" => Border

Beispiel:

```
mod.SHARED.colPos_list = 0,2
```

[mod].tt_content.colPos_list

Eigenschaft, mit der sich die Content-Spalten *Links*, *Normal*, *Rechts*, *Rand* aktivieren bzw. deaktivieren lassen.

Optionen:
"0" => Normal
"1" => Left
"2" => Right
"3" => Border

Beispiel:

```
mod.web_layout.tt_content.colPos_list = 0,2
```

[mod].tt_content.fieldOrder

String (kommasepariert)

Sortierreihenfolge im Backend für `tt_content`-Elemente.

[mod].noCreateRecordsLink

boolean

Der Link *Neuen Datensatz anlegen* wird nicht angezeigt.

[mod].alternateBgColors

boolean

Mit aktivierter Eigenschaft werden Hintergründe bei Elementen alternierend dargestellt.

newWizards

boolean

Aktiviert bzw. deaktiviert den Wizard *Neuen-Datensatz-Anlegen*

Index

D

E

F

G

H

I

J

K

L

M

N

O

P

Q

R

S

T

U

V

W

X

Z